Manual de Direito e Processo do Trabalho

www.saraivaeducacao.com.br
Visite nossa página

Série IDP/Saraiva
Conselho Científico

Presidente: Gilmar Ferreira Mendes
Secretário-Geral: Jairo Gilberto Schäfer
Coordenador-Geral: João Paulo Bachur
Coordenador Executivo: Atalá Correia

Alberto Oehling de Los Reyes
Alexandre Zavaglia Pereira Coelho
António Francisco de Sousa
Arnoldo Wald
Carlos Blanco de Morais
Elival da Silva Ramos
Everardo Maciel
Fábio Lima Quintas
Felix Fischer
Fernando Rezende
Francisco Balaguer Callejón
Francisco Fernández Segado
Ingo Wolfgang Sarlet
Jorge Miranda
José Levi Mello do Amaral Júnior
José Roberto Afonso
Katrin Möltgen
Laura Schertel Mendes
Lenio Luiz Streck
Ludger Schrapper
Maria Alicia Lima Peralta
Michael Bertrams
Miguel Carbonell Sánchez
Paulo Gustavo Gonet Branco
Pier Domenico Logroscino
Rainer Frey
Rodrigo de Bittencourt Mudrovitsch
Rui Stoco
Ruy Rosado de Aguiar
Sérgio Antônio Ferreira Victor
Sergio Bermudes
Sérgio Prado
Walter Costa Porto

Ives Gandra da Silva Martins Filho

Ministro do TST (Decano). Doutor em Direito pela UFRGS. Mestre em Direito pela UnB. Doutor *Honoris Causa* em Filosofia pela ABF. Professor dos cursos de pós-graduação do IDP, da EBRADI e da ENAMAT. Membro da Academia Brasileira de Direito do Trabalho. Membro Fundador da Academia Brasiliense de Direito do Trabalho. Membro da Academia Paulista de Magistrados. Membro da Academia William Shakespeare de Literatura. Vice-Presidente da Academia Internacional de Direito e Economia.

Manual de Direito e Processo do Trabalho

SÉRIE idp
INSTITUTO BRASILEIRO DE ENSINO, DESENVOLVIMENTO E PESQUISA
LINHA Doutrina

28ª edição
2023

saraiva jur

Saraiva Educação

Av. Paulista, 901, Edifício CYK, 4º andar
Bela Vista – São Paulo – SP – CEP 01310-100

SAC | sac.sets@saraivaeducacao.com.br

Diretoria executiva	Flávia Alves Bravin
Diretoria editorial	Ana Paula Santos Matos
Gerência de produção e projetos	Fernando Penteado
Novos projetos	Aline Darcy Flôr de Souza
	Dalila Costa de Oliveira
Edição	Jeferson Costa da Silva (coord.)
	Deborah Caetano de Freitas Viadana
Design e Produção	Daniele Debora de Souza (coord.)
	Rosana Peroni Fazolari
	Camilla Felix Cianelli Chaves
	Claudirene de Moura Santos Silva
	Deborah Mattos
	Lais Soriano
	Tiago Dela Rosa
Planejamento e projetos	Cintia Aparecida dos Santos
	Daniela Maria Chaves Carvalho
	Emily Larissa Ferreira da Silva
	Kelli Priscila Pinto
Diagramação	Mônica Coloboni
Revisão	Viviane Oshima
Capa	Lais Soriano
Produção gráfica	Marli Rampim
	Sergio Luiz Pereira Lopes
Impressão e acabamento	Gráfica Paym

DADOS INTERNACIONAIS DE CATALOGAÇÃO NA PUBLICAÇÃO (CIP)
ODILIO HILARIO MOREIRA JUNIOR – CRB-8/9949

M386m   Martins Filho, Ives Gandra da Silva

Manual de Direito e Processo do Trabalho / Ives Gandra da Silva Martins Filho. – 28. ed. – São Paulo : SaraivaJur, 2023.
568 p. – (IDP –Linha Doutrina)

ISBN: 978-65-5559-873-5 (impresso)

1. Direito do Trabalho. 2. Direito Processual do Trabalho. 3. Processo do Trabalho. I. Título. II. Série.

2022-2550
CDD 342.68
CDU 347.9

Índices para catálogo sistemático:
1. Direito Processual do Trabalho   342.68
2. Direito Processual do Trabalho   347.9

Data de fechamento da edição: 10-10-2022

Dúvidas? Acesse www.saraivaeducacao.com.br

Nenhuma parte desta publicação poderá ser reproduzida por qualquer meio ou forma sem a prévia autorização da Saraiva Educação. A violação dos direitos autorais é crime estabelecido na Lei n. 9.610/98 e punido pelo art. 184 do Código Penal.

| COD. OBRA | 16107 | CL | 608231 | CAE | 812726 |

Apresentação

O presente *Manual* nasceu a partir dos esquemas de aulas ministradas no TST, para aperfeiçoamento de seus servidores, e vem se desenvolvendo ao longo dos anos através dos cursos de Direito do Trabalho, Processo do Trabalho e Direito Comparado que tivemos oportunidade de ministrar em nível de graduação na Universidade de Brasília (UnB) e de pós-graduação no Centro de Ensino Unificado de Brasília (UniCEUB), no Instituto Brasileiro de Ensino, Desenvolvimento e Pesquisa (IDP), na Escola Brasileira de Direito (EBRADI) e na Escola Nacional de Formação e Aperfeiçoamento de Magistrados do Trabalho (ENAMAT). Para sua atualização e aperfeiçoamento, serviu-nos igualmente a experiência adquirida no convívio com as questões trabalhistas do dia a dia, na atuação no Ministério Público do Trabalho, no exame de projetos de lei, durante o tempo que passamos na Casa Civil da Presidência da República, e posteriormente, como magistrado, no Tribunal Superior do Trabalho.

A finalidade deste *Manual* é apresentar, de forma esquematizada, uma visão global dos principais elementos que compõem o Direito Material e Processual do Trabalho. Aborda, portanto, os institutos básicos desses ramos da Ciência Jurídica, no intuito de fornecer àqueles que militam no campo do Direito noções fundamentais que a prática forense diária exige.

No concernente ao Direito Comparado, o interesse que tal disciplina vem ganhando nos meios acadêmicos decorre da constante cosmopolitização do mundo, em que as experiências jurídicas dos vários países e nações vão se transmitindo e sendo aproveitadas cada vez de forma mais acentuada. Para o Brasil, além da necessidade de integração no Mercosul, com adaptação paulatina do Direito Interno às normas gerais do bloco econômico, o interesse é maior, tendo em vista que, além de as experiências alienígenas servirem para reflexão em termos *de lege ferenda*, temos um Judiciário Trabalhista munido de Poder Normativo capaz de estabelecer condições novas de trabalho: assim, as experiências estrangeiras podem, em muitos casos, servir de ponto de apoio para a fixação de novas condições de trabalho mediante sentenças normativas.

As participações nas Conferências Internacionais do Trabalho, em Genebra, em 2002 e 2016, e no Curso do Centro Internacional de Formação da OIT, em Turim, em 2005, foram ótimas ocasiões para recolher subsídios que permitissem a atualização do texto quanto ao Direito Comparado e ao Direito Internacional do Trabalho.

Registro o meu agradecimento especial aos meus colegas de Tribunal, com os quais tenho aprendido diariamente a arte de julgar e do convívio fraterno. Este opúsculo muito tem de suas decisões, na conformação do Direito e do Processo do Trabalho moderno no Brasil, especialmente aquelas que pacificaram a jurisprudência trabalhista, emanadas da Subseção Especializada em Dissídios Individuais.

A publicação desta 28ª edição demonstra a boa acolhida que a obra tem tido pelo público especializado, incentivando o seu contínuo aperfeiçoamento.

Esperamos que o *Manual* continue a ser de proveito para todos.

Ives Gandra da Silva Martins Filho

Sumário

Apresentação.. V

PARTE I
DIREITO DO TRABALHO

Capítulo I

Noções gerais 3

    1. O trabalho humano 3
    2. Direito e Justiça 4
    3. Direito Natural e Direito Positivo 6
    4. Segurança jurídica e ativismo judiciário 15
    5. Surgimento do Direito do Trabalho no mundo 17
    6. Direito do Trabalho no Brasil 19
    7. Doutrina Social Cristã 21
    8. Direito do Trabalho. Conceito 25
    9. Divisões do Direito do Trabalho 26
    10. As sucessivas Revoluções Industriais 27
    11. Globalização da economia 27
    12. Rigidez e flexibilização das normas trabalhistas 30

Capítulo II

Princípios de Direito do Trabalho 34

    1. Princípio da proteção 35

2. Princípio da subsidiariedade 36
3. Princípio da irrenunciabilidade 37
4. Princípio da continuidade 39
5. Princípio da primazia da realidade 41
6. Princípio da razoabilidade 42
7. Princípio da inalterabilidade contratual 42
8. Princípio da intangibilidade salarial 43
9. Princípio da preservação da empresa 43
10. Princípio da isonomia 43
11. Princípio da boa-fé 45
12. Princípio da normalidade 45
13. Princípios do Direito Coletivo do Trabalho 46
14. Os princípios jurídicos e sua relevância 47
15. Os princípios jurídicos e sua densidade normativa 48

Capítulo III

Fontes do Direito do Trabalho **52**

1. Noções de fontes de Direito 52
2. Fontes do Direito do Trabalho 53
3. Critérios de aplicação das regras de Direito 55
4. Conflitos de lei 56

Capítulo IV

Evolução constitucional dos direitos sociais **58**

1. Constituição de 1934 58
2. Constituição de 1937 59
3. Constituição de 1946 59
4. Constituição de 1967 60
5. Constituição de 1988 61
6. Emenda Constitucional nº 45/04: Reforma do Judiciário 63
7. Legislação infraconstitucional trabalhista 68

8. Consolidação da legislação federal e a CLT 71

9. Reforma Trabalhista – Modernização da CLT 74

Capítulo V

Relação de Trabalho **82**

1. Teorias 82

2. Conceituação 83

3. Espécies de trabalhador 85

4. Modalidades de contratação 88

5. Modalidades de empresas 94

6. Poderes do empregador 95

7. Responsabilização do empregador 95

Capítulo VI

Terceirização **98**

1. Finalidade 98

2. Histórico normativo 98

3. Modalidades 101

4. Efeitos na relação de trabalho 102

5. Distinção das atividades em que se pode dar a terceirização 102

6. Disciplina jurídica 103

7. Quadros gráficos sobre terceirização 104

8. Cooperativas de trabalho 105

9. Condomínio de empregadores 107

Capítulo VII

Contrato de trabalho **109**

1. Contrato 109

2. Elementos 109

3. Classificação quanto ao prazo de duração 110

4. Classificação quanto ao local da prestação de serviço 111

5. Classificação quanto ao número de empregados 111

6. Alteração, suspensão e interrupção do contrato de trabalho 111

7. Cláusula penal 114

Capítulo VIII

Remuneração e salário 115

1. Distinção entre salário e remuneração 115

2. Base de cálculo do salário 115

3. Regras aplicáveis ao salário 115

4. Modalidades 116

5. Substituição 124

6. Equiparação salarial 125

Capítulo IX

Evolução da política salarial (1964-2022) 128

1. Decreto nº 54.018/64 129

2. Lei nº 6.708/79 129

3. Decreto-Lei nº 2.012/83 129

4. Decreto-Lei nº 2.045/83 130

5. Decreto-Lei nº 2.065/83 130

6. Lei nº 7.238/84 130

7. Decreto-Lei nº 2.284/86 – Plano Cruzado 131

8. Decreto-Lei nº 2.335/87 – Plano Bresser 131

9. Lei nº 7.730/89 – Plano Verão 131

10. Lei nº 7.788/89 131

11. Lei nº 8.030/90 – Plano Collor 132

12. Medidas Provisórias ns. 193/90, 199/90, 211/90, 219/90, 234/90, 256/90, 273/90 e 292/91 132

13. Medida Provisória nº 295/91 132

14. Lei nº 8.178/91 132

15. Lei nº 8.222/91 132

16. Lei nº 8.419/92 133

17. Lei nº 8.542/92 133

18. Lei nº 8.700/93 133

19. Decreto nº 908/93 134

20. Lei nº 8.880/94 – Plano Real 134

21. Decreto nº 1.572/95 134

22. Lei nº 10.192/01 135

23. Salário mínimo (1995-2022) 136

Capítulo X

Estabilidade.. 138

1. Conceituação e histórico 138

2. Espécies 138

3. Efeito 141

4. Causas de extinção da estabilidade 142

5. Garantia no emprego. A Convenção nº 158 da OIT 142

Capítulo XI

FGTS 144

1. Finalidades do FGTS 144

2. Âmbito de aplicação 144

3. Depósitos 146

4. Hipóteses de levantamento dos depósitos 146

5. Gestão 147

6. Certificado de regularidade 147

7. Prescrição 148

Capítulo XII

Duração do trabalho **150**

1. Jornada de trabalho normal (CF, art. 7º, XIII) 150
2. Jornadas especiais 150
3. Trabalho extraordinário (prorrogação de jornada) 151
4. Horas "in itinere" 154
5. Intervalos (períodos de descanso) 154
6. Turnos ininterruptos de revezamento 155
7. Trabalho noturno 156
8. Trabalho em tempo parcial 156

Capítulo XIII

Descansos remunerados **158**

1. Repouso semanal remunerado 158
2. Férias 158

Capítulo XIV

Segurança e Medicina do Trabalho **161**

1. Normas protetivas da saúde do trabalhador 161
2. Normas Regulamentadoras (NR) do Ministério do Trabalho 161
3. Agentes e graus de insalubridade 164
4. Condições de periculosidade 165
5. Normas de Medicina e Segurança do Trabalho na Pandemia do Covid-19 ... 167

Capítulo XV

Normas especiais **169**

1. Mulher 169
2. Rurícola 170
3. Professor 171
4. Bancário 172

5. Ferroviário	174
6. Trabalhadores em plataformas petrolíferas	175
7. Mineiro	175
8. Aeronauta	175
9. Aeroviário	177
10. Atleta profissional de futebol	177
11. Empregado doméstico	179
12. Trabalhador contratado para prestar serviços no exterior	182
13. Marítimos	183
14. Portuários	183
15. Médicos	185
16. Radiologista	185
17. Fisioterapeuta e terapeuta ocupacional	186
18. Engenheiro, químico, arquiteto, agrônomo e veterinário	186
19. Artista e técnico de espetáculos de diversões	186
20. Radialista	187
21. Jornalista	187
22. Ascensorista	188
23. Músico	188
24. Telefonista	188
25. Advogado empregado	189
26. Peão de rodeio	190
27. Motorista profissional	190
28. Cabeleireiro e congêneres	191
29. Bibliotecário	192
30. Arqueólogo	192
31. Historiador	193

Capítulo XVI

Trabalho infantil **194**

    1. Valores em conflito 194

2. Realidade social brasileira	194
3. Trabalho infantil – Caracterização	196
4. Ordenamento jurídico	196
5. O menor aprendiz	197
6. O trabalho artístico do menor	198
7. Exploração do menor no Brasil	199
8. A atuação concreta do Ministério Público do Trabalho	200
9. A Emenda Constitucional nº 20/98	200

Capítulo XVII

Danos morais trabalhistas **202**

1. Indenização por danos materiais e morais na Justiça do Trabalho	202
2. Assédio moral	211
3. Assédio sexual	213

Capítulo XVIII

Extinção do Contrato de Trabalho **215**

1. Rescisão	215
2. Aviso prévio	216
3. Modos de extinção do contrato de trabalho	218
4. Justa causa	227

Capítulo XIX

Organização Sindical **230**

1. Entidades	230
2. Recursos para o sindicato	231
3. Pressões sindicais	233
4. Negociação coletiva	236
5. Comissões de conciliação prévia	240

Capítulo XX

Organização Judiciária do Trabalho **243**

1. Justiça do Trabalho 243
2. Órgãos 244
3. Corregedoria-Geral 247
4. Ministério Público do Trabalho 251
5. Processos 253
6. Recursos 253

PARTE II
PROCESSO DO TRABALHO

Capítulo I

Noções preliminares de Direito Processual **259**

1. Soluções dos conflitos de interesses na sociedade 259
2. Espécies de processos judiciais 260
3. Sistemas processuais no Direito Comparado 261
4. Evolução do processo nos sistemas ocidentais 262
5. Jurisdição e competência 263
6. Organograma do Poder Judiciário 270

Capítulo II

Princípios de Direito Processual **272**

1. Princípios constitucionais de processo 272
2. Princípios do Processo do Trabalho 273
3. O Processo do Trabalho e o Novo CPC 277
4. O Processo do Trabalho e a Reforma Trabalhista de 2017 286
5. Princípios de Hermenêutica 291
6. Princípios de Ética Judicial 294

Capítulo III

Direito de ação **297**

    1. Elementos, condições e pressupostos processuais 297

    2. Classificação das ações trabalhistas 300

    3. Petição inicial e representação 302

    4. Formas de iniciar o processo trabalhista 303

    5. Formas de pleitear em juízo 304

Capítulo IV

Intervenção de terceiros **310**

    1. Assistência 310

    2. Denunciação da lide 311

    3. Chamamento ao processo 311

    4. Incidente de desconsideração da personalidade jurídica 311

    5. *Amicus Curiae* 313

    6. Aplicação das modalidades de intervenção de terceiros no Processo do Trabalho 313

Capítulo V

Tutelas provisórias **315**

    1. Conceito 315

    2. Características 315

    3. Espécies 315

Capítulo VI

Direito de defesa **317**

    1. Revelia 317

    2. Defesa, exceção e reconvenção 318

3. Impedimento e suspeição 319
4. Prescrição 321

Capítulo VII

Procedimento trabalhista **325**

1. Distribuição e citação 325
2. Audiência inaugural e contestação 327
3. Instrução. Provas 327
4. Conciliação e julgamento 331
5. Fluxograma do procedimento trabalhista em dissídio individual 335
6. Rito sumaríssimo 335

Capítulo VIII

Dissídio coletivo **337**

1. Formas de composição dos conflitos coletivos de trabalho 337
2. Conceituação 337
3. Poder Normativo da Justiça do Trabalho 337
4. Espécies de dissídio coletivo 338
5. Condições da ação coletiva 338
6. Pressupostos processuais da ação coletiva 339
7. Procedimento no dissídio coletivo 342
8. Limites do Poder Normativo da Justiça do Trabalho 344
9. Precedentes Normativos do TST 345
10. Espécies de cláusulas instituídas em sentença normativa 345
11. Instrução Normativa nº 4/93 do TST (revogada) 346
12. Emenda Constitucional nº 45/04 – Redução do Poder Normativo 346

Capítulo IX

Nulidades **347**

1. Nulidade processual 347

2. Espécies 347

3. Princípios 348

4. Nulidade por negativa de prestação jurisdicional 349

Capítulo X

Recursos trabalhistas **350**

1. Princípios gerais 350

2. Modalidades recursais em dissídios individuais 356

3. O recurso de revista e suas peculiaridades 362

4. Os embargos para a SBDI-1 do TST 385

5. O recurso extraordinário para o STF 388

6. Modalidades recursais em dissídios coletivos 395

7. Fluxograma dos recursos em dissídios individuais 396

8. Quadros gráficos dos pressupostos de admissibilidade do recurso de revista .. 397

Capítulo XI

Processo de execução **399**

1. Origem 399

2. Natureza 399

3. Fontes normativas 400

4. Sujeitos 400

5. Objeto 403

6. Título executivo 403

7. Espécies de execução 404

8. Competência 405

9. Princípios 406

10. Início do processo de execução 407

11. Liquidação de sentença 407

12. Citação 412

13. Penhora 413

14. Embargos à execução 417

15. Embargos de terceiro	420
16. Arrematação	421
17. Adjudicação	422
18. Remição	422
19. Agravo de petição	422
20. Precatório	424
21. Suspensão da execução	430
22. Extinção da execução	431
23. Certidão Negativa de Débitos Trabalhistas (CNDT)	431
24. Fluxograma do processo de execução	432

Capítulo XII

Processos especiais	**433**
1. Ação rescisória	433
2. Mandado de segurança	443
3. Mandado de segurança coletivo	448
4. "Habeas corpus"	449
5. "Habeas data"	450
6. Mandado de injunção	450
7. Ação civil pública	451
8. Ação civil coletiva	456
9. Ação anulatória	457
10. Ação monitória	458
11. Ação de consignação em pagamento	458
12. Oposição	458

PARTE III
DIREITO COMPARADO DO TRABALHO

Capítulo I

Introdução	**461**
1. Noção e importância do Direito Comparado	461

2. Unidade e diversidade dos sistemas jurídicos 461
3. Direito Comparado do Trabalho 462
4. Quadros comparativos de Direitos Laborais 463
5. Quadro comparativo de Reformas Trabalhistas 486

Capítulo II

Sistema romano-germânico 489

1. Formação 489
2. Características 489
3. Análise comparativa 490
4. Direito do Trabalho 490

Capítulo III

Sistema da "common law" 492

1. Formação 492
2. Características 492
3. Análise comparativa 493
4. Direito do Trabalho 494

Capítulo IV

Sistema socialista 495

1. Formação 495
2. Características 495
3. Análise comparativa 496
4. Direito do Trabalho 497

Capítulo V

Sistemas africanos 499

1. Formação 499
2. Características 499

3. Análise comparativa	500
4. Direito do Trabalho	500

Capítulo VI

Sistemas de base religiosa 502

- A) Muçulmano 502
  - 1. Formação 502
  - 2. Características 502
  - 3. Análise comparativa 502
  - 4. Direito do Trabalho 503
- B) Hindu 504
  - 1. Formação 504
  - 2. Direito do Trabalho 505

Capítulo VII

Sistemas do Extremo Oriente 506

- A) China 506
  - 1. Formação 506
  - 2. Características 506
  - 3. Análise comparativa 506
  - 4. Direito do Trabalho 507
- B) Japão 507
  - 1. Formação e características 507
  - 2. Direito do Trabalho 508

Capítulo VIII

Direito internacional do trabalho 510

- 1. Objeto e finalidades 510
- 2. Meios 510
- 3. Fundamentos 510

4. A Organização Internacional do Trabalho (OIT) 511
5. Instrumentos 512
6. Deliberações da Conferência Internacional do Trabalho............................ 512
7. Convenções 514
8. Mecanismos de Controle da OIT.. 514
9. Interpretação do direito interno à luz do direito internacional 515
10. Lista das Convenções da OIT e ratificações pelo Brasil 518

Índice remissivo 525

Bibliografia recomendada 541

PARTE I
Direito do Trabalho

Capítulo I

Noções gerais

1. O trabalho humano

"O homem nasce para trabalhar como a ave para voar" (Job 5,7). O trabalho é algo *natural ao homem*: não consiste num castigo decorrente de uma queda original, mas constitui uma *participação do homem na obra criadora*, desenvolvendo todas as potencialidades que o mundo traz em si (*"Deus tomou o homem e o colocou no jardim do Éden para que o cultivasse e guardasse"* – Gên. 2,15). Apenas o esforço que o trabalho traz consigo – o suor do rosto – poderia ser atribuído a essa queda original (cf. Gên. 3,19). Daí que o trabalho tenha sempre ocupado um lugar central, junto com a família, em volta do qual as pessoas organizam suas vidas e são conhecidas. Na tradição bíblica, o duplo mandamento dado por Deus ao criar o homem e a mulher – *"Crescei e multiplicai-vos, enchei a terra e dominai-a"* (Gên 1, 28) – configura sua dupla *vocação natural, a familiar e a profissional,* a exigir também a busca de equilíbrio entre os dois âmbitos de desenvolvimento humano.

O *trabalho* pode ser definido como toda ação humana, realizada com dispêndio de energia física ou mental, acompanhada ou não de auxílio instrumental, dirigida a um fim determinado, que produz efeitos no próprio agente que a realiza, a par de contribuir para transformar o mundo em que se vive.

Nos primórdios da humanidade, há 150 mil anos atrás (considerada a datação do surgimento do *homo sapiens*), a atividade humana dirigiu-se ao *extrativismo vegetal* (coleta dos frutos que a terra dava espontaneamente), seguido da *caça* e da *pesca*, com o auxílio de instrumentos que eram fabricados especialmente para esse fim. A *revolução neolítica,* ocorrida há 10 mil anos antes de Cristo, supôs o assentamento das populações nômades, mediante o desenvolvimento da *agricultura* e da domesticação de animais (pecuária).

Desde esses primeiros tempos, o trabalho foi elemento de *cooperação* entre os homens, para a consecução dos objetivos comuns. Com o aumento da complexidade das tarefas a serem desenvolvidas, dá-se início à *divisão social do trabalho,* em que cada grupo passa a se ocupar de um determinado conjunto de tarefas (mediante *especialização*), conduzindo à crescente *interdependência* dos homens.

Mas a par da cooperação, surge também a *disputa* e a *subordinação* espontânea ou forçada de uns em relação aos outros. A *escravidão* constituiu, na Antiguidade, a condição considerada natural daqueles que deveriam se dedicar aos trabalhos físicos, na produção de alimentos e bens de que a sociedade necessitava. Os prisioneiros de guerra adquiriam essa condição, sendo considerados coisas e não sujeitos de direito. Na Grécia antiga, cabia aos escravos o trabalho servil, ficando o cidadão liberado do esforço físico para se dedicar ao pensamento (filosofia) e governo da *polis* (política).

O advento do *cristianismo* vem a recordar a dignidade original do homem, como pessoa, que não se compatibiliza com o regime da escravidão. Assim, a Idade Média será marcada por nova relação entre o trabalhador e o senhor ao qual se subordina, que será o regime da *servidão*: trabalho livre do *servo da gleba*, que fica ligado à terra e fornece parte da sua produção ao *senhor feudal*, em troca de proteção.

Desenvolve-se também, nesse período, o trabalho artesanal nas cidades, organizado em torno das *corporações de ofício*, no qual os mestres ensinam e assalariam os aprendizes, numa tradição familiar que passa de pai para filho.

O sistema de produção manufatureira foi profundamente modificado pela *Revolução Industrial*, ocorrida em meados do século XVIII, que, com as máquinas a vapor e as máquinas de tecelagem, potenciou o esforço humano, introduzindo a linha de montagem e a produção em larga escala. Os frutos da produção passam a ser divididos entre o empresário, proprietário das máquinas, e o operário, que as opera com o seu esforço pessoal: é a divisão entre o *capital* e o *trabalho*. Caberá ao *Direito* estabelecer o que, por *justiça*, corresponde a cada um, sabendo-se que, por decorrer diretamente do esforço humano, ao trabalho corresponde a *primazia* entre os fatores da produção.

2. Direito e Justiça

Mas, afinal de contas, *o que é o Direito? O que é a Lei? O que é a Justiça?* Por que devo obedecer à lei? De onde provém a força vinculante da norma jurídica? A balança da Justiça depende da espada para se fazer valer? Qual o papel do juiz na administração da Justiça? Há algum critério para estabelecer com justiça o direito de cada um? E como compor os conflitos sociais, distribuindo com justiça os frutos da produção entre o capital e o trabalho, harmonizando assim as relações laborais?

O jurisconsulto *Ulpiano* (170-228) dizia que o *Direito* era a *ciência do justo e do injusto*. Com efeito, é pela *reflexão sobre a injustiça* que se chega ao que é o justo: somente quando somos despojados de nossos direitos é que percebemos como se sentem aqueles que têm seus direitos violados.

Dizia *Aristóteles* (384-322 a.C.) que, para conhecermos qualquer coisa, deveríamos perguntar-nos por suas *causas*. Tanto que definia *ciência* como o *conhecimento certo pelas causas*. Conhecer as causas de uma coisa é conhecer a coisa em sua essência. Para o filósofo grego, todas as causas poderiam ser reduzidas a *quatro*:

CAUSA	PERGUNTA	SIGNIFICADO
Material	Do quê?	Qual a matéria com a qual a coisa foi feita
Formal	O quê?	Qual a concepção que se teve ao fazer a coisa
Eficiente	Quem? De onde?	Quem fez a coisa
Final	Para quê? Para onde?	Qual a finalidade da coisa

Em relação à *Justiça*, poderíamos perguntar-nos: qual a sua *finalidade*? Encontramos a resposta em *Isaías 32, 17*: "*Opus iustitiae pax*" ("A obra da justiça é a paz" – dístico colocado na bandeira do TST). O objetivo primordial da Justiça é *pacificar a sociedade*: solver os conflitos sociais.

Mas como se consegue resolver os conflitos sociais? Em que consiste a pacificação da sociedade? Encontramos a resposta em *Ulpiano* (Digesto, I, 1, 10): a justiça é *dar a cada um o que é seu* ("*suum cuique tribuere*"). Essa é sua *causa formal*. Só se consegue pacificar a sociedade quando se dá a cada um o que é seu, ou seja, o seu *direito*, fazendo com que todos estejam com suas *necessidades satisfeitas*, conscientes da distribuição justa que há dos bens da terra. Na seara trabalhista, trata-se da *justa distribuição dos frutos da produção entre o trabalho e o capital*.

E a *causa material* da Justiça? Qual o *objeto* da Justiça? Se a causa formal da Justiça é dar a cada um o que é seu, então, o objeto da Justiça, sua causa material, é precisamente o *direito* de cada um: aquilo que deve ser dado a cada um para que esteja satisfeito e não rompa a paz para consegui-lo.

Finalmente, quem promove a Justiça? Qual a *causa eficiente* da Justiça? O jusfilósofo francês *Michel Villey* (1914-1988) diz que esta é a atividade por excelência do *juiz*: pacificar a sociedade, resolvendo os conflitos que nela surgem, mediante a deliberação de a quem corresponde o direito em cada caso concreto.

Também o *legislador* deve ser considerado como causa eficiente da Justiça, pois cria a *norma de conduta*, estabelecendo em tese os direitos e obrigações de cada um; mas é o *juiz* que, efetivamente, *distribui a justiça*, determinando em cada caso concreto a quem pertence o bem da vida em disputa. Daí que à atividade judicante se denomine *prestação jurisdicional*: "jurisdição" vem do latim *juris dicere*, que significa *dizer o direito*. Nesse sentido, pode-se dizer que o legislador é causa eficiente *a priori* (e de forma abstrata) e o juiz é causa eficiente a *posteriori* (e de forma concreta) da justiça.

Com isso, podemos estabelecer o seguinte *quadro gráfico*:

Causas da Justiça	
Material	O Direito (*suum jus*)
Formal	Dar a cada um o que é seu (*tribuere*)
Eficiente	O Juiz (*iudex*) e o Legislador (*legislator*)
Final	A Paz Social (*pax*)

A causa material da Justiça é o Direito: a Justiça está em se dar a cada um o *seu direito* (*suum jus*).

O *Direito* pode ser definido como a *legítima relação de pertinência* entre um *bem* e uma *pessoa*. Daí dizer-se que a pessoa tem "direito" a este ou àquele bem.

Ora, como saber qual o direito de cada um? Qual o critério para dizer que este bem pertence a esta pessoa e não a outra? Estamos diante da questão mais fundamental do Direito, que é a do *fundamento da ordem jurídica*.

A *ordem jurídica* é o *conjunto das normas* que regem a vida social em determinada comunidade politicamente organizada, pautando as *relações entre as pessoas* pelo binômio "direito-dever", no qual a cada direito de uma parte corresponde o dever da outra e vice-versa.

Quanto ao embasamento do ordenamento jurídico, já os gregos reconheciam apenas *dois fundamentos* para se dizer que um bem pertence a determinada pessoa e que há a obrigação de respeitá-lo por parte das demais pessoas:

a) a **natureza** (*physis*) – é o substrato primordial para a atribuição de bens a qualquer pessoa, dizendo respeito ao simples fato de possuir a *natureza humana*, da qual deriva a noção de pessoa (fundamenta os direitos mais básicos do ser humano, que são os direitos à *vida*, à *liberdade* e à *igualdade*, já que sem a vida não há base para atribuição de quaisquer outros bens à pessoa);

b) as **convenções** (*nomos*) ou *contrato social* – substrato dos bens atribuídos às pessoas mediante o *acordo de vontades*, que vincula ao cumprimento da palavra dada (engloba a imensa maioria dos direitos que são usufruídos pelas pessoas), como no caso do *trabalho humano*, que gera o direito à contraprestação remuneratória, conforme o acordado entre as partes.

Esses dois fundamentos – o natural e o convencional – consubstanciam o que denominamos de *Direito Natural* e de *Direito Positivo*.

3. Direito Natural e Direito Positivo

a) Direito Natural

O primeiro fundamento da ordem jurídica é o *Direito Natural*. Direito que *decorre da natureza das coisas*. Engloba os *direitos humanos fundamentais*, ou seja, aqueles que são *condição de existência* da pessoa humana. Segundo S. *Tomás de Aquino*, são eles passíveis de captação experimental e paulatina, ao longo da história, o que explica a *evolução no seu reconhecimento*, consubstanciando os chamados direitos de 1ª, 2ª e 3ª gerações:

Geração	Papel do Estado	Direitos Fundamentais	Ênfase
Primeira	abstenção do Estado e respeito	vida, liberdade, propriedade	Liberdade
Segunda	prestação positiva do Estado	igualdade, saúde, educação, trabalho	Igualdade
Terceira	promoção das condições mínimas	paz, segurança, meio ambiente	Fraternidade

Ao longo da *História* foram se *desenvolvendo diferentes concepções de Direito Natural*, com posturas diametralmente opostas algumas delas quanto ao fundamento da ordem jurídica e ao que seja natureza humana (haveria dificuldade, para muitos, em definir o seu conteúdo):

ESCOLAS DE DIREITO NATURAL		
CORRENTES	**FILÓSOFOS**	**CONCEPÇÕES**
Sofista Naturalista	Hípias (450-400 a.C.) Antifonte (445-395 a.C.) Trasímaco (440-395 a.C.) Cálicles (445-395 a.C.)	O natural seria a **prevalência dos mais fortes** sobre os mais fracos. O "dever ser" se confundiria com o "ser" instintivo. A lei seria a imposição do interesse dos fracos sobre os fortes, indo contra a desigualdade natural entre os homens.
Teológica	Sócrates (469-399 a.C.) Platão (427-347 a.C.) S. Agostinho (354-430) Francisco Suarez (1548-1617)	A lei natural seria a **Vontade de Deus**: "*Quem obedece às leis obedece a Deus*". Virtude como perfeição pessoal e não como habilidade retórica. Justiça como ordenação da sociedade segundo a razão divina (**modelo ideal a ser imitado**). Lei humana adequada à lei divina (Mandamentos como Aliança de Deus com o Homem: Deus "manda" e o homem "legisla").
Experimental	Aristóteles (384-322 a.C.) S.Tomás de Aquino (1221-1274) Johannes Messner (1891-1984) Michel Villey (1914-1988) Javier Hervada (1934)	A lei natural constitui o "dever ser" do homem que **decorre da natureza humana** (a natureza está ordenada finalisticamente, servindo como "norma"): núcleo básico dos direitos humanos fundamentais, captado experimentalmente pela razão (pela observação dos fins existenciais do ser humano) e paulatinamente positivado (por meio do debate dialético sobre suas concretizações), coincidindo com o decálogo revelado; Justiça como uma virtude (hábito de dar a cada um o que lhe corresponde).
Estoica	Zenão de Cítio (333-262 a.C.) Cícero (106-43 a.C.) Sêneca (5 a.C.-65 d.C.) Epicteto (55-138) Marco Aurélio (121-180)	Existe uma comunidade universal dos seres racionais, todos **iguais**, submetidos à mesma **lei natural** (não existe diferença entre grego e bárbaro, livre e escravo; daí não se justificar que a lei positiva faça distinção entre os homens).
Clássica	T. de Campanela (1568-1639) Hugo Grócio (1583-1645) Samuel Pufendorf (1632-1694) John Locke (1632-1704) Christian Tomasius (1665-1728) Montesquieu (1689-1755)	**Toda lei positiva deriva da lei natural**: haveria uma regra de conduta natural e perfeita para cada situação humana. Os contratos seriam feitos pela reta razão, que deduziria dos princípios do Direito Natural a conduta correta para cada caso concreto. Representa a **laicização** do Direito Natural (fundamento na natureza humana, mas com a razão sendo o instrumento cognitivo).
Conceitualista	Georg Puchta (1797-1846)	"Genealogia dos Conceitos": dedução, a partir dos **princípios gerais** de Direito Natural, de todas as regras de conduta, mediante a lógica formal.
Idealista	S. Thomas More (1478-1535) Rudolf Stammler (1856-1938) Gustav Radbruch (1878-1949) Giorgio Del Vecchio (1878-1970)	O Direito Natural seria o "sentido do justo": um **ideal de Justiça** nunca concretizado efetivamente (o conteúdo do Direito Natural não seria passível de fixação concreta, evoluindo progressivamente). Direito Natural de conteúdo variável.

Intuicionista	John Finnis (1940) Baruch Brody (1943-2018)	Os princípios básicos da ordem jurídica seriam **princípios-evidentes** ("self-evident"), apreendidos intelectualmente por meio da **intuição** do justo.
Personalista	Lon Fuller (1902-1978)	Parte da concepção de homem como ser racional, relacional, livre e responsável ("The Morality of Law"). O Direito deve estabelecer regras racionais às quais o homem se submete por entender seu propósito de tornar pacíficas e amistosas as relações sociais (**jusnaturalismo procedimental**). Para isso o ordenamento jurídico deve ser pequeno, claro e forte.

O *Direito Natural*, correspondendo à lei da natureza (mas natureza humana racional), possui algumas *características* que o conformam:

- **Limitação** – não abrange toda a ordem jurídica, mas alberga apenas o núcleo mais reduzido dos direitos humanos fundamentais e os princípios jurídicos mais gerais;
- **Decorrência da natureza humana** – fundamentação no modo de ser e de se comportar do homem;
- **Captação experimental** – fixação dos direitos humanos fundamentais por meio da observação do comportamento humano;
- **Universalidade** – existência de padrões objetivos que transcendem o tempo e o espaço no que concerne ao modo de agir propriamente humano.

Em relação aos *direitos humanos fundamentais*, não é o Estado que os outorga, mas apenas os *reconhece* como ínsitos à pessoa humana. Assim, relativamente a esses direitos, não há que se falar em *natureza constitutiva* do direito em decorrência de sua inclusão na *Constituição* de um país, mas em *natureza declaratória* dos atos que os elencam, reconhecendo-se algo que preexiste ao Estado. Assim, eles têm sido objeto de **declarações**, como:

- **Declaração de Independência Americana** (1776), na qual se diz que "os homens são criados iguais e são dotados por seu Criador de direitos inalienáveis, entre os quais se encontram a vida, a liberdade e a busca da felicidade";
- **Declaração dos Direitos do Homem e do Cidadão** (1793), formulada na Revolução Francesa;
- **Declaração Universal dos Direitos Humanos** (1948), formulada pela ONU.

Na **Declaração da OIT sobre os Princípios e Direitos Fundamentais no Trabalho** (1998) se chegou a um *denominador comum mínimo* em relação ao qual não se podem garantir condições dignas de trabalho (princípios admitidos por todos os países que são membros da Organização Internacional do Trabalho, ainda que não ratifiquem nenhuma de suas convenções):

- eliminação de todas as formas de *trabalho forçado ou obrigatório* (trabalho escravo);

- abolição efetiva do *trabalho infantil*;
- eliminação da *discriminação* em matéria de emprego e ocupação;
- liberdade de associação e *liberdade sindical*, com o reconhecimento efetivo do direito à *negociação coletiva*.

b) **Direito Positivo**

A *segunda fonte* de direitos são os *contratos*. Aqui, o termo "contrato" é usado no seu sentido mais amplo: o *acordo de vontades* que gera *obrigações*. O fundamento mais elementar de todas as obrigações está estampado num dos princípios mais antigos e universais do Direito: *pacta sunt servanda* (os pactos devem ser cumpridos). Para *Kelsen* (1881-1973), essa seria a *norma hipotética fundamental*, extrajurídica, de fundamentação de todo o ordenamento jurídico (estruturado em forma de pirâmide, com a *Constituição* no ápice, dela decorrendo as *leis*, os *decretos*, as *portarias* e demais normas jurídicas).

Ao Direito concretizado em *leis* promulgadas pelo Parlamento ou outro órgão legiferante se convencionou chamar de *Direito Positivo*.

O paradigma do *positivismo jurídico* foi *Hans Kelsen* com a sua "Teoria Pura do Direito", na qual pretendeu dar ao Direito (como *Comte* à Filosofia) a mesma certeza das Ciências Exatas, depurando-o de qualquer conteúdo ético, filosófico ou político: o *Direito Puro*.

A *evolução do positivismo*, desde os seus mais remotos precursores até as correntes que desembocaram na esfera do Direito, segue o quadro gráfico abaixo:

POSITIVISMO		
CORRENTES	**FILÓSOFOS**	**CONCEPÇÕES**
Voluntarista	Duns Scoto (1266-1308) G. de Ockham (1280-1349)	A lei seria uma **decisão voluntária e arbitrária** de Deus (lei divina) ou do imperador (lei humana), não havendo de se falar numa natureza humana comum aos homens (nominalismo), já que só têm existência os indivíduos concretos.
Idealista	Immanuel Kant (1724-1804)	Avessa à metafísica (que confunde com uma explicação teológica do direito) e ao empirismo (que rejeita, por considerar inviável extrair dos costumes locais uma regra universal), busca no **dever moral** (*sollen*) o fundamento do direito (imperativo categórico): a condição de possibilidade da moral seria a **liberdade**, e para **maximizá-la** é que surgem as regras jurídicas (paradoxalmente restringindo-a). O que importa não são as regras concretas (matéria), mas o fundamento de seu cumprimento (forma), que é a **promessa** feita entre as partes (direito privado) que, **publicizada** (direito público), passa a ser obrigatória para todos, **independentemente de seu conteúdo** (obediência cega à norma).

Positivismo	Auguste Comte (1798-1857)	Busca superar as explicações teológicas ou metafísicas para os fenômenos, substituindo-as pelas **explicações positivas**, fundadas na experimentação.
Imperativismo	John Austin (1790-1859) Georg Jellinek (1851-1911)	O direito seria um **ato de mandamento** do legislador, combinado com a ameaça de uma **sanção** (a coercibilidade seria o fundamento de obrigatoriedade do direito e a lei, um ato de vontade do governante: não se obedeceria às leis, mas à pessoa do legislador, havendo mudança de ordenamento jurídico com a mudança do soberano).
Formalismo Normativista	Max Weber (1864-1920)	As **leis** são **decisões humanas**, fruto de uma relação de **dominação**, que pode ser: a) **tradicional** (soberano); b) **carismática** (líder); ou c) **legal-racional** (parlamento também dominado por lideranças). **Direito = Poder** (Estado com o monopólio do uso legítimo da força). As **decisões judiciais** são conclusões de **silogismos perfeitos** (dada a completude do ordenamento jurídico), em que a lei é a premissa maior e o caso concreto é a premissa menor (**previsibilidade** e segurança jurídica que haveria até no sistema da *common law*, em que a dedução lógica seria substituída pela analogia com os precedentes semelhantes). **Neutralidade axiológica** (direito racional formal).
Neopositivismo Lógico	Ludwig Wittgenstein (1889-1951)	Pretendeu dar à filosofia o **rigor matemático**, reduzindo toda a filosofia à lógica formal, pela estruturação da linguagem.
Positivismo Jurídico	Hans Kelsen (1881-1973) H. L. A. Hart (1907-1994) Norberto Bobbio (1909-2004)	Busca dar ao Direito a certeza das Ciências Exatas, **purificando-o de elementos metajurídicos** (excluir do direito a noção do justo e qualquer conteúdo ético). Estruturar toda a ordem jurídica numa pirâmide, com a Constituição no ápice, escalonando as leis, decretos e portarias, do topo à base (a "common law" seria um sistema casuístico e, por isso, ilógico) através de **regras de reconhecimento da validade das normas**, segundo procedimentos e autoridades competentes para a criação do direito. A **segurança jurídica** adviria da certeza da regra válida (e a insegurança estaria ligada à pretensão de se discutir a justiça da norma). Diferença entre "*explicar*" a ordem jurídica (o que é a lei, o direito, a justiça) e "*compreender*" a mesma (quais as intenções e valores do legislador e juiz): a Ciência do Direito só se interessa pela primeira.
Decisionismo	Carl Schmitt (1888-1985)	O fundamento da ordem jurídica é apenas a **decisão do legislador** (poder discricionário); o Estado, sendo totalitário, tem a norma como expressão da vontade do Líder; num Estado democrático, a norma é a vontade do partido dominante, que vê os que dele não fazem parte como inimigos (enquanto a metafísica divide o mundo em verdadeiro e falso; a ética, entre bons e maus; a estética, entre belos e feios; a política o divide entre amigos e inimigos).

Neopositivismo Jurídico	Ronald Dworkin (1931-2013) Gustavo Zagrebelsky (1943) Carlos Santiago Nino (1943-1993)	O direito é um **fato interpretativo**. O **legislador cria** livremente o direito (conveniência política). O **juiz aplica** a lei, devendo interpretá-la em consonância com o **passado** (o direito seria como um "romance" feito a muitas mãos, com cada capítulo sendo escrito por um autor diferente, devendo guardar **coerência** com o enredo já desenvolvido até então). Trata-se do **princípio da integridade**: ainda que não sendo as mais justas, as decisões já tomadas devem ser mantidas e reproduzidas, para dar **segurança** ao sistema (**postulado da coerência**).
Neoconstitucionalismo	Robert Alexy (1945) Gustavo Zagrebelsky (1943) Carlos Santiago Nino (1943-1993)	Constatação do **choque de princípios e direitos fundamentais** na Constituição, com a necessidade de **ponderação**, por parte do Judiciário, sobre quais os que prevalecem em cada situação e momento, através dos princípios da **razoabilidade e proporcionalidade**, para afastar, *hic et nunc*, a aplicação de um princípio em favor de outro de maior importância para o caso concreto, levando-se em conta a adequação entre meios e fins. O principal princípio a ser ponderado é o da **dignidade da pessoa humana**. Não importa tanto a vontade do constituinte, mas aquela do juiz intérprete da norma.

Ora, no afã de total *purificação do Direito*, até confundi-lo com a *Lei*, fazendo das duas palavras sinônimos, o *Positivismo Jurídico* se esqueceu do conteúdo de *justiça* que a norma deve albergar. Os horrores dos campos de concentração nazistas, revelados ao final da *Segunda Guerra Mundial*, mostraram aonde se pode chegar fundamentando a ordem jurídica apenas na vontade da maioria e na lei positiva, marcando o ocaso, na Europa, dessa Escola de Pensamento Jurídico: no *Julgamento de Nuremberg*, os líderes nazistas escudaram-se no cumprimento da lei alemã, votada por um Parlamento legalmente eleito, e só puderam ser condenados com base no reconhecimento de um *Direito Suprapositivo*, calcado na *Lei Natural*, segundo o qual constituiriam *crimes contra a humanidade* aqueles praticados pelo regime nazista, mediante a guerra de conquista, a esterilização em massa e a eliminação dos judeus.

A *evolução do positivismo jurídico que desemboca no neoconstitucionalismo* apenas transfere a força do Direito da *vontade divina* para a *vontade humana*, e da *vontade do legislador* para a *vontade do juiz* que interpreta a Constituição e as leis, servindo de fundamento para o denominado *ativismo judiciário*.

c) **Contratualismo**

Para o *contratualismo* puro, todo o *poder emana do povo* (*Montesquieu* – 1689-1755), e a lei é fruto do *consenso social*, parametrizado pela *vontade da maioria* (*Rousseau* – 1712-1778).

A *premissa puramente teórica* da qual partem os juscontratualistas é a da existência de um *estado pré-social* da humanidade (o "estado de natureza"), superado pelo *contrato social* firmado tacitamente pelos homens, dando origem ao Estado como ente corporificador da sociedade politicamente organizada.

Desde as mais remotas às mais modernas teorias contratualistas, podemos elencá-las no seguinte quadro gráfico:

CONTRATUALISMO		
CORRENTES	**FILÓSOFOS**	**CONCEPÇÕES**
Sofista Convencionalista	Protágoras (481-411 a.C.) Crítias (440-390 a.C.) Jâmblico (250-330)	Sendo o **homem** a **medida de todas as coisas**, nega-se qualquer fundamento natural ou divino à legislação, que é fruto da **vontade política dos membros da sociedade**, partindo-se da **igualdade** entre todos os homens (democracia). Os deuses seriam apenas figuras imaginadas para fazer os homens cumprirem as leis.
Epicurista	Epicuro (341-270 a.C.)	O único fim visado pela natureza é o **prazer**. A justiça consiste em realizar as condições para a obtenção do prazer. E a condição essencial seria a **segurança** (garantia contra a violência e o perigo). Assim, o direito seria uma **convenção utilitária** com o objetivo de não se prejudicar mutuamente, causando ou sofrendo dor (já que o objetivo da vida é o prazer).
Empirista	Thomas Hobbes (1588-1679)	O **homem** seria **mau por natureza** e a constituição do Estado se daria como **forma de evitar a luta de todos contra todos**. Cada um abriria mão de parte de sua liberdade, em favor da segurança geral. Visão de um **estado pré-social**, superado pelo acordo legitimador das leis. A partir daí o governante eleito ou aceito poderia dirigir a sociedade com mão de ferro (**absolutismo**), gerando o monstro do Estado-Leviatã.
Iluminista	J. J. Rousseau (1712-1778)	O **homem** seria **bom por natureza** e é a sociedade que corrompe o homem. Para **potenciar suas atividades**, o homem firmou o **contrato social**, passando a viver em sociedade, que lhe dita as leis.
Tópica e Dialética	Theodor Viehweg (1907-1988) Chaïm Perelman (1912-1984) H. G. Gadamer (1900-2002)	Retorno à **tópica, dialética e retórica** aristotélicas, como formas alternativas e mais flexíveis de solução das questões jurídicas, em face da insuficiência do método lógico formal propugnado como o único válido pelo juspositivismo. Os *tópicos* (ou lugares comuns, **aceitos socialmente**) seriam princípios gerais ou máximas que serviriam de orientação para solução dos casos difíceis (*hard cases*), não previstos em lei. A **dialética**, como arte da argumentação, considera os vários argumentos em relação a determinada questão.
Neocontratualismo	Jurgen Habermas (1929) John Rawls (1921-2002) Niklas Luhman (1927-1998)	A **verdade** seria fruto do diálogo intersubjetivo e do **consenso da maioria**, estabelecendo as leis (ética da discussão). A maioria não erraria (condições ideais de diálogo). A Justiça seria a **imparcialidade** nas decisões, através do 1º consenso quanto às regras do processo legislativo e depois o 2º consenso sobre as próprias leis. A **solenidade do procedimento** de tomada de decisões legitimaria as decisões contrárias à parte vencida (**justiça meramente processual**).

Numa visão moderna, o antigo "contrato social" é substituído pelo "princípio democrático" da prevalência da *vontade da maioria* no que concerne ao estabelecimento das normas jurídicas que nortearão o convívio social.

Ora, o *contratualismo* constitui fundamento insuficiente para embasar todo o ordenamento jurídico, na medida em que nem todas as regras de convívio em sociedade são fruto do consenso social ou decorrem da vontade popular. A maior parte delas, efetivamente, por ser amparada no *acordo de vontades* (direto ou mediante a democracia representativa), mas desse consenso não participam os *direitos humanos fundamentais,* por decorrerem da própria natureza humana e da dignidade da pessoa humana.

d) **Historicismo Sociológico**

Para alguns jusfilósofos, a lei deve apenas *retratar a realidade social*, sem qualquer juízo de valor quanto à sua conveniência ou não. O "dever ser" corresponde ao "ser" da sociedade em cada lugar e época. Adota uma tônica eminentemente *relativista*. Trata-se de corrente iniciada com a denominada "Jurisprudência Sociológica", conforme retratada no quadro abaixo:

HISTORICISMO SOCIOLÓGICO		
CORRENTES	**FILÓSOFOS**	**CONCEPÇÕES**
Idealista	G. W. F. Hegel (1770-1831)	Pela dialética, supera-se a oposição entre sujeito e objeto, sintetizando-os no **direito**, que é a **objetivação da liberdade** do sujeito. O direito seria a liberdade enquanto ideia, que se vai **desenvolvendo historicamente** (cada grau de desenvolvimento da liberdade terá o seu direito).
Historicista	Von Savigny (1799-1861)	**Primado do costume** de cada sociedade em cada época como fonte do direito.
Materialismo Histórico	Karl Marx (1818-1883) Eugène Pasukanis (1891-1936) Andrei Vychinsky (1883-1954)	O **direito** constitui apenas uma **superestrutura** dependente da infraestrutura econômica e que se manifesta como **instrumento de dominação** de uma classe sobre outra (ditadura da burguesia ou do proletariado). Pela teoria da **mais valia** e pelo reconhecimento da **propriedade privada**, o trabalhador é espoliado dos frutos de seu trabalho. Numa futura sociedade comunista sem classes, haveria a extinção da propriedade privada, do direito e do Estado.
Direito Livre	François Gény (1861-1938) H. Kantorowicz (1877-1940)	Rejeitando o monopólio positivista da lei como fonte do direito, sustenta o **pluralismo das fontes do direito** (lei, costumes, jurisprudência, doutrina etc.). Contra o modelo silogístico da interpretação do direito, sustenta a livre pesquisa científica e a **livre interpretação** da norma, de forma a suprir as lacunas e solver as ambiguidades e antinomias da lei (papel do **juiz** como **criador** do direito).

Sociológica	R. von Ihering (1818-1892) Eugen Ehrlich (1862-1922) Roscoe Pound (1870-1964) Leon Duguit (1859-1928) Philipp Heck (1858-1943)	A **mudança social** como elemento de transformação do direito (**jurisprudência sociológica**). É o "Direito Vivo" que brota espontaneamente da sociedade ("law in action" em vez da "law in books") e deve ser aplicado pelos tribunais. A **jurisprudência dos interesses** visa a detectar quais os interesses em conflito na sociedade e avaliar como compô-los na solução judicial dos conflitos (juiz como adjunto do legislador). Pretende substituir a lógica formal ("reason") pela experiência histórica e social ("experience"). O direito seria tanto um meio de **controle social** quanto o resultado de um **processo social** de positivação das normas que nascem nas organizações sociais. Não existiriam direitos subjetivos, mas apenas o **direito objetivo**, com **função social** (obrigações fundadas no princípio da **solidariedade**).
Realista	Axel Hägerström (1868-1939) Karl Llewellyn (1893-1962) Felix Cohen (1907-1953) J. Chipman Gray (1839-1915)	O direito diz respeito exclusivamente às **vantagens** que cada indivíduo tira das normas jurídicas e se materializa, mais do que nas leis (abstratas), nas **decisões judiciais** (que as concretizam), que são **escolhas arbitrárias dos juízes**, nas quais as regras e os conceitos jurídicos (pelo seu grau de indeterminação) não passariam de **modelos** (*patterns*) para orientar as sentenças. As noções de justiça, direitos subjetivos, obrigações ou responsabilidade seriam desprovidas de sentido (metafísicas). Nas decisões judiciais, seria difícil distinguir a *ratio decidendi* (verdadeiro fundamento racional) dos *obiter dicta* (outras razões aduzidas pelo julgador), sendo o juiz influenciado por suas **condicionantes sociais, econômicas, éticas** e **políticas**.
Institucionalista	Maurice Hauriou (1856-1929) Santi Romano (1857-1947) Georges Gurvitch (1894-1965)	**Pluralismo jurídico**: a sociedade é composta de **várias instituições** (grupos sociais com poder organizado em vista a um fim a realizar), dentre as quais o Estado (instituição das instituições, mas sem exclusividade como ordenamento jurídico), todas produtoras de Direito, que convivem entre si (igrejas, empresas, sindicatos, partidos políticos, associações, universidades etc.). Âmbitos diversos de regulação da vida social (independentes, coordenados ou subordinados). Haveria, portanto, **pluralismo de fontes normativas** e **pluralismo de ordenamentos jurídicos**.
Axiológica	Max Scheler (1874-1928) Miguel Reale (1910-2006)	A Ética e o Direito estão fundados em **valores** que radicam na própria realidade das coisas (objetivos), sendo mais bem ou menos bem captados pelos indivíduos e sociedades ("Teoria Tridimensional do Direito", em que o legislador valora o fato e edita a norma). O princípio jurídico supremo seria a **dignidade da pessoa humana**.

Neoinstitucionalista	Ota Weinberger (1919-2009) Neil MacCormick (1947-2009)	Numa postura antijusnaturalista, que pretende compor o positivismo com o contratualismo e o realismo, coloca a base do direito nos **fatos institucionais**, fundados em convenções, onde a norma jurídica englobaria dois sentidos: o **descritivo** (causalidade – o ser da realidade social) e o **normativo** (motivação – o dever ser almejado pelo legislador e juiz).
Desconstrutivista	Michel Foucault (1926-1984) Jacques Derrida (1930-2004)	O direito não seria, como se pretende, um antídoto à força, mas, pelo contrário, uma **instância de repressão**. Assim, as regras jurídicas seriam apenas **técnicas de dominação**: uma "violência sem fundamento". Vê o direito como um edifício a destruir, mas não propõe nada que o substitua, mormente por negar qualquer base metafísica ou racional para o direito (bases que devem ser destruídas).
Economicista	Richard Posner (1939)	Partindo da concepção antropológica de que o homem é um **maximizador autointeressado das próprias preferências**, o Direito seria o garantidor daquilo que for **mais interessante e vantajoso economicamente para a sociedade**, adotando-se uma neutralidade moral (visão político-pragmática).

O problema das *correntes historicistas e sociológicas* no campo da fundamentação e legitimação da ordem jurídica é o de propiciarem a confusão entre a *realidade fática* da existência de determinado *costume* na sociedade (que lhe pode ser nocivo) e a *realidade jurídica* de merecer a *positivação legislativa* (tornando-o tolerável ou até obrigatório).

Para essas correntes, a *lei* não é o mais importante, mas sim o *costume*, que deve ser valorizado pela *jurisprudência*, dando o *conteúdo* à norma.

4. Segurança jurídica e ativismo judiciário

Desde a promulgação da *Magna Carta* em 1215, limitando os poderes do rei inglês pelos seus barões, a *segurança jurídica* como elemento essencial da vida em sociedade se estriba no *governo das leis, e não dos homens*. Ou seja, substitui-se a vontade arbitrária do monarca ou do tirano pela vontade democrática dos representantes do povo reunidos no *Parlamento*.

Posteriormente, a teoria de *Montesquieu* sobre a tripartição dos Poderes do Estado, de modo a que *o poder controle o poder*, colocou o *Poder Judiciário* como o aplicador da lei aos casos concretos, tarefa que antes também era exercida pelo monarca.

O *juiz*, nesse contexto, é o *intérprete da lei*, dando completude e vida ao ordenamento jurídico legal, na medida em que é impossível ao legislador prever antecipadamente todas as situações conflituosas que podem surgir na sociedade. No entanto, interpretar *não é criar direito novo*, mesmo quando se esteja suprindo as lacunas da lei, pois a regra de direito poderá ser extraída de outras normas, por analogia, ou dos princípios gerais do direito.

Modernamente, fenômeno que tem gerado *insegurança jurídica* na sociedade é o denominado *ativismo judiciário*, caracterizado pela assunção, por parte dos juízes, de *atividades próprias do Poder Legislativo e do Poder Executivo*, extrapolando os limites de sua atividade própria de Poder Judiciário.

O professor canadense *Ran Hirschl* (1963), em sua obra *Rumo à Juristocracia* (2004), analisa o fenômeno, desde suas causas, passando por seu desenvolvimento e consequências, chegando a propor soluções para o problema. De um lado, a generalização de *Constituições mais analíticas*, com extenso rol de direitos garantidos, aumenta a *judicialização* das questões sociais; de outro, os *políticos*, diante de questões mais complexas e delicadas frente a seus eleitorados, preferem não enfrentá-las, permitindo que os *juízes* os substituam na conformação do ordenamento jurídico. A substituição das leis pelas decisões judiciais tem o efeito nocivo de gerar *insegurança jurídica*, na medida em que a *lei é unívoca* e fundada na *vontade popular*, enquanto, nas decisões judiciais, *"cada cabeça uma sentença"*, sendo exaradas por *técnicos* e sujeitas a demorada e incerta uniformização. A solução para o dilema seria, como ocorre em muitos países, a *autocontenção* do Poder Judiciário, evitando a invasão na seara legislativa.

As *notas características* do *ativismo judiciário* podem ser assim descritas:

- desejo de uma maior *protagonismo* do juiz na solução dos problemas sociais, não apenas como intérprete da lei, mas como seu criador;
- tomada prévia da decisão e posterior fundamentação, com discurso mais ou menos consistente, naquilo que se convencionou chamar de *voluntarismo jurídico*;
- fundamentação decisória de caráter *mais sentimental do que racional*, lançando-se mão de *princípios*, e de baixa densidade normativa, para justificar a imposição de obrigações não previstas em lei e que têm conteúdo econômico ou comportamental concreto, sendo o *princípio da dignidade da pessoa humana* o mais comumente invocado;
- invocação do *neoconstitucionalismo* para justificar a substituição da vontade do constituinte pela vontade do juiz intérprete da Constituição, de modo a conformar a Carta Política aos reclamos da sociedade atual (batendo de frente com o *constitucionalismo clássico*, segundo o qual a Constituição é justamente a preservação, no tempo, dos valores, ideais e princípios que uma determinada sociedade politicamente organizada elegeu para a reger, e que foram explicitados pelo constituinte originário ou derivado);
- geração de *insegurança jurídica* na sociedade e de *desarmonia* entre os Poderes, acirrando, em vez de compor, os conflitos sociais.

Se, por um lado, o *Direito Natural* é a segurança do cidadão quanto a um ordenamento jurídico *justo* frente ao *Direito Positivo* que consagre leis contrárias aos direitos humanos fundamentais, por outro, é a lei positiva a segurança maior da sociedade frente ao *Ativismo Judiciário* que, muitas vezes, atropelando as normas constitucionais e legais, impõe obrigações e comportamentos atentatórios à natureza das coisas e à vontade majoritária da nação, externada por seus representantes eleitos.

Em suma, a ordem jurídica tem como fundamentos:

- **natureza das coisas** – quanto aos *direitos humanos fundamentais* (primários);
- **contrato social** – quanto aos *demais direitos* (secundários), levando-se em consideração a *positivação* do pacto social por meio das leis e de sua interpretação, bem como atentando às *circunstâncias históricas e sociais*;
- **separação dos poderes** – quanto à forma de se reger uma sociedade (questão procedimental), com o *Poder Legislativo* criando as normas jurídicas (como representante de toda a nação), o *Poder Executivo* governando sob o império das leis (como representante da *maioria* que o elegeu) e o *Poder Judiciário* interpretando as leis com respeito à vontade do Constituinte (uma vez que não representa nem a nação nem a maioria da população, mas constitui-se em *órgão técnico* de aplicação e integração da lei), garantindo-se, assim, a *segurança jurídica* ao cidadão.

5. Surgimento do Direito do Trabalho no mundo

Atentando para as circunstâncias históricas e sociais do Direito do Trabalho, temos que o movimento em defesa do trabalhador tem sua origem mais remota nas *Corporações de Ofício* das cidades medievais (associações de artesãos que regulamentavam toda sua atividade, com controle de preços, salários, quantidades produzidas e especificações das mercadorias, evitando os abusos que poderiam advir da livre concorrência).

A *Revolução Industrial* (transformação dos antigos métodos de produção artesanal para as novas técnicas de mecanização e especialização em linha de produção) e a reação humanista (que buscava a garantia da dignidade humana no trabalho industrial) fizeram eclodir a *questão social* (embate entre o capital e o trabalho). A questão social floresceu no século XIX, quando se acentuou o empobrecimento dos trabalhadores, em face da insuficiência competitiva com as indústrias que despontavam, impactando a agricultura (provocando o êxodo rural) em razão dos novos métodos e atingindo a família, uma vez que as mulheres e os menores foram a grande mão de obra mobilizada pela indústria.

Com o advento da Revolução Industrial, surge a figura do *proletário*: trabalhador que presta serviços em jornadas extremamente longas, variando de 14 a 16 horas, que habita em condições desumanas, geralmente próximo ao local de trabalho, não possui oportunidade de desenvolvimento intelectual, gera prole numerosa e ganha salário insuficiente.

A indignidade do trabalho subordinado baseava-se em excessivas jornadas de trabalho, na exploração de mulheres e menores, no alto índice de acidentes de trabalho, nos baixos salários, na constante insegurança quanto à mantença do trabalho e na fixação das condições de trabalho exclusivamente pelos patrões. Como referido, o número excessivo de acidentes de trabalho e de enfermidades afastava os trabalhadores do labor, sendo que, durante o período de afastamento, não recebiam salário ou qualquer ajuda do empregador.

Nos moldes do *liberalismo econômico*, caberia às forças do mercado ditar o que seria devido ao empresário e ao trabalhador, predominando a ideia do individualismo. Já na Revolução Francesa despontava a Lei *Le Chapelier* (de 14 de julho de 1791), segundo a qual a negociação entre patrão e empregado deveria se dar de igual para igual, declarando a eliminação de toda espécie de corporação de ofício, sendo que chega-se a afirmar que a liberdade individual de trabalho no direito francês teve sua origem nesse diploma. No entanto, essa lei repelia o direito de associação, influenciando fortemente, por consequência, na existência dos sindicatos. Nesse contexto, o Direito Civil vigorava, de formação liberal-individualista, que não tinha resposta ao fato novo, ou seja, à relação empregatícia, pois adotava o modelo bilateral, onde trabalhadores e empregadores eram tomados como indivíduos singelos.

O liberalismo econômico exacerbado degenerou em *capitalismo selvagem* (exploração do trabalho pelo capital, com jornadas de 14 horas de trabalho, nas piores condições, em busca do aumento de lucro das empresas), cujos rebentos foram o *movimento sindicalista* (associação dos trabalhadores como meio principal de defesa de seus direitos) e o *movimento comunista* (coletivização dos meios de produção e dirigismo estatal da economia).

Os trabalhadores entenderam que o modelo que propunha a sua posição como sujeitos singelos não atendia à realidade que se firmava, uma vez que o empregador sempre foi um ser coletivo, já que suas decisões e vontades detonavam uma série de consequências que envolviam um amplo universo de trabalhadores, afetando até mesmo a comunidade local. Do surgimento da consciência de ser coletivo por parte dos trabalhadores, desponta a ideia do movimento sindical.

No princípio, o movimento sindical foi considerado ilegal, e as associações de trabalhadores, criminosas. Posteriormente, a união de trabalhadores em defesa de seus interesses tornou-se lícita e foi o que impulsionou o Estado a *intervir* na luta travada entre o capital e o trabalho, legislando sobre os direitos dos trabalhadores.

O *Direito do Trabalho* surgiu, concomitantemente, da luta dos trabalhadores pelo reconhecimento da dignidade do trabalho humano, das condições em que se deve desenvolver e do que lhe corresponde em termos de retribuição pelo esforço produtivo, bem como de iniciativas como as do Papa Leão XIII de dedicar uma encíclica à questão social, a *Rerum Novarum* (1891), conclamando as autoridades civis e o empresariado a ofertarem condições dignas de trabalho ao operariado.

No que se refere à *normatização* do Direito do Trabalho no mundo, podemos destacar 3 grandes *fases*:

1ª) **Normas Protetivas Mínimas para Mulheres e Menores** e **Reconhecimento dos Sindicatos** – promulgação do *Peel's Act* (1802), na Inglaterra, que tratava basicamente de normas protetivas de menores contra a exploração desumana a que eram submetidos, e do *Trade Unions Act* (1871), reconhecendo a legalidade das uniões de trabalhadores em defesa de seus direitos.

2ª) **Constitucionalização e Internacionalização do Direito do Trabalho** – com o final da Primeira Guerra Mundial e a criação da Organização Internacional do Trabalho (OIT), pelo Tratado de Versalhes (1919), os direitos e garantias dos trabalhadores passam a integrar o rol dos direitos sociais inseridos no bojo das Constituições de diversos países do mundo (movimento denominado *Constitucionalismo Social*). As primeiras são as Constituições do México (1917) e da União Soviética (1918), ambas calcadas em revoluções de cunho laicista, seguidas por outras de inspiração cristã (*Rerum Novarum*), como as Constituições da República de Weimar, na Alemanha (1919), da Iugoslávia (1921) e Chile (1925). Nesse contexto surge a *Carta Del Lavoro*, na Itália (1927), que inspirou nosso modelo trabalhista brasileiro.

3ª) **Globalização e Crise do Emprego** – abrange o período que se situa entre o final da década de 70 do século XX e o momento atual. Esse período é influenciado fortemente pela crise do petróleo, crescimento da inflação e agravamento do déficit fiscal dos Estados, redundando em uma expressiva redução dos postos de trabalho (avanço tecnológico que substitui homens por máquinas), trazendo a lume novas formas laborativas, como o teletrabalho, o *home office* e a terceirização generalizada, chegando-se a colocar em cheque a própria ideia de trabalhador empregado, com o conflito ideológico entre aqueles que pugnam pela manutenção intacta de todo o arsenal normativo de proteção ao trabalhador empregado e aqueles que se colocam como arautos de uma nova ordem que dispensaria a intervenção estatal castrativa da contratação formal e comprometedora da competitividade internacional.

6. Direito do Trabalho no Brasil

No Brasil, não há como se falar em Direito do Trabalho antes da *extinção da escravatura*, em 1888, por meio da *Lei Áurea*. Portanto, enquanto o mundo vivia uma transformação, no que se refere ao mundo laboral, desde o início do século XIX, no Brasil essa transformação só começou a ocorrer no final desse século. Destacam-se as seguintes *fases*:

1ª) **Fase Embrionária** (1888-1930) – a relação empregatícia surge no segmento agrícola e cafeeiro de São Paulo e no setor de serviços do Rio de Janeiro e São Paulo. Neste período surgem algumas normas trabalhistas que tocam tangencialmente na chamada questão social e que tratam da proteção dos menores, dos ferroviários, das férias. Surge a Lei de Falências, que trata dos privilégios dos créditos trabalhistas e são criados os Tribunais Rurais no Estado de São Paulo e, no âmbito do Ministério da Agricultura, Indústria e Comércio, o Conselho Nacional do Trabalho (1923).

2ª) **Fase da Consolidação** (1930-1988) – neste período surge intensa atividade administrativa e legislativa, inclusive com a Consolidação das Leis do Trabalho, em

1943. São contempladas seis grandes áreas: a administração federal, através da criação do Ministério do Trabalho, Indústria e Comércio, em 1930 e do Departamento Nacional do Trabalho, em 1931; criação das Comissões Mistas de Conciliação e Julgamento, em que só poderiam demandar os integrantes do sindicalismo oficial; a estruturação do sistema previdenciário, através da ampliação e reformulação das antigas Caixas de Aposentadorias e Pensões, sendo que em 1931 houve a primeira grande reforma previdenciária; destaca-se a legislação profissional e protetiva; são implementadas ações com vistas à redução da participação do trabalho estrangeiro no Brasil, com a Lei de Nacionalização do Trabalho, em 1930. Os efeitos desse período se estendem até 1988, trazendo as condições viabilizadoras do amplo regramento esculpido na Carta Constitucional.

A *CLT* não constituiu uma simples compilação do direito preexistente, mas revelou-se verdadeira *codificação do direito do trabalho*, tendo como *fontes materiais*, na memória do Min. *Arnaldo Süssekind* (1917-2012), membro da comissão elaboradora, basicamente as seguintes:

a) os *pareceres* dos Consultores *Oliveira Viana* (1883-1951) e *Oscar Saraiva* (1903-1969) do MTIC, nos processos que lhes eram submetidos sob a forma de avocatória das decisões das Juntas de Conciliação e Julgamento, constituindo jurisprudência administrativa, quando aprovados normativamente pelo Ministro do Trabalho;

b) as *teses* aprovadas no *1º Congresso Brasileiro de Direito Social*, realizado em São Paulo de 15 a 22 de maio de 1941, para comemorar o cinquentenário da Encíclica *Rerum Novarum*, coordenado pelo Prof. *Cesarino Júnior* (1906-1992) presidido por *Getúlio Vargas*, que contou com mais de 500 participantes, divididos em 8 comissões, com 115 teses aprovadas;

c) as *convenções e recomendações da OIT* (Organização Internacional do Trabalho), que desde sua fundação, em 1919, vinha internacionalizando as normas de proteção ao trabalhador;

d) os *princípios* da Doutrina Social Cristã, insculpidos na Encíclica *Rerum Novarum* do Papa *Leão XIII* (1810-1903), considerada a *Carta Magna da Justiça Social*.

3ª) **Fase da Expansão** (1988-2017) – caracteriza-se por avanços e retrocessos, uma vez que reflete a crise e transição do Direito do Trabalho, vivenciados na Europa desde fins da década de 70, trazendo a lume a nova questão social no Brasil. A Constituição de 1988 trouxe o maior avanço já experimentado na evolução jurídica do direito laboral no Brasil, a ponto de se falar em verdadeira *"celetização"* da Constituição em matéria de direitos sociais. No entanto, a expansão do rol dos direitos trabalhistas trouxe consigo o seu próprio dilema: redução de postos de trabalho e aumento da economia informal. Este período é marcado pela democratização, em contraposição às tentativas de desarticulação do ramo trabalhista, e pela discussão em torno aos limites da intervenção do Estado no domínio econômico para efeito de regulamentação das condições de trabalho (maior ou menor rigidez ou flexibilização das normas legais; maior ou menor autonomia negocial trabalhista).

4ª) **Fase do Balanceamento** (a partir de 2016) – após 13 anos de governo do Partido dos Trabalhadores, no qual a ampliação de direitos trabalhistas se fez especialmente pela via jurisprudencial, chegou-se a uma crise econômica de grandes proporções, levando o novo governo (Presidente Temer) a promover o ajuste fiscal (EC nº 95/16), e reformas previdenciária (PEC nº 287/16) e trabalhista (Lei nº 13.467/17), respaldada por decisões do Supremo Tribunal Federal revendo decisões da Justiça do Trabalho, no sentido de se balancear melhor a aplicação da legislação trabalhista na composição dos conflitos laborais, prestigiando mais a negociação coletiva (para alguns seria o período da *desconstrução* do Direito do Trabalho, pela flexibilização da legislação trabalhista). A reforma da previdência (EC nº 103/19) e a legislação mantenedora dos contratos de trabalho durante a pandemia da Covid-19, com aporte federal (Leis ns. 13.979 e 14.020/20), foram implementadas pelo governo Bolsonaro.

7. Doutrina Social Cristã

Desde os primórdios da "Questão Social", a Igreja Católica esteve atenta aos problemas e vicissitudes pelos quais passavam os trabalhadores, tendo o Papa Leão XIII escrito a Encíclica *Rerum Novarum* (1891), que se constituiu num marco da Doutrina Social Cristã, verdadeira Carta Magna do trabalhador.

Em sua esteira, foram editadas outras encíclicas sociais que atualizaram a mensagem original, enfrentando os novos problemas que surgiam com o avanço histórico da sociedade industrial: *Quadragesimo Anno* (1931) e *Divini Redemptoris* (1937) de Pio XI, *Mater et Magistra* (1961) e *Pacem in Terris* (1963) de João XXIII, *Populorum Progressio* (1967) e *Octogesima Adveniens* (1971) de Paulo VI, *Laborem Exercens* (1981) e *Centesimus Annus* (1991) de João Paulo II, *Caritas in Veritate* (2009) de Bento XVI e *Laudato Si* (2015) de Francisco.

Foram exemplo do esforço cristão de promoção social do trabalhador, desde os primórdios da Revolução Industrial, merecendo ser lembrados, o empresário francês *Léon Harmel* (1829-1915) e os deputados franceses *Albert de Mun* (1841-1914) e *René La Tour du Pin* (1834-1925), responsáveis pelas primeiras leis garantidoras de direitos trabalhistas, no sentido da limitação da jornada de trabalho e da garantia de um salário justo ao empregado. O precursor da *Rerum Novarum*, influenciando diretamente o Papa Leão XIII na sua confecção, foi o Cardeal alemão *Von Ketteler* (1811-1877), com seus escritos, diretrizes pastorais e sermões. E não pode ser olvidado o esforço singular de atrair o proletariado emergente da Revolução Industrial para ideais mais elevados, desenvolvido pelo sacerdote belga *Jos Cardijn* (1882-1967), fundador da *Juventude Operária Cristã*, que se espalhou pelo mundo inteiro.

A diretriz básica da Doutrina Social Cristã, que ilumina todas as demais orientações nesse campo, é a da *primazia do trabalho sobre o capital*, uma vez que todo trabalho tem o homem como fim: o trabalho é para o homem e não o homem para o trabalho.

Assim, o homem não pode ser considerado simplesmente como um dos fatores da produção, como mão de obra que merece remuneração, tanto quanto o capital investido, os equipamentos alugados ou as terras arrendadas.

Os documentos do Magistério da Igreja, desde a *Rerum Novarum*, sempre serviram de norte para as sucessivas Constituições dos mais diversos países do mundo, nutrindo a parte social dessas Cartas Políticas no que diz respeito aos direitos básicos do trabalhador, em face da dignidade da pessoa humana.

Os *princípios básicos* que plasmam a Doutrina Social Cristã (tendo por referência primária o Evangelho e a Encíclica *Rerum Novarum*) no campo do trabalho são:

a) **Princípio da Dignidade da Pessoa Humana** (*Rerum Novarum,* 11) – a *pessoa humana* tem uma dignidade essencial, por ser criada à *imagem e semelhança de Deus*, em *igualdade natural* entre homem e mulher (Gn 1,27), estando acima de qualquer outra criatura material, razão pela qual não pode ser tratada como objeto ou mercadoria. Constitui o fim último da sociedade, que a ela está ordenada: não pode ser instrumentalizada para projetos econômicos, sociais ou políticos. Com a evolução da sociedade e a divisão do trabalho em diferentes espécies de atividades, as *relações* entre aqueles que gerenciam o trabalho e aqueles que são gerenciados podem ser de conflituosidade (luta de classes), mas de *concórdia*, pois todos são filhos de Deus e gozam da mesma dignidade.

b) **Princípio do Bem Comum** (*Rerum Novarum,* 19-20) – sendo o bem comum "o conjunto daquelas condições da vida social que permitem aos grupos e a cada um dos seus membros atingirem de maneira mais completa e desembaraçadamente a própria perfeição" (Constituição Apostólica *Gaudium et Spes*, 26), deve ser buscado como meta pela sociedade politicamente organizada que é o Estado. Assim, o objetivo do Estado não é apenas buscar "a máxima felicidade do maior número" (Bentham), mas conseguir que "todos" possam atingir seus fins existenciais.

c) **Princípio da Destinação Universal dos Bens** (*Rerum Novarum*, 3-7) – "Deus destinou a terra, com tudo que ela contém, para o uso de todos os homens e de todos os povos, de tal modo que os bens criados devem bastar a todos, com equidade, segundo a regra da justiça, inseparável da caridade" (Constituição Apostólica *Gaudium et Spes*, 69). O *direito à propriedade privada* não é absoluto, mas deve atender à sua *função social* (responsabilidade social pelos pobres e mais necessitados), estando *subordinado à destinação universal dos bens* (que não se confunde com o domínio comum de todos os bens). O reconhecimento do direito à **propriedade privada**, por sua vez, atende a **razões**:

- **jurídicas** – é o meio jurídico mais apto para *garantir o pacífico e ordenado desfrute dos bens da terra por parte de todos* e atribuir a cada um o domínio sobre uma parcela determinada desses bens;
- **econômicas** – é o meio mais eficaz para *garantir a solicitude e o interesse necessários para fazer render os bens* e estimular a capacidade produtiva, favorecendo o sentido da responsabilidade pessoal (interesse pessoal na produção);

- **políticas** – é o meio de *garantir a liberdade individual frente ao Estado*, evitando-se que o indivíduo tivesse que fazer o que o Estado quisesse para poder obter os bens necessários à sua sobrevivência.

d) **Princípio da Subsidiariedade** (*Rerum Novarum*, 8 e 21-22) – o Estado não deve fazer aquilo que podem e devem fazer as *pessoas* e os *grupos sociais menores*, como as famílias, as escolas, as associações, os sindicatos etc. (deve *coordenar, proteger, apoiar, incrementar e incentivar a iniciativa privada,* suprindo suas deficiências e retirando-se quando os grupos menores já promovem diretamente essas iniciativas, pois, do contrário, o *paternalismo estatal sufocaria a liberdade e autonomia individual e a originalidade da iniciativa pessoal*). "Assim como é injusto subtrair aos indivíduos o que eles podem efetuar com própria iniciativa e indústria, para confiar à coletividade, do mesmo modo passar para uma sociedade maior e mais elevada o que sociedades menores e inferiores podiam conseguir é uma injustiça, um grave dano e perturbação da ordem social. O fim natural da sociedade e da sua ação é coadjuvar os seus membros e não destruí-los nem absorvê-los" (Pio XI, Encíclica *Quadragesimo Anno*, 79).

e) **Princípio da Dignidade do Trabalho Humano** (*Rerum Novarum*, 15) – a *pessoa* é o parâmetro da dignidade do trabalho. "A finalidade do trabalho, de todo e qualquer trabalho realizado pelo homem – ainda que seja o trabalho mais humilde de um 'serviço' e o mais monótono na escala do modo comum de apreciação e até o mais marginalizador – permanece sempre sendo o próprio homem" (João Paulo II, Encíclica *Laborem Exercens*, 6). "Hoje, mais do que nunca, trabalhar é um trabalhar com os outros e um trabalhar para os outros: torna-se cada vez mais um fazer qualquer coisa para alguém" (João Paulo II, Encíclica *Centesimus Annus*, 31). A *encarnação do Verbo* (Deus assume a natureza humana) e o fato de Jesus Cristo (Filho Unigênito de Deus) ter escolhido *trabalhar* e numa *profissão humilde*, de carpinteiro, mostra a dignidade do trabalho humano, como *participação do poder criador de Deus*, e da dignidade de toda e qualquer profissão, intelectual ou manual. O trabalho do homem passa a ser *caminho de perfeição* humana (transformação própria e do mundo) e cristã (santificação pessoal). O Papa **João Paulo II** faz menção a essa expressão em seu livro "A Fé da Igreja" (1979): "Podemos responder a esta pergunta com a expressão, tão feliz e já tão familiar a gentes de todo o mundo, que Mons. Escrivá de Balaguer difundiu desde há tantos anos: santificando cada um o próprio trabalho, santificando-se no trabalho e santificando os demais com o trabalho" (1979). Ou seja:

- **santificar o trabalho** é realizá-lo com a maior perfeição técnica possível, oferecendo essa obra a Deus (o trabalho *in facto esse*, enquanto produto acabado que sai das mãos do trabalhador);
- **santificar-se no trabalho** é adquirir as virtudes intelectuais e morais que aperfeiçoam a própria pessoa (o trabalho *in fieri*, enquanto vai sendo realizado, deixando marcas na pessoa do trabalhador, de experiência profissional e aperfeiçoamento moral);
- **santificar os demais por meio do trabalho** é encarar o trabalho fundamentalmente como serviço aos outros e meio de aproximar as pessoas de Deus.

f) **Princípio da Primazia do Trabalho sobre o Capital** (*Rerum Novarum*, 12-13) – partindo do pressuposto de que o trabalho humano tem uma *dimensão objetiva* (conjunto de atividades, recursos, instrumentos e técnicas de que o homem se serve para produzir bens e serviços; a obra realizada) e uma *dimensão subjetiva* (agir dinâmico do homem, transformando a terra, com os instrumentos do trabalho de que dispõe; as virtudes que o trabalhador adquire ao trabalhar), o princípio norteador das relações laborais é o de que *a dimensão subjetiva do trabalho deve ter preeminência sobre a objetiva*: o trabalho, pelo seu caráter subjetivo ou pessoal, é superior a todo e qualquer outro fator de produção, em particular no que tange ao capital. Entre capital (causa instrumental) e trabalho (causa eficiente) deve haver uma **complementaridade** (necessidade da justa retribuição a cada um desses fatores da produção), com a possibilidade de participação dos trabalhadores na propriedade, gestão e frutos do capital. Os dois principais pontos de conflituosidade entre o capital e o trabalho seriam a *remuneração* e a *jornada de trabalho*: que haja uma retribuição justa ao trabalho humano (levando em conta inclusive as condições familiares do trabalhador) e a garantia do devido descanso (o domingo como repouso festivo deve ser garantido).

g) **Princípio da Solidariedade** (*Rerum Novarum*, 31-36) – como *princípio geral*, implica que os homens cultivem uma maior consciência do débito que têm para com a sociedade em que estão inseridos (pelo patrimônio cultural, científico, tecnológico, material e espiritual que lhes foi transmitido) e em relação às pessoas que a compõem (pela ajuda que delas receberam), *retribuindo com o seu trabalho e serviço em prol da comunidade*, na perspectiva da caridade para com o próximo, que transcende a mera justiça. Como *princípio específico laboral*, representa o direito dos trabalhadores de se unirem, formando *associações e sindicatos*, com a finalidade de defender seus interesses vitais, através de meios pacíficos, dentre os quais se apresenta como recurso legítimo (e inevitável em algumas circunstâncias) o *direito à greve*.

h) **Princípio da Proteção** (*Rerum Novarum*, 27-29) – que determina a *intervenção do Estado* para estabelecer os *limites de jornada de trabalho* e as *condições da prestação de serviços*, para evitar a exploração do trabalhador em detrimento de sua saúde física e mental, a par de garantir-lhe a justa retribuição pelo esforço despendido. A *mulher* e a *criança* devem gozar de uma tutela especial da lei, para que a jornada e a forma da prestação dos serviços sejam adequadas à sua compleição física.

A visão cristã sobre o **trabalho humano** é fundamentalmente *otimista* (não calcada na origem etimológica da palavra "trabalho", do latim *tripalium*, como instrumento de tortura, mas arrimada no termo latino *operatio*, de realização de uma obra). Santo **Agostinho** (354-430), nesse sentido, distingue **quatro momentos** característicos das *condições* nas quais se realiza o *trabalho humano*, apontando para a esperança na redenção pelo trabalho realizado em união com Deus e em serviço dos homens:

a) **condição paradisíaca** (cf. "De Genesi contra Manichaeos", II,5,6; "De Genesi ad litteram", VIII, 8) – no paraíso do Éden, logo após a criação e antes da queda original, o trabalho era especialmente honroso e não fatigante (*operatio illa laudabilior laboriosa non erat*), pois na tranquilidade da vida feliz, na qual não existe a morte, todo trabalho se reduz a custodiar o que se tem (*custodiret*), fluindo não da necessidade, mas da liberdade (*non erat laboris adflictio, sed exhilaratio voluntatis*), e se desenvolvendo no cultivo da terra em virtude de uma ação não dura ou penosa, mas grata e cheia de delícias (*per agriculturam non laboriosam sed deliciosam*);

b) **condição pós-lapsária** (cf. "Enarratio in Psalmum LXXXIII", 8) – depois do pecado original, o trabalho já não é para o homem a *operatio* gratificante, mas o "labor" fatigante, quer em função da terra (*ex terra*), que agora lhe produz espinhos e abrolhos, quer em função do próprio homem (*ex ipso homine*), cuja indigência já não permite um trabalho plenamente voluntário, mas decorrente da necessidade (*omnium actionum humanarum mater necessitas*);

c) **condição redimida** (cf. "De Opere Monachorum", c. 26, n. 35) – com a vinda de Cristo à terra, sua assunção da condição humana de trabalhador e a redenção do pecado que promoveu, morrendo por nós na Cruz, retirou do trabalho o caráter angustioso pelo futuro (*angor curarum*) e devolveu ao homem a serenidade de alma para trabalhar com tranquilidade (*tranquilitas animae*), ainda que permaneça a dificuldade e dureza do esforço, como resquício do pecado original (*labor membrorum*); e

d) **condição sabática definitiva** (cf. Epist. LV, 17) – o descanso eterno, no mundo novo que virá após a restauração de todas as coisas no final dos tempos, não será de mera passividade ou calma inoperante, mas de uma inefável tranquilidade na ação sossegada, realizando o louvor de Deus sem cansaço dos membros e sem angústia diante das preocupações e cuidados desta vida (*sine labore membrorum, sine angore curarum*).

8. Direito do Trabalho. Conceito

O *Direito do Trabalho* é o ramo do Direito que disciplina as relações de trabalho, tanto individuais como coletivas. Evolui conforme a maior conscientização sobre os benefícios que podem ser conferidos ao trabalhador, como força produtiva, sem comprometimento do nível econômico, que depende, igualmente, do estímulo ao investimento (capital). No Brasil, a Constituição Federal de 1988 assenta como fundamentos do Estado os *valores sociais do trabalho e da livre-iniciativa* (art. 1º, IV), deixando claro que o Direito do Trabalho e a Justiça do Trabalho terão como finalidade harmonizar *a priori* (o primeiro) e *a posteriori* (a segunda) as relações entre o capital e o trabalho.

Não obstante regular o contrato de trabalho, firmado entre particulares, o Direito do Trabalho é *ramo de Direito Público*, em face da indisponibilidade da maior parte de suas normas (2/3, segundo os arts. 611-A e 611-B da CLT), passíveis apenas de *flexibilização* através de negociação coletiva com o sindicato (art. 7º, VI, XIII, XIV e XXVI, da CF), uma vez que o trabalhador individual é a parte mais fraca no contrato, e o ordenamento jurídico trabalhista protege não apenas o trabalhador, mas o próprio *bem-estar social* como um todo. Podem ser classificadas como:

a) *de direito privado* – normas pertinentes exclusivamente ao contrato individual de trabalho;

b) *de direito público* – normas atinentes à tutela do trabalho, medicina e segurança do trabalho, inspeção do trabalho, organização judiciária do trabalho, conflitos do trabalho e processo do trabalho.

No Brasil, a Emenda Constitucional nº 45, de 30 de dezembro de 2004, ampliou a competência da Justiça do Trabalho, uma vez que passaram a ser objeto do Direito do Trabalho não apenas a *relação de emprego*, mas toda e qualquer *relação de trabalho*, inclusive com a administração pública direta e indireta (art. 114, I). Com isso, ter-se-ia verificado a conclusão do ciclo evolutivo de autonomia do Direito do Trabalho: tendo surgido, sob o prisma normativo, a partir da *locação de mão de obra* regulada no Código Civil de 1916 (arts. 1.216-1.236), adquiriu independência com a edição da CLT (1943) elencando os direitos trabalhistas próprios do *empregado*, até chegar à atração da própria *prestação de serviços* (CC de 2002) para a órbita do Direito Laboral, quando se tratar de prestação individual dos serviços.

No entanto, o STF, talvez preocupado com a guinada protetiva que se daria com a atração das controvérsias administrativas e do consumidor para a Justiça do Trabalho, que tutelaria preferencialmente o polo oposto da relação até então apreciada por outro ramo do Judiciário, acabou por diferenciar, dentro da relação de trabalho, para limitar às últimas:

a) a relação estatutária (com a administração pública) da relação contratual (com as empresas);

b) a relação de consumo (do profissional liberal ou autônomo) da relação de trabalho (em sentido amplo);

c) a relação previdenciária (inclusive nos casos de complementação de aposentadoria pelos institutos de previdência privada ligados a empresas) da relação laboral (limitada no tempo até sua conclusão pela jubilação do trabalhador).

A rigor, empregado, servidor público, profissional liberal, autônomo, avulso ou cooperado, todos são igualmente trabalhadores. Mas com essa restrição jurisprudencial, o campo de atuação do Direito do Trabalho e da Justiça do Trabalho ficou restrito, na prática, às relações de emprego ou de trabalho subordinado.

9. Divisões do Direito do Trabalho

a) *Direito individual do trabalho* – estuda as relações individuais de trabalho, com base nos *direitos laborais mínimos conferidos pela lei* e nos inseridos no contrato individual de trabalho. Abrange a maior parte das regras do ramo da ciência jurídica-laboral.

b) *Direito coletivo do trabalho* – estuda as relações coletivas de trabalho, baseadas na negociação coletiva entre patrões e empregados representados por suas entidades sindicais, gerando *instrumentos normativos* (acordos e convenções coletivas, contratos coletivos de trabalho e sentenças normativas), que acrescem ou flexibilizam os direitos laborais previstos em lei.

10. As sucessivas Revoluções Industriais

A Revolução Industrial representa a passagem de uma *produção artesanal* para uma *produção mecanizada*, com a invenção dos teares mecânicos na atividade têxtil e das máquinas a vapor na atividade de transporte, na Inglaterra, a partir da segunda metade do século XVIII.

No entanto, o desenvolvimento industrial não parou por aí, com o homem descobrindo e explorando *novas fontes de energia*, podendo-se falar em quatro revoluções industriais:

1ª Revolução Industrial – a partir da invenção das *máquinas a vapor*, da utilização do carvão como nova fonte de energia, e da *mecanização dos processos produtivos*, potencializando o trabalho humano (século XVIII).

2ª Revolução Industrial – a partir da descoberta da *eletricidade* e da utilização do *petróleo* como nova fonte de energia desenvolvendo-se os *motores de combustão* e surgindo as grandes indústrias, baseadas na *linha de produção* no modelo fordista (século XIX).

3ª Revolução Industrial – a partir da descoberta da *energia nuclear* no final da Segunda Guerra Mundial e do desenvolvimento da *eletrônica*, marcada pelos computadores, telecomunicações e da robótica, com máquinas operando automaticamente e substituindo o trabalho humano, no modelo flexível toyotista (século XX).

4ª Revolução Industrial – conhecida como *revolução digital*, pela digitalização de informações, desenvolvimento da rede mundial de computadores, interconexão de todas as etapas produtivas, em modelo de *cadeia produtiva* envolvendo diferentes empresas, e substituição de fontes não renováveis de energia por fontes alternativas, como *eólica, solar* e *geotermal*, com vistas a um desenvolvimento sustentável no planeta (século XXI).

O impacto das 3ª e 4ª Revoluções Industriais no mundo foi de tal ordem que tem levado historiadores a repensarem a divisão tradicional da História em 4 Idades (Antiga, Média, Moderna e Contemporânea), propondo, a partir dessas revoluções uma 5ª Idade, que seria a *Era Nuclear ou da Informática*, num *mundo globalizado*, em contraste com as civilizações isoladas que marcaram as Eras anteriores e que começaram a se relacionar a partir das grandes navegações da Era Moderna.

11. Globalização da economia

O mundo atual assiste ao fenômeno da *globalização da economia*, que consiste na abertura das economias nacionais ao mercado mundial, não tanto como uma opção, mas forçadas pela pressão da competitividade internacional.

Nenhum país é autossuficiente. Pela lei das vantagens comparativas, principalmente no campo da extração mineral ou da produção agrícola, a tendência mundial é a da *especialização* e da *dependência recíproca*.

A tônica de uma economia globalizada é a da *competitividade internacional*, em que o produto nacional deve competir no mercado interno com o produto estrangeiro, e vice-versa no mercado externo. Daí a necessidade de redução de custos e otimização da conjugação dos fatores produtivos.

Em seu livro *O mundo é plano* (2005), Thomas Friedman fala das três Globalizações pelas quais passou o mundo:

a) **1ª Globalização** – a partir de 1492, com *Cristóvão Colombo* buscando o caminho das Índias pelo Ocidente e descobrindo a América, e *Fernão de Magalhães* demonstrando que a terra é redonda, por sua viagem de *circunavegação* do Globo (globalização levada a cabo pelos *países*, no seu esforço de colonização de novos povos e territórios).

b) **2ª Globalização** – a partir de 1800, com a *Revolução Industrial*, com as *empresas multinacionais* interligando o mundo, na busca de mercados fornecedores de matérias-primas e consumidores de produtos industrializados.

c) **3ª Globalização** – a partir do ano 2000, com a integração dos *indivíduos* através da expansão da *internet*, levando a uma *terceirização globalizada* (repasse de serviços com menor valor agregado a profissionais de países onde os salários do mercado local são mais baixos e que podem ser prestados nesses países através da *internet*).

As principais *características* da "terceirização globalizada" são:

a) o repasse de tarefas mais braçais e repetitivas para fora do âmbito da empresa tomadora dos serviços;

b) o aproveitamento das diferenças de fuso horário para contratar o serviço a ser prestado em outras partes do mundo (trabalho pedido à noite e entregue pela manhã);

c) a possibilidade de realização do trabalho em casa (*homesourcing* ou "terceirização doméstica", trabalhando o empregado mais satisfeito);

d) o repasse da tarefa por computador ou telefone;

e) a redução dos custos em até 80% (em face do encontro de mão de obra barata, abundante e qualificada em países como a Índia e a China).

Essa Globalização de 3ª geração só foi possível com o desenvolvimento dos *personal computers* (1981), do sistema *windows* de interface com os computadores (1985), do *modem* para interligação entre computadores (1990), da *internet* como base de intercâmbio de documentos, textos, imagens e músicas entre PCs (1991), dos *browsers* (navegadores), para se poder, em escala mundial e pessoal (e não apenas local e empresarial), transmitir e trocar dados (1995), dos *softwares* livres com códigos-fonte abertos (1998), de sistemas de pesquisa *google* (2000), de mensagens instantâneas por celulares *whatsapp* (2009), fazendo com que tudo pudesse ser digitalizado, produzido e comercializado no sistema informatizado e nas cadeias de fornecimento, no qual o monitoramento chega ao ponto de a retirada de uma mercadoria na prateleira do supermercado gerar a sinalização imediata para a fabricação de mais uma unidade.

Na *Era da Informática*, a redução da participação do *setor agrícola* (primário) nos países desenvolvidos a apenas 10% da economia nacional, com 30% para o *setor industrial* (secundário), faz com que o *setor de serviços* (terciário) responda por cerca de 60% do PIB, sendo de todos o mais dependente da informática. Nele, a *competitividade empresarial* atingiu níveis tais que as respostas aos desafios do mercado são pautadas em segundos e a produção de materiais e serviços se desenvolve, no âmbito das empresas, nas 24 horas do dia durante os 365 dias do ano.

Nesse contexto, coloca-se o problema da oneração das empresas com excessivos *encargos tributários e trabalhistas*, repercutindo no preço final e tornando mais caro o produto nacional, que acaba por induzir as empresas a terceirizarem suas atividades, repassando as mais simples para serem feitas em países onde há mão de obra mais barata, fontes mais acessíveis de energia e mais segurança jurídica quanto às normas laborais e tributárias. Se, por um lado, a reserva de mercado ou a taxação das importações podia defender a indústria nacional (protecionismo), por outro, são mecanismos que favorecem o aumento da inflação pela falta de concorrência interna (cartéis), a par de não se compatibilizar com a criação dos espaços econômicos regionalizados (UE, Mercosul, Alca etc.) que visam à expansão das economias nacionais.

Assim, a globalização da economia como fenômeno atual, crescente e irreversível deve levar à busca de soluções realistas no campo das *relações de trabalho*, como um dos fatores da produção, soluções que passam pela redução dos encargos sociais indiretos, remuneração por participação nos lucros, aperfeiçoamento do fator humano, autogestão, regulação de novas modalidades contratuais (trabalho intermitente e por plataformas digitais) etc., pois os moldes tradicionais de excessivo protecionismo do direito do trabalho podem acabar conduzindo à dicotomia: maiores salários e maior desemprego.

A crise financeira mundial iniciada em 15 de setembro de 2008, provocada pela quebra de dois dos maiores bancos de investimento americanos e comparada à crise de 1929, com a quebra da Bolsa de Valores de Nova Iorque, mostra como as economias nacionais estão estreitamente interligadas, e o excesso de crédito e de benesses, quando não lastreado na produção real de bens e serviços, torna o sistema extremamente vulnerável. Aquilo que inicialmente parecia mera crise imobiliária norte--americana (pela hipoteca de imóveis para garantir os financiamentos bancários) acabou por se tornar uma crise mundial de confiabilidade nos bancos, com a necessidade de forte intervenção estatal (governos garantindo os depósitos bancários, para evitar a corrida aos bancos), que não impede a recessão, a contração do crédito, a redução do crescimento e o desemprego.

Em decorrência e como desdobramento dessa crise mundial iniciada com a derrocada dos bancos americanos, vários países europeus tiveram a sua economia seriamente atingida, o que os levou a buscar *empréstimos junto ao Fundo Monetário Internacional – FMI*, que, para concedê-los, impôs metas draconianas, como a *redução dos salários dos trabalhadores e dos direitos trabalhistas*, bem como o desmonte do Estado. A crise ampliou-se com o *endividamento público crescente norte-americano*, chegando a afetar a própria *China*, maior credora de títulos da dívida pública americana e *país de menor respeito aos direitos laborais*.

A *crise do Euro*, agravada pela moratória grega e pela retirada do Reino Unido da União Europeia, impondo ainda mais restrições aos países europeus que formam o bloco de moeda comum, trouxe um quadro sombrio em termos de desemprego e necessidade de medidas de flexibilização da legislação protetiva do trabalho. Em nosso país, esse quadro se mostrou particularmente grave a partir de 2015, como consequência de vários anos de governo marcado pelos escândalos de corrupção, prodigalidade em programas sociais e má gestão econômica, colocando o Brasil em situação de inflação alta, moeda desvalorizada, empresas fechando e desemprego subindo, o que desembocou na Reforma Trabalhista de 2017, para se chegar ao ponto de equilíbrio entre direitos laborais e garantias de empregabilidade e operacionalidade empresarial.

A *pandemia do Covid-19*, iniciada na China e atingindo todos os países do mundo especialmente nos anos de 2020 e 2021, com mais de 6 milhões de mortos no mundo e mais de 600 mil no Brasil, impactou fortemente a economia mundial, pelas políticas de *lockdown* para evitar transmissão da doença, com *aumento do desemprego, queda no PIB*, mas com o desenvolvimento e generalização do *homeoffice* e teletrabalho. No *Brasil*, a intervenção governamental para preservar empregos, mediante auxílio emergencial temporário, com suspensão de contratos e flexibilização maior dos direitos trabalhistas, foi essencial para a retomada plena da atividade econômica a partir de 2022.

De qualquer forma, a *evolução econômica mundial* aponta para um quadro de substituição paulatina do homem pela máquina, de terceirização maior de serviços, de ampliação do teletrabalho, de flexibilização maior das formas de contratação e realização do trabalho humano, devendo o Estado estar atento para dosar adequadamente os dois princípios básicos da *doutrina social cristã* aplicáveis às relações laborais: os princípios da *proteção* e da *subsidiariedade*. Ou seja, distinguir *quando deve intervir no domínio econômico e quando deve respeitar as opções dos agentes econômicos*, que são os trabalhadores e as empresas.

12. Rigidez e flexibilização das normas trabalhistas

No embate entre o capital e o trabalho, a tendência do *patrão* é exigir o máximo de rendimento produtivo com o mínimo de retribuição salarial, enquanto a intenção dos *trabalhadores* é obter o máximo de vantagens econômicas com o mínimo de esforço produtivo. O *Estado* intervém na relação, protegendo o hipossuficiente e estabelecendo as condições mínimas de trabalho e remuneração.

Constituindo o *Direito do Trabalho* uma paulatina conquista da classe trabalhadora, conscientização do setor empresarial e atuação reguladora do Estado, temos que, com o passar do tempo, há um aumento progressivo das vantagens outorgadas ou adquiridas pelos trabalhadores.

Do ponto de vista da empresa, a *ampliação da legislação trabalhista*, bem como a concessão de novos e maiores benefícios por meio de acordos, convenções ou dissídios coletivos, implica um *aumento progressivo dos encargos sociais* que, em alguns casos, pode comprometer o próprio êxito do empreendimento econômico.

Há quem sustente que a negociação coletiva só existe para a ampliação de direitos dos trabalhadores. Se fosse assim, sabendo-se que ela ocorre anualmente entre sindicatos e empresas, teríamos, em meio século, salários astronômicos para jornadas laborais mínimas. Nenhuma empresa, setor produtivo ou país aguenta tal crescimento contínuo dos encargos laborais.

Assim, a necessidade de *flexibilização* das normas trabalhistas coloca-se tanto nos períodos de crise na economia como em decorrência do progresso tecnológico, que torna supérflua parte da mão de obra empregada. Nesses períodos, verifica-se a impossibilidade prática de as empresas arcarem com todos os ônus trabalhistas, sob pena de perderem competitividade no mercado internacional, numa economia globalizada, sendo que a *rigidez* do Direito do Trabalho, como elemento protetivo do polo mais fraco na relação laboral, pode conduzir à desagregação dos fatores produtivos: a falência da empresa acarreta prejuízo não somente ao empresário, mas também ao trabalhador, que perde sua fonte de sustento.

A melhor imagem sobre o dilema *"rigidez × flexibilização"* da legislação trabalhista é a do que protege efetivamente o operário da construção civil: o capacete de plástico acolchoado e flexível ou um capacete de aço rígido? O primeiro pode rachar, mas assimila o golpe de um vergalhão que caia na cabeça do trabalhador; o segundo fica intacto, mas o impacto se transmite à cabeça do trabalhador e é este quem morre ou fica inválido. *Legislação flexível representa proteção real; legislação rígida representa proteção fictícia*. Uma preserva empregos; a outra apenas outorga indenizações, que não satisfazem.

No Brasil, a Constituição Federal de 1988, no intuito de combater o desemprego, adotou a *flexibilização*, sob a *tutela sindical*, quanto às seguintes normas:

a) redutibilidade salarial (art. 7º, VI);

b) jornada de trabalho (art. 7º, XIII);

c) trabalho em turnos ininterruptos de revezamento (art. 7º, XIV).

A flexibilização representa a *atenuação da rigidez protetiva do Direito do Trabalho*, com a adoção de *condições trabalhistas menos favoráveis do que as previstas em lei, mediante negociação coletiva*, em que *a perda de vantagens econômicas poderá ser compensada pela instituição de outros benefícios, de cunho social*, que não onerarão excessivamente a empresa, nos períodos de crise econômica ou de transformação na realidade produtiva. Assim, o patrimônio jurídico do trabalhador não seria afetado, em face das *vantagens compensatórias* conferidas.

A flexibilização tende ao ideal de restringir a intervenção do Estado no campo trabalhista, passando-se ao sistema da *auto-regulamentação* das relações laborais, pelas próprias partes interessadas, por meio da negociação coletiva. Tal ideal vai sendo atingido com um sindicalismo forte, extensivo a todos os ramos produtivos, quando ao poder econômico patronal (sobre os salários) pode opor-se, em igualdade de condições, um poder sindical obreiro (sobre a prestação de serviços), de modo que tal poder de barganha, alcançado pela união dos trabalhadores, torne equilibrado o diálogo entre patrões e empregados.

Falacioso é o argumento, esgrimido por muitos, de que o sindicalismo brasileiro ainda é fraco e depende fundamentalmente dessa tutela estatal judicial no que tange a um controle mais rígido e generalizado da produção de normas convencionais. Se, por um lado, não se pode falar em sindicalismo imaturo num país que já elegeu por duas vezes um sindicalista para Presidente da República, por outro, a não responsabilização dos sindicatos pelos acordos e convenções coletivas que firmam é mantê-los eternamente na imaturidade.

Assim, a flexibilização do Direito do Trabalho *não significa precarização* dos direitos trabalhistas, mas prestigiar a *negociação coletiva*, em consonância com as *Convenções 98 e 154 da OIT*. O discurso do *direito adquirido*, que torna mais rígido o sistema protetivo laboral, tem servido apenas para manter mais ou menos protegido o contingente de trabalhadores com empregos formais. No entanto, mantém na informalidade mais de 50% da força de trabalho no Brasil. E a tendência, em períodos de crise econômica e financeira como as atravessadas pelo Brasil, é de haver menos proteção real quanto mais proteção legal se prometer.

Sob o *prisma jurisprudencial*, enquanto o TST tem uma visão bastante restritiva da autonomia negocial coletiva e ampliativa do conceito de indisponibilidade de direitos, anulando sistematicamente cláusulas de convenções e acordos coletivos, o STF tem reformado as decisões da Justiça do Trabalho nesse campo, valorizando a negociação coletiva. São exemplos disso os precedentes nos casos de *quitação de passivo trabalhista em plano de desligamento voluntário* (RE 590.415-SC, Rel. Min. Luis Roberto Barroso, Pleno, julgado em 30.4.2015) e de *supressão de horas "in itinere"* (RE 895.759-DF, Rel. Min. Teori Zavascki, decisão monocrática, *DJE* 13.9.2016), cuja "ratio decidendi" oferece parâmetros para a flexibilização trabalhista, endossando a *teoria do conglobamento*, segundo a qual é possível a redução de direitos trabalhistas legalmente assegurados, mediante vantagens compensatórias inseridas no bojo do instrumento normativo acordado.

A Lei nº 13.467/17 (Reforma Trabalhista) veio a corroborar a jurisprudência do STF, de *prestígio à negociação coletiva*, ao introduzir os arts. 611-A e 611-B na CLT, elencando expressamente algumas *matérias passíveis, ou não, de flexibilização mediante negociação coletiva*, norteando a *exegese dos acordos pelo princípio da intervenção estatal mínima na autonomia negocial coletiva* (CLT, arts. 8º, § 3º, e 611-A, § 1º) e balizando essa negociação pelo *princípio das vantagens compensatórias* (CLT, art. 611-A, §§ 3º e 4º), à semelhança do PL nº 4.962/16, que já tramitava na Câmara dos Deputados desde o começo de 2016.

Se, por um lado, em relação ao futuro, a Reforma Trabalhista de 2017, ao estabelecer a regra da *prevalência do negociado sobre o legislado*, veio a parametrizar a negociação coletiva, estabelecendo 15 matérias passíveis de flexibilização e 30 infensas à negociação coletiva (indisponibilidade de 2/3 dos direitos trabalhistas), por outro, em relação ao passado, o STF erigiu o *Tema 1046* na tabela de repercussão geral de questões constitucionais.

Em 2.6.2022, *o STF pacificou a questão da autonomia negocial coletiva*, fixando tese jurídica para o Tema 1046 de sua tabela de repercussão geral (ARE 1121633, Rel. Min. Gilmar Mendes), nos seguintes termos: "*São constitucionais os acordos e as convenções coletivos que, ao considerarem a adequação setorial negociada, pactuam limitações ou afastamentos de direitos trabalhistas, independentemente da explicitação especificada de vantagens compensatórias, desde que respeitados os direitos absolutamente indisponíveis*".

Nesse sentido, *consagrou a tese da prevalência do negociado sobre o legislado e da flexibilização da normas legais trabalhistas*. Ademais, ao não exigir a especificação das vantagens compensatórias e adjetivar de "absolutamente" indisponíveis os direitos infensos à negociação coletiva, também *sacramentou a teoria do conglobamento e a ampla autonomia negocial coletiva*, sob tutela sindical, na esfera laboral.

Com efeito, se os incisos VI, XIII e XIV do art. 7º da CF admitem a *redução de salário e jornada mediante negociação coletiva*, que são as duas matérias básicas do contrato de trabalho, todos os demais direitos que tenham a mesma natureza salarial ou temporal são passíveis de flexibilização.

Capítulo II

Princípios de Direito do Trabalho

Princípios de Direito do Trabalho – constituem as linhas diretrizes ou postulados que inspiram o sentido das normas trabalhistas e configuram a regulamentação das relações de trabalho, conforme *critérios distintos* dos albergados por outros ramos do Direito.

Os Princípios de Direito, em qualquer ramo da Ciência Jurídica, desempenham três **funções básicas**:

a) **função informadora** – de orientar o legislador na confecção das leis e de fundamentar as normas jurídicas estatuídas (os princípios mais gerais integram a base do Direito Natural, que irá nortear a elaboração do Direito Positivo);

b) **função normativa** – nos casos de lacuna e omissão da lei, atuam como fonte supletiva de direito (LINDB, art. 4º; CLT, art. 8º; CPC/1973, art. 126; sem correspondência no CPC/2015);

c) **função interpretativa** – critério orientador de interpretação e compreensão das normas jurídicas positivadas (permite que, havendo incidência de diferentes regras de direito sobre uma questão jurídica a ser solvida, o aplicador da lei disponha de uma orientação quanto a qual regra merece prevalecer em relação a outra).

Quanto à *função informadora* dos princípios de direito, a CLT, editada em 1º de maio de 1943, teve como fundamento principiológico a Encíclica *Rerum Novarum*, do Papa Leão XIII, a partir das conclusões do *1º Congresso Brasileiro de Direito Social*, iniciado em São Paulo no dia 15 de maio de 1941, data em que se comemoravam os 50 anos da encíclica, *Carta Magna da Justiça Social*. Presidido pelo Prof. *Antonio de Cesarino Júnior*, o Congresso contou com a presença de mais de 500 participantes e a colaboração de mais de 100 especialistas em suas 8 subcomissões, nas quais se debateram e aprovaram 115 teses, com a participação dos elaboradores da CLT (*Oscar Saraiva, Arnaldo Süssekind, Rego Monteiro, Segadas Vianna* e *Dorval Lacerda*). A sessão de encerramento do Congresso, que se deu no Rio de Janeiro a 22 de maio de 1941, presidida pelo próprio *Getúlio Vargas*, e contou com o discurso final do Pe. *Leonel Franca*, Reitor da PUC-RJ, destacando que a encíclica papal continuava a fecundar as legislações sociais de tantos países, dentre os quais o Brasil, na medida em que o Sumo Pontífice havia conseguido traçar, com firmeza, as vias da transformação progressista da vida social, sem resvalar entre o liberalismo econômico individualista, impotente para enfrentar os problemas econômicos globais, e o socialismo desumanizante, que pretendia reconstruir a sociedade sobre pilares contrários aos valores humanos e cristãos.

Quanto à *classificação* dos princípios de Direito do Trabalho, temos:

1. Princípio da proteção

Enquanto no Direito Civil assegura-se a igualdade jurídica dos contratantes, no Direito do Trabalho a preocupação é *proteger a parte economicamente mais fraca*, visando a alcançar uma igualdade substancial. Deve ser conjugado com o *princípio da subsidiariedade*: a intervenção estatal no domínio econômico, em prol de segmentos determinados, faz-se quando as sociedades menores (família, empresa, sindicato, associações) não conseguem promover direta e adequadamente o bem de seus integrantes.

Modalidades:

a) Regra do *in dubio, pro operario* – escolher, entre vários sentidos da norma, aquele que seja mais favorável ao trabalhador (diferente do Direito Civil, em que os casos duvidosos são resolvidos a favor do devedor).

– Supõe a *existência de dúvida* (não se pode ir contra a vontade expressa do legislador).

– Semelhante ao *contrato de adesão* (interpretação em favor da parte que não redigiu o texto).

– Em matéria processual, possibilidade de inversão do *onus probandi*, quando o empregador detenha os principais meios de prova (princípio da aptidão para a produção da prova).

– Aplicação em *progressão decrescente*, em função da maior ou menor remuneração do empregado (conjuga-se com a necessidade de proteção ao interesse comum de manter a empresa: atenua-se nos casos de empregados diretivos cujas indenizações vultosas possam comprometer a saúde financeira da empresa).

b) Regra da *norma mais favorável* – no caso de haver mais de uma aplicável (Constituição, lei, regulamento, convenção), utilizar a mais favorável ao empregado, *quebrando a hierarquia das normas*.

Exceção: *regulamentação convencional*, que, flexibilizando normas, restringe disposições legais, compensando com vantagens de outra ordem (interpretação da convenção no seu conjunto: teoria do conglobamento).

c) Regra da *condição mais benéfica* – a aplicação de norma nova não pode implicar a diminuição das conquistas alcançadas pelo trabalhador (incorporadas ao seu patrimônio jurídico). Em dissídios coletivos, não podem ser estabelecidas cláusulas menos benéficas do que aquelas previstas em lei, acordo ou convenção coletiva, bem como em sentença normativa homologatória de acordo firmado em dissídio coletivo (TST-RODC-1119/2002-000-12-00.4, Rel. Min. Ives Gandra, *DJ* de 19.10.2007). A

Súmula 277 do TST ampliava tal princípio aos acordos e às convenções coletivas, estabelecendo a *ultratividade das normas coletivas autônomas*, com sua incorporação aos contratos individuais de trabalho, mesmo após a expiração do acordo ou convenção, somente podendo ser alteradas por nova negociação coletiva. Foi declarada inconstitucional pelo STF (ADPF 323, Rel. Min. Gilmar Mendes, julgada em 27.5.2022).

> Exceção: *flexibilização* de normas legais em convenção coletiva (aplicação a todos os empregados). Utilização das normas menos favoráveis apenas aos empregados que dali para a frente forem contratados (os empregados antigos terão as normas coletivas anteriores incorporadas aos seus contratos individuais de trabalho).

Nesse sentido, é princípio basilar que as normas regulamentares que disciplinam benefício conferido ao trabalhador não podem ser alteradas em relação aos empregados admitidos antes da modificação das condições de percepção do benefício (Súmula 51, I, do TST).

d) *Princípio da indenidade* – o exercício do direito de ação e o acesso à justiça pelo trabalhador, para postular direito que o empregador lhe esteja eventualmente sonegando, não pode ser motivo de retaliação e dispensa por parte do patrão. Assim, a dispensa do trabalhador, quando motivada pela não desistência de reclamação trabalhista ajuizada contra o empregador, possui conotação retaliativa e discriminatória, configurando abuso de direito, sendo nulo o despedimento e fazendo jus o empregado à reintegração, bem como ao pagamento dos salários e demais vantagens referentes ao período de afastamento (TST-E-RR-7633000-19.2003.5.14.0900, SBDI-I, Rel. Min. Ives Gandra da Silva Martins Filho, julgado em 29.3.2012; cf. também Augusto Cesar Leite de Carvalho, *Garantia de Indenidade do Brasil*: o livre exercício do direito fundamental de ação sem o temor de represália patronal, São Paulo: LTr, 2013).

2. Princípio da subsidiariedade

Visa a proteger as pessoas e sociedades menores frente à intervenção indevida do Estado em suas atividades, preservando sua liberdade de agir. Assenta que a intervenção do Estado no domínio econômico seja subsidiária, quando os agentes diretos dessa atividade não tenham condições de promover seu bem particular sem a proteção e incentivo estatal. A Lei de Liberdade Econômica (Lei nº 13.874/19) alberga expressamente esse princípio, ao dispor (art. 2º, III): "*São princípios que norteiam o disposto na presente lei: (...) a intervenção subsidiária e excepcional do Estado sobre o exercícios de atividades econômicas*".

Assim, a regra, na esfera laboral, é a negociação direta das partes sobre as condições de trabalho, dando-se a intervenção estatal, quer do Estado-Legislador, quer do Estado-Juiz, quando quebrado o equilíbrio de forças entre o poder econômico das empresas sobre os salários e o poder sindical dos trabalhadores sobre a prestação de serviços. A Reforma Trabalhista de 2017 (Lei nº 13.467/17) expressou tal princípio na esfera judicial no § 3º do art. 8º: *"No exame de convenção coletiva ou acordo coletivo de trabalho, a Justiça do Trabalho analisará exclusivamente a conformidade dos elementos essenciais do negócio jurídico, respeitado o disposto no art. 104 da Lei nº 10.406, de 10 de janeiro de 2002 (Código Civil), e balizará sua atuação pelo princípio da intervenção mínima na autonomia da vontade coletiva"*.

3. Princípio da irrenunciabilidade

Impossibilidade jurídica de o trabalhador privar-se voluntariamente das vantagens conferidas pelo Direito do Trabalho. Difere, no entanto, da redução de direitos sob tutela sindical em negociação coletiva (CF, art. 7º, VI, XIII e XIV).

Renúncia – negócio jurídico unilateral que determina o abandono irrevogável de um direito.

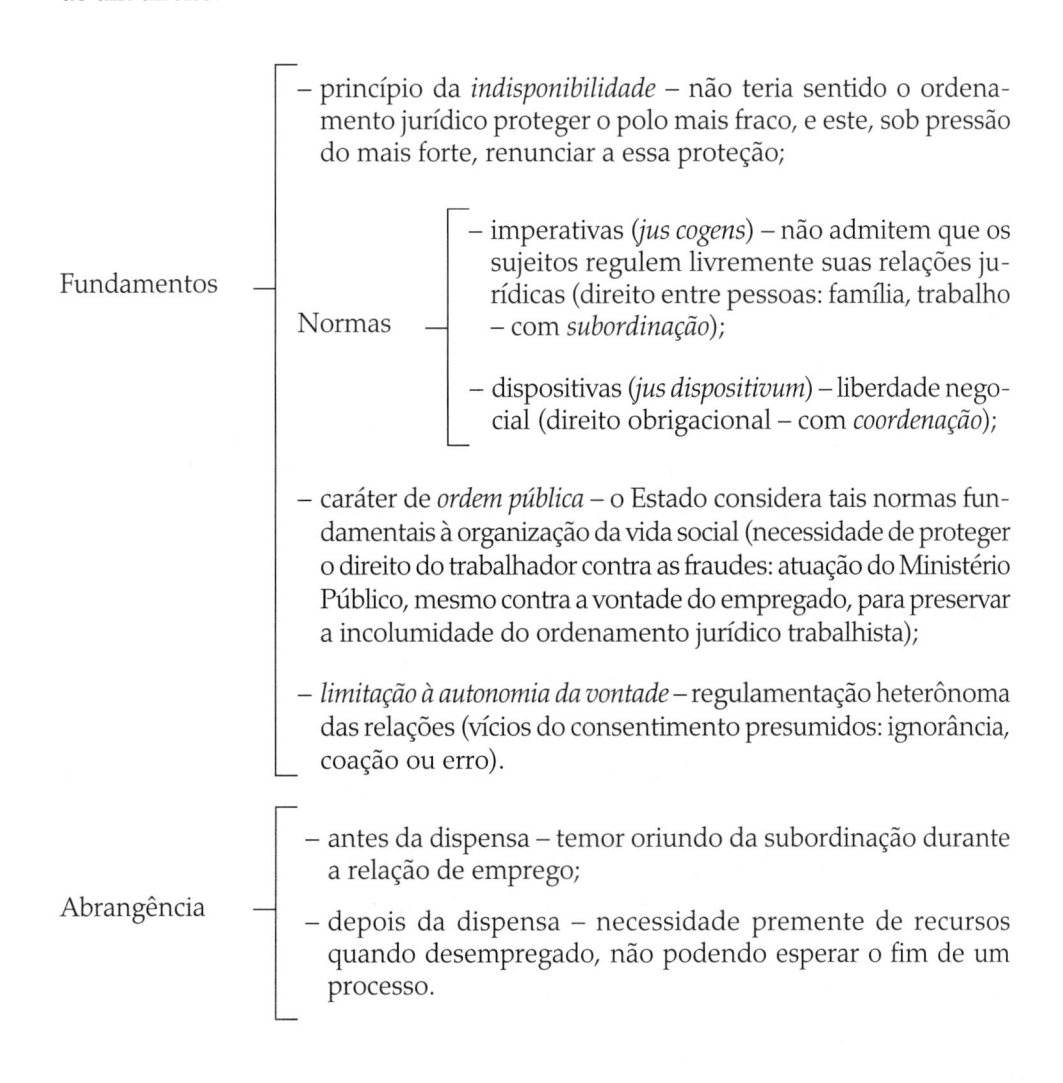

Fundamentos
- princípio da *indisponibilidade* – não teria sentido o ordenamento jurídico proteger o polo mais fraco, e este, sob pressão do mais forte, renunciar a essa proteção;
- Normas
  - imperativas (*jus cogens*) – não admitem que os sujeitos regulem livremente suas relações jurídicas (direito entre pessoas: família, trabalho – com *subordinação*);
  - dispositivas (*jus dispositivum*) – liberdade negocial (direito obrigacional – com *coordenação*);
- caráter de *ordem pública* – o Estado considera tais normas fundamentais à organização da vida social (necessidade de proteger o direito do trabalhador contra as fraudes: atuação do Ministério Público, mesmo contra a vontade do empregado, para preservar a incolumidade do ordenamento jurídico trabalhista);
- *limitação à autonomia da vontade* – regulamentação heterônoma das relações (vícios do consentimento presumidos: ignorância, coação ou erro).

Abrangência
- antes da dispensa – temor oriundo da subordinação durante a relação de emprego;
- depois da dispensa – necessidade premente de recursos quando desempregado, não podendo esperar o fim de um processo.

A irrenunciabilidade deriva do próprio conteúdo e finalidade da norma (não necessita estar expressa nesta).

A *transação* é possível no Direito do Trabalho tendo em vista que:

a) constitui ato ou acordo *bilateral* (vantagens e renúncias mútuas);

b) pressupõe certa *insegurança* (falta de certeza dos direitos que seriam reconhecidos em juízo);

c) versa geralmente sobre *fatos* e não sobre direitos (ex.: quantidade de horas extras).

> Obs.: não tem nenhuma eficácia jurídica cláusula final liberatória que abranja genericamente todos os possíveis direitos (a quitação vale exclusivamente pelos valores e parcelas discriminados – Súmula 330 do TST).

Diferença
- disponibilidade – fenômeno individual;
- flexibilização – fenômeno coletivo (o empregado é defendido pelo sindicato).

A irrenunciabilidade encontra seus limites nos fenômenos da *prescrição* e da *decadência*, que visam a dar segurança às relações jurídicas, fazendo cessar o direito em determinadas condições:

a) *prescrição – perda da ação* emergente de um direito, como consequência do transcurso de certo prazo no qual ele não foi exercido (transmuta-se em obrigação natural). A prescrição é da *pretensão* dedutível em juízo, quando *violado* o direito (CC, art. 189). Está sujeita a:

interrupção – apaga o tempo decorrido;
suspensão – conserva o tempo anterior já transcorrido.

– fica suspensa (em vários países) durante a relação de emprego (estado de subordinação);

– começa da data em que a obrigação se torna devida.

b) *decadência – perda do próprio direito* pelo não exercício no prazo previsto (não comporta interrupção ou suspensão). Diz respeito a direitos *invioláveis* e *potestativos* (não supõem uma lesão, mas devem ser exercidos dentro de determinado prazo). É aplicável de ofício.

4. Princípio da continuidade

Atribui à relação de emprego a mais ampla duração.

Continuidade
- no emprego – impede as despedidas (estabilidade);
- na função – impede o rebaixamento (alteração);
- no lugar – impede as transferências (alteração).

Corolários:
a) Preferência pelos contratos por prazo indeterminado:
   - os contratos a prazo são exceção;
   - na dúvida, presume-se que o contrato é por prazo indeterminado;
   - a continuidade do contrato a prazo transforma-o em indeterminado;
   - a não resolução do contrato ao final do período de prova torna-o por prazo indeterminado;
   - a sucessão de contratos a prazo torna a contratação por prazo indeterminado;
   - não se pode converter contrato por prazo indeterminado em a prazo;
   - o contrato a prazo deve restringir-se a serviços não permanentes.
b) Amplitude para admissão de transformações no contrato:
   - prosseguimento do contrato, apesar das modificações;
   - novações
     - objetivas – incorporação de gratificação;
     - subjetivas – substituição do empregador.
c) Manutenção do contrato apesar das nulidades:
   - substituição da cláusula nula por outra válida;
   - permanência do contrato apesar da existência de violações (despedida indireta só por violação grave).

Exceção: não reconhecimento dos direitos do trabalhador quando decorrentes de trabalho ilícito (ex.: Orientação Jurisprudencial 199 da SBDI-1 do TST, referendada pelo Pleno do TST no processo TST-E-RR 621.145/2000, Rel. Min. Maria Cristina Peduzzi, *DJ* de 23.2.2007 – não se reconhecem direitos trabalhistas a trabalhador de jogo do bicho).

d) Estabilidade (tendência do Direito Comparado):
   - obstáculos à dispensa por vontade exclusiva do empregador;
   - limitações à dispensa imotivada:
     - obrigação do aviso prévio;

- indenização por despedida;
- danos e prejuízos por dispensa abusiva;
- estabilidade
  - absoluta – direito à reintegração (direito público);
  - relativa – indenização desencorajadora (direito privado);
- autorização da dispensa por órgão administrativo ou judicial que apure a justa causa.

e) Considerar as interrupções e suspensões do contrato como não afetando substancialmente a continuidade da relação laboral:
- sobrevivência do contrato ainda que não gere efeitos (cessação da prestação de serviços e do pagamento de salários: este último pode continuar, em certos casos, a ser recebido);
- condições:
  - causa que justifique a impossibilidade de cumprir com o dever contratual;
  - situação momentânea;
- hipóteses:
  - incapacidade temporária por acidente do trabalho ou doença profissional;
  - ausência por enfermidade comum;
  - ausência por maternidade ou gravidez;
  - privação da liberdade;
  - cumprimento de obrigações militares;
  - desempenho de cargo público;
  - função sindical;
  - licença por razões pessoais;
  - falta de trabalho ou razões econômicas;
  - dificuldades técnicas;
  - sanções aplicadas à empresa;
  - força maior ou caso fortuito;
  - greve;
  - razões disciplinares.

f) Continuidade do contrato em caso de substituição do empregador:
- o contrato de trabalho não é personalíssimo no que concerne ao empresário (exceções: secretário particular, serviço doméstico, orientação de jornal etc.);
- empresa – universalidade cujos elementos podem mudar sem que se altere a unidade do conjunto;

- a cessão da empresa leva consigo os contratos de trabalho existentes (tese oposta: a venda da empresa provoca a rescisão *ipso facto* de todos os contratos de trabalho, com direito a indenização);
- responsabilidade da nova empresa pelas dívidas trabalhistas da anterior: sucessão;
- fusão de empresas – necessidade de harmonização das hierarquias funcionais e das vantagens existentes em cada empresa, de forma a não desestimular os empregados absorvidos.

5. Princípio da primazia da realidade

Consiste em dar preferência à realidade fática verificada na prática da prestação de serviços em vez de ao que possa emergir dos documentos que corporificam o contrato de trabalho, quando houver discordância entre ambos (atenção para o *contrato-realidade*).

a) Corolários:

- diferente do Direito Civil, em que o acordo de vontades corporifica o contrato, gerando obrigações, o Direito do Trabalho apenas considera existente a relação de emprego quando há, realmente, a prestação de serviços (contrato não meramente consensual, mas que apenas se perfaz com o início de seu cumprimento pelo empregado): primazia da verdade dos fatos sobre os acordos formais e a aparência contratual;
- conta mais a natureza das funções exercidas em concreto do que a qualificação contratual dada ao empregado;
- a personalidade jurídica da empresa não é levada em conta quando se trata de garantir o pagamento de direitos trabalhistas, nos casos de formação de grupo econômico, sucessão, subempreitada e fraude à execução (desconsideração da personalidade jurídica – *disregard of legal entity*);
- a permanência na prestação de serviços, sem solução de continuidade, demonstra a existência de contrato de trabalho por prazo indeterminado, ainda que formalizados sucessivos contratos de trabalho temporário.

b) Fundamento: proteção à parte mais fraca da relação contratual, quando seja obrigada a prestar serviços em condições diversas das expressamente pactuadas (alteração) ou trabalhe em relação de subordinação sem a necessária garantia de um contrato corporificado (inexistência do contrato escrito). Pode, no entanto, reverter em favor do empregador, quando a realidade mostre que o trabalho real não corresponde ao registrado nos documentos da empresa (cf. TST-RR 125/2003-020-10-00.0, Rel. Min. Ives Gandra Martins Filho, *DJ* de 3.2.2006).

c) Dificuldades:

- para o empregado – é o caso de o contrato escrito ser mais benéfico e trazer maiores vantagens do que a realidade prática vivenciada (menor exigência na prestação dos serviços);

- para o empregador – o excesso de protecionismo da Justiça do Trabalho, que, com certa frequência, diante de tênues e pouco sólidas provas trazidas pelo empregado (de natureza testemunhal), impõe obrigações trabalhistas não previstas no contrato e que não retratam efetivamente a relação havida.

d) Não aplicação:

- *princípio da legalidade* – o princípio não se aplica em hipóteses em que a lei exige o atendimento de requisitos para a validade do ato de contratação ou desempenho da atividade profissional (ex.: concurso público, auxiliar de enfermagem, radialista etc.).

6. Princípio da razoabilidade

A conduta das partes deve fundar-se em motivos racionais e não arbitrários ou carentes de uma justificação razoável. Corresponde ao uso moderado dos meios na legítima defesa (Direito Penal) e ao agir do *bonus pater familias* (Direito Civil). Critério geral e intuitivo, com certa subjetividade, que supõe o senso comum compartilhado pela comunidade.

Aplicações:

a) admitir *exceções* aos princípios da isonomia (diferenciações que encontrem explicação racional) e da primazia da realidade (quando se pretender a existência de situações ou circunstâncias inverossímeis);

b) verificar as hipóteses de intermediação de mão de obra, trabalho autônomo e utilização, pelo empregador, do *jus variandi* e do poder disciplinar;

c) controle patronal da atividade laboral do empregado (ex.: revista em bolsas à saída do trabalho, para preservação do patrimônio da empresa; uso de câmeras de monitoramento do local de trabalho; exigência do CID no atestado médico; limitação temporal da ida ao banheiro em linha de produção).

7. Princípio da inalterabilidade contratual

O trabalhador tem direito à *estabilidade das relações contratuais*, não sendo surpreendido pelo aumento de jornada de trabalho, redução da remuneração, transferência de local de prestação de serviços, sem que haja sua *anuência* à alteração e desde que essa alteração *não lhe seja substancialmente prejudicial*. O fundamento do princípio está relacionado ao fato de que o trabalho é apenas uma das dimensões da vida humana. Não pode o trabalhador, diante de outros compromissos assumidos e deveres que possui (deveres familiares, sociais, associativos, religiosos etc.), ficar à mercê da vontade arbitrária do empregador. Na CLT, este princípio está ancorado no art. 468.

As *exceções* ao princípio são basicamente:

– quanto ao *mútuo consentimento*, a possibilidade de o empregador retirar a *função de confiança* do empregado (pela Súmula 372, I, do TST, se o empregado ocupou a função por mais de 10 anos, e a *reversão ao cargo efetivo* se deu sem justo motivo, o empregado teria direito à continuidade na percepção da gratificação de função, em nome do *princípio da estabilidade financeira*, o que foi retirado pelo § 2º do art. 468 da CLT, introduzido pela Lei nº 13.467/17 – Reforma Trabalhista);

– quanto à *ausência de prejuízo*, a possibilidade de dilatação da jornada de trabalho e redução salarial, mediante *negociação coletiva*.

8. Princípio da intangibilidade salarial

A natureza alimentícia do salário dá-lhe uma série de *privilégios em relação a outras espécies de créditos* e torna o salário *infenso a descontos* que não os legalmente permitidos (CLT, art. 462) e a outros ônus, como a *penhora*.

9. Princípio da preservação da empresa

O princípio da preservação da empresa representa o outro prato da balança da Justiça Social, frente ao princípio protetivo do trabalhador. Diz respeito ao *não comprometimento da viabilidade da empresa como unidade produtiva* de bens e serviços para a sociedade e *geradora de renda e emprego para os trabalhadores*.

Constitui princípio embasador do Moderno Direito do Trabalho, no qual se supera a vetusta concepção das relações trabalhistas como de constante conflito entre capital e trabalho, para visualizá-la como de busca da harmonização desses interesses, visando a um fim comum, de produção e de empregabilidade.

10. Princípio da isonomia

O princípio da *isonomia* é aquele que impõe tratar com igualdade os iguais e desigualmente os desiguais, na medida das suas desigualdades. Seu antônimo é a *discriminação*, que supõe a utilização de elemento de diferenciação e que não possui justificativa racional.

Genericamente, o princípio da isonomia está garantido no art. 5º, *caput* e inciso I, da CF: igualdade de todos perante a lei. Na *seara trabalhista*, o princípio da isonomia tem suas especificações (art. 7º):

a) equiparação de direitos básicos entre *trabalhador urbano e rural* (*caput*);

b) não discriminação por motivo de *sexo, idade, cor ou estado civil* quanto a salários, funções e contratação (XXX);

c) não discriminação do trabalhador *portador de deficiência* (XXXI);

d) não discriminação entre o *trabalho intelectual, técnico e manual* (XXXII); e

e) igualdade de direitos entre o *trabalhador com vínculo empregatício* e o *traba-*

lhador avulso (XXXIV).

Na atualidade, o princípio da não discriminação abrange também a denominada *orientação sexual*, de gays, lésbicas, transexuais etc.

A *equiparação* entre trabalhadores não significa que tenham absolutamente o mesmo tratamento remuneratório e de condições de trabalho; significa apenas que têm os *mesmos institutos básicos de direito trabalhista*, mas quantificados diversamente.

A *consequência jurídica* do princípio da isonomia é a garantia da *equiparação* quer *salarial* (CLT, art. 461), quer de *condições de trabalho*, quando se labora na mesma função e ambiente de trabalho.

No Direito Internacional do Trabalho, o *princípio da isonomia* consta da *Declaração da OIT* sobre os *princípios fundamentais no trabalho* (1998). Desde 1919, a OIT já adotou 189 convenções e 204 recomendações, havendo um núcleo básico de *8 convenções fundamentais* (das quais duas dizem respeito ao *princípio da isonomia*, como se pode ver abaixo):

a) Trabalho forçado (C. 29 e 105);

b) Liberdade sindical e negociação coletiva (C. 87 e 98);

c) *Igualdade de remuneração e não discriminação* (C. 100 e 111);

d) Trabalho infantil (C. 138 e 182).

Em 16 de junho de 2011, a 100ª Conferência Internacional do Trabalho proferiu histórica decisão, por meio da Convenção 189 e da Recomendação 201, ao estender aos *trabalhadores domésticos* de todo o mundo os *mesmos direitos básicos assegurados aos demais trabalhadores*, incluindo a jornada de trabalho, o descanso semanal de, pelo menos, 24 horas consecutivas, um limite para pagamentos *in natura*, informações claras sobre os termos e as condições do emprego, bem como o respeito aos princípios e direitos fundamentais no trabalho, incluindo a liberdade de associação e negociação coletiva. O ponto talvez mais polêmico e de difícil fixação de parâmetros será o de distinguir, para os empregados que moram na residência onde trabalham, o que é tempo à disposição e o que é tempo de descanso e livre disposição. A convenção foi *ratificada* pelo Brasil em 2018.

Como se vê, o princípio da isonomia em matéria trabalhista constitui um dos *direitos fundamentais* a serem resguardados. A vedação diz respeito basicamente à utilização dos critérios de *sexo, idade, cor, estado civil ou deficiência física* como fatores de discriminação.

Muitas têm sido as ações intentadas pelo *Ministério Público do Trabalho* por *condutas discriminatórias* de empresas no momento da contratação de empregados (evitando mulheres ou gestantes) ou na dispensa (demitindo portadores do vírus HIV).

No entanto, a discriminação não pode chegar ao ponto de se estabelecer a *falta de isonomia pela ultraproteção* daquele tido por discriminado (ex.: sistema de cotas, instituído pela MP 213/04, convertida na Lei nº 11.096/05). As denominadas *"ações afirmativas*" não têm obtido os resultados que delas se esperavam, gerando muitas vezes uma discriminação às avessas, com o risco de chegarmos a uma *"ditadura da minoria"* (às vezes, essas ações acabam por criar ou exacerbar preconceito inexistente ou de reduzida intensidade).

Na seara trabalhista, ultraproteção se dá, v. g., pela *presunção de discriminação* da despedida do trabalhador *portador do vírus HIV* (Súmula 443 do TST), que vem se estendendo a outras doenças sequer estigmatizantes, como é o caso do câncer.

11. Princípio da boa-fé

O princípio da *boa-fé* não é exclusivo do Direito do Trabalho, nem distintivo deste ramo da Ciência Jurídica, mas norteia todas as relações contratuais, dentre as quais as trabalhistas. Constitui uma das chaves-mestras do novo Código Civil, sinalizando para o modo como devem ser interpretados os negócios jurídicos (CC, art. 113).

A *boa-fé* é a intenção moralmente reta no agir, que se supõe na conduta normal da pessoa. É o equivalente, no Direito Civil, ao *princípio da inocência* até prova em contrário, do Direito Penal (CF, art. 5º, LVII).

Assim, a conduta, quer processual, quer negocial, das partes no Direito e no Processo do Trabalho deve ser interpretada como um agir de *boa-fé*, até que se demonstre, por provas ou indícios concretos, que se agiu de má-fé.

12. Princípio da normalidade

O princípio da *normalidade*, estreitamente ligado ao da boa-fé, diz respeito ao *uso normal do direito*, de modo a atingir a *finalidade* pela qual a norma existe. Opõe-se ao *abuso de direito*, que ocorre quando se busca, através do exercício do direito, fim outro não previsto na lei e com ela incompatível. Assim, o ato praticado com abuso de direito é *legal*, mas *carece de legitimidade*, em face da sua *anormalidade*. Nesse diapasão, merece ser *anulado* (LINDB, art. 5º; CLT, arts. 9º e 468).

O *abuso de direito* pode dar-se (exemplos):

a) no campo do *direito individual* – estipulação das denominadas *"cláusulas leoninas"* (CC, art. 129), em que alguma das condições a serem preenchidas pelo empregado para adquirir determinado direito fica ao arbítrio do empregador, que pode frustrar, assim, o trabalhador (caso da "progressão horizontal" por antiguidade no âmbito da ECT, em que, além dos requisitos preenchidos pelos empregados, havia o da deliberação da diretoria – Orientação Jurisprudencial Transitória nº 71 da SBDI-1 do TST);

b) no campo do *direito coletivo* – quando se descumprem as normas da lei de greve ou se mantém o movimento paredista depois da celebração de acordo, convenção coletiva ou decisão da Justiça do Trabalho (Lei nº 7.783/89, art. 14 – *abuso do direito de greve*), com *fins políticos* (exacerbar o conflito social, visando à conquista do poder político) e não de composição da lide coletiva;

c) no campo do *direito processual* – mediante *reclamatória simulada,* que buscava a homologação da rescisão contratual na Justiça do Trabalho, de modo a cobri-la com o manto da coisa julgada, sobrecarregando o Poder Judiciário com atividade própria dos sindicatos, Superintendências Regionais do Trabalho e Emprego (SRTE) e até, excepcionalmente, do Ministério Público (CLT, art. 477, §§ 1º e 3º); em que pese a inexistência de lide nesse caso, a SBDI-2 do TST vinha admitindo a lide simulada (TST-ROAR-587.080/1999.9, Rel. Min. Barros Levenhagen, *DJ* de 14.6.2002), só desconstituindo acordo homologado que, fruto de colusão, prejudique terceiros, em fraude à lei (RXOF e ROAR-1.379/2004-000-04-00.5, Rel. Min. Ives Gandra, *DJ* de 3.10.2008), o que levou à inclusão, na Reforma Trabalhista de 2017, da possibilidade legal da jurisdição voluntária na Justiça do Trabalho, substituindo os sindicatos e as SRTEs na homologação de acordos trabalhistas (CLT, art. 855-B a 855-E).

13. Princípios do Direito Coletivo do Trabalho

O Direito Coletivo do Trabalho possui princípios específicos, além daqueles gerais do Direito do Trabalho, aplicáveis indistintamente aos contratos individuais de trabalho e às relações coletivas de trabalho. São eles:

– *princípio da insuficiência da norma estatal* – pelo qual, dada a incompletude do sistema legal protetivo do trabalhador e disciplinador das relações laborais, cabe à negociação coletiva entre sindicatos e empresas a fixação das condições específicas de trabalho a serem vivenciadas em cada segmento produtivo, uma vez que são os trabalhadores e empregadores de cada ramo da atividade laboral os que melhor conhecem as circunstâncias que revestem a prestação de serviços na sua área específica. Decorre do princípio da subsidiariedade;

– *princípio da autonomia privada coletiva* – decorrente do princípio da subsidiariedade, a pactuação coletiva legítima entre trabalhadores e empregadores deve ser respeitada, a menos que comprometa substancialmente a saúde e segurança dos obreiros, sob pena de o Estado se substituir aos atores sociais para lhes dizer o que é melhor para eles;

– *princípio da liberdade sindical* – a criação, gestão e filiação sindical devem ser livres, sob pena de se frustrar o meio por excelência de os trabalhadores defenderem eficazmente seus direitos, que é a constituição de sindicatos (a SDC do TST entende que não ofende o princípio da liberdade sindical cláusula de negociação coletiva que preveja a gratuidade escolar apenas aos professores sindicalizados, uma vez que representaria a vantagem concedida no estrito exercício da função assistencial do sindicato – cf. TST--ROAA-68200-37.2008.5.08.0000, SDC, Rel. Min. Maurício Godinho Delgado, *DEJT* de 19.4.2011);

- *princípio da autotutela* – pelo qual a intervenção da Justiça para solucionar os conflitos coletivos de trabalho deve ser a exceção, cabendo aos trabalhadores o recurso à greve para defender seus legítimos interesses (a intervenção estatal judicial se daria nos casos de greve em serviços essenciais, que afetam diretamente a sociedade).

14. Os princípios jurídicos e sua relevância

Sob o prisma da relevância social podemos traçar uma *hierarquia dos princípios jurídicos*, tendo maior importância aqueles que albergam *valores mais abrangentes e elevados*. Nesse sentido, poderíamos ordenar os doze princípios mais relevantes, na seguinte escala, elencando em primeiro lugar os mais importantes (referindo o motivo da relevância maior ou menor):

a) **Princípios de 1ª grandeza:**

- **princípio da dignidade da pessoa humana** (e do trabalhador) – uma vez que o ser humano (em geral, e o trabalhador em particular) é o fim da ordem econômica e social e não mero instrumento de produção.

- **princípio da proteção** – uma vez que assegura o respeito à dignidade da pessoa humana e do trabalhador, mediante legislação reconhecedora de seus direitos humanos fundamentais, também na seara laboral.

- **princípio da subsidiariedade** – uma vez que garante que o intervencionismo estatal protetivo não extrapole os limites além dos quais atenta contra a própria dignidade da pessoa humana, reduzindo a esfera de sua liberdade, que é o patrimônio maior que possui depois da vida.

- **princípio da isonomia** – por garantir o 3º direito humano fundamental, a igualdade, que se segue à vida e liberdade.

b) **Princípios de 2ª grandeza:**

- **princípio da continuidade** – pelo reconhecimento de que o trabalho e o emprego são os bens mais preciosos do trabalhador e base do reconhecimento dos demais direitos laborais.

- **princípio da intangibilidade salarial** – por assegurar o sustento do trabalhador, em face da natureza alimentar que o salário possui.

- **princípio da inalterabilidade contratual** – por garantir estabilidade jurídica ao trabalhador.

- **princípio da preservação da empresa** – é o corolário de justiça da inalterabilidade contratual, consistente em se ofertar, por leis e decisões judiciais, segurança jurídica ao empregador, preservando-lhe o negócio, até como fonte de geração de empregos.

c) **Princípios de 3ª grandeza:**

- **princípio da boa-fé** – por ser aquele que dá a tônica de como devem ser as relações trabalhistas, fundadas na solidariedade e confiança mútua.

- **princípio da razoabilidade e proporcionalidade** – de caráter mais genérico, norteia o modo de ponderar valores, fatos e normas com vistas a encontrar a solução mais justa para cada situação de conflito.

- **princípio da normalidade** – por apenas sinalizar para a necessidade do uso regular e não abusivo do direito.

- **princípio da primazia da realidade** – por apenas indicar que a realidade fática das condições da prestação de serviço é mais importante do que aquilo que se encontra convencionado entre as partes e firmado documentalmente.

15. Os princípios jurídicos e sua densidade normativa

A *densidade normativa* de um princípio não está ligada à sua relevância e essencialidade, mas à sua *maior ou menor positivação* num determinado ordenamento jurídico. Ou seja, é tanto mais denso e de maior normatividade um princípio quanto o preceito constitucional ou legal no qual estiver plasmado possuir *redação que incorpore positivamente os valores por ele albergados*.

Podemos, a partir desse prisma específico, classificar os doze principais princípios trabalhistas, segundo sua densidade normativa no ordenamento jurídico brasileiro, englobando-os basicamente em três grupos, de *máxima, média e mínima densidade normativa*, conforme os dispositivos constitucionais ou legais a que estejam relacionados possuam dicção que especifique mais claramente regras de conduta:

a) **Princípios de máxima densidade normativa:**

- **princípio da intangibilidade salarial** – proteção do salário na forma da lei, constituindo crime sua retenção dolosa (CF, art. 7º, X), sendo vedado qualquer desconto salvo por adiantamento, previsão legal ou de norma coletiva e, no caso de dano, desde que a possibilidade seja acordada com o empregado ou resulte de dolo deste (CLT, art. 462 e parágrafos);

- **princípio da inalterabilidade contratual** – só é lícita a alteração contratual que se dê por mútuo consentimento e da qual não resultem, direta ou indiretamente, prejuízos para o empregado, ressalvada a reversão do comissionado ao cargo de confiança (CLT, art. 468 e parágrafo);

- **princípio da isonomia** – proibição de discriminação por motivo de sexo, idade, cor, estado civil (CF, art. 7º, XXX), deficiência (CF, art. 7º, XXXI) ou espécie de trabalho (CF, art. 7º, XXXII e XXXIV), garantindo-se igualdade salarial para aqueles que trabalhem nas mesmas condições, consideradas a mesma função, localidade, empregador, qualidade técnica, salvo diferença de tempo de serviço superior a 2 anos (CLT, art. 461);

- **princípio da continuidade** – proteção da relação de emprego contra despedida arbitrária ou sem justa causa, mediante indenização compensatória (CF, art. 7º, I), bem como preservação dos direitos trabalhistas em casos de alteração da estrutura jurídica da empresa (CLT, art. 10) ou mudança de proprietário da empresa (CLT, art. 448).

b) **Princípios de média densidade normativa:**

– **princípio da proteção e irrenunciabilidade** – visa a proteger a parte economicamente mais fraca, que é o trabalhador, estabelecendo a impossibilidade jurídica de o trabalhador privar-se voluntariamente das vantagens conferidas pelo Direito do Trabalho; concretiza-se na nulidade de cláusulas que desvirtuem ou fraudem a aplicação da lei trabalhista (CLT, art. 9º), ou que, na livre estipulação das condições de trabalho, contraponham-se às disposições de proteção ao trabalho (CLT, art. 444);

– **princípio da subsidiariedade** – em que a intervenção estatal no campo laboral somente se dá quando os próprios agentes sociais (sindicatos e empresas) não logram estabelecer condições de trabalho dignas e justas; concretiza-se no reconhecimento das convenções e acordos coletivos (CF, art. 7º, XXVI) e na possibilidade de estes estabelecerem condições de trabalho menos favoráveis do que as legalmente previstas, em matéria de salário, pela sua redução (CF, art. 7º, VI), ou de jornada, pela sua dilatação (CF, art. 7º, XIII e XIV), desde que promovida mediante negociação coletiva; também prevista expressamente como princípio na Lei de Liberdade Econômica (Lei nº 13.874/19, art. 2º, III).

– **princípio da boa-fé** – a conduta tanto negocial quanto processual das partes deve ser interpretada como um agir de boa-fé, até que se demonstre, por provas ou indícios concretos, que se agiu de má-fé; assim devem ser interpretados os contratos (CC, art. 113), devem se portar as partes nos contratos (CC, art. 422) e no processo (CPC/1973, art. 14, II; CPC/2015, arts. 5º, 322, § 2º, e 489, § 3º), presumindo-se inocente o acusado, até prova em contrário (CF, art. 5º, LVII);

– **princípio da primazia da realidade** – consiste em dar preferência à realidade fática verificada na prática da prestação de serviços em vez de ao que possa emergir dos documentos que corporificam o contrato de trabalho, quando houver discordância entre ambos; plasmado positivamente apenas na norma que determina que nas declarações de vontade se atenderá mais à intenção das partes do que à literalidade do contrato (CC, art. 112).

c) **Princípios de mínima densidade normativa:**

– **princípio da normalidade** – diz respeito ao uso normal do direito, de modo a atingir a finalidade pela qual a norma existe, opondo-se ao abuso de direito, que ocorre quando se busca, através do exercício do direito, fim outro não previsto na lei e com ela incompatível; concretiza-se na regra da ilicitude do exercício do direito além dos limites impostos pelo fim econômico, pela boa-fé e pelos bons costumes (CC, art. 187);

- **princípio da dignidade da pessoa humana** – pelo simples fato de "ser" humano, a pessoa merece todo o respeito, independentemente de sua origem, raça, sexo, idade, estado civil ou condição social e econômica; encontra-se apenas enunciado na Carta Política de 1988 como um dos fundamentos da República Federativa do Brasil (CF, art. 1º, III; CPC/2015, art. 8º), sem que seja definido ou se enumerem seus corolários;

- **princípio da preservação da empresa** – não comprometimento da viabilidade da empresa como unidade produtiva de bens e serviços para a sociedade e geradora de renda e emprego para os trabalhadores; concretiza-se na colocação dos valores do trabalho e da livre-iniciativa como fundamentos da República Federativa do Brasil (CF, art. 1º, IV) e da justa retribuição ao capital e ao trabalho (CLT, art. 766);

- **princípio da razoabilidade e proporcionalidade** – diz respeito à ponderação e adequação entre fins buscados pelo legislador, juiz ou partes e os meios por eles utilizados; positivado apenas na menção à proporcionalidade da resposta em caso de agravo, com direito à indenização por dano material ou moral (CF, art. 5º, V), e no devido processo legal a ser observado pelo juiz (CF, art. 5º, LIV).

Como se pode perceber, os princípios, desenvolvidos pela doutrina, *não são uniformemente positivados*. Alguns ganham, no ordenamento jurídico, pleno foro de cidadania, pela sua nítida positivação em dispositivo legal e constitucional. Para outros, a doutrina busca algum suporte minimamente relacionável, para que possa aplicá-lo na solução de casos concretos, mormente quando se necessita dar suporte legal a uma decisão judicial e, principalmente, no caso de recursos de natureza extraordinária, empolgar apelo calcado no desrespeito a preceito de lei ou da Constituição.

Justamente pela dificuldade em se verificar a violação literal e direta a determinado dispositivo de lei ou da Constituição, invocado como supedâneo do princípio, é que se percebe sua baixa densidade normativa.

Nesse sentido, em que pese o *princípio da dignidade da pessoa humana* ser dos *mais importantes e relevantes*, possui baixa densidade normativa, uma vez que apenas enunciado como fundamento da República Federativa do Brasil (CF, art. 1º, III), sem mais detalhamentos.

Por sua vez, e em contraste, o *princípio da inalterabilidade contratual* possui *alta densidade normativa*, na medida em que, insculpido no art. 468 da CLT, goza de claros parâmetros, positivados no dispositivo que o alberga, tornando clara e segura a sua aplicação às mais diversas situações conflituosas. Assim, a orientação de que a alteração contratual não pode ser unilateral e/ou lesiva ao empregado resolve, como princípio-regra, inúmeros casos de alteração contratual, ligados a jornada, remuneração, condições de trabalho, mudanças de local, função etc.

A tentação do julgador, de dar a maior efetividade aos princípios, quando estes possuem baixa densidade normativa, impondo obrigações concretas, extraídas exclusivamente dos princípios, quando inexiste preceito de lei que preveja a obrigação, é real e se denomina *ativismo judiciário* ou *voluntarismo jurídico*. No entanto, gera no sistema uma proteção fictícia e uma *insegurança jurídica* que não compensam a supervalorização do princípio.

O perigo e a insegurança estão no *subjetivismo* necessariamente decorrente desse ativismo e voluntarismo: cada juiz extrairá do princípio que mais lhe aprouver a obrigação que menos se poderia esperar, desnorteando o jurisdicionado. E sabe-se que o Poder Judiciário pode ser *legislador negativo*, retirando do mundo jurídico leis inconstitucionais ou reformando decisões judiciais exaradas ao arrepio da Constituição e das leis da República, mas não pode ser *legislador positivo*, substituindo-se àquele a quem a Constituição atribuiu exclusivamente a missão de, segundo a vontade popular manifestada na representação parlamentar, criar o direito.

O argumento que tem animado juristas e julgadores a defender esse ativismo judiciário é o de que a *inércia do Legislativo* em regular situações que clamariam por novo marco jurídico justificaria essa intervenção excepcional. Esquece-se que essa aparente "inércia" constitui, na realidade, vontade política contrária à mudança pretendida pela via judicial. E o paradoxo maior é que o Poder Judiciário, caracterizado pela sua inércia ontológica, já que só pode atuar quando provocado, pretende substituir-se ao legislador, formulando opções políticas para as quais não recebeu mandato popular. Como um Poder técnico, com seus quadros formados fundamentalmente pela seleção em concursos, com a garantia da vitaliciedade e não sujeito ao controle do voto popular, pode se arvorar em representante do povo para reconstruir o direito à sua imagem e semelhança? Trata-se de voluntarismo jurídico inaceitável num regime democrático de direito.

Capítulo III

Fontes do Direito do Trabalho

1. Noções de fontes de Direito

Fonte, como manancial, dá a ideia de origem: *de onde brota* o Direito.

A *Justiça*, definida pelo jurisconsulto romano *Ulpiano* como "dar a cada um o que é seu" (*suum cuique tribuere*), supõe saber previamente qual o *direito* de cada um a ser dado.

Ora, as coisas são reconhecidas aos homens basicamente em função de duas razões (todas as demais podem ser reduzidas a essas duas):

a) **natureza** – aquilo que o homem tem pelo simples fato de ser pessoa humana (vida, liberdade, igualdade etc.); e

b) **contratos** – todos os demais direitos decorrem de acordos, em que se estabelece a parcela de cada qual, segundo o princípio do *pacta sunt servanda* (ex.: um dá o dinheiro, e o outro dá a mercadoria).

Assim, o *duplo fundamento* da ordem jurídica é encontrado no:

a) **Direito Natural** – direitos humanos fundamentais, que não se atribuem por lei, mas que são reconhecidos como anteriores a qualquer norma constitucional, como ínsitos à natureza humana; e

b) **Direito Contratual** – lei positiva, como fruto de consenso parlamentar em regime democrático eletivo ou de aceitação popular pela tradição em regime monárquico.

A base da *legitimidade* de todo ordenamento jurídico supõe a conjugação do *jusnaturalismo* (referente ao conteúdo mínimo das normas primárias de convívio social) com o *contratualismo* (relativo a todas as demais normas secundárias editadas para regrar a vida em sociedade).

A *carência* de *legitimidade* da lei, quer pelo *autoritarismo* no exercício do poder (em que a norma não é fruto do consenso social, mas da imposição do governante), quer pela adoção do *regime democrático majoritário* (sem respeito aos direitos das minorias), quer ainda pelo *desrespeito aos direitos humanos fundamentais* (leis positivas votadas pelo parlamento, fruto da vontade da maioria, mas em confronto com o

Direito Natural), torna-a *injusta*, sem força vinculante para os que lhe estão sujeitos. (ex.: relativização do direito à vida pela admissão do aborto). O mesmo se diga de *decisões judiciais* frutos do *ativismo judicial*, com invasão da competência legislativa, mormente quando contrárias à Constituição e às leis (ex.: inquéritos instaurados de ofício pelo Poder Judiciário, criação de tipo penal com base em analogia e por decisão judicial, privação de liberdade por manifestação de opinião parlamentar etc.).

Portanto, as *fontes* do Direito podem ser *puras e límpidas*, como também podem estar *conspurcadas* por três *vícios* que tornam suas águas insalubres:

a) **ilegitimidade** – quando a norma fundamental de um ordenamento jurídico (Constituição) contraria algum aspecto do Direito Natural ou é fruto da imposição dos detentores do poder;

b) **inconstitucionalidade** – quando as normas infraconstitucionais contrariam algum dispositivo da Constituição, colocada no ápice da pirâmide jurídica *kelseniana*; e

c) **ilegalidade** – quando qualquer regra infralegal do ordenamento jurídico (decreto, portaria, regulamento, contrato, convenção etc.) contraria preceito legal vigente (salvo as hipóteses de flexibilização constitucionalmente previstas).

2. Fontes do Direito do Trabalho

As *fontes* do Direito do Trabalho se dividem basicamente em:

a) **fontes materiais** – *fatores econômicos, sociais, políticos, filosóficos e psicológicos* que influenciam e levam à edição da norma jurídica: os avanços tecnológicos, a conscientização da necessidade de ofertar maior segurança e estabilidade às relações de trabalho, a pressão obreira pela obtenção de maiores vantagens salariais são alguns dos fatores que induzem à modificação do ordenamento jurídico laboral, pela edição de novas leis e normas jurídicas trabalhistas;

b) **fontes formais** – *instrumentos jurídicos* nos quais se concretizam as regras e comandos que disciplinarão as relações jurídico-trabalhistas (são as diferentes espécies de normas jurídicas que podem estabelecer condutas a serem observadas em sociedade).

O Direito do Trabalho, no Brasil, emana das seguintes *fontes formais* de direito:

• **Fontes heterônomas** – provenientes da vontade estatal, por qualquer de seus três Poderes:

a) **Constituição Federal** (1988) – os princípios básicos e direitos fundamentais do trabalhador encontram-se referidos em nossa Carta Magna especialmente nos arts. 5º (*direitos fundamentais e garantias processuais*), 7º (*direitos do trabalhador*), 8º (*direitos sindicais*), 9º (*direito de greve*) e 37 (*normas administrativas*).

b) **Consolidação das Leis do Trabalho** (1943) – constitui o diploma legal por excelência na esfera laboral, complementado pela *legislação extravagante* (cerca de

175 leis de direito material e 35 de direito processual, em suas várias modalidades normativas: *leis complementares, leis ordinárias, decretos-lei e medidas provisórias*, todas caracterizadas pela possibilidade de inovar no ordenamento jurídico).

c) **Decretos** – normas regulamentadoras das leis (NRs na esfera trabalhista), de competência do *Presidente da República* (não podem inovar na ordem jurídica, mas estão jungidos à implementação prática do que dispõem as leis que regulamentam).

d) **Portarias** (do Ministério do Trabalho) – editadas pelo *Ministro do Trabalho*, autoridades a ele subordinadas ou colegiados com poder normativo, dando instruções práticas para o exercício dos direitos subordinados ao preenchimento de requisitos formais (a elas se equiparam as *resoluções, instruções normativas* e *normas de serviço*).

e) **Sentenças normativas** – decisões dos Tribunais do Trabalho em *dissídios coletivos*, impondo cláusulas que criam novos direitos trabalhistas além dos previstos em lei, mas limitados à categoria representada pelo sindicato suscitante.

f) **Tratados internacionais** – as *Convenções da OIT*, quando ratificadas pelo país, passam a ser fonte formal de direito, após um ano do ato de ratificação; já as *Recomendações da OIT* dependem da elaboração de legislação interna adotando suas diretrizes.

g) **Jurisprudência** – decisões dos Tribunais (especialmente do TST e do STF) que, *interpretando* as leis e a Constituição, vão-lhes dando o seu *conteúdo* (a pacificação da jurisprudência fica estampada nas *súmulas, orientações jurisprudenciais, precedentes normativos* e *regimentos internos* editados pelos Tribunais).

h) **Doutrina** – são os *escritos dos juristas* especializados na matéria, cuja autoridade na fixação dos parâmetros dos vários institutos jurídicos vai plasmando o direito e dando a interpretação e o conteúdo da norma jurídica.

• **Fontes autônomas** – provenientes da vontade dos próprios agentes sociais, estabelecem contratualmente ou unilateralmente as normas que disciplinarão seu relacionamento e os direitos laborais além daqueles já previstos legalmente:

a) **Acordos Coletivos de Trabalho** (CLT, art. 611, § 1º) – estabelecem normas e condições de trabalho aplicáveis no âmbito de uma ou mais empresas participantes do acordo (acordo entre sindicato obreiro e uma ou mais empresas).

b) **Convenções Coletivas de Trabalho** (CLT, art. 611) – acordo de caráter normativo entre sindicatos (obreiro e patronal), em que se estipulam condições de trabalho aplicáveis às categorias por eles representadas.

c) **Regulamento Empresarial** – as normas internas da empresa, que regem as condições da prestação de serviços e estabelecem o Plano de Cargos e Salários, com a remuneração devida a cada cargo e função (e previsão de promoção por antiguidade ou merecimento – CLT, art. 461, §§ 2º e 3º), constituem fonte de direito que se integra ao contrato de trabalho, não podendo ser alteradas para pior senão em relação aos empregados que ingressarem na empresa após sua alteração (Súmula 51, I, do TST).

Obs.: Como a edição de leis trabalhistas é competência exclusiva da União (CF, art. 22, I), as *leis estaduais e municipais* sobre matéria trabalhista têm o *status* de "regulamento empresarial", referente aos direitos suplementares concedidos aos empregados públicos dessas esferas de poder.

d) **Costumes** – práticas vivenciadas nos vários setores e ramos produtivos, que geram direitos e obrigações (ex: intervalo intrajornada no trabalho rural, que variava segundo os usos e costumes da região, nos termos do art. 5º da Lei nº 5.889/73, até a nova redação do item I da Súmula 437 do TST, que generalizou, para trabalhadores urbanos e rurais, o intervalo mínimo de uma hora, nos termos do Decreto nº 73.626/74).

e) **Laudo Arbitral** – é o resultado da arbitragem, como solução dada a um conflito por um terceiro (árbitro) eleito pelas partes. A arbitragem pode ser *obrigatória* ou *voluntária* (nos casos de *conflito coletivo* com ou sem greve – CF, art. 114, § 1º; Lei nº 7.783/89, art. 7º). Nos *dissídios individuais* de trabalho, a arbitragem prevista na Lei nº 9.307/96 é passível de adoção para os empregados com remuneração superior a 2 vezes o teto de benefícios do RGPS (o que resulta em salários superiores a R$ 14.000,00), desde que prevista contratualmente a possibilidade (CLT, art. 507-A), como *forma alternativa* de composição do conflito, mas apenas sob a modalidade da *arbitragem de direito* (em que o árbitro interpreta e aplica as normas legais trabalhistas); não, porém, a *arbitragem de equidade* (em que o árbitro soluciona a demanda à margem das normas legais), uma vez que a maioria dos direitos trabalhistas possui natureza indisponível, o que diminui a margem de manobra do árbitro. Uma vez assumido o compromisso arbitral, que é facultativo (CPC/1973, art. 86; CPC/2015, art. 42), o laudo passa a ser de cumprimento obrigatório, como título executivo extrajudicial (CPC/1973, art. 475-N; CPC/2015, art. 515, VII). A SBDI-1 do TST tinha entendimento no sentido de que o legislador constituinte possibilitou a adoção da arbitragem apenas para os conflitos coletivos, consoante o art. 114, §§ 1º e 2º, da CF. Isto porque a Lei nº 9.307/96, ao fixar o juízo arbitral como medida extrajudicial de solução de conflitos, restringiu, no art. 1º, o campo de atuação do instituto apenas para os litígios relativos a direitos patrimoniais disponíveis. Nestes não se incluiriam os direitos trabalhistas, em razão do princípio protetivo que informa o direito individual do trabalho e da ausência de equilíbrio entre as partes (TST-E-RR-282000-61.2001.5.02.0033, Rel. Min. Horácio Senna Pires, julgado em 10.2.2011; TST-E-ED-RR-25900-67.2008.5.03.0075, Rel. Min. João Oreste Dalazen, *DEJT* de 20.5.2015). De qualquer forma, tratando-se de direito passível de flexibilização (jornada e salário – CF, art. 7º, VI, XIII e XIV), não vislumbramos inexistência de campo para a arbitragem, que, após a Reforma Trabalhista de 2017 (Lei nº 13.467/17), passou expressamente a prever a arbitragem em dissídios individuais, mas com patamar remuneratório mínimo, conforme já referido.

3. Critérios de aplicação das regras de Direito

O *critério geral* de aplicação das regras de direito (para os vários ramos da árvore jurídica) é o da prevalência da:

a) norma hierarquicamente superior, no caso de conflito entre os comandos nelas contidos (ex.: a Constituição prevalece sobre a lei e esta sobre decretos e portarias);

b) norma especial sobre norma geral (LINDB, art. 2º, § 2º), no caso de haver disciplina jurídica específica sobre parte da matéria que antes era tratada genericamente em determinada lei, tendo ambas vigência simultânea e destinações próprias (ex.: lei do atleta profissional em face da CLT).

Já na *seara trabalhista*, o critério geral da hierarquia das normas é relativizado, uma vez que a regra em caso de conflito pode ser a da aplicação da *norma mais favorável ao trabalhador* (ex.: a Súmula 331 do TST, na forma da nova redação conferida ao item IV e acréscimo do item V, após o julgamento da ADC 16-DF [Rel. Min. Cezar Peluso, *DJe* 9.9.2011] pelo STF, reconhece a responsabilidade subsidiária do tomador dos serviços na hipótese de terceirização e nos casos de inadimplência das empresas prestadoras de serviços, sendo possível, inclusive, a responsabilização subsidiária dos entes públicos, desde que demonstrada a sua conduta culposa no cumprimento das obrigações da Lei nº 8.666/93, especialmente na fiscalização do cumprimento das obrigações contratuais e legais do prestador de serviços, sendo que a aludida responsabilidade não decorre do mero inadimplemento das obrigações trabalhistas assumidas pela empresa regularmente contratada).

Essa regra própria do Direito do Trabalho comporta duas *exceções*:

a) **Flexibilização mediante negociação coletiva** (CF, art. 7º, VI, XIII e XIV) – admite-se a fixação de condições de trabalho menos benéficas do que as previstas em lei, desde que estabelecidas em convenções ou acordos coletivos e que versem sobre jornada de trabalho e salário; e

b) **Acordo coletivo em relação a convenção coletiva** – sendo o acordo norma específica para determinada empresa, estabelecido tendo em vista as condições passíveis de serem adotadas em seu âmbito, não admite convivência com normas mais benéficas de convenção coletiva, por não poderem ser suportadas economicamente pela empresa. Nesse sentido, a nova redação dada ao art. 620 da CLT pela Lei nº 13.467/17 (Reforma Trabalhista) espancou de vez as controvérsias, deixando claro que *o acordo coletivo prevalece sempre sobre a convenção coletiva de trabalho*.

4. Conflitos de lei

a) No tempo

As regras básicas para solver os *conflitos de lei no tempo* são:

a) *princípio da irretroatividade da lei* – a lei nova não pode prejudicar o *direito adquirido*, o *ato jurídico perfeito* e a *coisa julgada* (CF, art. 5º, XXXVI), de modo que, em nome da segurança jurídica, aquilo que já se incorporou ao patrimônio jurídico da pessoa não lhe pode ser retirado (ex.: Súmula 248 do TST);

b) *princípio da aplicação imediata da lei* – as normas definidoras dos direitos têm aplicação imediata (CF, art. 5º, § 1º), na data de sua entrada em vigor (LINDB, art. 1º), passando a disciplinar as relações jurídicas;

c) *princípio da não repristinação da lei* – a norma revogada não se restaura quando revogada, por sua vez, aquela que a revogara (LINDB, art. 2º, § 3º), salvo se a lei revogadora for declarada inconstitucional, se for concedida a suspensão cautelar da eficácia da norma impugnada (Lei nº 9.868/99, art. 11, § 2º) ou quando, não sendo situação de inconstitucionalidade, o legislador assim o determinar expressamente;

d) *princípio da revogação tácita* – a lei nova que não disponha expressamente sobre a revogação de lei anterior poderá revogá-la tacitamente quando (LINDB, art. 2º, § 1º):

- seja incompatível com a lei anterior;
- disponha por inteiro da matéria objeto da lei anterior.

b) No espaço

O Código de Direito Internacional Privado (*Código Bustamante*), que foi ratificado pelo Brasil, dispõe que as leis trabalhistas e previdenciárias são de *natureza territorial* (art. 198).

Assim, a regra básica em matéria de Direito do Trabalho, para solução dos conflitos de lei no espaço, é a da aplicação da *lex loci executioni contracti*: lei do lugar em que o contrato de trabalho for executado, e não a do lugar da contratação (Súmula 207 do TST, cancelada em 2012, pela generalização aos trabalhadores brasileiros contratados para trabalhar no exterior, da Lei nº 7.064/82, cujo art. 3º, II, prevê a aplicação da legislação brasileira, quando mais favorável, considerado o conjunto das normas e cada matéria).

No que concerne à aplicação da lei no tempo, *inexiste direito adquirido a regime jurídico* (Tema 24 de repercussão geral do STF), razão pela qual as regras da Reforma Trabalhista de 2017 se aplicam aos contratos vigentes a partir de sua entrada em vigor. E no que concerne à aplicação da lei no espaço, aos trabalhadores brasileiros que laboram em embarcações estrangeiras que operam no litoral brasileiro e em águas internacionais se aplica a *lei da bandeira do navio* (TST-RRAgRRAg – 10614-63.2019.5.15.0064, 4ª Turma, Rel. Min. Alexandre Luiz Ramos, *DEJT* de 27.5.2022; Convenção 186 da OIT, ratificada pelo Brasil em 12.4.2021). Num caso e noutro, o que se busca evitar é que trabalhadores que prestam o mesmo tipo de serviço e em iguais condições estejam submetidos a regimes jurídicos trabalhistas distintos, com diferentes direitos e obrigações.

Capítulo IV

Evolução constitucional dos direitos sociais

1. Constituição de 1934

A *crise econômica de 1929* colocou em xeque o liberalismo econômico e deu origem ao *intervencionismo estatal na economia* (teoria keynesiana), com o surgimento de movimentos sociais pleiteando melhores condições de vida e de trabalho (pedindo, para isso, a proteção do Estado).

A *Revolução de 1930*, que pôs fim à República Velha, levou *Getúlio Vargas* à chefia do governo provisório, no qual foi criado o Ministério do Trabalho, Indústria e Comércio, expedindo-se farta legislação sobre direitos e benefícios dos trabalhadores, especialmente a possibilidade de sindicalização, mas sob o controle do governo.

A *Revolução Constitucionalista de 1932*, promovida pelos paulistas, catalisou o processo de elaboração de uma nova Constituição, que, promulgada a 16 de julho de 1934, sepultou a velha democracia liberal e instituiu a *democracia social*, ao estilo da Constituição da República de Weimar, na Alemanha (*modelo corporativista*, com representantes classistas indicados pelos sindicatos na Câmara dos Deputados).

A Constituição Federal de 1934, ante sua tendência social-democrática, *instituiu a Justiça do Trabalho*, que somente teve instauração efetiva em 1941.

As *principais normas trabalhistas* da Constituição de 1934 são:

a) reconhecimento dos sindicatos e pluralidade sindical (art. 120);

b) isonomia salarial;

c) salário mínimo;

d) jornada diária de 8 horas;

e) proibição de trabalho do menor de 14 anos;

f) repouso semanal remunerado; — art. 121

g) férias anuais;

h) indenização por dispensa imotivada;

i) salário-maternidade;

j) reconhecimento das convenções coletivas;

k) instituição da Justiça do Trabalho, mas com caráter administrativo, sem compor o Poder Judiciário (art. 122).

2. Constituição de 1937

Prestes a terminar seu mandato presidencial, Getúlio Vargas, sob a capa de estar livrando o Brasil dos extremismos nazifascista (ação integralista) e comunista, deu o golpe de 10 de novembro de 1937, criando o chamado *Estado Novo*.

Dissolvendo a Câmara e o Senado, outorgou, nesse mesmo dia, a Constituição de 1937, baseada na Constituição polonesa então vigente (daí ficar conhecida como "*Polaca*"), que conferia poderes ditatoriais ao presidente da República, ao mesmo tempo que organizava a economia de produção em *corporações representativas das forças de trabalho da nação*, que exerceriam funções delegadas do Poder Público (compunham o Conselho de Economia Nacional).

As normas trabalhistas da Constituição de 1937 encontravam-se elencadas especialmente no *art. 137*, que, além de repetir os direitos que a Constituição de 1934 já assegurava (salário mínimo, jornada diária de 8 horas de trabalho, proibição do trabalho do menor de 14 anos, repouso semanal remunerado, férias anuais, indenização por dispensa imotivada, salário-maternidade e reconhecimento das convenções coletivas de trabalho), trouxe as seguintes *inovações e avanços*:

a) remuneração do trabalho noturno superior à do diurno;

b) garantia de permanência no emprego, nos casos de mudança de proprietário da empresa.

Por outro lado, a Constituição de 1937:

a) não mencionou o princípio garantidor da isonomia salarial;

b) proibiu a greve e o *lockout* (paralisação do empregador), considerando-os nocivos e antissociais (art. 139);

c) garantiu a liberdade associativa, mas reservou ao Estado o reconhecimento dos sindicatos, para efeitos de representação legal da categoria.

3. Constituição de 1946

Com a vitória das democracias ocidentais na *Segunda Guerra Mundial*, as ideias liberais foram restauradas, havendo a derrocada dos regimes ditatoriais de índole totalitária. Tal panorama do mundo de 1945 teve seus desdobramentos no Brasil, com a *deposição de Getúlio Vargas* e o término do Estado Novo.

Convocada *Assembleia Constituinte*, esta elaborou texto promulgado a 18 de setembro de 1946, que, graças à participação de *forte bancada trabalhista*, aproveitou e *ampliou as garantias e direitos obreiros* instituídos na Constituição de 1934.

A Constituição de 1946 *manteve* (art. 157):

a) liberdade sindical;

b) isonomia salarial;

c) salário mínimo;

d) jornada diária de 8 horas;

e) proibição de trabalho do menor de 14 anos;

f) repouso semanal remunerado;

g) férias anuais;

h) estabilidade e indenização por dispensa imotivada;

i) salário-maternidade;

j) reconhecimento de convenções coletivas;

k) remuneração superior ao trabalho noturno.

As *inovações* que trouxe foram:

a) participação obrigatória e direta do empregado nos lucros da empresa;

b) assistência aos desempregados;

c) garantia do direito de greve (cujo exercício seria regulado por lei);

d) fixação (por lei) de porcentagens de empregados brasileiros em determinados setores produtivos;

e) Justiça do Trabalho dentro do Poder Judiciário (arts. 122 e 123).

4. Constituição de 1967

A *Revolução Militar de 1964*, cujo intuito foi afastar o Brasil da ameaça de dominação comunista a que a crise política estava levando, deu azo à promulgação de novo texto constitucional para o país em 24 de janeiro de 1967, decorrente de projeto enviado pelo governo e votado em bloco pelo Congresso, entrando em vigor no início do mandato do *Presidente Costa e Silva*.

A enfermidade e morte desse governante deixou o país nas mãos de uma *Junta Militar* composta pelos ministros do Exército, Marinha e Aeronáutica, que, a 17 de outubro de 1969, promulgaram a *Emenda Constitucional nº 1*, considerada por muitos como uma nova Constituição, dadas as alterações que proporcionou ao texto de 1967.

Em termos de *Direito Social*, a Constituição de 1967 definiu mais eficazmente os direitos dos trabalhadores, mantendo as conquistas das Constituições anteriores, com as seguintes *modificações*:

a) o direito de greve ficou restrito (proibido nos serviços públicos ou essenciais, definidos em lei);

b) a participação nos lucros não foi mais direta;

c) a proibição do trabalho do menor caiu para 12 anos;

d) ficou garantido um intervalo de descanso na jornada diária de trabalho.

As *inovações* ficaram por conta de:

a) salário-família;

b) FGTS (por opção, em substituição da estabilidade);

c) aposentadoria especial para mulheres e professores.

A *sindicalização* continuou com base na existência de apenas um sindicato representativo da categoria, dentro de cada circunscrição (o Brasil não ratificou a Convenção nº 87 da OIT, que prevê a pluralidade sindical representativa, dentro da mesma base territorial, para determinada categoria profissional).

5. Constituição de 1988

Com o término do regime militar pela *eleição indireta de um presidente civil* em 1985, uma das plataformas eleitorais que tiveram cumprimento foi a da convocação de uma *Assembleia Nacional Constituinte*, uma vez que o texto anterior (1967/1969) carecia de legitimidade e abundava em autoritarismo.

A abertura política iniciada com o último governo militar (General Figueiredo) e continuada pela chamada *Nova República* propiciou a proliferação de partidos que tinham por base a luta pelos direitos dos trabalhadores (PT, PTB, PDT etc.), o que representou, em termos de elaboração de uma nova Carta Política, uma *expansão das garantias outorgadas ao operariado nacional*.

Tendo a Constituinte de 1987 rejeitado o Anteprojeto de Constituição preparado pela *Comissão Afonso Arinos* ("Comissão dos Notáveis", instituída pelo Presidente Sarney em 1985 e que apresentou seu texto final em 1986), teve de começar do nada a elaboração do novo texto constitucional, dividindo o trabalho em *8 comissões temáticas* (e 24 subcomissões), cada uma delas com textos absolutamente independentes, o que dificultou sobremaneira o trabalho de sistematização do relator-geral, Dep. *Bernardo Cabral*.

Enquanto os *partidos de direita* se concentravam na comissão referente à *"Ordem Econômica"*, preparando um texto fortemente calcado na *economia de mercado* e na *defesa da livre-iniciativa*, os *partidos de esquerda* concentraram-se na comissão da *"Ordem Social"* e subcomissão dos Direitos Sociais, propondo texto de *forte intervencionismo estatal* e *generoso em outorga de direitos laborais*, tornando conflitante o texto final adotado e complexa a exegese constitucional da Carta de 1988.

Do ponto de vista formal, a inovação mais acentuada do atual texto constitucional foi o *deslocamento topográfico* dos direitos trabalhistas do Capítulo "Da Ordem Econômica e Social", que geralmente figurava no final das Constituições anteriores (1934, 1937, 1946 e 1967), para uma *posição de destaque* logo no *início* do Diploma Constitucional ("Dos Direitos Sociais", arts. 6º a 11).

O novo texto constitucional trouxe *grande número de novidades*, algumas já concedidas pela legislação ordinária (CLT) ou constantes de cláusulas de dissídios coletivos (não consideradas aqui as alterações introduzidas pelas emendas constitucionais à Carta Política de 1988):

a) seguro-desemprego;

b) piso salarial;

c) irredutibilidade de salários;

d) garantia de salário fixo (para as categorias que recebem por comissão);

e) 13º salário;

f) jornada de 6 horas nos turnos ininterruptos de revezamento;

g) licença remunerada de 120 dias à gestante e de 5 dias ao pai;

h) aviso prévio proporcional ao tempo de serviço;

i) adicional de insalubridade e periculosidade;

j) assistência em creches aos filhos de até 6 anos;

k) seguro contra acidente do trabalho;

l) prescrição quinquenal para o trabalhador urbano (e bienal quando cessada a relação de emprego) e sempre de 2 anos após a rescisão contratual, para o rurícola;

m) igualdade previdenciária entre empregado e trabalhador avulso;

n) proteção contra discriminação em relação ao deficiente;

o) proibição de descontos e retenção de salários (crime);

p) direitos trabalhistas ao empregado doméstico;

q) proteção em face da automação, na forma da lei.

As *alterações* que o novo texto apresenta são:

a) exclusão da estabilidade (há apenas o direito de indenização quando imotivada a despedida);

b) salário mínimo unificado para todo o país (mais abrangente: necessidades também de educação e lazer);

c) volta ao patamar de 14 anos para o início da vida de trabalho assalariado;

d) jornada semanal de 44 horas;

e) horas extras com adicional de 50%;

f) férias com 1/3 a mais de remuneração;

g) inclusão específica da unicidade de representação sindical de determinada categoria numa dada base territorial;

h) direito de greve sem restrições (devendo a lei ordinária dispor sobre o atendimento das necessidades inadiáveis da comunidade, no caso de a greve ser referente a serviços ou atividades essenciais).

Foram *mantidos* sem alteração em relação à CF de 1967 os seguintes direitos básicos laborais:

a) FGTS;

b) adicional noturno;

c) participação nos lucros;

d) salário-família;

e) descansos semanais remunerados (DSRs);

f) aposentadoria;

g) reconhecimento de convenções coletivas.

Pode-se dizer que a Constituição de 1988 promoveu uma *constitucionalização da CLT*, fazendo com que a maior parte dos direitos trabalhistas passasse a ser discutida judicialmente até o Supremo Tribunal Federal, dificultando a célere pacificação dos conflitos sociais.

6. Emenda Constitucional nº 45/04: Reforma do Judiciário

Promulgada no dia 8 de dezembro de 2004 e publicada em 31 de dezembro de 2004, a *Emenda Constitucional nº 45* promoveu a *Reforma do Poder Judiciário*, concluindo longo processo legislativo (12 anos de tramitação), no qual se *cogitou da extinção da Justiça do Trabalho*, assimilada pela Justiça Federal, bem como da extinção completa do Poder Normativo da Justiça do Trabalho, mas a versão final aprovada representou um fortalecimento do Judiciário Laboral, com significativa ampliação de sua competência.

a) Alterações Gerais

Numa perspectiva geral, referente ao Poder Judiciário como um todo, as alterações mais significativas, com repercussão direta na Justiça do Trabalho, foram:

• **Conselho Nacional de Justiça** (CF, arts. 92, I-A, e 103-B) – criado para o controle administrativo, financeiro e disciplinar dos magistrados, no que se denominou *"Controle Externo do Judiciário"*, dada sua composição, além de magistrados, por membros da advocacia, do Ministério Público e da sociedade (15 Conselheiros, com seu Presidente e Corregedor Nacional de Justiça).

Mais do que função disciplinar em relação aos magistrados, o CNJ desenvolve o *planejamento estratégico* de todo o Poder Judiciário. Para tanto, cabe ao CNJ expedir atos regulamentares disciplinando os mais variados aspectos do funcionamento do Poder Judiciário, de modo a tornar a *Justiça efetiva, célere, segura, acessível e barata* para o cidadão.

Além da edição de *resoluções, enunciados* interpretativos e resposta a *consultas*, todas de caráter geral (RICNJ, art. 4º, I, XXV e XXXII), o CNJ exerce o *controle de legalidade dos atos administrativos* praticados pelos membros do Poder Judiciário, de ofício, ou mediante *pedidos de providências, pedidos de controle administrativo* e *reclamações* (RICNJ, art. 4º, II, III, XXI e XXVII), a par de sua *função disciplinar*, em caráter originário ou revisional (RICNJ, art. 4º, IV, VI e VIII). A tônica é a *transcendência do interesse meramente individual*, para repercutir no Poder Judiciário como um todo.

Instalado em 14 de junho de 2005, o CNJ já deu significativa contribuição para a *padronização e controle de eventuais desmandos* no âmbito do Poder Judiciário, editando perto de 500 resoluções até o ano de 2022, dentre as quais podem ser destacadas as seguintes, de maior impacto uniformizador ou moralizador:

Resolução	Matéria
4	sistema de estatísticas no Judiciário
7, 9 e 21	combate ao nepotismo
11 e 75	concursos públicos para a magistratura
13 e 14	observância do teto remuneratório pelas Justiças Estaduais
17, 72, 144 e 149	convocação de juízes de primeiro grau para substituição e auxílio nos tribunais
32	remoções e permutas de juízes
34	exercício de magistério por juízes
37	limitação de residência fora da comarca por juiz
41 e 45	padronização de endereços eletrônicos do Poder Judiciário
46	tabelas processuais unificadas
52 e 140	proibição de atribuição de nomes de pessoas vivas aos bens públicos sob a administração do Poder Judiciário
59	autorização para escutas telefônicas
65	numeração única dos processos
73	pagamento de diárias para magistrados
80 e 81	concurso público e seus parâmetros para os serviços notariais
83	uso de veículos oficiais
88 e 340	jornada de trabalho de 8 horas dos servidores do Poder Judiciário e parâmetros para cargos comissionados e requisições
89	instituição dos mutirões carcerários como mecanismo de revisão periódica das prisões provisórias e definitivas
95	transição dos cargos de direção nos órgãos do Poder Judiciário
105	depoimentos por meio do sistema audiovisual e inquirição de testemunhas por videoconferência
106	aferição objetiva de merecimento para promoção de magistrados
115, 123, 158 e 303	gestão de precatórios pelo Poder Judiciário
121	divulgação de dados processuais eletrônicos na rede mundial de computadores e expedição de certidões judiciais
126 e 159	capacitação judicial de magistrados e servidores do Poder Judiciário
127	pagamento de honorários periciais e de tradutores e intérpretes em caso de beneficiário da justiça gratuita
133	equiparação de vantagens entre Ministério Público e Judiciário

135	padronização de procedimento para os processos administrativos disciplinares abertos contra magistrados
137	banco de dados de mandados de prisão
139, 150 e 311	critérios para transferência de magistrados para órgãos jurisdicionais fracionários no âmbito dos tribunais (evitar migrações com intuito de redução de estoque de processos)
160	núcleo de repercussão geral e recursos repetitivos nos tribunais superiores, de justiça e regionais
170	participação de magistrados em eventos jurídicos subsidiados pela iniciativa privada
184 e 219	critérios para criação e distribuição de cargos, funções e unidades no âmbito do Poder Judiciário
185, 320, 337, 345 e 420	instituição do Sistema Processo Judicial Eletrônico – PJE (digitalização dos autos físicos)
194	política nacional de atenção prioritária ao primeiro grau de jurisdição
198	planejamento e gestão estratégica no âmbito do Poder Judiciário
203	reserva aos negros de 20% de vagas em concursos no âmbito do Poder Judiciário
215	acesso à informação no âmbito do Poder Judiciário
227, 297, 371 e 375	teletrabalho no âmbito do Poder Judiciário
232 e 233	valores dos honorários a serem pagos aos peritos e criação de cadastro de profissionais técnicos
234	instituição do Diário de Justiça Eletrônico Nacional (DJEN)
235	padronização de procedimentos administrativos para a repercussão geral, recursos repetitivos e incidente de assunção de competência
244	regulamentação do expediente no recesso forense e suspensão dos prazos processuais
293	férias de magistrados
305	parâmetros para uso de redes sociais por magistrados
332	uso da inteligência artificial no Poder Judiciário
337	sistemas de videoconferência no Poder Judiciário
396	sistema de segurança cibernética do Poder Judiciário
400 e 401	diretrizes para sustentabilidade, acessibilidade e inclusão no Poder Judiciário

• **Súmula Vinculante** (CF, art. 103-A) – a ser adotada pelo STF, por maioria de 2/3, como pacificação de sua jurisprudência, nos casos de reiteradas decisões num determinado sentido, fixando a interpretação da norma controvertida (em caso de desrespeito por órgão jurisdicional inferior, caberá reclamação para o STF, que cassará a decisão contrária à súmula e devolverá o processo ao órgão de origem, para que profira nova decisão); o STF decidiu conferir às suas súmulas vinculantes caráter impeditivo de recursos, o que permite sua invocação para negar seguimento a recursos.

Dentre as súmulas vinculantes editadas até o momento pelo STF destacam-se a 4 (base de cálculo do adicional de insalubridade), 10 (reserva de plenário para a declaração de inconstitucionalidade), 11 (uso de algemas), 13 (combate ao nepotismo), 21 (inconstitucionalidade da exigência de depósito prévio para a admissibilidade de recurso administrativo), 22 (competência da Justiça do Trabalho para julgar as ações de indenização por danos morais e patrimoniais decorrentes de acidente de trabalho), 23 (competência da Justiça do Trabalho para julgar ação possessória decorrente do exercício do direito de greve), 25 (ilicitude da prisão civil do depositário infiel), 37 (vedação de reajuste de servidor público, por decisão judicial com fundamento em isonomia), 40 (inexigibilidade de contribuição confederativa a empregados não filiados ao sindicato), 53 (incompetência da Justiça do Trabalho para a cobrança de contribuição previdenciária sobre as parcelas não pagas) e 55 (não extensão do auxílio-alimentação aos servidores inativos).

• **Repercussão Geral da Questão Constitucional** (CF, art. 102, § 3º) – critério de seleção para exame do recurso extraordinário, apenas sendo apreciados no mérito aqueles recursos que o atenderem (semelhante ao *writ of certiorary* da Suprema Corte americana e do *critério de transcendência* da Suprema Corte argentina) – encontra-se regulamentado atualmente pelos arts. 323 e seguintes do RISTF.

O sistema somente tornou-se operacional pela adoção do *plenário virtual* do STF, pelo qual, por meio eletrônico, os ministros disponibilizam seus votos aos colegas, para registrarem se concordam ou não com a repercussão geral da matéria, sendo pautada aquela que obtém ao menos 4 adesões no sentido da repercussão geral.

• **Garantia Constitucional da Celeridade Processual** (CF, art. 5º, LXXVIII) – o princípio da celeridade processual é erigido em garantia constitucional, assegurando-se às partes a *"razoável duração do processo e os meios que garantam a celeridade de sua tramitação"*, o que fortalece o magistrado para coibir os recursos protelatórios, que assolam os tribunais pátrios.

• **Quarentena** (CF, art. 95, parágrafo único, V) – instituição do período mínimo de 3 anos de vacância para o exercício da advocacia por parte dos magistrados, em relação aos juízos ou tribunais dos quais se afastaram (medida salutar, para evitar qualquer tratamento privilegiado aos ex-magistrados).

• **Ingresso e Promoção de Magistrados** (CF, art. 93, I, II e IV) – exigência de experiência profissional, na área jurídica, mínima de 3 anos, para ingresso na magistratura, além de prestigiar, na promoção por merecimento, a *"produtividade"* e a *"celeridade"* do magistrado, conjuntamente com a participação em cursos de aperfeiçoamento, o que reduz a margem de discricionariedade nas escolhas, tornando mais "objetivo" o merecimento.

• **Órgão Especial** (CF, art. 93, XI) – nos tribunais com mais de 25 julgadores poderá ser composto de apenas 11 membros, metade por antiguidade e metade por eleição do Pleno, o que viabiliza, racionaliza e agiliza seu funcionamento (pela redução do número mínimo), a par de democratizar-lhe o acesso.

• **Distribuição Imediata dos Processos** (CF, art. 93, XV) – medida que já vem sendo vivenciada por grande parte dos tribunais, graças ao sistema informatizado de distribuição automática dos processos, assim que são autuados, mas que agora se torna obrigatória para todos.

b) **Justiça do Trabalho**

Quanto à Justiça do Trabalho, as inovações foram as seguintes:

• **Ampliação da Competência** (CF, art. 114) – para abranger, além de expressamente o "dano moral e patrimonial", o *"habeas corpus"* e as multas administrativas impostas pela fiscalização do trabalho, todas as *"relações de trabalho"*, tanto as assalariadas e subordinadas (próprias do empregado) quanto as de autônomos, avulsos, eventuais, cooperados, voluntários, empreiteiros, aprendizes, temporários, domésticos e rurais, excluindo-se apenas as "relações de consumo" e as "relações estatutárias".

• **Redução do Poder Normativo** (CF, art. 114, §§ 2º e 3º) – transformando o dissídio coletivo em verdadeiro exercício de *juízo arbitral*, dada a necessidade de mútuo acordo para a submissão do conflito ao Judiciário Laboral, a par de prestigiar o Ministério Público, transformando-o em *dominus litis* do dissídio de greve, para defesa do interesse público em greves nos serviços essenciais, o que resguarda a defesa da sociedade em situações de impasse entre patrões e empregados.

• **Conselho Superior da Justiça do Trabalho** (CF, art. 111-A, § 2º, II) – criado para a supervisão administrativa, patrimonial, orçamentária e financeira dos TRTs, como órgão centralizador do sistema, cujas decisões possuem efeito vinculante.

• **Escola Nacional da Magistratura Trabalhista** (CF, art. 111-A, § 2º, I) – instituída para seleção, treinamento e aperfeiçoamento de juízes da Justiça do Trabalho.

• **Tribunal Superior do Trabalho** (CF, art. 111-A) – ampliação do número de seus ministros, recompondo seu quadro de 27 membros, que fora reduzido com a extinção da representação classista (EC nº 24/99).

• **Tribunais Regionais do Trabalho** (CF, art. 115, § 2º) – desnecessidade da existência de um TRT por Estado da Federação, possibilitando a criação de *"câmaras regionais"*, com redução de despesas de uma estrutura administrativa mais volumosa.

c) **Pendências**

Apesar de aprovadas pelo Senado Federal, voltaram para a Câmara dos Deputados, por se tratar de inovações por ela não examinadas, as seguintes propostas, que, portanto, ainda não poderão ser adotadas:

• súmula vinculante do Tribunal Superior do Trabalho (CF, art. 111-B);

• óbices ao "nepotismo", através da vedação à nomeação de parentes para cargos ou funções comissionadas, no âmbito do juízo ou tribunal em que atua o magistrado (CF, art. 93, XVI) – o STF editou, de qualquer forma, a Súmula Vinculante

13, coibindo o nepotismo em todos os Poderes da República, inclusive o denominado "nepotismo cruzado" (nomeações recíprocas de parentes entre autoridades); e

• designação dos juízes dos TRTs como "desembargadores federais do trabalho" (CF, art. 115) – o CSJT editou, de todo modo, a Resolução 104/12, que uniformizou a designação para "Desembargador do Trabalho".

Feito um balanço geral, a Reforma não deixou de ter muitos pontos positivos, mas mostrou-se insuficiente para resolver o problema do volume descomunal de litígios que chegam diariamente às portas do Judiciário, razão pela qual deveria ser completada pela *reforma processual*, de caráter infraconstitucional, a ser levada a cabo por *comissão mista especial do Congresso Nacional*, conforme determina a própria EC nº 45/04 (art. 7º), razão por que foi editado o novo Código de Processo Civil (Lei nº 13.105/15).

7. Legislação infraconstitucional trabalhista

O ordenamento jurídico brasileiro, no campo do Direito do Trabalho, tem por base a Constituição Federal. A legislação ordinária que se lhe segue tem como seu principal diploma a *Consolidação das Leis do Trabalho* (CLT – Dec.-Lei nº 5.452, de 1º.5.1943).

Seu *esquema básico*, no disciplinamento das relações trabalhistas e até na solução dos conflitos trabalhistas, é o seguinte:

Título	Matérias	Arts.
I – Introdução	Conceituação dos Sujeitos e Abrangência	1º-12
II – Normas Gerais de Tutela do Trabalho	Identificação, Jornada, Salário Mínimo, Férias, Segurança e Medicina do Trabalho (5 capítulos)	13-223
II-A – Dano Extrapatrimonial	Parâmetros para as indenizações por danos morais	223-A a 223-G
III – Normas Especiais de Tutela do Trabalho	a) Atividades Especiais – Bancários, Telefonistas, Músicos, Ferroviários, Marítimos, Portuários, Mineiros, Jornalistas, Professores, Químicos e Motoristas (entre outros); b) Circunstâncias Especiais – Estrangeiro, Mulher e Menor (4 capítulos)	224-441
IV – Contrato Individual de Trabalho	Pactuação, Remuneração, Alteração, Suspensão, Interrupção, Rescisão, Aviso Prévio, Estabilidade (9 capítulos)	442-510
IV-A – Representação dos Empregados	Regulamentação do art. 11 da CF/88	510-A a 510-D
V – Organização Sindical	Criação de Sindicato, Enquadramento Sindical, Contribuição Sindical (3 capítulos)	511-610
VI – Convenções Coletivas de Trabalho	Negociação Coletiva	611-625
VI-A – Comissões de Conciliação Prévia	Comissões de Conciliação Prévia	625-A-H

VII – Processo de Multas Administrativas	Fiscalização do Trabalho, Multas e Recursos (3 capítulos)	626-642
VIII – Justiça do Trabalho	Jurisdição, Competência, Organização e Funcionamento (Varas do Trabalho, TRTs, TST) (8 capítulos)	643-735
IX – Ministério Público do Trabalho	Organização e Atribuições (3 capítulos)	736-762
X – Processo do Trabalho	Regras Gerais, Dissídios Individuais, Dissídios Coletivos, Execução e Recursos (8 capítulos)	763-910
XI – Conclusão	Disposições Finais e Transitórias	911-922

Outras leis trabalhistas de importância são (sem contar as que regulamentam profissões específicas, que chegam a mais de 85):

– Lei nº 605/49 – repouso semanal remunerado;

– Lei nº 4.090/62 – 13º salário;

– Lei nº 4.725/65 – processo de dissídio coletivo;

– Decreto-Lei nº 779/69 – processo do trabalho (privilégios dos entes públicos);

– Lei Complementar nº 7/70 – programa de integração social (PIS);

– Lei nº 5.584/70 – processo do trabalho (assistência judiciária gratuita e alçada);

– Lei nº 5.889/73 – trabalhador rural;

– Lei nº 6.019/74 – empresas de trabalho temporário;

– Lei nº 7.418/85 – vale-transporte;

– Lei nº 7.701/88 – processo do trabalho (novos órgãos jurisdicionais);

– Lei nº 7.783/89 – greve;

– Lei nº 7.998/90 – seguro-desemprego;

– Lei nº 8.036/90 – FGTS;

– Lei nº 8.073/90 – substituição processual;

– Lei nº 8.112/90 – regime único do servidor público federal;

– Lei Complementar nº 75/93 – organização do Ministério Público do Trabalho;

– Lei nº 8.906/94 – Estatuto da Advocacia (prerrogativas dos advogados e direitos do advogado empregado);

– Lei nº 8.984/95 – competência da Justiça do Trabalho para apreciar demandas entre sindicatos e empresas quanto ao cumprimento de convenções e acordos coletivos;

– Lei nº 9.029/95 – proibição de prática discriminatória de exigência de atestado de gravidez e esterilização;

– Lei nº 9.093/95 – feriados civis e religiosos (revogou o art. 11 da Lei nº 605/49);

– Lei nº 9.307/96 – arbitragem;

– Lei nº 9.601/98 – contrato de trabalho por prazo determinado;

– Lei nº 9.608/98 – trabalho voluntário;

– Lei nº 9.957/00 – procedimento sumaríssimo;

– Lei nº 9.958/00 – comissões de conciliação prévia;

– Lei nº 10.035/00 – procedimentos de execução das contribuições devidas à Previdência Social;

– Lei nº 10.097/00 – trabalhador menor;

– Lei nº 10.218/01 – horas extras integram aviso prévio indenizado;

– Lei nº 10.244/01 – permite a realização de horas extras por mulheres (revogou o art. 376 da CLT);

– Lei nº 10.270/01 – proíbe anotações desabonadoras na CTPS do trabalhador;

– Lei nº 10.537/02 – custas e emolumentos da Justiça do Trabalho;

– Lei nº 11.180/05 – institui o PROUNI e o PET;

– Lei Complementar nº 123/06 – micro e pequena empresas (obrigações trabalhistas);

– Lei nº 11.295/06 – direito de sindicalização para o empregado de entidade sindical;

– Lei nº 11.304/06 – permite a ausência do trabalhador ao serviço sem prejuízo do salário, na hipótese de participação em reunião oficial de organismo internacional ao qual o Brasil seja filiado;

– Lei nº 11.495/07 – depósito prévio em ação rescisória;

– Lei nº 11.496/07 – modifica o processamento de embargos no TST;

– Lei nº 11.788/08 – estágio profissional;

– Lei nº 12.016/09 – mandado de segurança individual e coletivo;

– Lei nº 12.023/09 – trabalho avulso;

– Lei nº 12.275/10 – depósito recursal de 50% do valor do depósito do recurso ao qual se pretende destrancar, para interposição de agravo de instrumento (CLT, art. 899, § 7º);

– Lei nº 12.437/11 – a constituição de procurador para o foro em geral mediante simples registro em ata de audiência (CLT, art. 791, § 3º);

– Lei nº 12.440/11 – certidão negativa de débitos trabalhistas (CLT, Capítulo VII-A);

– Lei nº 12.506/11 – prevê o aviso prévio proporcional ao tempo de serviço;

– Lei nº 12.690/12 – cooperativas de trabalho;

– Lei nº 12.740/12 – adicional de periculosidade aos vigilantes e seguranças (nova redação do art. 193 da CLT);

– Lei nº 12.812/13 – acrescenta o art. 391-A à CLT, para dispor sobre a estabilidade provisória da gestante, prevista no art. 10, II, *b*, do ADCT;

– Lei nº 12.832/13 – altera dispositivos da Lei nº 10.101/00, sobre a participação dos trabalhadores nos lucros e resultados da empresa;

– Lei nº 12.997/14 – acrescenta o § 4º ao art. 193 da CLT, para considerar perigosas as atividades de trabalhador em motocicleta;

– Lei nº 13.013/15 – dispõe sobre o exercício da profissão de motorista;

– Lei nº 13.015/14 – altera a CLT, para dispor sobre o processamento de recursos no âmbito da Justiça do Trabalho;

– LC nº 150/15 – dispõe sobre o contrato de trabalho doméstico;

– Lei nº 13.105/15 – dispõe sobre o novo Código de Processo Civil;

– Lei nº 13.146/15 – institui a lei brasileira de inclusão da pessoa com deficiência (Estatuto da Pessoa com Deficiência);

– Lei nº 13.189/15 – institui o Programa de Proteção ao Emprego – PPE; a MP 761/16 transformou-o em Programa Seguro-Emprego (PSE);

– Lei nº 13.256/16 – altera o CPC/2015 para disciplinar o processo e o julgamento do recurso extraordinário e do recurso especial;

– Lei nº 13.271/16 – dispõe sobre a proibição de revista íntima de funcionárias nos locais de trabalho;

– Lei nº 13.300/16 – disciplina o processo e o julgamento dos mandados de injunção individual e coletivo;

– Lei nº 13.429/17 – marco regulatório da terceirização;

– Lei nº 13.475/17 – regulamenta a profissão de aeronauta;

– Lei nº 13.467/17 – Reforma Trabalhista (acrescida da Medida Provisória nº 808/17, que vigorou de 14.11.2017 a 22.4.2018).

– Lei nº 14.020/20 – Medidas de preservação de emprego e renda durante a pandemia da Covid-19.

8. Consolidação da legislação federal e a CLT

O constituinte de 1988, ao tratar do tema do *processo legislativo*, estabeleceu que seria editada lei complementar que dispusesse sobre *"a elaboração, redação, alteração e consolidação das leis"* (CF, art. 59, parágrafo único).

Dando cumprimento ao comando constitucional, o Congresso Nacional aprovou a *Lei Complementar nº 95*, de 26 de fevereiro de 1998, que ditou normas gerais, estabelecendo padrões para a *elaboração, a redação, a alteração e a consolidação* da legislação federal.

Regulamentando a LC nº 95/98, foi editado o *Decreto nº 2.954*, de 29 de janeiro de 1999, que pormenorizou as normas de elaboração e redação dos atos normativos de competência dos órgãos do Poder Executivo, neles incluídos os projetos de lei (inclusive de consolidação) que tramitarão no Congresso Nacional e as medidas provisórias (hoje substituído pelo Decreto nº 9.191/17).

Duas *inovações fundamentais* que a LC nº 95/98 trouxe para nosso sistema legal foram:

a) adoção da sistemática alemã de inserção de novos dispositivos nas leis vigentes, sem renumeração dos dispositivos seguintes, através da colocação de letra após o número do artigo (ex.: art. 896-A), dando-se preferência às denominadas *leis-agulha* (que apenas inserem no tecido de lei-matriz dispositivos novos), em vez de editar lei extravagante sobre o assunto;

b) vedação à expressão genérica, ao final do diploma legal, *"revogam-se as disposições em contrário"* (o que dá azo a discussões sobre a compatibilidade entre a lei nova e as já existentes, para efeito de considerar tacitamente revogadas as anteriores), exigindo-se que sejam elencados expressamente os dispositivos legais a serem revogados, por incompatíveis com a lei nova.

Quanto ao programa de *Consolidação da Legislação*, seu objetivo principal é o de propiciar a *democratização do acesso à legislação*. Sendo princípio básico de nosso ordenamento jurídico aquele segundo o qual *"ninguém se escusa de cumprir a lei alegando que não a conhece"* (LINDB, art. 3º), deve-se, em contrapartida, dar ao cidadão todas as condições de conhecer as leis que lhe regem a conduta em sociedade. Conforme constava em 2008 do *Portal da Câmara dos Deputados*, "a consolidação das leis consiste em evitar a confusão de textos contraditórios, eliminar os preceitos ultrapassados, revisar e organizar as normas existentes sobre um mesmo assunto, e condensá-las em uma só lei, evitando que se sustente a morosidade da Justiça, a aplicação inadequada de penas e a impunidade".

Com efeito, os dois *principais problemas* que enfrenta o cidadão comum no trato com a legislação que lhe diz respeito são:

a) o *excesso de leis*, que torna muitas vezes difícil saber quais as vigentes ou não, mormente quando seus comandos são contraditórios ou repetitivos; e

b) a *linguagem hermética e pouco clara* com que são redigidos muitos dos diplomas legais, gerando controvérsias sobre que comando efetivo delas emana.

O *programa de consolidação da legislação federal* visa a justamente tornar nosso *ordenamento jurídico mais enxuto e mais claro*, facilitando a vida tanto do cidadão, que terá condições de saber quais as leis que lhe dizem respeito, quanto do operador do direito (juiz, procurador ou advogado), que poderá aplicar a legislação existente de forma mais precisa e segura. Menos leis e leis mais claras geram menos controvérsias e tornam a administração da Justiça uma tarefa mais rápida e menos traumática para o jurisdicionado.

Iniciado no âmbito do Poder Executivo em 1998, o programa de Consolidação da Legislação Federal teve como primeiros coordenadores os ora Ministros *Gilmar Ferreira Mendes* e *Ives Gandra Martins Filho* (então na Casa Civil da Presidência da República), que culminou com o envio de vários projetos de lei de consolidação ao Congresso Nacional (bem como com a inserção em meio magnético de toda a legislação federal vigente e a revogação expressa de centenas de dispositivos já tacitamente revogados, mas que continuavam a constar como vigentes no sistema). O programa foi retomado pela Câmara dos Deputados, por iniciativa e empenho do Deputado *Cândido Vacarezza* (que promoveu a consolidação da legislação estadual paulista, quando deputado estadual), constituindo-se o *GTCL* (Grupo de Trabalho de Consolidação das Leis).

Dentre os projetos de consolidação, destacava-se o da *CLT* (PL nº 1.987/07), que visava a trazer para dentro do texto original toda a legislação extravagante trabalhista e processual trabalhista (mais de 200 diplomas legais esparsos, editados após a CLT).

As *críticas* que o projeto sofreu devem-se, fundamentalmente, à confusão feita entre consolidação e lei nova: atacou-se o projeto por não ser inovador e só agregar a legislação vigente. Ora, esse é o único objetivo do projeto: compactar toda a legislação trabalhista em um único diploma legal, facilitando o acesso e depurando o que já estiver tacitamente revogado.

Assim, os *critérios* que nortearam a apreciação, pelo Congresso Nacional, dos projetos de consolidação de leis *não eram de natureza política*, ligados à conveniência ou não de se ampliarem ou reduzirem direitos (o que implicaria discussões intermináveis e pressões políticas de sindicatos e empresários), mas de *natureza eminentemente técnica* (a serem discutidos fundamentalmente por juristas), ligados:

a) à *fidelidade* do texto consolidado às normas vigentes (verificar se não se omitiu nenhum dispositivo vigente);

b) à *otimização na reorganização* do texto consolidado (melhor disposição da matéria);

c) à *oportunidade de inserção* de determinadas matérias afins ao tema central da consolidação (maior compactação do ordenamento jurídico, com menor número de leis).

Nesse sentido, o "*pecado*" do projeto de nova consolidação da CLT, em sua versão final, a nosso ver, foi o de não incluir em seu bojo a legislação sobre as profissões regulamentadas, que deveria compor a "parte especial" da CLT, a qual contempla hoje um título referente às "normas especiais de tutela do trabalho", incluindo bancários, telefonistas, músicos, operadores cinematográficos, ferroviários, marítimos, trabalhadores em frigoríficos, estivadores, mineiros, jornalistas, professores e químicos.

A ideia de consolidação foi retomada com a edição de portaria do Ministro do Trabalho *Ronaldo Nogueira*, designando *comissão de juristas* presidida pelo Ministro *Alexandre Agra Belmonte*, do TST, mas revogada em seguida (28.9.2017), por ser prematura sua criação antes da sedimentação da Reforma Trabalhista de 2017, inclusive com a edição de medida provisória ou envio de projeto de lei com regime de urgência fazendo a sintonia fina da Lei nº 13.467/17, após o que será possível o trabalho de compactação do ordenamento jurídico trabalhista por comissão dessa natureza, especialmente para integrar à CLT as normas regulamentadoras das diversas profissões e ofícios.

Mais recentemente foi criado, em 2019, no âmbito também do Ministério do Trabalho (na época, Secretaria dentro do Ministério da Economia), o *Grupo de Altos Estudos de Direito do Trabalho*, pelo então Ministro *Rogério Marinho*, para complementar a Reforma Trabalhista de 2017 (Portaria nº 1.001 do ME), que coordenamos em seu subgrupo de "Direito do Trabalho e Segurança Jurídica", ofertando textos legislativos que se encontram em consulta pública, após apresentação ao Conselho Nacional do Trabalho (novembro de 2021).

9. Reforma Trabalhista – Modernização da CLT

O Governo do Presidente Michel Temer trouxe à baila o tema da *Reforma Trabalhista* como uma das necessidades para superação da grave crise econômica pela qual o país vinha passando desde 2015, com o dramático quadro de 14 milhões de desempregados, empresas quebrando, PIB caindo, inflação subindo e R$ 170 bilhões de dívida pública, exigindo urgente ajuste fiscal.

Se, para uns, Reforma Trabalhista é sinônimo de *precarização* dos direitos trabalhistas, para outros é uma necessidade para garantir a *empregabilidade* e dar maior *segurança jurídica* nas relações laborais em face dos fenômenos da *terceirização* e dos avanços tecnológicos.

A Reforma Trabalhista levada a cabo pela Lei nº 13.467, de 13 de julho de 2017, teve como precursor o Projeto de Lei nº 4.962/16, de autoria do Deputado Júlio Lopes, que visava *prestigiar a negociação coletiva*, estabelecendo seus limites, na esteira dos arts. 7º, VI, XIII, XIV e XXVI, da CF e das decisões do STF sobre *flexibilização de normas trabalhistas* (RE 590.415, Min. Roberto Barroso; RE 895.759, Min. Teori Zavascki), propondo a concessão de vantagens compensatórias atreladas às normas flexibilizadas, de modo a que a anulação de uma faça cair a outra.

No fundo, a reforma representou uma reação ao ativismo judiciário da Justiça do Trabalho, em face das lacunas que havia na CLT em relação a muitos temas que careciam de disciplina legal, decorrentes de avanços tecnológicos e novas formas de contratação, a par do silêncio da legislação consolidada a respeito de todo o campo dos danos morais, utilizando-se a legislação civil. Assim, a guinada da jurisprudência trabalhista ocorrida nas denominadas "Semanas do TST" de 2011 e 2012, com a alteração de 34 súmulas para ampliar direitos trabalhistas sem supedâneo legal, teve como reação a superação de 38 súmulas do TST com a Reforma Trabalhista, prevendo--se em moldes mais modestos os direitos que haviam sido conferidos originariamente pela jurisprudência.

A reforma também teve como complemento antecipado a Lei nº 13.429, de 31 de março de 2017, que estabeleceu o marco regulatório da *terceirização*, antes mesmo do julgamento pelo STF dos Temas 725 (Rel. Min. Luiz Fux, ARE 713.211) e 739 (Rel.

Min. Alexandre de Moraes, ARE 791.932) de repercussão geral, justamente sobre a terceirização. Note-se que a Lei nº 13.467/17 acrescentou o art. 4º-A à Lei nº 6.019/74, admitindo de forma irrestrita a terceirização, *inclusive para atividade-fim* da empresa tomadora dos serviços, superando-se a Súmula 331 do TST, anterior marco regulatório exclusivo da terceirização.

A notável e profunda *Reforma Trabalhista* levada a cabo pelo governo Temer processou-se da seguinte forma:

- Envio do *Projeto de Lei nº 6.787/16* pelo governo, em dezembro de 2016, fruto de um consenso mínimo em torno de 10 pontos, promovido pelo *Ministro Ronaldo Nogueira, do Trabalho*, entre as Confederações patronais e Centrais sindicais (23.12.2016);

- *Aprovação* do PL nº 6.787/16 pela *Câmara dos Deputados*, por 296 votos, contra 177, tendo como *Relator o Deputado Rogério Marinho*, que ampliou substancialmente a proposta originária do governo, *acolhendo em torno de 100 alterações na CLT*, das cerca de 800 emendas apresentadas pelas mais diferentes instituições e parlamentares (27.4.2017);

- Aprovação do PLC nº 38/17 no *Senado Federal* por 50 votos, contra 26, após atos de resistência truculentos por parte da oposição, mantendo íntegro o texto oriundo da Câmara dos Deputados, tendo como Relator o Senador Ricardo Ferraço, que propôs alterações a serem veiculadas através de medida provisória (11.7.2017);

- *Sanção da Lei nº 13.467/17* pelo *Presidente Michel Temer, sem qualquer veto*, em cerimônia concorrida no Palácio do Planalto (pudemos firmar junto com o presidente os originais da lei), mas com o compromisso de enviar ao Congresso Nacional medida provisória que englobasse as sugestões formuladas pelo Senado Federal, referentes aos parâmetros para danos extrapatrimoniais, trabalho intermitente, trabalho da gestante e flexibilização dos intervalos intrajornada (13.7.2017).

Os *principais pontos alterados no Direito do Trabalho* brasileiro a partir da reforma podem ser resumidos nos seguintes (com eventual verbete sumulado superado e previsão de medida provisória):

a) **Conceituação de grupo econômico** – para efeito de responsabilização de uma empresa por débitos trabalhistas de outra, a mera identidade de sócios entre as empresas não caracteriza grupo econômico, mas, além da *direção, administração ou controle* conjunto das empresas, também a *coordenação* entre elas, pelo interesse integrado, comunhão de interesses e atuação conjunta, independentemente de *subordinação* de todas a uma delas (CLT, art. 2º, §§ 2º e 3º).

b) **Conceituação de tempo à disposição do empregador** – não inclusão, como horas extraordinárias, do tempo de deslocamento do empregado para a empresa (as chamadas "horas *in itinere*") em condução fornecida por esta (CLT, art. 58, § 2º), bem como daquele de permanência do empregado nas dependências da empresa por questões pessoais de segurança, descanso, lazer, alimentação, estudo, higiene pessoal, troca de uniforme, práticas religiosas ou relacionamento social (CLT, art. 4º, § 2º) – superação das Súmulas 90, 366 e 429 do TST.

c) **Responsabilidade do sócio por débitos trabalhistas** – ao sair da sociedade empresária, o sócio responderá subsidiariamente durante 2 anos pelos débitos trabalhistas da empresa (CLT, art. 10-A).

d) **Trabalho a tempo parcial mais dilatado** – a jornada máxima dos contratos a tempo parcial passa a 30 horas semanais, com possibilidade de prestação de horas extras (CLT, art. 58-A e seus parágrafos).

e) **Regime de 12x36 horas** – admissão específica do regime de 12 horas seguidas de trabalho por 36 de descanso, inclusive por acordo individual e independentemente de autorização do Ministério do Trabalho em atividade insalubre (CLT, arts. 59-A e 60, parágrafo único) – superada a Súmula 85, VI, do TST.

f) **Compensação de jornada e banco de horas** – é lícita a instituição de compensação de jornada e banco de horas por acordo individual (CLT, art. 59, §§ 5º e 6º), sendo que a prestação de horas extras habituais não descaracteriza a compensação de jornada e o banco de horas, tornando-se devido apenas o adicional de sobrejornada se não ultrapassado o limite de horas semanal (CLT, art. 59-B e seu parágrafo único) – superada a Súmula 85, I, IV e V, do TST.

g) **Intervalo intrajornada** – pode ser objeto de negociação coletiva para sua redução para até meia hora (CLT, art. 611-A, III), e seu descumprimento implica o pagamento apenas do período suprimido, com adicional de 50% a título de indenização (CLT, art. 71, § 4º) – superada a Súmula 437, I e II, do TST.

h) **Marco regulatório para o teletrabalho** – estabelecimento de uma disciplina jurídica para o trabalho fora das dependências da empresa através da internet, com direitos e obrigações próprias (CLT, arts. 75-A a 75-E).

i) **Fracionamento das férias** – passa a ser admitido em até 3 períodos, nenhum inferior a 5 dias e um deles não inferior a 14 dias, não se admitindo o começo a 2 dias de feriado ou dia de repouso semanal remunerado (CLT, parágrafos do art. 134).

j) **Parametrização dos danos morais** – introdução de título novo na CLT, tratando da responsabilidade por danos extrapatrimoniais, suprindo-se a lacuna existente, que levava à utilização do Código Civil, a par de se estabelecer que a responsabilidade é subjetiva, por dolo ou culpa, afastando-se a teoria da responsabilidade objetiva, de caráter civilista (CLT, arts. 223-A a 223-G); a parametrização com base no salário do empregado foi contestada no Senado Federal, sugerindo-se a adoção do critério de múltiplos do teto de benefícios da Previdência Social.

k) **Conceituação e marco regulatório para o trabalho intermitente** – considerado aquele descontínuo e por isso autônomo, que não gera vínculo de emprego, passa a ser admitido e regulado (CLT, arts. 442-B, 443 e § 3º, 452-A e seus parágrafo).

l) **Sucessão trabalhista** – responsabilidade exclusiva da empresa sucedida, salvo fraude na transferência (CLT, art. 448-A e seu parágrafo único).

m) **Uso e limpeza de uniformes** – admite-se a possibilidade de colocação de logomarcas de empresas parceiras no uniforme do empregado, sem que isso constitua ilícito, cabendo ao empregado proceder à higienização do uniforme, se não precisar usar métodos e materiais diferentes dos comuns, superando-se jurisprudência do TST em sentido contrário (CLT, art. 456-A e parágrafo único).

n) **Natureza indenizatória de verbas antes salariais** – ajuda de custo, auxílio-alimentação, diárias de viagem, prêmios e abonos não integram o salário para qualquer efeito de repercussão em outras parcelas, sendo consideradas apenas indenizatórias (CLT, art. 457, §§ 1º e 2º) – superadas a Orientação Jurisprudencial 413 da SBDI-1 e as Súmulas 101, 152, 203, 226, 241, 253 e 318 do TST.

o) **Condições da equiparação salarial** – não se admite a equiparação salarial em cadeia, nem a decorrente de mera decisão judicial do paradigma, sendo a diferença de tempo de serviço superior a 4 anos justificadora da diferenciação salarial (CLT, art. 461 e seus parágrafos) – superadas a Orientação Jurisprudencial 418 da SBDI-1 e parcialmente a Súmula 6 do TST.

p) **Não incorporação da gratificação de função** – a gratificação de função recebida pelo empregado não se incorpora ao salário quando ele reverte ao cargo efetivo, mesmo que recebida por mais de 10 anos (CLT, art. 468, § 2º) – superada a Súmula 372, I, do TST.

q) **Desnecessidade de homologação rescisória pelo sindicato** – com a possibilidade de homologação judicial da rescisão contratual perante a Justiça do Trabalho, foi revogado o § 1º do art. 477 da CLT, que exigia a homologação da rescisão contratual perante o sindicato.

r) **Demissão em massa e negociação coletiva** – as denominadas "demissões em massa" não dependem de negociação coletiva prévia com o sindicato da categoria, conforme exigia a jurisprudência da SDC do TST (CLT, art. 477-A).

s) **Quitação geral do contrato de trabalho em PDV** – os planos de desligamento voluntário, levados a cabo por negociação coletiva, quitam integralmente o contrato de trabalho, impossibilitando pleitos em juízo por quaisquer direitos trabalhistas (CLT, art. 477-B) – superada a Orientação Jurisprudencial 270 da SBDI-1 do TST.

t) **Rescisão contratual por mútuo acordo** – fixação dos direitos a serem pagos ao empregado, quando ambas as partes desejam rescindir o contrato, sendo o aviso prévio e a indenização pela metade e levantamento de apenas 80% dos depósitos do FGTS (CLT, art. 484-A); sujeita a modificação em medida provisória, conforme sugestão do Senado Federal.

u) **Representação dos empregados nas empresas** – regulamentação do art. 10 da CF, através de novo título na CLT, estabelecendo que terá, entre outras, atividade conciliatória nos conflitos individuais de trabalho (CLT, arts. 510-A a 510-D).

v) **Arbitragem em dissídios individuais** – passa a ser possível para empregados que ganhem mais que o dobro do teto de benefícios da Previdência Social (CLT, art. 507-A).

w) **Quitação anual de obrigações trabalhistas** –possibilidade de o empregador quitar, perante o sindicato da categoria, os débitos trabalhistas que possa ter com o empregado, comprovando o pagamento de todas as pendências (CLT, art. 507-B).

x) **Contribuição sindical voluntária** – a contribuição sindical deixa de ser obrigatória, sujeita que passa a ser à concordância do empregado com o desconto (CLT, arts. 578, 579, 582, 583, 587 e 602).

y) **Parâmetros da negociação coletiva e flexibilização de direitos** – estabelecimento, em rol exemplificativo dilatado, das hipóteses em que é (15), ou não (30), possível a negociação coletiva e a flexibilização de direitos, fazendo prevalecer o negociado sobre o legislado, e estabelecendo as condições dessa negociação e sua interpretação (CLT, arts. 8º, § 3º, 611-A e 611-B).

z) **Vedação à ultratividade das normas coletivas** – fixação do princípio da duração máxima de 2 anos dos acordos e convenções coletivas, sem integração definitiva ou pós-vigência nos contratos de trabalho (CLT, art. 614, § 3º) – superada a Súmula 277 do TST.

zz) **Admissão excepcional do trabalho da gestante em atividades insalubres** – desde que sejam em grau médio ou mínimo e não haja atestado médico recomendando o afastamento durante a gestação ou lactação; no caso de afastamento, garante-se a manutenção do adicional de insalubridade (CLT, art. 394-A).

Conforme acordo firmado com o *Senado Federal*, pontos da reforma laboral que poderiam ser alterados naquela Casa Legislativa ficaram para a edição de *medida provisória*, que realizaria a sintonia fina na modernização da legislação trabalhista. Assim, a Medida Provisória nº 808, de 14 de novembro de 2017, promoveu as seguintes alterações na reforma laboral e na CLT:

- *Regime de 12x36 horas* somente ser adotado mediante negociação coletiva (CLT, art. 59-A), à exceção do setor de saúde, em que o acordo individual é admitido (§ 2º);

- Ampliação dos *bens extrapatrimoniais* a serem tutelados, com imposição de indenização em caso de lesão (CLT, art. 223-C) e adoção do *limite máximo dos benefícios do Regime Geral da Previdência Social como parâmetro* de fixação do valor a ser pago como indenização (CLT, art. 223-G, §§ 1º e 3º);

- Afastamento da *gestante do trabalho em condições insalubres*, com perda da percepção do adicional, devendo ser deslocada para trabalho salubre, à exceção das atividades insalubres em grau mínimo ou médio, desde que apresente atestado médico (CLT, art. 394-A, §§ 2º e 3º);

– A contratação de *autônomo* não poderá ser com cláusula de exclusividade para determinado empregador, sob pena de ser considerado empregado (CLT, art. 442-B, §§ 1º a 7º);

– Regramento mais detalhado do *trabalho intermitente* (CLT, arts. 452-A a 452-H);

– Especificação de condições de pagamento de *parcelas não salariais*, especialmente ajuda de custo e prêmios, com reconhecimento de incidência fiscal (CLT, art. 457, §§ 1º e 2º, 22 e 23) e da gorjeta como parcela salarial (§§ 12 a 21);

– Explicitação da essencialidade dos sindicatos nas negociações coletivas, em face da criação das *comissões de representantes dos empregados* nas empresas, que não os substituem (CLT, art. 510-E);

– Explicitação de que a *negociação coletiva quanto a atividades insalubres* se faz observando as normas de segurança e medicina do trabalho expedidas pelo Ministério do Trabalho (CLT, art. 611-A, XII e revogação do inciso XIII);

– Exclusão da possibilidade de anulação de cláusula de acordo ou convenção coletiva por ação individual (CLT, art. 611-A, § 5º);

– *Base de cálculo das contribuições previdenciárias* sempre sobre o salário mínimo, para os empregados que auferirem, eventualmente, menos do que ele (CLT, art. 911-A, §§ 1º e 2º);

– Reconhecimento explícito da *incidência da Lei nº 13.467/17 nos contratos de trabalho vigentes* (art. 2º).

Como a Câmara dos Deputados sequer iniciou a tramitação da referida medida provisória, por entender que a reforma, tal como saída daquela casa legislativa, não requeria adequações, *perdeu ela vigência a partir de 23.4.2018*; porém, no período em que esteve vigente, gerou direitos e obrigações na seara trabalhista.

Para dirimir dúvidas e lacunas que a perda de vigência da medida provisória deixou, várias instâncias editaram atos normativos orientadores da aplicação da nova lei:

– O *Ministério do Trabalho* editou o *Parecer Conjur/MTE nº 248*, de 14 de maio de 2018, aprovado pelo Ministro em caráter vinculante para os órgãos de fiscalização do trabalho, reconhecendo a *aplicabilidade das leis de modernização das relações do trabalho aos contratos vigentes*, além da *Portaria MT nº 349*, de 23 de maio de 2018, regulamentando dispositivos da CLT introduzidos ou alterados pela Lei nº 13.467/18, relativos às matérias que a MP nº 808/17 disciplinava e que perderam a vigência, tais como *trabalho autônomo, intermitente, comissões de fábrica e formas de recolhimento do FGTS e contribuições previdenciárias*.

– O *Tribunal Superior do Trabalho* editou a *Instrução Normativa 41,* de 21 de junho de 2018, para definir, quanto ao *direito intertemporal,* qual o momento de incidência das novas normas processuais erigidas pela reforma trabalhista, estabelecendo o princípio da *aplicação imediata da lei nova,* com ressalva das situações pré-constituídas, em que as regras só se aplicariam aos *processos novos* (a instrução normativa limitou-se às questões processuais, deixando para a jurisprudência tratar das questões de direito material).

O *Supremo Tribunal Federal* recebeu *22 ações diretas de inconstitucionalidade* contra a lei da reforma trabalhista, sendo 16 quanto à *contribuição sindical não obrigatória,* 3 quanto ao *trabalho intermitente,* 1 quanto aos *honorários advocatícios pagos pelo empregado,* 1 quanto à *parametrização da indenização por danos morais* e 1 quanto ao *depósito recursal.* No julgamento da ADI 5794, em 29 de junho de 2018, o STF *manteve a voluntariedade da contribuição sindical,* por 6x3, vencido o relator, Min. Edson Fachin (Red. Min. Luiz Fux). Por outro lado, na ADI 5766, em 20 de outubro de 2021, o STF, por 6x4, vencido o relator, Min. Roberto Barroso (Red. Min. Alexandre de Moraes), *afastou a cobrança de honorários periciais e advocatícios do beneficiário da justiça gratuita,* admitindo, em relação aos honorários sucumbenciais, a possibilidade de sua cobrança, dentro de 2 anos do trânsito em julgado da decisão, em caso de demonstração da cessação da insuficiência econômica do reclamante.

Na esfera internacional, as *Centrais Sindicais,* especialmente a CUT, apresentaram perante a *Organização Internacional do Trabalho – OIT* representação contra o governo brasileiro, pela aprovação da reforma trabalhista, conseguindo que o caso do Brasil fosse incluído no rol daqueles que iriam ser discutidos pela *Comissão de Normas* da OIT na 107ª Conferência Internacional do Trabalho, mas não obtendo a condenação do país quanto ao pretendido desrespeito à Convenção 98 da OIT sobre negociações coletivas, uma vez que o órgão solicitou apenas mais informações, com vistas à firmar seu posicionamento final. Nos anos subsequentes, o Brasil continuou não sendo incluído na *short list* de casos a serem apreciados pela Comissão de Normas.

Em resumo, têm sido especialmente *críticos* da reforma trabalhista, como *supressora de direitos dos trabalhadores,* as *associações de magistrados e procuradores do trabalho* e as *centrais sindicais,* gerando as declarações dos dirigentes das primeiras *insegurança jurídica* suficiente a *desestimular investimentos e criação de novos empregos,* aguardando o empresariado nacional e estrangeiro a pacificação jurisprudencial para ampliar negócios e investimentos no Brasil com novas contratações.

Na esteira da modernização e simplificação da legislação trabalhista pode ser inserida a tentativa do *governo Bolsonaro* de instituir o denominado *"Contrato de Trabalho Verde e Amarelo"* pela Medida Provisória nº 905/19 (que durou pouco mais de 5 meses e que foi revogada pelo próprio governo pela MP nº 955/20). A ideia era estimular a *contratação de jovens* (entre 18 e 29 anos) para o *primeiro emprego* formal, em estatuto próprio (só para os novos postos de trabalho), com *redução dos direitos trabalhistas* aos previstos na Constituição Federal (e na CLT, no que não houvesse disposição em contrário da MP). O contrato seria por *prazo determinado*, com limite de 24 meses, ultrapassado o qual seria convertido em prazo indeterminado, com todos os direitos da CLT. A iniciativa acabou não vingando, como medida de combate ao desemprego, em face da forte resistência à admissão de um estatuto de emprego distinto da CLT.

Capítulo V

Relação de Trabalho

1. Teorias

Para explicar a natureza da relação de trabalho, surgiram várias teorias contrapostas, das quais as duas principais são:

a) **teoria contratualista** – baseada no contrato de locação de serviços (*locatio operarum*), do qual nasceu o contrato de trabalho, considera que a relação de trabalho surge de um contrato *bilateral* (ato jurídico que depende da vontade de duas partes), *oneroso* (prestações de ambas as partes), *comutativo* (as prestações devem ser correspondentes em valor), *consensual* (basta o acordo de vontades para gerar efeitos), de *prestação sucessiva* (a obrigação do pagamento de remuneração surge a cada período trabalhado) e *"intuitu personae"* (importa a pessoa do trabalhador), ainda que possa ser de *adesão* (as principais regras já vêm predeterminadas pelo empregador);

b) **teoria institucionalista** – baseada no *intervencionismo estatal*, que decorreu da exploração do trabalhador pelo capitalismo selvagem durante a Revolução Industrial, considera que a relação de trabalho é uma relação de fato que se rege por *normas instituídas pelo Estado*, como protetivas do trabalhador, bem como por convenções que foram fruto da negociação coletiva entre sindicatos e empresas (natureza estatutária da relação).

Para os que defendem esta última teoria, a EC nº 45/04, ao ampliar a competência da Justiça do Trabalho de modo a abranger as *relações de trabalho*, inclusive com entes públicos, teria abarcado inclusive os *servidores públicos estatutários*, já que inexistiria distinção de natureza entre trabalho assalariado, autônomo ou público.

Já os que adotam a teoria contratualista são menos ambiciosos em termos de competência da Justiça do Trabalho, reconhecendo que esta se limita às *relações de natureza contratual*, excluídas, pois, as de natureza estatutária.

Quando da promulgação da Constituição Federal de 1988, a jurisprudência majoritária no âmbito da Justiça do Trabalho seguiu no sentido de abarcar as relações estatutárias na competência desta Justiça Especializada, uma vez que a nova Carta Política já não falava mais de dissídios entre *empregados e empregadores* (CF 1967/1969), mas em dissídios entre *trabalhadores e empregadores*, para abranger os avulsos e desempregados. O STF veio a pacificar a questão, atribuindo à Justiça Comum a competência para dirimir conflitos quanto ao regime estatutário, já que o Estado não se enquadraria como *empregador* senão para contratação especial, o que não se confundiria com a relação estatutária do servidor com o ente estatal. O precedente do STF que definiu tal interpretação restou assim ementado:

"INCONSTITUCIONALIDADE. *Ação direta. Competência. Justiça do Trabalho. Incompetência reconhecida. Causas entre o Poder Público e seus servidores estatutários. Ações que não se reputam oriundas de relação de trabalho. Conceito estrito desta relação. Feitos da competência da Justiça Comum. Interpretação do art. 114, inc. I, da CF, introduzido pela EC 45/2004. Precedentes. Liminar deferida para excluir outra interpretação. O disposto no art. 114, I, da Constituição da República, não abrange as causas instauradas entre o Poder Público e servidor que lhe seja vinculado por relação jurídico-estatutária*" (ADI 3395 MC, Rel. Min. Cezar Peluso, Tribunal Pleno, DJ 10.11.06).

Ora, o inciso I do art. 114 da CF (com a redação dada pela EC nº 45/04) foi aprovado pelo Senado Federal com o acréscimo da expressão "exceto a relação de natureza estatutária", que, por ter sido adicionada nessa Casa Legislativa, teve de voltar à Câmara. Não teria sentido reconhecer, pelo interregno entre a promulgação da EC nº 45/04 e a aprovação da regra esclarecedora, a competência mais abrangente da Justiça do Trabalho, dando ensejo a novo pronunciamento redutor do STF. Assim, na referida ADI 3.395-6/DF, o Ministro Nelson Jobim concedeu liminar suspendendo a competência da Justiça do Trabalho para dissídios de estatutários, que defluiria da exegese da nova redação do art. 114 da CF, vindo o Ministro Cezar Peluso a confirmá-la.

Já na ADI 2.135-4/DF, a Ministra Ellen Gracie suspendeu a eficácia do art. 39, *caput*, da CF, por vício formal, o qual acabava com o regime único, estabelecendo, *ex nunc*, a incompetência da Justiça do Trabalho inclusive para os contratos de emprego público, ressalvando a legislação editada antes da decisão, publicada em 7 de março de 2008. Com isso, o TST cancelou sua Orientação Jurisprudencial 205 da SDI-1, que admitia a competência da Justiça do Trabalho quanto aos contratos temporários prorrogados irregularmente.

2. Conceituação

Relação de trabalho – relação jurídica de natureza contratual entre *trabalhador* (sempre pessoa física) e aquele para quem presta serviço (*empregador* ou *tomador dos serviços*, pessoas físicas ou jurídicas), que tem como objeto o trabalho remunerado em suas mais diferentes formas.

Não se confunde com a:

- *relação de consumo* (regida pela Lei nº 8.078/90), cujo objeto não é o trabalho realizado, mas o produto ou serviço consumível, tendo como polos o *fornecedor* (art. 3º) e o *consumidor* (art. 2º), que podem ser pessoas físicas ou jurídicas.

– *relação estatutária* (regida, na esfera federal, pela Lei nº 8.112/90), que não possui natureza contratual, mas de vínculo estável entre o *servidor público* e o *órgão estatal*, no qual ocupa cargo ou função para prestação de serviço público.

O divisor de águas entre a prestação de serviço regida pelo CC e caracterizada como relação de trabalho e a prestação de serviço regida pelo CDC e caracterizada como relação de consumo está no *intuitu personae* da relação de trabalho, em que não se busca apenas o serviço prestado, mas que seja realizado pelo profissional contratado.

Questão polêmica é a relativa ao trabalho prestado através de *plataformas digitais*, em que a *empresa provedora do aplicativo* intermedia a relação entre o prestador de serviços e seu cliente (ex.: motoristas de Uber, 99, IFood etc.), à míngua de legislação específica sobre a matéria. À luz dos arts. 2º e 3º da CLT, a relação existente *não é de emprego,* mas de trabalho (em *parceria*), pois *não há subordinação*, requisito fundamental para a relação de emprego, na medida em que o prestador de serviços tem *ampla autonomia e liberdade* de escolher quando trabalha ou não, e o horário em que se ativa, além de poder declinar os clientes apresentados, sem nenhuma vinculação a metas determinadas pela operadora do aplicativo, sujeito apenas a cláusulas contratuais quanto aos valores a serem cobrados e repassados, instruções de comportamento em relação aos clientes e avaliação por parte destes (para não comprometer a operadora e a parceria), arcando o trabalhador com os custos da prestação de serviços.

Nesse sentido, o TST *não tem reconhecido a relação de emprego* entre motoristas de aplicativos e as provedoras das plataformas digitais, pois: "*3. Em relação às novas formas de trabalho e à incorporação de tecnologias digitais no trato das relações interpessoais – que estão provocando uma transformação profunda no Direito do Trabalho, mas carentes ainda de regulamentação legislativa específica – deve o Estado-Juiz, atento a essas mudanças, distinguir os novos formatos de trabalho daqueles em que se está diante de uma típica fraude à relação de emprego, de modo a não frear o desenvolvimento socioeconômico do país no afã de aplicar regras protetivas do direito laboral a toda e qualquer forma de trabalho. (...) 5. Já quanto à alegada subordinação estrutural, não cabe ao Poder Judiciário ampliar conceitos jurídicos a fim de reconhecer o vínculo empregatício de profissionais que atuam em novas formas de trabalho, emergentes da dinâmica do mercado concorrencial atual e, principalmente, de desenvolvimentos tecnológicos, nas situações em que não se constata nenhuma fraude, como é o caso das empresas provedoras de aplicativos de tecnologia, que têm como finalidade conectar quem necessita da condução com o motorista credenciado, sendo o serviço prestado de motorista, em si, competência do profissional e apenas uma consequência inerente ao que propõe o dispositivo. 6. Assim sendo, não merece reforma o acórdão regional que não reconheceu o vínculo de emprego pleiteado na presente reclamação, ao fundamento de ausência de subordinação jurídica entre o Motorista e a Empresa provedora do aplicativo Uber*" (RR-10555-54.2019.5.03.0179, 4ª Turma, Rel. Min. Ives Gandra, *DEJT* de 5.3.2021).

No mesmo sentido, podemos referir os seguintes precedentes: Ag-AIRR-11540-71.2018.5.15.0131, 1ª Turma, Rel. Min. Amaury Rodrigues Pinto Junior, *DEJT* de 27.6.2022; AIRR-10575-88.2019.5.03.0003, 4ª Turma, Rel. Min. Alexandre Luiz Ramos, *DEJT* de 11.9.2020; RR-1000123-89.2017.5.02.0038, 5ª Turma, Rel. Min. Breno Medeiros, *DEJT* de 7.2.2020;, AIRR-1002011-63.2017.5.02.0048, 8ª Turma, Rel. Min. Dora Maria da Costa, *DEJT* de 25.10.2019.

Em sentido contrário, reconhecendo o vínculo empregatício, temos o precedente da 3ª Turma no RR-100353-02.2017.5.01.0066 (Rel. Min. Maurício Godinho Delgado, *DEJT* de 11.04.2022).

Relação de emprego – principal espécie do gênero relação de trabalho, caracterizada pela conjugação de quatro elementos básicos (CLT, art. 3º):

- *pessoalidade* – trabalhador pessoa física;
- *prestação de serviços não eventuais* – continuidade no trabalho;
- *onerosidade* – trabalho mediante remuneração;
- *subordinação* – dependência do empregador, de quem recebe as ordens.

Os quatro elementos podem ser encontrados tanto no trabalho realizado no *estabelecimento do empregador* quanto no *trabalho a domicílio* (empregado que trabalha em casa) e no *trabalho a distância* (realizado fora das dependências do empregador, pelos meios telemáticos e informatizados). A *subordinação jurídica*, no trabalho via internet, se dá quando haja efetivo comando direto, controle e supervisão que possam ser exercidos sobre o trabalho realizado (CLT, art. 6º, parágrafo único).

3. Espécies de trabalhador

Trabalhador é a *pessoa física* que, mediante seu *esforço físico ou intelectual*, oferece um *serviço ou obra* a outrem, seja pessoa física ou jurídica, de forma *remunerada ou graciosa*. Conforme variem as circunstâncias acima delineadas, as espécies de trabalhador podem ser assim elencadas, com as normas que os regem e a prescrição aplicável:

MODALIDADES DE RELAÇÃO DE TRABALHO E PRESCRIÇÃO APLICÁVEL

ESPÉCIE	CONCEITUAÇÃO	DIFERENCIAL	ESTATUTO	PRESCRIÇÃO
Empregado	Aquele que presta serviços de natureza continuada a empregador, tanto público quanto privado, sob a dependência deste e mediante salário.	Subordinação	CLT	Bienal (extinção) e quinquenal (curso do contrato) CLT, art. 11
Eventual	Aquele que presta a sua atividade para alguém ocasionalmente.	Precariedade	CC, art. 602	Quinquenal CC, art. 206, § 5º, II
Autônomo	Aquele que trabalha por conta própria e independente diante daqueles para os quais presta continuadamente ou não os seus serviços.	Independência	CC, arts. 593 a 609; CLT, art. 442-B	Quinquenal CC, art. 206, § 5º, II

Avulso	Aquele que, através de mediação de terceiro agenciador dos serviços, presta serviços de curta duração, mediante remuneração paga basicamente em forma de rateio procedido pelo agenciador dos serviços.	Não vinculação	Lei nº 12.815/13	Bienal (extinção) e quinquenal (curso do contrato) CF, art. 7º, XXIX
Mandatário	Aquele que administra os interesses de outrem através de mandato, gratuita ou onerosamente.	Independência relativa	CC, arts. 653 a 691	Quinquenal CC, art. 206, § 5º, II
Comissário	Aquele que trabalha na compra e venda de bens, em nome próprio, mas à conta de outrem (comitente).	Segue as ordens e instruções do comitente	CC, arts. 693 a 709	Quinquenal CC, art. 206, § 5º, II
Agente e/ou Distribuidor	Aquele que promove negócios ou distribui produtos em nome próprio mas à conta de outrem, mediante retribuição (representante comercial).	Independência	CC, arts. 710 a 721	Quinquenal CC, art. 206, § 5º, II
Corretor	Aquele que trabalha na obtenção de negócios para outrem (inter-mediação).	Segue instruções	CC, arts. 722 a 729	Quinquenal CC, art. 206, § 5º, II
Transportador	Aquele que trabalha no transporte de pessoas ou coisas por conta própria.	Independência	CC, arts. 730 a 756	Quinquenal CC, art. 206, § 5º, II
Gestor de Negócios	Aquele que, sem autorização do interessado, intervém na gestão de negócio alheio.	Vontade presumível do interessado	CC, arts. 861 a 875	Quinquenal CC, art. 206, § 5º, II
Empreiteiro	Aquele que se compromete a realizar obra certa, recebendo remuneração pela obra realizada.	Remuneração por resultado	CC, arts. 610 a 626	Quinquenal CC, art. 206, § 5º, II
Aprendiz	O estudante maior de 14 anos e menor de 24 anos, com ensino fundamental concluído, que presta serviços em entidade que propicie a aprendizagem profissional.	Finalidade educativa	CLT, arts. 428 a 433 e ECA	Bienal (extinção) e quinquenal (curso do contrato) CLT, art. 11
Temporário	Aquele que presta serviços à empresa, para atender à necessidade transitória de substituição de seu pessoal regular e permanente ou a acréscimo extraordinário de serviços.	Transitoriedade	Lei nº 6.019/74	Bienal (extinção) e quinquenal (curso do contrato) CF, art. 7º, XXIX
Intermitente	Aquele que presta serviços, com subordinação e sem continuidade, com alternância de períodos de prestação de serviços e de inatividade, determinados em horas, dias ou meses.	Sazonalidade	CLT, arts. 443, § 3º, e 452-A a 452-H	Bienal (último período da prestação de serviços) e quinquenal (curso do contrato) CF, art. 7º, XXIX
Doméstico	Aquele que presta serviços de natureza contínua e de finalidade não lucrativa à pessoa ou à família, no âmbito residencial destas.	Não lucratividade do tomador	LC nº 150/15	Bienal (extinção) e quinquenal (curso do contrato) CF, art. 7º, XXIX

Rural	Aquele que presta serviços de natureza não eventual em propriedade rural ou prédio rústico a empregador rural, sob a dependência deste e mediante salário.	Natureza do serviço	Lei nº 5.889/73	Bienal (extinção) e quinquenal (curso do contrato) CF, art. 7º, XXIX
Cooperado	Aquele que, integrando uma cooperativa de trabalho legalmente constituída, coloca sua força de trabalho através de ente cooperado, com remuneração recebida sob a forma de rateio procedido pela cooperativa.	Não vinculação	Lei nº 5.764/71	Bienal (extinção) e quinquenal (curso do contrato) CF, art. 7º, XXIX
Voluntário	Aquele que presta serviço não remunerado a entidade pública ou privada sem fins lucrativos.	Não remuneração	Lei nº 9.608/98 Lei nº 6.494/77 (revogada)	Bienal (extinção) e quinquenal (curso da relação) CF, art. 7º, XXIX
Estagiário	O estudante de nível médio ou superior que realiza atividades em empresa pública ou privada visando à aquisição de experiência profissional, recebendo uma bolsa de estudos como contrapartida pelo esforço despendido.	Finalidade educativa	Lei nº 11.788/08	Bienal (extinção) e quinquenal (curso do contrato) CF, art. 7º, XXIX
Parceiro	Aquele que aufere renda de seu trabalho na exploração da terra (agrícola, pecuária, extrativismo vegetal ou mineral) de que outro é proprietário, dividindo os rendimentos (pode haver também parceria pesqueira, pela exploração de barco do qual outro seja proprietário).	Divisão da renda	Lei nº 4.504/64 e Decreto-Lei nº 221/67	Bienal (extinção) e quinquenal (curso do contrato) CLT, art. 11
Preso	Trabalho voluntário e remunerado do detento, em que a remuneração é menor, dirigida também à reparação dos danos causados.	Finalidade educativa e produtiva (3 dias de trabalho reduzem 1 de pena)	Lei nº 7.210/84	Bienal (extinção) e quinquenal (curso do contrato) CLT, art. 11
Mãe Social	É aquela que, dedicando-se à assistência ao menor abandonado, exerça o encargo em nível social, dentro do sistema de casas-lares.	Finalidade social	Lei nº 7.644/87	Bienal (extinção) e quinquenal (curso do contrato) CLT, art. 11

Em que pese a dicção constitucional de "relação de trabalho" como de competência da Justiça do Trabalho (CF, art. 114, I) e o fato de todas as relações acima enumeradas serem de *natureza contratual*, a jurisprudência acabou se firmando no sentido da incompetência da Justiça do Trabalho para dirimir conflitos oriundos da prestação de serviços, como é o caso dos honorários advocatícios:

    a) Súmula 363 do STJ: *"Compete à Justiça estadual processar e julgar a ação de cobrança ajuizada por profissional liberal contra cliente"*.

b) Precedentes do STF: 1ª Turma, RE 734058 AgR, Rel. Min. Marco Aurélio, *DJe* 9.9.14; 2ª Turma, RE 700131-AgR, Rel. Min. Ricardo Lewandowski, *DJe* 23.6.14 (a visão da Suprema Corte em ambos os precedentes é bastante restritiva, entendendo que a relação de trabalho de que fala a Constituição Federal se confunde com aquela regida pela CLT, em que está configurado o vínculo empregatício).

4. Modalidades de contratação

a) **Contrato de trabalho** – é a regra no Direito do Trabalho, que faz do trabalhador um **empregado**. As normas desse contrato estão elencadas na **CLT** (Consolidação das Leis do Trabalho) e são aquelas que, primordialmente, serão tratadas neste livro. Essa modalidade contratual também se aplica ao *trabalhador avulso* (CF, art. 7º, XXXIV) e *temporário*:

- *Avulso* – que labora na movimentação de mercadorias em geral, em áreas urbanas ou rurais, sem vínculo empregatício e com intermediação do sindicato de classe; as empresas tomadoras dos serviços devem recolher os valores devidos aos avulsos (incluídas as parcelas referentes ao 13º salário, férias, encargos fiscais, sociais e previdenciários) no prazo máximo de 72 horas do término de seu engajamento, e os sindicatos repassar aos trabalhadores os valores recebidos, nas 72 horas subsequentes, sendo solidariamente responsáveis empresas e dirigentes sindicais pela efetiva remuneração do trabalho contratado (Lei nº 12.023/09).

    Típico da atividade portuária (regida hoje pela Lei nº 12.815/13, que revogou a Lei nº 8.630/93, e pela Lei nº 9.719/98, sendo infensa à Lei nº 12.023/09), em que o trabalhador avulso é alocado pelo Órgão Gestor de Mão de Obra (OGMO) instituído no porto para a embarcação que necessita realizar operação de carga ou descarga, com a remuneração recebida pelo órgão e repassada aos trabalhadores efetivamente engajados (na remuneração já vem embutida a parcela equivalente das férias, 13º salário e demais encargos indiretos). As normas que regem essa contratação são objeto de negociação coletiva. A Lei nº 9.719/98, no caso dos estivadores, passou para os órgãos gestores de mão de obra existentes em cada porto a escalação dos trabalhadores que serão engajados numa operação de carga ou descarga e o rateio da remuneração paga pela companhia de navegação que embarcou ou desembarcou mercadorias no porto.

- *Temporário* – firmado através de *empresa de trabalho temporário*, cuja atividade consiste em colocar à disposição de outras empresas, temporariamente, trabalhadores devidamente qualificados, por elas remunerados e assistidos, para atender à necessidade de substituição transitória de pessoal permanente ou à demanda complementar de serviços (Lei nº 6.019/74, alterada pela Lei nº 13.429/17). O vínculo é temporário apenas com a tomadora dos serviços, mas permanente com a prestadora dos serviços. A

Lei nº 13.429/17 ampliou os 3 meses, anteriormente previstos, para estipular a possibilidade de contratação pelo prazo de até 180 dias, prorrogáveis por mais 90 dias, de modo a manter por mais tempo os trabalhadores empregados nas atividades que admitem essa modalidade contratual.

A *administração pública* pode contratar sob o *regime celetista*, quando não adotado regime jurídico único de caráter estatutário, mas sujeita à prévia seleção dos trabalhadores mediante *concurso público* para o emprego público (CF, art. 37, II). A *exceção* à regra do concurso aplica-se apenas àqueles servidores que *ingressaram sem concurso há mais de 5 anos antes da CF/88* (ADCT, art. 19). Os concursados para cadastro de reserva têm *direito à nomeação* em caso de contratação de pessoal em caráter precário para exercício das mesmas funções previstas no edital do concurso (TST-EE-DRR-2167-67.2011.5.22.0001, SBDI-1, Rel. Min. Augusto César Leite de Carvalho, *DEJT* de 5.6.2015). Também estão submetidos a concurso público *os empregados de conselhos de fiscalização profissional*, em face da natureza jurídica de autarquia, reconhecida pela STF a essas entidades (ADI 1.717-6/DF), razão pela qual não se admite sua dispensa imotivada (TST-ERR-3058-26.2012.5.02.0061, SBDI-1, Rel. Min. Márcio Eurico Vitral Amaro, *DEJT* de 10.8.2017).

b) **Contrato de aprendizagem** – trata-se de um contrato de trabalho especial, firmado com trabalhador maior de 14 e menor de 24 anos, em que a realização das tarefas visa não apenas à atividade produtiva, mas também à formação técnico--profissional daquele que as realiza. Tem como características (CLT, arts. 428-433; Decreto nº 5.598/05):

- assinatura da CTPS, com registro da condição de aprendiz;
- matrícula e frequência do menor ao ensino médio ou fundamental;
- remuneração não inferior ao salário mínimo hora;
- jornada máxima de 6 horas diárias (pode chegar a 8 horas para os aprendizes que já tenham concluído o ensino fundamental, se nelas forem computadas as horas destinadas à aprendizagem teórica);
- limite máximo de 3 anos (exceto para menores de 15 anos, para egressos do sistema prisional ou do trabalho infantil, para os portadores de deficiência e outras exceções previstas na Medida Provisória nº 1.116/22, em que o prazo poderia ser de até 4 anos; porém, essa norma da MP não foi incorporada à lei de conversão, nº 14.457/22);
- a limitação etária máxima para o contrato de aprendizagem não se aplica ao trabalhador portador de deficiência;
- limite máximo de 15% dos empregados da empresa como aprendizes.

c) **Contrato de prestação de serviços** – firmado pelo *trabalhador autônomo* (e também pelo *eventual*, cujo engajamento laboral depende de acontecimento incerto, casual, fortuito), possui suas regras próprias (do CC, que utiliza terminologia tipicamente trabalhista, ao falar em salário, justa causa, aviso prévio, despedida etc.), entre as quais podem ser destacadas:

- *Remuneração* – paga ao final do serviço, podendo ser adiantada ou parcelada (CC, art. 597);
- *Duração* – prazo máximo de 4 anos (CC, art. 598);
- *Aviso Prévio* – de 1 a 8 dias, conforme a periodicidade da remuneração (CC, art. 599);
- *Indenização* – devida à parte que não cumprir o contrato por inteiro (CC, arts. 602-603; CLT, art. 442-B, § 4º).

O art. 442-B da CLT veio esclarecer que a condição de *autônomo* do trabalhador afasta seu enquadramento como empregado, desde que não haja cláusula de exclusividade na prestação de serviços e subordinação jurídica ao tomador dos serviços (§§ 1º e 6º). A Portaria nº 349/18 do MT deixou claro também que, não havendo a cláusula de exclusividade, o fato do autônomo prestar serviços a apenas um tomador de serviços não caracteriza a relação de emprego.

São exemplos de prestadores de serviços autônomos os motoristas, representantes comerciais, corretores de imóveis, parceiros etc., que prestam seus serviços a diferentes tomadores de serviços da mesma atividade econômica (CLT, art. 442-B, §§ 3º e 5º), inclusive eventualmente para um único tomador de serviços (§ 2º), desde que não seja cobrada a exclusividade.

d) **Contrato de empreitada** – contrato em que o empreiteiro se compromete a realizar determinada obra, contribuindo para isso apenas com seu trabalho ou com este e o material necessário à realização da obra (CC, arts. 610-625). O empreiteiro operário ou artífice (pequeno empreiteiro) pode pleitear os seus direitos perante a Justiça do Trabalho (CLT, art. 652, III). Tratando-se de trabalho por obra certa, as principais controvérsias que surgem entre o dono da obra e o empreiteiro dizem respeito ao perecimento ou deterioração do objeto da empreitada antes de sua entrega para o dono ou a suspensão da empreitada antes de sua conclusão.

e) **Contrato de mandato** – pelo qual alguém recebe poderes para administrar os interesses de outrem (CC, art. 653), podendo ser escrito, verbal ou tácito (CC, art. 656), gratuito ou oneroso, com retribuição prevista em lei, contrato, usos ou arbitramento (CC, art. 658), ainda que o mandato não surta o efeito esperado (CC, art. 676), podendo o mandatário reter do fruto das operações que realizar o correspondente ao seu pagamento (CC, arts. 664 e 681).

O STJ assentou que a competência para apreciar demanda de advogado postulando seus honorários seria da Justiça Comum (Súmula 363). A SBDI-1 do TST segue no mesmo sentido (TST-E-RR-907800-78.2006.5.12.0036, Rel. Min. Carlos Alberto Reis de Paula, *DEJT* de 17.6.2011).

f) **Contrato de comissão** – pelo qual alguém se obriga a adquirir ou vender bens em nome próprio, mas por conta de outrem (CC, art. 693), sem subordinação, mas de acordo com as instruções do comitente (CC, art. 695), tendo direito à remuneração prevista no contrato ou arbitramento (CC, art. 701), sendo que, na hipótese de o contrato prever responsabilidade solidária do comissário com terceiros com os quais fez negócios, a remuneração do comissário deverá ser maior, pelos riscos que assume (CC, art. 698). A remuneração é proporcional ao trabalho realizado, em caso de não conclusão do negócio por força maior (CC, art. 702). O Código trata das consequências da dispensa com ou sem justa causa (CC, arts. 703 e 705), com direito de retenção por parte do comissário (CC, art. 708).

g) **Contrato de agência e distribuição** – pelo qual alguém se obriga, em caráter não eventual e sem subordinação, a promover, mediante remuneração, a realização de negócios por conta de outrem ou a distribuição dos produtos de outrem (CC, art. 710). Trata-se da conhecida representação comercial, que supõe dupla exclusividade (salvo ajuste em contrário): não pode ser constituído mais de um agente ou distribuidor por zona e o agente ou distribuidor não pode assumir encargo de concorrente (CC, art. 711). O agente/distribuidor tem direito à remuneração de todos os negócios realizados na sua zona, tenha, ou não, contribuído para a sua concretização (CC, art. 714). O Código, à semelhança do contrato de prestação de serviços, trata da dispensa com ou sem justa causa (CC, arts. 715, 717 e 718), da resilição do contrato por força maior (CC, art. 719) e do aviso prévio, que é de 90 dias (CC, art. 720).

h) **Contrato de corretagem** – trata-se de mediação na realização de negócios (CC, art. 722), mediante a percepção de remuneração (CC, arts. 724-726).

i) **Contrato de transporte** – pelo qual alguém se obriga a transportar coisa ou pessoa de um lugar para outro, mediante retribuição (CC, art. 730), tendo repercussões trabalhistas apenas aqueles em que haja a prestação pessoal do serviço pelo transportador e não os de companhias de transporte, que se regulam inclusive por lei especial referente a autorização, permissão ou concessão (CC, art. 731).

j) **Termo de adesão de trabalhador voluntário** – pelo qual a pessoa física se compromete a prestar serviço voluntário a entidade pública de qualquer natureza ou instituição privada sem fins lucrativos, com finalidade cultural, assistencial e educacional, sem remuneração (Lei nº 9.608/98).

- Essa relação de trabalho não gera vínculo empregatício nem qualquer obrigação de natureza trabalhista, previdenciária ou afim.
- O prestador do serviço voluntário terá direito apenas à indenização pelas despesas realizadas com autorização da entidade, para o desempenho do serviço voluntário.
- Tem servido especialmente para regular a relação com os colaboradores de instituições religiosas.

k) **Termo de compromisso de estágio** – firmado entre a empresa e o estagiário, com a participação da instituição de ensino na qual o estudante está matriculado, estabelecendo as condições do estágio (Lei nº 11.788/08). Na hipótese de desvirtuamento do contrato de estágio celebrado na vigência da Constituição Federal 1988, é inviável o reconhecimento do vínculo empregatício com ente da Administração Pública direta ou indireta, por força do art. 37, II, da CF, bem como o deferimento de indenização pecuniária, exceto em relação às parcelas previstas na Súmula 363 do TST, quando requeridas (Orientação Jurisprudencial 366 da SBDI-1 do TST). Para não configurar o desvirtuamento do estágio em relação de emprego (passível de reconhecimento, conforme os arts. 3º, § 2º, e 15, com imposição de todas as obrigações trabalhistas e previdenciárias), ele deve se dar nas seguintes condições (arts. 3º, 10, 11, 12 e 13):

- o estagiário estar matriculado em estabelecimento de ensino fundamental (últimos anos), médio ou superior (nestes últimos não é necessário estar cursando os últimos anos);

- horário do estágio compatível com o horário escolar (convém que seja inferior à jornada de trabalho da categoria profissional na qual se insere; de 4 horas diárias para o estudante especial e de ensino fundamental e de 6 horas diárias para o estudante do ensino médio e superior, como limite, de modo a permitir o estudo, além da carga horária de aulas: havendo previsão de parte prática do curso, o estágio pode chegar a 40 horas semanais; no período de provas, pode ser reduzida à metade a carga horária);

- desenvolvimento de atividades relacionadas com o currículo do curso no qual o estagiário está matriculado;

- acompanhamento do estagiário por um professor orientador da instituição de ensino e um supervisor da empresa ou ente público onde se dá o estágio;

- tempo de estágio limitado a 2 anos, tendo o estagiário direito ao recebimento de uma bolsa como contraprestação e de um recesso remunerado de 30 dias, preferencialmente coincidindo com as férias escolares (pode receber auxílio-transporte, alimentação e saúde, além de se filiar como contribuinte-segurado facultativo da Previdência Social).

l) **Trabalho do recluso** – oportunidade que o preso tem de trabalhar, no regime previsto na Lei nº 7.210/84 (Lei de Execuções Penais), desde que assim o deseje (LEF, art. 36, § 3º; não se admite o trabalho forçado do preso – CF, art. 5º, XLVII, "c"), de modo a obter sua reinserção social e a redução da pena (cada 3 dias de trabalho importam na redução de 1 dia da pena – LEP, art. 126, § 1º). Tem como características:

- remuneração que não pode ser inferior a 3/4 do salário mínimo e que é destinada à indenização dos danos causados pelo crime, à assistência à família, a pequenas despesas pessoais e ao ressarcimento ao Estado das despesas realizadas com a manutenção do condenado, sendo a parte restante depositada em caderneta de poupança, para constituição do pecúlio que será entregue ao condenado quando posto em liberdade (art. 29);

- trabalho desenvolvido no presídio, através de oficinas montadas pelo empreendimento interessado (para presos em regime fechado), ou nas empresas (para os presos em regime semiaberto, que devem pernoitar na prisão ou voltar nos finais de semana), desde que tomadas as cautelas contra a fuga e em favor da disciplina (art. 36) e cumprido ao menos 1/6 da pena por detento que demonstre responsabilidade e aptidão (art. 37);

- a empresa somente pode ter 10% de trabalhadores detentos (art. 36, § 1º);
- necessidade de inscrição, junto à assistência social do Tribunal de Justiça, para participar do programa de oferta de empregos para reclusos;
- vantagens para as empresas (remuneração menor e sem encargos sociais, mas assumindo os riscos das tendências pregressas delinquentes do preso), para os detentos (redução da pena, reinserção social e obtenção de recursos pessoais e para a família) e para a sociedade (ter o preso ocupado em alguma atividade, já que a ociosidade pode levar ao vício).

m) **Contrato de facção** – utilizado na indústria têxtil, de características estritamente comerciais, com autonomia na prestação de serviços e *fornecimento de produtos acabados por parte da empresa faccionária*; não ocorre locação de mão de obra por empresa interposta ou qualquer ingerência da empresa contratante sobre o sistema de produção da contratada, *não se confundindo com a terceirização de mão de obra*, razão pela qual não se configura, entre as empresas que o firmam, a responsabilidade subsidiária prevista na Súmula 331, IV, do TST (cf. TST-RR-1.621/2002-011-12-00.9, 1ª Turma, Rel. Min. João Oreste Dalazen, *DJ* de 27.4.2007).

n) **Contrato de trabalho intermitente** – é aquele no qual a prestação de serviços, com subordinação, não é contínua, ocorrendo com alternância de períodos de prestação de serviços e de inatividade, determinados em horas, dias ou meses, independentemente do tipo de atividade do empregado, à exceção dos aeronautas (CLT, art. 443, § 3º). Trata-se de *modalidade atípica de contratação* que, uma vez regulada pela Reforma Trabalhista promovida pela Lei nº 13.467/17, vem a trazer para a formalidade, com direitos expressamente garantidos, muitas relações que antes eram eventuais ou de curta duração, mas que não estimulavam o tomador de serviços a contratar formalmente o trabalhador.

A *Medida Provisória nº 808/17* veio a explicitar melhor os *direitos* do trabalhador intermitente e suas *condições de trabalho* (CLT, arts. 452-A a 452-H), porém, após sua não aprovação pelo Congresso Nacional, remanesceu apenas regulando essa modalidade contratual o ***art. 452-A e seus §§***, no seguinte sentido:

- contratação por escrito;
- garantia do valor horário do salário mínimo;
- convocação para o serviço com 3 dias de antecedência (informando qual será a jornada) e prazo de um dia útil para responder à convocação para trabalhar ou recursar o serviço;
- multa de 50% da remuneração devida paga por quem descumprir o pactuado em caso de aceitação da oferta de serviço;
- no pagamento para cada serviço prestado, o trabalhador receberá, incluída na remuneração e de forma proporcional, as férias com 1/3 de abono, 13º salário, repouso semanal remunerado e adicionais de insalubridade, periculosidade ou noturno;

- gozo de férias de um mês a cada doze de serviços;
- equiparação salarial quanto ao valor do salário hora a empregados do estabelecimento que prestem os mesmos serviços de forma permanente;
- garantia de poder trabalhar para outros empregadores ou tomadores de serviços, inclusive do mesmo setor, nos períodos de inatividade do contrato intermitente (que não é considerado como à disposição do empregador);
- recolhimento de contribuições previdenciárias e do FGTS pelo empregador.

Ao perder, a MP nº 808/17, vigência a partir de 23.4.2018, regendo os contratos de trabalho intermitente apenas pelo período que começou em 14.11.2017, o *Ministério do Trabalho* editou a *Portaria 349, em 23.5.2018*, a título de regulamentar a execução do art. 452-A da Lei nº 13.467/17 (único sobrevivente após a queda da MP nº 808/17), mantendo algumas das orientações da MP nº 808/17 quanto ao trabalho intermitente, quais sejam (arts. 2º a 6º da portaria):

- contratação com registro na CTPS;
- garantia do valor horário do salário mínimo;
- gozo de férias em até três períodos distintos;
- pagamento mensal, se o período de engajamento superar essa periodicidade;
- possibilidade de percepção de salário hora superior ao dos contratados por prazo indeterminado (dadas as características especiais do trabalho intermitente);
- convencionar locais de serviços, turnos, formas e instrumentos de convocação e de resposta para a prestação dos serviços;
- garantia de poder trabalhar para outros empregadores ou tomadores de serviços, inclusive do mesmo setor, nos períodos de inatividade do contrato intermitente (que não é considerado como à disposição do empregador);
- verbas rescisórias e aviso prévio calculados pela média dos valores recebidos durante o contrato de trabalho intermitente (considerados apenas os meses em que houve trabalho efetivo e para um máximo de 12 meses);
- recolhimento de contribuições previdenciárias e do FGTS pelo empregador.

5. Modalidades de empresas

O *tomador dos serviços* ou o *empregador* podem ser *pessoa física ou jurídica*. Em se tratando de pessoa jurídica, as *empresas* podem se constituir segundo as seguintes modalidades, previstas no Código Civil:

CLASSIFICAÇÃO	SOCIEDADE	CÓDIGO CIVIL
Responsabilidade Limitada	Empresa individual	art. 980-A

Sociedades Não Personificadas	Em comum	arts. 986 a 990
	Em conta de participação	arts. 991 a 996
Sociedades Personificadas	Simples	arts. 997 a 1.038
	Em nome coletivo	arts. 1.039 a 1.044
	Em comandita simples	arts. 1.045 a 1.051
	Limitada	arts. 1.052 a 1.087
	Anônima	arts. 1.088 e 1.089
	Em comandita por ações	arts. 1.090 a 1.092
	Cooperativa	arts. 1.093 a 1.096

Obs.: no capítulo referente ao Processo de Execução são especificados os traços característicos de cada uma das modalidades e a abrangência da responsabilidade dos sócios pelos débitos trabalhistas.

6. Poderes do empregador

Em se tratando de contrato de trabalho, caracterizado pela subordinação do *empregado* ao *empregador*, este dispõe dos seguintes poderes sobre o trabalhador, na direção da prestação de serviços:

a) **Poder Hierárquico** – poder de direção e comando sobre o empregado, que, pela sua subordinação ao empregador, deve-lhe obediência em tudo o que diga respeito ao cumprimento das obrigações decorrentes do contrato de trabalho (cabe-lhe, no entanto, resistir às ordens ilícitas, imorais, vexatórias ou contrárias à ordem pública).

b) **Poder Disciplinar** – prerrogativa que possui o empregador de aplicar sanções disciplinares ao empregado pelo descumprimento de obrigações contratuais (advertências, suspensões e dispensa por justa causa).

7. Responsabilização do empregador

A *responsabilidade* pelos direitos trabalhistas não se limita àquele que contratou diretamente o empregado ou trabalhador, estendendo-se a todos aqueles que, de alguma forma, se beneficiaram de seus serviços ou guardam relação jurídica com o contratante (distinção da doutrina alemã entre a obrigação – *Schuld* – e a responsabilização – *Haftung* –, que podem recair em pessoas distintas). A responsabilização abrange as seguintes *modalidades*:

a) **Grupo econômico** – as empresas que o integram respondem solidariamente em caso de inadimplência de uma; a Lei nº 13.467/17 (Reforma Trabalhista) veio a deixar claro que não é a mera identidade de sócios que caracteriza o grupo econômico, mas a *direção, controle, administração ou atuação conjunta, com comunhão de interesses* entre as empresas integrantes do grupo (CLT, art. 2º, §§ 2º e 3º); também o Pleno do

TST, no julgamento do IRR 69700-28.2008.5.04.0008 (Tema 7, Rel. Min. Caputo Bastos, *DEJT* 3.7.2017), ao apreciar o caso da compra da VEM, empresa do grupo VARIG, pela TAP, fixou tese no sentido de que a compra de uma empresa de um grupo econômico *não torna a compradora responsável pelos débitos trabalhistas de todo o grupo econômico* ao qual pertencia a empresa adquirida, dados os termos dos art. 60, parágrafo único, e 141, II, da Lei nº 11.101/2005. Assim, temos hoje *três hipóteses* de configuração de grupo econômico:

- por *subordinação* (vertical) – grupo de empresas em que uma delas dirige, controla ou administra as demais (CLT, art. 2º, § 2º, primeira parte);
- por *coordenação* (horizontal):
  - *formal* – grupo econômico formalizado, no qual há autonomia de cada uma das empresas integrantes do grupo (CLT, art. 2º, § 2º, segunda parte);
  - *informal* – grupo de empresas com sócios em comum, interesse integrado e atuação conjunta (CLT, art. 2º, § 3º).

b) **Sucessão** – entre o sucessor e o sucedido (CLT, arts. 10 e 448); a rigor, na sucessão, a responsabilidade pelo passivo trabalhista passa toda ao sucessor, sendo a solidariedade a exceção, uma vez que depende da comprovação de fraude na transferência (CLT, art. 448-A; Orientação Jurisprudencial 225 da SBDI-1 do TST). Relaciona-se com os princípios da inalterabilidade contratual, da despersonalização do empregador e da continuidade da relação de emprego.

Obs.: Pela Lei de Falências (Lei nº 11.101/05, art. 141), não há sucessão trabalhista na *falência*, do falido para o arrematante. O arrematante não responde por nenhuma obrigação trabalhista anterior, e, caso venha a manter na empresa trabalhadores antigos, estes serão admitidos mediante novo contrato de trabalho, que não se condicionará pelos termos do anterior. Somente haverá sucessão trabalhista se for comprovada a existência de ligações entre o adquirente e o falido. Já na *recuperação judicial* haveria sucessão trabalhista do adquirente de unidade produtiva (arts. 60 e 141), porém inadmitida pelo STF (ADIn 3.934/DF, Rel. Min. Ricardo Lewandowski, *DJe* de 6.11.2009).

c) **Subempreitada** – entre o empreiteiro e os subempreiteiros (CLT, art. 455).

d) **Sócios** – varia conforme a modalidade societária e a existência, ou não, de fraude (*vide* capítulo sobre Execução).

e) **Tomador dos serviços** – responde subsidiariamente pelos direitos trabalhistas do empregado da empresa prestadora dos serviços, em caso de inadimplência desta última (Lei nº 13.429/17, art. 5º-A, § 5º; Súmula 331, IV, do TST). No caso da Administração Pública, o art. 71, § 1º, da Lei nº 8.666/93 estabelecia a regra da não responsabilização do ente público pelo inadimplemento das obrigações trabalhistas pela empresa prestadora de serviços, dispositivo legal que foi tido como constitucional pelo STF, mas com reconhecimento de que, excepcionalmente, o ente público pode responder subsidiariamente, desde que comprovada a culpa *in elegendo* ou *in vigilando* da Administração (ADC-16-DF, Rel. Min. Cezar Peluso, *DJe* de 9.9.2011). A orientação do STF foi adotada explicitamente pela nova lei de licitações, ao dispor que: *"Exclusivamente nas contratações de serviços contínuos com regime de dedicação exclusiva de mão de obra, a Administração responderá solidariamente pelos encargos previdenciários e subsidiariamente pelos encargos trabalhistas se comprovada falha na fiscalização do cumprimento das obrigações do contratado"* (Lei nº 14.133/21, art. 121, § 2º). Ademais, a nova lei estabelece a necessidade de que as empresas concorrentes apresentem *"declaração de que suas propostas econômicas compreendem a integralidade dos custos para atendimento dos direitos trabalhistas assegurados na Constituição Federal, nas leis trabalhistas, nas normas infralegais, nas convenções coletivas de trabalho e nos termos de ajustamento de conduta vigentes na data de entrega das propostas"* (art. 63, § 1º), o que poderá gerar responsabilização do tomador dos serviços, por *culpa in elegendo*, caso não exija tal declaração, ou sua não responsabilização, quando a declaração não corresponder à realidade financeira da empresa prestadora dos serviços contratada.

f) **Contrato nulo** – a *contratação* de servidor público *sem* a prévia *submissão a concurso público*, após a CF/88, encontra óbice no art. 37, II e § 2º, somente lhe conferindo direito ao pagamento da *contraprestação pactuada*, respeitado o valor da hora do salário mínimo e dos valores referentes aos *depósitos do FGTS* (*Súmula 363 do TST*). Ao julgar o recurso extraordinário, com repercussão geral reconhecida, o *STF* confirmou o entendimento do TST e ressaltou que o art. 37, § 2º, da CF atribuiu às contratações sem concurso uma espécie de *nulidade jurídica qualificada*, cuja consequência é não só o desfazimento imediato da relação, mas também a punição da autoridade responsável (RE 705140/RS, Rel. Min. Teori Zavascki, Plenário, julgado em 28.8.2014).

Não se admite que, na hipótese em que pactuada *contraprestação em valor maior do que o salário mínimo*, seja adotado, como *base de cálculo das horas trabalhadas* além da jornada de trabalho, outro valor senão aquele *avençado* (TST-E-ED-RR-89900-57.2005.5.10.0020, Rel. Min. José Roberto Freire Pimenta, SBDI-1, *DEJT* de 21.11.2014).

Capítulo VI

Terceirização

Terceirização – transferência de parte das atividades de uma empresa para outra, que passa a funcionar como um terceiro no processo produtivo, fornecendo, em caráter temporário ou permanente, bens, serviços ou mão de obra à empresa principal, a qual oferece o produto final ao consumidor.

1. Finalidade

Redução dos custos da produção pela *especialização*, com concentração da empresa principal na sua atividade produtiva fundamental e subcontratação de empresas secundárias para a realização das atividades inerentes, acessórias ou complementares àquelas desenvolvidas pela empresa principal, em caráter permanente, ou de reforço e substituição temporária de mão de obra da empresa principal.

O fenômeno da terceirização tem caráter econômico, em irreversível passagem da *empresa verticalizada*, em que todas as atividades essenciais, acessórias ou complementares eram realizadas por empregados de seu próprio quadro, para a *empresa horizontalizada*, numa cadeia produtiva em que cada empresa se especializa numa atividade e contrata serviços de outras para suas necessidades periféricas ou principais.

2. Histórico normativo

A disciplina jurídica do fenômeno da terceirização teve seu primeiro marco no Brasil com a *Lei nº 6.019/74*, do *trabalho temporário*, regulando o fornecimento de mão de obra para empresas que dela necessitassem, para substituição de seu pessoal permanente ou para reforço em épocas de maior demanda produtiva ou de serviços.

Em 1986, o TST editava a *Súmula 256*, de caráter restritivo, admitindo a terceirização apenas para os casos expressamente previstos em lei, que seriam os do *trabalho temporário* (Lei nº 6.019/74) e de *vigilância* (Lei nº 7.102/83).

Antes da Constituição de 1988, a referida súmula, que reconhecia o *vínculo empregatício direto com a tomadora dos serviços*, em caso de terceirização fora das hipóteses legais, era aplicada também às *empresas estatais*.

A exigência de *concurso público* para estas últimas, prevista pela CF/88 (art. 37, II) e referendada pelo STF (MS 21.322/1, Pleno, Rel. Min. Paulo Brossard, julgado em 3.12.1992), trouxe um dilema para as empresas públicas e sociedades de economia mista, em face da *impraticabilidade de realizar concurso público* para *serviços de limpeza, conservação, copa, cozinha e similares*.

Os inquéritos civis públicos abertos pelo Ministério Público do Trabalho para o cumprimento da referida súmula do TST, especialmente o que culminou com o *termo de ajuste de conduta firmado pelo Banco do Brasil*, levaram a *Procuradoria-Geral do Trabalho* a postular a *revisão da Súmula 256 do TST*, para equacionar o problema (cf. *Revista do MPT*, n. 7, LTr, p. 52-7).

Assim, em 19.12.1993, o TST aprovava a *Súmula 331*, que passou a se constituir no marco regulatório por excelência da terceirização, introduzindo-se a distinção entre *atividade-fim e atividade-meio*, para efeito de fixação da licitude da terceirização, vedando a intermediação de mão de obra no caso de atividade-fim da empresa tomadora dos serviços (inciso III do verbete sumulado).

Mas a questão da *terceirização no setor público* ainda estava longe de um equacionamento adequado, em face da *Lei nº 8.666/93* (Lei de Licitações), que *isentava de qualquer responsabilidade a administração pública* em face do inadimplemento das obrigações trabalhistas por parte do prestador de serviços (art. 71, § 1º). Em face dessa vedação, muitos trabalhadores ficavam sem receber pelo labor realizado para a administração pública, quando as empresas que os contratavam quebravam ou desapareciam.

O TST, em setembro de 2000, veio a alterar o inciso IV da Súmula 331, para reconhecer a *responsabilidade subsidiária da administração pública* pelos encargos trabalhistas não adimplidos por empresas terceirizadas, por entender que o *princípio da dignidade da pessoa humana* não permitiria que o trabalhador ficasse sem receber quando a administração pública desfrutou de seus serviços, a par de se aplicar ao caso o *princípio de que quem paga mal paga duas vezes*. Ademais, adotava-se, para o caso, a *teoria da responsabilidade objetiva do Estado*, que assumiria os encargos, independentemente da existência de culpa na contratação ou fiscalização dos serviços terceirizados.

Como o TST afastara a aplicação do art. 71, § 1º, da Lei nº 8.666/93 sem declarar-lhe a inconstitucionalidade, o STF veio a afirmar a *constitucionalidade* do referido preceito constitucional e *afastar a responsabilidade subsidiária* da administração pública, admitindo, excepcionalmente, exceção no caso de *culpa comprovada* da administração na contratação ou fiscalização da prestação dos serviços (ADC 16-DF, Rel. Min. Cezar Peluso, julgada em 24.11.2010).

Com isso, o TST, em maio de 2011, reviu a Súmula 331, para adequar especialmente o inciso IV do verbete à decisão da Suprema Corte, deixando explícito que a responsabilidade subsidiária da administração pública apenas se daria no caso de *culpa "in eligendo" ou "in vigilando"* da administração pública em relação aos prestadores de serviços (inciso V do verbete, introduzido pela Resolução nº 174/11 do Tribunal, que lhe deu a atual redação).

Longe de se pacificar a questão, a aplicação do verbete sumulado para as hipóteses de *culpa presumida* ou de *inversão do ônus da prova* fez com que o STF, reiteradamente, passasse a cassar, em reclamações, decisões do TST que reconheciam a responsabilidade subsidiária nesses casos.

Em outubro de 2011, o TST realizava, pela primeira vez em sua história, uma *audiência pública* para coleta dos elementos técnicos necessários a uma melhor compreensão socioeconômica do fenômeno da *terceirização*. O objetivo era o esclarecimento da Corte, na esteira do que já tem sido feito pelo STF, com vista ao *embasamento fático* das decisões judiciais, apontando os caminhos da *legalidade* dessa moderna forma de organização empresarial.

Em que pesem os subsídios fornecidos pelos depoimentos de mais de 50 especialistas na matéria, colhidos nessa audiência pública, a Súmula 331 continuou sendo aplicada da mesma forma, inclusive com *maiores restrições às hipóteses de terceirização lícita*, entendendo-se ilegal a terceirização de *call centers* para empresas de telecomunicações e bancos, como também de cabeamento e manutenção de linhas telefônicas.

Tal postura levou o STF a reconhecer a *repercussão geral da questão constitucional*, em face da reserva de plenário para afastar a aplicação dos arts. 25 da Lei nº 8.987/95 e 94, II, da Lei nº 9.472/97 por parte do TST, bem como por eventual ofensa ao art. 5º, II, da CF com a limitação jurisprudencial à terceirização (Temas 725 [Rel. Min. Luiz Fux, ARE 713211] e 739 [Rel. Min. Teori Zavascki, ARE 791932] da Tabela de Temas de Repercussão Geral).

Quanto à *responsabilidade subsidiária* da administração pública, o STF veio a apreciar o *Tema 246* de sua tabela de repercussão geral, para fixar a tese de que "o inadimplemento dos encargos trabalhistas dos empregados do contratado *não transfere automaticamente* ao Poder Público contratante a responsabilidade pelo seu pagamento, seja em caráter solidário ou subsidiário, nos termos do art. 71, § 1º, da Lei nº 8.666/93" (RE 760.931, Redator Designado Min. Luiz Fux, julgado em 26.4.2017). Nesse julgado, já na ementa, o redator dava sinalização quanto a que *"a dicotomia entre "atividade-fim" e "atividade-meio" é imprecisa, artificial e ignora a dinâmica da economia moderna, caracterizada pela especialização e divisão de tarefas com vistas à maior eficiência possível. (...) A cisão de atividades entre pessoas jurídicas distintas não revela qualquer intuito fraudulento, consubstanciando estratégia, garantida pelos artigos 1º, IV, e 170 da Constituição brasileira, de configuração das empresas, incorporada à Administração Pública por imperativo de eficiência (art. 37, caput, CRFB), para fazer frente às exigências dos consumidores e cidadãos em geral"*. Ademais, afastou expressamente as teses da culpa presumida e da inversão do ônus da prova, para reconhecer que cabe ao reclamante a prova da culpa *in vigilando* da tomadora de serviços frente à prestadora dos serviços, para responsabilizá-la subsidiariamente.

Diante de tanta controvérsia, com forte impacto restritivo à atividade produtiva e à economia nacional, o Congresso Nacional, no qual se discutia o polêmico PL nº 4.330/04 (Rel. Dep. Sandro Mabel), aprovado pela Câmara dos Deputados e transformado no PLC nº 30/15 (Rel. Sen. Paulo Paim), acabou por resgatar e aprovar, com alterações, o antigo PL nº 4.302/98, que se tornou a Lei nº 13.429/17, *novo marco regulatório da terceirização,* conjuntamente com o art. 2º da Lei nº 13.467/17 (Reforma Trabalhista), definindo os *direitos e garantias dos trabalhadores terceirizados* e *permitindo amplamente a terceirização, inclusive para atividades-fim* da empresa tomadora dos serviços.

Finalmente, tendo em vista que a edição da Lei nº 13.429/17 resolveu apenas os problemas para o futuro, deixando a questão da licitude da terceirização que vinha sendo praticada até então e que era condenada pela Justiça do Trabalho como ilícita, generalizando-se a ideia de terceirização de atividade-fim, especialmente quanto aos serviços de *call center* prestados para bancos (cfr. TST-RR-1785-39.2012.5.06.0016) e concessionárias de serviços de telecomunicações (cfr. TST-E-ED-RR-2707-41.2010.5.12.0030) e energia elétrica (cfr. TST-RR-574-78.2011.5.04.0332), além dos casos de cabistas (cfr. TST-E-ED-RR-234600-14.2009.5.09.0021), leituristas (cfr. TST-E-ED--RR-1521-87.2010.5.05.0511) e vendedores no ramo de transporte rodoviário (cfr. TST-E-RR-1419-44.2011.5.10.0009), foram julgados pelo STF a ADPF 304 (Rel. Min. Roberto Barroso) e o RE 958252 (Rel. Min. Luiz Fux), quanto ao tema 725 de repercussão geral, dirimindo definitivamente a questão (em 30.8.2018, por 7x4), com a fixação da seguinte *tese jurídica*, de caráter vinculante: *"É lícita a terceirização ou qualquer outra forma de divisão do trabalho entre pessoas jurídicas distintas, independentemente do objeto social das empresas envolvidas, mantida a responsabilidade subsidiária da empresa contratante".* Ou seja, o STF veio a sepultar, para efeitos de licitude da terceirização, a distinção conceitual entre atividade-fim e atividade-meio, estabelecida pelo inciso III da Súmula 331 do TST, placitando uma generalizada terceirização.

3. Modalidades

a) **Locação de mão de obra** – fornecimento de mão de obra por empresa secundária à empresa principal, com o pessoal locado colaborando na principal e com o equipamento desta; dá-se, muitas vezes, em caráter temporário, para substituição ou reforço de pessoal da empresa principal.

b) **Prestação de serviços** – deslocamento de parte da atividade produtiva para empresa secundária, que presta os serviços à principal com seu próprio pessoal e equipamento, transferindo-lhe o produto concluído ou o serviço requerido.

Elemento distintivo básico é o **local da prestação dos serviços**:

- nas **dependências da empresa tomadora dos serviços**;
- na **empresa terceirizada** prestadora dos serviços;
- **externamente** a ambas as empresas.

O que se busca evitar, em matéria de terceirização, é que trabalhadores laborem ombro a ombro no mesmo local de trabalho e na mesma atividade da empresa principal, em caráter permanente, e uns sejam contratados diretamente e outros sejam terceirizados.

4. Efeitos na relação de trabalho

a) Benéficos (para a empresa):

- concentração da empresa em sua atividade-fim (especialização);
- redução dos encargos sociais (economia de custos);
- simplificação da estrutura da empresa (horizontalização);
- maior competitividade da empresa no mercado (lucratividade).

b) Danosos (para o empregado):

- redução salarial do empregado terceirizado;
- eventual deterioração nas condições de higiene e segurança do trabalho;
- rotatividade da mão de obra com desemprego periódico;
- pulverização da ação sindical;
- impossibilidade de integração do empregado na empresa.

5. Distinção das atividades em que se pode dar a terceirização

a) Atividade-fim – objetivo central e específico da empresa (atividades inerentes).

b) Atividade-meio – atividades acessórias, complementares e de apoio.

Com a edição das Leis nº 13.429/17 (terceirização) e nº 13.467/17 (Reforma Trabalhista), a distinção entre atividade-fim e atividade-meio da empresa principal, para efeito de fixação da licitude da terceirização, perdeu um pouco de seu sentido. Com efeito, a Lei nº 13.467/17 incluiu os seguintes dispositivos na Lei nº 6.019/74:

> "Art. 4º-A. Considera-se prestação de serviços a terceiros a transferência feita pela contratante da execução de quaisquer de suas atividades, inclusive sua atividade principal, à pessoa jurídica de direito privado prestadora de serviços que possua capacidade econômica compatível com a sua execução".

> "Art. 5º-A. Contratante é a pessoa física ou jurídica que celebra contrato com empresa de prestação de serviços relacionados a quaisquer de suas atividades, inclusive sua atividade principal".

Ademais, com a decisão do STF na ADPF 304 (Rel. Min. Roberto Barroso) e o RE 958252 (Rel. Min. Luiz Fux), quanto ao tema 725 de repercussão geral, toda e qualquer atividade, fim ou meio, poderá ser objeto de terceirização pela empresa principal, tomadora de serviços de empresas secundárias nessa relação.

Com a nova lei e a decisão do STF, controvérsias relativas à possibilidade, ou não, de terceirização, tais como *call centers*, banco postal e similares, quedam solucionadas.

6. Disciplina jurídica

A *Lei nº 13.429/17* constitui, hoje, juntamente com os precedentes do STF sobre a matéria (ADPF 304 e RE 958252), o *marco regulatório da terceirização* no Brasil, ao dar nova redação a vários dispositivos da Lei nº 6.019/74, estabelecendo os seguintes direitos e garantias básicas para trabalhadores, empresas terceirizadas e empresas tomadoras dos serviços (ofertando, assim, maior segurança jurídica a todos):

a) **Definição de trabalho temporário** (arts. 2º e 10, §§ 1º e 2º) – como aquele prestado por trabalhador contratado por empresa de trabalho temporário para prestar serviços, com duração de *até 9 meses*, a empresa tomadora de serviços, em duas hipóteses:

- *substituição transitória de pessoal permanente* (não sendo admitida para substituição de pessoal em greve);
- *demanda complementar de serviços* (decorrente de fatores imprevisíveis ou que tenha natureza intermitente, periódica ou sazonal).

b) **Definição de empresas para efeito de terceirização:**

- **Empresa de trabalho temporário** – que contrata e *coloca trabalhadores à disposição de outras empresas*, temporariamente (art. 4º);
- **Empresa de prestação de serviços a terceiros** – que se *especializa* na prestação de determinados serviços (*específicos*) a terceiros (art. 4º-A);
- **Empresa tomadora de serviços** (ou contratante) – aquela que recebe trabalhadores temporários ou serviços terceirizados (arts. 5º e 5º-A), podendo ser pessoa física no caso de contratação de serviços.

c) **Serviços terceirizáveis** – todos aqueles que a empresa tomadora de serviços entender necessários, *inclusive* ligados à sua *atividade-fim* (arts. 5º-A e 9º, § 3º).

d) **Local da prestação dos serviços** – pode ser no *estabelecimento da empresa tomadora dos serviços* ou em outro qualquer acordado entre as partes (arts. 5º-A, § 2º).

e) **Principais direitos dos trabalhadores temporários:**

- condições de segurança, higiene e salubridade, quando o trabalho for realizado nas dependências da empresa tomadora dos serviços ou em local por ela designado (art. 9º, V e § 1º);
- mesmo atendimento médico, ambulatorial e de refeição destinado aos empregados da empresa tomadora dos serviços (art. 9º, § 2º);
- garantia da responsabilidade subsidiária da tomadora de serviços pelos encargos trabalhistas não pagos pela empresa de trabalho temporário (art. 10, § 7º).

f) **Principais direitos dos trabalhadores terceirizados** (art. 5º-A):
- os mesmos acima reconhecidos para o trabalhador temporário (§§ 3º e 5º), sendo que o atendimento médico, ambulatorial e de refeição é facultativo e não obrigatório (§ 4º);
- não engajamento em atividades distintas daquelas que foram objeto do contrato com a empresa prestadora de serviços (§ 1º).

g) **Garantia das empresas tomadoras de serviços** (arts. 4º-A, § 2º, e 10) – *não reconhecimento de vínculo empregatício* dos empregados terceirizados com as contratantes dos serviços, exceto no caso de extrapolação da não observância do prazo de 90 dias para nova contratação do trabalhador temporário (art. 10, § 6º).

h) **Exigências para as empresas terceirizadas** – para minorar os efeitos da quebra da empresa sobre os empregados terceirizados ou temporários:
- capital social mínimo de R$ 100.000,00 para empresas de trabalho temporário (art. 6º, III);
- capital social mínimo variando de R$ 10.000,00 a R$ 250.000,00, conforme o número de empregados, menor de 10 ou maior de 100 (art. 4º-B, III, *a* a *e*).

7. Quadros gráficos sobre terceirização

PRESTAÇÃO DE SERVIÇOS

```
                    EMPRESA
                 TOMADORA DOS
  EMPRESA          SERVIÇOS  (pessoal)
PRESTADORA DOS                              CONSUMIDOR
  SERVIÇOS         [equipamento]
                      pessoal
      → prestação dos serviços →    → venda do produto final →
      ← pagamento dos serviços ←    ← pagamento do produto ←
         [equipamento]              [equipamento]
         1º ESTÁGIO                   2º ESTÁGIO
                                                    empresas
                                                    terceirizadas
                             consumidor              consumidor
     (EMPRESA    →              ↑
      PRINCIPAL)              empresa
                              principal
```

8. Cooperativas de trabalho

O *Cooperativismo* é um modo de organização socioeconômica que se baseia na integração de pessoas com os mesmos interesses, a fim de obter vantagens comuns em suas atividades econômicas.

A doutrina e os princípios cooperativistas são divulgados e defendidos mundialmente pela *Aliança Cooperativa Internacional* (ICA), fundada em 1895, e que conta atualmente com 248 federações afiliadas (entre as quais a *Organização das Cooperativas Brasileiras – OCB*), de 92 países.

O *Cooperativismo*, incentivado no Brasil pela Lei nº 5.764/71, visou à criação de *cooperativas de produção*, na qual os trabalhadores seriam seus próprios patrões, pois não têm finalidade lucrativa e destinam-se a prestar serviços a seus associados (arts. 3º e 4º). Derivadas da ideia original, surgiram as *cooperativas de trabalho*, como modalidade de *terceirização*, congregando trabalhadores para oferecer seus serviços a empresas que deles necessitem.

A Constituição Federal de 1988 tratou especificamente do tema do *cooperativismo*, determinando ao legislador ordinário que *estimulasse e apoiasse* essa forma de organização da atividade econômica (CF, art. 174, § 2º).

Admitida a existência de *cooperativas de trabalho*, só poderiam congregar *profissionais autônomos*, que se uniriam para prestar serviços a terceiros de forma independente, ou seja, sem a subordinação própria do empregado.

No entanto, com o acréscimo do parágrafo único ao art. 442 da CLT, estabelecendo a regra da inexistência de vínculo empregatício entre a tomadora dos serviços e o trabalhador cooperado que nela labora, proliferaram no Brasil as *cooperativas fraudulentas*, especialmente no meio rural (o intermediador denominado "gato" aliciava trabalhadores em várias regiões, formando cooperativas fictícias e levando-os às fazendas em época de colheita, com o que deixavam esses trabalhadores de receber todos os seus direitos trabalhistas).

Em 2002, a *90ª Conferência Internacional do Trabalho* discutiu a questão das *cooperativas de trabalho*, editando a *Recomendação nº 193 da OIT*, altamente estimuladora da sua promoção em todo o mundo e elencando as notas características da *verdadeira cooperativa de trabalho*:

a) *espontaneidade* na criação da cooperativa pelos próprios trabalhadores e não induzida pela empresa;

b) *autonomia* dos cooperados, que não realizam trabalho subordinado, mas prestação de serviços;

c) *autogestão* da cooperativa, com seus estatutos, normas e solidariedade entre os associados;

d) *liberdade* de associação, sem imposição do tomador de serviços para que seus empregados nela ingressem para reduzir encargos sociais; e

e) *não flutuação* dos associados, pois do contrário se está diante de nítido expediente fraudulento para contratação temporária de pessoal em época de safra.

O *Código Civil*, ao distinguir as sociedades em simples e empresárias, classificou as *cooperativas* como *sociedades simples* (CC, art. 982, parágrafo único), cuja disciplina jurídica se encontra traçada nos arts. 997 a 1.038 do CC.

Em 2012, declarado pela ONU como *Ano Internacional do Cooperativismo*, editou-se no Brasil a *Lei nº 12.690/12*, marco regulatório específico das *cooperativas de trabalho*, e que traz os seguintes parâmetros a garantir definitivamente foro de cidadania a essa modalidade de organização laboral e produtiva:

a) *Finalidade das cooperativas* – obter melhor qualificação, renda, situação socioeconômica e condições gerais de trabalho aos cooperados (art. 2º).

b) *Princípios do cooperativismo de trabalho* – adesão voluntária e participação econômica dos cooperados, autonomia e gestão democrática da cooperativa, além do investimento na formação, da preservação dos direitos sociais, da valorização social do trabalho e da livre-iniciativa e da não precarização do trabalho (art. 3º).

c) *Espécies de cooperativas* (art. 4º):

– *cooperativas de produção* – o trabalho em comum visa à produção de bens a serem destinados aos próprios cooperados, com a cooperativa detendo os meios de produção;

– *cooperativas de serviço* – constituídas pela aglutinação de trabalhadores visando à prestação de serviços especializados a terceiros, sem vínculo empregatício (não se admite a utilização da cooperativa como intermediadora de mão de obra subordinada, ou seja, em que os cooperados sejam, a rigor, empregados do tomador de serviços, que os comanda – art. 5º; e deve haver uma alternância na coordenação dos serviços prestados, no período de um ano ou no limite da realização das atividades contratadas – art. 7º, § 6º).

d) *Direitos trabalhistas mínimos do cooperado* (art. 7º), fora daqueles que podem ser acrescidos por decisão da assembleia dos cooperados (tais como 13º salário, constituição de um fundo de garantia do tempo de serviço etc.) e cuja previsão em lei passa a desestimular a constituição de falsas cooperativas com a finalidade de reduzir encargos trabalhistas:

- *salário mínimo* (consubstanciado em retiradas não inferiores ao piso da categoria profissional, calculadas de forma proporcional às horas trabalhadas ou às atividades desenvolvidas; pode a assembleia geral da cooperativa estabelecer diferentes faixas de retirada dos sócios, conforme a espécie de trabalho que desenvolvam – art. 14 e parágrafo único);
- *jornada de 8 horas diárias e 44 horas semanais* (exceção para plantões, facultada a compensação de horários);
- *repouso semanal remunerado* (preferencialmente aos domingos);
- *férias* (denominadas repouso anual remunerado);
- *adicional noturno* (consubstanciado em retirada para o trabalho noturno superior à do diurno);
- *adicional de insalubridade ou periculosidade* (retiradas superiores para as atividades insalubres ou perigosas);
- *seguro de acidente de trabalho* (além da observância das normas de medicina e segurança do trabalho, com responsabilidade solidária da tomadora dos serviços em caso de acidente – arts. 8º e 9º).

e) *Garantias das cooperativas de trabalho*:

- *participação em procedimentos de licitação pública* que tenham por escopo os mesmos serviços, operações e atividades previstas em seu objeto social (art. 10, § 2º);
- contar com o apoio e, eventualmente, as *linhas de crédito* do Programa Nacional de Fomento às Cooperativas de Trabalho – PRONACOOP (art. 19).

9. Condomínio de empregadores

Nova modalidade de organização das relações laborais é a formação dos *condomínios de empregadores*, especialmente no meio rural (Lei nº 10.256/01). Segundo ela, diversos proprietários rurais vinculam-se, como pessoas físicas, com o fim específico de *contratação de pessoal* para trabalhar em suas propriedades no plantio e colheita, pactuando, através de um instrumento público, que responderão *solidariamente* pelos débitos trabalhistas e previdenciários dos trabalhadores que contratarem.

Nessa modalidade, os condôminos se mantêm como *empregadores individuais* de seus empregados habituais, mas adotam, sem partilharem seu patrimônio pessoal, uma *matrícula coletiva junto ao INSS*, atuando sob o nome de *"Fulano de Tal e outros"* (onde o *"Fulano de Tal"* é o condômino que recebe procuração dos demais para gerir o pessoal contratado).

Os *trabalhadores contratados* são disponibilizados para todos os empregadores, atuando em qualquer das propriedades integrantes do condomínio, de acordo com um planejamento e cronograma elaborados pelo administrador do condomínio, a partir das culturas desenvolvidas por cada condômino, de forma a otimizar a utilização da mão de obra comum segundo as necessidades de colheitas e plantios dos vários proprietários rurais integrantes do condomínio. São-lhes assegurados todos os direitos trabalhistas, previdenciários e fundiários.

Cabe ao *administrador do condomínio* (remunerado para tanto) fazer o controle da jornada e da frequência dos empregados, discriminando num extrato a ser entregue a cada condômino os dias efetivamente trabalhados em cada propriedade, que serão da responsabilidade do condômino, sendo todas as verbas trabalhistas proporcionais ao período trabalhado em cada propriedade. Em caso de não pagamento de um condômino, todos os demais são solidariamente responsáveis pela sua quitação. Para enfrentar essa situação, pode ser criado um *fundo de reserva* que supra as despesas comuns com eventuais inadimplências.

Tanto os *equipamentos de proteção individual* quanto outros equipamentos podem ser comprados pelo condomínio para uso comum, devendo haver uma *vigilância recíproca* dos vários condôminos quanto ao cumprimento das obrigações individuais e à preservação do meio ambiente de trabalho, para evitar que acidentes de trabalho onerem o condomínio como um todo.

As *vantagens* que esta modalidade de organização laboral vem apresentando são as seguintes:

a) *redução dos custos* da contratação de trabalhadores para os proprietários rurais (mesmo quando eventualmente tenha de arcar com a responsabilidade solidária em relação a algum condômino inadimplente), que só pagam pelo tempo de efetivo engajamento do empregado no labor em sua propriedade;

b) *formalização do vínculo empregatício* com o trabalhador rural, garantindo-lhe os direitos laborais e a continuidade da contratação; e

c) *capacitação maior do trabalhador do campo*, pela atuação em diversos ramos da produção agrícola e pecuária, mantendo contato com diferentes técnicas de cultivo e adquirindo *know-how* em cada propriedade para um melhor desenvolvimento das suas várias atividades.

Capítulo VII

Contrato de trabalho

Contrato de trabalho – aquele pelo qual uma ou mais pessoas naturais obrigam-se, em troca de uma remuneração, a trabalhar para outra, em regime de subordinação a esta (CLT, art. 442).

1. Contrato

Acordo de vontades que, para estabelecer a relação de emprego, pode ser:

a) escrito (basta a anotação na CTPS);

b) verbal;

c) tácito (basta que alguém admita, sem oposição, a prestação de serviços remunerados e subordinados de outrem).

2. Elementos

a) Capacidade:

– quanto à idade
- de 14 a 16 anos – apenas pode trabalhar como aprendiz[1];
- de 16 a 18 anos – relativamente capaz;
- acima de 18 anos – não necessita de assistência para firmar contrato de trabalho.

b) Conteúdo:

O mínimo é o garantido na lei, bastando que da Carteira de Trabalho (CTPS) constem:

– nome do empregador;

– função do empregado;

– data da admissão;

– valor da remuneração.

As vantagens pagas por liberalidade pelo empregador, mas em caráter habitual,

---

1 Segundo o Decreto nº 5.598/05, o trabalhador aprendiz é o maior de 14 e menor de 24 anos.

passam a integrar o contrato de trabalho (CLT, art. 468; Orientação Jurisprudencial Transitória 72 da SDI-1 do TST).

A questão da integração das *normas coletivas* previstas em ACT/CCTs aos contratos de trabalho, prevista na Súmula 277 do TST, foi dirimida tanto pela Reforma Trabalhista (Lei nº 13.467/17), ante a previsão inserta no art. 614, § 3º, da CLT, segundo o qual não será permitido estipular duração de convenção coletiva ou acordo coletivo de trabalho superior a dois anos, sendo *vedada a ultratividade*, quanto pelo STF, que, no julgamento da ADPF 323 (Rel. Min. Gilmar Mendes), em 27.5.2022, declarou a *inconstitucionalidade da Súmula 277 do TST*, na versão atribuída pela Resolução nº 185, de 27.9.2012 ("Semana do TST"), *"assim como a inconstitucionalidade de interpretações e de decisões judiciais que entendem que o art. 114, parágrafo segundo, da Constituição Federal, na redação dada pela Emenda Constitucional nº 45/2004, autoriza a aplicação do princípio da ultratividade de normas de acordos e de convenções coletivas"*, vencidos os Ministros Edson Fachin, Rosa Weber e Ricardo Lewandowski.

3. Classificação quanto ao prazo de duração

a) **Contrato por prazo indeterminado** – é a regra de contratação; nela não se determina, por ocasião da celebração do contrato, o termo para sua cessação.

b) **Contrato por prazo determinado** – é aquele cujo término foi previsto quando de sua celebração (a estipulação de prazo é fator que exclui alguns dos direitos do empregado: aviso prévio, indenização etc.). Existindo *cláusula* assecuratória do direito recíproco de rescisão do contrato antes do termo estipulado, e exercendo-o qualquer das partes, são aplicados os princípios que regem a rescisão dos contratos por prazo indeterminado (CLT, art. 481).

Condições em que pode ser celebrado:

– atividade de caráter transitório (ex.: contrato por obra ou por safra) (CLT, art. 443, § 2º), salvo se a contratação representar aumento no quadro de pessoal da empresa, hipótese em que poderá o empregado ser contratado a prazo para atividade permanente da empresa, desde que prevista a possibilidade em acordo ou convenção coletiva (Lei nº 9.601/98, art. 1º);

– prazo máximo de 2 anos (CLT, art. 445);

– só pode ser prorrogado uma vez, se não foi estipulado por 2 anos (CLT, art. 451). Havendo mais de uma prorrogação, passará automaticamente a ser por prazo indeterminado;

– para celebrar novo contrato a prazo com o mesmo empregado, é necessário um intervalo de, no mínimo, 6 meses (CLT, art. 452);

– em caso de despedida sem justa causa, fica assegurada ao empregado a percepção da metade dos salários a que teria direito pelo tempo que faltar ao término do contrato (CLT, art. 479).

c) **Contrato de experiência** – espécie de contrato por tempo determinado que tem como prazo máximo de duração 90 dias. Nas rescisões antecipadas dos contratos de experiência (com cláusula assecuratória), é cabível o aviso prévio (Súmula 163 do TST). Tem o empregado direito à estabilidade acidentária do art. 118 da Lei nº 8.213/91 (Súmula 378, III, do TST).

A SDC do TST entende que é válida cláusula de acordo coletivo de trabalho que estabeleça a *vedação da celebração de contrato de experiência quando findo o contrato de estágio*, tendo em vista que ambos os contratos têm o mesmo fim, qual seja, aferir a aptidão e a capacidade do empregado para exercer determinado mister (TST--RODC-8700-27.2003.5.04.0000, Rel. Min. Márcio Eurico Vitral Amaro, *DJ* de 29.4.2011). Na mesma linha segue a SBDI-1 do TST, que entende ser *inválida a celebração de contrato de experiência firmado com a empresa tomadora dos serviços após o término do contrato temporário*, porquanto a prestação de serviços anterior já cumpriu a finalidade de testar e avaliar, na prática, as aptidões e qualificações do empregado para a execução das tarefas (TST-E-RR-184500-06.2009.5.02.0262, Rel. Min. Brito Pereira, *DEJT* de 8.11.2013).

A Lei nº 13.429/17 (Lei da Terceirização e do Trabalho Temporário) trouxe nova previsão ao art. 10, § 4º, da Lei nº 6.019/74, assentando *não ser aplicável ao trabalhador temporário*, contratado pela tomadora de serviços, o contrato de experiência, porquanto, nesta hipótese, presume-se que o trabalhador já foi avaliado e aprovado.

4. Classificação quanto ao local da prestação de serviço

a) Trabalho no estabelecimento do empregador.

b) Para serviços externos (quando não sujeito a controle de horário, o empregado não tem direito a horas extras).

c) Trabalho no domicílio do empregado (especialmente para mulheres com filhos para cuidar, possibilita horários flexíveis e maior disponibilidade de tempo, sendo o salário fixado geralmente por peças, como na indústria têxtil e do vestuário).

d) Teletrabalho (realizado, preponderantemente, fora das dependências do empregador, com a utilização de tecnologias de informação e de comunicação que, por sua natureza, não se constituam como trabalho externo – CLT, arts. 75-A a 75-E).

5. Classificação quanto ao número de empregados

a) Contrato individual – é aquele que tem um único empregado no polo ativo da relação jurídica formada com o empregador.

b) Contrato plúrimo e de equipe – é aquele que tem mais de um ou diversos obreiros no polo ativo da relação jurídica trabalhista.

6. Alteração, suspensão e interrupção do contrato de trabalho

a) **Alteração contratual** – na verdade, não é o contrato que se altera, mas suas condições; só é lícita quando:

- houver concordância tácita ou expressa do empregado;
- não acarretar, direta ou indiretamente, prejuízos ao empregado.

Possíveis alterações:
- quanto à função – reversão ou promoção;
- quanto à quantidade de trabalho – aumento ou redução;
- quanto à remuneração – aumento, redução ou alteração na forma de pagamento;
- quanto à jornada de trabalho – aumento, redução ou alteração do horário;
- quanto ao local de trabalho – transferência.

Quando prejudicial ao empregado ou imposta pelo empregador unilateralmente, a alteração será nula ou dará direito ao empregado de pedir a rescisão indireta do contrato de trabalho. Não se considera alteração unilateral a determinação do empregador para que o empregado reverta ao cargo efetivo, anteriormente ocupado, deixando o exercício de função de confiança, hipótese em que o empregado não terá assegurado o direito à manutenção do pagamento da gratificação correspondente, que não será incorporada, independentemente do tempo de exercício da respectiva função (CLT, art. 468).

b) **Suspensão do contrato** – paralisação total do contrato de trabalho, sem rompimento da relação de emprego.

Efeitos
- o empregador não paga salários;
- o empregado não presta serviços;
- não é computado esse período como tempo de serviço.

Hipóteses
- ausência por motivo de doença ou acidente de trabalho após o 15º dia (auxílio-doença) (CLT, art. 476; Lei nº 8.213/91, art. 20);
- suspensão disciplinar;
- greve, salvo acordo em contrário ou decisão da Justiça do Trabalho (Lei nº 7.783, art. 7º);
- licença não remunerada;
- aposentadoria por invalidez (CLT, art. 475; Súmula 160 do TST); assegura-se ao empregado ao menos a manutenção do plano de saúde e assistência médica oferecido pela empresa ao empregado (Súmula 440 do TST);
- condenação criminal ainda não transitada em julgado (com o trânsito em julgado, é causa de rescisão justificada do contrato);
- aborto criminoso;
- eleição para cargo de diretor (Súmula 269 do TST);
- serviço militar, nos meses em que tiver o empregado o dever de prestar serviço militar inicial (CLT, art. 472; Lei nº 4.375/64, arts. 16 e 60, *caput*, e § 1º);
- situação de violência doméstica e familiar da mulher, quando necessário o seu afastamento do local de trabalho, por até 6 meses (Lei nº 11.340/06 – Lei Maria da Penha, art. 9º, § 2º, II).

c) **Interrupção do contrato** – paralisação parcial do contrato de trabalho, que não opera em sua plenitude.

Efeitos
- o empregado não presta serviços;
- há pagamento de salários e/ou contagem do tempo de serviço.

Hipóteses
- ausências legais (nojo pelo falecimento de parente, gala pelo casamento, ausência para registro de nascimento de filho, alistamento eleitoral, doação de sangue e cumprimento de obrigações de reservista, acompanhamento da esposa ou companheira para consultas durante a gravidez);
- ausência por motivo de doença até o 15º dia;
- greve, quando houver pagamento dos dias parados por decisão da Justiça do Trabalho ou acordo;
- acidente de trabalho (há apenas contagem do tempo de serviço – CLT, art. 4º, parágrafo único);
- serviço militar no dia da apresentação anual do reservista (CLT, art. 473, VI; Lei nº 4.375/64, art. 65, c);
- repouso semanal remunerado, feriados e férias;
- licença da gestante;
- licenças remuneradas (licença-prêmio);
- encargo público (mandato eletivo federal, estadual, distrital ou municipal, jurado e testemunha);
- mandato sindical (pagamento de salários apenas se previsto em acordo ou convenção coletiva, fora liberalidade do empregador – CLT, art. 543, § 2º);
- participação como representantes dos trabalhadores no Conselho Curador do FGTS (Lei nº 8.036/90, art. 3º, § 7º);
- aborto não criminoso (afastamento por duas semanas);
- paralisação da empresa (*factum principis* ou força maior).

Obs.: No caso de serviço militar por motivo de convocação para manobras, exercícios, manutenção da ordem interna ou guerra, o período de afastamento é remunerado em parte pelo empregador, à base de 2/3 da respectiva remuneração, enquanto o trabalhador permanecer incorporado, podendo optar entre receber essa remuneração ou as gratificações do serviço militar. Se o empregado optar pela retribuição do serviço militar, a hipótese é de suspensão do contrato de trabalho; se optar pela percepção da remuneração contratual, o caso é de interrupção do contrato de trabalho (Lei nº 4.375/64, art. 61).

7. Cláusula penal

O contrato de trabalho, como os demais contratos, pode conter *cláusula penal* (CC, art. 408), como ocorre nos contratos dos atletas profissionais, prevendo sanções específicas pelo descumprimento de alguma ou de todas as obrigações nele previstas (CC, art. 409).

Regra básica atinente à cláusula penal é a de que, mesmo em se tratando de multa diária pelo descumprimento da obrigação, *não pode exceder ao valor da obrigação principal* (CC/1916, art. 920; CC/2002, art. 412; Orientação Jurisprudencial 54 da SBDI-1 do TST).

Há distinção básica entre:

a) **cláusula penal** – multa de *caráter contratual*, previamente estipulada pelas partes ao firmar o contrato;

b) *astreinte* – multa de *natureza processual*, visando a compelir a parte a cumprir a obrigação de fazer, não fazer, dar ou pagar, no prazo previsto em lei ou pelo juiz (CPC/1973, arts. 461, § 5º, e 621, parágrafo único; CPC/2015, arts. 500 e 806, § 1º).

A regra do art. 412 do CC não se aplica às *astreintes*, quer pela natureza diversa que têm em relação à cláusula penal, quer em face da regra própria sobre limitação que possui: *"O juiz poderá, de ofício, modificar o valor ou a periodicidade da multa, caso verifique que se tornou insuficiente ou excessiva"* (CPC/1973, art. 461, § 6º; CPC/2015, sem correspondência; de forma semelhante dispõe o parágrafo único do art. 621; CPC/2015, art. 806, § 1º). Assim, se a multa ultrapassar os limites da razoabilidade, poderá o juiz reduzi-la àquilo que se mostra plausível.

Entretanto, a *multa estabelecida em instrumento coletivo* para o descumprimento de obrigação negociada tem recebido o mesmo enquadramento da cláusula penal, sob os fundamentos da compatibilidade do art. 412 do CC com o Processo do Trabalho e da aplicação do teor da OJ 54 da SBDI-1 (TST-E-ED-RR-9800-68.2008.5.12.0016, Rel. Min. Augusto Cesar Leite de Carvalho, SBDI-1, *DEJT* de 14.5.2010).

Capítulo VIII

Remuneração e salário

1. Distinção entre salário e remuneração

a) **Salário** – é a contraprestação devida ao empregado, pela prestação de serviços, em decorrência do contrato de trabalho (pago diretamente pelo empregador). Tendo caráter alimentar, goza de privilégios legais (impenhorabilidade, intangibilidade, preferência na cobrança frente a créditos de outra natureza).

b) **Remuneração** – para o empregado, é a soma do salário com outras vantagens percebidas, em decorrência do contrato (ex.: salário-base + gratificações legais + comissões pagas pelo empregador); para as demais espécies de trabalhador, é a contraprestação do serviço.

2. Base de cálculo do salário

a) Unidade de tempo (número de horas, dias etc.).

b) Unidade de produção (tarefa, peça, comissão).

3. Regras aplicáveis ao salário

a) **Princípio da irredutibilidade** – o salário é, em regra, irredutível (CF, art. 7º, VI). Exceção: disposição expressa em acordo ou convenção coletiva, desde que o instrumento preveja a proteção do empregado contra dispensa imotivada durante o prazo de vigência do instrumento coletivo (CLT, art. 611-A, § 3º), sendo ilícita, de qualquer forma, a redução ou supressão do salário mínimo (CLT, art. 611-B, IV).

b) **Princípio da inalterabilidade** – o salário é inalterável por ato unilateral do empregador e prejudicial ao empregado (CLT, art. 468).

c) **Princípio da intangibilidade ou integralidade** – dada sua natureza alimentar, o salário não pode sofrer descontos fora dos previstos em lei (CLT, art. 462). Ex.: contribuições previdenciárias, imposto de renda, contribuição sindical, pensão alimentícia decorrente de separação judicial, aquisição de moradia pelo SFH etc.; a verba "quebra de caixa" recebida pelos bancários autoriza o desconto salarial das diferenças verificadas no fechamento de caixa do bancário (TST-E-ED-

-RR-217100-61.2009.5.09.0658, SBDI-I, Rel. Min. Aloysio Corrêa da Veiga, julgado em 16.8.2012); possibilidade de desconto de seguro, assistência médica, previdência privada, recreativo-associativo, desde que feito com autorização prévia e escrita do empregado, sem coação (Súmula 342 do TST).

d) **Princípio da impenhorabilidade** – o salário do trabalhador é impenhorável (CPC/1973, art. 649, IV), salvo para pagamento de crédito de natureza alimentícia, até o limite de 50% (CPC/2015, art. 833, IV e § 2º).

e) **Princípio da especificação** – não é permitido o denominado "salário complessivo", ou seja, o pagamento de remuneração global, sem especificação das distintas parcelas: salário-base, horas extras, adicionais etc. (Súmula 91 do TST).

f) **Princípio da pontualidade no pagamento** – tendo o salário natureza alimentícia, não se admite o atraso no seu pagamento, que deve ser feito até o 5º dia útil subsequente ao mês trabalhado; a ocorrência de atraso no pagamento dos salários é motivo de ruptura do contrato de trabalho, deflagração de greve, considerada legal pela Justiça do Trabalho, sem desconto dos dias parados, a par de se considerar crime a retenção dolosa dos salários (CLT, arts. 459, 465 e 467; CF, art. 7º, X), podendo ensejar até mesmo indenização por dano moral, na hipótese de atraso reiterado da verba salarial (TST-RR-22900-85.2008.5.09.0562, Rel. Min. Horácio Senna Pires, 3ª Turma, *DEJT* de 24.6.2011).

g) **Princípio da pessoalidade do pagamento** – o salário deve ser pago diretamente ao empregado, mediante recibo assinado por este, ou, na conta bancária aberta por ele para esse fim (CLT, art. 464).

4. Modalidades

a) **Salário mínimo** – contraprestação mínima devida a todo trabalhador, sem nenhuma distinção (fixado, dependendo da política econômica do governo, mensal, trimestral ou semestralmente). Na política governamental atual (2022), o salário mínimo está fixado em R$ 1.212,00. Visa cobrir as necessidades normais de:

- alimentação;
- habitação;
- vestuário;
- higiene (saúde);
- transporte;
- educação;
- lazer.

É unificado para todo o país. Havendo contratação para jornada reduzida, inferior à previsão constitucional de 8 horas diárias ou 44 semanais, pode ser pago proporcionalmente à jornada (OJ 358 da SBDI-1 do TST), respeitado o valor horário do salário mínimo ou daqueles que exerçam a mesma função na empresa, no caso do contrato de trabalho intermitente (CLT, art. 452-A). Este entendimento, no entanto, não se aplica ao professor contratado para a jornada máxima prevista no art. 318 da CLT, pois as suas atividades não se limitam ao tempo em que permanece na sala de aula, fazendo jus ao percebimento de, pelo menos, o valor equivalente ao salário mínimo (Orientação Jurisprudencial 393 da SBDI-1 do TST), bem como ao empregado da Administração Pública direta, autárquica ou fundacional, ao qual, igualmente, é assegurada a remuneração de um salário mínimo, ainda que cumpra jornada de trabalho reduzida (Orientação Jurisprudencial 358, II, da SBDI-1 do TST).

b) **Salário profissional** (ou piso salarial) – determinadas atividades ou categorias têm o salário mínimo fixado em lei (ex.: engenheiros – 6 vezes o salário mínimo), acordo coletivo, convenção coletiva ou sentença normativa.

c) **Salário normativo** – sua finalidade é tão somente assegurar aos empregados admitidos após a data-base da categoria o benefício dos reajustes alcançados.

O salário normativo, previsto na Instrução Normativa nº 1 do TST, item IX, nº 1 (atualmente revogada), nada mais é do que o salário mínimo acrescido de tantas frações de 1/12 do reajuste salarial concedido e de 1/12 da produtividade deferida quantos forem os meses que medeiem entre a data da vigência do salário mínimo e a data-base da categoria (quando o reajuste do salário mínimo não é feito mensalmente).

d) **Salário-família** – é o devido a todo empregado filiado ao sistema geral da Previdência Social, na proporção do número de filhos ou equiparados de até 14 anos (correspondia a 5% do salário mínimo por filho; com o advento da Lei nº 8.213/91, passou a ser fixado em valor nominal variável).

Não era devido ao rurícola, pois este não era filiado ao sistema do INSS e não havia fonte de custeio prevista no PRORURAL para o benefício (Súmula 227 do TST). Com a unificação do Plano de Benefícios da Previdência Social, que abrangeu trabalhadores urbanos e rurais, passaram estes a fazer jus à vantagem, tendo o TST editado a Súmula 344, que revisou a de nº 227, refletindo tal entendimento.

e) **Salário-educação** – contribuição que as empresas que não mantêm diretamente, ou às suas expensas, estabelecimentos de ensino de 1º grau, ou bolsas para os filhos de seus empregados, devem recolher aos cofres públicos, para desenvolver os programas educacionais do governo. Não tem caráter remuneratório (Dec.-Lei nº 1.422/75 e Lei nº 9.766/98).

f) **Salário-maternidade** – aquele que é pago à grávida durante o período da licença-gestante (120 dias). O empregador desconta o seu valor do montante dos recolhimentos que deve fazer ao INSS, pois se trata de um benefício previdenciário sem ônus financeiro para ele. A Lei nº 11.770/08 instituiu o "Programa Empresa-Cidadã", pelo qual as empresas que a ele aderirem poderão ampliar para 180 dias a licença-maternidade, descontando os 60 dias adicionais do imposto de renda devido, se o tributo for calculado sobre o lucro real. As empregadas que desejarem se beneficiar dos 60 dias adicionais deverão fazer a opção até um mês depois do parto, mas com o compromisso de não assumir qualquer outra atividade remunerada e não colocar o filho em creche nesse período.

O benefício do salário-maternidade e do "Programa Empresa-Cidadã" foi estendido também para as mães adotivas, inicialmente de forma proporcional à idade da criança adotada e, atualmente, de forma integral (Lei nº 12.010/09, que revogou o art. 392-A da CLT).

g) **Salário-utilidade** (ou *in natura*) – é o composto de utilidades, como alimentação, habitação, transporte etc. (no caso do trabalhador rural, admitem-se como salário-utilidade apenas a habitação e a alimentação – Lei nº 5.889/73, art. 9º). Nessa hipótese é garantido ao empregado um mínimo de 30% do salário em dinheiro (CLT, arts. 82, parágrafo único, e 458). Os valores relativos à assistência médica ou odontológica, própria ou não, inclusive o reembolso de despesas com medicamentos, óculos, aparelhos ortopédicos, órteses, próteses, despesas médico-hospitalares e outras similares, mesmo quando concedidas em modalidades de planos e coberturas, não integram o salário do empregado (CLT, art. 458, § 5º).

h) **Adicionais**:

– **de insalubridade** – quando há exposição do empregado a agentes nocivos à saúde acima dos limites de tolerância (CLT, art. 189). Conforme o grau de insalubridade, pode ser: mínimo (10%), médio (20%) ou máximo (40%). A Lei nº 13.467/17 prevê que o instrumento coletivo terá prevalência sobre a lei quando dispuser do enquadramento do grau de insalubridade e da prorrogação da jornada em locais insalubres (CLT, art. 611-A, XII e XIII). A eliminação (ou redução a níveis de tolerância) da insalubridade pelo fornecimento de equipamento de proteção individual (EPI) afasta o direito ao pagamento do adicional (Súmula 80 do TST). Tem por base de cálculo o salário mínimo (CLT, art. 192; redação original da Súmula 228 do TST). O STF, ao apreciar o RE-565.714-SP, editou a Súmula Vinculante 4, reconhecendo a inconstitucionalidade da utilização do salário mínimo, mas vedando a substituição desse parâmetro por decisão judicial. Assim decidindo, a Suprema Corte adotou técnica decisória conhecida no direito constitucional alemão como declaração de inconstitucionalidade sem pronúncia da nulidade ("Unvereinbarkeitserklarung"), ou seja, a norma, não obstante ser declarada inconstitucional, continua a reger as relações obrigacionais, em face da impossibilidade de o Poder Judiciário se substituir ao legislador para definir critério diverso para a regulação da matéria. Nesse contexto, ainda que reconhecida a inconstitucionalidade do art. 192 da CLT, tem-se que a parte final da Súmula Vinculante 4 do STF não permite criar critério novo por decisão judicial, razão pela qual, até que se edite norma legal ou convencional estabelecendo base de cálculo distinta do salário mínimo para o adicional de insalubridade, continuará a ser aplicado esse critério para o cálculo do referido adicional, salvo a hipótese de piso salarial da categoria, para aquelas categorias que o possuam (já que o piso salarial é o salário mínimo da categoria). Tendo o TST revisto a redação da Súmula 228, para reconhecer, após a decisão do STF, o salário-base como parâmetro de cálculo do adicional, o então Presidente do Supremo cassou mediante liminar a súmula do TST, por atritar com a parte final da SV 4 (Reclamação 6.266-DF, Min. Gilmar Mendes, *DJ* de 15.7.2008); ao apreciar o IRR356-84.2013.5.04.0007 (tema 5, Rel. Min. Walmir Oliveira da Costa, *DEJT* 2.6.2017), a SDI-1 do TST fixou a tese de que o enquadramento da atividade laboral como insalubre não prescinde de inclusão expressa na relação elaborada pelo Ministério do Trabalho, razão pela qual o *operador de telemarketing*, pelo fato de usar fone de ouvido, não faz jus ao respectivo adicional. No caso de coleta de lixo e higienização de *banheiros públicos* ou de *uso coletivo em grande circulação*, o adicional de insalubridade é devido em *grau máximo* (Súmula 448, II, do TST).

– **de periculosidade** – quando o empregado trabalha em contato permanente com inflamáveis, explosivos ou energia elétrica, bem como quando sujeito a roubos ou violência física em atividades de segurança pessoal ou patrimonial, além de bombeiros civis e motociclistas (CLT, art. 193). Não pode ser acumulado com o de insalubridade, devendo o empregado optar entre eles, mesmo que os agentes causadores de um e de outro sejam distintos (IRR 239-55.2011.5.02.0319, Rel. Min. Vieira de Mello Filho [Tema 17], *DEJT* de 15.5.2020). Corresponde a um acréscimo de 30% sobre o salário (todas as parcelas de natureza salarial) do empregado. É devido integralmente, mesmo que a exposição ao fator de risco seja intermitente (o sinistro pode ocorrer a qualquer momento, independentemente do tempo de exposição). Não é devido no caso de exposição eventual ao risco, ou quando, habitual a exposição, o seu tempo é extremamente reduzido. No caso da *radiação ionizante*, o TST firmou entendimento, consubstanciado na *Orientação Jurisprudencial 345 da SBDI-1*, no sentido de que a exposição do empregado à radiação ionizante ou a substância radioativa enseja a percepção do adicional de periculosidade, haja vista que as Portarias ns. 3.393/87 e 518/03 do Ministério do Trabalho, ao reputarem perigosa a atividade, revestem-se de plena eficácia, porquanto expedidas por força de delegação legislativa contida no art. 200, *caput* e inciso VI, da CLT (ressalvado ponto de vista pessoal no sentido de a natureza do agente tido por perigoso ser mais de insalubridade, pois é a exposição continuada que afeta a saúde e não o risco de acidente). Só não é devido o adicional ao trabalhador que, *sem operar o equipamento móvel de Raios X*, permaneça, habitual, intermitente ou eventualmente, nas áreas de seu uso (IRR 1325-18.2012.5.04.0013, Rel. Min. Augusto César [Tema 10], *DEJT* de 13.9.2019). No caso de *empregado motorista* que *abastece o próprio veículo*, o adicional é devido (TST-E-RR-123300-19.2005.5.15.0054, Rel. Min. Renato de Lacerda Paiva, julgado em 25.10.2012), mas, se apenas *acompanha o abastecimento*, não se lhe reconhece o direito (TST-E-ED-RR-5100-49.2005.5.15.0120,

SBDI-I, Red. Min. Maria Cristina Irigoyen Peduzzi, julgado em 23.8.2012). O entendimento do TST é o de que os tripulantes e demais empregados em serviços auxiliares de transporte aéreo que, no momento do abastecimento da aeronave, *permaneçam a bordo* não têm direito ao adicional de periculosidade (Súmula 447). O pagamento do adicional de periculosidade efetuado por mera *liberalidade da empresa*, ainda que de forma proporcional ao tempo de exposição ao risco ou em percentual inferior ao máximo legalmente previsto, *dispensa a realização da prova técnica* exigida pelo art. 195 da CLT, pois torna incontroversa a existência do trabalho em condições perigosas (Súmula 453 do TST). Nos IRR 21900-13.2011.5.21.0012 e 118-26.2011.5.11.0012 (Tema 13, Rel. Min. Alberto Bresciani, julgado em 21.6.2018, por 13x12), fixou-se a tese de que os *adicionais de periculosidade e insalubridade* não podem compor a base de cálculo de uma *remuneração mínima* assegurada a todos os empregados de uma empresa, mesmo por negociação coletiva (no caso, a RMNR da Petrobras), uma vez que constituem remuneração por condições especiais de trabalho, devendo ser pagos *além* dessa remuneração mínima por nível e região (contrastaram-se as teses do direito incondicional aos adicionais previstos no art. 7º, XXIII, da CF, com as do respeito à vontade das partes em negociação coletiva, do art. 7º, XXVI, da CF, interpretadas restritivamente quando benéficas, segundo o art. 114 do CC, uma vez que a empresa havia assegurado a todos os empregados uma remuneração mínima, independentemente de trabalharem em plataformas petrolíferas, refinarias ou no setor administrativo da empresa, elevando especialmente a remuneração dos que laboravam neste último setor). A Presidência do STF suspendeu a decisão do TST no caso da RMNR e, no RE 1.251.927 (Rel. Min. Alexandre de Moraes), a 1ª Turma da Suprema Corte não reconheceu o direito aos empregados da Petrobrás, e sim a validade do acordo coletivo (a ação implicava rombo de R$ 47 bilhões). No IRR 1757-68.2015.5.06.0371 (Tema 15, Rel. Min. Alberto Bresciani, *DEJT* de 3.12.2021), a tese consagrada foi a da possibilidade do *carteiro motorizado* receber *cumulativamente* o adicional de atividade de distribuição e coleta externa (AADC), concedido pela ECT, com o *adicional de periculosidade*, por se tratar de adicionais de naturezas distintas. E para os temas 8 e 16 de IRR do TST, admitiu-se o direito dos agentes de apoio socioeducativo que trabalham na Fundação Casa com menores infratores o adicional de periculosidade, não, porém, o de insalubridade.

- **de atividades penosas** – quando o empregado, pelo tipo de trabalho, é submetido a um desgaste físico maior, pelo emprego de força física intensa, ou a continuidade do trabalho, nas condições peculiares de sua prestação, traz maior cansaço (ex.: serviços de carga e descarga, trabalho em minerações, datilografia, taquigrafia ou digitação) (CF, art. 7º, XXIII). Ainda falta regulamentação quanto ao percentual, podendo ser instituído em acordos, convenções ou sentenças normativas;

- **de hora extra** – mínimo de 50% acima da hora normal (a CLT previa o mínimo de 20% – art. 59, § 1º) (CF, art. 7º, XVI); o TST, em dissídios coletivos, concedia 100% de adicional para as horas extras (ex-PN nº 43);
- **noturno** – mínimo de 20% acima da hora normal diurna (CLT, art. 73); se houver prorrogação da jornada noturna, as horas extras laboradas no período matutino serão pagas com o adicional noturno (Súmula 60, II, do TST); o TST, em dissídios coletivos, concedia 60% de adicional noturno (ex-PN nº 90);
- **de transferência** – mínimo de 25%. É devido apenas nas transferências transitórias (CLT, art. 469, § 3º; Orientação Jurisprudencial 113 da SBDI-1 do TST); consideram-se definitivas as transferências que durem mais de dois anos e não se deem além de duas ao longo do contrato (TST-E--RR-1988400-27.2003.5.09.0014, Rel. Min. Brito Pereira, julgado em 16.8.2012, entendendo-se pela *transitoriedade* quando se verifica a *sucessividade* das transferências ao longo do contrato (TST-E-ED--RR-1545100-89.2003.5. 09.0011, SBDI-1, Rel. Min. Lelio Bentes Correa, *DEJT* de 13.9.2013); TST-E-ED-RR-91700-30.2001.5.04.0020, Rel. Min. Delaíde Miranda Arantes, julgado em 25.10.2012); o TST, em dissídios coletivos, concede 50% de adicional de transferência.

i) **Gratificação natalina** (ou 13º salário) – corresponde a uma remuneração a mais em dezembro (Lei nº 4.090/62). É devido proporcionalmente quando: o empregado pede demissão, é despedido sem justa causa, é extinto o contrato a prazo (ex.: o de safra) ou a relação de emprego, em face de aposentadoria, ainda que o fato se dê antes de dezembro (Lei nº 9.011/95).

j) **Comissão** – forma de salário em que o empregado recebe um percentual do produto de seu trabalho (ex.: 5% das vendas por ele realizadas) (Lei nº 3.207/57; CLT, arts. 140, 457, 466, 478 etc.).

Momento de aquisição do direito – aceitação da venda pela empresa (possibilidade de estorno posterior, caso haja insolvência do comprador).

k) **Gorjeta**:
- facultativa – dada de forma espontânea pelo cliente ao empregado;
- obrigatória – cobrada pela empresa como adicional nas contas.

Ambas constituem remuneração do empregado, mas não compõem a base de cálculo do aviso prévio, adicional noturno, horas extras e repouso semanal remunerado (Súmula 354 do TST).

A Medida Provisória nº 808/17, de complemento à Reforma Trabalhista da Lei nº 13.467/17, veio a esmiuçar os direitos dos trabalhadores (especialmente garçons) à gorjeta, estabelecendo os seguintes critérios e direitos (CLT, art. 457, §§ 12 a 21), que apenas vigorou de 14.11.2017 a 23.4.2018 (pela sua não aprovação pelo Congresso Nacional):

- distribuição e rateio das gorjetas arrecadadas, sejam facultativas ou obrigatórias, segundo critérios estabelecidos em convenção ou acordo coletivo, ou assembleia dos trabalhadores da empresa;

– anotação na CTPS do salário fixo do trabalhador que recebe também gorjetas e a média dos valores das gorjetas referente aos últimos 12 meses;

– incorporação da gorjeta aos salários, quando cobrada por mais de 12 meses dos clientes;

– constituição de comissão específica de empregados para tratar das gorjetas quando a empresa tiver mais de 60 empregados;

– pagamento de multa ao empregado prejudicado na cobrança ou distribuição das gorjetas.

A *Portaria 349, de 23 de maio de 2018, do Ministério do Trabalho*, após a não aprovação da MP nº 808/17, veio a disciplinar, de forma regulamentadora da Lei nº 13. 467/17, a questão das *gorjetas*, mas apenas para exigir que as empresas anotem na CTPS o salário fixo de seus empregados que recebam gorjetas e a média anual dos valores recebidos a esse título (art. 7º da portaria).

l) **Gueltas** – do alemão "Geld" (dinheiro; mais propriamente "Wechselgeld", troco), constitui prática originada no setor farmacêutico, de os laboratórios pagarem ao balconista das farmácias um "prêmio" ou "bonificação" pela indicação e venda de seus produtos (recebe na base da quantidade de remédios vendidos do fabricante que lhe premia). Atualmente, a prática se estendeu para os setores eletrodoméstico, bancário (indicação de serviços creditícios), petrolífero (indicação de aditivos e lubrificantes em postos de gasolina), hoteleiro (indicação de restaurantes, casas de espetáculos etc.). Possui semelhança com a "gorjeta" – pagamento feito por terceiro estranho à relação contratual. No entanto, a natureza salarial da parcela dependerá da forma como o "prêmio" é pago pelo fornecedor. Se há participação ou anuência do revendedor na adoção do sistema pelo fornecedor, contando com o "prêmio" como forma de retribuir o trabalho de seu empregado, a parcela deverá ter o mesmo tratamento dispensado às gorjetas (CLT, art. 457; TST-RR-617697/1999, 4ª Turma, Rel. Min. Barros Levenhagen, *DJ* de 16/08/02, calcado na aplicação analógica da Súmula 354 do TST). No entanto, se o sistema não conta com a anuência ou a participação do empregador, nem implica efetivo aumento geral nas vendas de seu estabelecimento, não poderá gerar-lhe ônus adicionais (pela integração no salário), já que, muitas vezes, o que ocorre é apenas o direcionamento da preferência do cliente, de uma marca em detrimento de outra, ambas comercializadas pelo mesmo estabelecimento, sem aumento de receita da loja que vende ambos os produtos.

m) **Gratificação ajustada** – não integra a remuneração do empregado, não se incorpora ao contrato de trabalho e não constitui base de incidência de qualquer encargo trabalhista e previdenciário (CLT, art. 457, § 2º).

n) **Abono** – antecipação salarial por situação de emergência ou certas necessidades. Pode ser descontado no mês seguinte.

o) **Ajuda de custo** – para cobrir os gastos relativos à transferência de local da prestação de serviço (no caso de a transferência ser permanente). Não tem natureza salarial (CLT, art. 457, § 2º).

p) **Diárias de viagem** – despesas de viagem reembolsadas pelo empregador. Não integram a remuneração do empregado, não se incorporam ao contrato de trabalho e não constituem base de incidência de qualquer encargo trabalhista e previdenciário (CLT, art. 457, § 2º).

q) **Prêmio** – liberalidade concedida pelo empregador em forma de bens, serviços ou valor em dinheiro a empregado ou grupo de empregados em razão de desempenho superior ao ordinariamente esperado no exercício de suas atividades, como produção, assiduidade, economia, antiguidade etc. (CLT, art. 457, § 4º). Não integra a remuneração do empregado (§ 2º).

r) **Sobreaviso** – as horas em que o empregado permanece em casa aguardando a chamada do empregador para o trabalho são pagas com 1/3 do salário da hora normal (CLT, art. 244, § 2º – ferroviário; Lei nº 7.183/84 – aeronauta; Súmula 229 do TST – eletricitário). O simples uso de *telefone celular, BIP, pager* ou instrumentos telemáticos e informatizados equivalentes não caracteriza, por si só, o regime de sobreaviso, uma vez que não compromete a liberdade de locomoção do empregado (Súmula 428, I, do TST). No entanto, se o empregado estiver em regime de plantão ou escala para atendimento quando chamado por celular ou equivalente, terá direito ao pagamento das horas do plantão como de sobreaviso (Súmula 428, II, do TST). No caso de motoristas de caminhão, o pernoite no interior do veículo não caracteriza o regime de sobreaviso (TST-ERR-196-39.2013.5.09.0195, SBDI-1, Rel. Min. Renato de Lacerda Paiva, *DEJT* de 26.5.2017). Como o regime de sobreaviso supõe escalas de, no máximo, 24 horas (CLT, art. 244, § 2º), não se admite o pagamento de todas as demais horas não laboradas como de sobreaviso em caso de porte de celular, mas apenas daquelas em que o empregado estiver efetivamente em escala de plantão para atendimento imediato após chamado. No caso do sobreaviso, no entanto, é preciso atentar para a disposição inserida pela Lei nº 13.467/17 (Reforma Trabalhista), porquanto inclui previsão na CLT de que a convenção coletiva e o acordo coletivo de trabalho têm prevalência sobre a lei quando dispuserem sobre regime de sobreaviso (art. 611-A, VIII).

s) **Participação nos lucros e resultados (PLR)** – prevista no art. 7º, XI, da Constituição, representa parcela desvinculada da remuneração, sobre a qual não incidem encargos trabalhistas ou previdenciários. A Lei nº 10.101/00, que regulamentou o direito à PLR:

- remeteu à *negociação coletiva* a sua fixação (art. 2º, II; CLT, art. 611-A, XV), razão pela qual não pode ser imposta em sentença normativa;
- admite outra possibilidade de instituição da vantagem, que é a constituição de comissão paritária com participação sindical estabelecendo os critérios para sua percepção (art. 2º, I);
- estabelece, por não se tratar de participação só nos lucros, mas também nos resultados, que, especialmente para a hipótese de não haver lucros, devem constar da convenção ou acordo coletivo, bem assim do regramento estabelecido pela comissão paritária, os *critérios* que nortearão o seu recebimento (art. 2º, § 1º), os quais incluem o cumprimento de metas por parte dos tra-

balhadores, com *aferição de produtividade e qualidade do trabalho*, conjugado à *ausência de elevado número de faltas injustificadas*, de modo a incentivar o engajamento dos empregados para um *melhor desempenho da empresa* (pode ser *escalonada* conforme faixas salariais, ou *linear,* de valor igual a todos os empregados). A periodicidade mínima é a trimestral (Lei nº 12.832/2013). Contudo, a SBDI-1 do TST já decidiu no sentido de que o pagamento mensal da parcela, conforme estabelecido em acordo coletivo de trabalho, não implica o reconhecimento da sua natureza salarial, devendo prevalecer o princípio da autonomia da vontade nas negociações coletivas (Orientação Jurisprudencial Transitória 73 da SBDI-1 do TST). Ainda que tenha ocorrido a rescisão contratual antecipada, é devido o pagamento da participação nos lucros e resultados, de forma *proporcional* aos meses trabalhados, pois o ex-empregado concorreu para os resultados positivos da empresa (Súmula 451 do TST).

t) **Vale-Transporte** – cobertura, de forma antecipada, dos gastos do empregado com o transporte público, de sua residência ao trabalho, feita total ou parcialmente pelo empregador (passes fornecidos pelas empresas de transporte coletivo). Para não onerar os encargos indiretos do empregador, não foi considerado pela Lei nº 7.418/85, que o instituiu como de natureza salarial, ainda que sirva para cobrir despesas básicas do trabalhador. Assim, sobre ele não incidem as contribuições previdenciárias, o FGTS e o IR, nem serve como base para cálculo de outras parcelas. O empregado arca apenas com os gastos de transporte que representem 6% de seu salário básico, devendo a empresa arcar com o restante (Decreto nº 95.247/87), salvo acordo ou convenção coletiva que preveja ônus integral da empresa.

u) **Vale-Cultura** – instituído no âmbito do Programa de Cultura do Trabalhador para possibilitar, a trabalhadores empregados que recebam até 5 salários mínimos, a fruição de produtos e serviços culturais, literários e musicais, bem como acesso a museus, teatros, cinemas e *shows*. São confeccionados por empresas operadoras dos vales, para serem disponibilizados pelas empresas beneficiárias de incentivos fiscais ao adquiri-los, disponibilizando-os aos seus empregados, para uso nas empresas recebedoras (promotoras das atividades culturais). Seu valor mensal é de R$ 50,00, com possibilidade de desconto salarial de 10% do valor do vale, não tendo natureza salarial, nem podendo ser pago em pecúnia (Lei nº 12.761/2012).

v) **Tempo de Espera** – o tempo que exceder a jornada normal de trabalho em que o motorista rodoviário de passageiros ou carga ficar aguardando a carga e descarga do veículo deverá ser indenizado na razão de 30% da hora normal (CLT, art. 235-C, §§ 8º e 9º).

5. Substituição

O substituto tem direito ao salário do substituído, enquanto durar a substituição que não seja meramente eventual (Súmula 159, I, do TST). Nos casos em que a *substituição for parcial,* ou seja, não abarcar todas as atividades e responsabilidades do substituído, o *valor do salário-substituição* poderá se dar *proporcionalmente às tarefas* desempenhadas (TST-E-ED-RR-66600-35.2008.5.03.0027, Rel. Min. Dora Maria da Costa, SBDI-1, *DEJT* de 31.7.2015).

6. Equiparação salarial

Direito que o empregado que exerce a mesma função, com igual trabalho, para o mesmo empregador, tem de receber a mesma remuneração. Seus requisitos e pressupostos encontram-se elencados no art. 461 da CLT e seus parágrafos e na Súmula 6 do TST e seus incisos (que consolidaram toda a jurisprudência pacificada anteriormente sobre a matéria) e são:

Requisitos (CLT, art. 461)
- função idêntica (com as mesmas tarefas, ainda que os cargos tenham denominações diferentes);
- trabalho de igual valor (perfeição técnica e produtividade) (admissível a equiparação também em se tratando de trabalho intelectual);
- tempo de serviço para o mesmo empregador não superior a 4 anos e diferença na função não superior a 2 anos;
- contemporaneidade entre os empregados no cargo ou na função;
- trabalho prestado ao mesmo empregador;
- mesma localidade (mesmo município ou região metropolitana);
- inexistência de quadro de carreira ou de plano de cargos e salários, adotado por meio de norma interna da empresa ou de negociação coletiva (dispensada qualquer forma de homologação ou registro em órgão público).

Quanto à *distribuição do ônus da prova*, temos que os requisitos da equiparação salarial devem ser provados:
- pelo *empregado* (por serem *fatos constitutivos* de seu direito): identidade de função, de empregador e de localidade da prestação dos serviços;
- pelo *empregador* (por serem *fatos impeditivos* do direito): diferença de qualidade, produtividade ou tempo de serviço, ou existência de quadro de carreira.

A Lei nº 13.467/17 (Reforma Trabalhista) trouxe previsão inovadora sobre o instituto da equiparação salarial, estabelecendo no art. 461, § 1º, que o trabalho de igual valor, para o efeito da mesma remuneração, deve ser aquele realizado com igual produtividade e com a mesma perfeição técnica, entre pessoas em que a diferença de tempo de serviço para o mesmo empregador não seja superior a 4 anos e a diferença de tempo de função não seja superior a 2 anos.

Ademais, não se reconhecerá a equiparação salarial quando o empregador tiver o seu pessoal organizado em quadro de carreira ou adotar plano de cargos e salários.

A celeuma, no entanto, sempre esteve mais latente quando a discussão permeava a denominada "equiparação em cadeia".

Assim, entendia-se que a equiparação não se aplicaria quando a diferença de remuneração entre o reclamante e o paradigma decorresse de decisão judicial beneficiadora deste, pois, do contrário, estar-se-ia dando efeito *erga omnes* a dissídio individual, à semelhança do coletivo, quando nos processos individuais os efeitos são exclusivamente *inter partes*.

Assim, a Súmula 6, VI, do TST apenas teria aplicação quando os fundamentos da decisão equiparanda pudessem ser encontrados na nova ação ajuizada. Do contrário, o erro judiciário em relação a um empregado poderia ser estendido aos demais por via reflexa, o que não se pode admitir. A Resolução nº 100/00 do TST, que alterou a redação do inciso VI da referida súmula (em sua versão de nº 120), excepcionou a sua aplicação para excluir os casos em que a diferença salarial entre reclamante e paradigma beneficiado por decisão judicial resultasse de vantagem pessoal ou de tese jurídica superada por jurisprudência de Corte Superior, o que veio, em boa hora, a mitigar o alcance do referido verbete sumulado.

A denominada *equiparação salarial em cadeia*, em que um paradigma é usado na primeira ação e depois o reclamante desta é indicado como paradigma em outra, implica a necessidade de se verificar se o reclamante de ação posterior também atende aos requisitos em relação ao paradigma originário.

Para efeito da produção da prova do fato modificativo, impeditivo ou extintivo do direito à equiparação salarial em cadeia em relação ao paradigma remoto, considera-se irrelevante a existência de diferença de tempo de serviço na função superior a dois anos entre o reclamante e os empregados paradigmas componentes da cadeia equiparatória, à exceção do paradigma imediato (Súmula 6, *c*, do TST).

Tal orientação, no entanto, encontra nova diretriz na previsão do art. 461, § 5º, da CLT (inserido pela Lei nº 13.467/17), segundo o qual a *equiparação salarial somente será possível entre empregados contemporâneos* no cargo ou na função, ficando vedada a indicação de *paradigmas remotos*, ainda que o paradigma contemporâneo tenha obtido a vantagem em ação judicial própria.

A SBDI-1 do TST vinha admitindo a equiparação salarial entre *empregados de empresa terceirizada e integrantes da categoria profissional da empresa tomadora dos serviços* (cf. TST-E-ED-RR-579/2006-003-18-00.5, Rel. Min. Aloysio Corrêa da Veiga, *DJ* de 22.8.2008). No entanto, após a Lei nº 13.429/17 (Reforma Trabalhista), que trouxe previsão expressa quanto à possibilidade de contratação de empresa prestadora de serviços pela tomadora, para a execução de serviços determinados e específicos, sem restrição (arts. 4º-A a 5º-B da Lei nº 6.019/74), tal entendimento parece superado.

Da mesma forma, a Orientação Jurisprudencial 383 da SBDI-1 do TST, por aplicação analógica do art. 12, *a*, da Lei nº 6.019/74, estabelece que a contratação irregular de trabalhador, mediante empresa interposta, não gera vínculo de emprego com ente público, o que não afasta, pelo princípio da isonomia, o direito dos empregados terceirizados às mesmas verbas trabalhistas legais e normativas asseguradas àqueles contratados pelo tomador dos serviços, desde que presente a igualdade de funções.

São *fatores excludentes* da equiparação salarial:

– *Ser empregado público da administração direta, autárquica ou fundacional* – pelo art. 37, XIII, da CF, é vedada a equiparação salarial no âmbito da administração pública direta, autárquica ou fundacional (Orientação Jurisprudencial 297 da SBDI-1 do TST); apenas em relação às sociedades de economia mista, ainda que componham a administração indireta, é que se admite pedido de equiparação salarial (Súmula 455 do TST).

– *Readaptação profissional* – o trabalhador com deficiência física ou mental readaptado em nova função não serve de paradigma para efeito de equiparação salarial (CLT, art. 461, § 4º).

– *Vantagens de caráter personalíssimo* – percebidas pelo empregado em razão de alguma circunstância que o diferencia dos demais (ex.: parcelas extintas por lei mas com regra de transição incorporando-as ao salário de quem já as recebia no momento da extinção da vantagem).

– *Existência de Quadro de Carreira na Empresa* – nesse caso, a diferença salarial tem fundamento no escalonamento dos cargos e salários (CLT, art. 461, § 2º).

A prescrição aplicável ao pedido de equiparação salarial é a parcial.

Capítulo IX

Evolução da política salarial (1964-2022)

O *conhecimento histórico* da evolução da política salarial desde o começo do regime militar de 1964 até os nossos dias tem a virtude de apresentar todas as fórmulas intentadas para o *combate da inflação* sem o comprometimento do poder aquisitivo da moeda e a promoção, dentro do possível, de *redistribuição de renda*.

Os sucessivos *planos econômicos* apresentados pelos governos do período de redemocratização do país, a partir de 1985, foram objeto de longas *controvérsias judiciais*, somente pacificadas muitos anos depois pelo Supremo Tribunal Federal, algumas vezes em sentido contrário ao TST, *não reconhecendo o direito adquirido a resíduos inflacionários*:

- *Plano Cruzado* – gerou a edição da Súmula 375 do TST (pela conversão da Orientação Jurisprudencial 69 da SBDI-1), que não permite a prevalência das normas coletivas anteriores, com reajustes salariais superiores aos estabelecidos por nova lei de política salarial (aplicação da teoria da *rebus sic stantibus* ou teoria da imprevisão);
- *Plano Bresser* – gerou a edição da Súmula 316 do TST, que reconhecia o direito ao resíduo de 26,06%, mas cancelada em face das decisões do STF, com inserção da OJ 58 da SBDI-1 não reconhecendo o direito;
- *Plano Verão* – gerou a edição da Súmula 317 do TST, que reconhecia o direito ao resíduo de 26,05%, mas foi cancelada também em face das decisões do STF em sentido contrário, com inserção da OJ 59 da SBDI-1, não reconhecendo o direito;
- *Plano Collor* – gerou a edição da Súmula 315 do TST, em que se reconheceu a inexistência de direito adquirido ao resíduo inflacionário de 84,32%;
- *Plano Real* – firmou-se jurisprudência do TST no sentido da inexistência de redução salarial pela conversão dos salários ao novo padrão monetário (E-RR – 5145600-36.2002.5.02.0900, Rel. Min. Maria de Assis Calsing, *DEJT* de 30.4.2009).

1. Decreto nº 54.018/64

Determinou o *reajuste anual* dos salários.

Contexto político e econômico: regime militar; vedação de greve nos serviços essenciais (Lei nº 4.330/64); inflação anual de 25%.

Leis ns. 4.725/65 e 4.903/65 – dissídios coletivos com reajuste anual + *produtividade* (fixada por decreto do Executivo, com base no crescimento do PIB): contenção da inflação pelo controle dos salários (Ministros da Fazenda Roberto Campos e Delfim Netto).

2. Lei nº 6.708/79

Estabeleceu o *reajuste semestral* automático, de acordo com as faixas salariais:

– 1 a 3 salários mínimos – 110% da variação do INPC;

– 3 a 10 salários mínimos – 100% da variação do INPC;

– acima de 10 salários mínimos – 80% do INPC.

Cada índice era aplicado na parte do salário que atingisse tal limite (solução do Ministro do Trabalho Murilo Macedo).

Contexto político e econômico: abertura do General Figueiredo; surgimento das primeiras greves; inflação anual de 100%.

O reajuste acima da inflação para os empregados de baixa renda tinha o objetivo de redistribuição de renda, pois eles representavam quase 70% dos trabalhadores brasileiros.

Lei nº 6.886/80 – reduziu o índice de reajuste das faixas salariais mais elevadas:

– 15 a 20 salários mínimos – 50% do INPC;

– acima de 20 salários mínimos – sem reajuste.

3. Decreto-Lei nº 2.012/83

Acabou com o reajuste acima da inflação para as faixas mais baixas, estabelecendo nova *tabela*:

– 1 a 3 salários mínimos – 100% da inflação (pelo INPC);

– 3 a 7 salários mínimos – 95% da variação do INPC;

– 7 a 15 salários mínimos – 80% do INPC;

– 15 a 20 salários mínimos – 50% do INPC;

– acima de 20 salários mínimos – sem reajuste.

Contexto econômico: recessão e necessidade de ajuste da economia para fechar acordo com o FMI.

Decreto-Lei nº 2.024/83 – restabeleceu o reajuste de 100% para a faixa de 3 a 7 salários mínimos.

4. Decreto-Lei nº 2.045/83

Estabeleceu *reajuste padrão* de 80% da variação do INPC para todas as faixas salariais e *proibiu a negociação coletiva* acima desse percentual.

Objetivo: contenção da inflação pela desindexação paulatina dos salários (foi rejeitado pelo Congresso).

5. Decreto-Lei nº 2.065/83

Restabeleceu o *reajuste por faixas*:

– 1 a 3 salários mínimos – 100% da inflação (pelo INPC);

– 3 a 7 salários mínimos – 80% da variação do INPC;

– 7 a 15 salários mínimos – 60% do INPC;

– acima de 15 salários mínimos – sem reajuste.

Previu restrição paulatina do reajuste semestral automático pela *negociação coletiva*:

– 1985 – limite de 70% do INPC para reajuste automático;

– 1986 – limite de 60% do INPC para reajuste automático;

– 1987 – limite de 50% do INPC para reajuste automático;

– 1988 – reajuste exclusivo pela negociação coletiva.

Produtividade com base na variação do PIB real *per capita* do ano anterior (fixado pelo Executivo).

Foi aprovado pelo Congresso.

6. Lei nº 7.238/84

Instituiu o *reajuste semestral* automático, segundo *2 faixas salariais*:

– abaixo de 3 salários mínimos – 100% do INPC;

– acima de 3 salários mínimos – 80% do INPC.

Estabeleceu a faculdade de o *sindicato* postular em juízo, como *substituto processual* da categoria, o reajuste legal.

A negociação anual sobre reajuste foi limitada a 100% da variação do INPC, com possibilidade apenas de aumento com base na produtividade.

7. Decreto-Lei nº 2.284/86 – Plano Cruzado

Criou o *gatilho salarial*, que era o reajuste automático feito sempre que a inflação atingisse 20% do INPC.

Contexto econômico e político: inflação de 300% ao ano, levando o governo Sarney a adotar o *Plano Cruzado* de estabilização econômica (Ministro da Fazenda Dilson Funaro), criando nova moeda e congelando preços e salários.

Reajuste anual de 60% do INPC (obrigatório) na data-base das categorias, com possibilidade de negociação acima da inflação.

Nos dissídios coletivos ficou vedada a reposição salarial, podendo os Tribunais Trabalhistas reajustar os salários até o limite de 100% da variação do INPC (descontados os reajustes automáticos já recebidos).

8. Decreto-Lei nº 2.335/87 – Plano Bresser

Instituiu o *reajuste mensal* pela variação da URP (Unidade de Referência de Preços), que indicava a variação média da inflação no último trimestre.

Contexto político e econômico: fracasso do Plano Cruzado e volta dos altos índices de inflação (25% ao mês); implantação do *Plano Bresser* de estabilização econômica (Ministro da Fazenda Luís Carlos Bresser Pereira).

Congelamento inicial, por 3 meses, de preços e salários, seguido do reajuste automático mensal pela URP.

Livre negociação na data-base das categorias.

9. Lei nº 7.730/89 – Plano Verão

Veiculada pela Medida Provisória nº 32/89: *congelamento* de preços e término dos reajustes salariais automáticos com base na URP.

Contexto econômico: adoção do *Plano Verão* de estabilização econômica, do Ministro da Fazenda Maílson da Nóbrega, com instituição do "cruzado novo" como moeda, já que a inflação chegava à casa dos 1.150% anuais e 35% mensais.

10. Lei nº 7.788/89

Estabeleceu o *reajuste automático*:

– *mensal* – 1 a 3 salários mínimos (INPC do mês anterior);

– *trimestral* – 3 a 20 salários mínimos (INPC do trimestre anterior).

Acima de 20 salários mínimos, haveria a livre negociação.

Proibiu o *efeito suspensivo* às sentenças normativas regionais submetidas a revisão pelo TST.

Lei nº 7.789/89 – revogou o Decreto-Lei nº 2.351/87, que criara o piso nacional de salários e o salário mínimo de referência, unificando novamente o *salário mínimo* e estabelecendo que este fosse reajustado mensalmente, com base no INPC.

11. Lei nº 8.030/90 – Plano Collor

Veiculada pela Medida Provisória nº 154/89: *prefixação* do reajuste mensal do salário, com índices estabelecidos pelo Ministério da Economia, Fazenda e Planejamento.

Contexto político e econômico: a inflação chegou a mais de 6.000% ao ano e 84% mensais no final do governo do Presidente Sarney, levando o novo presidente eleito a tentar zerá-la através do *Plano Collor* de estabilização econômica, organizado pela equipe da Ministra Zélia Cardoso de Mello, quando voltou-se ao "cruzeiro" como padrão monetário, e foram confiscadas as poupanças privadas para diminuir o meio circulante.

12. Medidas Provisórias ns. 193/90, 199/90, 211/90, 219/90, 234/90, 256/90, 273/90 e 292/91

Reeditadas sucessivamente, tendo em vista que o Congresso não as aprovava e perdiam validade depois de 30 dias, nos termos da Constituição: reajuste na *data-base* para assegurar o *salário efetivo*, mediante aplicação do FRS (Fator de Recomposição Salarial) estabelecido pelo governo.

13. Medida Provisória nº 295/91

Determinou a livre negociação, o reajuste na data-base de acordo com os índices estabelecidos pelo governo e a *unificação das datas-base* em 1º de julho (não foi aprovada pelo Congresso).

14. Lei nº 8.178/91

Instituiu uma política salarial para março a agosto de 1991: reajuste salarial apenas na data-base, de acordo com os índices de remuneração fixados pelo governo, e concessão de *abonos* não integrativos dos vencimentos.

15. Lei nº 8.222/91

Estabeleceu a *livre negociação*. Para a faixa salarial de até 3 salários mínimos:

– reajuste *bimensal* de 50% da variação do IPC;

– reajuste *quadrimestral* da variação integral do IPC.

Dividiu os trabalhadores em 4 *grupos*, conforme o mês de sua data-base, para efeito da aplicação dos reajustes automáticos.

Gerou demandas judiciais com base na interpretação de que, ao final do quadrimestre, o empregado teria direito ao reajuste somado a uma antecipação de 50% (a jurisprudência pacificou-se em sentido contrário a tal interpretação).

16. Lei nº 8.419/92

Instituiu a livre negociação e determinou a fixação de *aumentos reais, pisos salariais* (de acordo com a extensão e complexidade do trabalho) e *produtividade* (em relação ao setor) em acordos, convenções ou dissídios coletivos.

Instituiu o *IRSM* (Índice de Reajuste do Salário Mínimo) e o *FAS* (Fator de Atualização Salarial) nele baseado.

Determinou o *reajuste quadrimestral* (parcela salarial de até 3 salários mínimos) de acordo com o FAS e *antecipações salariais* no meio do quadrimestre, em índice divulgado pelo Ministério da Fazenda, com base na variação do IRSM (corrigiu o defeito de redação da Lei nº 8.222/91, que gerava dúvida a respeito da superposição de reajuste e antecipação no 4º mês).

17. Lei nº 8.542/92

Determinou a livre negociação.

Contexto político e econômico: renúncia do Presidente Collor (para evitar o *impeachment*) e ascensão do Vice-Presidente Itamar Franco; inflação de 25% ao mês; Walter Barelli é escolhido para Ministro do Trabalho, buscando a recuperação salarial para os trabalhadores.

Elevou a faixa salarial de reajuste automático para *6 salários mínimos*, mantendo a sistemática do *reajuste quadrimestral* e antecipações, agora de 60% no meio do quadrimestre (vantagem em relação à Lei nº 8.222/91, mas desvantagem, nesse último aspecto, em relação à Lei nº 8.419/92).

Previu a integração aos contratos individuais de trabalho das cláusulas normativas (só podiam ser suprimidas por acordo posterior).

Admitiu a fixação em acordos ou dissídios coletivos de aumentos, pisos e produtividade (com base na lucratividade do setor).

18. Lei nº 8.700/93

Veiculada pela Medida Provisória nº 340/93 – livre negociação. A moeda já havia passado a ser o "cruzeiro real", com a perda de três zeros em relação ao cruzeiro, já que a inflação havia ultrapassado 30% ao mês.

Alterou dispositivos da Lei nº 8.542/92 referentes ao percentual de reajuste (não mais de 60%, mas correspondente à parte da variação do IRSM que excedesse a 10% no mês anterior ao da concessão).

19. Decreto nº 908/93

Criou diretrizes para a negociação coletiva de trabalho no âmbito das empresas estatais.

Admitiu a concessão de aumentos reais, antecipações e reajustes salariais acima dos expressos em lei, mas somente com demonstração de melhoria de desempenho da empresa e *autorização* expressa do Comitê de Coordenação das Empresas Estatais (CCE).

Previu formas de solução dos conflitos individuais e coletivos através de mediação, conciliação e arbitragem.

20. Lei nº 8.880/94 – Plano Real

Veiculada pelas Medidas Provisórias ns. 434/94 e 457/94.

Contexto político e econômico: implantação do *Plano Real* de estabilização econômica, frente a uma inflação de mais de 40% ao mês (Ministro da Fazenda Rubens Ricúpero).

Instituiu a URV (Unidade Real de Valor) como indexador voluntário de obrigações, transformando-se depois no "real" (unidade monetária), quando generalizado seu uso.

Os salários, após a conversão em URV, passaram a ter *reajuste anual* (na data-base da categoria, sendo que para a primeira após a implantação do "real" os salários seriam reajustados em percentual correspondente à variação acumulada do IPC-r entre o mês da emissão da moeda e o anterior à data-base) (gestão do Ministro do Trabalho Marcelo Pimentel).

21. Decreto nº 1.572/95

Regulamentou a mediação na negociação coletiva trabalhista prevista no Decreto nº 908/93.

Determinou a escolha de mediador pelas partes, de comum acordo, ou por designação do Ministério do Trabalho, quando frustrada a negociação direta.

O mediador designado tinha prazo de 30 dias para concluir as negociações, salvo acordo em contrário com as partes.

22. Lei nº 10.192/01

Estabelece o *reajuste anual* dos salários, na *data-base* da categoria, mediante *livre negociação coletiva* (art. 10).

Frustrada a negociação direta das partes, podem estas buscar um *mediador* disponibilizado pelo Ministério do Trabalho (art. 11).

O insucesso na negociação coletiva, quer direta, quer através de mediação, autoriza as partes ao ajuizamento de *dissídio coletivo* perante a Justiça do Trabalho, que deverá ser fundamentado (art. 12).

Os tribunais trabalhistas, ao julgarem os dissídios coletivos, devem estabelecer fundamentadamente as novas cláusulas e condições de trabalho e compor de forma justa o conflito de interesses (art. 12, § 1º), sendo *vedada*, quer em convenção ou acordo coletivo, quer em sentença normativa, a fixação de cláusula de *reajuste automático vinculado a índice de preços* (art. 13).

Ao Presidente do TST foi atribuído o poder de conceder *efeito suspensivo* aos recursos interpostos contra as decisões dos TRTs em dissídios coletivos (art. 14).

Convalidou os efeitos da Medida Provisória nº 2.074/00 e daquelas que vinham sendo reeditadas mensalmente, com as medidas complementares ao Plano Real, 1.079/95, 1.106/95, 1.138/95, 1.171/95, 1.205/95, 1.240/95, 1.277/95, 1.316/96, 1.356/96, 1.398/96, 1.440/96, 1.488/96, 1.540/97, 1.620/98 e 1.750/99).

Com inflação anual maior ou menor, os governos que se sucederam ao do Presidente Fernando Henrique Cardoso (Lula, Dilma, Temer e Bolsonaro) não alteraram substancialmente a política salarial, que continua regida pela Lei nº 10.192/01 em suas diretrizes básicas há mais de 20 anos, demonstrando que a *estabilização econômica* do Real, sem novas mudanças de moeda, revelou-se uma fórmula acertada.

Com efeito, a *variação anual da inflação* nesses últimos 20 anos ficou normalmente em um dígito, conforme a tabela abaixo, baseada no *IPCA do IBGE*:

Ano	Inflação	Ano	Inflação	Ano	Inflação	Ano	Inflação
2002	12,53%	2007	4,45%	2012	5,83%	2017	2,94%
2003	9,30%	2008	5,90%	2013	5,91%	2018	3,74%
2004	7,60%	2009	4,31%	2014	6,40%	2019	4,30%
2005	5,68%	2010s	5,90%	2015	10,67%	2020	4,51%
2006	3,14%	2011	6,50%	2016	6,28%	2021	10,06%

23. Salário mínimo (1995-2022)

A Lei nº 9.032/95 fixou o salário mínimo em R$ 100,00 (cem reais), a partir de 1º de maio de 1995 (governo do Presidente Fernando Henrique Cardoso), com o "real" estando em paridade com o dólar (praticamente equivalentes no câmbio). A série histórica de evolução do salário mínimo mostra seu fortalecimento progressivo, fruto da vedação constitucional (CF/88, art. 7º, IV) de sua utilização como indexador de obrigações, desvinculação essa firmemente defendida pelo STF, com a edição da Súmula Vinculante 4.

A Lei Complementar nº 103/00, aproveitando a faculdade prevista pelo parágrafo único do art. 22 da Constituição Federal, delegou aos Estados a possibilidade de fixarem piso salarial geral (CF, art. 7º, V) superior ao salário mínimo para as categorias que ainda não o tivessem obtido por meio de norma coletiva. Com isso, passou aos governadores dos Estados o ônus político de majoração do salário mínimo.

Ano	Lei/Medidas Provisórias e reedições	Valor do salário mínimo
1995	Lei nº 9.032/95	R$ 100,00
1996	MP nº 1.415/96, 1.463/96 e 1.731/99	R$ 112,00
1997	MP nº 1.572/97, 1.609/98 e 1.737/99	R$ 120,00
1998	MP nº 1.656/98 e 1.744/99	R$ 130,00
1999	MP nº 1.824/99	R$ 136,00
2000	MP nº 2.019/00 (convertida na Lei nº 9.971/00)	R$ 151,00
2001	MP nº 2.142/01	R$ 180,00
2002	MP nº 35/02 (convertida na Lei nº 10.525/02)	R$ 200,00
2003	MP nº 116/03 (convertida na Lei nº 10.699/03)	R$ 240,00
2004	MP nº 182/04 (convertida na Lei nº 10.888/04)	R$ 260,00
2005	MP nº 248/05 (convertida na Lei nº 11.164/05)	R$ 300,00
2006	MP nº 288/06 (convertida na Lei nº 11.321/06)	R$ 350,00
2007	MP nº 362/07 (convertida na Lei nº 11.498/07)	R$ 380,00
2008	MP nº 421/08 (convertida na Lei nº 11.709/08)	R$ 415,00
2009	MP nº 456/09 (convertida na Lei nº 11.944/09)	R$ 465,00
2010	MP nº 474/09 (convertida na Lei nº 12.255/10)	R$ 510,00
2011	Lei nº 12.382/11	R$ 545,00
2012	Decreto nº 7.653/11	R$ 622,00

2013	Decreto nº 7.872/12	R$ 678,00
2014	Decreto nº 8.166/13	R$ 724,00
2015	Decreto nº 8.381/14	R$ 788,00
2016	Decreto nº 8.618/15 e Lei nº 13.152/15	R$ 880,00
2017	Decreto nº 8.948/16 e Lei nº 13.152/15	R$ 937,00
2018	Decreto nº 9.255/17 e Lei nº 13.152/15	R$ 954,00
2019	Decreto nº 9.661/19 e Lei nº 13.152/15	R$ 998,00
2020	MP nº 919/20 (convertida na Lei nº 14.013/20)*	R$ 1.045,00
2021	MP nº 1.021/20 (convertida na Lei nº 14.158/21)	R$ 1.100,00
2022	MP nº 1.091/22 (convertida na Lei nº 14.358/22)	R$ 1.212,00

* apenas para o mês de janeiro o salário mínimo foi de R$ 1.039,00.

Capítulo X

Estabilidade

1. Conceituação e histórico

A *estabilidade* é o direito do trabalhador de *permanecer no emprego* mesmo contra a vontade do empregador, enquanto inexistir causa relevante que justifique sua despedida, que deve ser antecedida de inquérito judicial.

O instituto da *estabilidade* surgiu, no direito brasileiro, com feição previdenciária: as leis (v. g., Lei Eloy Chaves – Decreto nº 4.682/23) que criaram as *caixas de previdência* das várias categorias de trabalhadores (ferroviários, portuários, bancários etc.) previram a estabilidade no emprego como forma de garantir tempo de contribuição suficiente, que criasse os fundos capazes de, no futuro, fazer frente aos proventos a serem pagos.

A CLT, em 1943, previu o instituto, mas sob a forma de indenização dissuasória da dispensa, quando adquirido o direito aos 10 anos de casa. A jurisprudência trabalhista, entendendo que a dispensa com 9 ou 8 anos de casa era impeditiva da aquisição do direito, dando azo ao pagamento da indenização legal, levou à edição da Lei nº 5.107/66, que criou o FGTS, como sistema opcional, mas que, na prática, foi imposto pelo empresariado.

A Constituição de 1988 não contemplou o direito à estabilidade ao trabalhador brasileiro, ainda que o instituto seja consagrado no Direito Comparado, constando em muitas das Constituições estrangeiras. Concedeu-se apenas indenização, no caso de dispensa imotivada, pelo tempo de serviço do empregado (CF, art. 7º, I).

2. Espécies

a) **Definitiva** – após 10 anos de serviço (CLT, arts. 492 a 500). Foi revogada pela Constituição de 1988. Não obstante, adquiriram *estabilidade*, mesmo com a vigência da Carta Magna de 1988:

- os empregados, urbanos ou rurais, que completaram 10 anos de serviço na mesma empresa até 5 de outubro de 1988 (direito adquirido);
- os empregados que a adquiriram via contratos individuais de trabalho ou normas regulamentares;

- os empregados que a adquiriram por meio de convenção, acordo coletivo, laudo arbitral ou sentença normativa;
- os servidores públicos da União, Estados, Distrito Federal e Municípios, da Administração direta, autárquica e fundacional, admitidos sob a égide da CLT e em exercício, à época da promulgação da Constituição de 1988, há pelo menos 5 anos contínuos (CF, art. 19 do ADCT).

b) **Provisória** – para certos empregados, durante determinado período:

- **dirigente sindical e cipeiro**, com os respectivos suplentes (CLT, art. 543; CF, art. 8º, VIII; ADCT, art. 10, II, *a*, Precedente Normativo nº 86 e Súmula 369, II, do TST); o delegado sindical e o membro do conselho fiscal do sindicato não estão abrangidos pela garantia (Orientações Jurisprudenciais 365 e 369 da SBDI-1 do TST); não é assegurada a estabilidade quando o registro da candidatura do empregado a cargo de dirigente sindical se dá durante o período do aviso prévio, ainda que indenizado (Súmula 369, V, do TST); no entanto, ainda que a comunicação ao empregador a respeito da candidatura, eleição ou posse se dê fora do prazo do art. 543, § 5º, da CLT, a estabilidade é garantida ao dirigente sindical, desde que feita na vigência do contrato de trabalho (Súmula 369, I, do TST); o limite de dirigentes com estabilidade é de 7 titulares e 7 suplentes por sindicato (CLT, art. 522), mais 2 representantes e 2 suplentes junto à Federação ou Confederação respectiva (CLT, art. 538, § 4º); o membro da comissão de representantes dos trabalhadores (eleito pelos empregados de empresa com mais de 200 empregados) não poderá sofrer despedida arbitrária, desde o registro da candidatura até um ano após o fim do mandato (CLT, art. 510-D, § 3º);

- **gestante** (CF, art. 10, II, *b*, do ADCT); a Lei nº 12.812/13 acrescentou o art. 391-A à CLT, que garante a estabilidade à empregada gestante, ainda que a confirmação do estado de gravidez tenha ocorrido durante o prazo do aviso prévio trabalhado ou indenizado; a Súmula 244, I, do TST, garante o direito à estabilidade independentemente do conhecimento do estado gravídico da empregada pelo empregador, e o inciso III do mesmo enunciado do TST (do qual guardo reserva) garante à gestante a estabilidade inclusive nos *contratos de experiência* e a *prazo determinado*; por sua vez, ao julgar o RE 629053 (Rel. Min. Marco Aurélio, *DJe* de 27.2.2019), o STF fixou tese para o Tema 497 de sua tabela de repercussão geral, no sentido de que "*a incidência da estabilidade prevista no art. 10, inc. II, do ADCT, somente exige a anterioridade da gravidez à dispensa sem justa causa*" (a garantia não seria apenas tendo em vista o bem da mãe, mas também do nascituro e do recém-nascido); a amplitude das hipóteses de garantia da estabilidade da gestante pode ser aquilatada do seguinte precedente da Suprema Corte, referido no próprio acórdão do Tema 497: "*As gestantes – quer se trate de* servidoras públicas, *quer se cuide de* trabalhadoras, *qualquer que seja o* regime jurídico *a elas aplicável, não importando se de caráter administrativo ou de natureza contratual (CLT), mesmo aquelas* *ocupantes de* cargo em comissão ou exercentes de função de confiança *ou, ainda,* as contratadas por prazo determinado, *inclusive na hipótese prevista no inciso IX do art. 37 da Constituição, ou* admitidas a título precário – *têm direito público subjetivo à estabilidade provisória, desde a confirmação do estado fisiológico de gravidez até cinco (5) meses após o parto (ADCT, art. 10, II, 'b'), e, também, à licença-maternidade de 120 dias (CF, art. 7º, XVIII, c/c o art. 39, § 3º), sendo-lhes preservada, em consequência, nesse período, a integridade do vínculo jurídico que as une à Administração Pública ou ao empregador, sem prejuízo da integral percepção do estipêndio funcional ou da remuneração laboral"* (RE 634.093/DF, 2ª Turma, Rel. Min. Celso de Mello, *DJe* 7.12.2011); a única exceção à regra, admitida pelo Pleno do TST, ao julgar o IAC-5639-31.2013.5.12.0051 (Red. Min. Cristina Peduzzi, *DEJT* de 29.7.2020), diz respeito ao *contrato temporário*, ao fixar a tese de que *"é inaplicável ao regime de* trabalho temporário, *disciplinado pela Lei nº 6.019/1974, a garantia de estabilidade provisória à empregada gestante, prevista no art. 10, II, 'b', do Ato das Disposições Constitucionais Transitórias"* (a razão da distinção decorre da diferença essencial entre o *contrato temporário* e as demais modalidades contratuais, pois mesmo no *contrato por prazo determinado, de experiência ou cargo comissionado*, a esperança do trabalhador é de que haja continuidade no vínculo, o que não pode ocorrer com o contrato temporário, quando a lei diz claramente os limites temporais daquele, de 180 dias, prorrogáveis por mais 90).

– **representantes dos empregados** nas Comissões de Conciliação Prévia, titulares e suplentes, até um ano após o final do mandato (CLT, art. 625-B, § 1º), no Conselho Curador do FGTS (Lei nº 8.036/90, art. 3º, § 9º) e no Conselho Nacional de Previdência Social, até um ano após o término do mandato (Lei nº 8.213/91, art. 3º, § 7º);

– **empregado acidentado**, por 12 meses após a cessação do auxílio-doença acidentário (Lei nº 8.213/91, art. 118), inclusive no contrato a prazo (Súmula 378, III, do TST);

– empregado que está prestando **serviço militar** (PN 80; CLT, art. 4º, § 1º), empregado às vésperas da aposentadoria (PN 85) e empregado transferido (PN 77) (todas elas concedidas por meio de sentenças normativas ou convenções coletivas);

– **empregados reabilitados** (a dispensa de trabalhador reabilitado ou de deficiente habilitado ao final de contrato por prazo determinado de mais de 90 dias só poderá ocorrer após a contratação de substituto com deficiência ou reabilitado – Lei nº 8.213/91, art. 93, § 1º; se for contrato por prazo determinado de até 90 dias, não há garantia de emprego; a dispensa só poderá ser feita se a empresa tiver o número mínimo, previsto na referida lei, desses trabalhadores; do contrário, há a garantia de emprego); a SBDI-1 do TST entende, no entanto, que, mesmo excedendo a cota mínima para deficientes físicos, a empresa só pode dispensar deficiente se contratar outro no lugar

– cf. TST-E-RR-585/2004-029-04-40.4, Rel. Min. Maria Cristina Peduzzi, *DJ* de 26.9.2008);

– **durante o período pré-eleitoral**, em relação aos empregados públicos (3 meses que antecedem o pleito e até a posse do eleito) – Lei nº 9.504/97, art. 73, V; OJ 51 da SBDI-1 do TST;

– **empregado portador do vírus HIV** (aidético) – a jurisprudência pacificada do TST garante o emprego, por presumir discriminatória a dispensa, se o empregador tem ciência da doença no momento da dispensa (Súmula 443 do TST); a SBDI-1 do TST tem ampliado as hipóteses de incidência da Súmula 443, considerando estigmatizantes, pela sua gravidade, também o *câncer* (E-ED-RR–25925-10.2014.5.24.0003, Rel. Min. Walmir Oliveira da Costa, *DEJT* de 21.5.2021) e a *hepatite* C (AgR-E-RR – 979-71.2013.5.02.0083, Rel. Min. Jose Roberto Freire Pimenta, *DEJT* de 30.4.2021); não foi enquadrada como estigmatizante a *insuficiência renal crônica* (Ag-E-ARR-1242- 61.2015.5.17.0004, Rel. Min. Breno Medeiros, de 18.6.2021); as presunções de dispensa discriminatória para doenças graves, como se gerassem estigma ou preconceito na empresa ou nos colegas, tem sido uma forma transversa do TST criar jurisprudencialmente hipóteses de estabilidade por doença, sem previsão legal.

3. Efeito

O empregado detentor da estabilidade decenal apenas pode ser despedido mediante instauração de inquérito judicial para apuração de falta grave. Em se tratando de estabilidade provisória, a dispensa sem justa causa só é admitida se o empregador pagar os salários de todo o período correspondente à estabilidade.

Em caso de *extinção do estabelecimento*, não estará o empregador obrigado a pagar a indenização devida pelo período de estabilidade ao cipeiro (Súmula 339, II, do TST).

A SBDI-1 do TST estende a aplicação do item II da Súmula 339 a membro da CIPA que prestava serviços em *filial extinta*, ou seja, nessa hipótese, o trabalhador também não faz jus à reintegração ou à indenização do período estabilitário garantidas a trabalhador lotado em estabelecimento extinto (TST-E-ED-RR-6300-76.1998.5.01.0201, Rel. Min. Maria Cristina Peduzzi, julgado em 17.12.2009).

O *encerramento da obra específica* para a qual foi instituída a Comissão Interna de Prevenção de Acidentes – CIPA *equivale* à *extinção do próprio estabelecimento*, não havendo falar em despedida arbitrária do cipeiro (TST-E-ED-24000-48.2004.5.24.0061, Rel. Min. Lelio Bentes Corrêa, SBDI-1, *DEJT* de 14.11.2014).

Não se admite a aquisição de estabilidade no curso do aviso prévio (Súmula 369 do TST), à exceção da gestante e do acidentado do trabalho.

4. Causas de extinção da estabilidade

A estabilidade, quer seja permanente ou provisória, cessa com:

a) morte;

b) aposentadoria espontânea;

c) força maior;

d) falta grave praticada pelo obreiro;

e) pedido de demissão (art. 500 da CLT).

No caso de *estabilidade provisória de dirigente sindical ou cipeiro*, ainda que a finalidade da estabilidade seja a garantia do exercício da defesa da categoria perante o empregador e, portanto, extrapole o interesse meramente individual, não é infensa à *renúncia*, uma vez desejando o trabalhador pedir demissão e deixar o emprego que tinha, em face de interesse pessoal.

Por outro lado, *esgotado o período estabilitário*, não perde o empregado o direito de pleitear em juízo a *indenização* devida desde a dispensa até a data do término da garantia de estabilidade (a inércia não se toma como renúncia), desde que respeitado o prazo prescricional de 2 anos, contado da extinção do contrato de trabalho (Súmula 396, I, do TST; OJ 399 da SBDI-1 do TST).

5. Garantia no emprego. A Convenção nº 158 da OIT

A *Convenção nº 158 da OIT* foi assinada em Genebra no ano de 1982 e ratificada pelo Brasil em 1992. Registrada essa ratificação apenas em 1995, entrou em vigor no território nacional em 1996, nos termos do art. 16 da Convenção e do Decreto nº 1.855/96, que a promulgou como direito interno.

Pela convenção, restou *vedada a despedida imotivada*, ou seja, a que não se fundamente em (art. 4º):

a) incapacidade ou motivo disciplinar relativo ao empregado;

b) necessidade de funcionamento da empresa (motivos econômicos, tecnológicos, estruturais etc.).

A dispensa em decorrência de comportamento do empregado deve ser precedida de procedimento prévio em que se lhe garanta o *direito de defesa* (art. 7º).

Como a Constituição de 1988 acabou com a estabilidade no emprego e previu que a proteção contra a despedida imotivada seria objeto de *lei complementar*, tem-se que a ratificação e a promulgação da Convenção nº 158 pelo governo brasileiro não têm o condão de torná-la direito interno, já que promulgada por via de decreto, com *status* de *lei ordinária*, ou seja, hierarquicamente inferior à norma jurídica exigida pela Constituição para veicular a proteção.

A polêmica sobre sua vigência e abrangência chegou ao STF, levando o governo brasileiro, antes mesmo do pronunciamento final da Corte Suprema, a *denunciá-la* em novembro de 1996 (Dec. nº 2.100/96), com o que, independentemente da decisão final do STF, perdeu eficácia no território nacional em novembro de 1997 (o STF, na ADI-1.480-3/DF [Rel. Min. Celso de Mello, *DJ* de 18.5.2001], suspendeu liminarmente a aplicação da convenção no Brasil, por entender que os tratados ratificados por nosso país entram no direito interno no plano hierárquico das leis ordinárias, e a estabilidade dependeria de lei complementar).

O então Presidente Luiz Inácio Lula da Silva, em 14.2.2008, enviou mensagem ao Congresso Nacional (Mensagem nº 59) pedindo novamente a ratificação da Convenção nº 158. A Comissão de Relações Exteriores e de Defesa Nacional, em parecer do Relator, Dep. Júlio Delgado, opinou pela rejeição da Mensagem Presidencial. Esta também foi a conclusão a que chegou a Comissão de Trabalho, de Administração e de Serviço Público, no parecer da relatoria do Dep. Sabino Castelo Branco. Atualmente, a Mensagem segue aguardando parecer da Comissão de Constituição e Justiça e de Cidadania (CCJC).

Capítulo XI

FGTS

O Fundo de Garantia do Tempo de Serviço – FGTS foi criado pela Lei nº 5.107/66 para substituir a estabilidade do empregado (que podia optar entre os dois regimes).

A Constituição de 1988, ao rejeitar a estabilidade como direito do trabalhador, tornou o FGTS o regime único para a garantia do tempo de serviço (não há mais opção, pois todos os trabalhadores passam a estar sujeitos ao regime do Fundo).

A Lei nº 7.839/89 alterou o sistema do FGTS, adaptando-o ao novo texto constitucional, mas foi logo substituída pela Lei nº 8.036/90, que é o diploma legal que agora rege o Fundo de Garantia.

Consolidando todas as normas regulamentares que disciplinavam o FGTS, o Decreto nº 99.684/90 aprovou o "Regulamento do Fundo de Garantia do Tempo de Serviço", na esteira da Lei nº 8.036/90, sendo essas as normas legais que ora regulam o sistema.

1. Finalidades do FGTS

a) Garantir uma reserva monetária proporcional ao tempo de serviço para o empregado despedido imotivadamente, de forma a minimizar os efeitos financeiros do desemprego para o trabalhador. Também constitui uma vantagem para a empresa, que pode dispensar o empregado sem ter de sofrer o impacto do pagamento de indenizações elevadas de uma só vez, pois o Fundo assemelha-se a um seguro pago todos os meses pela empresa, no sentido de garantir seu direito potestativo de dispensa.

b) Conseguir recursos para desenvolver os programas de:

– habitação popular;
– saneamento básico;
– infraestrutura urbana.

2. Âmbito de aplicação

O benefício estende-se a trabalhadores urbanos e rurais, inclusive avulsos, independentemente de opção (não abrange os trabalhadores eventuais ou autônomos, nem os servidores públicos civis e militares). No caso dos empregados domésticos, a inclusão no FGTS era facultativa, mas, uma vez realizada pelo empregador, revelava-se irretratável (arts. 3º-A da Lei nº 5.859/72 e 2º do Decreto nº 3.361/2000). A *EC nº 72/13* alterou a redação do parágrafo único do art. 7º da CF para fazer constar no rol dos direitos assegurados aos empregados domésticos o FGTS. No entanto, para que tal direito fosse assegurado, o próprio texto previa que deveriam ser atendidas as condições estabelecidas em lei e observada a simplificação do cumprimento das obrigações tributárias, principais e acessórias, decorrentes da relação de trabalho, razão por que a implementação do direito dependeria de regulamentação pelo Congresso Nacional.

Assim, a *LC nº 150/15* dispôs sobre o *contrato de trabalho doméstico*, prevendo, em seu art. 21, que é *devida a inclusão do empregado doméstico no FGTS*, na forma do regulamento a ser editado pelo Conselho Curador e pelo agente operador do FGTS, no âmbito de suas competências, inclusive no que tange aos aspectos técnicos de depósitos, saques, devolução de valores e emissão de extratos, entre outros determinados na forma da lei. No entanto, o empregador doméstico somente passou a ter obrigação de promover a inscrição e de efetuar os recolhimentos referentes a seu empregado após a entrada em vigor do regulamento editado pelo Conselho Curador e pelo agente operador do FGTS (no caso, a Resolução nº 780/15, de setembro de 2015).

Nesses termos, desde o mês de competência de outubro de 2015, os empregadores domésticos devem utilizar a plataforma já existente na internet, o e-Social – Sistema de Escrituração Fiscal Digital das Obrigações Fiscais, Previdenciárias e Trabalhistas, regulamentada pela Circular nº 657/14 da Caixa Econômica Federal – CEF, para cadastrar-se e aos seus empregados, e emitir por esse meio a guia única (DAE – Documento de Arrecadação do e-Social) para o pagamento do FGTS e demais contribuições previstas pela LC nº 150/15.

Os diretores não empregados das empresas públicas também são beneficiários do Fundo (e os das empresas privadas poderão sê-lo, mediante opção).

O STF decidiu que é *constitucional o art. 19-A da Lei nº 8.036/90*, o qual dispõe ser *devido o depósito do FGTS* na conta do trabalhador cujo *contrato* com a Administração Pública seja declarado *nulo* por ausência de prévia aprovação em concurso público (RE 296478/RR, Tribunal Pleno, Rel. Min. Ellen Gracie, Red. p/ acórdão Min. Dias Toffoli, *DJe* de 28.2.2013).

Para aqueles que já eram estáveis antes da promulgação da Carta Magna, ficou assegurado seu direito adquirido à estabilidade. Para os que não haviam optado pelo regime do FGTS antes da Constituição, mas também não tinham adquirido o direito à estabilidade, eram possíveis duas alternativas:

a) fazer opção retroativa até a data da admissão no emprego ou até a criação do Fundo (1967), com o que a empresa deveria efetuar os depósitos correspondentes na sua conta vinculada;

b) receber diretamente do empregador uma indenização pelo tempo de serviço anterior à Constituição, que poderia ser transacionada, desde que se garantisse um mínimo de 60% da quantia a que teria direito pelo sistema da CLT.

3. Depósitos

São efetuados mensalmente pela empresa, no valor de 8% da remuneração paga ao empregado (incluídas comissões, gratificações, gorjetas, prestações *in natura* e o 13º salário), em sua conta bancária vinculada.

No caso do aprendiz, o percentual devido é de 2% (Decreto nº 5.598/05, art. 24).

4. Hipóteses de levantamento dos depósitos

a)
- Despedida sem justa causa
- Rescisão indireta do contrato
- Rescisão antecipada do contrato a prazo sem justa causa

⎤ valor dos depósitos + multa de 40% + juros e correção monetária

b)
- Culpa recíproca
- Força maior
- Rescisão antecipada do contrato a prazo por culpa recíproca

⎤ valor dos depósitos + 20% de multa + juros e correção monetária

c)
- Extinção total da empresa ou falecimento do empregador individual
(TST-RR-869000-31.2006.5.09.0014, Rel. Min. José Roberto Freire Pimenta, 2ª Turma, *DEJT* de 1º.7.2014)

— valor dos depósitos + multa de 40%

d)
- Fechamento de qualquer dos estabelecimentos da empresa, filiais ou agências; supressão de parte de suas atividades e declaração de nulidade do contrato de trabalho, com lastro no art. 37, II, § 2º, da Carta Magna, quando reconhecida a existência de salário a pagar.
- Aposentadoria ou idade igual ou superior a 70 anos
- Falecimento do trabalhador (pago a seus dependentes)
- Aquisição de casa própria (ou pagamento do saldo devedor ou de prestações do Sistema Financeiro da Habitação – SFH)
- Permanecer mais de 3 anos sem depósitos
- Suspensão do trabalho avulso por mais de 3 meses
- Extinção normal do contrato a termo
- Neoplasia maligna ou estágio terminal do trabalhador ou de dependente deste
- Portador do vírus HIV ou dependente portador
- Necessidade pessoal (grave e urgente) decorrente de desastre natural

— valor dos depósitos

e) – Aplicação em cotas de Fundos Mútuos de Privatização – 50% do valor dos depósitos

f) – Integralização de cotas do FI-FGTS (Fundo de Investimento do FGTS) – 10% do valor dos depósitos

g) – Rescisão contratual por mútuo acordo ou de trabalho intermitente – 80% do valor dos depósitos

h) – Anualmente, no mês de aniversário do trabalhador – variando de 5% a 50%, em proporção decrescente do valor do saldo existente (quanto menor o saldo, maior a alíquota).

No âmbito da Administração Pública federal, a Lei nº 8.162/91 (art. 6º, § 1º) vedou expressamente o saque dos depósitos por ocasião da mudança do regime de celetista para estatutário, em decorrência da adoção do regime único da Lei nº 8.112/90.

Para o saque basta que o empregado apresente o recibo de quitação das verbas rescisórias (no caso de aposentadoria, o documento do INSS que demonstre a inatividade, e, na hipótese de pagamento do saldo devedor do SFH, o requerimento compensatório).

Nas rescisões contratuais, somente podem ser sacados os valores referentes ao último contrato de trabalho.

Em caso de rescisão do contrato de trabalho, por *mútuo acordo* entre empregador e empregado, este fará jus ao saque de 80% do valor dos depósitos na conta vinculada (CLT, art. 484-A, § 1º).

5. Gestão

Os recursos do FGTS eram geridos pelo extinto Banco Nacional de Habitação – BNH, que devia fazer as aplicações financeiras para rentabilizar os recursos auferidos, além de financiar as construções de habitações populares. Tendo a gestão passado à Caixa Econômica Federal – CEF pela Lei nº 7.839/89, estava a cargo, após a Lei nº 8.036/90, do Ministério da Ação Social (a CEF ficou sendo apenas o agente operador do sistema, assumindo o controle de todas as contas vinculadas, que antes podiam ser abertas em qualquer banco credenciado). Após o Decreto nº 1.522/95, a gestão coube ao Ministério do Planejamento e Orçamento (atual Ministério da Economia).

O Conselho Curador do FGTS, integrado também por representantes dos trabalhadores e empregadores, é que rege o sistema.

6. Certificado de regularidade

É conferido às empresas para servir de prova da regularidade de sua situação perante o FGTS (é obrigatório para licitações, financiamentos e registros contratuais).

7. Prescrição

A ação para cobrança judicial das contribuições para o FGTS tinha prazo prescricional variável conforme estivessem em discussão na mesma ação as parcelas salariais sobre as quais incidiriam os depósitos.

a) Prescrição trintenária (Súmula 362 do TST) – quando são pleiteados apenas os depósitos do Fundo sobre o salário efetivamente pago pela empresa, porque o art. 20 da Lei nº 5.107/66 atribuía aos órgãos da Previdência Social a cobrança judicial dos depósitos, e o art. 221 da CLPS estabelece em 30 anos o prazo para o INSS cobrar judicialmente as importâncias que lhe são devidas. Esse privilégio ficou assegurado pelo art. 23, § 5º, da Lei nº 8.036/90.

b) Prescrição quinquenal (Súmula 206 do TST) – quando, além do pedido de contribuições para o Fundo, pleiteia-se na ação o pagamento dos salários que constituiriam a base de cálculo do FGTS (pelo princípio de que o acessório segue o principal, a prescrição aplicada sobre as parcelas salariais repercutiria na prescrição também das contribuições para o FGTS).

c) Prescrição bienal (Súmula 362 do TST) – quando não postulados os depósitos para o FGTS no biênio posterior ao término do contrato de trabalho.

No entanto, ao apreciar o ARE 709212 (T-608 da Tabela de Temas de Repercussão Geral) (Rel. Min. Gilmar Mendes, *DJe* de 19.2.2015), o STF *declarou a inconstitucionalidade dos arts. 23, § 5º, da Lei nº 8.036/90 e 55 do Decreto nº 99.684/90*, na parte em que ressalvavam o privilégio do FGTS à prescrição trintenária, pois estariam dissonantes com a previsão do art. 7º, XXIX, da CF, que contempla a regra geral da prescrição dos créditos trabalhistas, aplicável também para os pedidos de pagamento do FGTS. No entanto, a declaração de inconstitucionalidade foi proferida com efeitos *ex nunc*, com a modulação dos efeitos da decisão, nos termos do art. 27 da Lei nº 9.868/99, para assentar o entendimento, incorporado pela *atual redação da Súmula 362 do TST*:

a) para os casos em que a *ciência da lesão ocorreu a partir de 13.11.2014*, é *quinquenal* a prescrição do direito de reclamar contra o não recolhimento de contribuição para o FGTS, observado o prazo de dois anos após o término do contrato de trabalho;

b) para os casos em que o *prazo prescricional já estava em curso em 13.11.2014*, aplica-se o *prazo prescricional* que se consumar *primeiro: trinta anos*, contados do termo inicial, ou *cinco anos*, a partir de 13.11.2014.

A Lei Complementar nº 110/01 determinou a inclusão nas contas do FGTS dos *expurgos inflacionários* dos planos econômicos editados pelos governos Sarney e Collor, uma vez que reconhecidos pelo STF como direito do trabalhador. Assim, a CEF foi obrigada a atualizar monetariamente os depósitos nesses percentuais expurgados e os empregadores a pagar a *diferença da multa de 40%* sobre a nova base de cálculo (Orientação Jurisprudencial 341 da SBDI-1 do TST), contando-se o *prazo prescricional de 2 anos* para postular as diferenças a partir da *edição da LC nº 110/01* ou do trânsito em julgado da ação acaso ajuizada na Justiça Federal para obter os expurgos referentes aos depósitos existentes na CEF (Orientação Jurisprudencial 344 da SBDI-1 do TST, da qual guardamos reserva pessoal, uma vez que sustentamos que o prazo prescricional para a postulação dos expurgos tinha como *dies a quo* a *extinção do contrato*). O ajuizamento de protesto judicial dentro do biênio anterior à Lei Complementar nº 110/01 interrompe a prescrição, sendo irrelevante o transcurso de mais de dois anos da propositura de outra medida acautelatória, com o mesmo objetivo, ocorrida antes da vigência da referida lei, pois ainda não iniciado o prazo prescricional, conforme disposto da Orientação Jurisprudencial 344 da SBDI-1 do TST (Orientação Jurisprudencial 370 da SBDI-1 do TST).

Capítulo XII

Duração do trabalho

1. Jornada de trabalho normal (CF, art. 7º, XIII)

– Diária – 8 horas.

– Semanal – 44 horas.

As partes podem fixar limite inferior ao normal (CLT, art. 58).

Quando fixada a jornada de trabalho semanal em 40 horas, o divisor para o cálculo do salário-hora a ser utilizado será o de 200 (Súmula 431 do TST).

Com a Lei nº 13.467/17 (Reforma Trabalhista), a *cláusula de norma coletiva* que dispuser sobre *duração do trabalho*, observados os limites constitucionais, é considerada válida e tem *prevalência sobre a lei* (CLT, art. 611-A, I), na esteira do comando constitucional que permite a flexibilização da jornada de trabalho (CF, art. 7º, XIII e XIV, *in fine*).

2. Jornadas especiais

Tendo em vista as características de certas profissões, o desgaste produzido, a maneira, o local e o tipo de atividade, o limite máximo de horas é diverso:

a) 8 a 14 horas – aeronautas;

b) 6 horas – telegrafistas, telefonistas, cabineiros de elevador, bancários, mineiros, operadores cinematográficos, revisores, engenheiros, arquitetos, agrônomos, veterinários e químicos;

c) 5 horas – músicos e jornalistas profissionais;

d) 4 horas – médicos e dentistas (a lei estabelece apenas o salário profissional para essa jornada, podendo ser dilatada).

É válido, em caráter excepcional, o *regime de 12x36 horas* (ou seja, 12 de trabalho por 36 de descanso), quando previsto em lei, ajustado em norma coletiva ou mediante acordo individual escrito (art. 59-A da CLT, acrescentado pela Lei nº 13.467/17, da Reforma Trabalhista). Nesse caso, a remuneração mensal abrange os pagamentos devidos pelo descanso semanal remunerado e pelo descanso em feriados, sendo considerados compensados os feriados e as prorrogações de trabalho noturno, quando houver (parágrafo único do art. 59-A da CLT, acrescentado pela Lei nº 13.467/17, da Reforma Trabalhista). Fica, portanto, superada a parte da Súmula 444 do TST que determina o pagamento em dobro dos feriados trabalhados nesse regime. Tal regime é especialmente comum nas áreas de saúde (*enfermeiras*) e segurança (*vigilantes*), sendo previsto expressamente em lei para o *motorista profissional* (CLT, art. 235-F), *bombeiro civil* (Lei nº 11.901/09, art. 5º) e *trabalho doméstico* (LC nº 150/15, art. 10 e § 1º, que já previa o acordo individual), podendo ser mais generalizado agora, em face da possibilidade do acordo individual e por atender especialmente ao interesse dos trabalhadores. O STF já placitou esse regime de 12x36 horas na ADI 4.842 (Rel. Min. Edson Fachin, julgada em 14.9.2016). A SBDI-1 do TST entende que, havendo *norma coletiva* instituindo o regime, a prestação habitual de horas extras ou trabalho nos dias de compensação invalida o regime e dá direito às horas extras além da jornada de 8 horas diárias (TST-ERR-54800-57.2007.5.09.0195, SBDI-1, Rel. Min. Alexandre de Souza Agra Belmonte, *DJ* de 24.10.2014).

3. Trabalho extraordinário (prorrogação de jornada)

a) Mediante acordo (CLT, art. 59) – limite de 2 horas extras, com adicional de 50% (a redação original da CLT conferia apenas 20% de adicional, mas a CF/88 aumentou esse percentual para 50%, valor ora constante da redação dada pela Lei nº 13.467/17, da Reforma Trabalhista, ao § 1º do art. 59 da CLT).

b) Para compensação de horário (CLT, art. 59, §§ 2º, 3º, 5º e 6º) – trata-se de não se pagar o adicional de horas extras quando o excesso de jornada de um dia é compensado pela redução proporcional no outro dia, desde que não se ultrapasse o limite diário de 10 horas de trabalho. O *regime de compensação de horário* pode ser adotado sob *quatro modalidades*, que implicam *diferentes prazos* para que a compensação se dê:

- **trabalho a tempo parcial** – a compensação deve ser feita até a *semana subsequente* (CLT, art. 58-A, § 5º, acrescido pela Lei nº 13.467/17, da Reforma Trabalhista);
- **acordo individual tácito** – a compensação deve se dar no *mesmo mês* (CLT, art. 59, § 6°, acrescido pela Lei nº 13.467/17, da Reforma Trabalhista);
- **acordo individual escrito** – a compensação pode se dar em até *6 meses* (CLT, art. 59, § 5º, acrescido pela Lei nº 13.467/17, da Reforma Trabalhista);
- **acordo coletivo** – a compensação pode se dar em até *um ano* (CLT, art. 59, § 2º).

Dá-se o nome de **banco de horas** ao conjunto de horas extras prestadas pelo empregado, a serem *compensadas fora do mês de sua prestação*, dentro dos limites estabelecidos nos §§ 2º e 5º do art. 59 da CLT, desde que não se ultrapasse a soma das jornadas semanais de trabalho previstas. No caso de se ultrapassarem as 10 horas diárias, a consequência jurídica é o pagamento apenas do adicional de horas extras e não a repetição do pagamento das horas excedentes da jornada diária; essa repetição só se dará se ultrapassada a jornada semanal máxima (CLT, art. 59-B, inserido pela Lei nº 13.467/17, da Reforma Trabalhista).

A SBDI-1 do TST já decidiu no sentido de ser válido acordo coletivo de compensação de jornada, no regime 12x72, para fins de afastar o pagamento de horas extras que não ultrapassem a 12ª diária (TST-E-RR-984/2002-008-17-00.7, Rel. Min. Maria de Assis Calsing, *DJ* de 28.5.2009).

O abatimento das horas extras já pagas não se limita ao mês de apuração, devendo ser aferido pela totalidade daquelas quitadas durante o período não prescrito do contrato de trabalho, para evitar o enriquecimento sem causa do trabalhador e incentivar o reconhecimento e quitação espontânea do labor extraordinário pelo empregador (OJ 415 da SBDI-1 do TST).

Finalmente, a *habitualidade* na prestação de horas extras *não impede* a compensação de jornada *nem descaracteriza o regime* de banco de horas (CLT, art. 59-B, parágrafo único, introduzido pela Lei nº 13.467/17, da Reforma Trabalhista).

c) Para serviços inadiáveis (CLT, art. 61) – limite de 4 horas extras, com adicional de 50%. A partir da Lei nº 13.467/17 (Reforma Trabalhista), o excesso de labor, que antes deveria ser comunicado ou justificado à autoridade competente em matéria de trabalho, agora dispensa tal formalidade (CLT, art. 61, § 1º). Ex.: serviço de concretagem na construção civil.

d) Por força maior (CLT, art. 61, § 2º) – sem limite de horas, com o adicional constitucional de 50%.

e) Para recuperação de horas (CLT, art. 61, § 3º) – quando houver interrupção dos serviços decorrente de causas acidentais ou força maior (pode ser prorrogada a jornada por mais 2 horas diárias, no período de 45 dias, sem direito a adicional).

f) Tempo à disposição do empregador – *não será computado na jornada de trabalho, como extra*, o tempo que o empregado permanecer na empresa além do horário normal a que está submetido (ou o motorista no interior do veículo, nos intervalos de repouso – CLT, art. 235-E, § 10), quando, por *escolha própria*, buscar proteção pessoal, em caso de insegurança nas vias públicas ou más condições climáticas, bem como para atividades de interesse pessoal como práticas religiosas, descanso, lazer, estudo, alimentação, atividades de relacionamento pessoal ou higiene pessoal, à *exceção* da *troca de roupa ou uniforme*, quando houver *obrigatoriedade de realizar a troca na empresa* (§ 2º do art. 4º da CLT, acrescentado pela Lei nº 13.467/17, da Reforma Trabalhista; ficam automaticamente *superadas as Súmulas 366 e 449 do TST*). Também *não se considera* tempo à disposição do empregador o período necessário ao *deslocamento do trabalhador entre a portaria da empresa e o local de trabalho* (CLT, art. 58, § 2º), estando *superada a Súmula 429 do TST* com a Lei nº 13.467/17, da Reforma Trabalhista.

Observações gerais sobre horas extras:

- Em se tratando de atividade insalubre, a prorrogação da jornada de trabalho só é válida se previamente autorizada por autoridade do Ministério do Trabalho (CLT, art. 60); já nas jornadas de doze horas de trabalho por trinta e seis ininterruptas de descanso excetua-se a exigência de licença prévia (CLT, art. 60, parágrafo único, inserido pela Lei nº 13.467/17, da Reforma Trabalhista).

- A não observância dos requisitos legais para a adoção do regime de compensação torna devido o pagamento do adicional de horas extras (Súmula 85, III, do TST).

- A supressão, total ou parcial, das horas extras habitualmente prestadas por mais de um ano dá direito a uma indenização ao empregado, correspondente ao valor de um mês das horas suprimidas, total ou parcialmente, para cada ano ou fração igual ou superior a seis meses de prestação de serviço acima da jornada normal, nos termos da Súmula 291 do TST.

- Não têm direito ao adicional de horas extras, por não estarem sujeitos a controle de horário (CLT, art. 62):

  a) exercentes de serviços externos não sujeitos a horário fixo (exceção dos motoristas rodoviários de transporte de passageiros ou cargas, que têm direito ao controle, para poder receber eventuais horas extras – Lei nº 12.619/12, art. 2º, V);

  b) gerentes; e

  c) os empregados em regime de teletrabalho que prestam serviço por produção ou tarefa (CLT, art. 62, III, inserido pela Lei nº 13.467/17 e alterado pela Lei nº 14.442/22);

- Os *cartões de ponto* são a *prova pré-constituída* da prestação de horas extras, sendo *ônus da prova* do empregador trazê-los a juízo, independentemente de determinação judicial, no caso de postulação de horas extras, quando a empresa conte com mais de 10 empregados (CLT, art. 74, § 2º). No entanto, o empregador poderá *justificar* a ausência dos registros ou sua juntada aos autos, bem como o empregado poderá invalidar o horário registrado nos cartões ou em folhas individuais de presença (FIPs), através da *prova testemunhal* (cf. Súmula 338, I e II, do TST);

- O art. 384 da CLT, revogado pela Lei nº 13.467/17, que previa um intervalo de 15 minutos antes da mulher prestar horas extras, foi considerado constitucional pelo STF para o período anterior à Reforma Trabalhista (Tema 528 de Repercussão Geral do STF, *DJe* 8.8.2022).

4. Horas "in itinere"

As *horas "in itinere"* ou de transporte são aquelas que o empregado passa em meio de transporte, indo ou voltando do trabalho até sua casa.

Primeiramente a Súmula 90 do TST (editada originariamente em 1978) e depois os §§ 2º e 3º do art. 58 da CLT (acrescentados pelas Leis ns. 10.243/01 e LC nº 123/06, que incorporaram à CLT parte da jurisprudência do TST) previam uma série de situações em que o empregado teria direito de ter as horas *in itinere* computadas como à disposição do empregador, sendo, portanto remuneradas e, ainda por cima, como trabalho extraordinário (nos casos de condução fornecida pelo empregador para local de trabalho de difícil acesso ou não servido por transporte público regular, ou havendo incompatibilidade de horário entre o transporte público e o início ou término da jornada).

Uma vez transformada em lei a Súmula 90, o TST passou a não admitir sua flexibilização mediante convenções ou acordos coletivos, em detrimento do disposto no art. 7º, XIII, da CF, que admite redução de jornada por negociação coletiva.

Não apenas o STF reformou essa jurisprudência do TST, admitindo a supressão das horas de transporte por convenção ou acordo coletivo (STF, RE 895.759/PE, Min. Teori Zavascki, *DJe* de 13.9.2016), quanto a *Lei nº 13.467/17*, da *Reforma Trabalhista*, foi mais radical e dispõe agora que **não são consideradas como tempo de serviço ou à disposição do empregador**.

Com efeito, o fato de o empregador fornecer o transporte já é uma comodidade para o trabalhador, que não precisa gastar com esse item de consumo. Remunerá-lo, ainda mais com o adicional de serviço extraordinário, quando não despende qualquer esforço, fugia dos *princípios da proporcionalidade e razoabilidade*, razão da mudança de disciplina jurídica pela Reforma Trabalhista.

5. Intervalos (períodos de descanso)

a) Interjornadas – entre 2 jornadas – mínimo de 11 horas (CLT, art. 66).

A redução do intervalo gera para o empregado o pagamento do período suprimido, com o adicional de 50%, a título de indenização, por aplicação analógica do art. 71, § 4º, da CLT, com a redação dada pela Lei nº 13.467/17, da Reforma Trabalhista, ficando superada a Orientação Jurisprudencial 355 da SBDI-1 do TST.

b) Intrajornada – na mesma jornada (CLT, art. 71):

– superior a 6 horas – intervalo de 1 a 2 horas;

– superior a 4 horas – intervalo de 15 minutos.

A não concessão do intervalo para repouso e alimentação gera a obrigação de remunerar o período suprimido com acréscimo de 50% sobre a hora normal de trabalho (CLT, art. 71, § 4º, com a redação dada pela Lei nº 13.467/17, da Reforma Trabalhista). Trata-se de indenização e não de pagamento de hora extra (paga-se o período suprimido do intervalo e mais 50%), ficando superada a Súmula 437, I e III, do TST.

No caso dos motoristas rodoviários de transporte de carga ou passageiros admite-se o fracionamento do intervalo (CLT, art. 71, § 5º).

– datilografia e digitação – intervalo de 10 minutos a cada 90 de trabalho, computados na duração da jornada e remunerados (CLT, art. 72; Súmula 346 do TST). A SBDI-1 do TST possui entendimento de que este mesmo intervalo aplica-se, por analogia, aos *empregados rurais* que trabalham no *corte da cana-de-açúcar*, ante a lacuna da NR-31 do MTE, que, embora contemple previsão de concessão de pausas para descanso aos empregados rurais que realizem atividades em pé ou submetam-se a sobrecarga muscular, não estabeleceu o *modus operandi* delas (TST-E--RR-912-26.2010.5.15.0156, Rel. Min. João Oreste Dalazen, *DEJT* de 19.12.2013); no entanto, não entende devido o intervalo, se quem se ativa em digitação é *bancário* e a digitação é atividade paralela ou intercalada com outra função (ERR-100499-71.2013.5.17.0152, Rel. Min. Alexandre de Souza Agra Belmonte, *DEJT* de 19.05.2017);

– mãe em fase de amamentação (inclusive adotiva) – dois descansos de meia hora durante a jornada, até a criança completar 6 meses de idade (CLT, art. 396).

Obs.: Os intervalos de descanso não são remunerados nem computados na duração da jornada de trabalho (CLT, art. 71, § 2º).

No IRR-1384-61.2012.5.04.0512 (Tema 14, Rel. Min. Kátia Arruda, *DEJT* de 10.5.2019), o Pleno do TST fixou a tese de que *"A redução eventual e ínfima do intervalo intrajornada, assim considerada aquela de até 5 (cinco) minutos no total, somados os do início e término do intervalo, decorrentes de pequenas variações de sua marcação nos controles de ponto, não atrai a incidência do artigo 71, § 4º, da CLT. A extrapolação desse limite acarreta as consequências jurídicas previstas na lei e na jurisprudência"* (ressalva pessoal, pois elastecia a desconsideração para 5 minutos antes e 5 minutos após a jornada, restando vencido no Pleno).

6. Turnos ininterruptos de revezamento

Os *turnos ininterruptos de revezamento* não podem exceder a 6 horas de trabalho (CF, art. 7º, XIV). Trata-se de trabalho em *atividade produtiva contínua da empresa*, que supõe revezamento de equipes de empregados, dos quais não pode ser exigida jornada ininterrupta superior a 6 horas, salvo negociação coletiva. Supõe *alternância de jornada* diurna e noturna, provocando maior desgaste físico do empregado, pela contínua variação de seus ciclos biológicos. A concessão de *intervalo para alimentação e descanso* dentro do turno *não descaracteriza* o turno ininterrupto de revezamento (Súmula 360 do TST).

A simples alternância de *dois turnos* (diurno e noturno) já dá direito ao empregado à jornada reduzida de 6 horas (OJ 360 da SBDI-1 do TST). Dilatada a jornada para 8 horas diárias em *negociação coletiva* para o trabalho em turnos de revezamento, *não faz jus o empregado à 7ª e 8ª horas como extras* (Súmula 423 do TST).

Em que pese a necessidade de fechar matematicamente a conta dos turnos de revezamento (4 turnos de 6 horas), para não descompassar o sistema, a SBDI-1 do TST tem entendido não ser incompatível com o regime de turnos ininterruptos de revezamento o reconhecimento do direito do trabalhador submetido a esse regime à *hora noturna reduzida* (Orientação Jurisprudencial 395).

Com a Lei nº 13.467/17, da Reforma Trabalhista, foi inserido o art. 59-A na CLT, facultando-se às partes, mediante *acordo individual escrito, convenção coletiva ou acordo coletivo de trabalho*, estabelecer *horário de trabalho de 12x36 horas*, observados ou indenizados os intervalos para repouso e alimentação. Tal regime serve justamente para *atividades de caráter ininterrupto*, não sendo incompatível com a jornada normal de 6 horas, desde que preferido o regime pelo trabalhador.

7. Trabalho noturno

É aquele realizado entre as 22 horas de um dia e as 5 do dia seguinte.

a) Duração da hora noturna – 52 minutos e 30 segundos (CLT, art. 73).

b) Adicional – 20% (devido também ao vigia noturno); pago com habitualidade, integra o salário para todos os efeitos legais (Súmula 60, I, do TST).

c) Proibição – menor de 18 anos (CLT, art. 404).

d) Prorrogação da jornada noturna – caso cumprida a jornada integralmente no período noturno e prorrogada, as horas além das 5 horas serão pagas com o adicional noturno (Súmula 60, II, do TST).

A SBDI-1 entende possível, por meio de acordo coletivo de trabalho, fixar *duração maior* para a *hora noturna* em substituição à hora ficta prevista no art. 73, § 1º, da CLT, desde que haja *elevação do adicional noturno*, pois nesse caso não haverá subtração do direito legalmente previsto, apenas a *flexibilização do seu conteúdo*, em razão da aplicação da teoria do conglobamento, segundo a qual a redução de um determinado direito é compensada pela concessão de outras vantagens (TST-E-ED--RR-31600-45.2007.5.04.0232, Rel. Min. Aloysio Corrêa da Veiga, *DEJT* de 14.3.2014).

8. Trabalho em tempo parcial

A Medida Provisória nº 1.709/98 (sucessivamente reeditada até a MP nº 2.164-41/01, que acrescentou o art. 58-A à CLT) introduziu em nosso país o regime de trabalho a tempo parcial (*part-time job*), já vigente em outros países, e que tem-se mostrado eficaz na *geração de empregos*, na medida em que a redução da jornada de trabalho possibilita a divisão do trabalho existente entre maior número de trabalhadores.

Mas essa não é a única vantagem do regime de trabalho a tempo parcial. Ele atende a uma clientela que necessita de tempo para desenvolver outras atividades além do trabalho remunerado. Trata-se do segmento de:

– *mães de família* com filhos para cuidar, pois o trabalho a tempo parcial propicia maior disponibilidade para que a mãe se dedique à educação e formação da criança, a par de permitir que contribua para o incremento da renda familiar;

– *estudantes*, que necessitam de fonte de renda para bancar seus estudos e de tempo para se dedicar a eles. Sua valorização representa um investimento no futuro, pelo aperfeiçoamento constante da mão de obra, especialmente diante dos avanços tecnológicos, que tendem a reduzir os postos de trabalho em atividades repetitivas, para gerá-los em atividades que demandem maior conhecimento técnico.

Com a Lei nº 13.467/17, da Reforma Trabalhista, o art. 58-A da CLT ganhou nova redação e parágrafos, dispondo sobre essa modalidade de contratação. O trabalho a tempo parcial constitui um regime distinto do trabalho normal regulado pela CLT, com as seguintes características:

– Seu limite de horário é de *30 horas semanais*, calculando-se o salário com base naquele pago para uma jornada de tempo integral para a mesma função. Assim, por exemplo, se o empregado de tempo integral labora 40 horas semanais (8 horas por dia durante 5 dias da semana), recebendo salário de R$ 1.000,00 (mil reais) na função de balconista, o de tempo parcial que seja contratado para jornada de 20 horas semanais (4 horas por dia durante 5 dias da semana) nessa mesma função receberá R$ 500,00 (quinhentos reais).

– Para evitar que o novo regime sirva apenas para camuflar a redução de salários, especialmente quando conjugado com a ampliação do período de compensação das horas extras previsto para o "banco de horas", a medida estabelece, como regra geral, a *impossibilidade de prestação de horas extras* por parte dos empregados submetidos ao regime de tempo parcial. Assim, a redução da jornada normal prevista na Constituição, de 44 horas semanais para 30 horas semanais como máximo, implicará, necessariamente, a ampliação dos postos de trabalho para as empresas que optem por essa modalidade, uma vez que, mantendo o mesmo nível produtivo, necessitarão de maior número de empregados para desenvolver as mesmas tarefas. Entretanto, é possível o acréscimo das denominadas "horas suplementares", até o máximo de 6 (seis) horas semanais, quando o trabalho em tempo parcial não tenha duração que exceda a 26 horas semanais (CLT, art. 58-A, *caput*, com a redação dada pela Lei nº 13.467/17, da Reforma Trabalhista).

– No caso dos atuais trabalhadores empregados, o novo regime constitui uma *opção* que se lhes oferta, quando desejam continuar trabalhando, sem que a jornada que ora realizam impeça a ocupação em outras atividades que consideram igualmente necessárias. A ampliação de 25 para 30 horas semanais e a admissão de se prestarem horas extras permitirá que mais trabalhadores possam ser empregados, adotando-se um regime de menor carga horária semanal, equivalente a 6 horas diárias (verdadeiro "meio-período"), multiplicando-se, assim, os postos de trabalho.

Capítulo XIII

Descansos remunerados

1. Repouso semanal remunerado

Direito assegurado a todo empregado, de um descanso semanal de 24 horas consecutivas, com jus à respectiva remuneração (Lei nº 605/49) (domingos e feriados).

a) O domingo trabalhado tem pagamento em dobro, caso não seja compensado com o descanso em outro dia da semana (Dec. nº 27.048/49, art. 6º, § 3º, e Súmula 146 do TST).

b) As horas extras habituais incidem no pagamento dos descansos semanais (Súmula 172 do TST), mas esse valor não repercute no cálculo das férias, da gratificação natalina, do aviso prévio e do FGTS, sob pena de restar caracterizado o *bis in idem* (Orientação Jurisprudencial 394 da SBDI-1 do TST); no entanto, pende de solução por parte do Pleno do TST o IRR-10169-57.2013.5.05.0024 (Tema 9, Rel. Min. Márcio Eurico, afetado desde 9.2.2017 e com relator já aposentado), sobre a questão de se saber (possivelmente com revisão da OJ nº 394), se a majoração do valor do repouso semanal remunerado, decorrente da integração das horas extras habituais, deve repercutir, ou não, no cálculo das demais parcelas salariais

c) O comércio varejista ficou autorizado a funcionar aos domingos, desde que garanta ao trabalhador ao menos um domingo por mês de folga, a par de assegurar, nas outras semanas, o descanso noutro dia da semana (Lei nº 10.101/2000, art. 6º).

d) A concessão do descanso semanal remunerado após o sétimo dia consecutivo de trabalho viola o art. 7º, XV, da CF e acarreta o seu pagamento em dobro (Orientação Jurisprudencial 410 da SBDI-1 do TST).

2. Férias

Direito que o empregado tem ao descanso de até 30 dias a cada ano de trabalho (CLT, art. 129).

a) **Períodos:**
- aquisitivo – 12 meses de trabalho;
- concessivo – dentro dos 12 meses subsequentes.

– Se a empresa não concede as férias no período concessivo, deverá fazê-lo no período seguinte, pagando-as em dobro (CLT, art. 137).

– Direito de coincidência (CLT, art. 136):

– estudantes, com as férias escolares;

– membros da mesma família;

– estagiário, com as férias escolares (Lei nº 11.788/08, art. 13).

– Aviso de férias – mínimo de 30 dias de antecedência (CLT, art. 135).

– As férias poderão ser *fracionadas em até 3 períodos*, sendo que um dos períodos não pode ser inferior a 14 dias e nenhum dos demais inferior a 5 dias (CLT, art. 134, § 1º, com a redação dada pela Lei nº 13.467/17, da Reforma Trabalhista); para evitar a sobreposição de feriados e repousos remunerados com as férias, no caso de fracionamento em períodos de 5 dias, a Reforma Trabalhista veiculada na Lei nº 13.467/17 vedou que o início das férias fracionadas se dê nos 2 dias que antecedem feriado ou final de semana, sinalizando que os *5 dias deverão ser, de preferência, dias úteis*, conforme a conveniência ou concordância do empregado (CLT, art. 134, § 3º).

b) Duração (CLT, art. 130):

– 30 dias (até 5 faltas injustificadas), inclusive para o trabalhador doméstico (nova redação do art. 3º da Lei nº 5.859/72, dada pela Lei nº 11.324/06);

– 24 dias (de 6 a 14 faltas);

– 18 dias (de 15 a 23 faltas);

– 12 dias (de 24 a 32 faltas);

– acima de 32 faltas injustificadas, o empregado não adquire o direito a férias.

c) Perda do direito (CLT, art. 133):

– licença remunerada por mais de 30 dias;

– afastamento por mais de 6 meses, contínuos ou não, recebendo auxílio-doença da Previdência Social;

– deixar de trabalhar por mais de 30 dias, por paralisação da empresa, recebendo salário;

– deixar o emprego e não ser readmitido dentro de 60 dias.

d) Remuneração – o salário devido na data da concessão (CLT, art. 142) deve ser acrescido de 1/3 (CF, art. 7º, XVII).

– Na base de cálculo das férias são computados os adicionais de horas extras, noturno, de insalubridade ou periculosidade (CLT, art. 142, § 5º).

– O empregado pode pedir 1/3 das férias em dinheiro (*abono pecuniário* – CLT, art. 143), inclusive o empregado contratado a tempo parcial (§ 6º do art. 58-A da CLT, introduzido pela Lei nº 13.467/17, da Reforma Trabalhista).

– Era devido o pagamento em dobro da remuneração de férias, incluído o terço constitucional, com base no art. 137 da CLT, quando, ainda que gozadas na época própria, o empregador tivesse descumprido o prazo previsto no art. 145 da CLT, de pagá-las dois dias antes do seu gozo (Súmula 450 do TST). O TST havia mitigado a súmula para a hipótese de atraso ínfimo (E-RR – 10128-11.2016.5.15.0088, Pleno, Rel. Min. Ives Gandra, *DEJT* de 8.4.2021). No entanto, o STF considerou inconstitucional o verbete sumulado e invalidou todas as decisões judiciais nela calcadas ainda não transitadas em julgado (ADPF 501, Rel. Min. Alexandre de Moraes, julgado em 8.8.2022).

e) Prescrição total das férias – dá-se em 5 anos, contados do término do período concessivo.

f) Férias proporcionais – são devidas na rescisão do contrato de trabalho, salvo no caso de dispensa por justa causa (Súmula 171 do TST).

Obs.: base de 1/12 por mês de serviços ou fração superior a 14 dias (CLT, art. 146).

g) Férias coletivas – concedidas pelo empregador a todos os empregados da empresa ou de um de seus estabelecimentos ao mesmo tempo (CLT, art. 139), sendo que aos empregados com menos de 1 ano de casa serão computadas como proporcionais, começando a fluir novo período aquisitivo (CLT, art. 140). Em relação a esses últimos empregados a empresa pode:

– convocá-los nos demais dias para executar trabalhos no estabelecimento;

– considerar como concessão antecipada de férias os dias que excederem ao que têm direito, desde que expressa e antecipadamente formalizado por escrito; ou

– considerar de licença remunerada o período excedente, quando não tiver serviços para realizar nos dias excedentes.

Capítulo XIV

Segurança e Medicina do Trabalho

1. Normas protetivas da saúde do trabalhador

As normas de segurança e medicina do trabalho têm por finalidade precípua a *prevenção de acidentes de trabalho*, aí incluídas as lesões à saúde do trabalhador decorrentes da exposição continuada a agentes nocivos (redução dos riscos inerentes ao trabalho – CF, art. 7º, XXII).

As *ações judiciais coletivas* de prevenção de acidentes de trabalho são da *competência da Justiça do Trabalho*, enquanto apenas as relativas aos acidentes de trabalho já ocorridos (ações acidentárias para obtenção do benefício previdenciário) cabem à Justiça Comum. Isto porque as ações de caráter coletivo intentadas pelo Ministério Público do Trabalho na defesa dos interesses difusos e coletivos relativos ao meio ambiente de trabalho estão voltadas para o cumprimento do ordenamento jurídico-laboral, que contempla as normas básicas de medicina e segurança do trabalho (CLT, arts. 154 a 201).

Cabem, no entanto, perante a Justiça Laboral as ações individuais de reparação de dano moral ou material decorrente de acidente de trabalho, quando constatado dolo ou culpa do empregador (CF, art. 7º, XXVIII), a menos que se trate de atividade de risco, quando a responsabilidade do empregador é objetiva (CC, art. 927, parágrafo único; Tema 932 do STF).

2. Normas Regulamentadoras (NR) do Ministério do Trabalho

Os dispositivos da CLT que tratam da Medicina e Segurança do Trabalho foram regulamentados de forma específica pela Portaria nº 3.214/78 do Ministério do Trabalho, constituída de *28 Normas Regulamentadoras* (atualmente chegando a 37 NRs), que vão sendo atualizadas periodicamente com a edição de portarias que lhes aperfeiçoam as medidas. Em 2019, o governo lançou um projeto de desburocratização das normas regulamentadoras, que estimula a atividade produtiva, simplificando o cumprimento das exigências de saúde e segurança do trabalho. Seus temas, com o fundamento do dispositivo da CLT ou de lei que as embasa, são os seguintes:

Norma	CLT	Matéria
NR-01	154 a 159	Obrigações básicas da empresa em segurança e medicina do trabalho (genéricas)
NR-02	160	Inspeção prévia do estabelecimento, antes de funcionar, pela SRTE
NR-03	161	Embargo e interdição de estabelecimento por risco grave e iminente de acidente
NR-04	162	Serviço Especializado em Engenharia de Segurança e Medicina do Trabalho (SESMT)
NR-05	163 a 165	Comissão Interna de Prevenção de Acidentes (CIPA)
NR-06	166 e 167	Equipamentos de Proteção Individual (EPI)
NR-07	168 e 169	Programa de Controle Médico de Saúde Ocupacional (PCMSO)
NR-08	170 a 178	Normas sobre edificações dos estabelecimentos (iluminação, conforto térmico etc.)
NR-09	200, VI	Programa de Prevenção de Riscos Ambientais (PPRA)
NR-10	179 a 181	Instalações e serviços em eletricidade
NR-11	182 e 183	Transporte, movimentação, armazenagem e manuseio de materiais
NR-12	184 a 186	Máquinas e equipamentos (dispositivos de partida e parada para evitar acidentes)
NR-13	187 e 188	Caldeiras e vasos de pressão (dispositivos para não ultrapassar limites de pressão)
NR-14	187 e 188	Fornos (aprovação prévia do MTb sobre condições de segurança no funcionamento)
NR-15	189 a 192	Atividades e operações insalubres
NR-16	193 a 197	Atividades e operações perigosas: contato com inflamáveis ou explosivos
NR-17	198 e 199	Ergonomia: prevenção à fadiga (limite de peso levantável – 60 kg) e postura (assento)
NR-18	200, I	Condições e meio ambiente de trabalho na indústria de construção
NR-19	200, II	Explosivos (precauções no armazenamento, transporte e manuseio)
NR-20	200, II	Líquidos combustíveis e inflamáveis
NR-21	200, V	Trabalho a céu aberto (proteção contra sol, frio, calor, chuva, umidade e ventos)
NR-22	200, III	Trabalhos subterrâneos (prevenção de desmoronamentos, intoxicações por gases etc.)
NR-23	200, IV	Proteção contra incêndios (revestimento de portas e paredes de anteparo a fogo etc.)
NR-24	200, VII	Condições sanitárias e de conforto nos locais de trabalho
NR-25	200, VI	Resíduos industriais
NR-26	200, VIII	Sinalização de segurança
NR-27	L. 7.410/85	Registro do Técnico de Segurança do Trabalho no Ministério do Trabalho
NR-28	201	Fiscalização e penalidades
NR-29	L. 9.719/98	Trabalho portuário
NR-30	L. 9.537/97	Trabalho aquaviário
NR-31	L. 5.889/73	Trabalho na agricultura, pecuária, silvicultura, exploração florestal e aquicultura
NR-32		Serviços de saúde
NR-33		Trabalhos em espaços confinados
NR-34		Trabalho na indústria da construção e reparação naval
NR-35		Trabalho em altura

NR-36		Segurança e saúde no trabalho em empresas de abate e processamento de carnes e derivados
NR-37	L. 5.811/72	Segurança e saúde em plataformas petrolíferas

Todos os estabelecimentos produtivos devem submeter-se, antes de funcionarem, a uma *inspeção prévia* da autoridade do Ministério do Trabalho, para verificação das condições de segurança e higiene do ambiente de trabalho. As empresas com mais de 50 empregados e com acentuado grau de risco devem constituir em seu âmbito o *Serviço Especializado em Engenharia de Segurança e Medicina do Trabalho – SESMT* como setor técnico para adoção de medidas de prevenção de acidentes. A *Comissão Interna de Prevenção de Acidentes – CIPA* tem objetivo similar, mas constituída de forma paritária (representantes da empresa e dos empregados) e não por técnicos, para empresas com acentuado grau de risco a partir de 20 empregados.

O *Programa de Controle Médico e de Saúde Ocupacional – PCMSO* deve ser implementado no âmbito de todas as empresas, com o objetivo de promover e preservar a saúde do conjunto dos trabalhadores da empresa. Ele prevê a realização de *exames médicos periódicos*: na admissão do empregado, no seu retorno ao trabalho depois de acidente ou doença, na mudança de função e, anualmente, como medida preventiva de doenças profissionais.

Nos ambientes de trabalho insalubres em que a fonte da insalubridade não possa ser superada através de medidas de caráter geral que afaste ou diminua a ação dos agentes nocivos à saúde do trabalhador deve ser fornecido ao empregado o denominado *equipamento de proteção individual – EPI*, que é um equipamento de uso pessoal com a finalidade de proteger o trabalhador contra as lesões que possam ser provocadas por agentes físicos, químicos, mecânicos ou biológicos presentes no ambiente de trabalho. Não previnem a ocorrência de acidentes, mas apenas evitam ou atenuam a gravidade das lesões. Os mais comuns são: máscaras, óculos de segurança, capacetes, luvas, calçados de proteção, cinto de segurança, protetores auriculares, aventais, jaquetas, macacões etc. Seu uso deve ser fiscalizado pela empresa (o simples fornecimento do EPI não exime a empresa do pagamento do adicional de insalubridade se não é utilizado pelo empregado – Súmula 289 do TST).

Os órgãos da *fiscalização do trabalho* das Superintendências Regionais do Trabalho e Emprego fazem visitas de fiscalização às empresas. Verificando o descumprimento de alguma norma trabalhista, consignam o prazo de 60 dias para que sejam sanadas as irregularidades verificadas, exceção feita às situações de maior gravidade, em que a adoção de medidas deve ser imediata. As empresas podem, fundamentadamente, pedir prorrogação do prazo, que poderá chegar a 120 dias. Persistindo a irregularidade, o fiscal do trabalho lavra o *auto de infração*, contra o qual a empresa pode:

– *recorrer* para a Secretaria correspondente do Ministério do Trabalho; ou

– *pagar a multa* aplicada, que será reduzida a 50% do seu valor (as multas por infrações em segurança e medicina do trabalho variam entre 630 e 6.800 UFIRs; a

Lei nº 13.467/17, da Reforma Trabalhista, prevê a indexação dessas multas pela TR (Taxa Referencial) (CLT, art. 634, § 2º).

Nos termos da Súmula Vinculante 21 do STF e da Súmula 424 do TST, o art. 636, § 1º, da CLT, que prevê a exigência de prova do depósito prévio do valor da multa administrativa como pressuposto de admissibilidade de recurso administrativo, não foi recepcionado pela Constituição Federal, ante a sua incompatibilidade com o inciso LV do art. 5º, que assegura o exercício do contraditório e da ampla defesa no processo administrativo, sem ônus para o administrado.

3. Agentes e graus de insalubridade

Considera-se insalubre o trabalho realizado *acima dos limites de tolerância* do organismo humano quanto a determinado agente, que pode provocar dano a sua saúde, pela intensidade da ação do agente nocivo ou pelo tempo de exposição a ele.

Os agentes insalubres são classificados segundo o *grau de sua nocividade ao organismo* (a deficiência de iluminação deixou de ser considerada fator de insalubridade a partir de 1991), de acordo com a tabela a seguir:

Grau de Insalubridade	Agente Insalubre
Mínimo:	Agentes Químicos (pode chegar a médio ou máximo)
Médio:	Agentes Biológicos (pode chegar a máximo)
	Ruído Contínuo ou Intermitente
	Ruído de Impacto
	Calor Radiante
	Radiações não Ionizantes
	Vibrações
	Frio
	Umidade
Máximo:	Radiações Ionizantes
	Pressões Hiperbáricas
	Poeiras Minerais

A insalubridade de um ambiente de trabalho pode ser corrigida através de *medidas de caráter geral* que conservem o local de trabalho dentro dos limites de tolerância para a saúde do trabalhador ou mediante o fornecimento, pela empresa, do *equipamento de proteção individual* ao trabalhador, que elimine ou diminua a intensidade do agente nocivo.

Para o deferimento do adicional de insalubridade não basta a constatação da existência de agente insalubre por meio de *perícia*, sendo indispensável que a atividade esteja *classificada* como tal na relação oficial (NRs) elaborada pelo *Ministério do Trabalho* (Súmula 448, I, do TST).

Nesse sentido, a jurisprudência do TST tem considerado insalubres, por interpretação das Normas Regulamentadoras do Ministério do Trabalho, as seguintes atividades não especificamente nominadas:

- trabalho exposto a *calor* acima dos limites de tolerância, inclusive em ambiente externo (Orientação Jurisprudencial 173 da SBDI-1 do TST), como no caso dos *canavieiros* (a simples atividade a céu aberto, sujeita à exposição solar, não garante o direito);

- trabalho em *aviários*, com coleta de dejetos e aves mortas (TST-E-RR – 60300-07.2007.5.09.0195, SDI-1, Rel. Min. Ives Gandra Martins Filho, *DEJT* 10.9.2012, com ressalva do próprio relator);

- trabalho do *pessoal de limpeza e recolhimento de lixo de banheiro de instalações sanitárias* de uso público ou coletivo de grande circulação (Súmula 448 do TST), incluindo estabelecimentos de ensino (TST-ERR-102100-02.2007.5.04.0018, SBDI-1, Rel. Min. João Batista Brito Pereira, *DJ* de 30.8.2013) e hotéis (TST-EARR-746-94.2010.5.04.0351, SBDI-1, Rel. Min. Renato de Lacerda Paiva, *DJ* de 5.4.2013);

- trabalho exposto a *vibração* com potencial de risco à saúde, como de motoristas de ônibus (TST-ERR-611-80.2014.5.03.0186, SBDI-1, Rel. Min. Cláudio Mascarenhas Brandão, *DEJT* 31.8.2018);

- trabalhador rural exposto à *fuligem da queima de cana-de-açúcar* (TST--ERR-1454-11.2011.5.09.0242, SBDI-1, Rel. Min. Alexandre de Souza Agra Belmonte, *DEJT* 20.3.2015).

Por outro lado, *não tem sido reconhecido* o adicional de insalubridade aos *agentes comunitários de saúde*, uma vez que sua atividade principal é apenas de orientação e prevenção à saúde, não estando classificada no anexo 14 da NR 15 da Portaria nº 3.214/78 do MT (TST-ERR-207000-08.2009.5.04.0231, SBDI-1, Rel. Min. Aloysio Corrêa da Veiga, *DEJT* 29.4.2016).

4. Condições de periculosidade

É considerado trabalho em condições de periculosidade aquele desenvolvido em *contato permanente* com *inflamáveis* ou *explosivos* (CLT, art. 193). A Lei nº 7.369/85 (hoje revogada) estendeu as condições de risco ao trabalho no setor de *energia elétrica*. E a Lei nº 12.740/12 ampliou as hipóteses de periculosidade ao trabalho em atividades de *segurança pessoal ou patrimonial* sujeito a roubos ou violência física (nova redação do art. 193 da CLT).

A jurisprudência do TST, quanto à Lei nº 7.369/85, firmou-se no sentido de que o direito ao adicional de periculosidade não está restrito aos empregados de *empresas produtoras ou distribuidoras* de energia elétrica, mas abrange também aqueles que trabalhem em *empresas consumidoras*, desde que a atividade do empregado seja em *sistema elétrico de potência* (ERR-71640-73.2006.5.19.0010, SBDI-1, Rel. Min. Rosa Maria Weber Candiota da Rosa, *DJ* de 30.11.2007).

Entende-se por *sistema elétrico de potência* o conjunto de circuitos elétricos inter--relacionados, que compreende a instalação para geração, transmissão e distribuição de energia elétrica, inclusive a medição.

Também os *cabistas, instaladores e reparadores de linhas* de empresas de telecomunicações que trabalham junto à rede eletrificada, fazendo manutenção da rede telefônica em postes onde a fiação elétrica se encontra próxima à fiação telefônica, em alta voltagem, têm direito ao adicional (Orientação Jurisprudencial 347 da SBDI do TST).

O adicional é devido, segundo o TST, não apenas quando o *contato* é *permanente* (trabalho contínuo na área de risco), mas também quando o contato é *intermitente* (trabalho não contínuo na área de risco, mas com constantes e previstas entradas nela). Só no caso do contato *eventual* (que pode se dar ou não, pois é esporádico e sem previsão) não se admite o direito ao adicional.

No caso de trabalho com *gases explosivos (GLP)*, haverá direito ao adicional mesmo que o contato seja por tempo muito reduzido, em face do alto risco potencial de dano efetivo ao empregado (Orientação Jurisprudencial 5 da SBDI-1 do TST; TST-E-ED--RR 657.260/2000, SBDI-1, Rel. Min. Maria Cristina Peduzzi, *DJ* de 25.5.2007).

Também é devido o pagamento do adicional de periculosidade ao empregado que desenvolve suas atividades em *edifício* (construção vertical), seja em pavimento igual ou distinto daquele onde estão instalados *tanques contendo líquido inflamável*, considerando-se como área de risco toda a área interna da construção vertical (Orientação Jurisprudencial 385 da SBDI-1 do TST). No caso de *transporte de combustíveis*, o limite para não ser devido o adicional é de tanque contendo menos de 200 litros, pois, acima desse limite, mesmo que se trate de combustível para o próprio veículo, é devido o adicional (TST-ERR-732992-52.2001.5.03.5555, SBDI-1, Rel. Min. João Oreste Dalazen, *DEJT* de 21.10.2005).

No caso de trabalhadores que *dirigem veículos ou máquinas*, é devido o adicional de periculosidade se forem eles que *abasteçam os veículos/máquinas* (TST--ERR-810527-57.2001.5.03.5555, SBDI-1, Rel. Min. João Oreste Dalazen, *DEJT* de 5.12.2003); se o *abastecimento for por terceiro*, apenas com o acompanhamento do motorista, *não há direito ao adicional*, em face da ausência de risco acentuado para o trabalhador (EEDRR-5100-49.2005.5.15.0120, SBDI-1, Red. Min. Maria Cristina Irigoyen Peduzzi, *DEJT* de 10.9.2012).

5. Normas de Medicina e Segurança do Trabalho na Pandemia do Covid-19

A infecção pelo *vírus Covid-19*, iniciada na cidade de Wuhan, na China continental, em dezembro de 2019, foi reconhecida mundialmente como *pandemia* pela *Organização Mundial da Saúde (OMS)* em 11 de março de 2020, dada sua extrema gravidade, tendo levado à morte mais de 6 milhões de pessoas no mundo e mais de 600 mil no Brasil, num total superior a 500 milhões de infectados em 192 países.

As *medidas sanitárias* adotadas pelo Brasil, a partir de então, também no *campo laboral*, foram basicamente:

a) isolamento (*lockdown*) e quarentena para evitar a proliferação do surto de coronavírus, e *vacinação obrigatória* para proteção da população (Lei nº 13.979/20);

b) implementação do *teletrabalho, antecipação de férias* individuais, concessão de *férias coletivas*, aproveitamento e *antecipação de feriados*, banco de horas, suspensão de exigências administrativas em segurança e medicina do trabalho e diferimento do recolhimento do *FGTS*, no momento em que não se imaginava que a pandemia iria durar tanto, repetidas quando do agravamento da crise em 2021 (Medidas Provisórias ns. 927/20 e 1.046/21);

c) instituição do *programa emergencial de manutenção do emprego e renda*, com o pagamento de um *benefício emergencial* pago pelo governo (no valor total ou parcial do *seguro-desemprego*), nos casos de *redução* proporcional da jornada e do salário ou de *suspensão* do contrato de trabalho, promovidas não apenas mediante negociação coletiva, como inclusive por acordos individuais (Medida Provisória nº 936/20, convertida na Lei nº 14.020/20; ADI 6363, Red. Min. Alexandre de Moraes, julgada em 17.4.2020), repetido como *novo programa*, mas com semelhantes diretrizes em 2021 (Medida Provisória nº 1.045/21, rejeitada pelo Congresso em fevereiro de 2022, por ausência de urgência);

d) instituição do *auxílio emergencial* mensal temporário pago pelo governo aos trabalhadores sem emprego formal ativo (Lei nº 13.982/20: R$ 600,00 por 3 meses; Medida Provisória nº 1.000/20: R$ 300,00 por 3 meses; Medida Provisória nº 1.039/21: R$ 250,00 por 4 meses, prorrogados por mais 3 meses pelo Decreto nº 10.740/21);

e) instituição do *programa emergencial de suporte ao emprego*, com abertura de *linhas de crédito* às empresas, com suporte financeiro do Estado (Medida Provisória nº 944/20, convertida na Lei nº 14.043/20);

f) *afastamento da empregada gestante* do trabalho presencial enquanto não imunizada totalmente contra o coronavírus (Leis ns. 14.151/21 e 14.311/22).

A maior parte das medidas contou com o *respaldo do STF*, reconhecendo-se sua constitucionalidade, à *exceção*, entre outras, da *não consideração do Covid-19 como doença ocupacional* (suspensão do art. 29 da MP nº 927 na ADI 6342, Red. Min. Alexandre de Moraes, julgada em 29.4.2020), o que não significa que a contração da doença por empregado permita a *responsabilização objetiva* do empregador, salvo em relação aos *profissionais de saúde*. Isto porque, se a empresa adotou todas as medidas de prevenção da doença exigidas pelas autoridades sanitárias (uso de máscaras e álcool gel, exigência de vacinação ou teste de imunidade, teletrabalho e redução do número de trabalhadores presenciais), não pode ser responsabilizada se o trabalhador contraiu a doença em outros ambientes sem essas precauções (relações familiares e sociais). Nesse sentido, a *responsabilidade seria subjetiva*, quando demonstrada a *culpa patronal* pela não adoção das medidas sanitárias legalmente exigidas.

Capítulo XV

Normas especiais

1. Mulher

Desde a sua edição em 1943, a CLT conta com um capítulo especial sobre a *"Proteção do Trabalho da Mulher"* (Capítulo III do Título III), composto de 5 Seções.

Em que pese a Constituição de 1988 ter assegurado a *igualdade entre homens e mulheres* quanto a direitos e obrigações (CF, art. 5º, I), as *diferenças biológicas* entre ambos os sexos justificam normas especiais para a mulher, como a licença-maternidade de 120 dias (CF, art. 7º, XVIII), a proteção do mercado de trabalho (CF, art. 7º, XX) e a aposentadoria com limites menores do que dos homens (CF, arts. 40, III, e 201, § 7º, I – 62 anos de idade, ao invés de 65 anos do homem).

Apesar da Constituição de 1988 também ter *vedado a discriminação da mulher* quanto a salários, funções e critérios de admissão (CF, art. 7º, XXX), as estatísticas ainda apontam para uma diferenciação de salários (menores para a mesma função em relação às mulheres), de cargos (menos mulheres nos cargos mais importantes) e para contratação (evitando-se mulheres em período de fertilidade).

A Lei nº 9.799/99 veio a acrescentar normas à CLT, na Seção I do referido Capítulo III, que passou a incluir em seu título "Da Discriminação contra a Mulher", prevendo a vedação a testes de gravidez para admissão ou manutenção do emprego, anúncios de emprego limitado a homens, recusa de emprego ou promoção em razão do sexo, bem como levar esse fator em consideração para efeitos de remuneração (CLT, art. 373-A).

Por outro lado, com o reconhecimento da igualdade entre homens e mulheres, muitas das normas constantes desse capítulo III acabaram sendo *revogadas tácita ou expressamente*, como foi o caso do art. 384 da CLT, que previa um descanso de 15 minutos para a mulher, antes de prestar horas extras, objeto de muita polêmica (Tema 528 do STF, que reconheceu a recepção do dispositivo pela CF de 1988), revogado pela Lei nº 13.467/17.

As principais normas que resistiram ao tempo e mantêm sua plena e reforçada eficácia no Capítulo III são aquelas relativas à *Proteção da Maternidade* (Seção V), superlativamente defendidas pelo STF e pelo TST em seus julgados, à luz dos arts. 6º, 201, II, e 203 da CF e 10, II, "b", do ADCT:

a) *licença maternidade de 120 dias*, ampliável para 180 dias em caso de adesão da empresa ao "Programa Empresa-Cidadã", com desconto do imposto de renda devido pela empresa em relação aos 60 dias adicionais (Lei nº 11.770/08), extensível também à empregada adotante de criança (CLT, art. 392-A);

b) *estabilidade provisória da gestante*, até *5 meses após o parto*, ainda que a confirmação da gravidez se dê durante o aviso prévio indenizado (CLT, art. 391-A), no exercício de cargo comissionado (Tema 497 do STF) ou no curso de contrato de experiência ou por prazo determinado (Súmula 244 do TST), excetuado o contrato temporário, que possui limite legal de duração, sem possibilidade de prorrogação (TST-IAC-5639-31.2013.5.12.0051);

c) *garantia de afastamento de atividades insalubres* em qualquer grau, com a manutenção da remuneração e do respectivo adicional, da empregada gestante (CLT, art. 394-A; ADI 5938).

Ademais, a Lei nº 14.457/22, resultado da conversão da MP nº 1.116/22, veio a implementar o art. 7º, XX, da CF, promovendo incentivos que ampliassem o mercado de trabalho da mulher, no denominado *"Programa Emprega + Mulheres"*, tais como:

a) *apoio à parentalidade*, mediante pagamento de reembolso-creche, subvenção de instituições de educação infantil pelos serviços sociais autônomos e flexibilização do regime de trabalho (teletrabalho, trabalho a tempo parcial, compensação de jornada, jornada de 12x36 horas), das férias e do horário de entrada e saída;

b) *apoio ao retorno ao trabalho das mulheres após o término da licença-maternidade*, mediante suspensão do contrato de trabalho de pais empregados para acompanhamento do desenvolvimento dos filhos e flexibilização do usufruto da prorrogação da licença-maternidade (prevista na Lei nº 11.770/08);

c) *medidas de qualificação das mulheres* em cursos de capacitação, com suspensão do contrato de trabalho;

d) *prevenção e combate ao assédio sexual* e a outras formas de violência no âmbito do trabalho.

Com o veto presidencial ao art. 21 da Lei nº 14.457/22, as medidas previstas para estimular a empregabilidade de mulheres continuam passíveis de implementação por acordos individuais, sem as restrições que o dispositivo vetado criava e que dificultariam sua adoção, a par de gerar insegurança jurídica na sua interpretação.

2. Rurícola

É regido pela Lei nº 5.889/73, que reconhece ao trabalhador rural direitos contemplados na CLT (anotação na CTPS, jornada de 8 horas, horas extras com adicional de 50%, horário noturno com acréscimo de 25%, férias anuais, aviso prévio, indenização e PIS).

Empregado rural é toda pessoa física que, em *propriedade rural ou prédio rústico*, presta serviços de natureza não eventual a empregador rural, sob a dependência deste e mediante salário (art. 2º da Lei nº 5.889/73).

O empregado que trabalha em *empresa de reflorestamento*, cuja atividade está diretamente ligada ao manuseio da terra e de matéria-prima, é considerado rurícola, e não industriário (Orientação Jurisprudencial 38 da SBDI-1 do TST).

Peculiaridades:

a) passou a ter direito ao salário-família com a Lei nº 8.213/91 (Súmula 344 do TST) e ao FGTS pela Constituição Federal, art. 7º, *caput* e inciso III;

b) a prescrição não corria durante o contrato de trabalho (os direitos só prescreviam após 2 anos da rescisão contratual); a EC nº 28/00 igualou, nesse aspecto, o trabalhador urbano e rural, sendo quinquenal a prescrição durante a relação de emprego, e bienal após a cessação do contrato de trabalho (CF, art. 7º, XXIX); a Lei nº 13.467/17 (Reforma Trabalhista) alterou o art. 11 da CLT para corrigir impropriedade técnica (falava em prescrição do direito de ação, quando o adequado é a prescrição da *pretensão*) e asseverar que *tanto para o trabalhador urbano quanto para o rural os prazos prescricionais são idênticos*;

c) salário *in natura*, composto de habitação (20%) e alimentação (25%), devendo o trabalhador rural receber pelo menos 55% do salário em dinheiro;

d) a plantação *subsidiária ou intercalar* do empregado não pode compor a parte correspondente ao salário mínimo;

e) a moradia, infraestrutura básica de água e luz, e os bens destinados à produção de subsistência do empregado não integram o salário, se assim for pactuado por escrito (Lei nº 5.889/73, art. 9º, § 5º);

f) o *contrato rural por pequeno prazo*, de no máximo 2 meses ao longo de um ano, para desenvolvimento de atividade de natureza temporária (ex.: colheita ou plantio que não ultrapasse esse limite temporal), dispensa a assinatura da CTPS, se houver contrato escrito e inclusão do nome do trabalhador na GFIP (Guia de Recolhimento do Fundo de Garantia do Tempo de Serviço e Informações à Previdência Social) (Lei nº 5.889/73, art. 14-A);

> Obs.: o empregador rural podia comprovar, de 5 em 5 anos, o cumprimento das obrigações trabalhistas perante a Justiça do Trabalho, desonerando-se do período (CF, art. 233 – revogado expressamente pela EC nº 28/00);

g) o *motorista* que trabalha no âmbito de empresa cuja atividade é preponderantemente rural é considerado *trabalhador rural*, pois não enfrenta o trânsito das estradas e das cidades (Orientação Jurisprudencial 315 da SBDI-1 do TST);

h) o *cortador de cana*, pelas condições mais desgastantes de trabalho, quando *recebe por produção* e trabalha em sobrejornada, tem direito não apenas ao adicional, mas às próprias *horas extras* (Orientação Jurisprudencial 235 da SBDI-1 do TST).

3. Professor (CLT, arts. 317 a 324)

a) Necessidade do registro de habilitação para o magistério na CTPS para poder ser contratado.

b) Base da remuneração – número de aulas dadas.

c) Limite de aulas por dia, num mesmo estabelecimento – 4 consecutivas ou 6 intercaladas.

d) Mês de 4 semanas e meia, com a remuneração dos repousos semanais na base de 1/6 das aulas dadas na semana.

e) As férias do professor não se confundem com as escolares, nas quais continua à disposição do empregador (poderá gozar suas férias em parte desse período).

f) Despedido sem justa causa no final do ano letivo ou durante as férias escolares, tem direito à remuneração destas (CLT, art. 322, *caput* e § 3º), além do aviso prévio (Súmula 10 do TST).

g) A contraprestação mensal devida ao professor, que trabalha no limite máximo da jornada prevista no art. 318 da CLT, é de um *salário mínimo integral*, não se cogitando do pagamento proporcional em relação à jornada prevista no art. 7º, XIII, da CF (Orientação Jurisprudencial 393 da SBDI-1 do TST).

h) A redução da carga horária do professor, em virtude da diminuição do número de alunos, não constitui alteração contratual vedada, uma vez que não implica redução do valor da hora-aula (Orientação Jurisprudencial 244 da SBDI-1 do TST).

i) Os arts. 37, I, da Lei nº 5.540/68 e 53, parágrafo único, da Lei nº 9.394 *não garantem* ao professor universitário *estabilidade no emprego*, nem exigem a dispensa por ato colegiado, porquanto assegura-se à instituição privada o direito potestativo de resilir o contrato (TST-RR-657500-13.2005.5.09.0005, Rel. Min. Luiz Philippe Vieira de Mello Filho, 1ª Turma, *DEJT* de 13.5.2011).

j) A Lei nº 11.738/08 estabelece o *piso salarial* para os professores que lecionam em *escolas públicas do ensino básico* (R$ 950,00), para jornada semanal de 40 horas, observando-se o limite máximo de 2/3 da jornada com atividades diretamente ligadas a ministrar aulas ou atender alunos. A não observância dessa proporcionalidade dá direito ao professor receber como horas extras aquelas dedicadas aos alunos, além da previsão legal (TST-ERR-10314-74.2015.5.15.0086, SBDI-1, Rel. Min. Luiz Philippe Vieira de Mello Filho, *DEJT* de 16.10.2019).

4. Bancário (CLT, arts. 224 a 226)

a) Jornada normal de trabalho de seis horas.

b) As empresas de crédito, financiamento ou investimento equiparam-se aos estabelecimentos bancários em termos de jornada de trabalho (Súmula 55 do TST), o que não ocorre com as cooperativas de crédito, em face de suas diferenças estruturais e operacionais com as instituições financeiras (Orientação Jurisprudencial 379 da SBDI-1 do TST).

c) É proibido o trabalho aos sábados, que é dia útil não trabalhado, e não repouso remunerado (Súmula 113 do TST), sendo a jornada semanal de 30 horas.

d) Não gozam da jornada reduzida de seis horas os bancários que exercem funções de direção, gerência, fiscalização, chefia e equivalentes (desde que a gratificação recebida seja superior a 1/3 do cargo efetivo) – CLT, art. 224, § 2º. Eram considerados cargos de confiança os de subgerente, chefe, subchefe e tesoureiro (Súmulas 238, 233, 234 e 237, respectivamente, do TST, canceladas em 28.10.2003). A Súmula 102 do TST, ao estabelecer as características do cargo de confiança bancário, afasta a discussão dessas circunstâncias perante o TST (inciso I).

e) O exercício de cargo de confiança retira o direito às sétima e oitava horas como extras, mas não às excedentes de 8 (Súmula 102, IV, do TST), exceto no caso do gerente-geral de agência bancária, que se presume no exercício de encargo de gestão, enquadrando-se no art. 62, II, da CLT, o que não lhe dá direito a horas extras, em face da inexistência de controle de horário, já que autoridade máxima na agência (Súmula 287 do TST). Se houver controle de jornada do gerente-geral da agência pela superintendência regional, haverá direito a horas extras (TST-E--RR-114740-98.2005.5.13.0004, SBDI-I, Rel. Min. Luiz Philippe Vieira de Mello Filho, julgado em 9.8.2012), mas a simples subordinação hierárquica, com limitação de poderes, não afasta a incidência da regra sobre gerente geral (TST-EE-DRR-492-02.2010.5.09.0863, SBDI-1, Rel. Min. Hugo Carlos Scheuermann, *DEJT* 29.3.2019). O art. 62, II, da CLT se aplica também aos casos de gestão compartilhada da agência entre gerente, com gerências distintas (TST-EARR-600-53.2013.5.09.0660, SBDI-1, Rel. Min. Alberto Luiz Bresciani de Fontan Pereira, *DEJT* 29.11.2019).

f) Os empregados em empresas de processamento de dados que prestam serviços a banco do mesmo grupo econômico têm a jornada reduzida de 6 horas (Súmula 239 do TST), não assim o vigia de banco, cuja jornada é de 8 horas (Súmula 257 do TST).

g) Divisor para cálculo do salário-hora (Súmula 124 do TST):

– No caso de haver ajuste individual expresso ou coletivo considerando o sábado como repouso semanal remunerado, o divisor será de:

– 150, para os empregados submetidos à jornada de 6 horas;

– 200, para os empregados submetidos à jornada de 8 horas.

– Não havendo esse ajuste, a semana será de 6 dias e o divisor de:

– 180, para os empregados submetidos à jornada de 6 horas;

– 220, para os empregados submetidos à jornada de 8 horas.

– No entanto, nos IRRs 849-83.2013.5.03.0138 e 144700-24.2013.5.13.0003 (Tema 2, Rel. Min. Cláudio Brandão, *DEJT* 19.12.2017), a SDI-1 fixou a tese de que o divisor aplicável para cálculo das horas extras do bancário, inclusive para os submetidos à jornada de oito horas, é definido com base na regra geral prevista no art. 64 da CLT (resultado da multiplicação por 30 da jornada normal de trabalho), sendo 180 e 220, para as jornadas normais de 6 e 8 horas, respectivamente; e que a inclusão do sábado como dia de repouso semanal remunerado, no caso do bancário, não altera o divisor, em virtude de não haver redução do número de horas semanais, trabalhadas e de repouso (ficou a necessidade de revisão da Súmula 124 do TST).

h) O intervalo de 15 minutos para alimentação não integra a jornada de trabalho do bancário (OJ 178 da SBDI-1 do TST).

i) A percepção, pelos caixas-executivos, da verba denominada *quebra de caixa* permite que sejam descontadas de seu salário as eventuais diferenças verificadas no fechamento de seus caixas (TST-E-ED-RR-217100-61.2009.5.09.0658, SBDI-I, Rel. Min. Aloysio Corrêa da Veiga, julgado em 16.8.2012).

5. Ferroviário (CLT, arts. 236 a 247)

a) É computado como tempo de trabalho efetivo o gasto em viagens até o local onde presta serviço (pessoal removido, turmas de conservação).

b) O pessoal de equipagem pode ter prorrogação de jornada de até 12 horas, com intervalo mínimo entre cada uma de 10 horas.

c) A jornada do telegrafista, nas estações de tráfego intenso, é de 6 horas e a do cabineiro, de 8 horas.

d) Os que trabalham em estações de interior (de pouco movimento) não têm direito a horas extras (Súmula 61 do TST).

e) A recusa em trabalhar nos casos de urgência, sem causa justificada, é considerada falta grave (CLT, art. 240, parágrafo único).

f) "Extranumerário" (não efetivo) – trabalhador que se apresenta normalmente ao serviço, embora só trabalhe quando necessário (recebe só pelos dias efetivamente trabalhados).

g) "Prontidão" – o trabalhador fica nas dependências da estrada, aguardando ordens (2/3 do salário-hora). A escala de prontidão é de 12 horas, no máximo.

h) "Sobreaviso" – o trabalhador permanece em casa, aguardando o serviço, para o qual pode ser chamado a qualquer momento (1/3 do salário da hora normal) (o mesmo se aplica aos eletricitários, computado o terço sobre a totalidade das parcelas de natureza salarial – Súmula 229 do TST). A escala de sobreaviso é de, no máximo, 24 horas.

i) Aos ferroviários aplica-se o art. 7º, XIV, da Constituição Federal referente aos turnos ininterruptos de revezamento (Orientação Jurisprudencial 274 da SBDI-1 do TST).

j) A garantia ao intervalo intrajornada, prevista no art. 71 da CLT, por constituir-se em medida de higiene, saúde e segurança do empregado, é aplicável também ao ferroviário maquinista integrante da categoria "c" (equipagem de trem em geral) (Súmula 446 do TST).

6. Trabalhadores em plataformas petrolíferas (Lei nº 5.811/72)

a) Regime de revezamento de 12 horas consecutivas, com descanso de 24, sendo 15 dias de trabalho na plataforma e 15 de descanso em terra.

b) Com a limitação constitucional ao turno ininterrupto de revezamento (CF, art. 7º, XIV), o TST reconheceu a recepção da Lei nº 5.811/72 pela nova Constituição Federal (Súmula 391), tendo os petroleiros, em acordo coletivo, aceitado manter a jornada de 12 horas, mediante ampliação para 21 dias de descanso em terra após 14 de trabalho nas plataformas.

c) Tendo os petroleiros regramento próprio quanto ao direito ao transporte gratuito para o local de trabalho (art. 3º, IV), não se lhes reconhece direito à percepção de *horas "in itinere"* (cf. TST-E-ED-RR-424/1999-161-17-00.3, Red. Desig. Min. Aloysio Corrêa da Veiga, *DJ* de 20.6.2008; E-ED-RR-8972200-19.2003.5.04.0900, Rel. Min. Augusto César Leite de Carvalho, SBDI-1, *DEJT* de 10.6.2011).

d) É reconhecido aos petroleiros o direito ao intervalo interjornadas de 11 horas, sendo que a sua concessão irregular dá direito ao recebimento de horas extras, nos termos dos arts. 66 e 71, § 4º, da CLT (TST-EEDRR-780812-13.2001.5.05.5555, SBDI-1, Rel. Min. Guilherme Augusto Caputo Bastos, *DJ* de 20.11.2009).

7. Mineiro (CLT, arts. 293 a 301)

a) O trabalho em minas de subsolo só é permitido para homens entre 21 e 50 anos.

b) Jornada normal – 6 horas (se trabalha na superfície, é de 8 horas).

c) É computado na jornada de trabalho o tempo gasto entre a boca da mina e o local de trabalho efetivo.

d) Intervalo – 15 minutos a cada 3 horas de trabalho, computados na jornada de trabalho.

e) Prorrogação da jornada – até 8 horas diárias, mediante acordo.

f) A atividade desenvolvida em minas de subsolo tem sido considerada de *risco*, o que tem levado à responsabilização objetiva do empregador em caso de acidente de trabalho (TST-E-RR-233100-4 7.2005.5.12.0027, Rel. Min. Maria de Assis Calsing, *DEJT* de 4.2.2011).

8. Aeronauta (Lei nº 13.475/17; revogada a Lei nº 7.183/84)

a) Aeronautas são os tripulantes das aeronaves: *piloto, comissário de voo e mecânico de voo* (art. 1º, *caput*). Devem ser brasileiros natos ou naturalizados (art. 6º, *caput*). Admitem-se comissários de voo estrangeiros, na proporção de 1/3 dos nacionais, nos voos internacionais operados por empresas brasileiras (art. 6º, § 1º).

b) Jornada de trabalho:

- Limites diários (art. 31):
    - 8 horas de voo e 4 pousos (tripulação mínima e simples);
    - 11 horas de voo e 5 pousos (tripulação composta);
    - 14 horas de voo e 4 pousos (tripulação de revezamento);
    - 7 horas de voo e sem limite de pousos (tripulação de helicóptero).
- Limites mensais e anuais (art. 33):
    - 80 horas de voo por mês e 800 horas por ano (aviões a jato);
    - 85 horas de voo/mês e 850 horas/ano (aviões turboélice);
    - 100 horas de voo/mês e 960 horas/ano (aviões convencionais);
    - 90 horas de voo/mês e 930 horas/ano (helicópteros);
    - Definição em norma coletiva (aviação agrícola).
- Superação da jornada de 12 horas e redução do descanso de 12 horas apenas mediante convenção ou acordo coletivo de trabalho entre o operador da aeronave e o sindicato da categoria profissional (art. 19, § 4º).
- Cômputo – a jornada de trabalho é contada entre a hora de apresentação no local de trabalho e a hora em que ele é encerrado (art. 35).

c) Contrato de Trabalho – deve ser feito diretamente pelo operador de aeronave, sendo autorizada a terceirização quando o serviço aéreo não constituir atividade-fim do operador, e desde que por prazo não superior a 30 dias e não ocorrer mais de uma vez ao ano (art. 20).

d) Base Contratual – será a matriz ou filial onde o contrato de trabalho do tripulante estiver registrado (art. 23). O tripulante poderá ficar até 21 dias consecutivos em trabalho fora da base, situação em que, ultrapassados 6 dias de trabalho contínuo, terá folgas correspondentes a, no mínimo, o número de dias fora da base contratual menos 2 dias (art. 41, § 4º).

e) Escala de Trabalho – mensal e divulgada com antecedência mínima de 5 dias, determinando os horários de início e término de voos, serviços de reserva, sobreavisos e folgas, com autorização de que em 4 meses ao longo do ano a escala possa ser semanal e divulgada com até 2 dias de antecedência (art. 26).

f) Hora noturna – de 52 minutos e 30 segundos para o trabalho executado entre as 22 horas de um dia e as 5 horas do dia seguinte no horário local ou entre 18 horas de um dia e 6 horas do dia seguinte no fuso horário oficial da base contratual do trabalhador (art. 39).

g) Sobreaviso – de 3 a 12 horas, com remuneração de 1/3 do período, permanecendo o tripulante em local de sua escolha à disposição do empregador, devendo apresentar-se em até 90 minutos, caso haja algum chamado de serviço (art. 43).

h) Reserva – é o tempo à disposição do empregador, no período de 3 a 6 horas, no local de trabalho (art. 44).

i) Intervalo entre jornadas (art. 48):

- 12 horas para jornada de até 12 horas;
- 16 horas para jornada entre 12 e 15 horas;
- 24 horas para jornada superior a 15 horas.

j) Remuneração – soma das vantagens pecuniárias, excluídas a ajuda de custo, diárias de hospedagem, alimentação e transporte (art. 55).

k) Férias – 30 dias, permitido o fracionamento por acordo coletivo (art. 67).

l) Não tem direito ao *adicional de periculosidade* pelo tempo de abastecimento da aeronave quando está a bordo, em virtude de permanecer no ar a maior parte da jornada de trabalho (Súmula 447 do TST).

9. Aeroviário (Dec. nº 1.232/62)

a) Aquele que exerce função remunerada nos serviços terrestres de empresa aérea (manutenção, operação, auxiliares e gerais).

b) Jornada normal – 8 horas diárias e 44 semanais (os que trabalham nos serviços de pista têm jornada de 6 horas).

c) Aqueles que laboram na pista (motoristas e carregadores de bagagem) têm direito ao *adicional de periculosidade* em face da constante exposição na área de risco, com o abastecimento das aeronaves (TST-AGERR-396756-35.1997.5.06.5555, SBDI-1, Rel. Min. Ríder de Brito, *DJ* de 30.5.2003).

10. Atleta profissional de futebol (Lei nº 9.615/98 – Lei Pelé, alterada pelas Leis nºs 12.395/11 e 14.205/21)

a) Contrato de trabalho por prazo determinado, com vigência mínima de 3 meses e máxima de 5 anos (art. 30). O denominado "vínculo desportivo" do atleta com a entidade contratante é considerado como acessório da relação trabalhista e se dissolve com o término da vigência do contrato ou o seu distrato; com o pagamento da cláusula indenizatória desportiva ou da cláusula compensatória desportiva; com a rescisão decorrente do inadimplemento salarial, de responsabilidade da entidade de prática desportiva empregadora; com a rescisão indireta ou com a dispensa imotivada do atleta (art. 28, § 5º).

b) O clube (entidade de prática desportiva) que formou o atleta tem direito a assinar com ele o primeiro contrato como profissional, a partir dos 16 anos, pelo prazo máximo de 5 anos (art. 29). Da mesma forma, a entidade formadora e detentora do primeiro contrato especial de trabalho desportivo com o atleta por ela profissionalizado terá o direito de preferência para a primeira renovação deste contrato, cujo prazo não poderá ser superior a 3 anos, salvo se para equiparação de proposta de terceiro.

c) Jornada semanal de 44 horas (incluindo partidas e treinos). Se conveniente à entidade de prática desportiva, a concentração não poderá ser superior a 3 dias consecutivos por semana, desde que esteja programada qualquer partida, prova ou equivalente, amistosa ou oficial, devendo o atleta ficar à disposição do empregador por ocasião da realização de competição fora da localidade onde tenha sua sede. O prazo de concentração poderá ser ampliado, independentemente de qualquer pagamento adicional, quando o atleta estiver à disposição da entidade de administração do desporto. É assegurado ainda um repouso semanal remunerado de 24 horas ininterruptas, preferentemente em dia subsequente à participação do atleta na partida, prova ou equivalente, quando realizada no final de semana.

d) Passe – no regime da Lei nº 6.354/76, era a importância devida por um empregador a outro, na cessão do atleta (a transferência somente seria possível com a anuência do atleta).

e) Luvas – também do regime da Lei nº 6.354/76, era a importância paga pelo empregador ao atleta, na assinatura do contrato (15% do valor do passe).

f) Férias coincidentes com o recesso obrigatório das atividades desportivas.

g) O atraso no pagamento de salários (e seus consectários, inclusive depósitos para o FGTS e pagamento das contribuições previdenciárias), no todo ou em parte:

- por 2 ou mais meses, permite ao atleta recusar-se a competir pelo clube; e

- por 3 ou mais meses, é causa de rescisão indireta do contrato de trabalho, sujeitando o clube ao pagamento de multa.

h) O desporto de rendimento pode ainda ser organizado de modo não profissional, identificado pela liberdade de prática e pela inexistência de contrato de trabalho, sendo permitido o recebimento de incentivos materiais e de patrocínio.

i) Direito de imagem, denominado de "direito de arena" (arts. 42, § 1º, **e 42-A, §§ 2º a 5º**) – salvo convenção coletiva de trabalho em contrário, 5% da receita proveniente da exploração de direitos desportivos audiovisuais serão repassados aos sindicatos de atletas profissionais, e estes distribuirão, em partes iguais, aos atletas profissionais participantes do espetáculo, como parcela de natureza civil.

j) No contrato especial de trabalho desportivo devem constar, obrigatoriamente:

- a *cláusula indenizatória desportiva*, devida exclusivamente à entidade de prática desportiva à qual está vinculado o atleta; nas hipóteses de transferência do atleta para outra entidade, por ocasião do retorno do atleta às atividades profissionais em outra entidade de prática desportiva, no prazo de até 30 meses;

- *cláusula compensatória desportiva*, devida pela entidade de prática desportiva ao atleta, nas hipóteses de rescisão decorrente de inadimplemento salarial, de responsabilidade da entidade de prática desportiva empregadora; na rescisão indireta e na dispensa imotivada do atleta (art. 28).

k) Deveres da entidade de prática desportiva empregadora:

- registrar o contrato de trabalho desportivo do atleta profissional na entidade de administração da respectiva modalidade desportiva;
- proporcionar aos atletas profissionais as condições necessárias à participação nas competições desportivas, treinos e outras atividades preparatórias ou instrumentais;
- submeter os atletas profissionais aos exames médicos e clínicos necessários à prática desportiva.

l) Deveres dos atletas profissionais (art. 35):

- participar dos jogos, treinos, estágios e outras sessões preparatórias de competições com a aplicação e dedicação correspondentes às suas condições psicofísicas e técnicas;
- preservar as condições físicas que lhes permitam participar das competições desportivas, submetendo-se aos exames médicos e tratamentos clínicos necessários à prática desportiva;
- exercitar a atividade desportiva profissional de acordo com as regras da respectiva modalidade desportiva e as normas que regem a disciplina e a ética desportivas.

m) Transferência do atleta para o exterior (art. 40) – na cessão ou transferência de atleta profissional para entidade de prática desportiva estrangeira deverão ser observadas as instruções expedidas pela entidade nacional de título, sendo que as condições para a transferência do atleta profissional para o exterior deverão integrar obrigatoriamente os contratos de trabalho entre o atleta e a entidade de prática desportiva brasileira que o contratou.

11. Empregado doméstico (Lei nº 5.859/72; Emenda Constitucional nº 72/13; Convenção nº 189 da OIT; LC 150/15)

a) Aquele que presta serviços de forma contínua, subordinada, onerosa e pessoal e de finalidade não lucrativa a pessoa ou família, no âmbito residencial destas, por mais de 2 dias por semana.

b) Faxineiras e lavadeiras que prestam serviços como diaristas, cada dia em uma casa, são consideradas autônomas, desde que só laborem até 2 dias para um mesmo empregador.

c) Antes da Emenda Constitucional nº 72/13, o trabalhador doméstico gozava apenas dos seguintes direitos (CF, art. 7º, parágrafo único):

- salário mínimo (pode haver desconto do que é fornecido *in natura*, como alimentação e moradia);

- irredutibilidade de vencimentos;
- 13º salário;
- repouso semanal remunerado;
- férias de 30 dias (nova redação do art. 3º da Lei nº 5.859/72, dada pela Lei nº 11.324/06), com 1/3 a mais de salário (e dobradas, se não pagas no período concessivo);
- licença-gestante e paternidade;
- aviso prévio proporcional;
- aposentadoria;
- FGTS (facultativo, nos termos da Lei nº 10.208/01).

d) Com a Emenda Constitucional nº 72/13, o empregado doméstico passou a contar também com os seguintes direitos trabalhistas:

- indenização compensatória para a despedida imotivada;
- seguro-desemprego;
- FGTS;
- adicional noturno;
- intangibilidade salarial;
- salário-família;
- jornada de 8 horas diárias e 44 horas semanais;
- adicional de horas extras de 50%;
- assistência gratuita para filhos pequenos em creches;
- negociação coletiva;
- seguro contra acidentes de trabalho.

e) Só ficaram fora do rol constitucional dos direitos do empregado doméstico em relação aos demais trabalhadores o piso salarial, participação nos lucros, jornada de 6 horas para turnos de revezamento, adicional de insalubridade, periculosidade e penosidade e proteção contra a automação.

f) Convenção nº 189 da OIT (junho de 2011, ainda não ratificada pelo Brasil) – principais diretrizes traçadas:

- condições de *vida decente*, com respeito à *privacidade*, se residem no local de trabalho (em muitos países asiáticos, o empregado doméstico é tratado como verdadeiro servo ou escravo) (art. 6º);
- formalização da relação trabalhista em *contrato escrito*, com todos os dados necessários a que o empregado conheça seus direitos quanto a salário, jornada, descansos, alojamento e alimentação (art. 7º);
- a *jornada de trabalho, as férias e os descansos semanais remunerados* dos domésticos devem ser iguais aos dos demais trabalhadores (no Brasil, 44 horas

semanais, 8 horas diárias, descanso semanal de 24 horas e férias de 30 dias), considerando-se como de trabalho o tempo à disposição do empregador na residência, quando não haja livre disposição desse tempo pelo empregado (art. 11);

- direito ao mesmo *salário mínimo* dos demais trabalhadores, mas com desconto razoável das vantagens fornecidas em espécie, como alimentação, habitação e vestuário (no Brasil, o limite do salário *in natura* é de 30%) (arts. 11 e 12);

- licença-maternidade (no Brasil, de 6 meses) e previdência social igual à dos demais trabalhadores (art. 14).

Obs.: O maior problema trazido pela Convenção nº 189 da OIT e também pela EC nº 72/13 diz respeito a como contabilizar e limitar o tempo efetivo de trabalho do empregado doméstico que resida no local de trabalho, de família pequena, cuidando da cozinha, limpeza e lavanderia. Ou deverá receber muito mais, em face das horas extras, ou a família terá de mudar seus hábitos, assumindo tarefas, se não puder contratar outro empregado. A EC nº 72/13 valoriza devidamente o trabalho do lar e poderá implicar um retorno da mulher (com o marido) a uma dedicação maior ao cuidado da própria casa e filhos, pelo custo mais elevado do serviço doméstico por empregado. Talvez essas dificuldades sejam levadas em consideração ao se regulamentar o disposto na Convenção e na Emenda Constitucional.

g) LC nº 150/15 – a lei complementar regulamenta direitos já previstos na EC nº 72/13, dentre os quais se destacam:

- relação de emprego protegida contra despedida arbitrária ou sem justa, com indenização compensatória em caso de dispensa sem justa causa;

- seguro-desemprego, em caso de desemprego involuntário, no valor de um salário mínimo pelo prazo máximo de 3 meses;

- FGTS;

- idade mínima de 18 anos para a contratação (Convenção nº 182/99 da OIT);

- remuneração do trabalho noturno superior ao diurno em 20%, sendo considerado horário noturno aquele compreendido entre 22 horas de um dia e as 5 horas do dia seguinte;

- assistência gratuita aos filhos e dependentes desde o nascimento até 5 anos de idade em creches e pré-escolas;

- salário-família pago em razão do dependente do trabalhador de baixa renda;

- instituição do banco de horas;

- previsão do trabalho em tempo parcial;

- adoção do regime de 12x36 horas, mediante acordo individual escrito;

- adicional de 25% para acompanhamento em viagens;

- intervalo intrajornada de, no mínimo, uma hora e, no máximo, duas horas, admitindo-se, mediante prévio acordo escrito entre empregado e empregador, a sua redução para 30 minutos;
- intervalo interjornadas de 11 horas consecutivas.

Além disso, a LC nº 150/15 previu a contribuição previdenciária patronal de 8%, o recolhimento para o FGTS de 8%, acrescido de um percentual de 3,2% a título de antecipação da multa de 40%, devida nas despedidas sem justa causa, e 0,8% de contribuição social para o financiamento do seguro contra acidentes do trabalho. Para o pagamento dessa carga tributária, a lei instituiu o regime unificado de pagamentos de tributos e encargos do trabalhador doméstico, o Simples Doméstico. Também foi instituído o Programa de Recuperação Previdenciária dos Empregadores Domésticos (REDOM), destinado ao parcelamento dos débitos do empregador doméstico com o INSS vencido até 30.4.2013.

É de responsabilidade do empregador o arquivamento de documentos comprobatórios do cumprimento das obrigações fiscais, trabalhistas e previdenciárias, enquanto essas não prescreverem (art. 42).

O *Estatuto da Cidade* (Lei nº 10.257/01) foi alterado pela Lei nº 13.699/18 para beneficiar os *trabalhadores domésticos*, estabelecendo diretrizes para, nas edificações, garantir-lhes *moradia condigna* em termos de dimensionamento, ventilação, iluminação, ergonomia, privacidade e qualidade dos materiais empregados (art. 2º, XIX).

12. Trabalhador contratado para prestar serviços no exterior (Lei nº 7.064/82)

a) Goza dos direitos da lei vigente no país da prestação dos serviços (Súmula 207 do TST, cancelada em 2012, em face de a Lei nº 11.962/09 ter ampliado a abrangência da Lei nº 7.064/82 para todos os trabalhadores contratados para prestar serviços no exterior e não apenas os de empresas de engenharia), sendo-lhe assegurados os previstos na Lei nº 7.064/82, que também, no seu art. 3º, II, prevê a aplicação da legislação brasileira quando for mais favorável do que a do local da prestação dos serviços, *"no conjunto de normas e em relação a cada matéria"*, ou seja, segundo o princípio do conglobamento tópico (instituto por instituto, como regras de prescrição, férias, repouso semanal remunerado etc.).

b) Tem direito a salário-base em moeda nacional e adicional de transferência.

c) Duração máxima do contrato – 3 anos no exterior (salvo se assegurado o direito de gozar férias anuais no Brasil).

d) Remessa de valores correspondentes à remuneração para o local de trabalho.

e) Pagamento, pela empresa, das despesas de viagem.

f) É assegurado o retorno ao Brasil, no caso de rescisão do contrato de trabalho ou por motivo de saúde.

13. Marítimos (CLT, arts. 248 a 252)

a) Horário de trabalho não diferenciado em jornada diurna ou noturna (exigência de jornada normal de 8 horas em serviço).

b) As horas extras contam-se inteiras (fração inferior a uma hora é arredondada para mais).

c) O fato de o trabalhador tripulante de navio estar embarcado não presume que esteja à disposição do empregador, pois goza de suas horas de descanso, devendo ser provado o horário e tempo de trabalho efetivo (Súmula 96 do TST).

d) O trabalho a bordo é disciplinado pelo "Regulamento das Capitanias dos Portos".

e) Navegação:

– de longo curso – oceânica;

– de cabotagem – pela costa marítima;

– fluvial – embarcações de rios.

14. Portuários (Lei nº 9.719/98 e Lei nº 12.815/2013)

a) A exploração do serviço portuário cabe à União Federal, mas pode ser concedida a operadores portuários privados (concessionários), que, em cada porto organizado, constituirão um órgão de gestão de mão de obra, sem fins lucrativos, para cadastramento de trabalhadores portuários e fornecimento de mão de obra aos tomadores de serviços (operador portuário e embarcações que aportem e necessitem descarregar).

b) Os serviços prestados pelos portuários são de:

– capatazia – movimentação das cargas no porto e nos armazéns (era feita pelos funcionários das antigas Companhias Docas, que não eram arregimentados pelos sindicatos);

– estiva – movimentação das cargas nos conveses e porões dos navios (nos primórdios da navegação comercial, integravam a tripulação dos navios);

– conferência de carga – contagem dos volumes e verificação do estado das mercadorias;

– conserto de carga – reparos e restauração das embalagens das mercadorias;

- bloco – limpeza e conservação das embarcações (denominação derivada do fato de formarem "bloco" de trabalhadores para os serviços que os demais trabalhadores avulsos do porto recusavam);

- vigilância – fiscalização da entrada e saída de pessoas das embarcações.

c) As espécies de trabalhadores portuários são:

- com vínculo empregatício a prazo indeterminado (contratados dentre os avulsos registrados);

- avulsos.

d) Jornada especial de 6 horas ininterruptas para os serviços de capatazia realizados no período noturno.

e) A escalação das turmas de trabalhadores portuários avulsos a serem engajadas na carga e descarga de navios, bem como o rateio da retribuição paga pelas companhias de navegação pelo trabalho de estiva, passou da órbita do sindicato para o órgão gestor de mão de obra, cabendo apenas ao sindicato a representação e defesa dos interesses dos trabalhadores portuários. Tendo em vista que, nos termos do art. 6º da Lei nº 9.719/98, o trabalhador avulso deverá comparecer ao local da prestação dos serviços para poder concorrer à escala de trabalho, é devido o pagamento do *vale-transporte*, que não pode se restringir aos dias em que ocorrer o efetivo engajamento (TST-E-ED-RR-14800-02.2008.5.02.0251, SBDI-1, Rel. Min. Dora Maria da Costa, *DEJT* de 11.10.2013).

f) Apenas os trabalhadores da *estiva, conferência e conserto de carga e vigilância de embarcações* são obrigados ao *registro no OGMO* para serem contratados. Já os trabalhadores de capatazia e de bloco podem ser contratados sem necessidade do registro. A SDC, em julgamento de dissídio coletivo de natureza jurídica, pacificando controvérsia que afligia os trabalhadores avulsos, operadores portuários e OGMOs, concernente à contratação de trabalhadores portuários de capatazia e bloco, acabou adotando uma posição intermediária entre as posturas radicais: com base na Convenção nº 137 da OIT, entendeu ser possível a contratação de trabalhadores fora do sistema de registro nos OGMOs, mas com oferecimento prévio das vagas existentes aos trabalhadores registrados (TST-DC-174611/2006-000 -00-00.5, Rel. Min. Brito Pereira, SEDC, *DJ* em 11.9.2007).

g) Os portuários que trabalham em portos organizados têm direito ao *adicional de risco* (Lei nº 4.860/65, art. 14), não fazendo jus à vantagem os portuários que laboram em terminais privativos, cujo regime é distinto (Orientação Jurisprudencial 402 da SBDI-1 do TST).

h) A *prescrição* aplicável às reclamatórias ajuizadas pelos portuários é a do art. 7º, XXIX, da CF, dada a equiparação de direitos entre o trabalhador avulso e o trabalhador com vínculo empregatício estável, contando-se os cinco anos de cada engajamento concreto e ultimado até o limite de 2 anos após o cancelamento do registro ou do cadastro no órgão gestor de mão de obra, nos termos do art. 37, 4º, da Lei nº 12.815/13. Após o cancelamento da Orientação Jurisprudencial nº 384 da SDI-1 do TST, a mudança de entendimento se fixou a partir do precedente do processo TST-E-ED-RR-183000-24.2007.5.05.0121 da SBDI-I (Rel. Min. José Roberto Freire Pimenta, julgado em 4.8.2016). Na ADI 5132 (Rel. Min. Gilmar Mendes, *DJe* de 8.4.2021), o STF fixou a tese de que *"é constitucional o prazo prescricional de cinco anos para o ajuizamento de ações trabalhistas de portuários avulsos até o limite de dois anos após o cancelamento do registro ou do cadastro no Órgão Gestor de Mão de Obra (OGMO)"*.

i) A *aposentadoria espontânea* do trabalhador avulso *não implica* o *cancelamento da inscrição* no cadastro e registro do trabalhador portuário junto ao Órgão de Gestão de Mão de Obra – OGMO (ArgInc-395400-83.2009.5.09.0322, Tribunal Pleno, Rel. Min. Pedro Paulo Teixeira Manus, julgado em 15.10.2012).

j) O trabalhador portuário avulso tem direito ao *intervalo interjornadas de 11 horas*, sendo-lhe devidas como extras as horas eventualmente suprimidas em caso de trabalho em dois turnos consecutivos (dupla pegada ou dobra) (TST-ERR-10800-06.2007.5.09.0022, SBDI-1, Rel. Min. Luiz Philippe Vieira de Mello Filho, *DJ* de 23.8.2013). Não tem, porém, direito ao pagamento em dobro de *domingos e feriados* trabalhados (TST-EEDRR-232000-17.2009.5.09.0022, SBDI-1, Rel. Min. Guilherme Augusto Caputo Bastos, *DEJT* de 18.11.2016).

15. Médicos (Lei nº 3.999/61)

a) Jornada de trabalho de 4 horas diárias, no máximo, se para um empregador, e de 6 horas diárias, se forem dois os empregadores.

b) Intervalo obrigatório de 10 minutos a cada 90 trabalhados.

c) Piso salarial correspondente a 3 vezes o salário mínimo vigente.

d) Horas extraordinárias, acordadas por escrito ou por motivo de força maior, não excedentes a 2 por dia.

16. Radiologista (Lei nº 7.394/85)

a) Radiologista é o profissional que opera raios X, formado por Escola Técnica de Radiologia (curso de 3 anos, após a conclusão do 2º grau).

b) Jornada de trabalho de 24 horas semanais, salário profissional de 2 salários mínimos (Súmula 358 do TST, convertidos os 2 salários mínimos em seu valor nominal à época do julgamento da ADPF 151-DF pelo STF e aplicados os reajustes legais) e direito ao adicional de insalubridade em grau máximo (40%).

17. Fisioterapeuta e terapeuta ocupacional (Lei nº 8.856/94)

a) Jornada de trabalho de, no máximo, 30 horas semanais.

b) Enquanto cabe ao médico prescrever tratamento fisioterapêutico a paciente que dele necessite para recuperação de movimentos, compete ao fisioterapeuta estabelecer a forma de fazê-lo, escolhendo os exercícios mais apropriados e acompanhando sua realização.

18. Engenheiro, químico, arquiteto, agrônomo e veterinário (Leis ns. 4.950-A/66, 5.194/66 e 6.496/77)

a) Jornada de trabalho variando segundo as atividades ou tarefas que exigem apenas 6 horas diárias de serviço ou mais.

b) Salário profissional:

- 6 salários mínimos – para os diplomados em curso superior regular de 4 anos de duração ou mais;
- 5 salários mínimos – para os diplomados em curso superior com duração inferior a 4 anos.

c) Contrato de trabalho – deve ter cláusula prevendo a Anotação de Responsabilidade Técnica (ART), cujo objetivo é dar segurança à execução das obras.

19. Artista e técnico de espetáculos de diversões (Leis ns. 4.944/66, 6.533/78 e Dec. nº 82.385/78)

a) Jornada de trabalho:

- 6 horas diárias – para os que trabalham em radiodifusão, fotografia, gravação, circo e dublagem;
- 8 horas diárias – para os artistas de teatro, durante o período de ensaio.

b) Contrato de trabalho – a regra é o acordo por prazo determinado, havendo, no entanto, previsão legal de contrato por prazo indeterminado.

c) Há algumas cláusulas obrigatórias, como, por exemplo:

- a de descrição específica da natureza funcional e das obrigações atinentes à atividade do artista;
- a de fazer constar o nome do artista em folhetos de apresentação, cartazes e impressos de propaganda.

d) Nota contratual – criada para regular apresentações eventuais (*free lancers*), devendo haver no mínimo 60 dias entre uma nota e outra.

e) Funções acumuladas (não ultrapassando duas no mesmo contrato) exercidas para o mesmo empregador geram o direito a um adicional de 40% sobre a melhor remunerada.

f) Artista estrangeiro – deve recolher, na CEF, 10% do valor acordado na contratação, em prol do sindicato da categoria profissional.

20. Radialista (Lei nº 6.615/78)

a) Radialista é o trabalhador de empresa de radiodifusão (rádio ou televisão), fora os artistas, que desempenha as demais atividades que resultam na produção do espetáculo de rádio ou televisão: autoria, direção, produção, interpretação, dublagem, locução, cenografia, tratamento de sons e imagens, montagem, transmissão etc. (principalmente atividades de bastidores).

b) Jornada de trabalho:

- de 5 horas diárias, para setores de autoria e locução;
- de 6 horas diárias, para os setores de produção, interpretação, dublagem, tratamento e transmissão de sons e imagens, montagens, revelação e cópia de filmes, artes plásticas, animação de desenhos e manutenção técnica;
- de 7 horas diárias, para os setores de cenografia e caracterização; e
- de 8 horas diárias, para os demais setores.

c) A escala de revezamento deve ser organizada de forma a que o radialista possa gozar de um repouso dominical mensal, sendo os demais descansos semanais em outro dia da semana.

d) Os textos de memorização, roteiros de gravação e planos de trabalho devem ser entregues ao radialista com antecedência mínima de 24 horas.

e) Não se exige o registro do radialista na SRTE para efeito de enquadramento como tal na empresa de radiodifusão em que trabalhar (TST-E-ED--RR-2983500-63.1998.5.09.0012, SBDI-I, Rel. Min. José Roberto Freire Pimenta, julgado em 7.3.2013).

21. Jornalista (CLT, arts. 302 a 316; Dec.-Lei nº 972/69, Dec. nº 83.284/79; Lei nº 7.360/85)

a) A atividade jornalística compreende desde a busca de informação até a redação de artigos e a direção desta função.

b) Jornada de trabalho:

- 5 horas diárias, podendo ser aumentada até 7, por meio de acordo escrito (é a regra);

- 8 horas diárias, para os que laboram em serviços externos ou nas funções de redator-chefe, secretário e subsecretário, chefe e subchefe de revisão, chefe de ilustração, oficina e portaria.

c) Funções exclusivas de jornalista – editor, secretário, subsecretário, chefe de reportagem e chefe de revisão.

No julgamento do RE-511.961-SP, Rel. Min. Gilmar Mendes, ocorrido em 17.6.2009, o STF, por 8x1 (vencido o Min. Marco Aurélio), entendeu *não ser exigível diploma específico para o exercício da profissão de jornalista*, por considerar não recepcionado pela CF de 1988 o inciso V do art. 4º do Decreto-Lei nº 972/69.

d) Seguro de vida obrigatório para o jornalista designado para trabalhar em área de risco (PN 112 do TST).

22. Ascensorista (Lei nº 3.270/57)

a) Jornada de trabalho – 6 horas diárias.

b) Horas extras – proibidas, ainda que haja consenso entre as partes.

23. Músico (Lei nº 3.857/60)

a) Jornada de trabalho – 5 horas diárias.

b) Prorrogação de jornada (implica intervalo obrigatório de 30 minutos):

- até 6 horas diárias, no caso de estabelecimentos de diversões públicas em que atuem 2 ou mais conjuntos;

- até 7 horas diárias, no caso de festejos populares, força maior ou solenidades públicas.

c) Diárias – a cada sessão excedente das normais, o músico faz jus a uma diária.

d) O Pleno do STF, no julgamento do RE 414.426, decidiu que o exercício da profissão de músico não está condicionado ao prévio registro ou à concessão de licença pela entidade de classe, porquanto se sobrepõem a liberdade de exercício profissional e a liberdade de expressão, e não há risco para a sociedade que justifique a tutela ou intervenção estatal.

24. Telefonista (CLT, arts. 227 a 231)

a) Jornada de trabalho:

- 6 horas diárias – para os operadores de mesa;

– 7 horas diárias – para os que não são operadores.

b) Intervalo intrajornada – 20 minutos de descanso a cada 3 horas trabalhadas continuamente.

c) Horas extras – permitidas em caso de "indeclinável" necessidade.

d) Escalas de revezamento – obrigatoriedade de a empresa organizá-las para os trabalhadores na mesma função.

e) Telefonistas de mesa de empresa que não explora serviço de telefonia estão sujeitos à jornada especial de 6 horas (Súmula 178 do TST).

25. Advogado empregado (Lei nº 8.906/94, arts. 18 a 21)

a) Jornada de trabalho – 4 horas diárias (salvo estipulação diversa em acordo, convenção coletiva ou em caso de dedicação exclusiva). No caso de advogado bancário, em regime de *dedicação exclusiva*, não está submetido à jornada de 6 horas do bancário (CLT, art. 224), mas à de *8 horas*, comum a qualquer trabalhador (TST-E--ED-RR-887300-67.2007.5.09.0673, SBDI-I, Rel. Min. Aloysio Corrêa da Veiga, julgado em 17.5.2012).

b) Horas extras – remuneradas por um adicional não inferior a 100% sobre o valor da hora normal.

c) Trabalho noturno – efetuado entre as 20 horas de um dia e as 5 do outro, sendo remunerado por um adicional de 25%.

d) Período de trabalho – aquele em que o advogado empregado encontra-se à disposição do empregador, no escritório ou em atividades externas, devendo ser-lhe reembolsadas as despesas derivadas de uso de transporte, hospedagem e alimentação.

e) Honorários advocatícios:

- o advogado empregado recebe os honorários de sucumbência, nas causas em que o seu empregador é parte;

- o advogado empregado de sociedade de advogados divide com a empregadora os honorários de sucumbência por ele percebidos;

- não incide imposto de renda sobre os honorários advocatícios deferidos a entidade sindical dos trabalhadores pela assistência prestada a obreiro que preenche os requisitos da Lei nº 5.584/70, pois se aplica, na hipótese, o disposto no art. 150, VI, *c*, da CF (ROAG-126240-62.1996.5.17.0006, Rel. Min. Renato de Lacerda Paiva, *DEJT* de 17.12.2010).

26. Peão de rodeio (Lei nº 10.220, de 11.4.2001)

a) Equiparado ao atleta profissional, quando participa, mediante remuneração pactuada em contrato próprio, em provas de destreza no dorso de animais equinos ou bovinos, em torneios patrocinados por entidades públicas ou privadas (art. 1º).

b) Contrato de trabalho obrigatoriamente escrito – prazo mínimo de vigência de 4 dias e prazo máximo de 2 anos (devendo conter cláusula penal para as hipóteses de descumprimento ou rompimento unilateral do contrato).

c) Obrigatoriedade de contratação de seguro de vida e de acidentes em favor do peão de rodeio.

d) Jornada de trabalho – 8 horas diárias (devendo o contrato de trabalho, conforme os usos e costumes de cada região, estipular o início e o término de sua jornada normal de trabalho).

27. Motorista profissional (Lei nº 13.103, de 2.3.2015)

a) Compõem a categoria profissional dos motoristas profissionais ("caminhoneiros"), cujas condições de trabalho são disciplinadas pela Lei nº 13.103/15, os *motoristas de veículos automotores* cuja condução exija formação profissional e que exerçam a atividade mediante *vínculo empregatício*, no *transporte rodoviário de passageiros ou de cargas* (art. 1º, parágrafo único, I e II).

b) O motorista *não responde* perante o empregador por prejuízo patrimonial decorrente da ação de terceiro (*acidente, batida ou roubo*), ressalvado o caso de comprovado *dolo ou desídia* do motorista, mediante comprovação (art. 2º, III, *a*).

c) *Jornada de Trabalho* do motorista:

– é de *8 horas diárias e 44 semanais* (CF, art. 7º, XIII; CLT, art. 235-C);

– pode ser dilatada para *2 horas extras diárias* ou, mediante previsão em convenção ou acordo coletivo de trabalho, por até 4 horas extraordinárias (CLT, art. 235-C, *caput*), com pagamento de *adicional* mínimo de 50% (CF, art. 7º, XVI; CLT, art. 235-C, § 5º);

– passa a ser *controlada*, mediante anotação em diário de bordo, papeleta, ficha de trabalho externo ou meios eletrônicos idôneos instalados nos veículos, a critério do empregador, de modo a *poder receber as eventuais horas extras que prestar* (art. 2º, V, *b*);

– estão excluídos da jornada de trabalho os *intervalos* para *refeição* (mínimo de 1 hora), *repouso* (11 horas), *espera* e *descanso* (semanal de 35 horas) (CLT, art. 235-C, §§ 2º e 3º);

– admite-se a *compensação das horas extraordinárias* (CLT, art. 235-C, § 5º);

- as *horas de espera* em que o motorista ficar *aguardando para carga ou descarga* do veículo no embarcador ou destinatário ou para *fiscalização da mercadoria* transportada em barreiras fiscais ou alfandegárias são *indenizadas com adicional de 30%* (CLT, art. 235-C, §§ 8º e 9º);

- nas *viagens de longa distância* (com duração superior a 7 dias), o repouso semanal será de 24 horas por semana ou fração trabalhada, sem prejuízo do intervalo de repouso diário de 11 horas (CLT, art. 235-D).

d) O *tempo de espera* é aquele que exceder a jornada normal de trabalho em que o motorista rodoviário de passageiros ou carga ficar aguardando a carga e descarga do veículo, sendo indenizado na razão de 30% da hora normal (CLT, art. 235-C, §§ 8º e 9º).

e) O *regime de 12x36 horas* pode ser adotado, mediante negociação coletiva, em razão da especificidade do transporte, de sazonalidade ou de característica que o justifique (CLT, art. 235-F); a Lei nº 13.467/17 (Reforma Trabalhista) permite inclusive que seja adotado mediante acordo individual escrito (CLT, art. 59-A).

f) O motorista tem direito a *seguro obrigatório*, custeado pelo empregador, destinado à cobertura dos *riscos pessoais* inerentes às suas atividades, no valor mínimo de 10 vezes o piso salarial da categoria (art. 2º, parágrafo único), sendo vedada a *remuneração* por comissão calculada por distância, tempo ou quantidade de mercadoria transportada, se comprometer a *segurança rodoviária* (CLT, art. 235-G).

28. Cabeleireiro e congêneres (Leis ns. 12.592/12 e 13.352/16)

a) A Lei nº 12.592/12 reconheceu a profissão de cabeleireiro e congêneres (barbeiro, esteticista, manicure, pedicure, depilador e maquiador), integrada por *"profissionais que exercem atividades de higiene e embelezamento capilar, estético, facial e corporal dos indivíduos"* (art. 1º, parágrafo único), os quais estão obrigados a *"obedecer às normas sanitárias, efetuando a esterilização de materiais e utensílios utilizados no atendimento a seus clientes"* (art. 4º).

b) A Lei nº 13.352/16 permite que os *salões de beleza* estabeleçam *contrato de parceria* e não necessariamente de trabalho com cabeleireiros e congêneres, centralizando os recebimentos e pagamentos das cotas-partes do salão (a título de gestão, aluguel de móveis e utensílios) e dos profissionais prestadores dos serviços (que não respondem solidária ou subsidiariamente com o salão) e realizando as retenções de tributos (como se os profissionais fossem pequenos empresários individuais).

c) Aviso prévio para rescisão contratual da parceria – 30 dias.

d) Haverá *relação de emprego* entre o cabeleireiro e congênere com o salão de emprego quando não formalizado o contrato de parceria ou houver desvio de função do previsto no contrato de parceria (Lei nº 12.592/12, art. 1º-C, I e II).

29. Bibliotecário (Leis nº 4.084/62 e nº 13.601/18)

a) A profissão de bibliotecário é reconhecida no Brasil como *profissão liberal* do Grupo 19 (anexo da CLT), cuja denominação e exercício de cargos na administração pública direta e indireta é privativa de bacharel em Biblioteconomia.

b) São atividades próprias do bibliotecário:

- a administração e direção de bibliotecas;
- a organização e direção de serviços de documentação;
- a execução de serviços de classificação e catalogação de manuscritos e livros raros e preciosos, mapotecas, de publicações oficiais e seriadas, de bibliografia e referência;
- o ensino e a fiscalização do ensino de Biblioteconomia.

c) O bibliotecário pode contar com a assistência e auxílio dos *técnicos em Biblioteconomia* (Lei nº 13.601/18) nos serviços concernetes ao funcionamento de bibliotecas e documentação.

d) A profissão está sujeita à fiscalização do Conselho Federal e dos Conselhos Regionais de Biblioteconomia, com registro obrigatório do profissional no Conselho, expedição de carteira profissional e pagamento de anuidade e taxas.

30. Arqueólogo (Lei nº 13.653/18)

a) O exercício da profissão de arqueólogo é privativa do bacharel em Arqueologia, com diploma expedido por escola superior nacional ou estrangeira reconhecida, ligada às seguintes atividades:

- pesquisa arqueológica;
- dirigir setores de Arqueologia em instituições públicas e privadas;
- consultoria e assessoramento na área de Arqueologia;
- ensino e formação em Arqueologia;
- elaboração de pareceres e projetos na área de Arqueologia.

b) A lei garante aos profissionais de Arqueologia os direitos autorais de planos, projetos ou programas por eles elaborados, havendo coautoria quando se tratar de equipe científica.

c) Nos sítios arqueológicos em pesquisa, deverão constar placas com os nomes da instituição, projeto e responsáveis.

31. Historiador (Lei nº 14.038/20)

a) É considerado historiador não apenas aquele que tenha bacharelado ou licenciatura em História, mas também quem apenas fez mestrado ou doutorado na área, sendo equiparados os profissionais diplomados em cursos superiores de outras áreas que tenham exercido a profissão de historiador há mais de 5 anos a contar da promulgação da Lei nº 14.038, de 17.8.2020;

b) As atribuições do historiador são, basicamente:

- magistério de História;
- organização de informações para publicações e eventos de História;
- pesquisa histórica propriamente dita;
- assessoria para avaliação de documentos de preservação da memória;
- elaboração de pareceres, relatórios e trabalhos sobre temas históricos.

Capítulo XVI

Trabalho infantil

1. Valores em conflito

Quando se enfrenta a realidade sociocultural do trabalho da criança e do adolescente verifica-se um choque de posturas, embasadas em *valores conflitantes* que reclamam medidas protetivas em sentidos muitas vezes opostos:

1) *Impedir* o trabalho da criança e do adolescente para:

a) *preservar* a *infância* como período único de jogos e brincadeiras, com diversões e amenidades para a criança (*direito de brincar*) e a *adolescência* como período precípuo para aprendizado acadêmico (*estudo teórico*); e

b) *preservar* o *mercado de trabalho* do trabalhador *adulto* (pais de família, que ficariam desempregados se substituídos pelos filhos).

2) *Permitir* o trabalho da criança e do adolescente para:

a) dar ocupação aos *meninos de rua* (menores abandonados), evitando a criminalidade infantil (*realidade da pobreza*, que torna necessário o incremento da renda familiar pela participação produtiva de todos os membros); e

b) preparar o menor e o adolescente para o exercício da profissão técnica que irão desempenhar no futuro (período de *aprendizado prático*).

A *OIT*, quando se empenha na erradicação do trabalho infantil, não o faz exclusivamente por motivos humanitários. Visa, muitas vezes, como objetivo mais concreto e menos ideal, a combater a *concorrência desleal* que se dá no mercado internacional, no qual a exploração da mão de obra infantil, abundante e barata, permite a países subdesenvolvidos concorrerem com países que têm a seu favor o avanço tecnológico. Nesses casos, a denominada *cláusula social* passa a obrigar toda a comunidade internacional, impondo padrões elevados de remuneração laboral, sem que seja socializado da mesma forma o progresso tecnológico.

2. Realidade social brasileira

A utilização da mão de obra infantil constitui *sinal claro de subdesenvolvimento*, na medida em que se está retirando a juventude do estudo, com o consequente óbice à formação da intelectualidade do País, gerando uma dependência externa em termos de avanço tecnológico. O recurso ao trabalho da criança pode ser uma solução a curto prazo para a concorrência comercial, mas impede o efetivo desenvolvimento do País.

Ainda são muitas as crianças (entre 5 e 17 anos) submetidas a regime de trabalho, num total de cerca de 160 milhões no mundo em 2020 (aumento de 6,5 milhões em relação a 2016). Já no Brasil, houve redução significativa, de 3,5 milhões em 2014 para 1,8 milhão em 2019, segundo a Pesquisa Nacional por Amostra de Domicílios – PNAD. O TST e o CSJT têm promovido o *"Programa de Combate ao Trabalho Infantil e de Estímulo à Aprendizagem"*, coordenado atualmente pelo Min. Evandro Valadão, que teve nas Ministras Kátia Arruda e Maria de Assis Calsing suas maiores incentivadoras, contando com a colaboração dos TRTs, MPT e Ministério do Trabalho, além de organizações da sociedade civil.

No dia 9 de outubro de 2016 foi lida no Santuário Nacional de Aparecida, em missa solene celebrada pelo Cardeal D. Raimundo Damasceno, a *"Carta de Aparecida"*, firmando melhor as bases da campanha nacional de combate ao trabalho infantil, da qual participamos.

A *jurisprudência do TST* tem sido especialmente dura no que concerne ao trabalho da criança e do adolescente, sendo exemplos de situações concretas de *trabalho infantil no Brasil* os enfrentados nos seguintes julgados:

- Vedação, por meio de ação civil pública, do trabalho de crianças e adolescentes na *coleta de resíduos sólidos em aterro sanitário*, de propriedade de município, em face das condições insalubres da atividade (TST-AIRR-98040-04.2005.5.22.0002, 6ª Turma, Rel. Min. Augusto César Leite de Carvalho, *DEJT* de 6.7.2012).

- Imposição de *indenização por dano moral coletivo* a município, por contratação de *estagiários menores de 16 anos* (TST-AIRR-40540-67.2008.5.04.0101, 8ª Turma, Rel. Min. Dora Maria da Costa, *DEJT* de 11.3.2011).

- Vedação à utilização dos *meninos patrulheiros* para ocupar em supermercados e outros estabelecimentos postos de trabalho efetivo, como operadores de copiadoras, mensageiros, recepcionistas ou limpadores, sem a percepção dos mesmos direitos dos demais trabalhadores (TST-ED-RR-152500-89.2003.5.01.0035, 3ª Turma, Red. Min. Horácio Raymundo de Senna Pires, *DEJT* de 18.2.2011). Nesse sentido, houve mudança substancial da jurisprudência do TST, e na mesma Turma, que admitia os menores patrulheiros recebendo apenas bolsas de estudos, como forma de tirar os meninos de rua da criminalidade (TST-RR-1060300-77.2002.5.02.0900, 3ª Turma, Rel. Min. Vantuil Abdala, *DJ* de 27.8.2004).

- Inexistência de obrigação, pelo contrário, é de se vedar a contratação de *menor aprendiz* por *empresas de vigilância e transporte de valores*, em face do risco inerente à atividade (TST-AIRR-1033-81.2010.5.20.0005, 8ª Turma, Rel. Min. Dora Maria da Costa, *DEJT* de 25.11.2011).

- Reconhecimento de vínculo empregatício normal com a empresa que contrata, sob o rótulo de trabalho educativo, menor para o desempenho de atividade de *office boy*, pagando valores menores do que os devidos a um empregado contratado formal e corretamente (TST-RR-136400-89.20 3.5.15.0093, 3ª Turma, Rel. Min. Rosa Maria Weber, *DEJT* de 3.12.2010).
- Inadmissão de contratação, por municipalidades, da denominada *guarda mirim* (TST-RR-33400-91.1999.5.02.0411, 1ª Turma, Rel. Min. Lelio Bentes Corrêa, *DJ* 6.9.2007).

A SBDI-1 do TST tem admitido a competência da Justiça do Trabalho para a apreciação e acolhimento de ações civis públicas do MPT contra municípios, postulando a implementação de *políticas públicas* de combate ao trabalho infantil (E-RR-44-64.2013.5.09.0009, Rel. Min. Alberto Bresciani, *DEJT* de 18.12.2020). Entendemos que a tanto não poderia chegar o Poder Judiciário, invadindo a esfera de atuação de outro Poder (CF, arts. 2º, 22 e 30).

3. Trabalho infantil – Caracterização

Não se pode considerar como trabalho infantil aquele prestado *esporadicamente* pelo menor no *âmbito familiar*, mesmo que produtivo, já que se trata de mera cooperação doméstica dos filhos em relação aos pais.

O que se combate é a *atividade permanente*, prestada pela criança com a finalidade de *garantir o próprio sustento* e da sua família. Esse sim é *trabalho infantil* que deve ser coibido, uma vez que constitui exploração da criança e do adolescente, quando feito ao arrepio das *normas de proteção* desse período de desenvolvimento do ser humano.

4. Ordenamento jurídico

1) No plano internacional, temos as *Convenções da OIT* relativas à proteção do menor, estabelecendo as seguintes diretrizes:

a) **idade mínima** – é de *15 anos* (C. 138), para garantir que se complete a formação escolar básica (a escolaridade mínima é condição do exercício da cidadania). Admite flexibilização para os países subdesenvolvidos;

b) **trabalho noturno** – é vedado aos *menores de 16 anos*, sendo considerado o prestado entre as *22 e 6 horas* (C. 90);

c) **trabalhos proibidos** – são expressamente mencionados os referentes a manipulação de chumbo (R. 4), pintura (C. 13), paioleiros e foguistas (C. 21), comércio de bebidas (R. 48), carregamento de cargas (C. 127) e contato com benzeno (C. 136);

d) **férias** – garantido o mínimo de *18 dias* úteis (C. 132); e

e) **jornada de trabalho** – não pode prejudicar a frequência à escola, razão pela qual deve ser *fora do horário de aula* (C. 10).

2) No Brasil, a proteção ao menor se dá fundamentalmente através da *Constituição Federal*, da *CLT* e do *Estatuto da Criança e do Adolescente*, estabelecendo as seguintes regras básicas:

a) **idade mínima** – é de *16 anos* (CF, art. 7º, XXXIII, com redação dada pela EC 20/98), admitindo o trabalho na condição de aprendiz antes dessa idade, mas com patamar de *14 anos*;

b) **trabalho noturno** – é vedado aos *menores de 18 anos*, sendo considerado o prestado entre as *22 e 5 horas* (CF, art. 7º, XXXIII);

c) **trabalhos proibidos** – são genericamente proibidos os trabalhos *insalubres* ou *perigosos* para os menores de 18 anos (CF, art. 7º, XXXIII), como também os *penosos* (ECA, art. 67), e as atividades listadas na regulamentação da Convenção nº 182 da OIT (Decreto nº 6.481/08), restando o problema da ausência de melhor definição legal e enumeração regulamentar;

d) **férias** – de até *30 dias* (CLT, art. 130), devendo coincidir com as férias escolares (CLT, art. 136, § 2º); e

e) **jornada de trabalho** – o menor tem direito a horário especial, devendo haver a *frequência obrigatória ao ensino*, como condição da contratação (ECA, art. 63).

5. O menor aprendiz

Tendo a Constituição Federal admitido o trabalho da criança menor de 14 anos, desde que na qualidade de *aprendiz*, temos como parâmetros legais que disciplinam tal modalidade os seguintes:

1) **Estágio profissionalizante** – possível a partir dos *14 anos* (ECA, art. 64; Lei nº 11.788/08). Não gera relação de emprego, desde que não desvirtuado o estágio, por descompasso com o termo de compromisso (hipótese em que o vínculo empregatício será reconhecido). Supõe a assinatura de um termo de compromisso entre a empresa, a escola e o estudante, devendo prevalecer o aspecto educativo sobre o produtivo: não pode haver desvio de função e as atividades desenvolvidas devem ser compatíveis com o currículo escolar. Assim, há o pagamento de uma bolsa de aprendizagem e o direito a férias, além de vale-transporte, auxílio-alimentação (mediante acordo) e contagem facultativa do tempo de contribuição como segurado da Previdência Social (a jornada varia de 4 horas diárias para o estudante de nível fundamental até 6 horas diárias para o estudante de nível médio e superior);

2) **Contrato de aprendizagem** – constitui um contrato especial de trabalho, possível de ser firmado entre os *14 e 24 anos* (CLT, art. 428, com redação dada pelas Leis ns. 11.180/05 e 11.788/08), supondo a conclusão do curso primário. Previsto com remuneração não inferior ao salário mínimo hora (CLT, art. 428, § 2º) e com duração máxima de 3 anos, o que não se aplica ao portador de deficiência, que não tem nem

idade limite, nem tempo limite de contratação, nem com o menor de 15 anos, que pode firmar contrato de até 4 anos (CLT, art. 428, § 3º). Como envolve obrigatoriamente os *Serviços Sociais* (SENAI, SENAC etc.), não tem sido utilizado em grande escala; e

3) **Trabalho educativo** – modalidade nova prevista no Estatuto da Criança e do Adolescente (art. 68), carece de regulamentação para sua perfeita implementação, sendo fórmula que poderia *compatibilizar* os objetivos conflitantes de preservação da infância e de dar ocupação à juventude carente.

O art. 429 da CLT estabelece *política de cotas para aprendizes* nas empresas, no percentual mínimo de 5% de seus empregados. Em que pese algumas atividades serem vedadas aos menores (de risco, perigosas, insalubres ou que já exijam formação profissional), a SBDI-1 do TST tem entendido que a base de cálculo da cota deve ser a totalidade dos empregados da empresa (EEDRR-2220-02.2013.5.03.0003, Rel. Min. José Roberto Freire Pimenta, *DEJT* de 21.10.2016), o que não se mostra razoável, especialmente para empresas de segurança ou de transporte, obrigando a que aprendizes (e deficientes) se concentrem na área administrativa, que já congrega reduzido percentual de pessoal.

6. O trabalho artístico do menor

A Convenção nº 138 da OIT, ratificada pelo Brasil por meio do Decreto nº 4.134/02, estabelece a idade mínima para a admissão ao emprego. Em seu art. 8º, no entanto, prevê que a autoridade competente poderá conceder, mediante prévia consulta às organizações interessadas de empregadores e trabalhadores, quando tais organizações existirem, por meio de permissões individuais, exceções à proibição de ser admitido ao emprego ou de trabalhar, no caso de finalidades como as de participar em *representações artísticas*, sendo que tais permissões limitarão o número de horas autorizadas e prescreverão as condições em que o trabalho poderá ser realizado.

Já o art. 149, II, da Lei nº 8.069/90 (ECA) permite que a autoridade judiciária autorize a participação da criança e do adolescente em *espetáculos públicos e seus ensaios* e em *certames de beleza*.

Daí exsurge a controvérsia quanto à competência para autorizar o trabalho artístico do menor, que após a EC nº 45/04, que conferiu nova redação ao art. 114 da CF, estaria sob a égide da Justiça do Trabalho, e não mais da Justiça Comum (Juiz da infância e da Juventude). No entanto, o STF iniciou o julgamento da *ADI 5.326*, proposta pela ABERT – Associação Brasileira de Emissoras de Rádio e Televisão, contra normas conjuntas de órgãos do Judiciário e do Ministério Público dos Estados de São Paulo e de Mato Grosso, que fixavam a competência da Justiça do Trabalho para conceder a autorização, tendo o Relator, Min. *Marco Aurélio, deferido a liminar* pleiteada para determinar que os pedidos de autorização de trabalho artístico para crianças e adolescentes sejam apreciados pela *Justiça Comum* (*DJe* de 21.8.2015). O processo encontra-se atualmente concluso ao Min. André Mendonça.

O TST tem entendido que a *participação de criança em propaganda publicitária* de estímulo ao empreendedorismo não constitui apologia do trabalho infantil (RR – 221-53.2012.5.09.0012, 7ª Turma, Rel. Min. Renato de Lacerda Paiva, *DEJT* de 18.3.2022).

7. Exploração do menor no Brasil

A realidade brasileira, em termos de exploração do trabalho infantil, apresenta o seguinte perfil:

1) utilização do menor especialmente na *economia informal*;

2) desenvolvimento, pelo menor, de *atividades mecânicas e repetitivas*, sem perspectivas de ascensão ocupacional;

3) os *programas governamentais* (tais como o Projeto "Bom Menino") apenas têm *mascarado* o trabalho infantil sob o rótulo de aprendizado;

4) a *mendicância* acaba sendo saída mais suave para as famílias pobres do que submeterem as crianças aos trabalhos penosos com que pais e filhos teriam de se defrontar.

Casos concretos investigados pelo Ministério Público do Trabalho e que retratam perfeitamente essa realidade são os seguintes:

1) *indústria de calçados* em São Paulo – terceirização do acabamento dos sapatos para bancas de caráter familiar, com utilização dos menores trabalhando com cola de sapateiro, altamente tóxica;

2) *colheita de laranjas* em São Paulo – crianças colhendo até 70 caixas por dia para ajudar os pais que são contratados;

3) *carvoarias* de Minas Gerais – os menores trabalham no corte, transporte e queima de troncos de eucalipto, para alimentar siderúrgicas;

4) *fabricação de sisal* na Bahia – a utilização da máquina denominada "paraibana" tem mutilado muitos meninos operadores, ao puxar-lhes as mãos, que ficam enroscadas entre as fibras do sisal;

5) *canaviais* em Pernambuco – o corte de cana, com enormes e perigosos facões, é feito por crianças, ajudando os pais, que são os efetivamente contratados.

O que se vê não é a contratação direta do menor: *o empresário contrata os pais* e recebe da família o produto, sem se importar com o modo como ele é obtido. Os baixos salários e a impossibilidade de os pais deixarem os filhos em lugar apropriado obrigam a que estes sejam levados ao local de trabalho e terminem por *ajudar* aqueles de forma a incrementar a parca renda familiar proveniente desse trabalho.

8. A atuação concreta do Ministério Público do Trabalho

Conforme dispõe expressamente o *art. 83, V, da Lei Complementar nº 75/93*, compete ao Ministério Público do Trabalho a *defesa dos direitos e interesses dos menores* decorrentes das relações de trabalho.

Os *meios* de que dispõe o *Ministério Público do Trabalho* para o desempenho dessa sua missão legal são basicamente os seguintes:

a) procedimentos investigatórios sumários ou instauração de *inquéritos civis públicos* no curso dos quais pode exigir e obter dos que atentam contra a ordem jurídica a assinatura de termo de compromisso de regularização da situação de descumprimento das normas legais;

b) propositura de *ações civis públicas* ou ações civis coletivas para a defesa de interesses difusos, coletivos ou individuais homogêneos relacionados à exploração de trabalho do menor; e

c) funcionar como *curador* nas reclamatórias trabalhistas propostas por menores sem representante legal.

As *diretrizes* que têm sido seguidas pelo MPT nessa defesa dos interesses dos menores em matéria trabalhista têm sido as seguintes:

a) desfazer qualquer relação contratual ou fática de trabalho de menor de 12 anos, garantindo, no entanto, o pagamento *pro labore facto*;

b) propor a colocação, na zona rural, de escolas para os filhos dos empregados, de forma a terem onde deixá-los, a par de lhes garantir a educação básica;

c) transformar em estágio ou contrato de aprendizagem o trabalho do maior de 12 e menor de 18 anos quando encontrado, conforme o caso;

d) afastar os menores do trabalho noturno, insalubre, perigoso ou penoso; e

e) exigir o pagamento dos direitos trabalhistas ao menor, conforme sua condição de aprendiz ou trabalhador: remuneração, CTPS assinada, jornada compatível, férias etc.;

f) exigir de municípios que adotem programas de erradicação do trabalho infantil em seu território.

9. A Emenda Constitucional nº 20/98

A reforma da Previdência Social, veiculada através da Emenda Constitucional nº 20/98, atingiu também a seara trabalhista, quando, alterando o inciso XXXIII do art. 7º, elevou para *16 anos a idade mínima para o início da atividade laboral*.

O intuito da reforma, nesse tópico, foi fazer com que a *aposentadoria por tempo de serviço só pudesse ocorrer mais tarde*, uma vez que o início legal da vida laborativa do trabalhador somente poderia começar aos 16 anos.

A alteração, no entanto, fez-se com desconhecimento da capacidade efetiva de se coibir o trabalho anterior aos 16 anos. Com o limite original de 14 anos, tanto o Ministério do Trabalho quanto a Procuradoria do Trabalho têm encontrado *extrema dificuldade em erradicar a exploração do trabalho infantil no Brasil* (menores de 12 anos são diuturnamente encontrados em atividade produtiva tanto no campo quanto na cidade). Ora, não será elevando esse patamar que se conseguirá mudar a situação fática existente.

De qualquer forma, como o principal objetivo da alteração foi o previdenciário, nada impede que possa haver *atividade produtiva a partir dos 14 anos*, sob a modalidade de *estágio profissionalizante* (em que o aspecto educacional é o preponderante), que não gera vínculo empregatício nem contagem de tempo de serviço para efeitos previdenciários. Seria o estágio modalidade distinta da atividade de *aprendiz*, admitida pela Emenda nº 20/98 *somente a partir dos 14 anos* (em que o aprendizado é no próprio trabalho, independentemente de o menor estar frequentando curso de ensino médio ou fundamental).

Capítulo XVII

Danos morais trabalhistas

1. Indenização por danos materiais e morais na Justiça do Trabalho

Pedido cada vez mais encontradiço em reclamatórias trabalhistas é o de *indenização* por *dano moral* decorrente da relação de trabalho. Atualmente é o 5º tema mais recorrido no TST.

A *base legal era*, fundamentalmente, a Constituição Federal de 1988, que assegura o direito a uma indenização por dano moral causado à *intimidade, à vida privada, à honra e à imagem* das pessoas (CF, art. 5º, V e X).

Na ausência de normativa específica na CLT, a Justiça do Trabalho se louvava no Título IX do Livro I da Parte Especial do Código Civil, que trata da *Responsabilidade Civil*, especialmente os arts. 927, parágrafo único (responsabilidade objetiva pelo dano), e 944, parágrafo único (parâmetros de mensuração da indenização).

Em boa hora, a Lei nº 13.467/17, da Reforma Trabalhista, veio a estabelecer um marco regulatório específico trabalhista para a temática dos danos morais, incluindo o Título II-A na CLT, tratando *"Do Dano Extrapatrimonial"*.

A oportunidade da normatização advinha do fato de que as indenizações impostas em condenações por danos morais variavam enormemente para os mesmos fatos jurígenos, exigindo alguma parametrização, tal como levada a cabo pelo novo art. 223-G da CLT.

A pecha de inconstitucional, atribuída por alguns ao referido preceito consolidado, com lastro na ADPF 130-DF, julgada pelo STF, na verdade não se sustenta.

A referida decisão da Suprema Corte, sobre a Lei de Imprensa, não tratou especificamente da tarifação de indenizações, mas da rejeição em bloco da Lei nº 5.250/67 (Lei de Imprensa), por contrastar com a liberdade de imprensa, assegurada pela Carta Magna de 1988. Ou seja, toda a fundamentação do acórdão relatado pelo Min. Carlos Ayres Britto (*DJ* 6.11.2009) é de não se compatibilizar um diploma legal de imposição autoritária de um projeto de poder sobre os mecanismos sociais de defesa da democracia e da liberdade de expressão. Qualquer argumento sobre tarifação constitui *obiter dictum* da decisão.

Ademais, a adoção de parâmetros que levem em conta a remuneração do ofendido não atenta absolutamente com o princípio da dignidade da pessoa humana, pois, se assim fosse, a própria diferenciação salarial seria inconstitucional. O que se busca é dar ao ofendido uma indenização compatível com o que naturalmente receberia, em face de dano patrimonial, de acordo com seu nível socioeconômico, e não algo que, por um infortúnio, faria passar o ofendido ou sua família para patamar significativamente mais elevado, por efeito de um sinistro.

Nas ADIs 6.050, 6.069 e 6.082 (Rel. Min. Gilmar Mendes), o voto do relator foi no sentido de *"conferir interpretação conforme a Constituição, de modo a estabelecer que: 1) As redações conferidas aos arts. 223-A e 223-B, da CLT, não excluem o direito à reparação por dano moral indireto ou dano em ricochete no âmbito das relações de trabalho, a ser apreciado nos termos da legislação civil; 2) Os critérios de quantificação de reparação por dano extrapatrimonial previstos no art. 223-G, caput e § 1º, da CLT deverão ser observados pelo julgador como critérios orientativos de fundamentação da decisão judicial. É constitucional, porém, o arbitramento judicial do dano em valores superiores aos limites máximos dispostos nos incisos I a IV do § 1º do art. 223-G, quando consideradas as circunstâncias do caso concreto e os princípios da razoabilidade, da proporcionalidade e da igualdade"*. Ainda pendem de julgamento as ações.

De se destacar que o art. 223-A da CLT *afasta a aplicação subsidiária do Código Civil* em matéria de danos extrapatrimoniais (à exceção do dano indireto ou por ricochete, em que o postulante não é o empregado), não se podendo mais invocar seus preceitos para impor indenização por danos morais, quer no que se refere à responsabilidade objetiva, quer quanto à parametrização. É uma exceção expressa à regra da aplicação subsidiária do direito comum ao direito do trabalho (CLT, art. 8º, § 1º).

Em suma, a regulamentação especificamente trabalhista da matéria veio para ofertar *segurança jurídica* a empresas e empregados, como também parâmetros que impeçam a discrepância enorme que atualmente se verifica na fixação do valor das indenizações por danos morais na Justiça do Trabalho.

a) Dano moral – na esfera trabalhista, é a lesão de caráter não patrimonial (a bens incorpóreos), provocada por ação ou omissão, que atinja a esfera moral ou existencial da pessoa física ou jurídica (CLT, art. 223-B); na esfera civil, é a omissão voluntária, negligência ou imprudência (CC, art. 186) que atinge o âmago da personalidade humana (a dignidade da pessoa humana – CF, art. 1º, III), tanto em sua projeção interna (*intimidade e vida privada*) quanto externa (*honra e imagem* – CF, art. 5º, X), provocando sofrimento de tal intensidade que compromete o equilíbrio psicológico da pessoa.

b) Bens tutelados – na esfera trabalhista, os bens tutelados como patrimônio imaterial da pessoa variam conforme se trate de pessoa física ou jurídica (a inovação da Lei nº 13.467/17, da Reforma Trabalhista, foi o reconhecimento de que também as empresas podem ser ofendidas e sofrer lesão de caráter não patrimonial):

- *pessoa física* – honra, imagem, intimidade, liberdade de ação, autoestima, sexualidade, saúde, lazer e integridade física (CLT, art. 223-C);

- *pessoa jurídica* – imagem, marca, nome, segredo empresarial e sigilo da correspondência (CLT, art. 223-D).

c) Competência da Justiça do Trabalho – reconhecida constitucionalmente (CF, art. 114, VI; Súmula 392 do TST), inclusive para dano moral decorrente de acidente do trabalho e doenças a ele equiparadas (STF, CComp 7.204-1-MG, Rel. Min. Carlos Britto, *DJ* de 3.8.2005).

d) Requisitos para configuração:

- **ato ilícito** – ação ou a omissão do empregador ou do empregado que lese bem imaterial do outro (CLT, art. 223-B);

- **ocorrência da lesão** – dano a algum dos bens constitucional ou legalmente garantidos (CLT, art. 223-B);

- **nexo de causalidade** – vínculo subjetivo entre a lesão e a ação ou a omissão do empregador, de seus prepostos, de colegas ou do próprio empregado, na proporção em que tenham colaborado para a lesão do bem extrapatrimonial (CLT, art. 223-E); atuam naturalmente como excludentes do nexo causal, em face da aplicação da *responsabilidade subjetiva do ofensor:* a culpa exclusiva da vítima, o caso fortuito, a força maior e o fato de terceiro;

- **culpa** (do empregador ou do empregado) – teoria subjetiva, calcada nos arts. 223-E da CLT e 7º, XXVIII, e 114, VI, da CF, pois a responsabilidade trabalhista é sempre contratual e proporcional à colaboração no evento danoso, não se aplicando a extracontratual aquiliana, que pode advir da imprudência, negligência ou imperícia (CC, art. 186); a culpa exclusiva da vítima não gera indenização no campo da responsabilidade civil, mas a culpa concorrente para o dano não exclui a responsabilidade civil do empregador, apenas determina a fixação do *quantum* indenizatório na proporção da culpa das partes.

e) Concausas – segundo a teoria da equivalência das condições, considera-se causa, com valoração equivalente, tudo o que concorre para a ocorrência da lesão.

Acidente ligado ao trabalho que, embora não tenha sido a causa única, contribuiu diretamente para a morte do empregado, para a redução ou perda de sua capacidade laboral ou produziu lesão que demanda atenção médica, equipara-se ao acidente de trabalho (Lei nº 8.213/91, art. 21, I).

As concausas podem resultar de fatos preexistentes, supervenientes ou concomitantes aos que implementaram o nexo de causalidade do dano. Ainda que seja reconhecida a concausa, é devida a indenização por danos morais, desde que comprovados os três requisitos determinantes do direito – dano, nexo de causalidade e culpa (TST-E-RR-145400-76.2006.5.03.0147, Rel. Min. Augusto César Leite de Carvalho, SBDI-1, *DEJT* de 15.10.2010).

f) Valor da indenização – uma das principais razões que levaram à inclusão de um título novo na CLT sobre danos morais foi a ausência de parâmetros de fixação do valor das indenizações na legislação até então usada, ou seja, o Código Civil, gerando discrepâncias superlativamente grandes para fatos semelhantes. A Lei nº 13.467/17 veio a suprir tal lacuna elencando os elementos que devem ser levados em conta na fixação do valor da indenização e colocando-lhe limites. Assim, temos:

- **Elementos** de parametrização da indenização (CLT, art. 223-G e seus 12 incisos):
  - natureza do bem jurídico tutelado;
  - intensidade do sofrimento ou da humilhação;
  - possibilidade de superação física ou psicológica;
  - reflexos pessoais e sociais da ação ou da omissão;
  - extensão e a duração dos efeitos da ofensa;
  - condições em que ocorreu a ofensa ou o prejuízo moral;
  - grau de dolo ou culpa;
  - ocorrência de retratação espontânea;
  - esforço efetivo para minimizar a ofensa;
  - perdão, tácito ou expresso;
  - situação social e econômica das partes envolvidas;
  - grau de publicidade da ofensa.

- **Limites** do valor da indenização (CLT, art. 223-G, § 1º e seus 4 incisos):
  - *ofensa de natureza leve*, até 3 vezes o último salário contratual do ofendido;
  - *ofensa de natureza média*, até 5 vezes o último salário contratual do ofendido;
  - *ofensa de natureza grave*, até 20 vezes o último salário contratual do ofendido;
  - *ofensa de natureza gravíssima*, até 50 vezes o último salário contratual do ofendido.

O *salário do empregado* também será o parâmetro para fixação do valor da indenização devida por este, quando o dano for por ele provocado (CLT, art. 223-G, § 2º), sendo que a *reincidência* de qualquer das partes na ofensa permite que seja *duplicado* o valor limite da indenização (CLT, art. 223-G, § 3º).

A *Medida Provisória nº 808/17 havia mudado o parâmetro* usado para limitação da indenização por danos morais, passando do salário do trabalhador ofendido para o teto dos benefícios do RGPS, critério mais objetivo, além de estabelecer que, nos casos de *morte do empregado*, não se estabelece previamente teto máximo da indenização a ser imposta ao empregador (CLT, art. 223-G, § 5º). No entanto, não foi aprovada pelo Congresso Nacional, perdendo sua validade a partir de 23.4.2018.

A SDI-1 do TST admite, em sede de *recurso de revista*, a adequação da *dosimetria* da indenização, quando ínfima ou excessiva, por violação dos arts. 5º, V ou X, da CF ou 944 do CC, mas em *embargos de divergência*, apenas nos casos realmente *teratológicos*, dada a dificuldade de se estabelecer divergência específica (TST-E--RR-34500-52.2007.5.17.0001, Red. Min. José Roberto Freire Pimenta, julgado em 23.8.2012; TST-E-RR-86600-47.2008.5.09.0073, Rel. Min. Horácio Raymundo de Senna Pires, 17.05.2012). Tal critério de se realizar a dosimetria apenas nas Turmas tende a permanecer, com base agora em eventual violação do art. 223-G da CLT, mas continuando difícil levar a questão à SDI-1 exclusivamente com base em divergência jurisprudencial, dada a dificuldade de se encontrarem casos efetivamente idênticos, pois as variáveis são agora muito grandes (12 incisos do art. 223-G da CLT).

Quanto à ADI 5.870-DF (Rel. Min. Gilmar Mendes), contestando a fixação de limites e o parâmetro salarial usado para a indenização por danos morais, como a ação atacava a MP nº 808/17, não foi conhecida, em face da perda de vigência do ato normativo (*DJe* de 17.3.2022).

A *indenização por dano material* em caso de acidente de trabalho que resultar em perda da capacidade laborativa poderá resultar na condenação em *pensão mensal*, a qual pode ser pedida para ser recebida em *parcela única* (CC, art. 950, parágrafo único), sendo prerrogativa do magistrado decidir em qual das modalidades deferirá o pedido (ERR-114800-62.2007.5.03.0042, Rel. Min. Aloysio Corrêa da Veiga, *DEJT* de 6.8.2010).

g) Práticas discriminatórias – a *Lei nº 9.029/95* proíbe a adoção de qualquer prática discriminatória e limitativa para efeito de acesso à relação de emprego, ou sua manutenção, por motivo de *sexo, origem, raça, cor, estado civil, situação familiar ou idade*, erigindo as práticas que constituem crime:

- exigência de teste, exame, perícia, laudo, declaração ou qualquer outro procedimento relativo à esterilização ou a estado de gravidez;
- a adoção de quaisquer medidas pelo empregador que configurem indução ou instigamento à esterilização genética, bem como que caracterize promoção do controle de natalidade.

h) Hipóteses acolhidas pela Justiça do Trabalho:

- *instigação à esterilização ou óbice ao casamento*, para evitar o afastamento da empregada por gravidez (Lei nº 9.029, de 13.4.1995; TST-E-RR 699.490/2000.0, SBDI-1, Rel. Min. José Luciano de Castilho Pereira, *DJ* de 13.6.2003);

- forma indigna de fazer *revista nos empregados* na saída do trabalho, para prevenir furtos (TST-RR 2.652/2003-069-02-00.0, 4ª Turma, Rel. Min. Ives Gandra Martins Filho, *DJ* de 20.4.2007; TST-RR 641.571/2000.3, 4ª Turma, Rel. Min. Barros Levenhagen, *DJ* de 21.2.2003); não se considera lesiva a revista impessoal e indiscriminada de *bolsas e sacolas* de empregados pelo empregador, para preservar sua propriedade (TST-E-ED--RR-477040-40.200 1.5.09.0015, SBDI-I, Rel. Min. Renato de Lacerda Paiva, julgado em 9.8.2012);

- forma de monitoramento eletrônico das dependências da empresa ou de *controle nos banheiros* (TST-RR 2.195/1999-009-05-00.6, 1ª Turma, Rel. Min. João Oreste Dalazen, *DJ* de 9.7.2004; TST-AIRR 730/2005-002-04-40.9, 1ª Turma, Rel. Juíza Convocada Maria do Perpétuo Socorro, *DJ* de 4.5.2007);

- adoção de *listas negras* onde figurem os nomes de empregados que tenham demandado judicialmente contra alguma empresa do ramo (TST-RR 249/2005-091-09-00.0, 4ª Turma, Rel. Min. Barros Levenhagen, *DJ* de 24.11.2006; TST-AIRR 558/2003-091-09-40.3, 2ª Turma, Rel. Juiz Convocado Josenildo dos Santos Carvalho, *DJ* de 23.3.2007);

- *punições disciplinares injustas*, que denigram a imagem do empregado (TST--E-ED-RR 532.418/1999.0, SBDI-1, Rel. Min. Carlos Alberto Reis de Paula, *DJ* de 13.4.2007; TST-RR 815.112/2001.5, 2ª Turma, Rel. Min. José Simpliciano Fontes de Faria Fernandes, *DJ* de 5.5.2006);

- *ofensas verbais ou tratamento excessivamente duro*, que humilhe o empregado (assédio moral) (TST-AIRR 733/2005-020-10-40.1, 4ª Turma, Rel. Min. Ives Gandra Martins Filho, *DJ* de 29.6.2007; TST-RR 1.011/2001-561-04-00.5, 1ª Turma, Rel. Min. João Oreste Dalazen, *DJ* de 26.8.2005);

- *anotações desabonadoras ao empregado na CTPS* (TST-RR 657.859/2000.5, 1ª Turma, Rel. Min. Lelio Bentes Corrêa, *DJ* de 9.6.2006; TST-AIRR e RR 4.497/2001-037-12-00.5, 5ª Turma, Rel. Min. João Batista Brito Pereira, *DJ* de 18.5.2007); em que pese entender que não constitui dano moral o registro do contrato na CTPS pelo empregador, informando que o fez por determinação judicial, pois apenas retrata a realidade dos fatos (TST-RR-34900-06.2007.5.19.0003, Rel. Min. Ives Gandra Martins, 7ª Turma, *DJ* de 12.9.2008), a SBDI-1 do TST entende que, mesmo não constituindo anotação desabonadora ao empregado, é discriminatória, pois dificulta a obtenção de novo emprego, o que enseja pagamento de indenização por danos morais (TST-E-RR-73840-41.2009.5.03.0027, Rel. Min. Horácio Senna Pires, SBDI-1, *DEJT* de 24.4.2011);

- *discriminação* por idade, sexo, religião, convicções políticas ou estado civil para efeito de contratação, remuneração ou promoção (TST-RR 5.945/2001-

003-09-00.7, 4ª Turma, Rel. Min. Barros Levenhagen, *DJ* de 4.11.2005; TST-AIRR 1.070/2004-003-13-40.0, 5ª Turma, Rel. Min. Gelson de Azevedo, *DJ* de 18.5.2007);

– *acidente de trabalho* pelo qual possa ser responsabilizado o empregador, que reduza a capacidade laborativa do empregado ou comprometa sua aparência estética (TST-RR-816/2005-006-20-00.5, 6ª Turma, Rel. Min. Aloysio Corrêa da Veiga, *DJ* de 1.6.2007; TST-RR 155/2003-045-03-00.1, 6ª Turma, Rel. Min. Aloysio Corrêa da Veiga, *DJ* de 8.6.2007); na hipótese em que se postula indenização por danos morais decorrentes de doença ocupacional, a SBDI-1 do TST firmou o entendimento de que o termo inicial para a fluência do prazo prescricional é o reconhecimento inequívoco da incapacidade definitiva do trabalhador (E-ED-RR-53900-58.5.18.0011, Rel. Min. José Roberto Freire Pimenta, julgado em 25.11.2010);

– *dispensa por justa causa* revertida judicialmente quando tenha havido conhecimento público da pecha de improbidade atribuída ao empregado e tenha sido demonstrada a inocência do empregado quanto às acusações que sobre ele pesavam (a mera insuficiência de provas da falta grave praticada não gera o direito à indenização, pois o empregado já fará jus às verbas rescisórias por dispensa imotivada) (TST-E-ED-RR 677.213/2000.7, SBDI-1, Rel. Min. Maria Cristina Irigoyen Peduzzi, *DJ* de 23.3.2007; TST-RR 999/2004-063-03-40.0, 6ª Turma, Rel. Min. Rosa Maria Weber Candiota da Rosa, *DJ* de 8.6.2007); a descaracterização em juízo da dispensa por justa causa por ato de improbidade em que o empregador agiu de boa-fé e não deu publicidade ao fato não configura dano moral ensejador de indenização (TST-E-RR-774061-0 6.2001.5.02.0023, SBDI-I, Rel. Min. João Oreste Dalazen, julgado em 4.10.2012);

– *assédio moral* (rigor excessivo; provocações; inação forçada; exigência de serviços superiores às forças do empregado, vexatórios ou distintos daqueles previstos no contrato de trabalho; ofensas verbais ou tratamento irônico e humilhante) ou sexual (insinuações sobre promoções ou dispensas caso se consinta ou se negue relacionamento sexual pretendido por superior hierárquico) (TST-RR 533.779/1999.3, 2ª Turma, Rel. Juiz Convocado Samuel Corrêa Leite, *DJ* de 6.2.2004; TST-RR 253/2003-003-03-00.7, 4ª Turma, Rel. Min. Barros Levenhagen, *DJ* de 22.4.2005);

– *veiculação de propagandas comerciais de fornecedores da empresa nos uniformes*, sem a concordância do empregado, configurando utilização indevida da imagem do trabalhador (TST-E-RR-40540-81.2006.5.01.0049, SBDI-I, Rel. Min. João Oreste Dalazen, julgado em 13.12.2012), hipótese superada pela Lei nº 13.467/17;

– *"quebra de sigilo bancário"* de empregado de banco, por auditoria interna, sem prévia autorização judicial (TST-E-ED-RR-254500-53.2001.5.12.0029, SBDI-I, Rel. Min. Lélio Bentes Correa, julgado em 31.5.2012), ainda que a expressão não se amolde ao conceito legal de sigilo bancário, pois o banco já é depositário dos dados e só não pode passar a terceiros sem ordem judicial. A corrente majoritária do TST entende que também não pode fazer uso do conhecimento desses dados em desfavor do empregado;

– utilização de *apelidos pejorativos* em *ambiente profissional,* uma vez que viola os padrões de urbanidade e boa conduta que devem imperar no ambiente de trabalho e fere a proteção à honra e à imagem (TST-E-RR-1198000-97.2006.5.09.0015, Rel. Min. Augusto César, SBDI-1, *DEJT* de 21.11.2014);

– exigência de *certidão negativa de antecedentes criminais* do pretendente a emprego, salvo se a exigência se justificar em razão de previsão de lei, da natureza do ofício ou do grau especial de fidúcia exigido (IRR-184400-89.2013.5.13.0008, Tema 1, SDI-1, Rel. Min. José Roberto Pimenta, *DEJT* 22.9.2017).

– ser *vítima de assalto* em ônibus (RR – 551-64.2011.5.09.0245, 2ª Turma, Rel. Min. Maria Helena Mallmann, *DEJT* de 13.5.2022) ou *agências bancárias* (RR-1243-06.2012.5.09.0673, 7ª Turma, Rel. Min. Renato de Lacerda Paiva, *DEJT* de 8.4.2022) *ou dos correios* (RR-10257-72.2019.5.03.0111, 6ª Turma, Rel. Min. Kátia Magalhães Arruda, *DEJT* de 3.6.2022), bem como sendo *carteiro motorizado* (RR-1000477-20.2021.5.02.0606, 3ª Turma, Rel. Min. José Roberto Freire Pimenta, *DEJT* de 27.5.2022), com responsabilidade objetiva do empregador, por serem consideradas atividades de risco (ressalvado entendimento pessoal em sentido contrário);

– *transporte de valores* por *bancário* ao invés da utilização de empresa de segurança (RR – 45700-60.2008.5.05.0161, 4ª Turma, Rel. Min. Alexandre Luiz Ramos, *DEJT* de 3.6.2022) ou por *motorista de distribuidora de bebidas* (RR-865-79.2019.5.08.0011, 7ª Turma, Rel. Min. Cláudio Mascarenhas Brandão, *DEJT* de 11.2.2022), com ressalva pessoal neste último caso;

– *atraso reiterado* no pagamento de salários (ERR-577900-83.2009.5.09.0010, SBDI-1, Rel. Min. Márcio Eurico Vitral Amaro, *DJ* de 24.10.2014);

– *preterição de candidato aprovado em concurso público* em relação a trabalhadores contratados em caráter precário para exercício das mesmas funções durante o prazo de validade do concurso (ERR-1781-23.2014.5.10.0015, SBDI-1, Rel. Min. Cláudio Mascarenhas Brandão, *DEJT* de 29.10.2020);

– *ambiente do trabalho degradante*, quando encontradas *condições precárias de higiene e alimentação* (não ter banheiros ou local de refeições) para varredores de vias públicas ou *garis* que trabalham na coleta de lixo (ERR-1438-04.2011.5.09.0195, SBDI-1, Rel. Min. José Roberto Freire Pimenta, *DEJT* de 13.9.2019), bem como para motoristas e cobradores que trabalham em *transporte coletivo* (ERR-203500-42.2012.5.17.0141, SBDI-1, Rel. Min. Augusto César Leite de Carvalho, *DEJT* de 16.3.2018).

i) Hipóteses não acolhidas pela Justiça do Trabalho:

– a simples exigência de apresentação de *certidão de antecedentes criminais* como condição para admissão no emprego, a não ser que, em determinado caso concreto, a não contratação do trabalhador decorra de certidão positiva de um antecedente criminal que não tenha relação alguma com a função a ser exercida, caracterizando, portanto, um ato de discriminação (TST-E--RR-119000-34.2013.5.13.0007, Rel. Min. Augusto César Leite de Carvalho, Red. p/ acórdão Min. Renato de Lacerda Paiva, SBDI-1, *DEJT* de 21.11.2014);

– a *quebra do sigilo bancário pelo empregador*, quando este mesmo procedimento é adotado indistintamente em relação a todos os correntistas, na estrita observância à determinação legal inserta no art. 11, II e § 2º, da Lei nº 9.613/98 (TST-E-RR-1447-77.2010.5.05.0561, Rel. Min. Lelio Bentes Corrêa, SBDI-1, *DEJT* de 5.6.2015);

– a *demora na readmissão de empregado anistiado* (RR-824300-64.2007.5.11.0018, 1ª Turma, Rel. Min. Walmir Oliveira da Costa, *DEJT* de 31.8.2018);

– a *dispensa de empregada grávida ao final de contrato por prazo determinado* (RR-468-54.2013.5.03.0048, 3ª Turma, Rel. Min. Alexandre de Souza Agra Belmonte, *DEJT* de 15.12.2017).

j) Dano moral coletivo – a prática empresarial contrária à legislação trabalhista que cause dano à coletividade dos trabalhadores da empresa ou parte deles pode gerar, em ação civil pública, além da imposição de obrigação de fazer ou não fazer, sob pena de multa, pela Justiça do Trabalho (pedido cominatório em relação ao futuro), a condenação ao pagamento, para o FAT, de indenização pelo dano moral coletivo sofrido pelos empregados (pedido condenatório em relação ao passado).

Em decisão *sui generis*, o TST, pelo voto prevalente da Presidência, reconheceu a possibilidade da condenação em multa por dano moral coletivo, independentemente da imposição de obrigação de fazer ou não fazer, no caso dos avaliadores sensoriais de cigarros, em face de a atividade ser de risco (TST-E-ED-RR-120300-89.2003.5.01.0015, SBDI-I, Red. Min. João Oreste Dalazen, julgado em 21.2.2013). Ora, se a fabricação de cigarros é atividade lícita e a profissão de avaliador sensorial regulamentada (também para provadores de cerveja e vinho, uma vez que as máquinas não têm capacidade de fazer o controle de qualidade gustativo), não se poderia impedir os fabricantes de cigarros de utilizar (dentro de parâmetros de minimização do dano à saúde) empregados voluntários para a realização da tarefa. No entanto, a decisão do TST foi salomônica no sentido mais físico da palavra (dividindo-se a criança ao meio): condenou-se a empresa em multa milionária pelo passado, mas foi ela absolvida de qualquer impedimento da atividade em relação ao futuro, por não estar infringindo nenhuma lei trabalhista.

k) Prescrição – conforme a data da lesão (ou de sua ciência, em caso de doença profissional), o prazo prescricional para o ajuizamento de ação visando ao reconhecimento de dano material ou moral e do direito à respectiva indenização variam, em face das alterações constitucional e legal havidas quanto à matéria, sendo utilizados os seguintes critérios:

PRESCRIÇÃO APLICÁVEL A RECLAMATÓRIA SOBRE DANO MORAL	
Prescrição	Hipótese
Bienal (CF, art. 7º, XXIX; CLT, art. 11)	Lesão ocorrida após a EC nº 45/04 (8.12.2004) e reclamatória ajuizada há mais de 2 anos da extinção do contrato.
Quinquenal (CF, art. 7º, XXIX; CLT, art. 11)	Lesão ocorrida após a EC nº 45/04 e reclamatória ajuizada há menos de 2 anos da extinção do contrato.

A SBDI-1 do TST possui entendimento de que o marco inicial para a contagem do prazo prescricional incidente sobre a *ação de indenização por dano moral decorrente de acidente de trabalho* é o momento em que o empregado é afastado do trabalho e aposentado por invalidez, pois foi nesse momento que se tornou possível o conhecimento do dano e da sua inequívoca ocorrência (TST-E-ED-RR-779-52.2008.5.10.0007, Rel. Min. Aloysio Corrêa da Veiga, *DEJT* de 13.9.2013).

l) Imposto de Renda – não incide sobre o valor recebido judicialmente a título de indenização por danos morais (TST-E-RR-75300-94.2007.5.03.0104, SBDI-I, Rel. Min. Lelio Bentes Corrêa, julgado em 9.8.2012).

m) Cumulação de pedidos – o pedido de reparação por *danos morais* pode ser veiculado juntamente com o de *danos materiais*, devendo a sentença discriminar o valor e o fundamento do deferimento de cada um deles (CLT, art. 223-F; CF, art. 114, VI).

2. Assédio moral

A deterioração do meio ambiente de trabalho pode ser de caráter material ou moral. As normas de segurança e medicina do trabalho protegem o trabalhador contra os agentes nocivos ou de risco, que atentam contra sua saúde física. Mas há fatores que comprometem a saúde psíquica do trabalhador, onde o agente provocador do desgaste é o próprio empregador ou seus prepostos na direção do trabalho. Trata-se do *assédio moral*.

a) **Definição** – considera-se assédio moral a exposição do trabalhador a situações humilhantes e constrangedoras, repetitivas e prolongadas, durante a prestação dos serviços, provocadas pelo próprio empregador ou seus prepostos, atingindo o trabalhador na sua dignidade, autoestima, equilíbrio psíquico e saúde (depressão), ao tornar-lhe inóspito e até hostil o ambiente de trabalho.

b) **Modalidades** – dependendo do sujeito ativo do assédio moral, este pode ser:

– *Assédio Moral Vertical Descendente* – provocado pelo empregador ou seus prepostos, hierarquicamente superiores ao empregado assediado (chefias imediatas ou remotas), incluindo-se aqui o *assédio moral ambiental*;

– *Assédio Moral Vertical Ascendente* – menos comum, mas caracterizado pela agressão psicológica de subordinados a suas chefias;

– *Assédio Moral Horizontal ou Transversal* – provocado por um ou vários colegas, em mesmo nível hierárquico do empregado assediado;

– *Assédio Moral Externo* – submissão do empregado a condições de exposição constrangedora no atendimento ao público, em que clientes descontentes com a prestação de serviços da empresa podem descarregar sobre os empregados sua revolta, provocando danos morais, dos quais as empresas, quando responsáveis pela deterioração dos serviços, são-no também pelos danos provocados aos seus empregados pela clientela.

c) **Condutas de assédio moral** – constituem, entre outras, condutas de assédio moral do trabalhador, praticadas pelo empregador ou seus prepostos que dirigem o trabalho do empregado:

– desmoralizar publicamente o empregado, com a prática de broncas (chamar de incompetente) e ridicularizações (mexer com os defeitos) diante dos colegas;

– inferiorizar o empregado em relação aos colegas, com comparações humilhantes;

– ignorar a presença do trabalhador (não cumprimentar), negar-lhe trabalho (ou desviar para função decorativa), confiar-lhe tarefas inúteis, colocando-o no ostracismo;

– difamar o empregado, comprometendo sua imagem diante dos colegas;

– ameaças constantes de dispensa ou pressões psicológicas para que o próprio trabalhador peça demissão;

– sobrecarga de trabalho e de tarefas, com cobranças desproporcionadas e até mesmo imposição de castigo ou "pagamento de prendas" pelo não atingimento de metas;

– determinar a execução de tarefas acima do conhecimento do trabalhador ou bem abaixo de suas capacidades;

– negar promoções ao trabalhador, premiando colegas mais novos, com menos experiência e conhecimentos, como forma de desqualificar o trabalho realizado;

– em relação a mulheres, controle de tempo no banheiro e pressão para que evitem engravidar.

d) **Efeitos** – o reconhecimento da existência de assédio moral por parte do empregador pode gerar:

- rescisão indireta do contrato – muitas das faltas graves do empregador capituladas no art. 483 da CLT constituem típicas condutas de assédio moral;
- indenização por dano moral – variando a indenização conforme a gravidade e reiteração das humilhações infligidas ao trabalhador;
- descaracterização de justa causa – quando o empregado demonstra que a real motivação da dispensa foi a discriminação.

3. Assédio sexual

Questão que tem despertado especial interesse, não apenas como elemento justificador de ruptura do pacto laboral, mas como de deterioração do ambiente de trabalho, é a relativa ao assédio sexual.

a) **Definição** – considera-se assédio sexual o comportamento voltado para o sexo, sem mútuo consentimento, que se manifesta tanto na abordagem física quanto nas observações de colorido sexual, por palavras e gestos, que constrangem e deterioram o meio ambiente de trabalho sob o prisma psicológico, acarretando inclusive efeitos danosos à saúde (*stress*, fadiga, ansiedade e depressão).

b) **Abrangência:**

- prisma subjetivo:
  - autor – pode ser tanto o chefe (na imensa maioria dos casos) quanto o colega;
  - vítima – pode ser tanto a mulher (na imensa maioria dos casos) quanto o homem;
- prisma objetivo:
  - atos – contatos físicos desnecessários (carícias ou abraços), ou gestos de natureza lasciva, que tenham por finalidade manifestar o desejo da relação sexual;
  - palavras – convites explícitos ou implícitos, acompanhados, ou não, de ameaças, no sentido da anuência para a relação sexual;
  - conduta – modo de se vestir e postura, que são provocativos, gerando o desejo da relação sexual em chefes, colegas ou subordinados.

c) **Fundamento** – a nota característica do assédio sexual é o receio da vítima de que sua recusa possa implicar perda (ou não admissão) do emprego, ter nele restrições (impedimento a promoções) ou criar um ambiente de trabalho hostil.

d) **Efeitos** – o reconhecimento da existência de assédio sexual pode lastrear:

- rescisão indireta do contrato – quando é o empregador ou seu preposto o agente do assédio;

- indenização por dano moral – especialmente nos casos de violência física ou verbal;
- descaracterização de justa causa – quando a vítima demonstra que a real motivação da dispensa foi a recusa de assentimento à relação;
- possibilidade de despedida por justa causa do empregado ou preposto assediador, por incontinência de conduta (CLT, art. 482, *b*).

e) **Atenuante** – se, por um lado, o problema do assédio sexual tem se agravado, recomendando disciplinamento específico, por outro, a explicação para esse agravamento encontra-se, em parte, na onda generalizada de pornografia (estímulo contínuo à atividade sexual) e no relaxamento no vestir, em que a maior exposição corporal constitui estímulo extraordinário ao agente (franqueada à empresa a imposição de parâmetros para a indumentária das funcionárias, cujo descumprimento poderia ser atenuante do eventual assédio). Nesse sentido, a própria conduta da vítima pode vir a constituir atenuante para determinadas atitudes do agente, ainda que não as justifique.

Capítulo XVIII

Extinção do Contrato de Trabalho

1. Rescisão

Ocorrendo a rescisão do contrato de trabalho, deve ser elaborado um *recibo* em que constem as parcelas, discriminadamente, a que faça jus o empregado e os motivos da rescisão. Deverá ser feita a *anotação respectiva na CTPS* do empregado, a comunicação da rescisão aos órgãos competentes e o *pagamento das verbas rescisórias em até 10 dias do término do contrato* (CLT, art. 477 e seu § 6º).

– A *quitação* dada pelo empregado no recibo vale pelas parcelas nele discriminadas (Súmula 330 do TST; CLT, art. 477, § 2º), salvo se oposta ressalva expressa ao valor daquelas descritas. Assim, o empregado pode pleitear em juízo parcelas não incluídas no recibo rescisório.

– Em caso de adesão a Plano de Desligamento Voluntário (PDV), não haveria quitação de todo o contrato de trabalho (OJ nº 270 da SBDI-1 do TST), tendo o STF reformado tal entendimento do TST, admitindo a validade da quitação por negociação coletiva (RE 590.415/SC, Rel. Min. Roberto Barroso, *DJe* de 29.5.2015).

– As *inovações* trazidas pela Lei nº 13.467/17 (Reforma Trabalhista) em matéria de **quitação** do contrato de trabalho foram:

- possibilidade da *quitação anual* das obrigações trabalhistas, perante o sindicato dos empregados da categoria, cujo termo, firmado na vigência ou não do contrato de trabalho, discriminará as obrigações de dar e fazer cumpridas mensalmente, nele constando a *eficácia liberatória das parcelas ali especificadas* (CLT, art. 507-B);
- a *assistência sindical* aos trabalhadores com mais de um ano de contrato de trabalho *deixou de ser obrigatória* (revogação do § 1º do art. 477 da CLT);
- o entendimento do TST sobre a *necessidade de negociação coletiva prévia às demissões em massa* estaria superado por norma expressa dispensando a autorização prévia do sindicato ou celebração de acordo ou convenção coletiva (CLT, art. 477-A); porém o STF entende que "*a intervenção sindical prévia é*

exigência procedimental imprescindível para dispensa em massa de trabalhadores que não se confunde com a autorização prévia por parte da entidade sindical ou celebração de convenção ou acordo coletivo" (RE-999435, Red. Min. Edson Fachin, Tema 638, julgado em 8.6.2022);

- o entendimento do STF sobre a *quitação plena e irrevogável do contrato de trabalho,* quando veiculada em *plano de desligamento voluntário* (PDV) previsto em negociação coletiva, foi confirmado e tornado lei, admitindo-se estipulação em contrário pelas partes (CLT, art. 477-B).

2. Aviso prévio

Nos contratos por prazo indeterminado, a parte que, *sem motivo justo*, quiser rescindi-lo deverá avisar a outra de sua intenção, com antecedência mínima de 30 dias. Com a Lei nº 13.467/17 (Reforma Trabalhista), a extinção do contrato de trabalho por *mútuo consentimento* passou a ser admitida (CLT, art. 484-A). A Constituição garante aviso prévio proporcional ao tempo de serviço (art. 7º, XXI).

Depois que o STF iniciou julgamento conjunto de mandados de injunção em que se alegava omissão legislativa na regulamentação do art. 7º, XXI, da CF, foi editada a Lei nº 12.506/11, prevendo o *aviso prévio proporcional ao tempo de serviço*, na base de *3 dias suplementares por ano de serviço,* até o limite de *90 dias* (empregado com até um ano de casa teria 30 dias e empregado com mais de 20 anos teria 90 dias). A Súmula 441 do TST esclarece que o direito só é devido nas rescisões contratuais ocorridas após a publicação da referida lei (13.10.2011).

Concluindo o julgamento do *Mandado de Injunção 943/DF* em 6.2.2013, o STF entendeu existir omissão legislativa no tocante à regulamentação do disposto no art. 7º, XXI, da CF, consignando ainda que, em virtude de o julgamento ter se iniciado anteriormente à edição da Lei nº 12.506/11, impunha-se fosse julgado procedente o mandado de injunção.

Assim, ante a decisão proferida nos autos do MI 943/DF, bem como em face do julgamento de prejudicialidade dos demais mandados de injunção, a Suprema Corte placitou a orientação estampada na Súmula 441 do TST, reconhecendo o direito ao aviso prévio proporcional ao tempo de serviço apenas para as rescisões contratuais ocorridas depois da edição da Lei nº 12.506/11.

A redação da lei dá a entender que o acréscimo de dias constitui direito apenas do trabalhador, ao falar em *concessão aos empregados.* Assim sendo, constituindo apenas um *plus* indenizatório, nem podem os dias adicionais ser cobrados pelo empregador em caso de pré-aviso pelo empregado, nem podem contar como tempo de serviço, mormente pelo fato de que, provavelmente, o trabalhador já estará empregado em outra empresa.

Computa-se integralmente como tempo de serviço, nos termos do art. 487, § 1º, da CLT, o prazo de aviso prévio de 60 dias, concedido por meio de norma coletiva que não estabelece o alcance de seus efeitos jurídicos, repercutindo nas verbas rescisórias (Orientação Jurisprudencial 367 da SBDI-1 do TST).

a) Falta de aviso prévio (CLT, art. 487, §§ 1º e 2º):

– do empregador – direito do empregado aos salários correspondentes (conversão do tempo em dinheiro – é o denominado aviso prévio indenizado) (Súmula 276 do TST);

– do empregado – direito de o empregador descontar o salário (o empregado pode pedir dispensa do aviso prévio).

b) Durante o período do aviso prévio o empregado tem direito a uma redução de 2 horas na jornada diária (CLT, art. 488). É ilegal substituí-la por dinheiro, ainda que mediante o pagamento de horas extras (Súmula 230 do TST).

c) Se o empregado optar por trabalhar sem a redução das 2 horas diárias, poderá faltar ao serviço, sem prejuízo do salário integral, 7 dias corridos (CLT, art. 488, parágrafo único).

d) Indenização adicional (Lei nº 6.708/79, art. 9º) – havendo dispensa sem justa causa no período de 30 dias que antecede a data do reajuste salarial do empregado, tem ele direito a um salário de indenização (o aviso prévio, mesmo indenizado, conta como tempo de serviço para efeito de dilatar a rescisão para o término do aviso – Súmula 182 do TST).

e) Reconsideração do aviso prévio – ato bilateral de desconsideração da rescisão contratual, que pode ser:

– expresso – a parte pré-avisada, de forma verbal ou escrita, expressamente aceita a reconsideração;

– tácito – expirado o prazo do aviso prévio, o obreiro continua prestando serviços normalmente, sem a oposição do empregador.

f) Aviso prévio indenizado – aquele *dado em dinheiro* e não em tempo; por ficção, o período é contado como fazendo parte do contrato de trabalho para todos os efeitos; nos casos de extinção do contrato de trabalho por *mútuo consentimento* entre empregado e empregador, o aviso prévio indenizado é *devido pela metade* (CLT, art. 484-A, I, *a*).

A parcela tem natureza jurídica indenizatória, razão pela qual sobre tal verba rescisória *não incide a contribuição previdenciária* (TST-E-RR-876/2003-042-15-00.7, Rel. Min. Caputo Bastos, *DJ* de 9.5.2008). Tal orientação estaria, em tese, sujeita a reforma, na medida em que a base da jurisprudência era o art. 214, § 9º, V, *f*, do Decreto nº 3.048/99, revogado pelo Decreto nº 6.727/09, permitindo-se, assim, a exação previdenciária. Entretanto, tem-se entendido que, ainda assim, não se cogita da incidência da contribuição previdenciária sobre esta parcela, uma vez que o valor pago a esse título pelo empregador não constitui retribuição pelo trabalho prestado, mas, sim, indenização substitutiva (TST-RR-210000-23.2010.5.03.0000, Rel. Min. Milton de Moura França, 4ª Turma, *DEJT* de 1º.7.2011).

g) **Auxílio-doença acidentário** – sua concessão no curso do aviso prévio faz com que o empregado passe a gozar da estabilidade provisória prevista no art. 118 da Lei nº 8.213/91 (TST-ERR 57529/2002-900-01-00.3, Rel. Min. João Oreste Dalazen, *DJ* de 1º.9.2006).

h) **Suspensão do contrato** – em caso de doença com percepção de benefício previdenciário, os efeitos da rescisão somente se darão ao final do benefício (Súmula 371 do TST).

3. Modos de extinção do contrato de trabalho

a) **Término do contrato a prazo determinado** – extingue-se naturalmente dentro de, no máximo, 2 anos ou 90 dias (contrato de experiência).

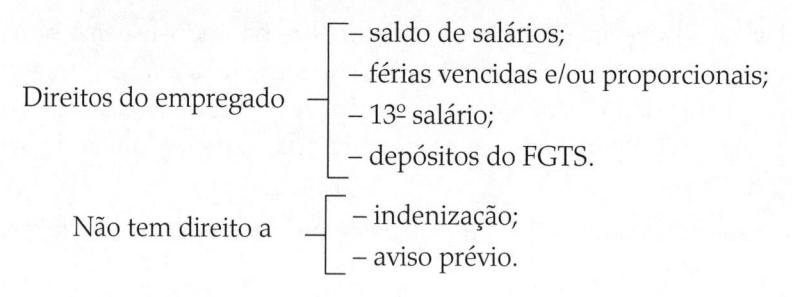

Direitos do empregado
- saldo de salários;
- férias vencidas e/ou proporcionais;
- 13º salário;
- depósitos do FGTS.

Não tem direito a
- indenização;
- aviso prévio.

b) **Acordo** – empregado e empregador concordam em rescindir o contrato de trabalho (CLT, art. 484-A).

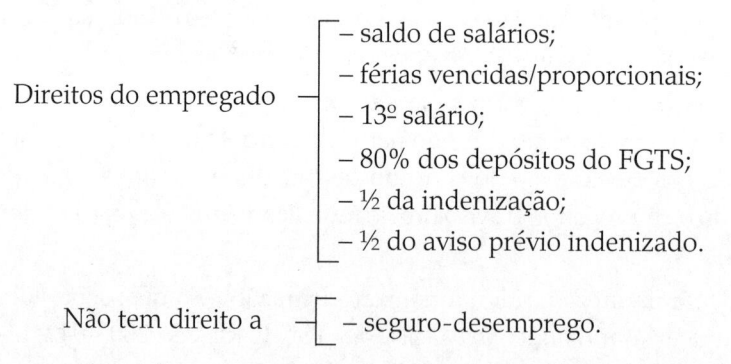

Direitos do empregado
- saldo de salários;
- férias vencidas/proporcionais;
- 13º salário;
- 80% dos depósitos do FGTS;
- ½ da indenização;
- ½ do aviso prévio indenizado.

Não tem direito a
- seguro-desemprego.

Havendo *acordo em juízo*, devem ser discriminadas as verbas de natureza indenizatória e as verbas de natureza salarial, incidindo sobre estas últimas a *contribuição previdenciária*. As regras aplicáveis nesse caso são:

- não havendo discriminação das parcelas e de sua natureza, independentemente do reconhecimento do vínculo de emprego, a contribuição previdenciária incidirá sobre o valor global do acordo (Lei nº 8.112/91, art. 43, parágrafo único) (Orientação Jurisprudencial 368 da SBDI-1 do TST);
- não havendo reconhecimento de vínculo empregatício, a contribuição previdenciária incide sobre o valor total do acordo, uma vez que as parcelas só poderiam ser de natureza indenizatória, e, mesmo assim a Constituição determina a incidência previdenciária (CF, art. 195, I, *a*) (cf. OJ 398 da SBDI-1 do TST);
- nesse caso, deverá ser recolhida cumulativamente a alíquota de 20% do empregador e 11% do empregado (Orientação Jurisprudencial 398 da SBDI-1 do TST);
- se o acordo se deu na fase de execução, a incidência da contribuição previdenciária se dará sobre o montante total do acordo, respeitada a proporção das parcelas de natureza salarial e indenizatória definidas na sentença (Orientação Jurisprudencial 376 da SBDI-1 do TST);
- não se admite a incidência da contribuição previdenciária sobre todo o período da relação trabalhista, na medida em que o inciso VIII do art. 114 da Constituição Federal limita a execução de ofício pela Justiça do Trabalho às sentenças que proferir, o que restringe a base de cálculo da contribuição ao valor da condenação ou do acordo (Súmula 368, I, do TST, referendada pelo STF no RE-569056-PA, Rel. Min. Menezes Direito, julgado em 11.9.2008).

c) **Demissão** – saída do empregado por vontade própria.

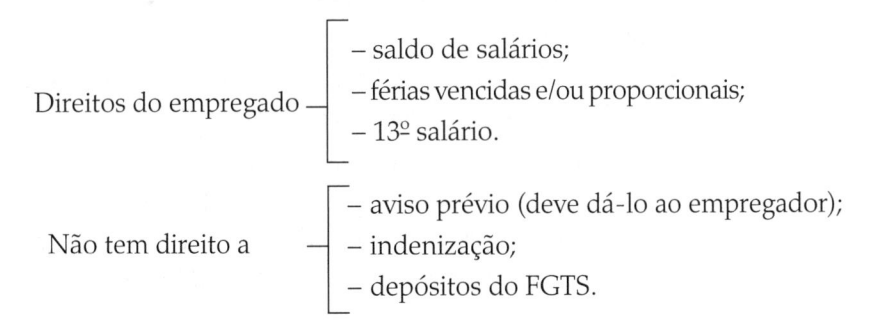

Direitos do empregado:
- saldo de salários;
- férias vencidas e/ou proporcionais;
- 13º salário.

Não tem direito a:
- aviso prévio (deve dá-lo ao empregador);
- indenização;
- depósitos do FGTS.

d) **Despedida sem justa causa**

Direitos do empregado
- saldo de salários;
- férias vencidas e/ou proporcionais;
- 13º salário;
- aviso prévio;
- depósitos do FGTS (optante) + 40% + juros e correção monetária;
- indenização (não regido pelo sistema do FGTS) – um salário por ano de serviço.

Indenização
- adicional – devida ao empregado despedido sem justa causa no período de 30 dias que antecedem a data do reajuste salarial da categoria a que pertence (Lei nº 6.708/79, art. 9º). Corresponde a um salário;
- dobrada – era devida ao empregado estável despedido sem justa causa (CLT, art. 497). Continua valendo para os empregados que adquiriram o direito à estabilidade antes da promulgação da Constituição de 1988.

Planos de desligamento voluntário:

- Quando da adoção, por muitas empresas estatais, de *planos de desligamento incentivado*, sustentei o efeito quitatório amplo desses planos, em face de seu *caráter voluntário* quanto à adesão e pelo *expressivo montante recebido* por aqueles que aderiam aos planos (TST-RR 1.671/2004-031-12-00.2, Rel. Min. Ives Gandra Martins Filho, 4ª Turma, *DJ* de 16.2.2007; TST-RR 7.292/2002-014-12-00.9, Rel. Min. Ives Gandra Martins Filho, 4ª Turma, *DJ* de 11.4.2006). Sempre entendi que tais planos possuíam dupla finalidade: o *enxugamento da máquina estatal* e a *redução do passivo trabalhista*.

- No entanto, desconsiderando o princípio da boa-fé, que deve reger as relações entre os contratantes, ultimamente tão prestigiado pelo Código Civil de 2002, foi editada a *Orientação Jurisprudencial 270 da SBDI-1 do TST*, tornando letra morta as avenças decorrentes de PDIs, na medida em que lhes fulminava com o efeito quitatório, ressuscitando passivos trabalhistas que já haviam sido compensados por vultosas quantias de dinheiro.

- Diante do caso específico do PDI do BESC (Banco do Estado de Santa Catarina), a SDC do TST referendou a avença, uma vez que solidamente respaldada em *negociação coletiva*, gritantemente exigida e aplaudida pelos trabalhadores da Empresa. No entanto, a SBDI-1 considerou nula a avença, deferindo verbas rescisórias suplementares às já avantajadas pagas pelo Banco a seus empregados.

- Suscitado o conflito jurisprudencial entre as duas Seções, decidiu o Pleno do TST, por maioria de 11 votos contra 9, no processo TST-ROAA 1.115/2002-000-12-00.6, em 9.11.2006, que a OJ 270 da SBDI-1 desta Corte deveria ser aplicada também aos casos em que a quitação geral dada em PDI contasse com respaldo em negociação coletiva com tutela sindical. Assim, o TST terminou por desestimular a instituição de planos de demissão incentivada por parte das empresas que pretendiam enxugar seus quadros: a dispensa deveria ser com pagamento exclusivo das verbas rescisórias da dispensa imotivada, pois, para agravar ainda mais a situação das que dispensaram com base em PDVs, a SBDI-1 vinha *recusando a compensação* dos créditos judiciais postulados posteriormente à demissão com os valores recebidos além das verbas rescisórias estritamente devidas (TST-E-RR 2.742/2001-042-03-00.4, Rel. Min. João Oreste Dalazen, *DJ* de 24.3.2006; TST-E-RR 1.815/2001-115-15-00.6, Rel. Min. Lelio Bentes Corrêa, *DJ* de 21.10.2005).

- Ao apreciar a matéria, o STF, no entanto, validou o plano de dispensa imotivada aprovado em acordo coletivo que contou com a ampla participação dos empregados, em julgado assim ementado:

"DIREITO DO TRABALHO. ACORDO COLETIVO. PLANO DE DISPENSA INCENTIVADA. VALIDADE E EFEITOS.

1. Plano de dispensa incentivada aprovado em acordo coletivo que contou com ampla participação dos empregados. Previsão de vantagens aos trabalhadores, bem como quitação de toda e qualquer parcela decorrente de relação de emprego. Faculdade do empregado de optar ou não pelo plano.

2. Validade da quitação ampla. Não incidência, na hipótese, do art. 477, § 2º da Consolidação das Leis do Trabalho, que restringe a eficácia liberatória da quitação aos valores e às parcelas discriminadas no termo de rescisão exclusivamente.

3. No âmbito do direito coletivo do trabalho não se verifica a mesma situação de assimetria de poder presente nas relações individuais de trabalho. Como consequência, a autonomia coletiva da vontade não se encontra sujeita aos mesmos limites que a autonomia individual.

4. A Constituição de 1988, em seu artigo 7º, XXVI, prestigiou a autonomia coletiva da vontade e a autocomposição dos conflitos trabalhistas, acompanhando a tendência mundial ao crescente reconhecimento dos mecanismos de negociação coletiva, retratada na Convenção nº 98/1949 e na Convenção nº 154/1981 da Organização Internacional do Trabalho. O reconhecimento dos acordos e convenções coletivas permite que os trabalhadores contribuam para a formulação das normas que regerão a sua própria vida.

5. Os planos de dispensa incentivada permitem reduzir as repercussões sociais das dispensas, assegurando àqueles que optam por seu desligamento da empresa condições econômicas mais vantajosas do que aquelas que decorreriam do mero desligamento por decisão do empregador. É importante, por isso, assegurar a credibilidade de tais planos, a fim de preservar a sua função protetiva e de não desestimular o seu uso.

7. Provimento do recurso extraordinário. Afirmação, em repercussão geral, da seguinte tese: 'A transação extrajudicial que importa rescisão do contrato de trabalho, em razão de adesão voluntária do empregado a plano de dispensa incentivada, enseja quitação ampla e irrestrita de todas as parcelas objeto do contrato de emprego, caso essa condição tenha constado expressamente do acordo coletivo que aprovou o plano, bem como dos demais instrumentos celebrados com o empregado'" (RE 590.415/SC, Rel. Min. Roberto Barroso, *DJe* de 28.5.2015).

- Com a Lei nº 13.467/17 (Reforma Trabalhista), o entendimento do STF foi confirmado pelo art. 477-B da CLT.

- Os únicos direitos não passíveis de rediscussão em reclamatória de empregado beneficiado por plano de desligamento voluntário são a *indenização adicional da Lei nº 7.238/84* (TST-E-ED-RR-447/2000-068-01-00.6, Rel. Min. Maria Cristina Peduzzi, *DJ* de 15.9.2008) e o *seguro-desemprego*, uma vez que a modalidade de rescisão contratual foi a voluntária (TST-E-RR-590/2002-391-02-.6, SBDI-1, Rel. Min. Brito Pereira, *DJ* de 4.6.2009).

e) **Despedida com justa causa** – as faltas que, praticadas pelo empregado, constituem justa causa para a rescisão do contrato de trabalho pelo empregador estão previstas no art. 482 da CLT.

Direitos do empregado
- saldo de salários;
- férias vencidas.

Não tem direito a
- indenização (estável);
- depósitos do FGTS;
- aviso prévio;
- 13º salário;
- férias proporcionais.

f) **Despedida indireta** – ocorre quando é o empregador quem pratica falta grave, dando justo motivo ao empregado para romper o contrato de trabalho.

O empregado costuma dar por rescindido o contrato, deixando de trabalhar e pleiteando na Justiça as verbas a que teria jus; o empregador, em geral, diante de tal procedimento, alega ter havido abandono do emprego (justa causa praticada pelo empregado).

A sentença que julga procedente o pedido de rescisão indireta é, além de condenatória, constitutiva, uma vez que o termo da rescisão é o da prolação da sentença e não o do abandono do emprego ou do ajuizamento da ação.

A nosso ver, é impossível, por outro lado, pleitear na mesma reclamatória a rescisão indireta por descumprimento das obrigações contratuais e o reconhecimento do vínculo empregatício, uma vez que, sem o reconhecimento judicial anterior da existência deste, não se pode dizer que houve infração ao contrato.

No entanto, há precedente do TST no sentido de que é possível cumular, na mesma ação, os pedidos de reconhecimento do vínculo empregatício e de rescisão indireta, ante a sua compatibilidade (TST-RR-75800-47.2010.5.17.0014, Rel. Min. Mauricio Godinho Delgado, 3ª Turma, *DEJT* de 12.9.2014).

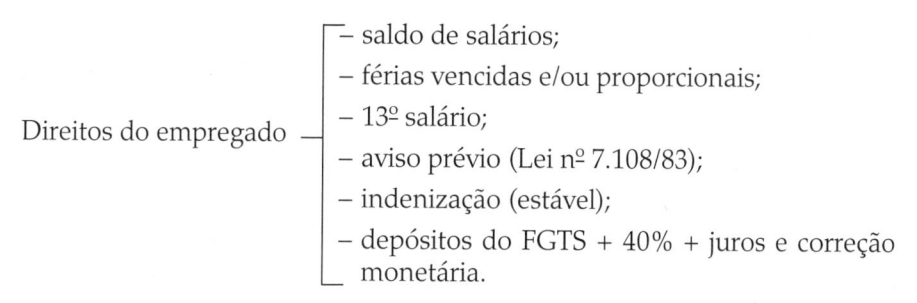

Direitos do empregado
- saldo de salários;
- férias vencidas e/ou proporcionais;
- 13º salário;
- aviso prévio (Lei nº 7.108/83);
- indenização (estável);
- depósitos do FGTS + 40% + juros e correção monetária.

g) **Rescisão por culpa recíproca** – ocorre quando empregado e empregador cometem, ao mesmo tempo, faltas que constituem justa causa para a rescisão do contrato.

Direitos do empregado
- saldo de salários;
- férias vencidas;
- indenização pela metade (quem não era optante pelo FGTS);
- depósitos do FGTS + 20% + juros e correção monetária.

Não tem direito a
- 50% do aviso prévio;
- 50% das férias proporcionais;
- 50% do 13º salário.

h) **Rescisão antecipada do contrato a prazo**

– Por iniciativa do empregado – deverá indenizar o empregador, sendo-lhe descontado o equivalente a 50% da remuneração correspondente aos dias faltantes para o término do contrato (CLT, art. 479).

Direitos do empregado
- saldo de salários;
- 13º salário;
- FGTS do período contratual;
- férias proporcionais com 1/3.

– Por iniciativa do empregador:

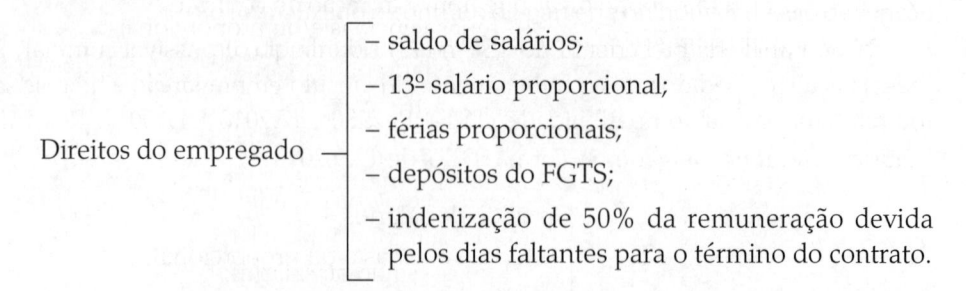

Direitos do empregado
- saldo de salários;
- 13º salário proporcional;
- férias proporcionais;
- depósitos do FGTS;
- indenização de 50% da remuneração devida pelos dias faltantes para o término do contrato.

i) **Rescisão de altos empregados** – com a Lei nº 13.467/17 (Reforma Trabalhista), a CLT passou a prever forma distinta de extinção do contrato de trabalho daqueles que receberem remuneração superior a duas vezes o limite máximo estabelecido para os benefícios do Regime Geral de Previdência Social. Conquanto a CLT traga as regras gerais, nestes casos é possível que se pactue uma *cláusula compromissória de arbitragem,* desde que inserida por iniciativa do empregado ou mediante sua expressa concordância (CLT, art. 507-A). Assim, caberá ao árbitro definir como se dará a extinção do contrato de trabalho e os direitos e valores a serem pagos. A vantagem da arbitragem é resolver rápido eventual conflito, sem ter de esperar todos os trâmites e recursos do processo judicial.

Na rescisão contratual em relação a altos executivos que tiveram acesso a informações que constituem segredo comercial ou industrial da empresa, é comum a inclusão, no instrumento de distrato, da *cláusula de confidencialidade e de não concorrência,* pela qual se estipula um período de quarentena ao ex-empregado, antes de assumir novo posto em empresa concorrente do ramo produtivo. Nela devem ficar definidas a *retribuição financeira* paga pelo ex-empregador (em geral em valor elevado, correspondente à remuneração que o executivo recebia), a *limitação temporal* da quarentena (em geral, de 2 anos), bem como a *limitação territorial* (se no país ou em alguma região em concreto), sob pena de invalidade da cláusula (ARR – 217-05.2010.5.09.0006 , Rel. Min. Cláudio Mascarenhas Brandão, 7ª Turma, *DEJT* 12.5.2017).

j) **Morte do empregado** – a ruptura do vínculo empregatício em virtude de óbito do empregado, por constituir forma abrupta e imprevisível de dissolução do contrato de trabalho, envolve peculiaridades que tornam incompatível a aplicação da multa prevista no art. 477, § 8º, da CLT, tais como a necessidade de transferência da titularidade do crédito trabalhista para os dependentes/sucessores legais, a qual não se opera, instantaneamente, mas mediante procedimento próprio previsto na Lei nº 6.858/80 (TST-E-RR-152000-72.2005.5.01.0481, Rel. Min. João Oreste Dalazen, SBDI-1, julgado em 3.9.2015).

Seus herdeiros farão jus a
- saldo de salários;
- férias vencidas e/ou proporcionais;
- 13º salário proporcional;
- depósitos do FGTS.

k) **Extinção da empresa** – os direitos do empregado variam conforme o motivo que deu origem à extinção da empresa.

Direitos do empregado, pagos pelo Poder Público, por atos do governo (*factum principis*)
- saldo de salários;
- férias vencidas e/ou proporcionais;
- 13º salário proporcional;
- aviso prévio;
- depósitos do FGTS;
- indenização integral (estável).

– Por morte do empregador – os acima citados (pagos pelo sucessor).

– Sem força maior – os acima mencionados.

– Por força maior – os mesmos, com exceção da indenização, que é devida pela metade.

> Obs.: para que a empresa possa eximir-se da responsabilidade dos créditos trabalhistas, na hipótese de extinção por ato do governo, será necessário que não tenha dado causa à intervenção governamental (CLT, art. 486).

l) **Aposentadoria** – os direitos do empregado variam conforme o tipo de aposentadoria:

– espontânea
- saldo de salários;
- 13º salário proporcional;
- férias vencidas e/ou proporcionais;
- depósitos do FGTS.

– compulsória – os mesmos direitos acima referidos, com a diferença de que o empregado não submetido ao regime do Fundo faz jus à indenização pela metade (Lei nº 3.807/60, art. 30, § 3º).

O STF, acompanhado posteriormente pelo TST, que cancelou sua Orientação Jurisprudencial 177 da SBDI-1, entende que a aposentadoria espontânea não extingue o contrato de trabalho (nesse sentido declarou inconstitucionais os §§ 1º e 2º do art. 453 da CLT nas ADIns 1.721-DF e 1.770-DF). Nessa esteira, o TST defere aos aposentados voluntariamente a multa de 40% sobre todo o período anterior à jubilação (OJ 361 da SBDI-1 do TST).

Complementação de aposentadoria

Como o benefício previdenciário da aposentadoria está sujeito a um teto (20 salários mínimos), a jubilação acaba representando perda de rendimentos para o aposentado, em relação ao salário efetivo que percebia na ativa.

Para evitar tal defasagem, as empresas criam sistemas de previdência privada, custeados por contribuições mensais do empregado e da empresa, com o fito de *complementar* o benefício previdenciário da aposentadoria até o montante de remuneração que o empregado ganharia se estivesse na ativa.

A base da complementação é contratual, e, por decorrer da relação empregatícia, a controvérsia surgida seria da competência da Justiça do Trabalho. O STF, no entanto, no RE 586.453-SE, Rel. Min. Dias Toffoli, julgado em 20.2.2013, entendeu que a competência para dirimir tais controvérsias estaria afeta à Justiça Comum Estadual, uma vez que se trataria de relações independentes do contrato de trabalho. No entanto, manteve a competência residual em relação aos processos que já tivessem tido alguma decisão pela Justiça Laboral. Daí as regras que abaixo regem os processos remanescentes que correm nesta Justiça Especializada.

É princípio basilar que as normas regulamentares que disciplinam o benefício não podem ser alteradas em relação aos empregados admitidos antes da modificação das condições de percepção do benefício (Súmula 51, I, do TST).

O prazo prescricional para insurgir-se contra a alteração começa a fluir da jubilação, pois somente com ela o direito torna-se devido e a lesão, possível.

A disciplina jurídica da *prescrição* em matéria de *complementação de aposentadoria* encontra seus parâmetros estabelecidos nas *Súmulas 326 e 327 do TST*, contemplando as seguintes hipóteses:

a) a regra geral é a *prescrição total e bienal* da complementação de aposentadoria nunca recebida pelo empregado (Súmula 326 do TST);

b) para as *diferenças* de complementação de aposentadoria, a regra é a *prescrição parcial e quinquenal*, exceto se o direito decorrer de verbas não recebidas no decorrer da relação de emprego e já alcançadas pela prescrição na época da propositura da ação (Súmula 327 do TST).

Quadro sintético dos direitos devidos quanto ao modo de extinção do contrato de trabalho:

Modo de Extinção do Contrato de Trabalho	Saldo salários	Aviso Prévio	Férias	13º Salário	FGTS	Multa (Indenização)
Término do Contrato a Prazo	X		X	X	X	
Mútuo Acordo	X	50%	X	X	80%	50%
Pedido de Demissão	X		X	X		
Despedida sem Justa Causa	X	X	X	X	X	40%

Despedida com Justa Causa	X		X*			
Despedida Indireta	X	X	X	X	X	40%
Rescisão por Culpa Recíproca	X	50%	X**	50%	X	20%
Rescisão Antecipada do Contrato a Prazo	X		X	X	X	X***
Morte do Empregado	X		X	X	X	
Extinção da Empresa	X	X	X	X	X	

* Só as vencidas.

** Vencidas e 50% das proporcionais.

*** 50% do valor dos dias faltantes (pago por quem rescindir).

4. Justa causa

São todos os motivos que tornam impossível a continuação do contrato, tendo em vista a confiança e a boa-fé que devem existir entre os contratantes. Praticada a falta grave, a despedida deve ser imediata, sob pena de considerar-se que houve perdão tácito.

a) **Do empregado** (CLT, art. 482):

– ato de *improbidade* (atentado contra o patrimônio da empresa);

– *incontinência* de conduta (comportamento irregular, incompatível com a moral sexual) ou *mau procedimento* (comportamento irregular com as mais gerais normas exigidas pelo senso comum do homem médio);

– *negociação habitual* por conta própria ou alheia, sem permissão do empregador, quando constituir ato de concorrência à empresa para a qual trabalha o empregado ou for prejudicial ao serviço;

– *condenação criminal* do empregado passada em julgado, caso não tenha havido suspensão da execução da pena (sem *sursis*);

– *desídia* no desempenho de suas funções, isto é, descumprimento culposo da obrigação de dar rendimento quantitativo e qualitativo na execução do serviço. Ex.: ausências reiteradas ao serviço sem justificação; atraso habitual no comparecimento ao trabalho; baixa produção imotivada; má qualidade do serviço etc. A desídia caracteriza-se pela reiteração de atos negligentes, impondo ao empregador a observância da gradação da pena para prestigiar o caráter pedagógico do instituto (TST-E-ED-RR-21100-72.2009. 5.14.0004, SBDI-1, Rel. Min. Luiz Philippe Vieira de Mello Filho, *DEJT* de 25.4.2014);

– *embriaguez* habitual ou em serviço;

- *violação de segredo* da empresa (divulgação não autorizada de patentes de invenção, métodos de execução, fórmulas, escrita comercial etc.);
- ato de *indisciplina* (descumprimento de ordens pessoais de serviço);
- *abandono de emprego* (ausência continuada, com ânimo de não mais trabalhar);
- *ato lesivo da honra* e boa fama praticado em serviço *contra qualquer pessoa*, ou *ofensas físicas*, nas mesmas condições, salvo em caso de legítima defesa, própria ou de outrem;
- *ato lesivo da honra* e boa fama ou *ofensas físicas* praticadas *contra o empregador* e superiores hierárquicos, salvo em caso de legítima defesa, própria ou de outrem;
- prática constante de *jogos de azar*;
- *perda da habilitação* ou dos requisitos estabelecidos em lei para o exercício da profissão, em decorrência de conduta dolosa do empregado.

Outras justas causas não previstas no art. 482 da CLT:

- ferroviário que se recusa a prorrogar o horário em situações de urgência (CLT, art. 240, parágrafo único);
- aprendiz que não frequenta curso de aprendizagem ou não o aproveita (CLT, art. 432, § 2º);
- grevista que pratica excesso (Lei nº 7.783/89, arts. 14 e 15).

b) **Do empregador** (CLT, art. 483):

- exigir serviços:
    - superiores às forças do empregado;
    - defesos por lei;
    - contrários aos bons costumes;
    - alheios ao contrato;
- quando o empregado for tratado pelo empregador, ou por seus superiores hierárquicos, com rigor excessivo;
- correr perigo manifesto de mal considerável (em virtude da não adoção pelo empregador de medidas geralmente utilizadas ou de normas de higiene e segurança do trabalho);
- não cumprir o empregador as obrigações do contrato (ex.: atrasar salários);
- praticar o empregador, ou os seus prepostos, contra o empregado ou pessoas de sua família ato lesivo da honra e boa fama;
- o empregador ou os seus prepostos ofenderem-no fisicamente, salvo em caso de legítima defesa, própria ou de outrem;

– o empregador reduzir o seu trabalho, sendo este por peça ou tarefa, diminuindo sensivelmente o salário.

A *configuração da justa causa* depende da comprovação de alguns requisitos:
- gravidade da falta;
- proporcionalidade da pena;
- *"non bis in idem"*;
- inalteração da punição;
- imediatidade na aplicação da pena;
- vinculação entre infração e a pena;
- conduta dolosa ou culposa do obreiro.

Capítulo XIX

Organização Sindical

1. Entidades

a) **Associações**
- profissionais ou de interesses econômicos;
- não representam a categoria;
- podem existir várias para a mesma categoria.

b) **Sindicato** – entidade que agrupa determinadas pessoas, segundo um interesse comum, de natureza profissional ou econômica, e das quais é o legítimo e natural representante.

– Inicialmente considerados como coligações delituosas e proibidas (Lei Le Chapelier, 1791 – França), os sindicatos adquiriram foro de cidadania na Inglaterra (Trade Unions, 1871) e na França (Lei Waldeck-Rousseau, 1884), tendo havido neste último país, nos seus primórdios, sindicatos corporativos (congregando patrões e empregados) e até só femininos (1899).

– No Brasil (CF, art. 8º), só pode haver um sindicato para cada categoria na mesma base territorial (âmbito geralmente municipal), em face do princípio da *unicidade sindical*. Não necessita de autorização do Estado para existir, mas a lei pode exigir seu registro. O Estado não pode interferir ou intervir no seu funcionamento.

– A criação de sindicato novo depende de convocação da categoria para assembleia geral na base territorial que abranger, devendo ser ele registrado, após sua fundação, no Registro Civil das Pessoas Jurídicas e no Arquivo de Entidades Sindicais Brasileiras (AESB) do Ministério do Trabalho. O STF, ao julgar o Mandado de Injunção nº 144/SP (Rel. Min. Sepúlveda Pertence, *DJ* de 28.5.1993), assentou que o Ministério do Trabalho, ao efetuar o registro dos novos sindicatos, deve zelar pelo respeito ao princípio constitucional da unicidade sindical.

– Prerrogativas (CLT, art. 513):

– representar a categoria nas negociações coletivas e dissídios coletivos (a não exigência de requisitos quantitativos para seu reconhecimento como único representante poderá estabelecer verdadeira lei de mercado no âmbito sindical: aquele que melhores serviços oferecer terá mais associados e maior representatividade);

– impor contribuições aos membros da categoria.

c) **Federações** – constituídas por Estado, reunindo, no mínimo, 5 sindicatos (CLT, art. 534).

d) **Confederações** – de âmbito nacional, reunindo, no mínimo, 3 federações, e com sede na capital da República (CLT, art. 535).

e) **Centrais Sindicais** – de âmbito nacional, reunindo a filiação de, no mínimo, 100 sindicatos distribuídos nas 5 regiões do país, e filiação em pelo menos 3 regiões do país de, no mínimo, 20 sindicatos em cada uma, e filiação de sindicatos em, no mínimo, 5 setores de atividade econômica, e filiação de sindicatos que representem, no mínimo, 7% do total de empregados sindicalizados em âmbito nacional (Lei nº 11.648/08, art. 2º).

f) **Comissão de Representantes dos Empregados nas Empresas** – o art. 11 da CF/88 prevê a eleição de representante dos empregados nas empresas com mais de 200 trabalhadores, para promover o entendimento dos empregados com a empresa. A Lei nº 13.467/17, da Reforma Trabalhista, veio, finalmente a regulamentar tal preceito constitucional, criando a figura da *comissão de representação*, composta de 3 a 7 membros, conforme o tamanho da empresa (CLT, art. 510-A), especificando seu campo de atuação (CLT, art. 510-B), o processo eleitoral (CLT, art. 510-C) e as garantias de seus membros (CLT, art. 510-D). A Medida Provisória nº 808/17 veio a esclarecer que dita comissão não substitui o sindicato da categoria nas negociações coletivas (CLT, art. 510-E). Com a perda de vigência da referida medida provisória, essa mesma orientação foi assentada pela Portaria nº 349/18 do MT (art. 8º).

2. Recursos para o sindicato

a) **Contribuição sindical** (CLT, arts. 578 a 582) – prevista constitucionalmente como contribuição parafiscal (CF, art. 149).

– Prestação anual que era devida por todos os membros da categoria, mesmo não sindicalizados (recolhida geralmente em janeiro ou março), mas que, com a Lei nº 13.467/17 (Reforma Trabalhista), perdeu seu caráter compulsório e passou a ser *voluntária* (CLT, arts. 578 e 579). O STF considerou constitucional a não compulsoriedade da contribuição sindical, estabelecida pela Reforma Trabalhista (ADI 5794, Red. Min. Luiz Fux, julgada em 29.6.2018).

Valor
- empregado – 1 dia de salário;
- empresa – mínimo de 0,08% do capital social.

– Destinação – 60% para o sindicato, 15% para a federação, 5% para a confederação, 10% para a central sindical e 10% para o Estado ("Conta Especial Emprego e Salário").

– O recolhimento da contribuição sindical efetuado fora do prazo legal não gera as penalidades impostas no art. 600 da CLT, pois esse dispositivo consolidado foi tacitamente revogado pelo art. 2º da Lei nº 8.022/90, com base no art. 2º da LINDB e nos princípios da anterioridade e da especificidade (Súmula 432 do TST).

b) **Mensalidade sindical** – devida apenas pelos associados do sindicato, num valor preestabelecido.

– É a principal fonte de renda dos sindicatos (que, por isso, buscam aumentar o número de seus filiados).

c) **Desconto assistencial** – desconto feito na folha de pagamento do primeiro salário reajustado mediante dissídio ou acordo coletivo.

– Corresponde a um percentual ou a um valor fixo (em alguns casos tem sido fixado em valor maior para os não associados ao sindicato, tendo o TST repelido qualquer desconto em relação aos trabalhadores não associados, em defesa das garantias constitucionais de liberdade de associação e de sindicalização (OJ 17 da SDC do TST). O STF fixou tese para o Tema 935 no sentido de que "*é inconstitucional a instituição, por acordo, convenção coletiva ou sentença normativa, de contribuições que se imponham compulsoriamente a empregados da categoria não sindicalizados*" (ARE 1.018.459, Rel. Min. Gilmar Mendes, *DJE* 46 de 10.3.2017).

– Estava subordinado à não oposição do empregado (PN 74 do TST, cancelado pela SDC em 2.6.1998).

– É uma espécie de retribuição ao sindicato pelos esforços feitos na obtenção de reajuste salarial, mediante negociações coletivas ou ajuizamento de dissídio coletivo.

– Sua cobrança judicial, caso a empresa não efetue o desconto em favor do sindicato, não poderia ser feita na Justiça do Trabalho, pois não há dissídio entre empregado e empregador, mas controvérsia entre entidades de direito privado, pois o sindicato, nessa hipótese, não representa os empregados na ação de cumprimento da sentença normativa, mas pleiteia em benefício próprio. A competência do acordo ou da convenção coletiva era da Justiça Comum (Súmula 334 do TST) até que, com o advento da Lei nº 8.984/95, estendeu-se à Justiça do Trabalho para julgar litígios entre sindicatos e empresas para obtenção dos descontos assistenciais.

– O TST tem considerado, ultimamente, não passível de instituição via sentença normativa, por não se tratar de condição de trabalho e por ferir a liberdade de associação (PN 119).

d) **Contribuição confederativa** – fixada por assembleia geral da categoria e descontada em folha para custeio do sistema confederativo da representação sindical respectiva (CF, art. 8º, IV).

– O STF, apreciando a questão da aplicabilidade imediata da norma constitucional instituidora da contribuição, admitiu sua cobrança independentemente da edição de lei regulamentadora, mas restrita aos associados do sindicato (Súmula Vinculante 40 do STF).

3. **Pressões sindicais**

a) **Greve** – paralisação dos empregados (Lei nº 7.783/89).

– Constitui o elemento de barganha dos trabalhadores, em face do poder econômico da empresa (que detém os salários).

– Pela Constituição de 1988, é permitida em qualquer serviço (na anterior não era admitida no serviço público e nas atividades essenciais).

– Nas atividades essenciais deve ser garantida a prestação dos serviços indispensáveis ao atendimento das necessidades inadiáveis da população:

- água, eletricidade, gás e combustíveis;
- hospitais, farmácias e funerárias;
- alimentação e transportes coletivos;
- esgoto e limpeza urbana;
- telecomunicações;
- controle de tráfego aéreo;
- processamento de dados em serviços essenciais;
- compensação bancária;
- equipamentos e materiais nucleares.

– Também no caso de perigo de deterioração irreparável de bens ou equipamentos da empresa, devem ser atendidos pelos grevistas os serviços inadiáveis.

– Esse atendimento faz-se através da indicação de equipes de trabalhadores, pelo sindicato, em comum acordo com a empresa (em torno de 50% dos empregados, dependendo da natureza dos serviços envolvidos).

– O não atendimento desses serviços pelos grevistas acarreta a responsabilização dos dirigentes sindicais e a prestação dos serviços mínimos por intermédio do Poder Público (mediante a Polícia Militar, o Corpo de Bombeiros e a Defesa Civil).

– A greve é considerada *abusiva* quando:

- deflagrada sem o pré-aviso de 72 horas nos serviços essenciais (art. 13) e de 48 horas nas demais atividades (art. 3°, parágrafo único) ao empregador e à população usuária do serviço;
- não assegurado o percentual mínimo de trabalhadores em atividade para atendimento das necessidades inadiáveis da população (arts. 9° e 11);
- deflagrada durante a vigência de norma coletiva, a menos que seja para exigir seu cumprimento ou haja ocorrido fato superveniente que altere substancialmente as relações de trabalho (art. 14 e parágrafo único).

– Quando deflagrada greve em serviço essencial, o Ministério Público pode requerer ao Tribunal do Trabalho competente para pacificar o conflito a expedição de *ordem judicial* fixando o percentual mínimo de empregados que deverão manter-se em serviço durante a paralisação, sob pena de pagamento de multa diária estabelecida na ordem.

– O TST não admite *greve política*, pelas razões constantes do seguinte precedente, de nossa lavra, que esmiúça pedagogicamente a natureza do direito de greve:

> DISSÍDIO COLETIVO DE GREVE DOS PETROLEIROS DE 2018 – CARÁTER POLÍTICO DO MOVIMENTO EM FACE DA MOTIVAÇÃO APRESENTADA – PARALISAÇÃO NO CONTEXTO DA GREVE DOS CAMINHONEIROS – RECONHECIMENTO DA ABUSIVIDADE IN RE IPSA DE GREVE POLÍTICA – DESCUMPRIMENTO DA ORDEM JUDICIAL INIBITÓRIA DA GREVE – APLICAÇÃO DE MULTA – PROCEDÊNCIA DA AÇÃO.
>
> *1. A greve, como fenômeno social, constitui o último recurso dos trabalhadores em um conflito coletivo com seus empregadores, para fazer valer suas reivindicações de melhores condições de trabalho e remuneração. A greve está para a negociação coletiva como a guerra está para a diplomacia, na linha da conhecida e sucinta definição do general prussiano Carl Von Clausewitz: "a guerra é a continuação da política por outros meios" ("Da Guerra", Berlim, 1832).*
>
> *2. Naquilo que se convencionou chamar de "Escalada Nuclear" durante o período da Guerra Fria entre Estados Unidos e União Soviética, os conflitos localizados em países satélites ou das respectivas zonas de influência eram resolvidos, quando surgidas guerras pontuais, pelo recurso aos armamentos convencionais, desde aqueles mais leves (armas brancas, rifles e metralhadoras), passando para os mais pesados (tanques, aviões e navios), de modo a se evitar o uso de armas atômicas, pelo potencial destrutivo e efeitos radioativos permanentes que deixavam, como se viu em Hiroshima e Nagasaki no final da 2ª Guerra Mundial.*
>
> *3. Analogamente, no que concerne aos conflitos coletivos de trabalho, a Constituição Federal de 1988, com a Emenda Constitucional nº 45, de 2004, estabeleceu uma escalada de recursos para a sua composição (CF, art. 114, §§ 1º a 3º), que começa na negociação coletiva, passando pela arbitragem (e institutos similares da mediação e conciliação) e pelo dissídio coletivo (intervenção estatal), para culminar na greve em caso de frustração de todos os meios menos traumáticos.*
>
> *4. Na greve, ao poder econômico do patrão sobre os salários se opõe o poder sindical sobre o trabalho, sendo o período conflituoso de paralisação de atividades considerado, como regra geral, em caso de não acordo em sentido contrário, como de suspensão do contrato de trabalho (Lei nº 7.783/89, art. 7º): não há prestação de serviços e não há pagamento de salários.*

5. No caso de greve em serviços essenciais, mormente quando prestados em caráter monopolístico, o que se verifica é que, nesse embate de forças, a população acaba sendo refém dos grevistas, pois não tendo como obter tais serviços por fontes alternativas, pode se ver privada de energia, comunicações, transporte, alimentos, saúde e demais serviços básicos de infraestrutura, que dificultariam a sobrevivência da comunidade. Daí o rigor maior e as condições mais exigentes que a Lei nº 7.783/89 traçou ao regulamentar o direito constitucional de greve.

6. No caso de greve política, o recurso à "guerra" é imediato, sem nenhuma possibilidade de composição não traumática do conflito de interesses, na medida em que, estando o atendimento às reivindicações obreiras fora do alcance direto do empregador, não tem ele como negociar ou recorrer à arbitragem ou ao Poder Normativo da Justiça do Trabalho, pois a competência para acolher as reivindicações veiculadas pelos grevistas é do Poder Executivo ou do Poder Legislativo, editando atos normativos de suas esferas.

7. Assim, nosso ordenamento jurídico não admite a greve política, na medida em que o perfil constitucional do direito de greve (CF, arts. 9º e 114) é o de um direito coletivo dos trabalhadores a ser exercido frente aos empregadores, quando frustradas a negociação coletiva, a arbitragem e o dissídio coletivo. E a jurisprudência pacificada da SDC do TST se firmou nesse sentido.

8. Portanto, quando a motivação da greve desborda para o campo político, dirigida aos Poderes Públicos, na busca de decisões governamentais e ou de edição de leis e atos normativos que refogem ao poder estrito do empregador público ou privado, tem-se que tal greve não se insere no direito coletivo dos trabalhadores, pois a disputa é, na realidade, político-partidária, com os sindicatos operando como braço sindical dos partidos políticos na disputa pela assunção do Poder na sociedade politicamente organizada que é o Estado, ainda que sob a bandeira da luta política de melhora das condições dos trabalhadores.

9. No caso dos autos, de plano se detectou o caráter nitidamente político da greve, pela motivação declinada pelas Entidades Sindicais Suscitadas, resumidas no comunicado de que "suas bases estarão de greve, contra o preço abusivo do combustível e a deposição do Sr. Pedro Parente do cargo de Presidente da Petrobras, bem como os mandos e desmandos do governo Temer". Daí a conclusão pelo seu caráter abusivo in re ipsa, *por não se dirigir à solução de questão laboral no âmbito exclusivo da empresa, ser deflagrada na vigência de acordo coletivo de trabalho, sem nem sequer a alegação de seu descumprimento e qualquer recurso à negociação coletiva.*

10. Deflagrada no contexto da greve dos caminhoneiros que paralisou o país no período de 21 a 30 de maio de 2018 e dando-lhe continuidade, houve a determinação judicial de abstenção da greve por parte da Relatora Originária, Min. Maria de Assis Calsing, que foi ostensivamente descumprida pelas Entidades Suscitadas, que alardearam em seus comunicados à população: "Petroleiros não se intimidam com decisão do TST e mantêm greve".

11. Assim, tendo a greve durado apenas dia e meio dos três originariamente previstos, em face de nova ordem judicial elevando para R$ 2.000.000,00 a multa diária pelo movimento paredista, e caracterizada a abusividade do movimento paredista, é de se julgar procedente o presente dissídio coletivo de greve, dosando-se a sanção originalmente estabelecida, levando-se em conta a capacidade financeira dos sindicatos obreiros, para reduzi-la a R$ 250.000,00 em relação a cada Entidade Sindical Suscitada, autorizando-se as Empresas Suscitantes a proceder à retenção das mensalidades associativas, até o atingimento do montante global das multas, com possibilidade alternativa de execução das mesmas.

Dissídio coletivo de greve que se julga procedente, para declaração da abusividade da greve, com aplicação de multas (DCG-1000376-17.2018.5.00.0000, SDC, Rel. Min. Ives Gandra, DEJT de 17.2.2021).

b) **Lockout** – paralisação decretada pelo empregador.

– A Lei nº 7.783/89, em seu art. 17, veda o *lockout* com objetivo de frustrar a negociação com os empregados.

4. Negociação coletiva

O *conjunto dos direitos* que o trabalhador possui é oriundo basicamente de três fontes:

– **normas legais** (CLT e demais leis trabalhistas);

– **normas contratuais** (regulamento da empresa e demais resoluções, circulares, atos e disposições constantes do contrato firmado pelo empregado);

– **normas convencionais** (cláusulas de acordos e convenções coletivas firmadas pelo sindicato representativo da categoria profissional à qual pertence o trabalhador).

As *normas convencionais* são fruto da *negociação coletiva*, em que os empregados de uma empresa ou categoria profissional são representados por seu *sindicato de classe*, firmando **duas espécies de instrumento normativo**:

– **acordo coletivo de trabalho** (ACT), que estabelece normas e condições de trabalho na *empresa* com a qual o sindicato fechou satisfatoriamente a negociação coletiva (CLT, art. 611, § 1º);

– **convenção coletiva de trabalho** (CCT), que estabelece normas e condições de trabalho para uma determinada *categoria profissional* numa dada *base territorial*, uma vez que firmado com o *sindicato patronal* da categoria econômica correspondente (CLT, art. 611).

Em princípio, são os *sindicatos* (entidade sindical de base) que firmam os ACT e CCT. Mas também se admite que as *federações* e *confederações* possam representar a categoria para firmar:

– CCT em caso de categoria inorganizada em sindicato na base territorial (CLT, art. 611, § 2º);

– ACT com empresa que tenha filiais em todo o país e quadro de carreira organizado em âmbito nacional, para evitar normas diferentes em cada cidade ou estado em que tenha as filiais (TST-E-ED-RR-96000-27.2000.5.15.0032, SBDI-I, Rel. Min. Brito Pereira, julgado em 10.5.2012).

Para firmar CCT ou ACT o sindicato necessita da *autorização da categoria*, obtida em *assembleia geral* da qual participe ao menos 1/3 dos associados do sindicato (CLT, art. 612).

As CCT e os ACT são articulados em *cláusulas* contendo as novas *condições de trabalho* ajustadas para reger as relações individuais de trabalho no âmbito da categoria ou empresa (CLT, art. 613, IV). O número de cláusulas pode variar de menos de uma dezena a mais de uma centena, conforme o interesse das partes e a força dos sindicatos profissionais para ampliar o rol dos direitos trabalhistas no âmbito da categoria.

O *prazo* máximo de vigência de uma CCT ou ACT é de *2 anos*, vedando-se a *ultratividade* da norma coletiva (CLT, art. 614, § 3º). O habitual, no entanto, é que as categorias negociem anualmente novas condições de trabalho.

A questão da ultratividade das normas coletivas, ou seja, a integração aos contratos de trabalho até que nova norma coletiva seja firmada, foi objeto da Súmula 277 do TST, que teve seu sinal trocado na denominada "Semana do TST" de 2012 (no sentido de admiti-la), mas tida por inconstitucional pelo STF na ADPF 323, sendo agora superada pela Lei nº 13.467/17 (Reforma Trabalhista).

Se a empresa firmar *ACT* com o sindicato da categoria que representa seus empregados, esta *prevalece* sempre sobre a *CCT* que a mesma categoria tenha firmado com o sindicato patronal da base territorial da empresa (CLT, art. 620, com a nova redação dada pela Lei nº 13.467/17, da Reforma Trabalhista), uma vez que contempla a situação específica daquela empresa e as condições de trabalho que pode oferecer.

A Lei nº 13.467/17 (Reforma Trabalhista) veio a estabelecer parâmetros para a *negociação coletiva* e para seu *controle por parte da Justiça do Trabalho*, na esteira dos precedentes do STF sobre a matéria:

a) **Matérias negociáveis** (CLT, art. 611-A) – passíveis de flexibilização da legislação trabalhista, com prevalência do negociado sobre o legislado:

- jornada de trabalho (respeitados os limites constitucionais);
- banco de horas anual;
- intervalo intrajornada (respeitado o limite mínimo de 30 minutos para jornadas superiores a 6 horas);
- adesão ao Programa Seguro-Emprego;
- plano de cargos, salários e funções;
- regulamento empresarial;
- representante dos trabalhadores no local de trabalho;
- teletrabalho, regime de sobreaviso e trabalho intermitente;
- remuneração por produtividade (incluídas as gorjetas e remuneração por desempenho individual);
- modalidade de registro de jornada de trabalho;
- troca do dia de feriado;
- enquadramento do grau de insalubridade e prorrogação da jornada insalubre sem licença prévia do MT;
- prorrogação de jornada em locais insalubres;
- prêmios de incentivo em bens ou serviços;
- participação nos lucros ou resultados da empresa.

b) **Matérias inegociáveis** (CLT, art. 611-B) – em face da indisponibilidade dos direitos previstos na Constituição e na CLT:

- identificação profissional (inclusive anotações na CTPS);
- seguro-desemprego (em caso de desemprego involuntário);
- valor dos depósitos mensais e da indenização rescisória do FGTS;
- salário mínimo;
- valor nominal do 13º salário;
- remuneração do trabalho noturno superior à do diurno;
- proteção do salário na forma da lei (constituindo crime sua retenção dolosa);
- salário-família;
- repouso semanal remunerado;
- remuneração do serviço extraordinário superior, no mínimo, em 50% à do normal;
- número de dias de férias devidas ao empregado;

- gozo de férias anuais remuneradas com, pelo menos, 1/3 a mais do que o salário normal;
- licença-maternidade com a duração mínima de 120 dias;
- licença-paternidade;
- proteção do mercado de trabalho da mulher;
- aviso prévio proporcional ao tempo de serviço (sendo no mínimo de 30 dias);
- normas de saúde, higiene e segurança do trabalho (previstas em lei ou em normas regulamentadoras do Ministério do Trabalho);
- adicional de remuneração para as atividades penosas, insalubres ou perigosas;
- aposentadoria;
- seguro contra acidentes de trabalho, a cargo do empregador;
- ação judicial e seu prazo prescricional;
- proibição de qualquer discriminação no tocante a salário e critérios de admissão do trabalhador com deficiência;
- proibição de trabalho noturno, perigoso ou insalubre a menores de 18 anos e de qualquer trabalho a menores de 16 anos, salvo na condição de aprendiz, a partir de 14 anos;
- medidas de proteção legal de crianças e adolescentes;
- igualdade de direitos entre o trabalhador com vínculo empregatício permanente e o trabalhador avulso;
- liberdade de associação profissional ou sindical do trabalhador, inclusive o direito de não sofrer, sem sua expressa e prévia anuência, qualquer cobrança ou desconto salarial estabelecidos em convenção coletiva ou acordo coletivo de trabalho;
- direito de greve;
- definição legal sobre os serviços ou atividades essenciais e disposições legais sobre o atendimento das necessidades inadiáveis da comunidade em caso de greve;
- tributos e outros créditos de terceiros.

O legislador foi, em matéria de negociação coletiva, superlativamente cauteloso, em nome da segurança jurídica, reduzindo ao máximo a margem de discricionariedade do julgador quanto ao que seria passível, ou não, de negociação e flexibilização: elencou 15 temas negociáveis e 30 inegociáveis (quando, na esteira da CF/88, tudo o que diga respeito a salário e jornada seria passível de flexibilização, na esteira dos incisos VI, XIII, XIV e XXVI do art. 7º, e tudo o que diga respeito a medicina e segurança do trabalho, matéria processual ou relativa a direito de terceiros é indisponível). O parágrafo único do art. 611-B esclarece, em face de precedentes do TST em sentido diverso, que jornada e seus intervalos não traduzem normas de medicina e segurança do trabalho, até porque não se encontram no tópico específico da CLT.

c) **Critérios para o controle judicial da negociação coletiva** – orientadores do exame das cláusulas de acordos e convenções coletivas, para efeito de sua chancela ou anulação (CLT, art. 611-A):

- princípio da *intervenção mínima na autonomia negocial coletiva* (§ 1º);
- adoção da *teoria do conglobamento* da norma coletiva, pelo reconhecimento da *desnecessidade da expressa contraposição de vantagem compensatória* para a adoção de cláusula flexibilizadora de direito trabalhista previsto legalmente (§ 2º), à exceção da *garantia de emprego* no período, principal compensação a qualquer flexibilização (§ 3º);
- a *anulação de cláusula de ACT/CCT* por flexibilização ilegal implica a *anulação concomitante de eventual vantagem compensatória* outorgada pelo setor patronal (§ 4º);
- nas ações individuais ou coletivas em que se invoque nulidade de cláusula de ACT/CCT, o sindicato subscritor da norma coletiva deverá figurar como *litisconsorte necessário* (§ 5º).

Ao apreciar o Tema 1046 de sua tabela de repercussão geral, o STF pacificou a questão da autonomia negocial coletiva, fixando a seguinte tese jurídica, que também oferta *parâmetros para o controle judicial da negociação coletiva*: "*São constitucionais os acordos e as convenções coletivos que, ao considerarem a adequação setorial negociada, pactuam limitações ou afastamentos de direitos trabalhistas, independentemente da explicitação especificada de vantagens compensatórias, desde que respeitados os direitos absolutamente indisponíveis*" (ARE 1121633, Rel. Min. Gilmar Mendes, julgado em 2.6.2022). Nesse sentido, se os incisos VI, XIII e XIV do art. 7º da CF admitem a *redução de salário e jornada* mediante negociação coletiva, que são as duas matérias básicas do contrato de trabalho, todos os demais *direitos que tenham natureza salarial ou disponham sobre jornada* são passíveis de flexibilização.

5. Comissões de conciliação prévia

a) **Constituição** – a Lei nº 9.958/00 introduziu a figura das *comissões de conciliação prévia* a serem instituídas no âmbito das *empresas* ou dos *sindicatos*, facultativamente, com a finalidade de buscarem a *composição dos conflitos individuais* de trabalho (CLT, art. 625-A), de modo a que não seja necessário o recurso à Justiça do Trabalho. Trata-se, portanto, de forma alternativa de solução de conflitos, junto com a arbitragem e a mediação pelo Ministério do Trabalho.

b) **Composição** – enquanto a composição da comissão sindical depende dos termos em que for prevista em convenção ou acordo coletivo, a formação da *comissão empresarial* está definida em lei (CLT, art. 625-B):

- *2 membros no mínimo e 10 no máximo*, sendo metade escolhida pelo empregador e metade eleita pelos empregados, em escrutínio secreto, fiscalizado pelo sindicato (*paritárias*);

- os membros da comissão têm *mandato de 1 ano* (permitida uma recondução) e *estabilidade* até um ano após o mandato;

- o tempo de trabalho na comissão é contado como à disposição do empregador.

c) **Funcionamento** – recebendo a demanda trabalhista para conciliação, a comissão deve realizar a sessão de tentativa conciliatória no *prazo máximo de 10 dias* (CLT, art. 625-F). Esgotado esse prazo ou não se alcançando a composição do litígio, deverá ser fornecida aos demandantes *declaração de conciliação frustrada*, documento necessário para o ingresso na Justiça do Trabalho, nas localidades onde houver comissão instituída para a categoria (CLT, art. 625-D).

d) **Obrigatoriedade de submissão do conflito à Comissão de Conciliação Prévia (CCP) antes de ingresso na Justiça do Trabalho** – A *obrigatoriedade de submissão da demanda* à comissão de conciliação prévia, como *condição da ação* trabalhista, não poderia ser considerada inconstitucional, pois não configura impedimento de acesso ao Judiciário (CF, art. 5º, XXXV), dada a rapidez com que deve ser oferecida uma resposta ao demandante (o STF, no RE 144.840/SP, Rel. Min. Moreira Alves, em caso semelhante, relativo à obrigatoriedade de comunicação prévia ao INSS sobre acidente de trabalho antes de se ajuizar ação indenizatória, considerou não impeditiva de acesso ao Judiciário a condição legalmente estipulada). Diante da resistência de alguns TRTs em reconhecer a necessidade de passagem das demandas trabalhistas, antes de ajuizamento de reclamação, pelas comissões de conciliação prévia, a SBDI-1 desta Corte fixou entendimento de que a passagem seria obrigatória (conforme disposto no art. 625-D da CLT), sob pena de extinção do feito, não se impedindo o acesso ao Judiciário, na medida em que a lei prevê 10 dias para o pronunciamento da CCP (CLT, art. 625-F) e o empregado pode justificar na reclamação a eventual dificuldade de submissão do pleito à referida Comissão (CLT, art. 625-D, § 3º) (cf. TST-E-RR-1182/2001-025-04-00.0, Rel. Min. Carlos Alberto Reis de Paula, SBDI-1, *DJ* de 20.4.2007).

No entanto, o STF entendeu, ao apreciar as ADIs 2.139-DF (PcdoB, PSB, PT e PDT) e 2.160 (CNTC), em sede de liminar, que demandas trabalhistas podem ser ajuizadas sem prévia submissão às comissões de conciliação prévia em observância ao direito universal de acesso à Justiça, bem como à liberdade de escolha, pelo cidadão, da via mais conveniente para submeter suas demandas (Red. Min. Marco Aurélio, julgado em 14.5.2009).

Antes da edição da Lei nº 9.958/00, o número total de ações que ingressavam na Justiça do Trabalho era de 2,2 milhões por ano. Após 9 anos de sua vigência, antes da decisão do STF, e mesmo com a ampliação de competência da Justiça do Trabalho oriunda da EC nº 45/04, o aumento da demanda trabalhista havia chegado até 2,8 milhões por ano. Após a decisão, subiu imediatamente para 3 milhões em 2009, chegando a 4 milhões em 2017, só voltando a cair para 2,8 milhões em 2021, após a reforma trabalhista, com a admissão de honorários advocatícios pagos pelo empregado. Os eventuais desvios na instalação e funcionamento das CCPs poderiam ser sanados inclusive pela anulação dos termos de conciliação ou pelo reconhecimento da possibilidade de ajuizamento direto da reclamatória na Justiça. A decretação de sua facultatividade veio a comprometer substancialmente a eficácia do instrumento e sobrecarregar o Judiciário Laboral de tal modo a prejudicar a celeridade da prestação jurisdicional.

e) **Termo de conciliação** – alcançada a conciliação, o termo firmado entre as partes tem *eficácia liberatória geral* para a empresa (o empregado dá quitação geral se a demanda diz respeito à rescisão contratual, podendo ressalvar pontos concretos sobre os quais pretende postular em juízo seu direito) e vale como *título executivo extrajudicial* (o empregado pode executá-lo diretamente na Justiça do Trabalho, sem a necessidade de prévio processo de reconhecimento dos direitos nele inseridos) (CLT, art. 625-E, parágrafo único).

Capítulo XX

Organização Judiciária do Trabalho

1. Justiça do Trabalho

Os primeiros organismos especializados na solução dos conflitos entre patrões e empregados a respeito do contrato de trabalho surgiram na França, em 1806, sendo denominados *Conseils de Prud'hommes*. Caracterizavam-se pela *representação paritária* das categorias profissional e econômica e pela busca prioritária da conciliação.

No Brasil, a Justiça do Trabalho tem sua origem no *Conselho Nacional do Trabalho*, órgão criado em 1923 no âmbito do então Ministério da Agricultura, Indústria e Comércio, com funções consultivas e judicantes em matéria trabalhista e previdenciária.

Com a subida de Getúlio Vargas ao poder pela Revolução de 30, é criado o Ministério do Trabalho e, em 1932, as *Juntas de Conciliação e Julgamento* como órgãos de composição dos conflitos individuais de trabalho.

A Constituição de 1934 previu a Justiça do Trabalho com *caráter administrativo*, sendo estruturada com as JCJs, *Conselhos Regionais do Trabalho* e o CNT como órgão de cúpula do sistema. A Constituição de 1937 manteve essa mesma estrutura, até que a Constituição de 1946 deu *caráter jurisdicional* à Justiça do Trabalho, integrando-a ao Poder Judiciário, transformando os Conselhos em Tribunais (TST e TRTs).

A Justiça do Trabalho, tal como concebida desde a Constituição de 1934, com *representação classista e poder normativo*, manteve-se nas Constituições de 1967 e 1988. A Emenda Constitucional nº 24/99 *extinguiu a representação classista*, preservando, no entanto, o mandato dos que já haviam sido nomeados juízes classistas. Assim, as Juntas de Conciliação e Julgamento passaram a ser *Varas do Trabalho*, com um juiz do trabalho titular e outro substituto.

Já a Emenda Constitucional nº 45/04 *reduziu o poder normativo* da Justiça do Trabalho, condicionando seu exercício à vontade de ambas as partes envolvidas no conflito coletivo, ou ao ajuizamento do dissídio coletivo pelo Ministério Público em caso de greve em serviço essencial. Em compensação, a referida emenda *ampliou a competência da Justiça do Trabalho*, verificando-se a seguinte *evolução ampliativa da competência* desta Justiça Especializada:

a) **CF de 1967/1969 (art. 142)** – dissídios entre *empregados* e *empregadores* (só as relações de emprego);

b) **CF de 1988 (art. 114)** – dissídios entre *trabalhadores* e *empregadores* (abrangeu os trabalhadores avulsos e alcançou os trabalhadores desempregados em relação a futuros empregadores e não somente a seus ex-empregadores, quando tratou também dos direitos difusos e coletivos);

c) **EC nº 45/04 (CF, art. 114, I)** – ações oriundas da *relação de trabalho* (incluindo trabalhadores eventuais, autônomos, temporários, cooperados etc.);

d) **EC nº 92/16 (CF, arts. 92 e 111-A)** – incluiu formalmente o *Tribunal Superior do Trabalho* no rol de órgãos da Justiça brasileira, passando a constar que seus ministros deverão ter notório saber jurídico, além de prever a competência do TST para processar e julgar, originariamente, a *reclamação* para a preservação de sua competência e garantia da autoridade de suas decisões.

Sob a égide da CF de 1988, o STF julgou *inconstitucionais* os dispositivos da Lei nº 8.112/90 que atribuíam à Justiça do Trabalho competência para dirimir os dissídios individuais e coletivos dos *servidores públicos estatutários*, por entender que a relação estatutária não seria de natureza contratual. Daí que, não obstante a EC nº 45/04 falar de relação de trabalho, inclusive com entes públicos, apenas os que forem contratados por eles para empregos públicos ou prestação de serviços é que poderão ter suas demandas apreciadas pela Justiça do Trabalho, não tendo chegado a tanto a ampliação da competência desta Justiça Especializada.

Por sua vez, o STJ veio a não reconhecer a competência da Justiça do Trabalho para dirimir as demandas de *prestadores de serviços* contra seus clientes, ao editar a Súmula 363, uma vez que, nesse caso, a relação não seria de trabalho, mas de consumo.

2. Órgãos

a) Varas do Trabalho – 1ª instância.

Composição
- 1 juiz do trabalho titular;
- 1 juiz do trabalho substituto.

b) Tribunal Regional do Trabalho (TRT) – 2ª instância.

Composição
- 4/5 juízes do trabalho;
- 1/5 advogados e membros do Ministério Público do Trabalho.

c) Tribunal Superior do Trabalho (TST) – instância extraordinária.

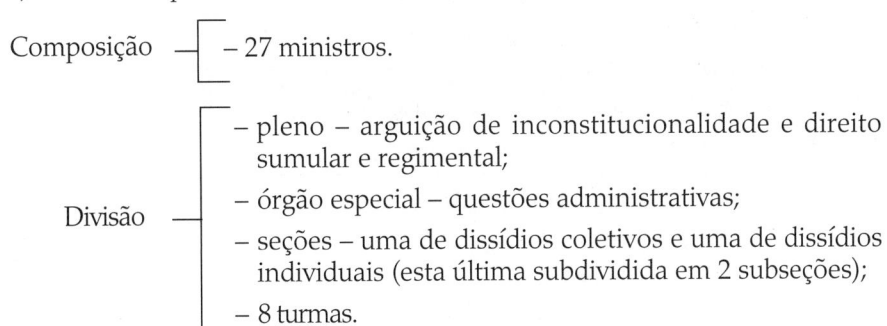

Composição — – 27 ministros.

Divisão
- pleno – arguição de inconstitucionalidade e direito sumular e regimental;
- órgão especial – questões administrativas;
- seções – uma de dissídios coletivos e uma de dissídios individuais (esta última subdividida em 2 subseções);
- 8 turmas.

Sede – Brasília.

Junto ao TST funcionam:

– o Conselho Superior da Justiça do Trabalho – para supervisão administrativa e financeira dos TRTs;

– a Escola Nacional de Formação e Aperfeiçoamento de Magistrados do Trabalho – para seleção, treinamento e aperfeiçoamento dos magistrados trabalhistas.

\multicolumn{4}{c}{TRIBUNAL SUPERIOR DO TRABALHO}			
Órgão Interno	Competência	Composição	Quorum Mínimo
Pleno	Declaração de Inconstitucionalidade de lei ou ato normativo Aprovação, modificação ou revogação de Súmulas e PNs Julgamento dos Incidentes de Uniformização de Jurisprudência Aprovação e emendas ao Regimento Interno do TST	27 ministros	14 ministros
Órgão Especial	Mandados de Segurança contra atos do Presidente do TST RO-MS contra decisões de TRTs sobre juízes e servidores da JT Recursos em Matéria de Concursos para Juiz do Trabalho Recursos em sede de Precatório Recursos em Matéria Administrativa do TST e dos TRTs Agravos contra decisões da Vice-Presidência em REs em que se aplicaram a sistemática da repercussão geral Agravos Regimentais contra decisões da CGJT	14 ministros	8 ministros
SBDI-1	Embargos de Divergência Agravo e Agravo Regimental em Embargos	14 ministros	8 ministros

SBDI-2	Ações Rescisórias e Recursos Ordinários em AR Mandados de Segurança e Recursos Ordinários em MS Agravos Regimentais em AR e MS Agravos de Instrumento em RO-AR e RO-MS Conflitos de Competência	10 ministros	6 ministros
SDC	Dissídios Coletivos e Recursos Ordinários em DC Embargos Infringentes em DC Agravos de Instrumento em RO-DC AR, MS, RO-AR/MS quando em DC	9 ministros	5 ministros
Turmas	Recursos de Revista Agravos e Agravos Regimentais em processos de sua competência Agravos de Instrumento de despacho do Presidente de TRT RO em Ação Cautelar, quando a competência da ação principal for da Turma	3 ministros	3 ministros

TRIBUNAIS REGIONAIS DO TRABALHO

Tribunal	Estados	Sede	Número de Juízes
1ª Região	Rio de Janeiro	Rio de Janeiro	54
2ª Região	São Paulo (Grande São Paulo)	São Paulo	94
3ª Região	Minas Gerais	Belo Horizonte	49
4ª Região	Rio Grande do Sul	Porto Alegre	48
5ª Região	Bahia	Salvador	29
6ª Região	Pernambuco	Recife	19
7ª Região	Ceará	Fortaleza	14
8ª Região	Pará e Amapá	Belém	23
9ª Região	Paraná	Curitiba	31
10ª Região	Distrito Federal e Tocantins	Brasília	17
11ª Região	Amazonas e Roraima	Manaus	14
12ª Região	Santa Catarina	Florianópolis	18
13ª Região	Paraíba	João Pessoa	10
14ª Região	Rondônia e Acre	Porto Velho	8
15ª Região	São Paulo (interior e litoral)	Campinas	55
16ª Região	Maranhão	São Luís	8
17ª Região	Espírito Santo	Vitória	12
18ª Região	Goiás	Goiânia	14
19ª Região	Alagoas	Maceió	8
20ª Região	Sergipe	Aracaju	8

21ª Região	Rio Grande do Norte	Natal	10
22ª Região	Piauí	Teresina	8
23ª Região	Mato Grosso	Cuiabá	8
24ª Região	Mato Grosso do Sul	Campo Grande	8

Obs.: os tribunais regionais funcionam em sua composição plenária ou divididos em turmas, grupos de turmas (para dissídios individuais) e grupo normativo (para dissídios coletivos).

3. Corregedoria-Geral

Na Justiça do Trabalho, além dos *Corregedores Regionais* em cada TRT (com a função, nos TRTs de pequeno porte, sendo exercida pelo próprio Presidente), há um *Corregedor-Geral*, eleito dentre os ministros do TST, cuja competência abrange a realização de:

– *correições gerais* – função de inspeção permanente em relação aos TRTs (CLT, art. 709, I);

– *correições parciais* – apreciação das reclamações contra os atos atentatórios à boa ordem processual praticados pelos TRTs e seus presidentes, quando inexistir recurso específico (CLT, art. 709, II).

a) Correições gerais

São exercidas pelo *Corregedor-Geral da Justiça do Trabalho* especialmente nas visitas periódicas aos TRTs (correições presenciais), com levantamento de todos os dados relativos à atividade jurisdicional e administrativa do Tribunal, para verificar como se dá a *tramitação dos processos*, a *organização administrativa* da Corte, a *gestão orçamentária* e a *integração de magistrados e servidores*.

Se a *finalidade da Justiça* é a pacificação dos conflitos e a *harmonização das relações sociais*, a *finalidade da Corregedoria* seria a *harmonização das relações no Judiciário*, quer entre magistrados e servidores, quer entre as instâncias, quer ainda com as normas e diretrizes emanadas do CNJ e dos Conselhos e Corregedorias dos diferentes Tribunais.

Pode-se dizer que essa *harmonização* possui basicamente *duas dimensões*:

a) *dimensão interior* – do magistrado consigo mesmo, redescobrindo sua vocação de pacificador social, a partir do reconhecimento de eventuais conflitos interiores ou exteriores, com vistas a superá-los com grandeza de alma, sentido de missão e luta pela vivência da virtude judicial da integridade, de modo a poder depois compor os conflitos da sociedade (paz interior para pacificar);

b) *dimensão exterior* – pacificação social e laboral como fruto de um Judiciário eficiente, que significa "célere e justo" (resposta de qualidade e em tempo socialmente aceitável), mensurável pelos indicadores de desempenho, como fruto do esforço no cumprimento das normas processuais, procedimentais, orientações jurisprudenciais e metas institucionais.

Na *Justiça do Trabalho*, sendo mister do magistrado trabalhista *harmonizar as relações entre capital e trabalho* no ambiente laboral, deve ser *especialista em relações humanas*. Como administrador de uma Vara, Gabinete ou Tribunal, deve o magistrado do trabalho tratar os colegas, servidores, partes e procuradores de forma tal que o ambiente de trabalho se torne o mais propício possível à qualidade e celeridade na prestação jurisdicional e composição dos conflitos sociais.

Os eventuais conflitos *interna corporis* dos tribunais têm na *Corregedoria-Geral* instrumento de conciliação e controle, evitando processos no CNJ, CSJT ou perante os próprios Tribunais.

Nas *correições gerais* e na supervisão constante que exerce sobre os TRTs, os *aspectos administrativos e da prestação jurisdicional* a serem fiscalizados pelo Corregedor-Geral da Justiça do Trabalho encontram-se disciplinados pela *Consolidação dos Provimentos da Corregedoria-Geral* (2019), abrangendo:

- o procedimento de *vitaliciamento* dos magistrados trabalhistas, sob a condução e responsabilidade do desembargador corregedor regional, iniciado a partir do exercício na magistratura, com *ênfase à formação inicial* do magistrado e *observação constante do corregedor regional* (CPCG, arts. 2º-16);

- o *local de residência do juiz*, para que more na sede em que se encontra instalada a Vara em que atua, salvo autorização expressa do TRT em sentido contrário, em casos excepcionais (objetivamente previstos), condicionada à inexistência de prejuízo à efetiva prestação jurisdicional: nas correições gerais nos TRTs é matéria a ser observada, apurando-se quais as regras traçadas pelos TRTs nessa seara, quantas autorizações foram concedidas e se há, na prática, magistrados residindo fora da sede da jurisdição sem autorização ou, caso autorizado, se atendem às condições para a exceção (CPCG, arts. 17-19);

- verificação dos casos de *impedimento e suspeição* não reconhecidos, bem como o dever de comunicar à OAB os casos de *incompatibilidade* para o exercício da advocacia de que o magistrado tiver notícia (CPCG, arts. 20-22): essas matérias podem ser também objeto de reclamações correicionais propostas à CGJT pelas partes interessadas;

- disciplina da *participação de magistrados em eventos científicos e esportivos*, além de sua *atividade docente*, vedando o patrocínio desses eventos por escritórios de advocacia e a atividade de *coaching* para concursos por juízes (CPCG, arts. 23-28);

- verificação do cumprimento dos *deveres* e da observação das *vedações do corregedor regional*, admitindo-se convocação de juiz auxiliar para a Corregedoria, mas sem poderes instrutórios ou participação em correições ordinárias nas Varas (CPCG, arts. 29-31);

- o objeto das *correições ordinárias anuais* nas Varas do Trabalho pela corregedoria regional: observância das diretrizes na realização do juízo de admissibilidade dos recursos, frequência do comparecimento dos juízes na sede do Juízo, quantidade de dias da semana em que se realizam audiências, principais prazos da vara do trabalho (inicial, instrução e julgamento), número de processos aguardando sentença na fase de conhecimento e processos na fase de execução (CPCG, art. 38);

- acompanhamento dos *processos administrativos disciplinares* dos TRTs pela CGJT (CPCG, arts. 33-34);

- o *relacionamento com o Ministério Público,* com definição da forma de intimação pessoal do *Parquet,* dos processos que serão remetidos para parecer, do assento do procurador (à direita do presidente ou juiz) e da presença em sessões públicas ou de conselho em processos judiciais ou administrativos (CPCG, arts. 35-38);

- a *observância de normas procedimentais cadastrais*, albergando a *autuação e distribuição* de processos, *migração para o PJe,* adoção das *tabelas unificadas* de classes processuais, *tramitação preferencial* de processos, *segredo de justiça*, publicação de *pautas*, remessa de processos aos *CEJUSCs* (CPCG, arts. 39-76);

- a especificação de *normas procedimentais dos processos de conhecimento e execução* a serem observadas pelas Varas do Trabalho e TRTs (CPCG, arts. 77-168);

- a observância das *normas procedimentais em matéria administrativa* (CPCG, arts. 169-180).

O **e-Gestão** consiste num sistema eletrônico de processamento dos dados estatísticos da Justiça do Trabalho, implantado em todas as 24 Regiões que compõem a Justiça Laboral, possibilitando fazer levantamentos *on line* do *desempenho das Cortes e de seus juízes na prestação jurisdicional,* sob o prisma da produtividade e celeridade, facilitando o controle, a fiscalização e a supervisão da CGJT sobre todo o Judiciário Trabalhista, de forma virtual, independentemente de correições presenciais (os dados coletados servem para preparar estas, de modo a que o aspecto quantitativo seja conjugado com o qualitativo nas visitas).

b) **Correições parciais**:

As correições parciais são exercidas basicamente através de três *instrumentos processuais* de que se utilizam os interessados para acionar a Corregedoria-Geral (e, nos respectivos TRTs, as Corregedorias Regionais), noticiando atos de magistrados que seriam atentatórios à boa ordem processual ou praxes administrativas que destoam das normas emanadas do CNJ e CSJT ou tirando dúvidas sobre a legalidade de procedimentos adotados ou a serem implantados:

- **reclamações correicionais (CorPar)** – contra atos judiciais atentatórios à boa ordem processual, praticados pelos TRTs e seus dirigentes, quando inexistente recurso específico na legislação processual (CLT, art. 709, II);

- **pedidos de providência (PP)** – contra atos administrativos praticados pelos dirigentes dos TRTs, sem que haja outro meio para resolver o problema ou questão surgida; também para descadastramento de contas no Bacen-Jud (atual Sisbajud), por insuficiência de fundos, com pedido de autorização para penhora de outras contas de executados;

- **consultas (Cons)** – formuladas pelos Tribunais ou seus membros (RICGJT, art. 6º, IV).

Em face do princípio da especialização, da sobrecarga de atribuições e da existência, na Justiça do Trabalho, da Corregedoria-Geral da Justiça do Trabalho com função corregedora em face de todos os 24 Tribunais Regionais, a *Corregedoria Nacional de Justiça* firmou *termo de cooperação* (nº 01/11) com a *Corregedoria-Geral da Justiça do Trabalho*, repassando para esta última as denúncias que chegam quanto a problemas administrativos e disciplinares envolvendo magistrados do trabalho, para uma verificação prévia. Com isso a Justiça do Trabalho tem sido prestigiada, a Corregedoria Nacional de Justiça desafogada, os casos de irregularidade apurados e os problemas administrativos encaminhados devidamente.

Os principais problemas que a Corregedoria-Geral do Trabalho enfrenta em *correições parciais* são relativos à *execução trabalhista*, na qual, com o intuito de dar a máxima eficácia ao título executivo judicial, os magistrados trabalhistas podem eventualmente extrapolar os poderes legais de que dispõem.

Dois *instrumentos gerenciais* de que se serve a Corregedoria-Geral para tornar mais *efetiva* a *execução*, salvaguardando os direitos do executado, são:

- o **Sisbajud** (antigo **Bacen-Jud**), sistema de penhora *on line* de numerário para fazer frente a execuções, operado pelos juízes, com o *cadastramento, perante a Corregedoria-Geral da Justiça do Trabalho, de contas únicas para concentração nelas das penhoras em relação a cada empresa*, nos termos da Resolução nº 61/08 do CNJ, zelando a Corregedoria pelo bloqueio ou desbloqueio no tempo mínimo;

- o **Banco de Falências e Recuperação Judicial**, fruto do Termo de Acordo de Cooperação Técnica nº 009/12, firmado entre a Corregedoria Nacional de Justiça, a Corregedoria-Geral da Justiça do Trabalho e o Tribunal de Justiça do Estado de São Paulo, para facilitar aos Juízes do Trabalho a *obtenção de dados fidedignos referentes à decretação de recuperação judicial e de falência*, no âmbito dos Tribunais Regionais do Trabalho da 2ª e 15ª Regiões, com vistas à habilitação de créditos integrantes de sanção jurídica imposta por sentença condenatória transitada em julgado (convênio semelhante pode ser firmado pelos demais TRTs com os TJs dos respectivos Estados da Federação).

Nas *reclamações correicionais*:

- o executado ou terceiro embargante pode, dentre outras questões, reclamar de *abusos e irregularidades* no uso do sistema do *Bacen-Jud* (atual *Sisbajud*);

- contras as decisões do Corregedor-Geral cabe *agravo regimental* para o Órgão Especial do TST (RITST, art. 40);

- para saber se determinado ato ilegal do juiz comporta correição parcial ou mandado de segurança, basta verificar se houve, ou não, inversão tumultuária do procedimento (quando será cabível o pedido correicional); do contrário, ferindo apenas direito líquido e certo da parte, o remédio judicial será o mandado de segurança;

- a correição parcial não se limita à adoção de medidas disciplinares em relação ao magistrado que inobservou a legislação processual, mas pode corrigir o próprio ato impugnado;

- como a correição parcial tem natureza administrativa, não comporta recurso ordinário para o TST, mas apenas agravo regimental no âmbito do próprio TRT;

- como a Corregedoria-Geral da Justiça do Trabalho não suspende sua atividade nem no recesso forense, nem nas férias coletivas dos ministros (estando sempre um de plantão na Corregedoria), os prazos recursais contra atos da Corregedoria-Geral não se suspendem ou interrompem nesse período.

4. Ministério Público do Trabalho

a) Não faz parte de nenhum dos três Poderes do Estado, mas constitui um órgão extrapoderes para controle dos Poderes clássicos (função de defender a sociedade perante os Poderes Públicos, no concernente aos direitos sociais garantidos pela Constituição) e defesa da sociedade.

b) Sua função de *custos legis* decorre da natureza indisponível da maior parte dos direitos trabalhistas (razão da classificação do Direito do Trabalho como Direito Público): o empregado não pode abrir mão de seus principais direitos, cabendo ao Ministério Público do Trabalho (MPT) defendê-los, mesmo que o trabalhador não o faça, contra decisões judiciais, legislativas ou atos do Executivo que firam os direitos sociais conferidos pela Constituição.

c) Organização
- Procurador-Geral do Trabalho Carreira:
  - Subprocuradores-Gerais do Trabalho;
  - Procuradores Regionais do Trabalho;
  - Procuradores do Trabalho;
- Conselho Superior do MPT;
- Corregedoria-Geral do MPT;
- Câmara de Coordenação e Revisão;
- Coordenadorias Nacionais de:
  - Combate à Exploração do Trabalho Portuário e Aquaviário;
  - Combate às Irregularidades Trabalhistas na Administração Pública;
  - Erradicação do Trabalho Escravo;
  - Combate às Fraudes na Relação de Emprego;
  - Defesa do Meio Ambiente do Trabalho;
  - Combate à Exploração do Trabalho da Criança e do Adolescente;
  - Promoção da Igualdade de Oportunidades e Eliminação da Discriminação no Trabalho;
- Procuradorias Regionais do Trabalho;
- Coordenadorias da Defesa dos Interesses Difusos e Coletivos (Codin) nas PRTs.

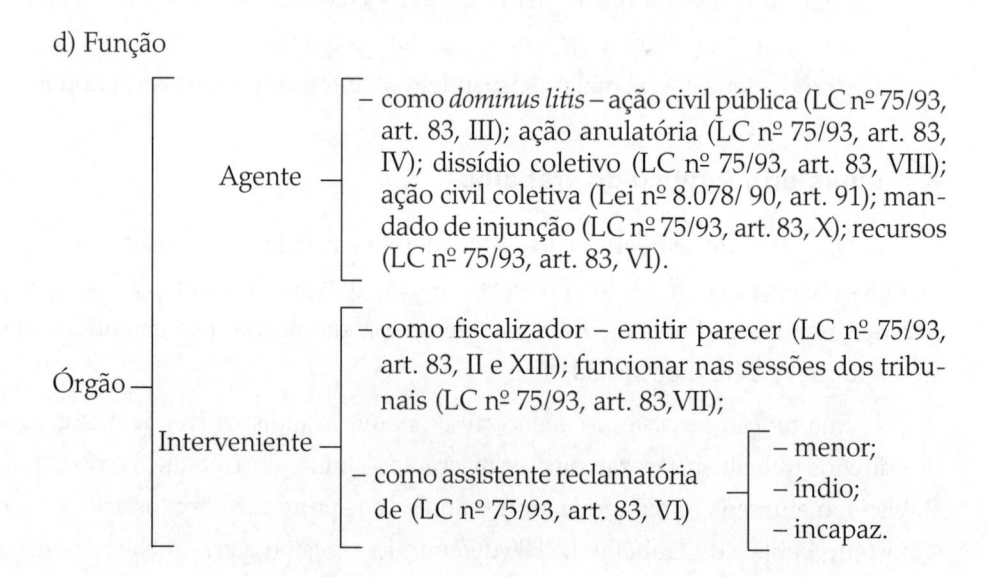

d) Função

Órgão
- Agente
  - como *dominus litis* – ação civil pública (LC nº 75/93, art. 83, III); ação anulatória (LC nº 75/93, art. 83, IV); dissídio coletivo (LC nº 75/93, art. 83, VIII); ação civil coletiva (Lei nº 8.078/90, art. 91); mandado de injunção (LC nº 75/93, art. 83, X); recursos (LC nº 75/93, art. 83, VI).
- Interveniente
  - como fiscalizador – emitir parecer (LC nº 75/93, art. 83, II e XIII); funcionar nas sessões dos tribunais (LC nº 75/93, art. 83, VII);
  - como assistente reclamatória de (LC nº 75/93, art. 83, VI)
    - menor;
    - índio;
    - incapaz.

Obs.: as ações podem ser precedidas da adoção de *procedimento investigatório prévio* (Resolução nº 28/97 do CSMPT, art. 3º, § 2º) ou da instauração de *inquérito civil público* (LC nº 75/93, art. 84, II), no qual se coletam as provas, podendo haver composição ainda na esfera administrativa, mediante assinatura de *termo de ajuste de conduta* pelo inquirido (Lei nº 7.347/85, art. 5º, § 6º).

O fundamento da atuação do Ministério Público, tanto na qualidade de órgão agente (*dominus litis*) como na função de órgão interveniente (*custos legis*), é o de *defensor da ordem jurídica* (CF, art. 127), atuando com imparcialidade. Apenas quando atua como assistente (menor, índio e incapaz) despe-se da imparcialidade de fiscal para defender os *interesses do hipossuficiente*, função anômala, defensiva e não opinativa, em face da presunção legal de hipossuficiência.

A atuação do Ministério Público do Trabalho como órgão agente ou interveniente varia conforme a *intensidade e abrangência da indisponibilidade* dos bens objeto da proteção legal: as *ações* abrangem geralmente o *interesse público* e os *interesses coletivos ou difusos*, enquanto os *pareceres*, na maior parte dos processos, dizem respeito a *interesses individuais*.

Há, ainda, na *esfera administrativa*, a possibilidade da atuação do Ministério Público por meio da *arbitragem*, quando solicitado pelas partes (LC nº 75/93, art. 83, XI).

Havia, *antigamente*, função administrativa (*presidir mesa apuradora de eleições sindicais* e auxiliar a SRTE nas conciliações administrativas), que acabou quando, com a promulgação da Constituição, o Ministério Público do Trabalho deixou de ser representante do Poder Executivo junto ao Poder Judiciário para ter sua própria autonomia.

Aos procuradores se aplicam as mesmas regras de impedimento e suspeição que aos magistrados (CPC, art. 138, I; CPC/2015, art. 148, I).

5. Processos

a) **Individual** – reclamação (verbal ou escrita) – julgada pela Vara do Trabalho, que profere a sentença.

b) **Coletivo** – dissídio coletivo – apreciado pelo TRT ou TST, que prolatam o acórdão (sentença normativa, no caso). Visa a estabelecer normas e condições de trabalho (ex.: reajustes salariais, direitos do empregado). É proposto pelo sindicato, quando não alcançado o acordo coletivo, ou pelo Ministério Público do Trabalho, havendo greve.

6. Recursos

a) **Ordinário** – das decisões das Varas do Trabalho em reclamatórias; das decisões dos TRTs em dissídios coletivos, mandado de segurança, ação rescisória e *habeas corpus*.

- Prazo – 8 dias.
- Requisitos – pagamento do depósito recursal e das custas.

b) **De Revista** – das decisões dos TRTs.
- Prazo – 8 dias.
- Requisitos – violação de lei ou divergência jurisprudencial (CLT, art. 896), desde que verificada a transcendência da causa (CLT, art. 896-A).

c) **Extraordinário** – das decisões do TST.
- Prazo – 15 dias.
- Requisito – ofensa à Constituição (desde que se trate de decisão de última instância e haja demonstração da repercussão geral da causa).

d) **Embargos**
- **Infringentes** – das decisões das seções do TST em dissídio coletivo.
    - Prazo – 8 dias.
    - Requisito – não unanimidade da decisão.
- **De Divergência** – das decisões das turmas do TST.
    - Prazo – 8 dias.
    - Requisitos – apenas divergência jurisprudencial entre as Turmas do TST (ou da Turma com súmula do TST, decisão da SDI-1 ou súmula vinculante do STF).
- **Declaratórios** – para o mesmo órgão prolator da decisão, em face da necessidade de prequestionamento de matéria jurídica ou fática para fins de interposição de recursos para o TST ou STF.
    - Prazo – 5 dias.
    - Requisitos – existência de lacuna, obscuridade ou contradição.

e) **Agravo**
- **De Petição** – das decisões dos juízes das Varas Trabalhistas em processo de execução de sentença.
- Prazo – 8 dias.
- **De Instrumento** – dos despachos denegatórios de recursos (excepcionalmente, após a Lei nº 12.016/09 – nova Lei do Mandado de Segurança –, para impugnar decisão de juiz de 1º grau que conceder ou denegar liminar em mandado de segurança, em matéria de multas administrativas).
    - Prazo – 8 dias.
    - Requisitos – traslado das peças essenciais (despacho agravado, certidão de intimação da decisão agravada, procuração dos advogados de ambas as partes, petição inicial, contestação, decisões recorridas, petições de recursos, comprovante do pagamento do depósito recursal e das custas

referentes ao recurso de revista e qualquer outra peça essencial à compreensão da lide) e depósito recursal de 50% do recurso que se pretende destrancar (arts. 897, § 5º, I, e 899, § 7º, da CLT e Instrução Normativa nº 3, II, *a*, do TST).

Obs.: com o processo eletrônico, o agravo de instrumento correrá nos próprios autos (todas as peças já estarão disponibilizadas no sistema), razão pela qual, com o tempo, não sendo necessário o traslado, não se cogitará mais de eventual deficiência de traslado.

- **Regimental** – das decisões monocráticas que denegam seguimento a recursos ou indeferem liminares nos TRTs e no TST (conforme previsto nos respectivos regimentos internos dos tribunais).

    – Prazo – 8 dias.

- **Do art. 557 do CPC/1973; CPC/2015, art. 932** – dos despachos que deem ou neguem provimento aos recursos nos tribunais.

    – Prazo – 8 dias.

PARTE II
Processo do Trabalho

Capítulo I

Noções preliminares de Direito Processual

1. Soluções dos conflitos de interesses na sociedade

As *noções básicas* da Ciência Processual nos são oferecidas pela doutrina italiana (Francesco Carnelutti):

– **Bem** – coisa apta à satisfação de uma necessidade humana.

– **Interesse** – razão entre o homem e os bens, favorável à satisfação de uma necessidade.

– **Conflito de interesses** – situação em que duas ou mais pessoas têm interesse pelo mesmo bem.

– **Soluções**
- autotutela (ou autodefesa) – pela força, submeter o interesse alheio ao próprio;
- autocomposição – entrar em acordo, por meio de:
  - transação – mútua limitação de interesses (reciprocidade de concessões);
  - submissão – uma das partes aceita a pretensão da outra parte;
  - renúncia – o credor abre mão do seu direito, pondo fim à relação jurídica que o vincula ao devedor (possível somente em relação aos direitos disponíveis);
- heterocomposição – intervenção de um terceiro para a composição do conflito:
  - mediação – solução do conflito com a colaboração de um terceiro;
  - conciliação – solução em que o terceiro formula proposta diversa das apresentadas pelas partes;
  - arbitragem – escolha de um terceiro a quem confia a resolução do conflito;
  - jurisdição – função própria e exclusiva do Estado de solucionar os conflitos de interesses na sociedade, detendo o monopólio do uso da força.

– **Pretensão** – a exigência da subordinação de um interesse de outrem ao próprio.

– **Lide** – conflito intersubjetivo de interesses qualificado por uma pretensão resistida.

– **Processo** – meio ou instrumento de que se serve o Estado para a composição da lide.

Numa *perspectiva causal do processo* (utilizando o princípio da causalidade de Aristóteles para explicar os fenômenos naturais ou humanos), pode-se desdobrar a *causa do processo* (para compreendê-lo melhor) em:

– **causa material** – o *conflito de interesses* revelado ao juiz mediante a invocação da tutela jurisdicional;

– **causa formal** – o processo em si, caracterizado pela *sucessão de atos* tendentes à solução do conflito (ajuizamento da ação, contestação, instrução, julgamento, recursos e execução);

– **causa eficiente** – a *provocação da parte*, ou seja, a própria ação (quebrando a inércia do Poder Judiciário, que não pode instaurar de ofício o processo);

– **causa final** – a atuação da vontade da lei, como instrumento de segurança jurídica, manutenção da ordem jurídica e *restauração da paz social*.

2. Espécies de processos judiciais

a) Processo Civil – ressarcimento econômico (patrimônio) e causas relacionadas ao estado da pessoa (família).

b) Processo Penal – punição (liberdade).

c) Processo Trabalhista – verbas salariais e indenizatórias (caráter patrimonial).

Obs.: as diferenças entre as 3 espécies de processos judiciais encontrados no Direito Positivo brasileiro decorrem do próprio Direito Material que objetivam atuar.

Processo do Trabalho – características diferenciadoras:

– órgãos próprios de jurisdição;

– função precipuamente conciliatória;

– legislação própria (CLT);

– poder normativo dos tribunais (nos dissídios coletivos);

– protecionismo do empregado
  - gratuidade para o hipossuficiente;
  - inversão do *onus probandi* em determinados casos (maior aptidão da prova por parte do empregador);
  - impulso *ex officio*;

- protecionismo do empregado
  - despersonalização do empregador (as alterações na estrutura jurídica da empresa não afetam os direitos trabalhistas);
  - *jus postulandi* das partes;
  - possibilidade de reclamação verbal;
  - cumulação objetiva de pedidos (cada ação, na verdade, são várias, pois contém pedidos diferentes – horas extras, aviso prévio, FGTS, adicional de insalubridade etc. –, diferentemente do Processo Comum, no qual a cada ação corresponde, regra geral, um único direito postulado).

3. Sistemas processuais no Direito Comparado

a) Romano-germânico
- Direito Civil como Direito Privado codificado (as regras jurídicas emanam dos códigos, reconhecendo-se direitos subjetivos aos indivíduos, cabendo ao juiz apenas interpretar a lei);
- processo dispositivo e escrito (instaurado por petição e dando ênfase à forma escrita).

b) Anglo-americano
- Direito Civil como Direito Privado costumeiro (o costume torna-se lei pela positivação, fruto das decisões judiciais – *judge made law* por meio dos *cases*);
- processo dispositivo e oral (instaurado por petição e dando ênfase à palavra falada).

c) Países socialistas
- Direito Civil como Direito Público codificado (só existe o Direito Objetivo estatal, pois é o Estado quem concede direitos aos indivíduos);
- processo inquisitório e escrito (instaurado de ofício e com ênfase à forma escrita).

d) Muçulmano e hindu
- Direito Civil vinculado à religião (o Alcorão e os livros sagrados são a fonte primeira da lei e do Direito);
- processo oral (inspirado na influência britânica do Direito costumeiro).

e) Sino-japonês
- ninguém é titular de direito enquanto faculdade oponível a outrem (sistema tradicional, que vai sendo substituído pelas formas ocidental ou socialista);
- busca da conciliação em vez do julgamento estatal.

4. Evolução do processo nos sistemas ocidentais

a) Direito Romano – a ação se confundia com o próprio direito material (o que existiam eram ações e não direitos), sendo o processo inquisitório e oral:

– direito de defesa (diferentemente dos povos orientais);

– obtenção forçada da prova (confissão);

– instrução pelos pretores (que enquadravam a causa numa das *actiones*) e decisão por um árbitro.

Corpus Juris Civilis (compilação de todo o Direito Romano, mandada fazer por Justiniano, Imperador do Império Romano do Oriente, entre os anos 529-534)	
Institutas	Manual de ensino do Direito
Digesto (ou *Pandectas*)	Jurisprudência com as opiniões dos jurisconsultos para casos concretos
Codex	Compilação das leis e decretos imperiais
Novellae	Leis imperiais editadas enquanto feita a compilação (que levou 10 anos)

b) Costumes bárbaros (germânicos) – prova não racional:

– ordálias ou juízos de Deus (quem resistia ao fogo ou à água estava com a razão, dado que protegido por Deus);

– os anglo-saxões instruíam os processos não com provas, mas com juramentos (os querelantes deviam apresentar homens prontos a jurar em seu favor; o homem conhecido pelos seus maus costumes não encontrava testemunhas).

c) Romano canônico (medieval-italiano) – *processo escrito*, em que a inquirição das partes e das testemunhas era feita por um juiz, e o julgamento da causa, por um tribunal, com base no registrado nos autos.

d) Escola dos Glosadores (Bolonha – século XIII) – anotações ao *Corpus Iuris Civilis* e aproveitamento do Direito Canônico.

e) Escola dos Comentadores (Bolonha – século XIV) – comentários às regras do Direito Romano-Barbárico (dando origem ao *processo* comum).

f) Praxismo – difusão do processo comum pela Europa, aproveitando as praxes e direitos particulares ou estatutos de cada vila. Em Portugal e no Brasil, fica plasmado nas *Ordenações do Reino* (*Afonsinas* [1446], *Manuelinas* [1521] e *Filipinas* [1603], divididas em 5 livros, dos quais o Livro III era dedicado ao processo civil [dispositivo, escrito e dividido em fases] e o Livro V era dedicado ao direito penal e processo penal [inquisitivo, com os sistemas das devassas e das torturas para obtenção da confissão]).

g) Procedimentalismo (concebido na Itália por César Beccaria e introduzido em Portugal pela *Lei da Boa Razão*, de 1769) – denunciando os horrores do processo inquisitório (poder despótico do juiz, penas arbitrárias, torturas, trâmites secretos e impossibilidade de defesa), funda o processo nos princípios da oralidade, da publicidade, do dispositivo e na obrigatoriedade da fundamentação das sentenças.

h) Processualismo Científico Moderno – partindo da controvérsia entre Bernhard Windscheid (teoria civilista) e Theodor Muther (teoria publicista), ocorrida em 1856 na Alemanha, funda-se na concepção da *autonomia do direito de ação* e no *caráter publicista* do processo (o direito de ação é distinto do direito material, pois é o direito à prestação jurisdicional), tendo as seguintes características:

- livre convicção do juiz;
- predominância da palavra falada (não precisa ser escrito para ser aceito);
- identidade física do juiz com a causa;
- irrecorribilidade das decisões interlocutórias (que não põem fim ao processo);
- concentração da causa no tempo;
- concentração e custo baixo do processo;
- garantia contra a fraude processual.

h) Processo na Era Digital – a generalização do uso da *internet*, com a subsequente digitalização dos autos físicos e, finalmente, a adoção do *processo judicial eletrônico* desde o ajuizamento da ação (2012), revolucionou a prestação jurisdicional, tornando possível o acesso ao Judiciário desde qualquer parte do mundo, com a posterior realização de *audiências e sessões de forma virtual*, a partir da pandemia do Covid-19 (2020).

5. Jurisdição e competência

a) **Jurisdição** – é o poder de julgar do Estado. Supõe provocação pela parte e imparcialidade do juiz. É una e indivisível no território nacional (o que se divide é a competência).

Espécies
- jurisdição contenciosa – supõe interesses conflitantes e julgamento pelo Estado-juiz;
- jurisdição voluntária – supõe interesses convergentes entre as partes. Trata-se da administração pública de interesses privados, porque os atos que os informam afetam à coletividade.

Imunidade de jurisdição – privilégio de que gozam os Estados estrangeiros, seus representantes diplomáticos e organizações internacionais de não se submeterem à jurisdição de outro Estado. Para haver jurisdição é necessária a renúncia expressa à imunidade.

- Após a *Constituição Federal de 1988* (pois sob a égide da CF de 1969 a jurisprudência do STF seguia o *costume internacional* da imunidade absoluta de jurisdição), que em seu *art. 5º, XXXV*, garantiu que *nenhuma lesão a direito* perpetrada em território nacional *será excluída de apreciação pelo Poder Judiciário*, o Supremo Tribunal Federal vem *relativizando a imunidade de jurisdição dos Estados estrangeiros* no Brasil, na esteira de Convenções Internacionais (Convenção Europeia sobre Imunidade dos Estados – 1972) e do próprio Direito Comparado (EUA em 1976, Reino Unido em 1978, Cingapura em 1979, África do Sul e Paquistão em 1981, Canadá em 1982, Austrália em 1985 e Argentina em 1995), verificando-se na legislação de inúmeros países essa nova orientação:

"Os Estados estrangeiros não dispõem de imunidade de jurisdição, perante o Poder Judiciário brasileiro, nas causas de natureza trabalhista, pois essa prerrogativa de Direito Internacional Público tem caráter meramente relativo (...). A eventual impossibilidade jurídica de ulterior realização prática do título judicial condenatório, em decorrência da prerrogativa da imunidade de execução, não se revela suficiente para obstar, só por si, a instauração, perante Tribunais brasileiros, de processo de conhecimento contra Estados estrangeiros, notadamente quando se tratar de litígio de natureza trabalhista" (Ag-RE 222.368-4-PE, Rel. Min. Celso de Mello, *DJ* de 14.2.2003 – Consulado Geral do Japão).

- Quanto à *imunidade de execução*, o Supremo Tribunal Federal decidiu reconhecer o *privilégio* com base nas *Convenções de Viena de 1961 e 1963* (cf. AgRg-ACO 633-1-SP, Rel. Min. Ellen Gracie, *DJ* de 22.6.2007).

- Quanto aos *Organismos Internacionais*, o *Supremo Tribunal Federal* entende que a convenção específica de cada um é que fixa a abrangência da imunidade de jurisdição. Especificamente quanto ao Programa das Nações Unidas para o Desenvolvimento – ONU/PNUD, o Supremo reconheceu que se aplica às demandas de natureza trabalhista o preceito normativo contido na Convenção sobre Privilégios e Imunidades das Nações Unidas, promulgada no Brasil pelo Decreto nº 27.784/50, segundo o qual *"a organização das Nações Unidas, seus bens e haveres, qualquer que seja seu detentor, gozarão de imunidade de jurisdição, salvo na medida em que a Organização a ela tiver renunciado em determinado caso. Fica, todavia, entendido que a renúncia não pode compreender medidas executivas*" (RE 578.543/MT, Rel. Min. Ellen Gracie, Red. para acórdão Min. Teori Zavascki, Tribunal Pleno, *DJE* de 27.5.2014). O STF reconheceu a repercussão geral da questão, reafirmando sua jurisprudência (Tema 947 da Tabela de Repercussão Geral do STF: "Imunidade de jurisdição dos organismos internacionais garantida por tratado firmado pelo Brasil", RE 1.034.840, Relator Min. Luiz Fux). O entendimento do TST, no mesmo sentido, está assentado na Orientação Jurisprudencial 416 da SBDI-1.

– Na linha da *imunidade relativa de jurisdição* em matéria de *processo de conhecimento* e, quanto ao de *execução,* da possibilidade de *acesso a bens não afetos à missão diplomática,* temos os seguintes precedentes de nossa lavra:

– consideração do trabalhador contratado para serviços na residência do embaixador jardineiro como *empregado doméstico,* com os direitos inerentes a essa condição e não como funcionário da Embaixada (cf. TST-RR-125/2003-020-10-00.0, Rel. Min. Ives Gandra, *DJ* de 3.2.2006);

– *possibilidade de levantamento do depósito recursal* feito por Estado estrangeiro ou Organismo Internacional, quando da execução, por se tratar de *valores já não mais afetos à representação diplomática,* vez que espontaneamente depositados em juízo (cf. TST-ROAR-771910/01.1, Rel. Min. Ives Gandra, *DJ* de 15.3.2002, em caso envolvendo a OEA);

– *impossibilidade de bloqueio de conta corrente* de Estado estrangeiro, afeta à representação diplomática, em fase de execução de sentença, ainda que reconhecida a *validade do título executivo judicial,* mas admitindo *que a execução se processasse sobre bens não afetos à atividade diplomática, encontráveis no Brasil* (cf. TST-ROMS-161/2005-000-10-00.1, Rel. Min. Ives Gandra, *DJ* de 9.3.2007, envolvendo o Reino da Espanha). Este caso é paradigmático, uma vez que, reconhecida a *possibilidade de execução de bens não afetos* à representação diplomática, foram indicados bens do *Instituto de Cultura Hispânica e do Instituto Miguel de Cervantes,* mantidos pelo Reino da Espanha no Brasil, que, em tese, poderiam ser *penhorados.*

– Assim, as Embaixadas que operam no Brasil devem:

– *observar a legislação trabalhista brasileira* na contratação de pessoal local, pelo princípio da *lex loci executioni contracti;*

– apresentar *defesa no processo de conhecimento,* procurando mostrar que o direito postulado pelo ex-empregado eventualmente não some todas as parcelas reivindicadas;

– buscar a *conciliação,* quer na fase de conhecimento, quer na fase de execução, de modo a *reduzir o valor a ser pago.*

Características da jurisdição:

- *secundária* – caráter supletivo, em face da ausência de autocomposição das partes;
- *instrumental* – meio de composição do conflito, pela intervenção estatal;
- *cognitiva ou executiva* – tendente a dizer a quem pertence o direito e, em caso de não cumprimento espontâneo do ditame judicial, garantir, através da força, o cumprimento da decisão judicial;
- *desinteressada* – atua de forma imparcial e impessoal, atendendo apenas às circunstâncias objetivas que determinam a atribuição do direito a este e não àquele sujeito;
- *provocada* – depende do pedido de atuação formulado por um dos sujeitos em conflito.

Princípios da jurisdição:

- *princípio do juiz natural* – só pode exercer a jurisdição aquele órgão a que a Constituição Federal atribui previamente o poder jurisdicional, vedando-se os juízos ou tribunais de exceção (CF, art. 5º, XXXVII);
- *princípio da improrrogabilidade da jurisdição* – os limites do poder jurisdicional, no tempo (instâncias) e no espaço (órgãos), são os traçados pela Constituição Federal (arts. 92-126), não podendo o juiz reapreciar, salvo as exceções previstas em lei, decisão já proferida (CPC/1973, art. 471; CPC/2015, art. 505), nem decidir sobre causas que lhe escapem à competência, em suas várias modalidades (CPC, art. 485, II; CPC/2015, art. 966, II);
- *princípio da indeclinabilidade da jurisdição* – o órgão constitucionalmente investido no poder de jurisdição tem a obrigação de prestar a tutela jurisdicional (CF, art. 93, II, "e"; CPC/1973, art. 126; CPC/2015, art. 140), exceto quando estabelecido mecanismo extrajudicial de composição de conflitos permitido pelo ordenamento jurídico, a exemplo da arbitragem (art. 507-A da CLT);
- *princípio da indelegabilidade da jurisdição* – os atos decisórios só podem ser praticados pelo juiz (julgar é função exclusiva sua), admitindo-se a delegação apenas de atos ordinatórios do processo aos auxiliares do juiz (CF, art. 93, XIV; CPC/1973, art. 162, § 4º; CPC/2015, art. 203, § 4º);
- *princípio da ininterrupção e celeridade da jurisdição* – a atividade jurisdicional é ininterrupta, devendo: a) permanecer juízes de plantão nos dias em que não houver expediente forense (CF, art. 93, XII); b) ser distribuídos imediatamente os processos em todos os graus de jurisdição (CF, art. 93, XV); c) dar-se solução célere às demandas (CF, art. 5º, LXXVIII; CPC/2015, art. 6º), de modo a não prejudicar os direitos do cidadão pela demora na prestação jurisdicional.

b) **Competência** – possibilidade de exercer a jurisdição. Limita e distribui pelos juízes a jurisdição.

Espécies de competência:

- **material** (*ratione materiae*) – leva em conta a matéria objeto da ação, distinguindo a Justiça Comum das Justiças Especializada (Trabalho, Eleitoral e Militar);
- **pessoal** (*ratione personae*) – leva em conta quem está litigando em juízo, distinguindo a Justiça Comum em Justiça Estadual e Justiça Federal (esta última por estar em juízo a União e suas autarquias e fundações);
- **territorial** (*ratione loci*) – delimita a atuação dos órgãos jurisdicionais, dividindo o território nacional em comarcas e regiões;
- **funcional** (hierárquica) – estabelece os níveis das instâncias jurisdicionais e recursais, conforme a importância ou abrangência das lides (determinadas questões e ações são de competência originária dos Tribunais, como ocorre nos dissídios coletivos na Justiça do Trabalho ou com os privilégios de foro na Justiça Comum);
- **alçada** (valor da causa) – limita a competência das instâncias superiores à análise das causas que ultrapassem o teto do valor de alçada fixado (as pequenas causas têm limitação ou condicionamento para serem alçadas às instâncias superiores).

Competência Material e Pessoal na Justiça Brasileira:

Competência
- Justiça Estadual – causas cíveis, criminais, de acidentes do trabalho e também tributárias e administrativas referentes a tributos e administração estadual e municipal etc.;
- Justiça Federal – quando a União ou autarquia federal é parte no processo (questões tributárias, previdenciárias, administrativas etc.);
- Justiça do Trabalho – concilia e julga dissídios individuais e coletivos decorrentes da relação de trabalho, inclusive quando é parte a Administração direta e indireta da União, dos Estados e dos Municípios (CF, art. 114; CLT, art. 643), e outras controvérsias decorrentes da relação de trabalho;
- Justiça Eleitoral – cuida da preparação, organização, realização e apuração dos pleitos e julga os crimes eleitorais;
- Justiça Militar – julga os crimes cometidos por militares.

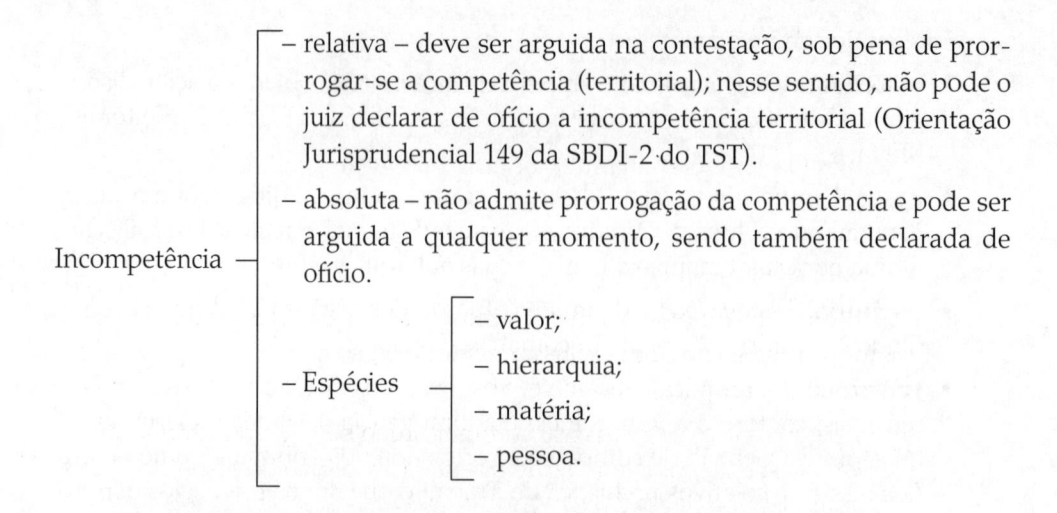

Incompetência
- relativa – deve ser arguida na contestação, sob pena de prorrogar-se a competência (territorial); nesse sentido, não pode o juiz declarar de ofício a incompetência territorial (Orientação Jurisprudencial 149 da SBDI-2 do TST).
- absoluta – não admite prorrogação da competência e pode ser arguida a qualquer momento, sendo também declarada de ofício.
- Espécies
  - valor;
  - hierarquia;
  - matéria;
  - pessoa.

Competência Territorial na Justiça do Trabalho:

No **processo de conhecimento**:

- **local da prestação de serviços** – regra geral (CLT, art. 651);
- **local da agência ou filial** – caso dos agentes e viajantes comerciais (CLT, art. 651, § 1º, início);
- **local do domicílio do empregado** – caso dos agentes e viajantes se não houver filiais da empresa (CLT, art. 651, § 1º, final);
- **local da contratação** – caso da operação da empresa em localidades fora do local da contratação, inclusive no exterior (CLT, art. 651, §§ 2º e 3º).

No **processo de execução**:

- **juízo prolator da decisão exequenda** – nas execuções de títulos executivos judiciais (CLT, art. 877);
- **juízo que seria competente para o processo de conhecimento** – nas execuções de títulos executivos extrajudiciais (CLT, art. 877-A).

Obs.: A **SDI-2 do TST** entende que, para os processos de *execução individual de ação coletiva*, caberia ao empregado exequente a escolha entre o juízo condenatório e o do *local de seu domicílio* (TST-CCCiv-901-45.2014.5.07.0005, Rel. Min. **Evandro Valadão**, *DJET* de 19.11.2021; TST-CCCiv-982-42.2014.5. 05.0007, Rel. Min. **Douglas Alencar Rodrigues**, *DEJT* de 20.4.2021), em que pese a norma que permitiria tal conclusão (parágrafo único do art. 97 do CDC) ter sido *vetada*, com base nas seguintes razões: *"Esse dispositivo dissocia, de forma arbitrária, o foro dos processos de conhecimento e de execução, rompendo o princípio da vinculação quanto à competência entre esses processos, adotado pelo Código de Processo Civil (art. 575) e defendido pela melhor doutrina. Ao despojar uma das partes da certeza quanto ao foro de execução, tal preceito lesa o princípio de ampla defesa assegurado pela Constituição (art. 5º, LV)"*.

- Exemplos de Incompetência:
    - TRT para apreciar dissídio coletivo de âmbito nacional;
    - Justiça do Trabalho para apreciar reclamação de estatutário e de trabalhador contratado temporariamente por ente público nos moldes de lei federal, estadual ou municipal, mesmo que tenha havido desvirtuamento do contrato, com sua dilatação no tempo (STF-ADI-MC 3.395-DF, Rel. Min. Cezar Peluso, *DJ* de 10.11.2006);
    - Justiça do Trabalho para apreciar ação de saque do FGTS, quando dirigida não ao empregador, mas exclusivamente ao órgão gestor, Caixa Econômica Federal;
    - TST para julgar ação rescisória contra acórdão seu que não conheceu da revista, desde que não tenha sido discutida a violação do dispositivo legal (Súmula 192, I e II, do TST);
    - Justiça do Trabalho para a cobrança de contribuições previdenciárias incidentes sobre salários já pagos ao longo do contrato de trabalho (Súmula 368 do TST e a nova redação dada ao art. 876, parágrafo único, da CLT).

Peculiaridades:

- acidentes de trabalho – a competência para julgar acidente de trabalho sob o prisma do benefício previdenciário é da *Justiça Comum Estadual* (CF, art. 109, I). Por outro lado, compete à *Justiça Comum Federal* julgar as ações regressivas, pelas quais a autarquia previdenciária busca o ressarcimento dos valores gastos com pagamento de benefícios previdenciários decorrentes do acidente de trabalho, a cargo do empregador, em caso de comprovada culpa deste (art. 120 da Lei nº 8.213/91). Porém, compete à *Justiça do Trabalho* julgar as ações em que se postulam danos materiais e morais decorrentes do acidente de trabalho (CF, art. 114; Súmula 392 do TST; Súmula Vinculante 22 do STF);
- ações possessórias – tratando-se de imóvel ocupado por empregado em decorrência da relação de emprego (greve, por exemplo), a competência é da Justiça do Trabalho (Súmula Vinculante 23 do STF).
- planos de saúde – o STJ definiu a competência da Justiça Comum para *"julgar as demandas relativas a plano de saúde de autogestão empresarial, exceto quando o benefício for regulado em contrato de trabalho, convenção ou acordo coletivo, hipótese em que a competência será da* Justiça do Trabalho, *ainda que figure como parte trabalhador aposentado ou dependente do trabalhador"* (IAC 5, REsp n. 1.799.343/SP, Rel. Min. Nancy Andrighi, julgado em 11.3.2020).

Conflitos de competência – espécies:

- conflito *positivo* de competência – ocorre quando dois ou mais juízes se dão por competentes para conhecer da mesma causa;

- conflito *negativo* de competência – ocorre quando dois ou mais juízes se dão por incompetentes para apreciar o feito.

A Súmula 420 do TST veda que juiz suscite conflito contra seu próprio Tribunal Regional.

Solução dos conflitos de competência – os conflitos de competência são solucionados por órgão hierarquicamente superior aos juízos em conflito, cabendo (em matéria trabalhista) ao:

- STF – solucionar conflito de competência entre STJ e TST, entre STJ e TRTs, e entre TST e TRTs, TRFs ou TJs (CF, art. 102, I, "o");

- STJ – solucionar conflito de competência entre TRTs e TRFs/TJs, juízes do trabalho e juízes federais/estaduais (CF, art. 105, I, "d");

- TST – solucionar conflito de competência entre TRTs ou entre juízes do trabalho vinculados a TRTs distintos, bem como entre estes e juízes de direito investidos de jurisdição trabalhista de Estado da Federação não inserido na jurisdição do mesmo TRT do magistrado trabalhista envolvido (Lei nº 7.701/88, art. 3º, II, "b");

- TRT – solucionar conflito envolvendo seus juízes do trabalho ou juízes estaduais investidos da jurisdição trabalhista no âmbito do Regional.

6. Organograma do Poder Judiciário

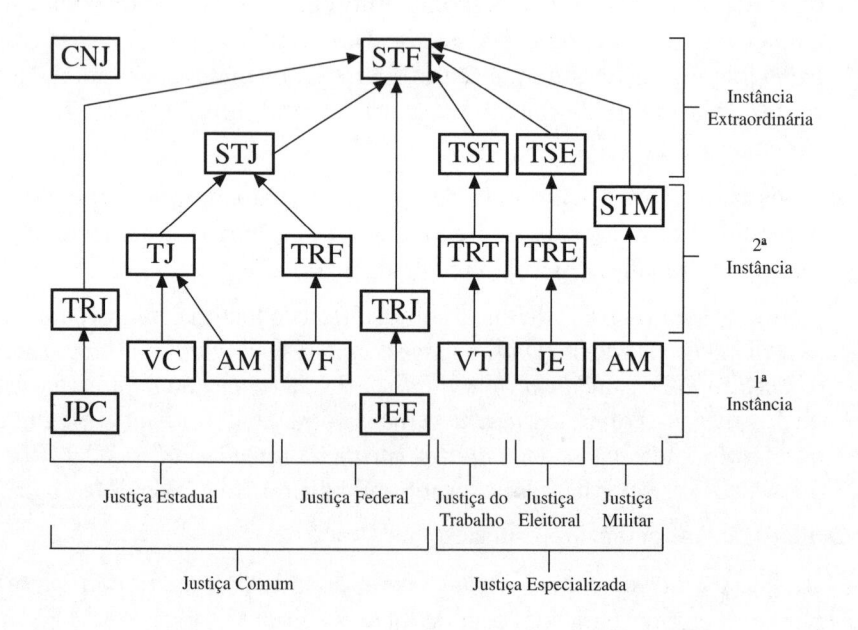

Sigla	Nome	Título Magistrados	Número
STF	Supremo Tribunal Federal	Ministro	11
CNJ	Conselho Nacional de Justiça	Conselheiro	15
STJ	Superior Tribunal de Justiça	Ministro	33
TST	Tribunal Superior do Trabalho		27
TSE	Tribunal Superior Eleitoral		7
STM	Superior Tribunal Militar		15
TJ	Tribunal de Justiça (27 tribunais)	Desembargador	1.736
TRF	Tribunal Regional Federal (5 tribunais)*		136
TRT	Tribunal Regional do Trabalho (24 tribunais)		561
TER	Tribunal Regional Eleitoral (27 tribunais)		189
VC	Vara Cível/Criminal (8.389 varas)	Juiz	10.546
VF	Vara Federal (790 varas)		1.836
VT	Vara do Trabalho (1.587 varas)		3.048
JE	Junta Eleitoral (3.040 zonas)		2.645
AM	Auditoria Militar (12 circunscrições federais)		38
TJM (E)	Justiça Militar Estadual (3 tribunais)		41**
TR (E)	Turma Recursal Estadual		***
TR (F)	Turma Recursal Federal		***
JEE	Juizado Especial Estadual (1.217 juizados)		***
JEF	Juizado Especial Federal (194 juizados)		***

Dados estatísticos: *Justiça em números* 2021 – CNJ.

* Foi criado pela Lei nº 14.226/21 o TRF da 6ª Região (Minas Gerais), ainda não instalado.

** Inclui os juízes de 1ª e 2ª instâncias.

*** Incluído no número total de juízes de 1º grau do respectivo ramo do Judiciário.

Capítulo II

Princípios de Direito Processual

1. Princípios constitucionais de processo

a) Devido Processo Legal (*Due process of law* ou *law of the land*):

- acesso ao Judiciário – garantia de que a lei não excluirá da apreciação do Poder Judiciário lesão ou ameaça a direito (CF, art. 5º, XXXV);
- juiz natural – aquele previamente instituído pela ordem jurídica (sem juízos de exceção) (CF, art. 5º, XXXVII e LIII);
- contraditório – direito de defesa (CF, art. 5º, LV);
- observância do procedimento regular (CF, art. 5º, LIV).

b) Publicidade dos atos processuais (CF, arts. 5º, LX, e 93, IX):

- qualquer pessoa pode presenciar a realização dos atos processuais;
- os atos da parte e do juiz devem ser comunicados à parte contrária;
- presença apenas das partes e dos advogados, quando o processo correr em segredo de justiça.

c) Motivação das decisões (convencimento fundamentado do juiz) (CF, art. 93, IX).

d) Garantia da assistência judiciária (aos economicamente impossibilitados de arcar com as despesas do processo) (CF, art. 5º, LXXIV).

e) Duplo grau de jurisdição (revisão da sentença por órgão colegiado) (CF, art. 5º, LV).

f) Celeridade processual:

- ininterrupção da atividade jurisdicional, com manutenção de juízes de plantão nos dias em que não houver expediente forense (CF, art. 93, XII);
- distribuição imediata dos processos em todos os graus de jurisdição (CF, art. 93, XV);
- tempo razoável de duração do processo (CF, art. 5º, LXXVIII; CPC/2015, art. 6º).

g) **Segurança jurídica** – pelo respeito à coisa julgada (CF, art. 5º, XXXVI), de modo a estabilizar as relações sociais, afastando a preocupação com a mudança da situação jurídica assegurada por decisão judicial já transitada em julgado.

2. Princípios do Processo do Trabalho

a) **Subsidiariedade** – utilização do Direito Processual Civil como fonte subsidiária do Direito Processual do Trabalho, desde que não haja previsão específica na CLT (comissão) e haja compatibilidade com o ordenamento processual laboral (CLT, art. 769; CPC/2015, art. 15).

b) **Concentração de recursos** – irrecorribilidade das decisões interlocutórias (que não são terminativas do feito), devendo o recurso ser interposto apenas quando esgotada a discussão da matéria nas instâncias inferiores (CLT, art. 893, § 1º).

c) **Dispositivo** – o processo deve ser iniciado pelo autor, não cabendo ao juiz ou tribunal conhecer de ofício de qualquer causa (*nemo judex sine actore*) (CPC/1973, art. 2º; CPC/2015, art. 2º).

d) **Instrumentalidade das formas** – as formalidades processuais são meio e não fim do processo, razão pela qual os atos serão considerados válidos se atingida a finalidade a que se destinavam, ainda que realizados por forma distinta (CPC/1973, arts. 154 e 244; CPC/2015, arts. 188 e 277).

e) **Oralidade** – predomínio da palavra sobre a escrita (CLT, arts. 847 e 850).

f) **Convencimento fundamentado** – o magistrado, ao apreciar a prova, deverá apontar as razões do seu convencimento fundado nela (CPC/1973, art. 131; CPC/2015, art. 371).

g) **Celeridade e economia processual** – o máximo de atuação da lei com o mínimo de atividade processual (CLT, art. 765), combatendo-se, outrossim, os expedientes protelatórios da solução final da demanda pela aplicação de multas (CPC/1973, arts. 538, parágrafo único, e 557, § 2º; CPC/2015, arts. 1.026, §§ 2º e 3º, e 1.021, §§ 4º e 5º) e imposição de indenizações à parte prejudicada pela demora injustificada (CPC/1973, arts. 17, IV e VII, e 18; CPC/2015, arts. 80, IV e VII, e 81), de forma a garantir o mínimo de duração do processo (CF, art. 5º, LXXVIII). A partir da Reforma Trabalhista, a CLT passa a constar com importante instrumento de repressão às práticas processuais abusivas, com tratamento da *responsabilidade por dano processual*, que pode ser do empregador, do empregado e da testemunha (art. 793-A e seguintes). A SBDI-1 do TST já se posicionou no sentido da possibilidade de:

– *cumulação das multas e indenizações* por protelação do feito (TST-E--RR-1066/2006-020-03-00.9, SBDI-1, Rel. Min. Horácio Raymundo de Senna Pires, *DJ* de 21.8.2009);

- *aplicação de multa por litigância de má-fé ao beneficiário da justiça gratuita* (TST-EDEAIRR-86240-74.2008.5.10.0012, SBDI-1, Rel. Min. Luiz Philippe Vieira de Mello Filho, *DJ* de 25.5.2012);

- *aplicação da multa do art. 1.021, §§ 4º e 5º, do CPC de 2015,* na hipótese de apresentação de agravo interno considerado manifestamente infundado pela unanimidade do Colegiado, considerando-se deserto o recurso posterior em que não for recolhida, uma vez que a dispensa do recolhimento do depósito recursal e pagamento de custas não se confunde com o salvo-conduto para protelação do feito, se a multa não fosse exigível de imediato. Ressalte-se que o CPC/2015 exclui expressamente a Fazenda Pública e o beneficiário da justiça gratuita do recolhimento da multa como condição de admissibilidade do recurso, o que provocou a revisão da Orientação Jurisprudencial nº 389 da SDI-1 do TST.

h) **Concentração** – busca da solução do litígio numa única audiência (de conciliação e julgamento), com obrigatoriedade de apresentação de todas as provas nessa ocasião, só havendo desdobramento da audiência se não for possível conciliar ou julgar no mesmo dia (CLT, art. 849), ou se for necessário o fracionamento diante de inversão do ônus da prova (nova redação do art. 818, § 2º, da CLT).

i) **Conciliação** – buscada primordialmente, só se julgando o processo se não for possível compor o litígio mediante acordo judicial (CLT, arts. 846 e 850; CPC/2015, art. 334), sendo admitido, a partir da Reforma Trabalhista, o ajuizamento de ação para homologação de acordo extrajudicial (CLT, arts. 855-B a 855-E).

j) **Lealdade processual** – dever das partes de colaborar para o esclarecimento da verdade, não podendo alterar a realidade dos fatos, opor resistência ao andamento do processo ou usar deste para alcançar objetivos ilegais, proceder de modo temerário, provocar incidente manifestamente infundado ou interpor recurso com intuito manifestamente protelatório (CLT, art. 793-B; CPC/1973, arts. 14, I, e 17; CPC/2015, arts. 77, I, e 80).

k) **Eventualidade** – necessidade de apresentar todas as alegações na oportunidade processual própria, sob pena de preclusão (CPC/1973, art. 303; CPC/2015, art. 342).

l) **Indisponibilidade de direitos** – o empregado não pode dispor, por simples manifestação de vontade, das vantagens e proteção que lhe são asseguradas pelo ordenamento jurídico e por seu contrato de trabalho (CLT, art. 9º), exceto com relação aos denominados hipersuficientes, empregados que recebem acima do dobro do teto de benefícios da Previdência Social e possuam diploma de nível superior (CLT, art. 444, parágrafo único).

m) **Identidade física do juiz** – o mesmo magistrado que tomou os depoimentos pessoais e testemunhais deverá julgar a causa, uma vez que teve contato direto com a prova (CPC/1973, art. 132; não contemplado pelo CPC/2015). O princípio não se aplicava à Justiça do Trabalho, em face da sua estrutura colegiada no primeiro grau de jurisdição, em que as Juntas de Conciliação e Julgamento eram compostas de um juiz presidente togado e dois juízes classistas. Com o fim da representação classista na Justiça do Trabalho em 1999 (EC nº 24), essa exceção à regra não mais se justificava. No entanto, apenas em 2012, com o cancelamento da Súmula 136 do TST, é que o princípio passou a ser aplicado ao juiz titular ou substituto que instrua a causa. Pode continuar sendo aplicado como princípio de boa administração judiciária, ainda que não mais positivado em nosso ordenamento jurídico, a par de sua não aplicação não gerar nulidade.

n) *Non reformatio in pejus* – proibição de julgamento que piore ainda mais a situação daquele que recorreu, ficando o tribunal jungido a apreciar apenas o que foi matéria de recurso (*tantum devolutum quantum appellatum*) (CPC/1973, arts. 505 e 515; CPC/2015, arts. 1.002 e 1.003).

o) **Aplicação imediata das leis processuais** – princípio mitigado pela proatividade das leis processuais que preveem recursos: estes, se já interpostos, deverão obedecer à regra vigente no momento de sua apresentação; entretanto, o julgamento dar-se-á de acordo com as normas vigentes ao tempo de inclusão do feito na sessão de julgamento.

p) **Aplicação da lei do local da execução do contrato** – princípio que rege, no Direito do Trabalho, a solução de conflitos de leis no espaço: a lei aplicável à controvérsia não é a do país em que se celebrou o contrato de trabalho, mas a do país onde ele será cumprido, isto é, onde se dará a prestação dos serviços por parte do empregado, mesmo que a competência para dirimir a controvérsia seja de outro país.

q) **Dialeticidade** – os recursos devem ser fundamentados, atacando especificamente os óbices levantados pela decisão recorrida ao acolhimento da pretensão (CPC/2015, art. 1.021, § 1º), exceto se a motivação for secundária e impertinente (Súmula 422 do TST).

r) **Interesse público** – as normas processuais, sendo de ordem pública, não são passíveis de flexibilização por negociação coletiva ou disposição pela vontade das partes litigantes (CF, art. 22, I). Nesse sentido, a Instrução Normativa nº 39 do TST indica que a figura do negócio processual (CPC/2015, art. 190) não se aplica ao processo do trabalho (art. 2º, II, da IN 39/TST).

s) **Estabilidade da lide** – os fatos e pretensões passíveis de discussão no processo são, em princípio, apenas aqueles trazidos na inicial e na contestação (CLT, art. 845; CPC/1973, arts. 294 e 300; CPC/2015, arts. 329 e 336), impedindo-se a inovação na lide.

t) **Não surpresa** – o juiz não pode utilizar fundamento jurídico ao qual não foi dado às partes se pronunciar, devendo submeter a matéria ao contraditório, intimando as partes para que se manifestem sobre o assunto (CPC/2015, art. 10).

u) **Equidade** – é a aplicação do direito ao caso concreto, adaptando a regra às circunstâncias específicas do caso, nos limites de elasticidade da norma legal, atendendo aos fins sociais da lei e às exigências do bem comum (CLT, art. 852-I, § 1º). Trata-se da justiça suavizada pela misericórdia (*Doutrina Social Cristã*). Em matéria de dissídios coletivos, o juízo dos Tribunais do Trabalho é fundamentalmente de equidade, estabelecendo as condições mais justas de trabalho para cada categoria, observados os limites legais e convencionais mínimos (CF, art. 114, § 2º; CLT, art. 766).

v) **Delimitação recursal** – somente se reexaminam, da decisão recorrida, as matérias e fundamentos esgrimidos pelo recorrente em seu apelo, sendo decorrência dos princípios da *preclusão* (CPC/1973, art. 303; CPC/2015, art. 342) e da *devolutividade restrita* (CPC/1973, art. 515, *caput;* CPC/2015, art. 1.013).

w) **Despersonalização da prova** – as provas são subministradas pelas partes, mas examinadas pelo juiz independentemente de quem as forneceu, podendo apreciá-las livremente, atendendo aos fatos e circunstâncias constantes dos autos, inclusive invocando a prova ofertada por uma parte contra ela mesma para fundamentar seu convencimento (CPC/1973, art. 131; CPC/2015, art. 371), ainda que não se possa obrigar ninguém a fazer prova contra si mesmo (CPC/2015, art. 379).

x) **Maior aptidão da prova** – o juiz pode inverter o ônus da prova quando uma das partes tiver melhores condições de subministrá-la (CPC/2015, art. 373, § 1º; CLT, art. 818, §§ 1º e 3º, com a redação dada pela Lei nº 13.467/17, da Reforma Trabalhista).

y) **Cooperação Judiciária** – dever de recíproca cooperação entre órgãos jurisdicionais, inclusive entre órgãos jurisdicionais de diferentes ramos do Poder Judiciário para prática de atos processuais (CPC/2015, arts. 67 e 68).

z) **Imparcialidade do juiz** – o juiz do trabalho deve aplicar imparcialmente uma lei que já é de per si parcial, protetiva do empregado; o princípio da imparcialidade constitui pilar de toda prestação jurisdicional (PBCJ, valor 2; CIEJ, arts. 9-17; CEMN, arts. 8-9) e também é erigido como dever básico do juiz, que é obrigado a assegurar igualdade de tratamento às partes no processo (CPC/2015, arts. 7º e 139, I). Assim, ao juiz do trabalho não se poderiam aplicar os epítetos de direita ou esquerda, progressista ou conservador, liberal ou formalista, mas, fundamentalmente, conciliador e harmonizador dos conflitos trabalhistas.

3. O Processo do Trabalho e o Novo CPC

A Lei nº 13.015, de 16 de março de 2015, que aprovou o Novo Código de Processo Civil, e que entrou em vigor a partir de 18 de março de 2016 (art. 1.045), contempla regra específica quanto à sua aplicabilidade no Processo do Trabalho, em caráter *supletivo e subsidiário*, na ausência de norma específica que regule o processo trabalhista (art. 15).

Ora, o Processo do Trabalho também tem regra específica quanto à aplicação subsidiária do Processo Comum, exigindo a conjugação de dois fatores para que a regra processual civil possa ser aplicada (CLT, art. 769):

a) *omissão* da CLT e das leis processuais trabalhistas quanto ao instituto ou seu disciplinamento;

b) *compatibilidade* da regra processual civil com as características próprias do Processo do Trabalho.

a) A Instrução Normativa nº 39, de 15 de março de 2016, do TST

Considerando a exigência de transmitir **segurança jurídica** aos jurisdicionados e órgãos da Justiça do Trabalho, bem como **prevenir nulidades processuais**, o Tribunal Superior do Trabalho editou a **Instrução Normativa nº 39**, dispondo sobre as normas do Código de Processo Civil de 2015 aplicáveis e inaplicáveis ao Processo do Trabalho, de forma não exaustiva. Tal normativa partiu da diretriz de autonomia do processo, de modo que cabe investigação particularizada acerca da aplicabilidade ao Processo do Trabalho de cada dispositivo que compõe o Processo Comum.

Diante de tais parâmetros, **NÃO SERIAM APLICÁVEIS ao Processo do Trabalho**, por incompatibilidade, em face do seu maior dinamismo, da cumulação objetiva de pedidos nas reclamações trabalhistas (dificultando a demanda repetitiva e exigindo trabalho artesanal nas decisões), do caráter alimentar das demandas e da disparidade econômica dos polos do litígio, os seguintes **dispositivos inovatórios do Processo Comum**, conforme dispõe a **IN nº 39/TST**:

– **art. 63** – *modificação da competência pelas Partes*, uma vez que há regramento específico nos arts. 650 e 651 da CLT;

– **art. 190, *caput* e parágrafo único** – estipulação de *mudança do procedimento pelas Partes* no processo em que se pleiteiam direitos que admitem autocomposição, em face da indisponibilidade da maior parte dos direitos trabalhistas em dissídio individual;

– **art. 219** – sobre *contagem dos prazos processuais somente abrangendo os dias úteis*, uma vez que o Processo do Trabalho tem regra própria e específica, abrangendo sábados, domingos e feriados, já que contínuos os prazos (CLT, art. 775); com a Lei nº 13.467/17, da Reforma Trabalhista, o art. 775 da CLT passou a prever a contagem dos prazos trabalhistas em dias úteis;

- **arts. 319, VII, e 334** – sobre a *audiência de conciliação e mediação* como procedimento prévio e optativo do autor, uma vez que a CLT não é omissa e tem regramento próprio, que prevê sempre a fase conciliatória como prévia à instrutória e de caráter obrigatório (CLT, arts. 764 e 831);

- **art. 335** – *prazo para a apresentação de contestação*, haja vista que, no processo do trabalho, a defesa era ato realizado sempre em audiência (CLT, art. 847); com a Lei nº 13.467/17, da Reforma Trabalhista, a defesa escrita, no processo judicial eletrônico, poderá ser apresentada no sistema até o momento da audiência;

- **art. 362, III** – *adiamento da audiência em razão de atraso superior a 30 minutos*, incompatível com o processo do trabalho porque a CLT prevê adiamento por atraso apenas se o magistrado não estiver presente ao local designado para a audiência 15 minutos depois da hora marcada (CLT, art. 815, parágrafo único);

- **art. 373, §§ 3º e 4º** – *inversão do ônus da prova por meio de convenção entre as partes*, regra incompatível com a hipossuficiência do trabalhador; a partir da Lei nº 13.467/17, da Reforma Trabalhista, o art. 818 da CLT contempla regra similar de inversão do ônus da prova;

- **art. 459** – *previsão de inquirição direta das testemunhas pela parte*, não se aplica ao processo do trabalho tendo em vista que a CLT estabelece a condução do depoimento pelo juiz (art. 820);

- **arts. 921, §§ 4º e 5º e 924, V** – *prescrição intercorrente*, incabível no processo do trabalho, conforme expressa a Súmula 114 do TST; porém, a partir da Lei nº 13.467/17, da Reforma Trabalhista, cabe prescrição intercorrente no processo do trabalho, inclusive de ofício (art. 11-A da CLT);

- **art. 942 e parágrafos** – *prosseguimento do julgamento não unânime do recurso de apelação*, regra incompatível com o processo do trabalho, tendo em vista que o art. 672, § 2º, da CLT fixa o quórum por mera maioria para os julgamentos no Tribunal Regional do Trabalho;

- **art. 944** – *substituição do acórdão não publicado em 30 dias por notas taquigráficas*, tendo em vista que o processo do trabalho só prevê troca do acórdão por certidão de julgamento limitada ao rito sumaríssimo (CLT, art. 895, § 1º, IV);

- **art. 1.010, § 3º** – que prevê a *remessa direta do recurso ao tribunal, sem juízo de admissibilidade "a quo"*, uma vez que o Processo do Trabalho possui regra própria de admissibilidade dos recursos (CLT, art. 659, VI), com o duplo *iudicia*;

- **arts. 1.043 e 1.044** – *embargos de divergência*, considerando que a CLT possui regramento próprio para o recurso de embargos (CLT, art. 894);
- **art. 1.070** – *prazo de agravo de 15 dias*, sendo este de 8 dias, por regra própria da CLT (art. 897, *caput*).

Por outro lado, inovações que são **APLICÁVEIS ao Processo do Trabalho**, em face de sua compatibilidade com a dinâmica processual laboral, nos termos da **IN nº 39/TST**:

- **art. 76** – possibilidade de *regularização de representação processual* também na fase recursal, mediante intimação para sanar o vício, dado que, nesse aspecto, o Processo do Trabalho louvava-se no art. 13 do CPC/1973, para apenas admitir a correção do defeito em 1ª instância, dada a omissão do antigo CPC quanto à possibilidade de correção em sede de recurso;
- **art. 138** – sobre a admissão da figura do *amicus curiae* nas demandas de maior relevância e repercussão social, uma vez que, já para o recurso de revista, a Lei nº 13.015/14 abriu as portas (CLT, art. 896-C, § 8º);
- **art. 139, exceto a parte final do inciso V** – indicando *deveres do juiz para permitir a tramitação célere do processo*, com exceção do auxílio preferencial de conciliadores e mediadores;
- **art. 292, V** – prevendo a necessidade de *declinação, na petição inicial, do valor pretendido a título de indenização*, inclusive a fundada em dano moral;
- **art. 292, § 3º** – sobre a *correção de ofício do valor da causa* pelo juiz, quando lhe for dado valor que não corresponda ao conteúdo patrimonial em discussão, dada a omissão da CLT e o conteúdo ético do preceito, evitando valores fictícios e coibindo aventuras judiciais, estimuladas pela não responsabilização devida pelos custos do processo;
- **arts. 294 a 311** – sobre as *tutelas de urgência*, incluindo a *tutela antecipada*, a *tutela cautelar* e a *tutela da evidência*, sendo esta última uma possibilidade que dispensa a prova do perigo da demora, uma vez que democratiza também na seara da Justiça do Trabalho o acesso imediato às decisões do TST, dando celeridade maior ao processo e satisfazendo rapidamente o direito já assegurado jurisprudencialmente ao trabalhador;
- **art. 373, §§ 1º e 2º** – *distribuição dinâmica do ônus da prova*, em especial observando a aptidão probatória, situação em que o juiz poderá inverter o ônus da prova por meio de decisão fundamentada e permitindo a produção de prova pela parte atingida pela inversão; regra similar passou a constar do art. 818 da CLT, com a redação que lhe foi dada pela Lei nº 13.467/17, da Reforma Trabalhista;
- **art. 487, § 7º** – *possibilidade do juízo de retratação* pelo juiz ao receber o recurso ordinário contra a decisão que extingue o feito sem resolução do mérito;

- **art. 489** – sobre o *dever de fundamentação* da decisão judicial;

- **art. 496** – sobre *alçada em remessa necessária nas condenações impostas à Fazenda Pública*, trazendo novos valores e condições, de modo a desafogar o Judiciário Laboral e dar celeridade ao recebimento, pelos trabalhadores do setor público, de seus direitos trabalhistas;

- **arts. 497 a 501** – *tutela específica* na ação que tenha por objeto *prestação de fazer ou não fazer*;

- **arts. 536 a 538** – envolve o *cumprimento da sentença* que reconheça a exigibilidade de *obrigação de fazer, de não fazer* ou de entregar coisa;

- **arts. 789 a 798** – disciplina a *responsabilidade patrimonial*, prevendo quem pode ser sujeito à execução de bens;

- **art. 805 e parágrafo único** – confere novo tratamento à *execução menos gravosa ao devedor*, ao impor que este indique outros meios mais eficazes e menos onerosos para a sua execução;

- **art. 833, incisos e parágrafos** – trata das hipóteses de *impenhorabilidade de bens*;

- **art. 835, incisos e §§ 1º e 2º** – disciplina a *ordem preferencial de penhora*;

- **art. 836, §§ 1º e 2º** – estabelece *procedimentos* a serem adotados quando não encontrados bens penhoráveis, de modo a autorizar que o oficial de justiça liste os *bens que guarnecem a residência* do devedor ou o estabelecimento do executado, quando pessoa jurídica;

- **art. 841, §§ 1º e 2º** – trata do procedimento de *intimação acerca da penhora*;

- **art. 854 e parágrafos** – sobre a *penhora eletrônica* por meio do sistema denominado Bacen-Jud (atual *Sisbajud*);

- **art. 895** – sobre *pagamento parcelado do lanço* oferecido na hasta pública;

- **art. 916 e parágrafos** – autoriza o *parcelamento do crédito exequendo*, mediante depósito de 30% do montante da dívida e pagamento do restante em até 6 parcelas mensais, acrescidas de juros e correção monetária;

- **art. 918 e parágrafo único** – trata da *rejeição liminar dos embargos à execução* quando intempestivos, meramente protelatórios ou nos casos de indeferimento da petição inicial e de improcedência liminar do pedido;

- **arts. 926 a 928** – sobre *uniformização da jurisprudência dos tribunais*, consignando, inclusive, espécies de precedentes a serem observados pelos juízes e tribunais;

- **art. 932, parágrafo único** – fixa os *poderes do Relator* nos órgãos colegiados para determinar *saneamento de vício* em relação ao recurso apresentado; com a Lei nº 13.467/17, da Reforma Trabalhista, o art. 896, § 14, da CLT passou a prever poderes similares para o relator do recurso de revista;

- **art. 938, §§ 1º a 4º** – prevê o procedimento a ser adotado no *saneamento de irregularidades detectadas no recurso*, além de autorizar a *produção de provas no tribunal* para melhor instrução do feito;

- **art. 940** – estabelece o *prazo* máximo de 10 dias para a *vista regimental*;

- **art. 947 e parágrafos** – trata do *incidente de assunção de competência* quando o julgamento de recurso, da remessa necessária ou de processo de competência originária envolver relevante questão de direito, com grande repercussão social, sem repetição em múltiplos processos;

- **arts. 966 a 975** – que tratam do *processamento e hipóteses da ação rescisória*, reduzidas estas últimas, e que poderia ser aplicada de imediato ao Processo do Trabalho, tendo em vista que o art. 1.046, § 4º, do CPC/2015 indica a substituição automática das remissões legislativas ao antigo CPC pelos dispositivos correspondentes ao novo Código, regra relevante, considerando que o art. 836 da CLT faz menção explícita aos dispositivos da ação rescisória integrantes do CPC/1973;

- **arts. 988 a 993** – disciplina a *reclamação* para preservação da competência ou da autoridade da decisão do tribunal, entre outras hipóteses;

- **arts. 1.013 e 1.014** – sobre o *efeito devolutivo em profundidade do recurso ordinário*, com destaque para a possibilidade de *julgamento de imediato do mérito da causa, quando afastada a prescrição ou decadência pelo tribunal*, sem ter de baixar os autos para a instância inferior, uma vez que dá celeridade ao processo, característica típica do Processo Laboral;

- **art. 1.021** – cabimento de *agravo interno* contra decisão monocrática do relator, porém sem aplicar o prazo previsto no CPC; cabe destaque, ainda, à aplicação da regra que prevê *multa por interposição de agravo infundado*, umbilicalmente ligada ao provimento de recurso ou sua denegação por despacho monocrático do relator, agora limitada ao percentual de 1 a 5% do valor corrigido da causa (art. 1.021, § 4º).

Finalmente, são considerados **APLICÁVEIS "EM TERMOS" ao Processo do Trabalho** os seguintes dispositivos do Novo CPC:

- **arts. 9º e 10** – regras que regulam o princípio do contraditório, prevendo o *direito de manifestação antes da decisão judicial desfavorável* e a vedação à *decisão surpresa*, mas suavizadas no Processo do Trabalho, pois não se considera *"decisão surpresa"* a que era previsível, concernente às condições da ação, aos pressupostos de admissibilidade de recurso e aos pressupostos processuais (art. 4º, § 2º, da IN nº 39/TST);

- **arts. 133 a 137** – disciplinam o *incidente de desconsideração da personalidade jurídica*, que será cabível no processo do trabalho com adaptações à lógica dos procedimentos estabelecidos na CLT, de modo que, na fase de execução, admite-se a abertura do incidente por ato de ofício do juiz do trabalho (art. 878 da CLT), que autoriza a adoção de medidas executivas pelo magistrado, independente de requerimento da parte; além disso, embora a instauração do incidente suspenda a tramitação do processo, nada impede a concessão de tutela de urgência de natureza cautelar, prevista no art. 301 do CPC/2015 (art. 6º, § 2º, da IN nº 39/TST); com a Lei nº 13.467/17, da Reforma Trabalhista, o art. 855-A da CLT passou a contemplar regulamentação ao instituto de modo próximo à solução prevista na IN nº 39/TST, com a ressalva de que não há previsão de iniciativa do juiz, de ofício, para instaurar o incidente na execução;

- **art. 165** – prevê a possibilidade de criação de *centros judiciários de solução consensual de conflitos* (CPC/2015, art. 165), limitada aos conflitos coletivos de natureza econômica no âmbito da Justiça do Trabalho (art. 11 da IN nº 39/TST);

- **art. 272, § 5º** – autorização para que a parte requeira que as *intimações* sejam feitas na pessoa de um dos advogados habilitados nos autos, o que pressupõe que o profissional esteja previamente cadastrado no Sistema de Processo Judicial Eletrônico, não cabendo a decretação de nulidade em favor da parte que lhe deu causa, nos termos do art. 276 do CPC/2015 (art. 16 da IN nº 39/TST);

- **art. 332** – possibilidade de *julgamento liminar pela improcedência do pedido* nos casos especificados, em geral aplicando a jurisprudência consolidada em sentido contrário à pretensão do autor (art. 7° da IN nº 39/TST);

- **art. 356, §§ 1º a 4º** – normas que regem o *julgamento antecipado parcial do mérito*, cabendo recurso ordinário contra a sentença (art. 5º da IN nº 39 do TST);

- **art. 495** – *hipoteca judiciária,* constituída a partir de sentença condenatória ou que converta obrigação de fazer, de não fazer ou de dar coisa em pretensão pecuniária (art. 17 da IN nº 39/TST);

- **art. 517** – *protesto de sentença judicial transitada em julgado*, após decorrido o prazo para pagamento voluntário (art. 17 da IN nº 39/TST); com a ressalva de, a partir da Lei nº 13.467/17, da Reforma Trabalhista, o protesto só é passível após o decurso de 45 dias contados a partir da citação do dever (CLT, art. 883-A);

- **art. 782, §§ 3º, 4º e 5º** – autorização legal para inclusão do nome do executado em *cadastros de inadimplentes, e,* no caso da Justiça do Trabalho, o Banco Nacional de Devedores Trabalhistas, previsto no art. 642-A da CLT (art. 17 da IN nº 39/TST), o que observará o decurso de 45 dias a partir da citação (CLT, art. 883-A);

- **art. 784, I** – o *cheque* e a nota *promissória*, emitidos inequivocamente em reconhecimento de dívida trabalhista, passam a ser considerados títulos executivos extrajudiciais na Justiça do Trabalho (art. 13 da IN nº 39/TST);
- **arts. 976 a 986** – *incidente de resolução de demandas repetitivas* (IRDR), que visa a acelerar a pacificação acerca de demanda de massa surgida no âmbito da jurisdição de cada tribunal (art. 8º da IN nº 39/TST);
- **art. 1.007, §§ 2º a 7º** – prevê a possibilidade de *regularização do preparo* então suficiente, envolvendo tanto as *custas* quanto o depósito recursal no processo do trabalho (Orientação Jurisprudencial 140 da SBDI-1 do TST);
- **arts. 1.022 a 1.025 e art. 1026, §§ 2º, 3º e 4º** – regras sobre o processamento do recurso de *embargos de declaração*, completando a disciplina da CLT (art. 897-A), em especial quanto à possibilidade de impugnação de qualquer decisão judicial e aplicação de multas por ato protelatório, mas sem a incidência da previsão de prazo em dobro para litisconsortes (art. 9º da IN nº 39/TST);
- **art. 1.034, parágrafo único** – *efeito devolutivo do recurso,* pelo qual, admitido o recurso de revista por um fundamento, devolve-se ao TST o conhecimento dos demais fundamentos para a solução apenas do capítulo impugnado (art. 12 da IN nº 39/TST).

b) Aplicabilidade das Normas do CPC/2015 para além da Instrução Normativa nº 39/TST

Como visto, a Instrução Normativa nº 39 buscou pacificar as principais polêmicas que surgiam diante da entrada em vigor do Novo Código de Processo Civil. No entanto, não sendo exaustiva, podemos mencionar outras questões importantes envolvendo a aplicação do processo comum ao processo trabalhista.

Tendo por norte que a aplicação das regras do processo comum pressupõe omissão da legislação processual trabalhista e compatibilidade da norma a ser importada com a dinâmica do procedimento observado na Justiça do Trabalho, **podemos indicar** as seguintes regras do novo CPC que **NÃO SE APLICAM** ao Processo do Trabalho:

- **art. 86** – *despesas "pro rata"* entre os litigantes que foram, em parte, vencedor e vencido, haja vista a previsão expressa do art. 789, § 1º, da CLT (mantida na Reforma Trabalhista de 2017) de que as custas do processo serão pagas pelo vencido, após o trânsito em julgado da decisão, não estabelecendo tratamento diferenciado na hipótese de sucumbência parcial;
- **art. 523, § 1º** – de *aplicação de multa de 10% e de honorários advocatícios de 10% pelo não cumprimento espontâneo da sentença em 15 dias,* uma vez que o Processo do Trabalho tem regra própria de execução de sentença, com prazo mais

exíguo de 48 horas, mas sem a sanção de multa, mas apenas de penhora (CLT, art. 880; há tramitando no Congresso Nacional o PLS nº 606/11, que dá tratamento similar à execução trabalhista);

- **art. 1.021, § 3º** – de vedação à *remissão aos fundamentos da decisão recorrida*, uma vez que imporia o uso de paralogismos para repetir com palavras distintas os mesmos fundamentos já suficientes para rejeitar a pretensão, inviabilizando a prestação jurisdicional de massa.

Por outro lado, podemos citar as seguintes inovações do novo CPC que, mesmo não mencionadas na IN nº 39/TST, **consideramos APLICÁVEIS ao Processo do Trabalho**:

- **art. 65** – *prorrogação da competência relativa se o réu não alegar a incompetência em preliminar de contestação*, pois, nesse caso, supõe-se que o reclamado anuiu com tal prorrogação;

- **arts. 67-69** – sobre *processo cooperativo*, uma vez que menciona expressamente todos os ramos e instâncias do Poder Judiciário para se auxiliarem mutuamente, visando a uma prestação jurisdicional mais célere e efetiva;

- **art. 98, *caput* e § 1º** – *gratuidade de justiça à pessoa jurídica*, dependendo da prova de insuficiência econômica para arcar com as custas, as despesas processuais e os honorários advocatícios;

- **art. 144** – que *amplia as hipóteses de impedimento do juiz, para abarcar juiz professor em face da faculdade ou curso em que lecione* (inciso VII) e *juiz parente de advogado*, inclusive em face de advogados de outro escritório que patrocine o mesmo cliente (ou seja, não basta o nome do parente não constar na procuração; deve-se perquirir se também patrocina a mesma empresa ou sindicato em outras causas) (inciso VIII); de qualquer forma, em face da regra de que não se admite a criação do impedimento superveniente do juiz (§ 2º), será o advogado que deverá se retirar do patrocínio do cliente e não o juiz se declarar impedido;

- **art. 145** – *hipóteses de suspeição do juiz*, que passou a albergar também a amizade íntima ou inimizade com os advogados, e não somente com as partes, como previa o CPC/1973;

- **art. 218, § 4º** – *possibilidade de antecipação de ato processual em relação ao início do prazo para sua prática*, dada a própria jurisprudência atual do STF, que o permite;

- **art. 220** – que estabelece a suspensão de prazos e audiências no período de 20 de dezembro a 20 de janeiro, de modo que o Judiciário do Trabalho continuará seguindo a lei geral de recesso forense da justiça federal (Lei nº 5.010/66, art. 62, I), funcionando apenas em plantão no período de 20 de dezembro a 6 de janeiro e, em seguida, funcionará em expediente normal, mas sem audiências e sessões, bem como contagem de prazos de 7 a 20 de janeiro (agora incluído na CLT pelo art. 775-A);

- **art. 224, §§ 2º e 3º** – *contagem do prazo na hipótese da publicação da decisão no Diário da Justiça Eletrônico*, uma vez que a CLT não trata da contagem do prazo em tal situação;

- **art. 235** – sobre *representação contra juiz* que, injustificadamente, exceder os prazos previstos em lei para decidir (conjugado com os arts. 266, 267 e 366, que estabelecem o prazo de 30 dias para sentenciar, passível de excesso por mais 30 dias), uma vez que, atualmente, já é o CPC o diploma legal utilizado pelas Corregedorias Regionais para cobrança de celeridade aos juízes de 1º grau (podendo também ser aplicado aos desembargadores ou ministros, conforme tem ocorrido com a "representação por excesso de prazo", oferecida perante o CNJ em face de magistrados dos 3 graus de jurisdição trabalhista);

- **art. 343, §§ 3º e 4º** – sobre a possibilidade de *reconvenção contra terceiro ou em litisconsórcio com terceiro*, já que vaga a CLT sobre o instituto da reconvenção e por haver hipóteses de o empregador ter direito a opor contra terceiro (nos casos de reclamação de indenização por danos morais e materiais por ato de terceiro, sem culpa do empregador, demandado em face da teoria da responsabilidade objetiva);

- **art. 349** – sobre a *produção de provas pelo réu revel*, dada a frequência com que se dá a revelia na Justiça do Trabalho, em especial por atraso na audiência inaugural;

- **art. 381** – sobre *produção antecipada da prova*, em face da omissão da CLT e existência de situações em que o empregado ou empregador terão interesse e necessidade de se precaver em relação à mudança da situação de fato, em caso de ajuizamento de reclamação trabalhista;

- **art. 502** – de *ampliação da coisa julgada*, para abranger também questões prejudiciais e incidentais, uma vez que já pacificaria conflitos periféricos, como os de legitimidade sindical para representação da categoria;

- **art. 932, III a V** – que permite o *provimento de recurso por despacho do relator*, já que o art. 557 do CPC/1973, que introduziu a inovação, tem sido amplamente aplicado na Justiça do Trabalho, para desafogar as pautas de julgamento nos órgãos colegiados, cabendo destacar que, com a Lei nº 13.467/17, da Reforma Trabalhista, há previsão explícita de poderes do relator (art. 896, § 14), porém limitado ao recurso de revista.

4. O Processo do Trabalho e a Reforma Trabalhista de 2017

Com a *Reforma Trabalhista* promovida pela Lei nº 13.467/17, que entrou em vigor em 11 de novembro de 2017, podemos destacar as *principais alterações havidas no campo processual*, de modo resumido, que tornam o processo trabalhista *mais racional, simplificado, célere e responsável* (esta última característica é marcante, visando a coibir as denominadas "aventuras judiciais", calcadas na facilidade de se acionar a justiça, sem qualquer ônus ou responsabilização por postulações carentes de embasamento fático)*:*

a) **Arbitragem em Dissídios Individuais** – Previsão de *arbitragem*, ainda que restrita aos empregados com remuneração superior a duas vezes o teto de benefícios da Previdência Social (art. 507-A da CLT), como meio alternativo de composição dos conflitos, visando a desafogar a Justiça do Trabalho.

b) **Homologação Judicial de Acordo Extrajudicial** – Previsão de processo de *homologação de acordo extrajudicial* (arts. 855-B a 855-E da CLT), com petição conjunta assinada por advogado, que não poderá ser comum às partes. Com isso se dá maior segurança jurídica aos acordos, antes homologados pelos sindicatos, mas possibilitando rediscutir tudo em juízo.

c) **Parâmetros para Justiça Gratuita** – Instituição de *novos parâmetros para a gratuidade da justiça*, que será concedida àqueles que perceberam até 40% do teto de benefícios da Previdência Social ou comprove a insuficiência de recursos para o pagamento das custas (art. 790, §§ 3º e 4º, da CLT). Assim, apenas os efetivamente necessitados gozarão do benefício.

d) **Honorários Periciais** – Os *honorários periciais*, que não podem ter a antecipação determinada, passam a ter seu valor máximo fixado pelo CSJT, sendo pagos pelo sucumbente na pretensão que gerou a prova técnica, com a possibilidade de parcelamento e pagamento pelo beneficiário da justiça gratuita, caso tenha percebido crédito suficiente para arcar com a despesa (art. 790-B da CLT). Assim se equilibra melhor e de forma mais justa a questão de quando são devidos os honorários do perito e por quem, a par de garantir ao *expert* o seu ganho. O STF, no entanto, considerou inconstitucional a cobrança de honorários periciais do beneficiário da Justiça Gratuita (ADI 5766, Red. Min. Alexandre de Moraes, *DJe* de 3.5.2022).

e) **Honorários Advocatícios de Sucumbência** – Os *honorários advocatícios* na Justiça do Trabalho passam a ser devidos *por sucumbência*, inclusive recíproca, e nas ações contra a Fazenda Pública, fixados entre 5% e 15% do proveito econômico obtido, sendo pagos pelo beneficiário da justiça gratuita que tenha reconhecido em juízo crédito suficiente para arcar com a despesa processual (art. 791-A da CLT). Mudança substancial, do regime de pagamento apenas em caso de assistência sindical e para os sindicatos (Lei nº 5.584/70, Súmulas 219 e 329 do TST), para o da simples sucumbência, devido também pelo empregado ao empregador, em caso de improcedência da reclamatória, o que gera também maior responsabilidade ao se propor a ação. O STF considerou inconstitucional a cobrança dos honorários sucumbenciais de beneficiário da justiça gratuita pela simples percepção de créditos judiciais, mantendo-se, no entanto, a possibilidade de cobrança mediante demonstração, nos 2 anos seguintes ao trânsito em julgado da ação, da suficiência econômica do reclamante (ED-ADI 5766, Red. Min. Alexandre de Moraes, *DJe* de 29.6.2022).

f) **Responsabilidade por Dano Processual** – Instituiu-se uma Seção para contemplar a *Responsabilidade por dano processual*, em razão de litigância de má-fé, quer do empregador, quer do empregado (arts. 793-A a 793-D), aplicável inclusive para a testemunha que alterar a verdade dos fatos ou omitir fatos essenciais ao julgamento (art. 793-D da CLT). Aqui também se verifica a preocupação do legislador em coibir as aventuras judiciárias, com reclamatórias desprovidas de fundamento fático.

g) **Pedido Certo, Determinado e Líquido** – Exigência de que o *pedido*, inclusive na reclamação verbal reduzida a termo, seja *certo, determinado e com indicação de seu valor*, sob pena de extinção do processo sem resolução do mérito em relação aos pedidos deficientes (art. 840, §§ 1º a 3º). Igualmente aqui se tratou de objetivar o que realmente não foi pago pelo empregador, esperando-se reduzir o número de aventuras judiciárias.

h) **Exceção de Incompetência** – Apresentação de *exceção de incompetência*, em 5 dias a contar da notificação, com suspensão da audiência até o julgamento do incidente (art. 800 da CLT). Com isso, especialmente no caso da incompetência territorial, que é relativa, evita-se a necessidade de o empregador ter de se deslocar por centenas de quilômetros, apenas para dizer que não aceita a prorrogação da competência.

i) **Contestação** – A *defesa escrita* pode ser apresentada pelo sistema de processo judicial eletrônico até a audiência (art. 847, parágrafo único, da CLT), simplificando o processo para o juiz e as partes.

j) **Desistência da Ação** – Após a contestação, ainda que oferecida eletronicamente, o reclamante não poderá *desistir da ação* sem o consentimento do reclamado (art. 841, § 3º, da CLT), uma vez que gerou gastos para este, que deverão ser arcados.

k) **Preposto** – Não se exige do *preposto* a condição de empregado da reclamada (art. 843, § 3º, da CLT), pois, nas reclamatórias contra micro e pequenas empresas, é o próprio dono ou diretor que comparece.

l) **Efeitos do Arquivamento da Reclamação** – No *arquivamento*, caso não demonstre, em 15 dias, motivo justificável para a ausência, o reclamante, mesmo beneficiário da justiça gratuita, será obrigado a pagar as custas, como condição de ajuizamento da nova ação (art. 844, §§ 2º e 3º, da CLT). Mais uma vez, a responsabilização do empregado por acionar a máquina judicial. Na ADI 5766 já referida, o STF considerou constitucional a cobrança das custas do beneficiário da justiça gratuita na hipótese de ausência injustificada à audiência inaugural, ao fundamento de que *"frustra o exercício da jurisdição e acarreta prejuízos materiais para o órgão judiciário e para a parte reclamada, o que não se coaduna com deveres mínimos de boa-fé, cooperação e lealdade processual, mostrando-se proporcional a restrição do benefício de gratuidade de justiça nessa hipótese"*.

m) **Efeitos da Revelia** – A CLT passa a conter hipóteses em que a *revelia não induz a confissão ficta*, com destaque para a defesa apresentada pelo litisconsorte e a alegação de fatos inverossímeis pelo autor (art. 844, § 4º, da CLT). Novamente se combatem as aventuras judiciais, especialmente quando calcadas na esperança ou provocação de uma revelia.

n) **Poderes do Advogado em Audiência** – A *presença do advogado*, mesmo que ausente o reclamado, permite a produção de provas e juntada de documentos (art. 844, § 5º, da CLT), na esteira do que ocorre no Processo Comum.

o) **Ônus da Prova** – *Parâmetros* de distribuição e de inversão do ônus da *prova* (CLT, art. 818), mais condizente com a realidade da capacidade probatória.

p) **Custas** – *Limitação das custas* a quatro vezes o teto dos benefícios do Regime Geral de Previdência Social (CLT, art. 789, *caput*), uma vez que o simples valor da causa não serve de parâmetro para mensurar o trabalho desenvolvido pela máquina judiciária.

q) **Prazos Processuais** – Os *prazos processuais* na Justiça do Trabalho passam a ser contados em dias úteis (art. 775 da CLT), seguindo o mesmo parâmetro da Justiça Comum e uniformizando o critério, para evitar confusões.

r) **Depósito recursal** – Realização do *depósito recursal* em conta judicial (CLT, art. 899, § 4º), com redução pela metade para entidades sem fins lucrativos, empregadores domésticos, microempreendedores individuais, microempresas e empresas de pequeno porte (CLT, art. 899, § 9º), isenção para beneficiários da justiça gratuita, entidades filantrópicas e empresas em recuperação judicial (CLT, art. 899, § 10) e possibilidade de substituir o depósito por fiança bancária ou seguro garantia judicial (CLT, art. 899, § 11). O objetivo é, claramente, o de não tornar o depósito recursal verdadeiro cerceio de defesa para aqueles que não têm condições de se defender sem comprometer sua própria atividade produtiva, do ponto de vista financeiro.

s) **Recurso de Revista** – Em relação ao *recurso de revista* para o TST, *regulamentação da transcendência* como parâmetro de conhecimento do recurso de revista

(CLT, art. 896-A, §§ 1º a 6º) e previsão dos poderes do relator para proferir decisão monocrática no recurso de revista (CLT, art. 896, § 14). Desde 2001 o critério de transcendência para o recurso de revista estava pendente de regulamentação pelo TST, omisso nesse mister. Assim, o legislador veio a fazê-lo, de modo a tornar o TST, efetivamente, Corte de uniformização de jurisprudência para fixar teses e não julgar casos. Na ArgInc-1000845-52.2016.5.02.0461 (Rel. Min. Min. Cláudio Brandão, *DEJT* de 17.12.2020), o Pleno do TST, por maioria, entendeu inconstitucional o § 5º do art. 896-A da CLT, no que tornava irrecorrível as decisões monocráticas que reputavam intranscendente a causa em agravos de instrumento. Assim, cabe apenas o acesso ao colegiado da Turma, não, porém, à SBDI-1 em caso de manutenção da decisão.

t) **Uniformização de Jurisprudência pelos TRTs** – Revogação da previsão da obrigatoriedade de *uniformização de jurisprudência pelos TRTs* e da determinação de retorno do recurso de revista para o regional, com intuito de uniformização da matéria no TRT (CLT, art. 896, §§ 3º a 6º). A Lei nº 13.015/17 havia "terceirizado" atividade-fim própria do TST, mandando devolver os recursos de revista oriundos de TRTs em que as Turmas divergissem entre si, para procederem obrigatoriamente à uniformização de sua jurisprudência, o que gerou um ônus indevido a TRTs de grande porte (com mais de 40 integrantes), a par de "pautar" o TST na sua própria atividade, obrigando a reafirmar sua jurisprudência, agora em caráter vinculante, através dos incidentes de recursos repetitivos, em face de súmulas dos TRTs ostensivamente contrárias às súmulas do TST, a par de promover verdadeiro "processo bumerangue", de baixa e retorno dos recursos entre TST e TRTs, com custos para as partes e contribuintes. Assim, simplificou-se o processo, o que não impede que os TRTs uniformizem sua jurisprudência, mas não a *manu militari*.

u) **Embargos Declaratórios** – Exigência de transcrição do trecho dos *embargos declaratórios* e do acórdão que o julgou, para demonstrar a tentativa de superação da omissão no Regional, como pressuposto intrínseco do recurso de revista, invocando negativa de prestação jurisdicional (CLT, art. 896, § 1º-A, IV). A norma objetiva facilitar a vida do julgador, em juízo comparativo da alegação de omissão ou contradição.

v) **Súmulas** – Regramento para edição, alteração ou cancelamento de *súmulas* e outros enunciados de jurisprudência uniforme do TST e TRTs (CLT, art. 702, I, "f", e §§ 3º e 4º), bem como para sua hermenêutica (CLT, art. 8º, § 2º). A preocupação do legislador foi com a ausência de publicidade das sessões e de precedentes para a alteração de súmulas, tal como ocorrido nas denominadas "Semanas do TST", em que a jurisprudência foi substancialmente revista fora das normas legais e regimentais para que isso se desse, surpreendendo o jurisdicionado. Na ArgInc – 696-25.2012.5.05.0463 (Rel. Min. Amaury Rodrigues Pinto Jr., julgada em 16.5.2022), o Pleno do TST, por maioria, declarou a inconstitucionalidade das limitações à sumulação de jurisprudência da Corte pela Reforma Trabalhista.

w) **Execução** – Em matéria de *execução de sentença*, limitação dos atos de ofício (art. 879 da CLT), bem como da execução das contribuições previdenciárias aos recolhimentos incidentes sobre as parcelas integrantes da sentença (CLT, art. 876, parágrafo único), além da obrigatoriedade da abertura de contraditório na liquidação de sentença, antes da homologação da conta pelo juiz (CLT, art. 879, § 2º), da consolidação da TR como critério de atualização do crédito trabalhista (CLT, art. 879, § 7º), da possibilidade de garantia da execução pela apresentação de seguro garantia judicial, como alternativa à nomeação de bens à penhora (CLT, art. 882), e da dispensa da garantia da execução para entidades filantrópicas e respectivos diretores (CLT, art. 884, § 6º). Tais medidas visaram a dar maior segurança jurídica ao executado e a terceiros submetidos aos constrangimentos de um processo de execução, de modo a evitar alguns abusos que ocorriam.

x) **Protesto de Sentença e BNDT** – Decurso de 45 dias a contar da citação como parâmetro para *protesto da sentença* e inscrição do devedor no *Banco Nacional de Devedores Trabalhista*s (BNDT) e órgãos de proteção ao crédito (CLT, art. 883-A). Segue na mesma linha da segurança jurídica.

y) **Desconsideração da Pessoa Jurídica** – Regulamentação do *incidente de desconsideração da personalidade jurídica no campo trabalhista* (CLT, art. 855-A). Também para dar maior segurança jurídica a quem, algum dia na vida, integrou sociedade empresária.

z) **Prescrição Intercorrente** – Aplicação da *prescrição intercorrente*, inclusive de ofício (CLT, art. 11-A), de modo a não perpetuar processos de execução, com a "espada de Dâmocles" sobre a cabeça do executado, quando já abandonado pelo exequente.

Visando a dar segurança jurídica ao jurisdicionado e orientação à magistratura de 1ª e 2ª instâncias trabalhistas quanto à questão de *direito intertemporal,* relacionada à aplicabilidade imediata das novas normas da CLT aos processos em curso ou apenas ao novos, o **TST** editou, em 21.6.2018, a **Instrução Normativa 41**, estabelecendo os seguintes critérios básicos:

a) só se aplicam aos ***processos novos,*** ou seja, ingressados na Justiça do Trabalho após 11 de novembro de 2017, as novas normas relativas ao ***litisconsórcio necessário nas ações anulatórias*** de cláusulas de convenções e acordos coletivos de trabalho (art. 611-A, § 5º), aos ***honorários periciais*** (art. 790-B e seus §§), ***honorários advocatícios sucumbenciais*** (art. 791-A e seus §§), ***multa por litigância de má-fé*** (art. 793-C e seus §§ 2º e 3º), ***multa à testemunha falsa*** (art. 793-D);

b) aplicam-se aos *processos em curso* as regras relativas às *custas processuais* (art. 789), às *hipóteses de litigância de má-fé* (arts. 793-A, 793-B e § 1º do art. 793-c) e à *exceção de incompetência territorial* (art. 800);

c) aplicam-se apenas às *audiências posteriores* à entrada em vigor da Lei nº 13.467/17 a *inexigência da condição de empregado* para a representação da empresa como *preposto* (art. 843, § 3º);

d) aplicam-se apenas às *execuções iniciadas* após 11 de novembro de 2017 as regras relativas ao prazo de *impugnação da conta de liquidação* (art. 789, § 2º), ao *protesto de decisão judicial* e inclusão do nome dos Reclamados no SBPC e BNDT (art. 883-A) e às *entidades filantrópicas* (art. 884, § 6º);

e) aplica-se a *prescrição intercorrente* apenas às *determinações judiciais* em execução de sentença *exaradas após* a entrada em vigor da Lei nº 13.467/17 (art. 11-A, § 1º);

f) aplicam-se apenas aos *recursos interpostos* contra decisões proferidas após 11 de novembro de 2018 as novas regras relativas ao *critério de transcendência* do recurso de revista (art. 896-A) e ao *depósito recursal* (§§ 4º, 9º, 10 e 11 do art. 899);

g) os *incidentes de uniformização de jurisprudência* suscitados antes de 11 de novembro de 2018 nos TRTs deverão ser concluídos de acordo com os *revogados §§ 3º a 6º do art. 896 da CLT*.

No que diz respeito aos **honorários advocatícios**, o STF estabeleceu *marco temporal diverso* para a aplicação da nova regra do art. 791-A da CLT: a data da *prolação da sentença* (ARE 1.014.675-MG, Rel. Min. **Alexandre de Moraes**, 1ª Turma, julgado em 23.3.2018). Ou seja, mesmo que a reclamação trabalhista seja anterior à reforma trabalhista promovida pela Lei nº 13.467/17, se a sentença ainda não houver sido prolatada, poderá haver condenação também do empregado em honorários sucumbenciais. Tal orientação pode levar o empregado a, eventualmente, desistir da reclamação em relação a tópicos em que se aventurou além do que podia provar ou tinha direito, ou firmar acordo que inclua o não pagamento da verba honorária.

5. Princípios de Hermenêutica

A Hermenêutica é a *ciência da interpretação de textos*, buscando o seu *sentido*. A *Hermenêutica Jurídica* é a exegese dos textos legais, extraindo da norma o seu conteúdo ou comando normativo. A principal tarefa do *Poder Judiciário* é justamente a *interpretação legislativa*, esclarecendo a vontade da norma quando surgem as controvérsias em torno de seu sentido e alcance.

O juiz, diante do texto da lei, pode adotar um dos seguintes *métodos de interpretação*, bem como conjugá-los, de modo a estabelecer se a norma pode, ou não, ser aplicável a um caso concreto:

a) **Interpretação gramatical (ou literal)** – jungida ao sentido estrito das palavras expressas no comando normativo (filológico). É a menos elástica de todas, pois leva o juiz a apegar-se ao texto da lei, aplicando-o à risca, nos moldes em que foi redigida. É o método próprio de aplicação das normas, cuja clareza redacional faz exsurgir seu sentido pleno da simples leitura do texto, sem maiores perquirições ou dúvidas (*in claris cessat interpretatio*).

b) **Interpretação lógica (ou intrínseca)** – consiste em procurar descobrir o sentido e o alcance das expressões do dispositivo legal sem o auxílio de nenhum elemento exterior a ele próprio. Aplica a lógica formal para deduzir, do silogismo hipotético que constitui cada comando legal (estrutura de premissa maior genérica, premissa menor específica e conclusão ligando as duas), qual o alcance da conclusão que pode advir das premissas utilizadas.

c) **Interpretação histórica (ou intencional)** – fixa o sentido da norma segundo a *mens legislatoris*, isto é, conforme a vontade política manifestada pelo legislador no momento de criação da lei. Para tanto, o juiz recorre aos documentos que reportam as votações parlamentares sobre a lei, que refletirão o desidério do legislador ao aprovar determinada lei. Desse modo, pode-se aferir o alcance do dispositivo legal a ser interpretado através de uma pesquisa sobre as circunstâncias históricas que determinaram sua elaboração e da opção social e política adotada pelo legislador para resolver a questão. Ainda aqui o juiz fica jungido à vontade do legislador, buscando-a não somente na lei, tal como está redigida, mas inclusive em documentos ou notícias que refiram qual a intenção do legislador ao criar a norma.

d) **Interpretação sociológica (ou evolutiva)** – a evolução histórica pode ensejar a concepção do sentido da norma, conforme as novas circunstâncias sociais para as quais deve ser aplicada. É o aspecto dinâmico do Direito, que deve evoluir com a sociedade, naquilo que não contradiga os direitos humanos fundamentais, cuja negação constituiria retrocesso caracterizador de ruptura do Estado de Direito. No caso da interpretação da Constituição, a vontade do constituinte deve prevalecer sobre a do intérprete, uma vez que a Carta Política de uma nação alberga os valores, princípios, ideais e normas que os representantes eleitos do povo quiseram erigir para serem preservadas no tempo. Na exegese constitucional, diferentemente da exegese legal, o norte é a *mens legislatoris*, e não a *mens legis*.

e) **Interpretação teleológica (ou finalista)** – diz respeito à finalidade da norma. Através dela busca-se descobrir a *mens legis*: o objetivo perseguido pelo dispositivo (o espírito da lei). Tal método torna-se imprescindível quando a má redação do dispositivo ou a possível dubiedade de sentido que apresenta esfumaçam a clareza e a facilidade de aplicação, exigindo do magistrado um aprofundamento maior no sentido da norma, buscando o fim social que justifica sua existência. Começa, já aqui, a se delinear certo poder criador do juiz, pois, dada a falta de nitidez da norma posta, fica desvinculado da letra fria da lei, podendo dar-lhe o conteúdo próprio, conforme suas convicções do que seja o objetivo do dispositivo que aprecia.

f) **Interpretação sistemática (ou orgânica)** – aquela que, na análise de um dispositivo concreto de lei, tem em conta o contexto em que se encontra inserido: tanto o diploma legal do qual faz parte como, inclusive, em certas questões, o próprio ordenamento jurídico global em que está incluído. Por tal método, a letra da lei, em um de seus dispositivos particulares, é confrontada com o ordenamento jurídico como um todo harmônico (quer limitado à matéria, quer numa abrangência mais ampla), buscando dar-lhe o sentido que mais se harmonize com o sistema. Aqui também, muitas vezes, estará o juiz exercendo verdadeiro poder discricionário de opção, pois a norma concreta a ser aplicável pode não se coadunar, na forma como está redigida, com o sistema legal em que se insere.

g) **Interpretação comparativa (ou internacional)** – que supõe fazer a leitura do texto legal a ser interpretado ou da situação fática carente de solução tendo em conta a experiência internacional (Direito Comparado), bem como a inserção da norma nacional no contexto supranacional, especialmente tendo em vista a formação de blocos regionais (União Europeia, Mercosul etc.), que exigem a uniformização de seus direitos nacionais a padrões comuns ao bloco, bem como a internacionalização do Direito do Trabalho (por meio das convenções e recomendações da OIT, que servem de elemento de exegese do direito interno).

h) **Interpretação psicológica (ou conciliatória)** – que leva em conta o objetivo maior da atividade jurisdicional, de composição do conflito e pacificação social, mais até do que de mera atribuição do direito àquele que o ordenamento jurídico aponta como seu detentor. Dá-se ao dispositivo legal a interpretação que psicologicamente facilite as partes a aceitarem a solução que se lhes impõe, reconciliando-as no todo ou em parte.

i) **Interpretação axiológica (ou valorativa)** – que leva em consideração os valores de ordem filosófica, cultural, política, social ou econômica subjacentes à norma ou ao sistema legal no qual se insere, prestigiando-os (segurança jurídica, caráter protetivo da norma etc.). A Lei nº 13.655/18 acresceu dispositivos à Lei de Introdução às Normas do Direito Brasileiro (Decreto-Lei nº 4.657/42), condicionando as decisões baseadas em *valores jurídicos abstratos*, à consideração das *consequências práticas* da decisão (art. 20) e sujeitando-as à *modulação* (arts. 23 e 24).

A Lei nº 13.467/17 (Reforma Trabalhista), no intuito de reduzir o *ativismo judiciário* que caracterizou a Justiça do Trabalho nos últimos anos (criando direitos novos com base meramente em princípios e anulando sistematicamente cláusulas de acordos e convenções coletivas, numa visão ampliativa do conceito de direitos indisponíveis), estabeleceu alguns *parâmetros exegéticos do ordenamento jurídico trabalhista*, consubstanciados nas seguintes regras básicas:

a) *vedação à restrição ou ampliação de direitos por súmulas*, orientações jurisprudenciais ou enunciados de uniformização de jurisprudência do TST ou dos TRTs (CLT, art. 8º, § 2º);

b) *princípio da intervenção mínima na autonomia negocial coletiva* ao interpretar cláusulas de acordos ou convenções coletivas de trabalho, respeitando maximamente a vontade das partes contratantes (CLT, art. 8º, § 3º).

6. Princípios de Ética Judicial

A *conduta* do magistrado, no âmbito nacional e internacional, possui, atualmente, disciplinamento específico e próprio, com a edição dos:

a) **Princípios de Bangalore de Conduta Judicial** (PBCJ), elaborados pelo Grupo de Integridade Judicial, constituído sob os auspícios da *ONU*, tendo início sua discussão no ano de 2000, em Viena (Áustria), sendo formulados em 2001, em Bangalore (Índia) e oficialmente aprovados em 2002, em Haia (Holanda).

b) **Código Ibero-Americano de Ética Judicial** (CIEJ) em 2006, pela *Cúpula Judicial Ibero-Americana*, que reúne anualmente os presidentes das Cortes Supremas dos 22 países da América Latina e Península Ibérica.

c) **Código de Ética da Magistratura Nacional** (CEMN) em 2008, pelo *Conselho Nacional de Justiça*, seguindo na esteira do diploma jurídico internacional já mencionado.

Tais códigos estabelecem as *exigências éticas mínimas* para o exercício da atividade jurisdicional, merecendo seus *princípios* ser encarados mais como *virtudes judiciais* a serem adquiridas pelos magistrados (ideal do juiz íntegro, imparcial e independente) do que *deveres funcionais* a serem cumpridos.

Ao todo, os três Códigos albergam *13 princípios éticos* a serem vivenciados pelos magistrados, que correspondem às *"virtudes judiciais"*, isto é, a hábitos bons que conformam o modo de agir do juiz. São eles, com seu conteúdo mínimo:

1) **Independência** – dever de decidir apenas com base no Direito, sem se deixar levar por outras influências alheias a ele, e nem interferir na atuação jurisdicional de outro colega (deve não só ser, mas também parecer independente); para isso, devem ser asseguradas ao juiz a sua inamovibilidade, irredutibilidade salarial (a par de um salário condigno) e a vitaliciedade no cargo, a par de não poder o juiz desenvolver qualquer atividade político-partidária (PBCJ, valor 1; CIEJ, arts. 1-8; CEMN, arts. 4-7).

2) **Imparcialidade** – tratar com igualdade as partes (guardar uma distância equivalente das partes), sem discriminação, favoritismo ou preconceito (que um "observador razoável" não possa sequer pensar que o juiz privilegia uma das partes); supõe não receber presentes ou benefícios indiretos das partes e ter o hábito de honestidade intelectual e de autocrítica (PBCJ, valor 2; CIEJ, arts. 9-17; CEMN, arts. 8-9).

3) **Motivação** – dar a razão jurídica da decisão, legitimando-a, pois do contrário seria arbitrária (para facilitar a impugnação ou até sua aceitação); admitem-se decisões imotivadas nas situações legalmente previstas (arts. 18-27).

4) **Conhecimento e capacitação** – não só do direito positivo, mas dos princípios gerais de direito, dos direitos humanos fundamentais e de ciências correlatas, para uma prestação jurisdicional de qualidade; supõe a formação contínua e obrigatória (também para os assessores do juiz) (CIEJ, arts. 28-34; CEMN, arts. 29-36).

5) **Justiça e equidade** – tratar a todos com isonomia; realizar a justiça através do direito, mas temperando-o com a equidade, em atenção às consequências pessoais, familiares e sociais desfavoráveis às partes (atentar não apenas para a letra da lei, mas também para as razões que a fundamentaram); contrárias ao positivismo jurídico (PBCJ, valor 5; CIEJ, arts. 35-40).

6) **Responsabilidade institucional** – compromisso ativo com o bom funcionamento de todo o sistema judicial (não perturbar o serviço favorecendo a subida de recursos injustificados ou obrigando as partes à interposição de recursos desnecessários) (CIEJ, arts. 41-47).

7) **Cortesia** – respeito às partes, advogados, procuradores, funcionários e colegas juízes (a par de utilizar uma linguagem acessível aos interessados) (CIEJ, arts. 48-52; CEMN, arts. 22-23).

8) **Integridade** – decoro que impõe conduta na vida privada compatível com o cargo ocupado (abrange a esfera da intimidade, que não pode chocar a um "observador razoável" quanto aos valores e sentimentos predominantes na sociedade em que atua); supõe viver plenamente na vida privada a justiça que distribuirá no exercício da judicatura (restrições e exigências maiores que as do cidadão comum), sendo fiel aos compromissos familiares, profissionais e sociais assumidos (PBCJ, valor 3; CIEJ, arts. 53-55; CEMN, arts. 15-19).

9) **Transparência** – não ocultar informações a que as partes têm direito, nem ter o desejo desproporcionado de aparecer e de reconhecimento social, sendo prudente na relação com os meios de comunicação social e evitando emitir opinião sobre processos pendentes de julgamento ou críticas a decisões judiciais, salvo nos autos, doutrinárias ou no magistério (CIEJ, arts. 56-60; CEMN, arts. 10-14).

10) **Segredo profissional** – guardar reserva sobre o que sabe por motivo da função judicante (não se admite o uso de informações privilegiadas para proveito pessoal, nem revelação de votos dos quais tomou conhecimento antecipadamente) (CIEJ, arts. 61-67; CEMN, arts. 27-28).

11) **Prudência** – firmar juízos racionalmente justificados (atento também às consequências que pode provocar), após meditar e valorar os argumentos pró e contra as pretensões deduzidas em juízo, sabendo igualmente retificar posições (CIEJ, arts. 68-72; CEMN, arts. 24-26).

12) **Diligência e Dedicação** – prioridade para a prestação jurisdicional entre suas responsabilidades; resolver os processos em tempo razoável (já que decisão

tardia é injustiça), realizar com pontualidade as sessões e audiências e punir as práticas dilatórias; supõe também não assumir obrigações ou compromissos que possam prejudicar o cumprimento pontual do dever de julgar (PBCJ, valor 6; CIEJ, arts. 73-78; CEMN, arts. 20-21).

13) **Honestidade, Dignidade, Honra e Decoro** – ser e parecer honesto; não usar do prestígio do cargo para promover seus interesses privados; não receber vantagens à margem do que em direito merece, e não utilizar abusivamente dos meios que se lhe oferecem para o exercício profissional e não desenvolver atividade empresarial (PBCJ, valor 4; CIEJ, arts. 79-82; CEMN, arts. 37-39).

Capítulo III

Direito de ação

1. Elementos, condições e pressupostos processuais

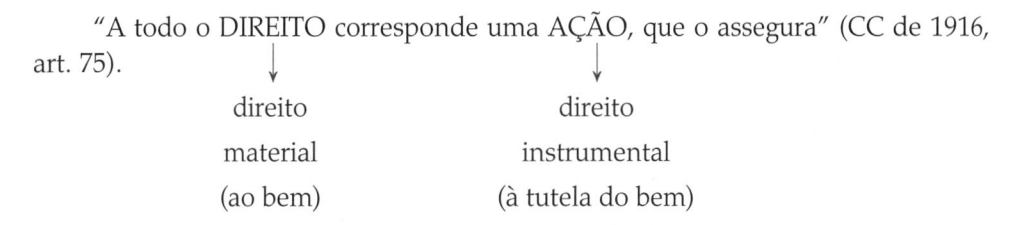

"A todo o DIREITO corresponde uma AÇÃO, que o assegura" (CC de 1916, art. 75).

        ↓   ↓

    direito   direito

    material   instrumental

    (ao bem)   (à tutela do bem)

"Violado o DIREITO nasce para o titular a PRETENSÃO..." (CC de 2002, art. 189).

Para os romanos (teoria civilista):
- não havia direitos, mas ações;
- a ação é elemento do direito material, com o qual se confunde; é o próprio direito material violado que se insurge.

Ação – poder jurídico de invocar a tutela jurisdicional do Estado (não é apenas exercida pelo seu autor, mas igualmente pelo réu, na medida em que se opõe à pretensão do primeiro e postula um provimento contrário).

Direito de ação – direito à prestação jurisdicional do Estado. A violação do direito material dá origem a outro direito: o de invocar a jurisdição do Estado (é um direito subjetivo distinto e autônomo do direito material, pois não pressupõe o êxito de quem propôs a ação). Dirige-se, portanto, contra o Estado (visando ao seu pronunciamento) e não contra a parte contrária.

Elementos da ação – servem para individualizá-la, de forma que, havendo duas com os mesmos elementos, dá-se a *litispendência*. São:

a) sujeitos
- ativo – autor
- passivo – réu

→ juiz → relação jurídica processual

b) objeto – direito material violado (pretensão);

c) causa de pedir – fundamento do direito material (título jurídico hábil para garantir o direito do autor):

- causa remota – os fatos que embasam o pedido (elemento fático);
- causa próxima – a repercussão jurídica dos fatos (qualificação jurídica da lide).

Pluralidade de sujeitos – *litisconsórcio* (ativo ou passivo).

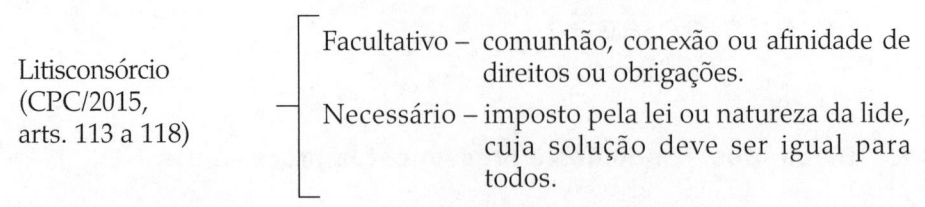

Litisconsórcio (CPC/2015, arts. 113 a 118)
- Facultativo – comunhão, conexão ou afinidade de direitos ou obrigações.
- Necessário – imposto pela lei ou natureza da lide, cuja solução deve ser igual para todos.

O juiz pode *limitar*, de ofício, o número de litisconsortes, para facilitar a tramitação do processo (CPC/1973, art. 46, parágrafo único; CPC/2015, art. 113, §§ 1º e 2º). É praxe *desmembrar* em várias reclamatórias distintas a reclamação plúrima com elevado número de reclamantes.

A partir da Lei nº 13.467/17, da Reforma Trabalhista, os *sindicatos subscritores de convenção coletiva ou de acordo coletivo de trabalho* deverão participar, como *litisconsortes necessários*, em ação individual ou coletiva que tenha como objeto a *anulação de cláusulas* desses instrumentos (CLT, art. 611-A, § 5º).

Ao julgar o IRR-1000-71.2012.5.06.00181, o Pleno do TST fixou tese para o *Tema 18*, entendendo que, nos casos de discussão sobre *licitude de terceirização*, o *litisconsórcio passivo* entre as reclamadas prestadora e a tomadora dos serviços é *necessário* e *unitário* ("*Necessário, porque é manifesto o interesse jurídico da empresa de terceirização em compor essas lides e defender seus interesses e posições, entre os quais a validade dos contratos de prestação de serviços terceirizados e, por conseguinte, dos próprios contratos de trabalho celebrados; Unitário, pois o juiz terá que resolver a lide de maneira uniforme para ambas as empresas, pois incindíveis, para efeito de análise de sua validade jurídica, os vínculos materiais constituídos entre os atores da relação triangular de terceirização*"). Daí que a *renúncia* do reclamante ao direito de ação em relação apenas ao recorrente prestador dos serviços, quando único recorrente, para fugir da aplicação do Tema 725 do STF pelo TST, se a decisão regional fora pelo reconhecimento do vínculo direto com a empresa tomadora dos serviços, poderia constituir manobra processual inadmissível, só podendo a *renúncia ser homologada em relação a ambas as reclamadas* e o ato homologatório ser desconstituído por *ação rescisória ou impugnação/embargos à execução* (Red. Min. Douglas Alencar Rodrigues, *DEJT* de 12.5.2022).

Condições da ação (CPC/1973, art. 267, VI; CPC/2015, art. 485, VI):

a) interesse processual (de agir) – ter interesse em obter a tutela do direito material (supõe a lesão do direito);

b) legitimação – ser titular do direito material (*legitimatio ad causam*);

- ordinária – em que a parte se apresenta como titular do direito material;

- extraordinária – que consiste na demanda, em nome próprio, de direito alheio (CPC/1973, art. 6º; CPC/2015, art. 18).

c) possibilidade jurídica do pedido – existir a previsão no ordenamento jurídico da pretensão do autor (o CPC/2015 não contempla mais explicitamente esta condição, que constava do CPC/1973 no art. 267, VI, a sinalizar, talvez, que se esteja a prestigiar o ativismo judiciário reinante).

As condições da ação representam os requisitos obrigatórios para o exercício desse direito. Em princípio, não há necessidade de previsão expressa de cada ação (implicitamente, a cada direito objetivo material violado corresponde uma). A falta de alguma das condições da ação leva à sua carência (CPC/1973, art. 267, VI; CPC/2015, art. 485, VI).

A ausência das condições da ação ou dos pressupostos processuais pode ser declarada de ofício pelo juiz em qualquer grau de jurisdição (CPC/1973, art. 267, § 3º; CPC/2015, art. 485, § 3º).

Pressupostos processuais:

a) subjetivos:

- referentes ao juiz
    - estar investido de jurisdição (juiz do trabalho, TRT, TST);
    - competência;
    - imparcialidade
        - impedimento;
        - suspeição;

- referentes às partes – capacidade de estarem em juízo (*legitimatio ad processum*);

b) objetivos:

- inexistência de fatos impeditivos (mesmos elementos da ação, no tempo ou no espaço)
    - coisa julgada;
    - litispendência;

- subordinação do procedimento à lei
    - petição apta;
    - citação regular;
    - procuração hábil.

Os pressupostos processuais constituem requisitos necessários para estabelecer-se regularmente a relação jurídica processual. Devem ser examinados, portanto, antes das condições da ação.

A legitimação como condição da ação é *ad causam*, isto é, a capacidade de ser titular do direito material, diferente da legitimação como pressuposto, que é *ad processum*, quer dizer, capacidade de pleitear em juízo.

A capacidade de ser parte em juízo supõe a de ser titular de direitos (*capacidade jurídica de gozo*), a qual, após a Revolução Francesa, foi reconhecida a todos os cidadãos, pelo princípio de que todos são iguais perante a lei. No entanto, tínhamos anteriormente as seguintes restrições:

a) Direito Romano – a capacidade de gozo variava conforme o:

- *status libertatis* – o escravo era considerado apenas objeto de direito (a mudança de *status* para a escravidão supunha a *capitis deminutio* máxima);

- *status civitatis* – o estrangeiro (*peregrini*) não gozava dos mesmos direitos do cidadão romano (a ele era aplicado o *jus gentium* e não o *jus civile*) (supunha a *capitis deminutio* média);

- *status familiae* – aqueles que estavam ainda sujeitos a um *pater familias* (independentemente da idade que tivessem; bastava o pai ainda estar vivo) eram considerados *alieni iuris* e não *sui iuris* (*capitis deminutio* mínima);

b) Direito Medieval – a capacidade de gozo variava conforme a Ordem a que pertencia a pessoa:

– clero – culto, assistência e ensino
– nobreza – defesa, justiça e administração } dispensados dos impostos e do trabalho produtivo
– povo – trabalho produtivo

2. Classificação das ações trabalhistas

a) **Ações individuais** (reclamação) – para a tutela de interesses individuais e concretos:

- de conhecimento
  - **condenatórias** – conferem o poder de pedir a execução judicial. Podem ser:
    - de indenização;
    - de aviso prévio;
    - de saldo de salário;
    - de horas extras etc.;
  - **cominatórias** – impõem obrigação de fazer ou de não fazer, sob pena de pagamento de multa. O juiz pode, de ofício, aplicar multa por descumprimento dessas obrigações em outras ações ((CPC/2015, art. 814). Ex.:
    - ação civil pública para adoção de medidas de segurança no ambiente de trabalho;
  - **constitutivas** – criam, modificam ou extinguem um direito ou uma relação jurídica (eficácia *ex nunc*, isto é, desde agora). Não necessitam de ato material consequente, pois a própria sentença já produz todos os efeitos suficientes para a ordem jurídica. Exs.:
    - inquérito judicial para apuração de falta grave;
    - ação de anulação de transferência ilícita;
  - **declaratórias** – afirmam a existência (ação declaratória positiva) ou a inexistência (ação declaratória negativa) de uma relação jurídica (eficácia *ex tunc*, isto é, desde então). A situação jurídica permanece imutável, pois somente é posto em evidência o que já havia no mundo jurídico. Exs.:
    - de relação de emprego;
    - de tempo de serviço;
    - de qualificação profissional;

- **executórias** – visam à realização coativa de um direito legalmente certo:
  - títulos executivos
    - judiciais – sentença de conhecimento;
    - extrajudiciais – acordos trabalhistas em CCP, termos de ajuste de conduta firmados perante o MPT (CLT, art. 876) e laudos arbitrais.

- ações de cumprimento de acordo ou sentença coletiva (processo semelhante ao de conhecimento, mas com âmbito de discussão mais restrito);

- **cautelares** – visam a assegurar os resultados da ação principal (supõem a existência do *fumus boni iuris* e do *periculum in mora*).

b) **Ações coletivas** (dissídio coletivo) – para a tutela de interesses gerais e abstratos:

- **de natureza econômica** (constitutivas) – criam ou alteram (ex.: ação coletiva de revisão) normas e condições de trabalho;

- **de natureza jurídica** (declaratórias) – interpretam as normas estabelecidas em dissídio anterior.

Obs.: os dissídios coletivos de natureza jurídica prestam-se também à interpretação da lei em tese (Constituição e leis ordinárias), mas desde que aplicáveis apenas à categoria específica que postula sua interpretação (Orientação Jurisprudencial nº 6 da SDC). Porém, como a sentença neles proferida tem natureza exclusivamente declaratória, o cumprimento e a aplicação da lei interpretada apenas poderão ser pleiteados nos dissídios individuais (reclamatórias).

Poder Normativo da Justiça do Trabalho – criar normas de Direito do Trabalho nos dissídios coletivos, no branco da lei, desde que a esta não se oponham (supõe a frustração da negociação coletiva e da arbitragem – CF, art. 114, § 2º).

3. Petição inicial e representação

a) **Petição inicial** (dissídio individual) – requisitos (CLT, arts. 787 e 840, § 1º):

- designação do juiz titular da Vara do Trabalho a que é dirigida (ou da cidade, quando houver mais de uma Vara à qual deva ser distribuída a ação);
- qualificação do autor (reclamante);
- individualização do réu (reclamado);
- exposição dos fatos;
- pedido certo, determinado e líquido;
- data e assinatura do autor ou representante;
- valor da causa (Lei nº 5.584/70, arts. 1º e 2º).

Requisitos exigidos no Processo Civil (CPC/1973, arts. 282 e 283; CPC/2015, arts. 319 e 320):

- nome, prenome, estado civil (inclusive união estável), profissão, CPF ou CNPJ, endereço residencial e eletrônico do autor e do réu;
- fundamentos jurídicos;
- indicação das provas;
- documentos;

– opção pela realização, ou não, de audiência de conciliação ou mediação, inaplicável ao processo do trabalho, tendo em vista que os feitos trabalhistas sempre são sujeitos à conciliação (art. 764 da CLT).

Na Justiça do Trabalho, há a possibilidade da reclamação verbal, em que o empregado comparece ao fórum para apresentá-la, sendo então distribuída e reduzida a termo na Secretaria da Vara do Trabalho que a recebeu por sorteio (CLT, art. 786). A partir da Lei nº 13.467/17, da Reforma Trabalhista, exige-se que o pedido, *mesmo na atermação verbal*, seja certo, *determinado e com indicação de seu valor* (CLT, art. 840, §§ 1º e 2º).

b) **Antecipação de Tutela** – introduzida pela Lei nº 8.952/94, que reformou o Código de Processo Civil de 1973, permite que no processo de conhecimento seja deferida antecipadamente a tutela ao objeto do litígio, em condições semelhantes à medida cautelar (diferentemente da medida cautelar, pode ter *caráter satisfativo*). Seus pressupostos são a verossimilhança do direito e o fundado receio da ocorrência de dano de difícil reparação (CPC/1973, art. 273; CPC/2015, art. 294).

A tutela antecipada se aplica também às obrigações de fazer e não fazer (ex.: reintegração no emprego, com multa diária pelo descumprimento – CPC/1973, art. 461; CPC/2015, art. 497).

Ressalte-se que a Lei nº 12.016/09, que trata do mandado de segurança individual e coletivo, *vedou a concessão da tutela antecipada* para os mesmos casos em que é vedada a concessão de liminar no mandado de segurança, ou seja, nas ações que tenham por objeto a compensação de créditos tributários, a entrega de mercadorias e bens provenientes do exterior, a *reclassificação ou equiparação de servidores públicos e a concessão de aumento ou a extensão de vantagens ou pagamento de qualquer natureza* (art. 7º, § 2º).

c) **Representação** (dissídio coletivo) – requisitos (CLT, art. 858):

- petição escrita;
- qualificação dos suscitantes e suscitados;
- motivos do dissídio;
- bases da conciliação (proposta de cláusulas).

4. Formas de iniciar o processo trabalhista

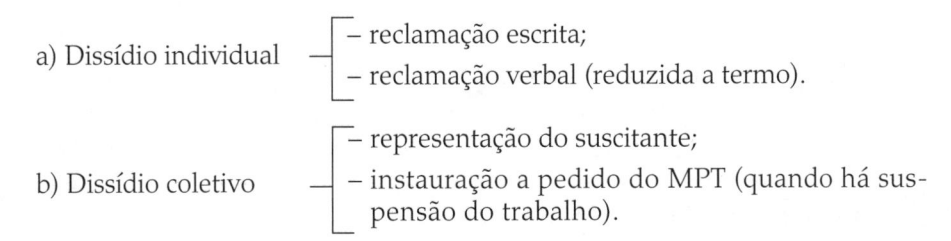

a) Dissídio individual
- reclamação escrita;
- reclamação verbal (reduzida a termo).

b) Dissídio coletivo
- representação do suscitante;
- instauração a pedido do MPT (quando há suspensão do trabalho).

Com a evolução da informática, a tendência do processo é *passar do papel para os meios magnéticos informatizados:* desde a primeira fase, que foi a de digitalização de peças físicas, até a segunda fase, de confecção das peças no próprio sistema, substituindo os *autos físicos* pelos *autos virtuais.*

O sistema (ou *software*) do *Processo Judicial Eletrônico* (PJe), concebido e desenvolvido pelo CNJ (lançado oficialmente em junho de 2011 pelo Min. Cezar Peluso) em parceria com os tribunais brasileiros (TST e CSJT desenvolvendo o PJe-JT), permite a *prática de atos processuais* (e acompanhamento do processo) pelas partes, advogados, magistrados e servidores, desde a propositura da ação até a conclusão do processo de execução, *diretamente no sistema, via internet,* mediante *cadastramento* no sistema e posse de *certificado digital* do ICP-Brasil para *assinatura digital* dos documentos.

As peças processuais são confeccionadas no *editor de texto* (Word) acoplado ao navegador Web (ambiente Windows) e incluídas no sistema, quando se dá o comando de *movimentação processual.* É possível a utilização de *modelos já existentes,* desde que inseridos no novo sistema, passando a nele ser armazenados. Em 2017, a utilização do sistema foi expandida com ferramentas que permitirão o acesso ao sistema PJe por dispositivos móveis (celulares e tablets), inclusive para negociação e fechamento de acordos por meio de audiências virtuais.

A *passagem para o novo sistema,* iniciada em dezembro de 2011 na Vara do Trabalho de Navegantes (SC), foi *paulatina,* porém exitosa. Na Justiça do Trabalho, em outubro de 2017, chegou-se a 100% dos órgãos de 1º e 2º graus de jurisdição ligados ao PJe, com previsão de que o Tribunal Superior do Trabalho também utilize apenas esse sistema.

5. Formas de pleitear em juízo

a) Empregado e empregador diretamente (gozam do *jus postulandi,* ou seja, direito de postular em juízo sem advogado).

A Constituição Federal de 1988 (art. 133), ao dispor que o advogado é indispensável à Administração da Justiça, não revogou o art. 791 da CLT, que permite ao empregado postular em juízo pessoalmente, uma vez que:

– o dispositivo da Constituição é genérico; logo, não revoga o da CLT, que é específico (LINDB, art. 2º, § 2º);

– pode-se interpretar a restrição final do dispositivo constitucional ("nos limites da lei") como admitindo a dispensabilidade do advogado no processo trabalhista, já que a lei assim dispõe;

– o antigo Estatuto do Advogado (Lei nº 4.215/63) já previa, em seu art. 68, a indispensabilidade do advogado nos processos judiciais, limitando-se o art. 133 da Constituição a repetir norma já existente e que não se contrapunha às exceções legais (o novo Estatuto, a Lei nº 8.906/94, também não revogou expressamente o dispositivo consolidado);

– constitui benefício para o empregado poder iniciar o processo sem necessidade de recorrer a advogado (por meio de reclamatória verbal), conforme reconhecido no Direito Comparado, não se admitindo regressão nesse campo;

– também no *habeas corpus* e no juizado de pequenas causas haveria a obrigação de representação por advogado, perdendo eficácia tais meios se o advogado fosse indispensável.

– na ADI 1127 (Red. Min. Ricardo Lewandowski, Pleno, *DJe* 11.5.2010), na qual foi impugnada a regra do art. 1º da Lei 8.906/94 (Estatuto da OAB), a exigir a presença do advogado em todo e qualquer ato processual, o STF decidiu que a presença do advogado pode ser dispensada em certos atos jurisdicionais, de modo a consolidar a manutenção da regra prevista no art. 791 da CLT.

No que tange ao *jus postulandi*, estabelecido no art. 791 da CLT, o TST firmou entendimento que limita o seu exercício às Varas do Trabalho e aos Tribunais Regionais do Trabalho, não alcançando a ação cautelar, a ação rescisória, o mandado de segurança e os recursos de competência do TST (Súmula 425).

b) Representação por advogado (procurador), por meio de mandato, que pode ser:

- escrito (não necessita firma reconhecida – CPC/1973, art. 38; CPC/2015, art. 105);
- tácito – quando o advogado comparece à audiência acompanhando o empregado (ou preposto) e consta da ata da audiência o seu comparecimento (provém do *apud acta* do processo civil – Lei nº 1.060/50, art. 16); a validade do mandato tácito independe da inexistência ou irregularidade do mandato expresso (Orientação Jurisprudencial 286, II, SBDI-1 do TST).

A *procuração* deve conter a indicação do *lugar* em que foi passada, a *identificação* do outorgante e do outorgado, a *data* e o *objetivo* da outorga, com a designação e a extensão dos *poderes* conferidos (CC, art. 654, § 1º). Tais exigências têm sido mitigadas pela SBDI-1 do TST, que entende que:

- a *ausência de data* na procuração faz presumir que os poderes foram outorgados na data em que a procuração foi juntada aos autos (Orientação Jurisprudencial 371 da SBDI-1 do TST);
- a *limitação de poderes* para substabelecer não impede que seja considerado válido o substabelecimento, apenas respondendo o mandatário pelos excessos perante o mandante, por se tratar de *res inter alios* (cf. TST-E-RR-1290/2005-465-02-00.9, Red. Desig. Min. Aloysio Corrêa da Veiga, *DJ* de 26.9.2008);

No entanto, em relação a:

- *identificação do outorgante* da procuração, se a procuração não especifica quem é a entidade outorgante e a pessoa física que a representa, constando da procuração apenas assinatura, de impossível identificação, a procuração é considerada inválida, devendo o juiz ou tribunal, na forma do art. 76, § 1º, do CPC/2015, determinar a regularização (Súmula 456 do TST);

- *objetivo da procuração*, se se destinava especificamente ao ajuizamento de reclamação trabalhista, não serve para o ajuizamento de ação rescisória ou mandado de segurança, dada a limitação e especificidade de poderes, devendo o relator determinar a regularização, no prazo de 5 dias (Orientação Jurisprudencial 151 da SBDI-2 do TST).

No caso de representação por advogado, este tem direito aos **honorários advocatícios sucumbenciais**, admitidos a partir da entrada em vigor da Lei nº 13.467/17 (Reforma Trabalhista), pagos tanto pelo empregador quanto pelo empregado, quando sucumbentes, no montante de 5 a 15% do valor da liquidação da sentença (CLT, art. 791-A), podendo ser fixados honorários de sucumbência parcial, em caso de procedência apenas parcial do pedido (§ 3º). A sucumbência parcial dá-se em relação aos pedidos, e não ao valor dos pedidos, ou seja, se o empregado teve deferido determinada parcela, ainda que em valor inferior ao postulado, não há sucumbência recíproca, mas apenas do empregador (RRAg-10669-41.2019.5.03.0066, 4ª Turma, Rel. Min. Ives Gandra, *DEJT* de 10.6.2022).

c) Representação legal – pleiteia-se em nome e no interesse de outrem nos seguintes casos:

- empregado menor (de 18 anos) – a representação legal pertence aos pais, tutores e curadores (não havendo representante legal, será realizada pela Procuradoria do Trabalho, pelo sindicato, pelo Ministério Público estadual ou curador nomeado em juízo – Lei nº 10.288, de 20.9.2001);
- menor de 16 anos – representado (incapacidade absoluta);
- 16 a 18 anos – assistido (incapacidade relativa);
- pessoas jurídicas – a representação legal é feita por gerente ou preposto.

d) Assistência judiciária – o empregado que recebe até 40% do valor máximo de benefício do Regime Geral de Previdência Social ou que comprove não poder pleitear em juízo sem comprometer o próprio sustento pode ser assistido pelo sindicato em juízo (CLT, art. 790, §§ 3º e 4º). Antes da Lei nº 13.467/17, da Reforma Trabalhista, a assistência sindical era a única hipótese de *honorários advocatícios* na Justiça do Trabalho (Orientação Jurisprudencial 304 da SBDI-1 e Súmulas 219 e 329, todas do TST), no caso de relação de emprego, que revertiam em favor do sindicato (art. 16 da Lei nº 5.584/70).

A *Súmula 219, II e III, do TST* estabelece ainda a possibilidade de condenação ao pagamento de honorários advocatícios em *ação rescisória*, nas causas em que o ente sindical figure como *substituto processual* e nas lides que *não derivem da relação de emprego*. Já o deferimento dos honorários advocatícios em ação em que a *viúva e os filhos do empregado falecido* em *acidente de trabalho* postulam, em nome próprio, indenização por dano moral e material *não depende* do preenchimento dos *requisitos* da *Lei nº 5.584/70* para a percepção dos honorários, pois os dependentes do *de cujus* não são filiados a sindicato (TST-E-ED-RR-9955100-27.2006.5.09.0015, SBDI-1, Rel. Min. Brito Pereira, *DEJT* de 2.8.2013).

Em junho de 2017, o TST editou a Súmula 463, para esclarecer, no item I, que, a partir de 26.6.2017, para a concessão da assistência judiciária gratuita a pessoa natural, basta a declaração de hipossuficiência econômica firmada pela parte ou por seu advogado, desde que munido de procuração, com poderes específicos para esse fim (art. 105 do CPC de 2015). No entanto, com a Lei nº 13.467/17, da Reforma Trabalhista, os honorários advocatícios passaram a ser devidos pela mera sucumbência no processo do trabalho (CLT, art. 791-A) e a gratuidade de justiça depende de prova da insuficiência econômica do empregado, não sendo mais suficiente a mera declaração (CLT, art. 790, § 4º).

Em relação à pessoa jurídica, o item II da Súmula 463 do TST já sinaliza que não basta a mera declaração: é necessária a demonstração cabal da impossibilidade de a parte arcar com as despesas do processo.

A *gratuidade da justiça*, que decorre da insuficiência econômica, independentemente de assistência sindical, abrange custas, honorários periciais, depósitos recursais e depósitos para todos os demais atos processuais inerentes ao exercício do contraditório e da ampla defesa (Lei nº 1.060/50, art. 3º; CPC/2015, art. 98), aplicando-se excepcionalmente a pessoas jurídicas, desde que comprovada devidamente, e não meramente alegada, a insuficiência econômica (TST-AIRO 791.483/2001.1, SBDI-2, Rel. Min. José Simpliciano Fernandes, *DJ* de 17.9.2004). No entanto, a jurisprudência majoritária do TST apontava que, mesmo após o novo CPC, os benefícios da justiça gratuita não abrangiam o depósito recursal, diante da sua natureza de garantia do juízo. Tal entendimento foi superado pela Reforma Trabalhista, que contemplou expressamente a isenção do depósito recursal aos beneficiários da justiça gratuita, as entidades filantrópicas e as empresas em recuperação judicial (CLT, art. 899, § 10). A concessão de assistência judiciária gratuita ao sindicato que atua na condição de *substituto processual* depende da demonstração de impossibilidade financeira de arcar com a responsabilidade legal, não sendo bastante a juntada de declaração de hipossuficiência dos substituídos (TST-E-ED-RR-25100-77. 2009.5.09.0094, SBDI-1, Rel. Min. Alberto Bresciani, *DEJT* de 25.10.2013). E, caso concedida a *gratuidade de justiça*, se vencido o empregado, aguardar-se-ão dois anos do trânsito em julgado do processo, para que o credor dos honorários demonstre, se quiser e puder, a superação do estado de miserabilidade econômica do reclamante, para cobrar a verba honorária (CLT, art. 791-A, § 4º).

Os *honorários advocatícios* são calculados sobre o *valor da liquidação*, antes dos descontos previdenciários e fiscais (Orientação Jurisprudencial 348 da SBDI-1 do TST).

e) Substituição processual – é forma anômala ou extraordinária de legitimação processual: o sindicato ou o Ministério Público do Trabalho pleiteia em nome próprio para defesa de direito alheio, não sendo necessária qualquer autorização por parte do substituído.

A substituição processual trabalhista é *sui generis*, uma vez que admite que o substituído (empregado) transacione, desista (não obstante o cancelamento da Súmula 255 do TST, que o permitia expressamente) ou até mesmo ajuíze a reclamatória em nome próprio (a inclusão de empregado no rol dos substituídos não induz litispendência em relação a reclamatória individual que venha a ajuizar – TST-E--RR-74800-75.2008.5.22.0003, Rel. Min. Hugo Carlos Scheuermann, SBDI-1, *DEJT* de 28.8.2015).

– Hipóteses de substituição elencadas legalmente:

- ação de cumprimento de sentença normativa (CLT, art. 872, parágrafo único) (também de convenção ou acordo coletivo – Lei nº 8.984/95);
- cobrança de adicional de insalubridade e periculosidade (CLT, art. 195, § 2º);
- reajustes salariais (Lei nº 8.073/90, art. 3º);
- recolhimento dos depósitos para o FGTS (Lei nº 8.036/90, art. 25);
- mandado de segurança coletivo (CF, art. 5º, LXX, *b*).

– Pela Súmula 310 do TST, a substituição processual prevista na Lei nº 8.073/90 diria respeito exclusivamente a pleitos sobre reajustes salariais. Entendeu o TST que o art. 8º, III, da CF não se referia ao instituto da substituição processual, razão pela qual os sindicatos somente poderiam agir como substitutos nas hipóteses especificamente elencadas em lei. Ora, o STF tem entendido que o referido dispositivo constitucional contempla hipótese de *legitimação extraordinária*, conferindo *substituição processual ampla e irrestrita* aos sindicatos (RE 202.063/PR, Rel. Min. Octávio Gallotti, *DJ* de 10.10.1997). Assim, a pedido do MPT, o TST, por meio da Resolução nº 119/2003, cancelou a referida Súmula (*DJ* de 1º.10.2003).

– O cancelamento da Súmula 310 do TST permite que se tenha como legitimado o sindicato para pleitear, em substituição dos integrantes de determinada categoria, qualquer direito trabalhista, independentemente de ser individual ou coletivo (STF, AGREG-RE- 239.477, Rel. Min. Gilmar Mendes, *DJ* de 3.11.2010; TST-E-ED-RR-80100-15.2005.5.04.0006, Rel. Min. Horácio Raymundo de Senna Pires, SBDI-1, *DEJT* de 17.6.2011).

Afirmada a ampla legitimidade do sindicato para propor ação na qualidade de substituto processual, é *prescindível o rol dos substituídos* na ação daí decorrente. No entanto, se houver a indicação dos substituídos na petição inicial, a coisa julgada fica limitada a esses representados (TST-E-RR-9863350-09.2006.5.09.0011, Rel. Min. João Batista Brito Pereira, SBDI-1, *DEJT* de 4.2.2011). Da mesma forma, os *efeitos do protesto interruptivo da prescrição* são *limitados* aos empregados expressamente nominados como *substituídos* pelo próprio sindicato profissional quando da propositura da ação cautelar de protesto (E-ARR-182-78.2011.5.10.0007, Rel. Min. Vieira de Mello Filho, SBDI-1, *DEJT* de 4.4.2014).

O art. 8º, III, da CF autoriza expressamente a atuação ampla dos entes sindicais na defesa dos direitos e interesses individuais e coletivos dos integrantes da categoria respectiva, de maneira irrestrita. Assim sendo, reconhece-se a legitimidade do sindicato profissional para pleitear, na qualidade de *substituto processual*, equiparação salarial em *benefício de um único empregado*, ainda que se trate de direito individual heterogêneo do substituído (TST-E-RR-990-38.2010.5.03.0064, Rel. Min. Lelio Bentes Corrêa, SBDI-1, *DEJT* de 31.3.2015).

Capítulo IV

Intervenção de terceiros

Intervenção de terceiros – consiste no ingresso de alguém em processo já existente entre outras partes, tendo em vista o seu interesse jurídico no que foi postulado. Pode ser:

a) *espontânea* – quando o terceiro postula sua incorporação a um processo já existente (assistência e oposição);

b) *provocada* – quando as partes requerem ao juiz que terceiro figure também na relação processual (denunciação da lide, chamamento ao processo e nomeação à autoria);

c) *inicial* – quando se der na fase postulatória;

d) *superveniente* – quando se der após a fase postulatória.

Não há prazo para que o terceiro interessado se manifeste. Porém, somente participará dos atos ainda não praticados, tendo que se conformar com o processo na fase em que se encontra quando de seu ingresso em juízo (CPC/1973, art. 52, parágrafo único, *in fine*; CPC/2015, art. 119).

O novo Código de Processo Civil contempla cinco *formas de* intervenção de terceiros (Título III do Livro I).

1. Assistência (CPC/1973, arts. 50 a 55; CPC/2015, arts. 119 a 124)

A assistência se configura na interferência de terceiro estranho ao processo, com interesse jurídico na solução do litígio, na condição de *coadjuvante* de uma das partes. Apresenta como pressupostos a existência de uma relação jurídica entre uma das partes e o terceiro e a possibilidade de a sentença interferir nessa relação. Pode ser:

– *simples (ou adesiva)* – em que o assistente pretende apenas auxiliar uma das partes a obter sentença favorável, sem defender direito próprio (CPC/1973, art. 50; CPC/2015, art. 121); em caso de revelia ou omissão do assistido, o assistente atua como seu substituto processual (CPC/2015, art. 121, parágrafo único);

– *litisconsorcial* – o interveniente visa a auxiliar uma das partes na defesa direta de direito próprio frente ao adversário do assistido (CPC/1973, art. 54; CPC/2015, art. 124).

A diferença entre ambas reside no fato de que o *assistente simples* não pode assumir posição diversa da do seu assistido (não pode transigir, desistir ou acordar em separado) e nem dar continuidade à relação processual contra a vontade da parte que auxilia (CPC/1973, art. 53; CPC/2015, art. 122), enquanto o *assistente litisconsorcial* dispõe da faculdade de assumir posição diversa da do seu assistido e prosseguir na relação processual mesmo se o seu assistido se retirar dela, uma vez que a sentença influirá na relação jurídica entre ele e o adversário do assistido (CPC/2015, art. 124).

2. Denunciação da lide (CPC/1973, arts. 70 a 76; CPC/2015, arts. 125 a 129)

Forma provocada e obrigatória de intervenção, pela qual deve ser chamado a compor a lide aquele que arcará com a sucumbência, mediante ação regressiva ou pela evicção. O alienante, o proprietário ou o responsável final pela indenização devem ser denunciados, para que possam defender-se, evitando que a sucumbência do réu possa acarretar-lhes prejuízo, em termos de posterior ação deste contra os denunciáveis. Se efetuada pelo autor, o momento adequado para a sua propositura é a petição inicial. Na hipótese de ser feita pelo réu, a denunciação deverá ser feita no prazo da contestação.

3. Chamamento ao processo (CPC/1973, arts. 77 a 80; CPC/2015, arts. 130 a 132)

Forma provocada e facultativa de intervenção, em que o réu postula o chamamento dos coobrigados solidária ou subsidiariamente, para que arquem igualmente com os ônus da sucumbência (afiançado e demais fiadores). O réu deve propor o incidente no prazo da contestação e, havendo ou não aceitação no chamamento, a sentença que condenar o réu terá força de coisa julgada contra o chamado, servindo de título executivo do réu contra ele.

4. Incidente de desconsideração da personalidade jurídica (CLT, art. 855-A; CPC/2015, arts. 133 a 137)

Forma provocada e facultativa de intervenção, em que o autor ou o Ministério Público pede a citação não apenas da empresa (pessoa jurídica), mas também dos seus sócios, podendo ser instaurado não apenas na execução, para impedir fraudes que a comprometam, mas até mesmo no próprio processo de conhecimento. As *hipóteses* são as já previstas legalmente (CLT, art. 10-A; CPC/2015, art. 133, § 1º):

a) *responsabilidade ordinária* do sócio (independentemente de fraude ou abuso do direito):

– *Sociedade em comum* – solidária e ilimitadamente (CC, art. 990);

– *Sociedade simples* – se os bens da sociedade não lhe cobrirem as dívidas, respondem os sócios pelo saldo, na proporção em que participem das perdas sociais, salvo cláusula de responsabilidade solidária (CC, art. 1.023);

– *Sociedade em nome coletivo* – todos os sócios, solidária e ilimitadamente (CC, art. 1.039);

– *Sociedade em comandita simples* – o sócio comanditado, solidária e ilimitadamente, e o sócio comanditário, pelo valor de sua quota (CC, art. 1.045);

– *Sociedade limitada* – até o limite das suas quotas (CC, art. 1.052);

– *Sociedade anônima* – a obrigação do sócio se dá apenas pelo preço de emissão das ações que subscrever ou adquirir (CC, art. 1.088; Lei nº 6.404, art. 1º);

– *Sociedade em comandita por ações* – o acionista diretor responde subsidiária e ilimitadamente (CC, art. 1.091);

– *Sociedade cooperativa* – a responsabilidade dos sócios pode ser: a) limitada: em que o sócio responde somente pelo valor de suas quotas e pelo prejuízo verificado nas operações sociais, guardada a proporção de sua participação nas mesmas operações; b) ilimitada: o sócio responde solidária e ilimitadamente pelas obrigações sociais (CC, art. 1.095);

b) *responsabilidade extraordinária* dos sócios (supõe fraude, que amplia a responsabilidade):

– *Sócio administrador* – responsabilidade solidária, por culpa no desempenho das suas funções (CC, art. 1.016);

– *Acionista controlador e o administrador nas sociedades por ações* – respondem por danos causados à sociedade e terceiros, por fraude, excesso de poder ou violação à lei ou aos estatutos (Lei nº 6.404/76, arts. 117 e 158);

– *Qualquer dos sócios* – quando incorrer em abuso do direito, excesso de poder, infração da lei, fato ou ato ilícito ou vedado por lei, estatutos ou contrato, ou ainda em caso de falência, insolvência, encerramento ou inatividade da empresa por má administração (Lei nº 8.078/90, art. 28) e quando houver o abuso da personalidade jurídica, caracterizado pelo desvio de finalidade ou pela confusão patrimonial (CC, art. 50);

– *Dirigentes e administradores* – responsabilidade solidária no caso de infração da ordem econômica, como concorrência desleal etc. (Lei nº 12.529/11, art. 33).

A Lei nº 13.467/17, da Reforma Trabalhista, inseriu o art. 10-A na CLT, para indicar que o *sócio retirante* responde subsidiariamente pelas *obrigações trabalhistas da sociedade* relativas ao período em que figurou como sócio, *somente em ações ajuizadas até dois anos* depois de averbada a modificação do contrato, observada a seguinte ordem de preferência:

I – a empresa devedora;

II – os sócios atuais;

III – os sócios retirantes.

Porém, o sócio retirante *responderá solidariamente* com os demais quando ficar comprovada *fraude* na alteração societária decorrente da modificação do contrato.

O incidente de desconsideração da personalidade jurídica dá mais segurança ao sócio executado diretamente, na medida em que a desconsideração está limitada às hipóteses legais (art. 134, § 4º), supõe o exercício do direito de defesa após citação específica (art. 135) e a possibilidade de recurso também específico (art. 136, § 6º). Com a Lei nº 13.467/17, da Reforma Trabalhista, a CLT aponta a *recorribilidade da decisão* em cada situação de desconsideração:

- na fase de conhecimento, não cabe recurso imediato;
- na fase de execução, cabe agravo de petição, independentemente de garantia do juízo;
- cabe agravo interno se proferida pelo relator em incidente instaurado originariamente no tribunal.

Pela IN nº 39, o TST entendeu, dadas as particularidades do Processo do Trabalho, que, no *processo de execução*, o incidente de desconsideração da personalidade jurídica pode ser iniciado pelo juiz, em *ato de ofício*. No entanto, a partir da Lei nº 13.467/17 (Reforma Trabalhista), tendo em vista que, em regra, o juiz não mais pratica atos executivos de ofício, não cabe mais a instauração do incidente pelo juiz. O incidente produz a *suspensão do processo*, sem prejuízo da adoção das medidas cautelares que forem necessárias (CLT, art. 855-A, § 2º).

5. *Amicus Curiae* (CPC/2015, art. 138)

Intervenção de terceiro em processo de relevância maior e repercussão social, especialmente em demandas de natureza repetitiva, para levar argumentos e elementos de convicção que influam na decisão a ser tomada (entidades especializadas, associações, órgão e pessoas).

6. Aplicação das modalidades de intervenção de terceiros no Processo do Trabalho

– Tendo em vista a natureza obrigacional das relações trabalhistas, ficaria excluída de plano a *denunciação da lide* no Processo do Trabalho, uma vez que essa figura processual diz respeito exclusivamente, dadas as hipóteses que contempla, a direitos reais. O TST, no entanto, cancelou sua Orientação Jurisprudencial 227 da SBDI-1 do TST, que a vedava expressamente, entendendo ser modalidade compatível com as hipóteses de responsabilidade subsidiária, em que o denunciante teria direito de regresso contra o denunciado. Contudo, mesmo com a sinalização quanto à possibilidade da denunciação da lide no Processo do Trabalho, dada pelo cancelamento da referida orientação jurisprudencial, o entendimento predominante na SBDI-1 do TST tem sido de que a aplicação dessa forma de intervenção de terceiros deve ser analisada caso a caso, sempre considerando o interesse do trabalhador na celeridade processual, a natureza alimentar dos créditos trabalhistas e a competência da Justiça do Trabalho para julgar a controvérsia que surgirá entre o denunciante e o denunciado (TST-E-ED-RR-654.353/2000, Rel. Min. Aloysio Corrêa da Veiga, *DJ* de 30.5.2008; TST-E-RR-704.353/2000, Rel. Min. Maria de Assis Calsing, *DJ* de 27.6.2008).

– Nos dissídios individuais, o *chamamento ao processo* e a *denunciação da lide* têm sido encontrados nas lides trabalhistas, tendo em vista que supõe a existência de *obrigações solidárias* ou de *responsabilidade subsidiária*, em que apenas um dos coobrigados ou corresponsáveis é acionado, devendo, para não arcar sozinho com os ônus da sucumbência, chamar para figurarem no polo passivo da relação processual os demais responsáveis pelo crédito laboral (ex.: grupo econômico, sucessão e subempreitada).

– Quanto à *assistência* é plenamente cabível nas lides laborais, desde que demonstrado o interesse jurídico e não o meramente econômico (Súmula 82 do TST). Ex.: Cooperativa de trabalho que ingressa como assistente de empresa acionada pelo Ministério Público para não contratar trabalhadores cooperados.

– A despersonalização da pessoa jurídica é comum na Justiça do Trabalho na fase executória e passa a ser possível no próprio processo de conhecimento.

– A figura do *amicus curiae* é prevista expressamente para o recurso de revista repetitivo (Lei nº 13.015, art. 896-C, § 8º) e, com a previsão do CPC/2015, passa a ser possível em todos os graus de jurisdição.

– As figuras da *oposição* (CPC/1973, arts. 56-61) e *nomeação à autoria* (CPC/1973, arts. 62-69) deixaram de figurar no novo CPC como modalidades de *intervenção de terceiro* no processo, para constarem a primeira como *procedimento especial* (CPC/2015, arts. 682-686), por constituir ação autônoma contra uma das partes, podendo correr junto com a ação em que ocorreria o incidente, e a segunda ter sido simplificada para simples *preliminar na contestação*, para substituição do réu (CPC/2015, art. 338).

Capítulo V

Tutelas provisórias

1. Conceito

Tutelas provisórias – são provimentos jurisdicionais de caráter temporário, concedidos antes da apresentação do pedido principal ou no curso da ação, com ou sem oitiva da parte contrária, que dão maior efetividade, celeridade e segurança ao processo.

2. Características

a) *provisoriedade* – não fazem coisa julgada (CPC/2015, art. 304, § 3º);

b) *imediatidade* – podem ser concedidas liminarmente, sem a oitiva da parte contrária (CPC/2015, arts. 300, § 2º, e 311, parágrafo único), mas o juiz pode exigir caução que garanta contra prejuízos da parte contrária (CPC/2015, art. 300, § 1º), a menos que o autor seja economicamente hipossuficiente (*in fine*);

c) *concentração* – nas tutelas provisórias antecipatórias de ações, o pedido principal é apresentado e corre nos mesmos autos da tutela provisória (CPC/2015, arts. 303, § 3º, e 308).

3. Espécies

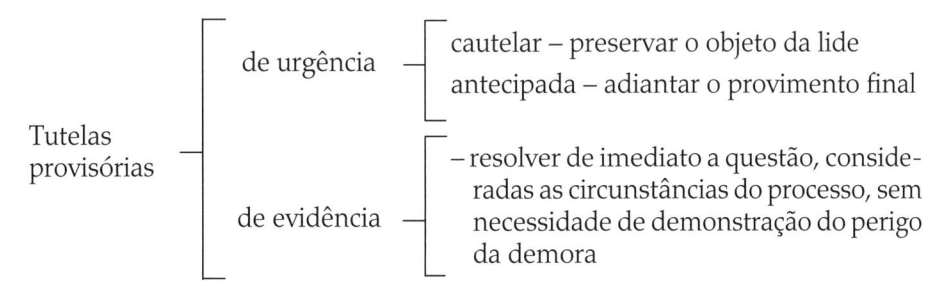

Tutelas provisórias
- de urgência
  - cautelar – preservar o objeto da lide
  - antecipada – adiantar o provimento final
- de evidência – resolver de imediato a questão, consideradas as circunstâncias do processo, sem necessidade de demonstração do perigo da demora

a) **Tutelas de urgência** – supõem a conjugação de dois elementos básicos (CPC/2015, art. 300):

– probabilidade do direito (*fumus boni iuris*);

– perigo do dano ou o risco ao resultado útil do processo (*periculum in mora*).

• Tutela antecipada – obtenção, de pronto, do pedido formulado no processo (reintegração no emprego, promoção, inclusão em folha de pagamento, contratação, equiparação salarial, percepção de adicional, vedação ao trabalho em determinadas condições etc.). Há prazo de 15 dias para o ajuizamento da ação principal (CPC/2015, art. 303, § 1º, I).

• Tutela cautelar – medida preservativa do objeto da lide mediante concessão de efeito suspensivo a recurso, suspensão da execução, arresto, sequestro etc. (CPC/2015, art. 301). Há prazo de 30 dias para aditar a petição inicial, com a causa de pedir e o pedido principal, a partir da efetivação da medida cautelar (CPC/2015, art. 308, *caput*).

b) **Tutela de evidência** – em face da evidência do direito postulado e independentemente de perigo da demora, concede-se a tutela de imediato, nos casos de (CPC/2015, art. 311):

– abuso do direito de defesa ou seu caráter protelatório;

– direito baseado em súmula vinculante ou precedente de recurso repetitivo provável apenas documentalmente (democratização do acesso imediato das partes às decisões dos Tribunais Superiores);

– direito fundado em prova documental suficiente, não contrastado por prova em contrário (perigo da subjetividade do juiz na sua aplicação).

A partir da alteração da Súmula 414 do TST, a concessão ou indeferimento da tutela de urgência, antes da prolação da sentença, poderão ser atacados pela via do mandado de segurança. Não bastasse tanto, o mesmo verbete passou a considerar que o pedido de tutela de urgência, e não mais a ação cautelar, é o meio processual hábil para buscar efeito suspensivo a um recurso.

Capítulo VI

Direito de defesa

1. Revelia

Consiste na ausência do réu na audiência inaugural, o que implica deixar de produzir a defesa, considerando que esta, no processo do trabalho, ocorre em audiência. Tem como consequência a *confissão ficta* (são considerados verdadeiros os fatos alegados pelo autor: CLT, art. 844; CPC/2015, art. 344) e o julgamento antecipado da lide, sendo dispensada a audiência de instrução e julgamento, exceto quando o convencimento do magistrado depender de conhecimento técnico a ser explicitado em prova pericial.

– A confissão ficta não existe nos dissídios coletivos.

– Confissão provocada – quando uma parte pede o depoimento da outra, sob essa pena, e esta não comparece, apesar de intimada pessoalmente (Súmula 74 do TST).

– Silêncio – o fato alegado por uma parte e não negado pela outra é tido como verdadeiro (não basta a negação genérica de todos os fatos).

– O não comparecimento do reclamante na audiência em que seria produzida a defesa do empregador resulta no arquivamento da reclamação (CLT, art. 844).

– O revel, no final do processo, deve ser notificado da sentença.

– Em princípio, o *atraso* no comparecimento à audiência inaugural implica *revelia*, com a imposição da pena de *confissão ficta*, haja vista que a CLT (art. 815, parágrafo único) prevê tolerância apenas para o atraso do juiz (Orientação Jurisprudencial 245 da SBDI-I). Porém, a SBDI-1 do TST tem mitigado esse entendimento, admitindo não aplicar a revelia na hipótese de o advogado do reclamado comparecer no horário marcado e o preposto atrasado chegar antes da proposta de conciliação, não causando prejuízo à audiência ou retardando ato processual (TST-E-RR-28400-60.2004.5.10.0008, Red. Min. Maria Cristina Irigoyen Peduzzi, julgado em 24.5.2012).

– O CPC/2015 admite o oferecimento posterior de provas pelo réu revel, antes da sentença (art. 349).

– A partir da Lei nº 13.467/17 (Reforma Trabalhista), ainda que ausente o reclamado, mas desde que presente o advogado na audiência, serão aceitos a contestação e os documentos eventualmente apresentados (CLT, art. 844, § 5º), superando entendimento jurisprudencial prevalecente, constante da Súmula 122 do TST. Além disso, com a redação do novo § 4º do art. 844 da CLT, *a revelia não produz a confissão ficta* se:

I – havendo pluralidade de reclamados, algum deles contestar a ação;

II – o litígio versar sobre direitos indisponíveis;

III – a petição não estiver acompanhada de instrumento que a lei considere indispensável à prova do ato;

IV – as alegações de fato formuladas pelo reclamante forem inverossímeis ou estiverem em contradição com prova constante dos autos.

2. Defesa, exceção e reconvenção

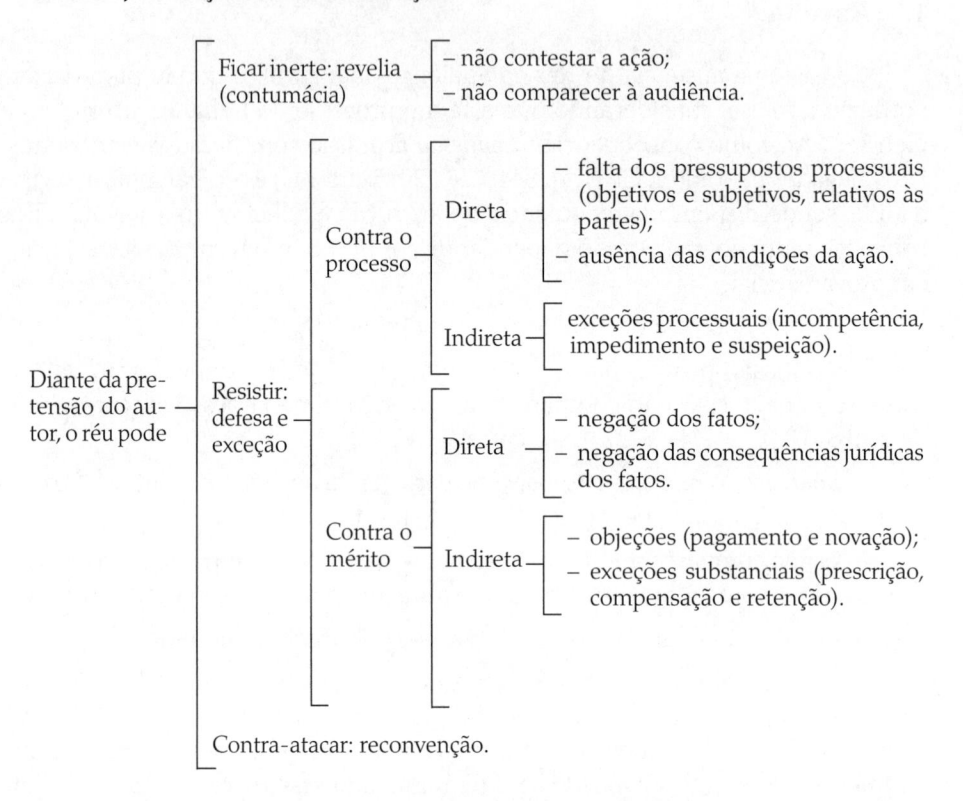

Diante da pretensão do autor, o réu pode:
- Ficar inerte: revelia (contumácia)
  - não contestar a ação;
  - não comparecer à audiência.
- Resistir: defesa e exceção
  - Contra o processo
    - Direta
      - falta dos pressupostos processuais (objetivos e subjetivos, relativos às partes);
      - ausência das condições da ação.
    - Indireta
      - exceções processuais (incompetência, impedimento e suspeição).
  - Contra o mérito
    - Direta
      - negação dos fatos;
      - negação das consequências jurídicas dos fatos.
    - Indireta
      - objeções (pagamento e novação);
      - exceções substanciais (prescrição, compensação e retenção).
- Contra-atacar: reconvenção.

a) *Defesa* – forma direta de resistência. Contra o processo, visa a sua nulidade, reconhecimento de causa suspensiva ou a declaração de carência da ação.

b) *Exceção* – forma indireta de resistência.

Espécies:
- processuais (dilatórias) – visam a paralisar ou dilatar o processo (suspendem o feito, devendo ser decididas imediatamente);
- substanciais (peremptórias) – visam a pôr fim ao processo, opondo fatos impeditivos ou extintivos (podem ser decididas na sentença).

Na Justiça do Trabalho, apenas as exceções processuais de incompetência ou de suspeição suspendem o processo (CLT, art. 799).

Como a *incompetência territorial* é *relativa*, podendo ser prorrogada caso não se oponha o reclamado, o fato de que devia ser arguida em audiência implicava desarrazoado ônus ao empregador, que deveria se deslocar por quilômetros, apenas para se opor à competência da Vara do local de residência do empregado, quando este lá não tinha sido contratado, nem prestado serviços. A partir da Lei nº 13.467/17 (Reforma Trabalhista), a *exceção de incompetência territorial* observa as seguintes regras, mais consentâneas com o princípio da razoabilidade:

- deverá ser apresentada em 5 dias, a partir da notificação do reclamado, *antes da audiência* e em peça que sinalize a existência da exceção (CLT, art. 800, *caput*), o que se faz através do peticionamento no PJe;
- apresentada a exceção, o processo será suspenso e não será realizada audiência até que se decida a exceção (CLT, art. 800, § 1º);
- os autos serão conclusos para o juiz, que intimará o reclamante e litisconsortes, se existentes, para manifestar-se no prazo de 5 dias (CLT, art. 800, § 2º);
- caso necessária a produção de prova oral, o juiz designará audiência, garantindo ao excipiente o direito de ser ouvido, com suas testemunhas, por carta precatória, no juízo que houver indicado como competente (CLT, art. 800, § 3º);
- decidida a exceção, o processo retomará seu curso, com a designação de audiência, a apresentação de defesa e a instrução processual perante o juízo competente (CLT, art. 800, § 4º).

c) *Reconvenção* – é a ação do réu contra o primitivo autor (desde que haja conexão: seja comum o objeto ou a causa de pedir) ou contra terceiro que tenha relação com a lide (CPC/2015, art. 343). Embora prevista para ser produzida no prazo da contestação, pode o reconvinte, que não tem defesa contra a ação ou simples desejo de a ela resistir, ter matéria conexa para reconvir. Nesse caso, será revel na ação principal mas poderá obter êxito na pretensão reconvencional conexa (CPC/2015, art. 343, § 6º). A reconvenção é julgada na mesma sentença que decide a ação principal, e a desistência desta não repercute naquela, que prossegue (diferentemente do recurso adesivo) (CPC/2015, art. 343, § 2º). A jurisprudência há muito considera ser possível a reconvenção no processo do trabalho, o que foi reforçado pela Lei nº 13.467/17 (Reforma Trabalhista), com a indicação de cabimento de honorários advocatícios de sucumbência em reconvenção apresentada no processo trabalhista (CLT, art. 791-A, § 5º).

3. Impedimento e suspeição

Constituem garantias da imparcialidade do juiz:

a) Hipóteses de impedimento (incapacidade absoluta do juiz) (CPC, art. 134; CPC/2015, art. 144):

- ser parte no processo (ou terceiro interessado);
- ter intervindo anteriormente (perito, MP etc.);
- ter proferido decisão em outro grau de jurisdição;
- parentesco do juiz com o advogado;
- parentesco do juiz com a parte;
- ser órgão de administração ou direção de pessoa jurídica parte na causa;
- parentesco entre dois juízes (o que primeiro intervier na causa impede o segundo – CPC/1973, art. 136; CPC/2015, art. 147);
- a parte ser cliente de advogado parente de juiz, mesmo que o parente não tenha procuração nos autos, por ser a causa patrocinada por outro escritório;
- ser o juiz professor da instituição de ensino que é parte no processo;
- quando promover ação contra a parte ou seu advogado.

Obs.: A não decretação de ofício pelo juiz ou a arguição, pela parte, quando descoberto o impedimento posteriormente, gera ação rescisória (CPC/1973, art. 485, II; CPC/2015, art. 966, II); é vedado o ingresso posterior de advogado na causa, que crie o impedimento do juiz (CPC/2015, art. 144, § 2º); e o juiz que não reconheceu suspeição ou impedimento arca com as custas do processo (CPC/2015, art. 146, § 5º).

As hipóteses de impedimento previstas no inciso VIII (*"em que figure como parte cliente do escritório de advocacia de seu cônjuge, companheiro ou parente, consanguíneo ou afim, em linha reta ou colateral, até o terceiro grau, inclusive, mesmo que patrocinado por advogado de outro escritório"*) e § 3º (*"O impedimento previsto no inciso III também se verifica no caso de mandato conferido a membro de escritório de advocacia que tenha em seus quadros advogado que individualmente ostente a condição nele prevista, mesmo que não intervenha diretamente no processo"*) do art. 144 do CPC/2015 mereceriam revisão ou exegese restritiva, uma vez que têm causado mais dificuldades ao funcionamento dos tribunais na Justiça do Trabalho do que resolver os problemas que o legislador imaginou. Isto porque ministros e desembargadores com parentes advogando em outros ramos do Judiciário têm se dado por impedidos, gerando elevado número de redistribuições. Seria o caso de se considerar o impedimento apenas por atuação de parente ou advogado do escritório do parente no âmbito da Justiça do Trabalho.

b) Hipóteses de suspeição (incapacidade relativa do juiz) (CLT, art. 801; CPC/1973, art. 135; CPC/2015, art. 145):

- ser amigo íntimo ou inimigo capital de uma das partes ou de seus advogados;
- as partes serem credoras ou devedoras do juiz ou parentes seus;
- ser herdeiro, donatário ou empregador de uma das partes;

- receber presentes, aconselhar as partes, subministrar meios para atender às despesas do litígio;
- ser interessado no julgamento em favor de uma das partes;
- motivo de foro íntimo (CPC/1973, art. 135, parágrafo único; CPC/2015, art. 145, § 1º).

Obs.: Os motivos de impedimento e suspeição são extensivos ao órgão do Ministério Público e aos auxiliares da Justiça (CPC/1973, art. 138; CPC/2015, art. 148).

4. Prescrição

É a perda do direito de ação pelo seu não exercício no prazo determinado por lei. O que prescreve é a *pretensão* dedutível em juízo, quando *violado o direito material* (CC, art. 189). O novo Código Civil a distingue da *decadência*, que se refere aos *direitos invioláveis e potestativos*, os quais não são passíveis de ser violados, mas apenas de ser exercidos dentro de um determinado prazo, não sujeito a suspensão ou interrupção (o novo Código Civil elenca de forma taxativa, no capítulo "Da Prescrição", todos os prazos prescricionais, sendo os demais que aparecem no Código decadenciais, inclusive o do art. 1.601, que fala em direito *imprescritível*, quando se trata de prazo nitidamente decadencial, já que relativo a direito potestativo).

– No Direito do Trabalho é de *5 anos* o prazo prescricional no curso da relação empregatícia e de *2 anos* após a rescisão contratual (CF, art. 7º, XXIX; CLT, art. 11, *caput*).

– Para as relações trabalhistas não empregatícias (trabalhador autônomo, mandatário, comissário, agente ou distribuidor, corretor, transportador, gestor de negócios, empreiteiro e eventual), o prazo prescricional é de 5 anos, contados da conclusão dos serviços ou do término do contrato (CC, art. 206, § 5º, II).

– No caso dos *depósitos do FGTS*: a) para os casos em que a ciência da lesão ocorreu a partir de 13.11.2014, data em que o STF declarou a inconstitucionalidade do prazo legal de 30 anos para a cobrança do FGTS, é quinquenal a prescrição do direito de reclamar contra o não recolhimento de contribuição para o FGTS, observado o prazo de 2 anos após o término do contrato de trabalho; b) para os casos em que o prazo prescricional já estava em curso em 13.11.2014, aplica-se o prazo prescricional que se consumar primeiro: 30 dias, contados do termo inicial, ou 5 anos, a partir de 13.11.2014.

– A prescrição *interrompe-se* com o ajuizamento da reclamatória (CPC/1973, art. 219 e § 1º; CPC/2015, art. 240, § 1º; CC, art. 202, I), ainda que arquivada, mas apenas em relação aos pedidos substancialmente idênticos (Súmula 268 do TST), sendo que o cômputo do biênio é *reiniciado* a partir do trânsito em julgado da decisão proferida na ação anteriormente ajuizada, enquanto a prescrição quinquenal interrompida conta-se da data da propositura dessa primeira reclamação trabalhista (TST-E-ED-

-RR 19800-17.2004.5.05.0161, SBDI-I, Rel. Min. Renato de Lacerda Paiva, julgado em 14.6.2012). Não basta a mera identidade formal dos pedidos para interrupção da prescrição, devendo configurar-se a *identidade substancial*, de modo a alcançar a *própria causa de pedir*, verdadeira gênese da pretensão jurídica de direito material que se busca alcançar mediante o exercício do direito de ação (TST-E-ED-RR-102600-22.2005.5.10.0002, Rel. Min. João Oreste Dalazen, SBDI-1, *DEJT* de 30.4.2015).

A partir da Lei nº 13.467/17 (Reforma Trabalhista), a CLT passa a conter regra expressa indicando que a *interrupção da prescrição* somente ocorrerá pelo *ajuizamento de reclamação trabalhista*, mesmo que em juízo incompetente, ainda que venha a ser extinta sem resolução do mérito (art. 11, § 3º). Por outro lado, o ajuizamento do *protesto judicial* também tem sido considerado causa interruptiva da prescrição, independentemente da ciência do empregador acerca da medida adotada (OJ 392 da SBDI-1 do TST).

– A *prescrição parcial* é aquela que se dá mês a mês, quando se torna devida a parcela salarial, que tem caráter alimentar (CC, art. 206, § 2º). Apenas os direitos laborais de trato sucessivo que tenham *base legal* estão sujeitos à prescrição parcial (pois o direito em si não se discute, mas apenas seu cumprimento); no caso de *alteração contratual* atingindo prestação sucessiva que tenha apenas *base contratual*, a prescrição será *total*, pois a própria base do direito é passível de discussão, uma vez que não previsto na legislação laboral (Súmula 294 do TST). Com a Lei nº 13.467/17 (Reforma Trabalhista), ficou reforçada a ideia de que a *prescrição total* é a regra no Processo do Trabalho, incidindo tanto na *alteração* quanto no *descumprimento* do pactuado, de modo a superar, parcialmente, o entendimento consubstanciado na Súmula 294 do TST (CLT, art. 11, § 2º). Nos casos de *equiparação salarial* (Súmula 6, IX, do TST) ou de *desvio funcional* (Súmula 275, I, do TST), a prescrição é sempre *parcial*.

– O *marco inicial* para a contagem da prescrição é:
- da aposentadoria, para pleitear complementação de proventos nunca recebidos, sendo total a prescrição (Súmula 326 do TST); no entanto, se o pleito é de diferenças de complementação, a prescrição é parcial e só atinge as parcelas anteriores ao quinquênio da propositura da ação (Súmula 327 do TST);
- do trânsito em julgado da sentença normativa para a propositura de ação de cumprimento (Súmula 350 do TST), não obstante possa ser proposta antes do trânsito em julgado da decisão (Súmula 246 do TST).

– A *prescrição intercorrente*, que se dá *no curso do processo*, pela omissão na prática de algum ato que dependia da parte, era considerada inaplicável no Processo do Trabalho (Súmula 114 do TST). Ela não se confunde com a *prescrição do direito da ação de execução*, quando não promovida de ofício pelo juízo, que ocorre 2 anos após o trânsito em julgado da decisão exequenda. Nesse sentido segue a Súmula 327 do STF que, embora fale que *"o direito trabalhista admite a prescrição intercorrente"*, contempla, na realidade, a *prescrição da ação executória*, como se infere de seus precedentes

(v. g., STF-RE 53.881-SP, Rel. Min. Ribeiro da Costa, *DJ* de 18.9.1963, assim ementado: "*A prescrição da ação é a mesma da execução, começando a correr da data em que deveria tomar a iniciativa do ato*").

– No entanto, a partir da Lei nº 13.467/17 (Reforma Trabalhista), admite-se a *prescrição intercorrente* no Processo do Trabalho no prazo de 2 anos, podendo ser requerida ou declarada de ofício, a partir do descumprimento de determinação judicial pelo exequente (CLT, art. 11-A).

– A prescrição pode, em princípio, ser *alegada originariamente* em qualquer instância e grau de jurisdição (CC, art. 193). No entanto, esse princípio se aplica exclusivamente às *instâncias ordinárias* (VT e TRT), uma vez que, nas *instâncias extraordinárias* (TST e STF), toda a matéria veiculada deve estar prequestionada (Súmula 153 do TST). Assim, se é possível ao Reclamado arguir a prescrição até a fase ordinária, pode o Reclamante *comprovar a inexistência de prescrição por meio de documento juntado ao seu recurso ordinário*, não havendo falar em juntada de documento novo, permitida pela Súmula 8 do TST apenas em caso de justo impedimento ou quando referente a fato posterior à sentença (TST-E-RR-69000-55.1999.5.16.0001, Rel. Min. Luiz Philippe Vieira de Mello Filho, SBDI-1, *DEJT* de 19.12.2014).

A Lei nº 11.280/05 introduziu a possibilidade de *arguição de ofício* da prescrição pelo juiz (CPC/1973, art. 219, § 5º; CPC/2015, art. 332, § 1º), derrogando os dispositivos que exigiam a invocação da parte. A referida lei é plena e necessariamente aplicável na Justiça do Trabalho, conforme as razões que constam do seguinte precedente jurisprudencial:

"*PRESCRIÇÃO – DECLARAÇÃO DE OFÍCIO – POSSIBILIDADE – ART. 219, § 5º, DO CPC. 1. A nova regra do art. 219, § 5º, do CPC, de aplicação imediata aos processos pendentes, à luz do art. 1.211 do mesmo diploma legal, prevê a declaração de ofício da prescrição, aplicando-se necessariamente nesta Justiça Especializada. Para tanto, basta verificar o preenchimento das condições previstas no art. 769 da CLT sobre aplicação subsidiária da legislação processual civil na esfera trabalhista, quais sejam, a omissão e a compatibilidade da regra civil com o Processo do Trabalho. 2. 'In casu', a legislação trabalhista é omissa sobre a iniciativa para declaração dos efeitos da prescrição, pois o diploma consolidado apenas estabelece prazo prescricional (CLT, art. 11). Ademais, a nova regra não é incompatível, tampouco exclui o princípio da tutela do hipossuficiente que fundamenta o Direito do Trabalho, pois a fragilidade do trabalhador em relação ao empregador é apenas econômica, já tutelada pela legislação substantiva, não se justificando privilégio suplementar processual nesse campo, o qual implicaria ofensa ao art. 125, I, do CPC, que exige o tratamento isonômico das partes em juízo. O magistrado trabalhista deve aplicar de forma imparcial uma legislação material que já é protetiva do trabalhador. 3. Importante registrar que a declaração de ofício da prescrição contribui para a efetiva aplicação dos princípios processuais trabalhistas (garantia da informalidade, da celeridade, do devido processo legal, da economia processual, da segurança jurídica, bem como do princípio constitucional da razoável duração do processo e da dignidade da pessoa humana), impedindo a prática de atos desnecessários, como por exemplo, nas demandas em que o direito material discutido já se encontra fulminado pela prescrição. 4. Finalmente, é mister frisar que o próprio dispositivo anterior, que previa a necessidade de arguição, pela parte interessada, da prescrição de direitos patrimoniais tinha sede civil e processual civil (CC, art. 194; CPC, art. 219, § 5º), e era aplicada subsidiariamente na Justiça do Trabalho à míngua de regramento próprio desta. Mudando a legislação que disciplina o modo de aplicação da prescrição (revogação do art. 194 do CC e alteração da redação do § 5º do art. 219 do CPC), a repercussão é inexorável na esfera laboral. Pretender a não aplicação da regra processual civil ao Processo do Trabalho, nessa hipótese, deixa sem respaldo legal a exigência judicial da arguição, pela parte, da prescrição, como condição de seu acolhimento, o que atenta contra o princípio da legalidade (CF, art. 5º, II). 5. Nem se diga que a norma civil revogada subsiste no Processo do Trabalho como princípio, uma vez que, havendo norma legal expressa em sentido contrário, não há possibilidade de remissão a princípio carente de positivação, mormente em matéria processual, que se norteia por regras claras e expressas. As próprias regras do CPC de 1939 que ainda subsistem como princípios sob a égide do CPC de 1973 (v. g., arts. 809 e 810, prevendo os princípios da variabilidade e fungibilidade recursais) são apenas aquelas que não foram expressamente contrariadas por dispositivos que estabelecessem procedimento diverso. Agravo de instrumento desprovido"* (TST-AIRR-2.574/2002- 034-02-41.6, 7ª Turma, Rel. Min. Ives Gandra, *DJ* de 3.10.2008).

Entretanto, a *SBDI-1 do TST* entende que *a prescrição não deve ser declarada de ofício na Justiça do Trabalho*, pois, tendo sido o ordenamento jurídico trabalhista construído com o intuito de mitigar as desigualdades verificadas na relação jurídica entre empregador e empregado, não seria razoável atribuir ao magistrado o dever de, ingressando no âmbito da disponibilidade patrimonial patronal, declarar de ofício a prescrição, uma vez que esta situação conduziria à afirmação do Processo do Trabalho como instrumento de tutela dos interesses disponíveis do empregador, acentuando ainda mais o desequilíbrio entre as partes (TST-E-ED-RR-693051-28.2000.5.01.0066, Rel. Min. Lelio Bentes Corrêa, *DEJT* de 12.11.2010).

Capítulo VII

Procedimento trabalhista

1. Distribuição e citação

a) **Distribuição** – é feita quando há mais de um órgão competente para julgar a ação:
- diversas Varas do Trabalho na mesma cidade;
- nos TRTs e TST, entre os magistrados.

Espécies:
- normal;
- por dependência – quando há conexão ou continência entre as ações ou recursos;
- preventa – para o juiz que já conheceu da matéria anteriormente (ex.: revista para quem deu provimento ao agravo de instrumento).

b) **Citação** – é o chamamento do réu para responder à ação.

Formas (CLT, art. 774 e parágrafo único; CPC/2015, art. 246):
- **postal** – é a normal na Justiça do Trabalho (processo de conhecimento, bastando sua entrega no estabelecimento do reclamado; presume-se válida 48 horas depois de remetida – Súmula 16 do TST);
- **mandado** – citação feita por oficial de justiça (via normal no processo de execução, dada a necessidade da pessoalidade; via excepcional no processo de conhecimento, quando volta o comprovante do correio com indicação de ausência do réu);
- **edital** – quando não é conhecido o paradeiro do réu, fazendo-se por meio do *site* do Tribunal na internet e, eventualmente, também em jornal local de ampla circulação;
- **por hora certa** – depois de três vezes não encontrado o réu, o oficial de justiça marca hora para aparecer (CPC/2015, art. 252);
- **por meio eletrônico** – para as empresas públicas e privadas cadastradas;
- **por diretor de secretaria** – se o citando comparecer na Vara.

Para a citação fora dos limites territoriais do juízo (e prática de outros atos processuais):

cartas (CPC/2015, art. 237)
- de ordem – para juízo hierarquicamente inferior;
- precatória – para juízo de igual hierarquia;
- rogatória – para juízo estrangeiro;
- arbitral – proveniente de juízo arbitral.

Efeitos da citação válida (CPC/2015, art. 240):

– induz litispendência;

– torna litigiosa a questão;

– constitui em mora o devedor;

– estabiliza os elementos essenciais da causa.

Obs.: a citação inválida torna nulos todos os atos posteriores praticados; a citação é diferente da *intimação*, que é o ato pelo qual se dá ciência a alguém dos atos e termos do processo, para que faça ou deixe de fazer alguma coisa. As formas de *intimação* são:

- publicação no órgão oficial (acórdãos) e despachos; no caso de sentenças, a publicação faz-se, em regra, na própria audiência de julgamento (Súmula 197 do TST);

- comunicação postal (necessária nos dissídios coletivos; nos individuais, se a sentença não é juntada aos autos em 48 horas, deve ser feita a intimação pelo correio – Súmula 30 do TST –, ou pelo diário eletrônico).

No CPC/1973, a citação válida tornava prevento o juízo e interrompia a prescrição (art. 219), mas a partir do CPC/2015, o registro ou a distribuição da petição inicial é que induz a *prevenção* (CPC/2015, art. 59) e a *prescrição* é interrompida pelo despacho que ordena a citação (CPC/2015, art. 240, § 1º). Contudo, a *OJ 392 da SBDI-1 do TST* assenta o entendimento de que *a interrupção dá-se com a mera propositura da ação*, uma vez que no Processo do Trabalho o magistrado não participa do ato de citação (CLT, art. 841).

A partir da Lei nº 11.277/05, admite-se que o juiz julgue de imediato improcedente a ação, sem citação do réu (CPC/1973, art. 285-A; CPC/2015, art. 332). Nesses casos, havendo recurso, pode o juiz retratar-se da decisão, em 5 dias, mandando citar o réu para responder à ação ou, mantendo a improcedência desta, para responder ao recurso. Pelo novo CPC (art. 332), adaptado ao processo do trabalho, a *improcedência liminar* é possível quando o pedido contrariar: a) enunciado de súmula do STF ou TST; b) acórdão proferido pelo STF ou pelo STF em julgamento de recursos repetitivos; c) entendimento firmado em incidente de resolução de demandas repetitivas ou de assunção de competência; d) enunciado de súmula de TRT sobre direito local; e) caso verifique, desde logo, a ocorrência de decadência (o CPC/2015 faz menção também à prescrição, porém, como visto, não seria aplicável de ofício ao processo do trabalho).

2. Audiência inaugural e contestação

a) **Audiência inaugural** – inicia-se com o chamamento das partes (pregão).

Primeira tentativa de conciliação – aberta a audiência, o juiz tenta conciliar as partes. Não tendo sucesso, prossegue com o oferecimento da defesa. Havendo acordo, este é homologado pelo juiz e vale como decisão irrecorrível, atacável exclusivamente por ação rescisória (CLT, art. 831, parágrafo único; Súmula 259 do TST), cabendo ação anulatória para atacar os acordos homologados a partir da vigência do novo CPC (CPC/2015, art. 966, § 4º). Durante a pandemia do Covid-19, foi admitida a realização de audiências pela modalidade virtual.

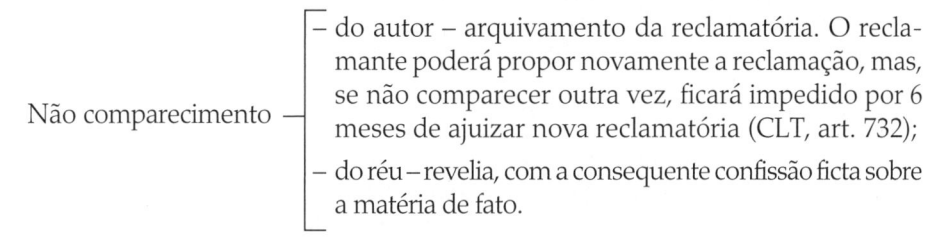

Não comparecimento
- do autor – arquivamento da reclamatória. O reclamante poderá propor novamente a reclamação, mas, se não comparecer outra vez, ficará impedido por 6 meses de ajuizar nova reclamatória (CLT, art. 732);
- do réu – revelia, com a consequente confissão ficta sobre a matéria de fato.

b) **Contestação** – é feita, na Justiça do Trabalho, na própria audiência inaugural. Depois de lida a reclamação, o réu tem 20 minutos para fazer a defesa oral ou entregar a contestação escrita (recomenda-se levá-la por escrito, de modo a poupar tempo e ser mais objetivo, preciso e eficaz). Na prática, disseminado o processo judicial eletrônico no âmbito da Justiça do Trabalho, a defesa era juntada aos autos eletrônicos antes e recebida formalmente pelo juiz em audiência. A partir da Lei nº 13.467/17 (Reforma Trabalhista), porém, a defesa escrita pelo sistema de processo judicial eletrônico poderá ser apresentada até a audiência (CLT, art. 847, parágrafo único), ato que basta por si, sendo desnecessário o recebimento formal pelo juiz em audiência.

O empregador deve pagar na audiência inaugural as verbas rescisórias incontroversas, sob pena de ser compelido a pagá-las com 50% de acréscimo no final do processo (CLT, art. 467).

3. Instrução. Provas

Prova – manifestação particular do princípio do contraditório (contradizer com provas), podendo usar todos os meios legais e moralmente legítimos para fazê-lo.

– Complexo de elementos de que dispõe o juízo para o conhecimento dos fatos.

– Busca do convencimento do juízo a respeito dos fatos que alicerçam a pretensão.

Fase probatória (momentos)
- proposição – determinação dos fatos a serem demonstrados e indicação dos meios de prova;
- admissão – poder que tem o juiz de indeferi-la fundamentadamente;
- produção – reprodução em juízo dos fatos afirmados pelas partes (pode se dar antes da propositura da ação, se houver receio de se tornar impossível produzi-la depois, ou para conciliação prévia, evitando a ação).

Evolução do Princípio de Exame da Prova:

a) *Hierarquia das provas* (CPC/1939, art. 118) – segundo a maior aptidão que determinados meios de prova têm sobre outros (atos que a lei prevê sejam realizados de determinada forma; prova documental prevalecendo sobre testemunhal).

b) *Livre convencimento do juiz* (CPC/1973, art. 131) – para contrastar com o CPC anterior se frisava que o convencimento era livre da hierarquia.

c) *Convencimento fundamentado* (CPC/2015, art. 371) – não sujeito à hierarquia, mas à persuasão racional explicitada, inclusive com inversão do ônus da prova, em face da maior aptidão de uma parte provar o fato (art. 373, § 1º), mas se a lei exigir instrumento público, não se admite outra prova (art. 406).

– Se o juiz formar sua convicção por uma determinada prova, poderá dispensar as outras (CPC/1973, art. 407, parágrafo único; CPC/2015, art. 370, parágrafo único), mas deverá indicar, no momento do indeferimento, por que motivos está indeferindo a postulada pela parte, de modo a não ocorrer o caso de indeferir uma prova pedida e julgar a causa contra ela, asseverando que a parte não provou o que afirmou.

Ônus da prova (CPC/1973, art. 333; CPC/2015, art. 373; CLT, art. 818)
- do autor – quanto aos fatos constitutivos do seu direito;
- do réu – quanto à existência de fatos impeditivos, modificativos e extintivos do direito do autor.

Não admitem prova (CPC/1973, art. 334; CPC/2015, art. 374)
- fatos notórios;
- fatos confessados;
- fatos incontroversos (não contraditos ou com trânsito em julgado em outro processo);
- presunção *iuris et de iure*.

– A parte não pode ser obrigada a fazer prova contra si mesma (CPC/2015, art. 379).

Prova de direito (CPC/1973, art. 337; CPC/2015, art. 376) – quando alegado direito municipal, estadual, estrangeiro ou costumeiro (sentença normativa ou acordo coletivo), a parte deve trazer aos autos os textos indicados.

Havendo prova, não importa quem subjetivamente a administrou (CPC/2015, art. 371), pode o juiz decidir com base nela (em recurso de revista, só se poderá discutir violação aos arts. 818 da CLT e 333 do CPC/1973 (CPC/2015, art. 373) caso nenhuma prova tenha sido apresentada, pois, do contrário, a Súmula 126 do TST impedirá o reexame e nova valoração da prova: TST-Ag-E-ED--RR-179900-38.2006.5.20.0005, SBDI-1, Rel. Min. Horácio Pires, julgado em 4.8.2011).

Espécies de prova

a) **Depoimento pessoal** – interrogatório das partes feito em audiência. Pode ser feito até por videoconferência (CPC/2015, art. 385, § 3º). A *confissão* real é meio de prova que decorre do depoimento em que se reconhecem os fatos alegados pela outra parte (considerada a "rainha das provas", em contraste com a testemunha, reputada a "prostituta das provas", pela facilidade de falsificação dos depoimentos). É indivisível, não podendo ser aproveitada só no que for favorável às partes (CPC/2015, art. 395).

Confissão
- espontânea (CPC/2015, art. 390, § 1º);
- provocada – quando uma parte pede o comparecimento da outra para depor, e esta não comparece (CPC/2015, art. 390, § 2º);
- ficta – quando a parte não comparece à audiência em que deveria depor, desde que advertida previamente da pena pelo não comparecimento (Súmula 74, I, do TST; CPC/2015, art. 385, § 1º).

A confissão ficta pode ser contrastada por prova pré-constituída nos autos ou, a critério do juiz, por prova posterior que venha a pedir à parte adversa do réu confesso (Súmula 74, II e III, do TST).

b) **Documental** – documentos públicos ou privados, inclusive fotos, filmes, fitas gravadas ou mensagens eletrônicas (CPC/2015, art. 422, e §§), que devem vir com a inicial ou com a contestação, ou mesmo ter a sua juntada determinada por ato de ofício do juiz.

A juntada posterior à audiência inaugural somente é permitida (Súmula 8 do TST):

– para provar fato novo;

– quando ficar demonstrado que houve impedimento de juntada anterior.

A autenticidade de documento privado pode ser impugnada pela outra parte (CPC/1973, art. 390; CPC/2015, arts. 411, III, e 430); já a validade de documento oferecido em xerocópia pode ser declarada como autêntica pelo próprio advogado, sob sua responsabilidade pessoal, mas se for impugnada a sua autenticidade, a parte que a produziu será intimada para apresentar cópias devidamente autenticadas ou o original, cabendo ao serventuário competente proceder à conferência e certificar a sua conformidade (CLT, art. 830; CPC/2015, art. 425, IV).

c) **Testemunhal** – terceiro não interessado no processo com obrigação de depor e de dizer a verdade, informando sobre os fatos de que tem conhecimento, sob compromisso (3 para cada parte e 6 no inquérito judicial e 2 no rito sumaríssimo). Sua inquirição é feita em audiência e reduzida a termo. Na Justiça do Trabalho as partes é que levam as testemunhas à audiência (CLT, arts. 825 e 845). A intimação, via de regra, é feita pelos próprios advogados (CPC/2015, art. 455). O não comparecimento espontâneo pode levar à condução coercitiva (CLT, art. 825, parágrafo único; CPC/2015, art. 455, § 5º).

No processo do trabalho não vige o adágio *unus testis, testis nullus* (testemunha única é testemunha nula).

As testemunhas que tenham parentesco com qualquer das partes, amizade íntima ou inimizade declarada não podem prestar compromisso, sendo meras informantes (CLT, art. 829; CPC/2015, art. 477, §§ 4º e 5º). O fato de a testemunha também litigar contra o mesmo empregador em outro processo não é considerado como hipótese de suspeição (Súmula 357 do TST), salvo se comprovada a troca de favores (TST-E-ED-RR-3600-79.2008.5.04.0012, Rel. Min. Augusto César Leite de Carvalho, SBDI-1, *DEJT* de 14.9.2012).

Depois de prestarem compromisso de dizer a verdade, sob as penas da lei (CPC/2015, art. 458), as testemunhas são inquiridas pelo juiz (CLT, art. 820), podendo ser reinquiridas pelas partes e advogados (CPC/2015, art. 459), mas por intermédio do juiz do trabalho.

d) **Pericial** – para provar fatos de percepção técnica, isto é, que dependem de conhecimento especial (o perito designado pelo juiz elabora o laudo pericial, respondendo aos quesitos formulados pelas partes, que podem também indicar assistentes técnicos para ajudá-lo).

Espécies (CPC/2015, art. 464)
- exame (sobre pessoas e móveis);
- vistoria (sobre imóveis);
- avaliação (em inventário etc.).

– Prova técnica simplificada (CPC/2015, art. 464, §§ 2º a 4º) – inquirição de especialista pelo juiz, quando o ponto controvertido for de menor complexidade.

– Perícia obrigatória – insalubridade (salvo se ocorrer o fechamento da empresa, caso em que o juiz se utilizará de outros meios de prova – OJ 278 da SBDI-1 do TST – tal como perícia emprestada de outro processo) e periculosidade. O pagamento de adicional de periculosidade efetuado por mera liberalidade da empresa dispensa a realização da prova técnica, pois torna incontroversa a existência do trabalho em condições perigosas (Súmula 453 do TST).

– Honorários periciais:

- são pagos por quem perdeu no julgamento da pretensão que motivou a perícia (Res. 27/05 do TST, art. 6º);
- a partir da Lei nº 13.467/17 (Reforma Trabalhista), serão fixados com observância do limite estabelecido pelo CSJT (CLT, art. 790-B, § 1º) e arcados inclusive por quem for beneficiário da justiça gratuita (CLT, art. 790-B), uma vez que diz respeito a direito de terceiro (na ADI 5677, o STF entendeu não passível de cobrança do beneficiário da justiça gratuita);
- os dos assistentes são arcados por quem os indicou (Súmula 341 do TST);
- quando a parte sucumbente no objeto da perícia for beneficiária da justiça gratuita (CLT, art. 790-B, § 4º), a União arcará com os honorários periciais (Súmula 457 do TST; Res. 66/10 CSJT);
- o juiz poderá deferir o parcelamento dos honorários periciais (CLT, art. 790-B, § 2º) e não poderá exigir adiantamento de valores para realização da perícia (CLT, art. 790-B, § 3º).

– Perícia consensual (CPC/2015, art. 471) – perito escolhido pelas partes de comum acordo.

– Elementos do laudo (CPC/2015, art. 473) – objeto da perícia, análise técnica, indicação do método e resposta conclusiva aos quesitos.

e) **Inspeção judicial** (CPC/2015, arts. 481-484) – o juiz faz o exame direto de pessoa ou coisa material, em audiência externa, indo ao local onde se encontram (faculdade que possui).

Na falta de provas pode-se decidir com base em:

– máximas de experiência (CPC/2015, art. 375) – surgem pela observação comum dos fatos da vida (objetivam, não a convicção do juiz, mas a não rejeição da ação por falta de provas);

– indícios – circunstâncias conhecidas e provadas que, tendo relação com o fato, autorizam, por indução, concluir-se sobre outros fatos ou circunstâncias;

– presunções
- *iuris tantum* (relativa) – admitem prova em contrário;
- *iuris et de iure* (absoluta) – não admitem prova em contrário.

4. Conciliação e julgamento

a) **Conciliação** – os órgãos da Justiça do Trabalho são precipuamente conciliatórios. A conciliação entre as partes deve ser tentada antes de ser julgada a causa e imposta coercitivamente uma sentença.

Conciliação obrigatória
(CLT, arts. 764 e 831)
— antes da instrução (CLT, art. 846);
— renovar depois das razões finais (CLT, art. 850).

– É obrigatória a tentativa de conciliação, sob pena de nulidade processual, caso demonstrado o prejuízo processual da parte. Não será nula a sentença se, ao menos, houver a segunda tentativa de conciliação depois das razões finais ou se não houver prejuízo para os litigantes.

– A composição amigável pode ser feita em qualquer fase processual (inclusive na execução), sendo homologada, desde que não lesiva ao empregado ou atentatória a preceito de ordem pública. O juiz não está obrigado a homologar o acordo apresentado pelas partes (Súmula 418 do TST), o que foi reforçado pela regra pertinente à homologação de acordo extrajudicial, constante da Reforma Trabalhista (CLT, art. 855-E, introduzido pela Lei nº 13.467/17).

– Natureza jurídica da conciliação – atividade estatal semijurisdicional (ato intermediário entre jurisdicional e administrativo): o Estado não impõe sua vontade, mas apenas sanciona o acordo entre as partes (verificando a validade da transação); a sentença homologatória extingue o processo *com* resolução do mérito (CPC/1973, art. 269; CPC/2015, art. 487, I, *b*).

– Homologação de acordo extrajudicial – com a Lei nº 13.467/17 (Reforma Trabalhista), a conciliação é reforçada mediante previsão de competência das Varas do Trabalho para julgarem ações de *homologação de acordo extrajudicial* (CLT, art. 652, "f"). Neste caso, a petição conjunta de acordo será apresentada, sendo obrigatória a representação por advogado, que não pode ser comum às partes (CLT, art. 855-B, *caput* e § 1º). O juiz deverá analisar o acordo em 15 dias, contados da distribuição, designando audiência, se entender necessário, e proferirá sentença (CLT, art. 855-D). O prazo prescricional ficará suspenso a partir da apresentação da petição de homologação de acordo extrajudicial, voltando a fluir no dia útil seguinte ao do trânsito em julgado da decisão que negar a homologação do acordo (CLT, art. 855-E).

– Também depende de homologação judicial a desistência da ação (CPC/2015, art. 200, parágrafo único). No entanto, a partir da Lei nº 13.467/17 (Reforma Trabalhista), oferecida a contestação, ainda que eletronicamente, o reclamante não poderá, sem o consentimento do reclamado, desistir da ação (CLT, art. 841, § 3º).

– A cultura da conciliação na Justiça do Trabalho, que se espalhou para os demais ramos do Judiciário especialmente com o CPC/2015, tem hoje nos *Centros Judiciários de Métodos Consensuais de Solução de Disputas (CEJUSC-JT)* órgãos ligados aos Tribunais com função de conciliação e mediação de conflitos, podendo a eles ser remetidos processos em qualquer fase processual e grau jurisdicional, a pedido das partes que desejam se compor (Resolução CSJT nº 288/21 e Ato Conjunto CSJT. GP.GVP.CGJT nº 34/21).

b) **Julgamento** – frustradas as tentativas de conciliação, o Juiz do Trabalho julgará a lide, aplicando o direito à espécie.

– Sentença – é a apresentação da prestação jurisdicional. Sua principal consequência é a coisa julgada.

Defeitos da sentença quanto à abrangência do pedido:

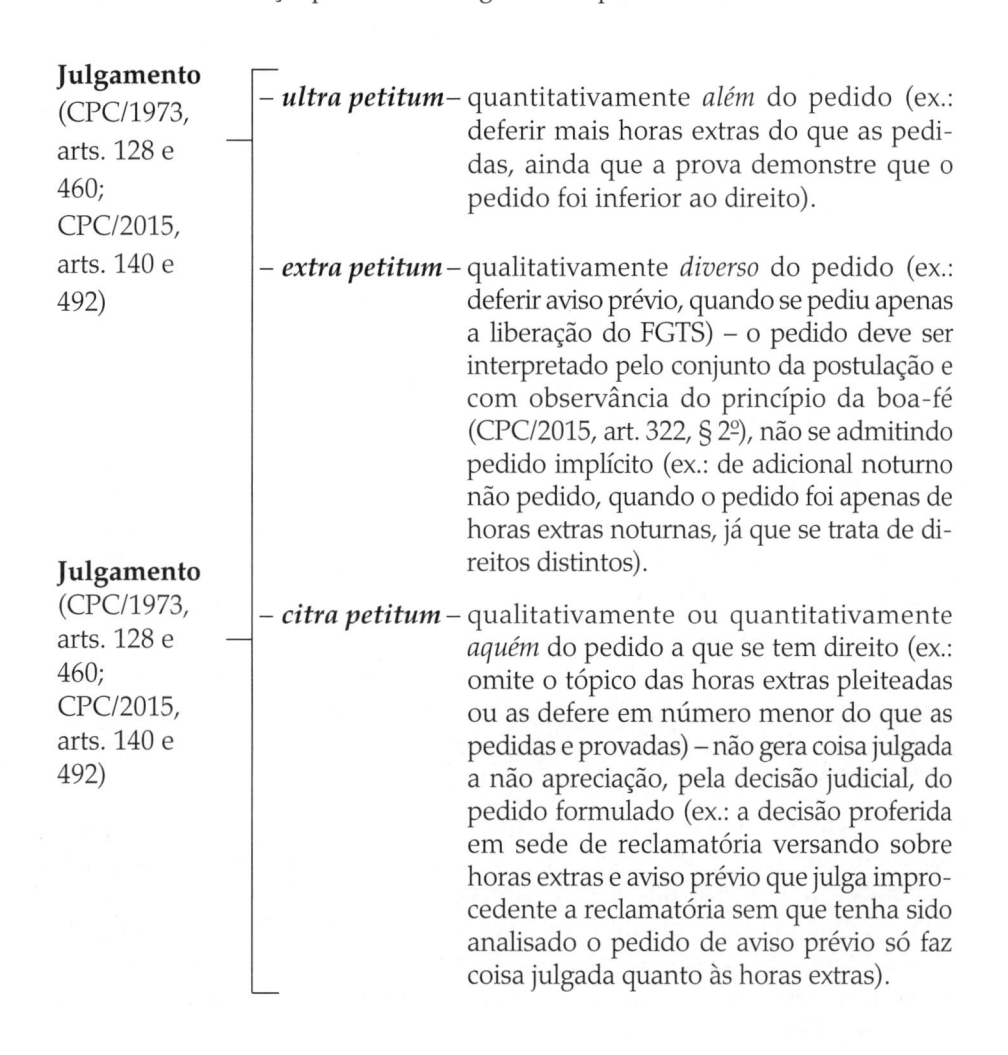

Julgamento (CPC/1973, arts. 128 e 460; CPC/2015, arts. 140 e 492)

– *ultra petitum* – quantitativamente *além* do pedido (ex.: deferir mais horas extras do que as pedidas, ainda que a prova demonstre que o pedido foi inferior ao direito).

– *extra petitum* – qualitativamente *diverso* do pedido (ex.: deferir aviso prévio, quando se pediu apenas a liberação do FGTS) – o pedido deve ser interpretado pelo conjunto da postulação e com observância do princípio da boa-fé (CPC/2015, art. 322, § 2º), não se admitindo pedido implícito (ex.: de adicional noturno não pedido, quando o pedido foi apenas de horas extras noturnas, já que se trata de direitos distintos).

Julgamento (CPC/1973, arts. 128 e 460; CPC/2015, arts. 140 e 492)

– *citra petitum* – qualitativamente ou quantitativamente *aquém* do pedido a que se tem direito (ex.: omite o tópico das horas extras pleiteadas ou as defere em número menor do que as pedidas e provadas) – não gera coisa julgada a não apreciação, pela decisão judicial, do pedido formulado (ex.: a decisão proferida em sede de reclamatória versando sobre horas extras e aviso prévio que julga improcedente a reclamatória sem que tenha sido analisado o pedido de aviso prévio só faz coisa julgada quanto às horas extras).

– Coisa julgada – qualidade da sentença de tornar-se imutável, uma vez esgotados os recursos que a ataquem ou precluso o prazo para deles utilizar-se.

– Coisa julgada inconstitucional – é possível relativizar a coisa julgada na fase de execução, arguindo-se a sua inconstitucionalidade em face de pacificação da controvérsia, pelo STF, em sentido contrário ao título executivo judicial (CLT, art. 884, § 5º; CPC/2015, art. 525, §§ 12 a 15).

Espécies
- formal – esgotamento ou preclusão dos recursos, operando só no mesmo processo, não impedindo que se intente nova ação (sentença não de mérito);
- material – imutabilidade quanto à pretensão, produzindo efeitos definitivos fora do processo e impedindo decisões contraditórias (sentença de mérito).

– Acórdão – é a decisão colegiada prolatada por um tribunal (CPC/2015, art. 204). Deve conter (CLT, art. 832):

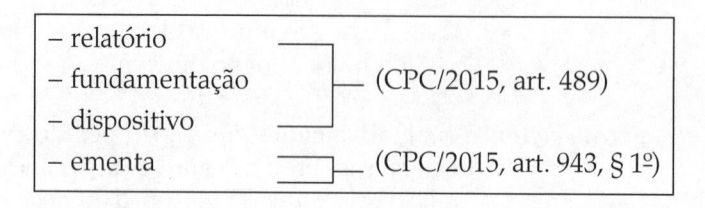

- relatório
- fundamentação ⎫ (CPC/2015, art. 489)
- dispositivo   ⎭
- ementa ⎯ (CPC/2015, art. 943, § 1º)

– Voto de Minerva – nos tribunais, em caso de empate na votação, prevalece a corrente integrada pelo *Presidente* do colegiado, que tem *voto de qualidade* (CLT, art. 672, § 3º); origem histórica na mitologia grega, onde a deusa grega Palas Atena (Minerva dos romanos) preside o julgamento de Orestes por matricídio (em vingança do assassinato de seu pai Agamenon pela mãe e seu amante), cujo empate é solvido pela deusa em favor da absolvição do criminoso. No TST, o Regimento Interno prevê que apenas nos casos de urgência prevalecerá o voto do Presidente (art. 140).

– Voto vencido – quando o magistrado vencido em colegiado protestar pela sua juntada, ele será considerado como parte integrante do acórdão, registrando o fundamento da divergência tanto na apreciação do direito quanto dos fatos. Com o CPC/2015, passou a ser obrigatória a juntada (art. 941, § 3º).

– Plenário eletrônico – nos tribunais, os processos podem ser julgados virtualmente em sessões não presenciais, abertas à votação dos magistrados por uma semana até a conclusão da coleta de votos (quem não votar expressamente sinaliza que acompanha tacitamente o relator), podendo os julgadores, advogados ou procuradores pedir destaque para a sessão presencial dos processos mais relevantes ou com divergência (no TST, o regimento interno disciplina a matéria em seus arts. 132 a 136).

5. Fluxograma do procedimento trabalhista em dissídio individual

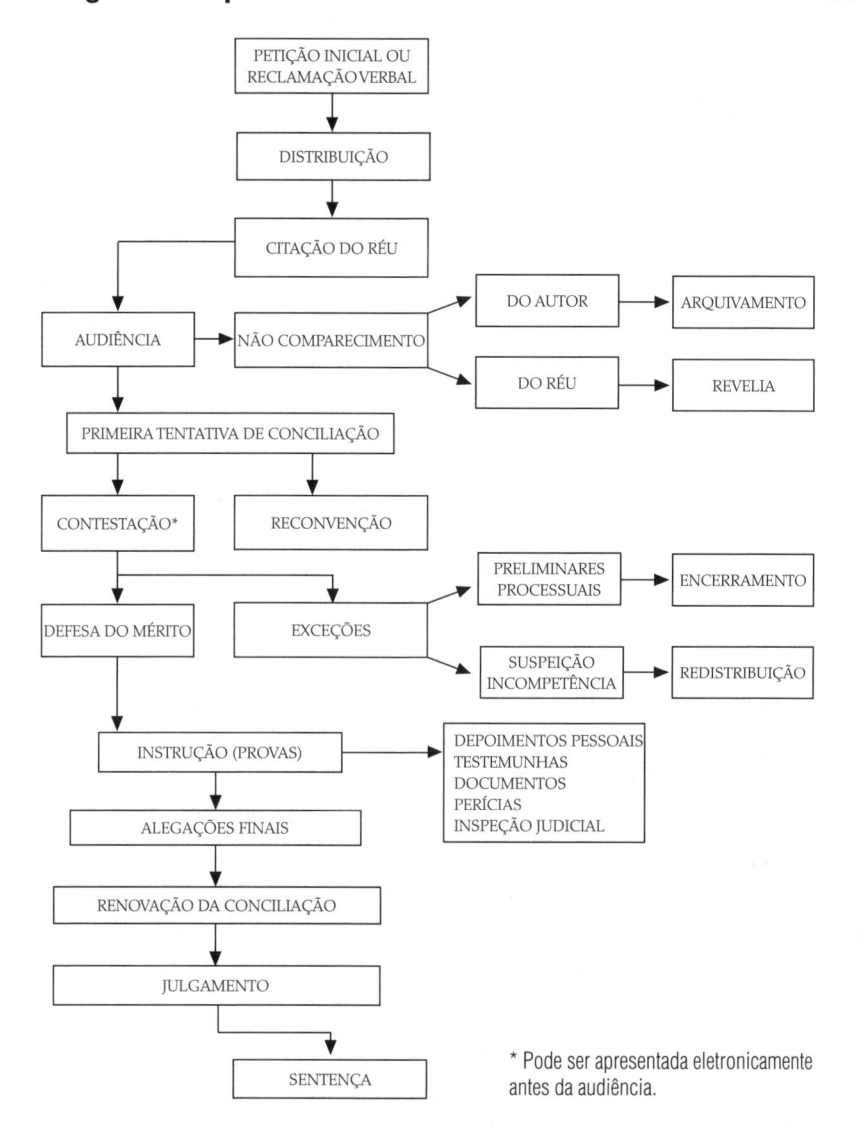

```
PETIÇÃO INICIAL OU RECLAMAÇÃO VERBAL
            ↓
       DISTRIBUIÇÃO
            ↓
      CITAÇÃO DO RÉU
            ↓
   AUDIÊNCIA → NÃO COMPARECIMENTO → DO AUTOR → ARQUIVAMENTO
                                  → DO RÉU   → REVELIA
            ↓
   PRIMEIRA TENTATIVA DE CONCILIAÇÃO
            ↓
   CONTESTAÇÃO*     RECONVENÇÃO
            ↓
   DEFESA DO MÉRITO    EXCEÇÕES → PRELIMINARES PROCESSUAIS → ENCERRAMENTO
                                → SUSPEIÇÃO INCOMPETÊNCIA → REDISTRIBUIÇÃO
            ↓
   INSTRUÇÃO (PROVAS) → DEPOIMENTOS PESSOAIS
                        TESTEMUNHAS
                        DOCUMENTOS
                        PERÍCIAS
                        INSPEÇÃO JUDICIAL
            ↓
   ALEGAÇÕES FINAIS
            ↓
   RENOVAÇÃO DA CONCILIAÇÃO
            ↓
       JULGAMENTO
            ↓
       SENTENÇA
```

* Pode ser apresentada eletronicamente antes da audiência.

6. Rito sumaríssimo

a) **Causas** – estão submetidas ao procedimento sumaríssimo as reclamações trabalhistas cujo valor da causa seja de até *40 salários mínimos* (é o *procedimento mais célere*, criado pela Lei nº 9.957/00, para as *pequenas causas trabalhistas*, dispensando, assim, para a Justiça do Trabalho a criação de juizados especiais de pequenas causas, já que a própria Justiça do Trabalho é uma Justiça Especial). Não se aplica, no entanto, para os entes da Administração Pública direta, autárquica e fundacional.

b) **Características** (CLT, arts. 852-A a 852-I):

- **petição inicial** – o *pedido* deve ser *certo e determinado*, indicando exatamente o que se pretende devido e no seu montante, com o valor correspondente (ex.: o pedido de horas extras deve indicar exatamente quantas se postulam por dia e com que valor global);
- **inexistência de citação por edital** – se o endereço estiver errado, a reclamação será arquivada, com custas para o reclamante, admitindo-se a tramitação pelo rito ordinário caso o reclamante, já na petição inicial, indique que o réu encontra-se em local incerto e não sabido e, por isso, deverá ser citado por edital;
- **audiência única** – deve ser realizada dentro de 15 dias do ajuizamento da ação, podendo ser o prazo dilatado para a realização de mais uma audiência, dentro de 30 dias, no caso de ser necessária prova pericial (*celeridade processual*);
- **proposta conciliatória** – pode ser feita em *qualquer fase* da audiência (deve o juiz envidar todos os esforços para consegui-la);
- **testemunhas** – apenas *duas para cada parte*, trazidas diretamente para a audiência (somente será intimada se não comparecer quando devidamente comprovado que foi convidada pela parte);
- **incidentes e exceções** – devem ser *decididos imediatamente* na audiência;
- **sentença** – proferida na própria audiência, *dispensado o relatório* (basta o registro em ata, de forma resumida, dos atos, afirmações e informações úteis à solução da causa).

c) **Recursos** (CLT, arts. 894, II, 895, §§ 1º e 2º, e 896, § 6º):

- **recurso ordinário** – apreciado em 10 dias pelo relator, sem revisor, com parecer oral da Procuradoria e com acórdão consistente na própria certidão de julgamento;
- **recurso de revista** – restrito às hipóteses de contrariedade a súmula do TST ou violação direta da Constituição Federal;
- **embargos** – admissível apenas por divergência jurisprudencial entre as Turmas do TST ou com a SBDI-1, fundada em interpretações diversas acerca da aplicação de mesmo dispositivo constitucional ou de matéria sumulada (cf. Súmula 458 do TST);
- **agravo de instrumento** – para os casos de trancamento de recurso ordinário ou de revista;
- **agravo de petição** – na fase de execução, se necessário.

Capítulo VIII

Dissídio coletivo

1. Formas de composição dos conflitos coletivos de trabalho

FORMAS DE COMPOSIÇÃO DOS CONFLITOS COLETIVOS			NORMAS
Voluntárias	negociação coletiva		convenção ou acordo coletivo
	conciliação		
	mediação		
Impositivas	arbitragem	facultativa	laudo arbitral
		obrigatória	
	jurisdição estatal (dissídio coletivo)		sentença normativa

2. Conceituação

O dissídio coletivo é ação para tutela de interesses gerais e abstratos da categoria, visando geralmente à criação de condições novas de trabalho e remuneração, mais benéficas do que as previstas em lei. A sentença normativa nele prolatada põe termo ao conflito coletivo de trabalho.

3. Poder Normativo da Justiça do Trabalho

É o conferido pela Constituição Federal (art. 114, § 2º) para estabelecer, nos dissídios coletivos, normas e condições de trabalho além das previstas em leis ou convenções.

Matriz – modelo corporativista italiano ("Carta del Lavoro" de Mussolini), que conferia à magistratura do trabalho poder de dirimir conflitos coletivos de trabalho, mediante fixação de novas condições laborais (Lei italiana nº 563/26, art. 13).

4. Espécies de dissídio coletivo

ESPÉCIES		CARACTERÍSTICAS
Dissídio coletivo de natureza econômica (RITST, art. 241, I)		criação de normas e condições de trabalho (sentença constitutiva)
S U B E S P É C I E S	Originário	inexiste norma coletiva anterior (CLT, art. 867, parágrafo único, *a*; RITST, art. 241, III)
	Revisional	pretende a revisão da norma coletiva anterior (CLT, arts. 873 a 875; RITST, art. 241, IV)
	De Extensão	visa à extensão a toda a categoria das normas acordadas ou impostas apenas a parte dela (CLT, arts. 868 a 871)
Dissídio coletivo de natureza jurídica (RITST, art. 241, II)		interpretação de lei ou norma coletiva particular da categoria (sentença declaratória). É inadmitido para interpretar norma legal de caráter geral para toda a classe trabalhadora
Dissídio coletivo de greve (natureza mista) (RITST, art. 241, V)		quando há paralisação do trabalho; pode ser instaurado pelo Ministério Público (CLT, art. 856); adota procedimento mais célere (CLT, art. 860, parágrafo único); supõe apreciação prévia do caráter abusivo do movimento (Lei nº 7.783/89), o que lhe dá natureza jurídica, mas pode discutir as condições de trabalho, o que lhe confere natureza econômica

5. Condições da ação coletiva

a) **Possibilidade jurídica do pedido** – supõe a possibilidade de criação de norma coletiva para a categoria pela via do dissídio coletivo.

– Não têm direito à negociação coletiva (CF, arts. 39, §§ 3º, e 7º, XXXVI) e aos dissídios coletivos (STF-ADI 492/DF) os *servidores públicos,* uma vez que as vantagens econômicas apenas podem ser conferidas por *lei* (CF, art. 61, § 1º, II, *a*), devendo as despesas dos entes públicos com seus servidores ser previstas no *orçamento* (CF, art. 167, II). Assim, há *impossibilidade jurídica* de ajuizamento de dissídio coletivo contra *pessoa jurídica de direito público,* salvo para apreciação de cláusulas de natureza social (Orientação Jurisprudencial 5 da SDC-TST).

b) **Legitimação** *ad causam* – sendo o dissídio coletivo uma ação da *categoria,* necessita o sindicato de sua *autorização,* por meio de *assembleia geral* convocada especificamente para esse fim.

– A autorização da assembleia geral é *prescindível* no caso de *dissídio coletivo de natureza jurídica,* tendo em vista que a norma coletiva a ser interpretada já foi fruto de convenção, acordo ou dissídio coletivo anterior, de natureza econômica, para o qual o sindicato contou com a autorização da categoria (entendimento atual da SDC--TST, após o cancelamento da sua Orientação Jurisprudencial 6).

– Em se tratando de dissídio coletivo ajuizado apenas contra uma *empresa*, a assembleia geral será apenas dos empregados que nela trabalhem e não de qualquer associado ao sindicato ou membro da categoria (Orientação Jurisprudencial 19 da SDC-TST).

– Se os *estatutos* do sindicato preveem interstício maior para a publicação do *edital* de convocação do que o previsto legalmente, prevalecem as regras estatutárias (Orientação Jurisprudencial 35 da SDC), devendo ser observado o art. 859 da CLT, que regula o *quorum* exigível para a assembleia geral sindical deliberar sobre o ajuizamento de dissídio coletivo (2/3 dos presentes, em 2ª convocação). O *edital* deve ser publicado em jornal que circule em todos os municípios abrangidos pela base territorial do sindicato suscitante (Orientação Jurisprudencial 28 da SDC).

– O *Ministério Público do Trabalho não possui legitimidade ativa "ad causam"* para ajuizar *dissídio coletivo de greve* em relação a *serviços não elencados como essenciais pelo art. 10 da Lei nº 7.783/89*, dados os termos do art. 114, § 3º, da CF, ainda que a atividade seja de vigilância patrimonial, de interesse público, mas não arrolada na norma regulamentar (TST-RO-700-65.2009.5.17.0000, SDC, Rel. Min. Fernando Eizo Ono, julgado em 11.12.2012).

– A empresa *empregadora carece de interesse de agir* para suscitar *dissídio coletivo de natureza econômica*, pois não necessita de autorização da Justiça do Trabalho, nem de negociação coletiva, quando tenciona conceder aos seus empregados melhores condições de trabalho (TST-DC-956-69.2015.5.00.0000, SDC, Rel. Min. Walmir Oliveira da Costa, *DEJT* de 15.5.2015).

c) **Interesse processual** – supõe a *alteração das condições fáticas* da prestação de serviços e do contexto econômico, gerando a necessidade de criação de novas normas coletivas (CLT, art. 873).

– No dissídio coletivo, não é a *lesão* ao Direito que gera o interesse de agir, mas a lesão à Justiça, quando se alteram as circunstâncias fáticas, de modo a tornar injustas as condições de trabalho e remuneração então vigentes. Assim, há a necessidade de adequação do Direito à Justiça Social.

6. Pressupostos processuais da ação coletiva

a) **Subjetivos:**
- referentes ao juiz – além da *imparcialidade* (que supõe o não enquadramento dos julgadores nas hipóteses legais de *impedimento e suspeição* – CPC/1973, arts. 134 e 135; CPC/2015, arts. 144 e 145), supõe a *competência* do órgão julgador, que, no caso dos dissídios coletivos, sob o *prisma hierárquico*, é dos TRTs para os conflitos de âmbito local ou regional, e do TST para os dissídios de âmbito suprarregional ou nacional (Lei nº 7.701/88, arts. 2º, I, *a*, e 6º).

– referentes às partes – *legitimação "ad processum"* – os sindicatos atuam como *substitutos processuais* da categoria (Lei nº 8.073/90, art. 3º), devendo estar *registrados no Ministério do Trabalho* para adquirirem personalidade jurídica sindical (Orientação Jurisprudencial 15 da SDC-TST); as empresas podem figurar no polo passivo; o Ministério Público só pode instaurar dissídio coletivo quando existente greve em serviço essencial (CF, art. 114, § 3º; CLT, art. 856, e Lei nº 7.783/89, art. 8º).

Há *litisconsórcio passivo* quando mais de uma entidade é suscitada. É comum quando o suscitante é sindicato de *categoria diferenciada*, isto é, aquela com estatuto profissional especial (CLT, art. 511, § 3º), chamando todas as empresas que contratem esses empregados (ex.: telefonistas, motoristas etc.), tornando impossível qualquer negociação, acordo ou defesa efetiva. Para esses casos, a SDC reconheceu a necessidade da presença, na assembleia, de empregados de cada uma das entidades suscitadas, para legitimar sua chamada a juízo, de modo a que se torne factível a tramitação do dissídio (cf. TST-RODC-20.092/2002-000-02-00.3, SDC, Rel. Min. Ives Gandra Martins Filho, DJ de 7.12.2007).

Como apenas os sindicatos têm legitimidade para propor o dissídio (CLT, art. 534, § 3º), as *federações* podem compor a lide apenas como *assistentes* (CPC/1973, art. 50; CPC/2015, art. 119), ocorrendo o inverso se o dissídio for de âmbito estadual ou nacional.

Obs.: antes da EC nº 45/04, a Justiça do Trabalho, apenas incidentalmente, podia decidir sobre conflito de *representatividade* entre sindicatos, para efeito de julgar um dissídio coletivo concreto, dada a incompetência da Justiça do Trabalho para solucionar disputa intersindical pela titularidade da representação da categoria (Orientação Jurisprudencial 4 da SDC-TST, cancelada em 18/10/06). Atualmente, a competência é plena, nos termos do art. 114, III, da CF.

b) **Objetivos:**

– **ajuizamento de comum acordo** – com a promulgação da EC nº 45/04, o Poder Normativo da Justiça do Trabalho somente pode ser exercido no caso de *ambas as partes* postularem a intervenção da Justiça Laboral para a composição do conflito, já que infrutíferas as negociações levadas a cabo, o que faz do Judiciário Trabalhista verdadeiro *árbitro*, uma vez que livremente eleito pelas partes. O TST tem mitigado a exigência, admitindo o dissídio coletivo ajuizado apenas por uma das partes, se a outra, intimada, não se opuser à atividade conciliatória e judicante do Tribunal. O STF reconheceu a constitucionalidade da exigência do comum acordo para o ajuizamento de dissídio coletivo econômico (T-841 da Tabela de Temas de Repercussão Geral, RE 1002295, Rel. Min. Marco Aurélio, *DJe* de 13.10.2020);

– **inexistência de litispendência** – a litispendência como fato impeditivo do ajuizamento da ação (CPC/1973, art. 267, V; CPC/2015, art. 485, V) também se aplica ao processo coletivo, não podendo o sindicato ajuizar *novo dissídio* enquanto *pende de julgamento o anterior*. Apenas se se referir a período posterior é que não haverá litispendência, visto que, por vezes, o acúmulo de processos a serem julgados pelos tribunais leva à superposição de dissídios coletivos de uma mesma categoria referentes a anos diversos;

– **negociação coletiva prévia** – o ajuizamento de dissídio coletivo deve ser precedido de tentativa de *negociação coletiva* entre as partes (podendo-se recorrer à *arbitragem* antes que ao Judiciário – CF, art. 114, § 1º). Somente a frustração da negociação é que dá azo ao ajuizamento do dissídio. No caso do *dissídio coletivo de natureza jurídica*, a prévia negociação não é pressuposto processual de validade para o seu processamento, uma vez que tal ação não busca a criação de condições de trabalho (entendimento atual da SDC-TST, após o cancelamento de sua Orientação Jurisprudencial 6). Na vigência da Instrução Normativa nº 4/93 do TST, o Tribunal era mais rigoroso quanto a esse requisito, descartando inclusive a simples realização de mesa redonda na SRTE como suficiente à comprovação da negociação prévia (Orientação Jurisprudencial 24 da SDC-TST). No entanto, *após a revogação da Instrução Normativa nº 4/93*, o TST tem sido *mais flexível*, admitindo que as *tentativas de realização de reunião* para negociação da pauta de reivindicações da categoria, com intermediação da SRTE, já seriam suficientes para ter por preenchido o pressuposto; após a promulgação da EC nº 45/04, a tendência é de ser mais flexível, ainda que a própria norma constitucional exija a negociação prévia, ao manter a expressão *"recusando--se qualquer das partes à negociação coletiva"* (art. 114, § 2º);

– **inexistência de norma coletiva em vigor** – o dissídio coletivo só pode ser ajuizado após *um ano* de vigência da sentença normativa ou do acordo ou convenção coletiva (CLT, art. 873); a única *exceção* permitida é a da superveniência de *fato novo ou acontecimento imprevisto* que modifique substancialmente a relação de trabalho, ensejando greve, que pode gerar nova sentença normativa (Lei nº 7.783/89, art. 14, parágrafo único, II), o mesmo se dando no caso de dissídio coletivo oriundo de greve visando ao *cumprimento de norma coletiva* em vigor (Lei nº 7.783/89, art. 14, parágrafo único, I). O TST vinha considerando *abusiva* a greve nessa hipótese, uma vez que o meio pacífico para a obtenção das vantagens asseguradas em dissídio coletivo seria a *ação de cumprimento* (Orientação Jurisprudencial 1 da SDC, cancelada em 22.6.2004); atualmente, tem admitido a legalidade da greve nessa hipótese (TST-RODC 691.153/2000.6, SDC, Rel. Min. Gelson de Azevedo, *DJ* de 28.5.2004); no caso de *atraso no pagamento de salários*, o TST não tem admitido o desconto dos dias de paralisação, uma vez que a greve não é abusiva e ninguém trabalha sem receber (TST--RODC-200003/2003-000-02-00.0, Rel. Min. Dora Maria da Costa, *DJ* de 13.6.2008);

– **prazo de ajuizamento** – dentro dos *60 dias* que antecedem a data-base da categoria (CLT, art. 616, § 3º), sob pena de perda daquela (CLT, art. 867, parágrafo único, *a*). Para preservar o prazo de ajuizamento da ação foi criada a figura processual do protesto judicial, que garante a data-base por 30 dias;

- **requisitos da petição inicial** (representação) – embora a petição inicial possa ser firmada por ambas as partes conflitantes, o comum acordo pode ser provado ou mesmo tácito (TST-RO-9251-89.2012.5.04.0000, Rel. Min. Kátia Magalhães Arruda, SDC, *DEJT* de 12.6.2015), devendo a inicial vir acompanhada dos seguintes documentos:

    - edital de convocação da assembleia geral da categoria;
    - ata da referida assembleia (juntamente com a pauta reivindicatória, para verificação da autorização específica para ajuizamento do dissídio coletivo e da postulação das cláusulas em concreto);
    - lista de presença dos empregados à assembleia (o *quorum* para deliberação é o do art. 859 da CLT e não o do art. 612 consolidado, bastando para a instauração do dissídio a aprovação por 2/3 dos presentes em segunda convocação, com qualquer número de presentes);
    - certidão da SRTE de fracasso da negociação coletiva;
    - norma coletiva anterior (quando o dissídio é revisional);
    - procuração ao advogado que a subscreve.

Deve conter proposta de solução do conflito, por meio do elenco de *cláusulas* que se busca ver instituídas, devidamente *fundamentadas* (CLT, art. 858, *b*), sob pena de não apreciação da representação ou da cláusula (PN 37 do TST e Orientação Jurisprudencial 32 da SDC).

O TST não tem exigido mais a condição de *associados* aos empregados participantes da assembleia geral da categoria para autorização de instauração de dissídio coletivo, por entender que o sindicato representa os interesses da categoria e não apenas dos associados (TST-RODC-99693/2003.900.04.00, Rel. Min. Carlos Alberto Reis de Paula, *DJ* de 7.12.2007).

7. Procedimento no dissídio coletivo

a) **Conciliação** – é tentada numa audiência exclusiva para isso. O presidente do tribunal, não aceitas as propostas das partes, apresentará sua própria solução (CLT, art. 862). Para se obter a conciliação na audiência inaugural de dissídio coletivo, deve o Presidente ou Vice-Presidente do Tribunal (a quem for afeta a competência para conciliar e instruir o dissídio) utilizar todas as modernas técnicas de conciliação (reuniões em separado com empresários e sindicalistas, exercício de paciência, autocontrole, bom humor e conhecimento da jurisprudência do próprio tribunal, para aproximar os pontos de vista, reduzir expectativas e chegar a uma proposta que seja palatável para ambas as partes, a ser levada para as assembleias dos trabalhadores, se com ela anuir o setor patronal; no TST, nos anos de 2014 e 2015, o percentual de acordos obtidos, quando exercíamos a Vice-Presidência da Corte, chegou perto dos 100% das demandas e greves de âmbito nacional).

- Havendo *acordo*, este será levado ao tribunal para ser *homologado* (acordo extrajudicial não precisa ser homologado pela Justiça, bastando ser depositado no Ministério do Trabalho – Orientação Jurisprudencial nº 34 da SDC-TST).
- Frustrada a conciliação, o processo será sorteado para um dos juízes do tribunal, sendo por este relatado, para julgamento pelo Colegiado.
- Antes de julgado, o dissídio coletivo será submetido a *parecer* do Ministério Público, quer por escrito, quer oralmente, na audiência de instrução do dissídio.

b) **Julgamento** – é feito pelos grupos normativos nos TRTs divididos em turmas ou pela SDC no TST, que prolata uma sentença normativa.

- *Sentença normativa* – consequência do Poder Normativo da Justiça do Trabalho (jurisdição de *equidade*, que se rege não pelo princípio da legalidade, mas pelo da *discricionariedade*, concedendo as vantagens pleiteadas conforme a conveniência e a oportunidade).
- Cria normas e condições de trabalho.
- Vigora *erga omnes* e não *inter partes*, assemelhando-se à norma jurídica por seu caráter geral e abstrato e instituindo novos direitos e garantias aos trabalhadores.
- A sentença homologatória de acordo coletivo vale como sentença normativa.
- A Justiça do Trabalho, ao prolatar as sentenças normativas, opera no branco da lei, complementando-a.
- Em dissídio coletivo não há de se falar em julgamento *ultra* ou *extra petita*, pois nele não há pedido, mas proposta de conciliação (CLT, art. 858, *b*), prevalecendo o *princípio inquisitório*, não o princípio dispositivo, com ampla liberdade do juiz para compor o conflito coletivo.
- A apreciação do dissídio faz-se *cláusula a cláusula*, mas com a visão global dos benefícios deferidos, de modo que a sentença normativa traduza, no seu conjunto, justa composição do conflito de interesses das partes e guarde adequação com o interesse da coletividade. Assim, a par da análise de cada cláusula, quanto à sua plausibilidade, far-se-á o *exame total dos benefícios conferidos ao trabalhador* por meio do dissídio, pois se representarem um ônus excessivo às empresas, algumas dessas cláusulas deverão ser indeferidas, podendo-se conceder determinado benefício em vista do indeferimento de outro, ou recusar a aprovação de uma vantagem, por haver sido concedida outra.
- Com o advento da EC nº 45/04, a SDC do TST tem considerado que a manutenção de *cláusulas preexistentes* só é admissível em se tratando de

condições previstas em acordos ou convenções coletivas de trabalho revisadas pelo dissídio coletivo em apreço, não se admitindo a preexistência de cláusulas de sentença normativa (CF, art. 114, § 2º, *in fine*). A exceção a esta última regra é a do acordo homologado em dissídio coletivo, cujas cláusulas se tornam direito mínimo a ser respeitado por sentença normativa posterior (TST-RODC-2265/20 05.000.15.00-2, Rel. Min. Walmir Oliveira da Costa, *DJ* de 27.6.2008). Ademais, a jurisprudência atual da SDC, em face da Lei nº 13.467/17, segue no sentido de não admitir mais o deferimento de cláusulas com base no argumento de serem *conquistas históricas*, assim consideradas aquelas repetidas em normas autônomas (ACT, CCT ou acordo homologado) ou heterônomas (sentenças normativas) pelos últimos 10 anos, limitando-se a deferir as que sejam estritamente preexistentes (TST-DCG-1001203-57.2020.5.00.0000, Red. Min. Ives Gandra, julgado em 21.9.2020).

8. Limites do Poder Normativo da Justiça do Trabalho

a) **Teto** – justa retribuição ao capital (CLT, art. 766); não se podem conceder cláusulas, salvo as preexistentes (ACT ou CCT do período imediatamente anterior ao dissídio coletivo) que:

- importem em *ônus econômico* para o empregador (ROT-7345-14.2019.5.15.0000, Rel. Min. Ives Gandra, *DEJT* de 17.11.2021);
- impliquem *intervenção da esfera gerencial* do empregador (TST-RO-1000659-25.2014.5.02.0000, Rel. Min. Mauricio Godinho Delgado, *DEJT* 16.4.2018);
- digam respeito a *matéria reservada à lei* (ReeNec e RO-2008000-61.2009.5.02.0000, Rel. Min. Fernando Eizo Ono, *DEJT* de 1.6.2012);
- tratem de *matéria suficientemente disciplinada por lei* (TST-ROT-1001689-56.2018.5.02.0000, Rel. Min. Guilherme Augusto Caputo Bastos, *DEJT* 28.10.2020).

b) **Degraus** – equidade, conveniência e bom senso (o deferimento das cláusulas não pode ser feito indiscriminadamente com base em precedentes genéricos para todas as categorias; devem-se levar em consideração as condições laborais de cada categoria e o conjunto das vantagens a serem concedidas, de forma a que o indeferimento de determinada cláusula seja justificado, num dado contexto, pela concessão de outras vantagens no mesmo dissídio, dada a oportunidade e a conveniência de se alterarem as condições de trabalho vigentes para determinada categoria).

c) **Patamar** – Constituição e demais normas legais e convencionais (CF, art. 114, § 2º, *in fine*): não se podem estabelecer condições de trabalho menos vantajosas do que as mínimas já garantidas.

Obs.: as normas estabelecidas em acordos ou convenções coletivas devem ser mantidas nas sentenças normativas que as substituam (CF, art. 114, § 2º), somente podendo ser revogadas por acordo ou convenção posterior (Lei nº 8.542/92, art. 1º, § 1º). Também as cláusulas preexistentes, fruto de acordo homologado em dissídio coletivo, passaram a ser consideradas normas convencionais mínimas a serem respeitadas como mínimo em sentenças normativas (cf. TST-RODC-2265/2004-000-15-00.2, Rel. Min. Walmir Oliveira da Costa, *DJ* de 27.6.2009).

9. Precedentes Normativos do TST

Jurisprudência reiterada da Suprema Corte Trabalhista, concedendo ou negando vantagens laborais às diversas categorias, postuladas além das já previstas em lei. O TST vinha concedendo, entre outras, as seguintes vantagens: adicional de 100% para as horas extras; adicional noturno de 60%; estabilidade provisória ao aposentando, acidentado ou alistando; aviso prévio de 60 dias; trato de terra para cultivo ao rurícola; abono de falta para levar filho ao médico; licença não remunerada ao estudante para prestação de provas; fornecimento de uniformes, etc. No entanto, cancelou 28 de seus 120 Precedentes Normativos (sessão de 13.8.1998).

10. Espécies de cláusulas instituídas em sentença normativa

a) **Cláusulas econômicas** – são as mais debatidas, concernentes ao *reajuste salarial*, aumento real a título de *produtividade* e fixação do *piso salarial* da categoria.

b) **Cláusulas sociais** – instituem *garantias de emprego* e vantagens laborais que não oneram economicamente de forma direta as empresas, tais como *abonos de faltas* e fixação de condições menos desgastantes da prestação de trabalho.

Em dissídios coletivos de natureza jurídica, a SDC do TST tem impedido as *dispensas em massa* de empregados, por encerramento de unidade empresarial ou redução da atividade econômica, condicionando as despedidas à *negociação coletiva com o sindicato*, pois as repercussões econômicas e sociais delas advindas extrapolam o vínculo empregatício, alcançando a coletividade dos trabalhadores, bem com a comunidade e a economia locais (TST-RO-173-02.20 11.5.15.0000, Rel. Min. Mauricio Godinho Delgado, julgado em 13.8.2012; TST-RO-6-61.2011.5.05.0000, Rel. Min. Walmir Oliveira da Costa, julgado em 11.12.2012). Quanto à necessidade de negociação coletiva para a dispensa em massa de trabalhadores, o STF reconheceu a existência de repercussão geral que, no entanto, ainda está pendente de apreciação do mérito (T-638 da Tabela de Temas de Repercussão Geral).

c) **Cláusulas sindicais** – regulamentam o relacionamento do sindicato com as empresas, fixando *contribuições* a serem descontadas dos empregados em favor da entidade sindical, instituindo *garantias aos dirigentes sindicais* e possibilitando sua atuação no âmbito das empresas.

11. Instrução Normativa nº 4/93 do TST (revogada)

Criou a figura do *protesto judicial* para garantir a data-base (com obrigação de ajuizar o dissídio em 30 dias). Considerada como instrumento de excessivo formalismo para o processo coletivo, ensejando a extinção de inúmeros dissídios coletivos pelo TST, por ausência do cumprimento de algum requisito formal, foi revogada em 20.4.2003.

A revogação da Instrução Normativa nº 4/93 do TST não tem impedido o TST de reconhecer *assegurada a data-base da categoria,* mesmo com o ajuizamento do dissídio coletivo após o prazo do § 3º do art. 616 da CLT, quando demonstrado que *as negociações tiveram prosseguimento após a data-base da categoria,* visando a obter uma solução de autocomposição do conflito coletivo. A data-base pode, também, ser assegurada por *acordo* entre as partes, no sentido de prosseguir nas negociações por mais 30, 60 ou 90 dias.

12. Emenda Constitucional nº 45/04 – Redução do Poder Normativo

Com a promulgação da Emenda Constitucional nº 45/04, verifica-se que o *Poder Normativo* atribuído à Justiça do Trabalho restou *quantitativamente reduzido* e *qualitativamente alterado,* na medida em que:

a) apenas de *comum acordo,* o dissídio coletivo poderá ser ajuizado, o que faz das Cortes Trabalhistas verdadeiras *Cortes de Arbitragem,* pois a característica própria da arbitragem é a livre eleição das partes, mas, uma vez eleito o árbitro, o procedimento para a composição do litígio é o judicial e legalmente já estabelecido, devendo sua decisão ser respeitada pelas partes; e

b) os únicos *dissídios coletivos genuínos* serão aqueles propostos pelo *Ministério Público,* nos casos de *greve* em *serviços essenciais,* que comprometam o interesse público.

A alteração constitucional parece salutar, na medida em que se promove dentro do contexto de *valorização* da *composição* dos conflitos *coletivos, de preferência diretamente pelas partes envolvidas,* que são as que melhor conhecem as condições de trabalho e a situação por que passa o setor produtivo em questão.

Por outro lado, os *impasses* na solução desses conflitos, levando à manutenção de movimentos paredistas que comprometam a prestação de serviços essenciais, têm a válvula de escape da *intervenção do Ministério Público,* em defesa da sociedade prejudicada, ajuizando o *dissídio coletivo típico,* tanto de natureza jurídica (pela declaração, ou não, da abusividade da greve) como de natureza econômica (compondo os interesses em conflito, mediante o estabelecimento das condições de trabalho que façam cessar os problemas decorrentes da prestação de serviços nas condições atuais).

Capítulo IX

Nulidades

1. Nulidade processual

Vício do ato processual (praticado pelo juiz ou pelas partes) que o impede de produzir efeitos. É também a sanção imposta pela lei, que impede que o ato jurídico gere seus efeitos normais, em razão da inobservância das exigências legais quanto à forma.

2. Espécies

	NULIDADE ABSOLUTA	**NULIDADE RELATIVA**
a) defeito que gera	ato nulo	ato anulável
b) interesse em jogo	público (norma imperativa)	privado (norma dispositiva)
c) efeitos	não produz qualquer efeito	produz efeito enquanto não anulado pelo juiz
d) sentença anulatória	declaratória	constitutiva
e) abrangência da sentença	*erga omnes*	*inter pars*
f) quem pode alegar	até o juiz e o Ministério Público	somente os interessados
g) possibilidade de ratificação	não existe	pode ser ratificado
h) prescritibilidade	imprescritível[1]	ação anulatória prescreve
i) casos	– agente absolutamente incapaz – objeto ilícito – não observância da forma legal (é a mais corrente causa de nulidade processual) – incompetência de foro	– agente relativamente incapaz – defeitos dos atos jurídicos (comum no que concerne à prova e aos acordos): – erro – dolo – coação – estado de perigo – lesão – fraude contra credores

[1] Entendemos, no entanto, que o ato nulo prescreve, não obstante grande parte da doutrina sustente sua imprescritibilidade.

3. Princípios

a) **Princípio do prejuízo (transcendência)** – a nulidade apenas será declarada se resultar do ato viciado prejuízo processual à parte, referente à sua defesa (*pas de nullité sans grief*) (CLT, art. 794; CPC/2015, art. 282, § 1º).

Nesse sentido, a decisão que acolhe *embargos declaratórios com efeito modificativo sem concessão de vista à parte contrária* é nula apenas se configurado manifesto prejuízo, uma vez que o item I da Orientação Jurisprudencial 142 da SBDI-1 fala em ser a decisão "passível de nulidade", e não nula *ipso facto* (TST-E-ED-RR-512150 0-44.2002.5.01.0900, SBDI-1, Rel. Min. Ives Gandra da Silva Martins Filho, julgado em 2.8.2012).

Se o juiz, no mérito, puder decidir favoravelmente à parte que invocou a nulidade, não a decretará (CPC/1973, art. 249, § 2º; CPC/2015, art. 282, § 2º).

b) **Princípio da finalidade** – se o ato atingiu sua finalidade, ainda que não atendida a forma prescrita em lei, não será declarado nulo (ex.: vício de citação sanado pelo comparecimento espontâneo do réu à audiência) (CPC/1973, arts. 154 e 277; CPC/2015, arts. 188 e 277).

c) **Princípio da preclusão (eventualidade)** – as nulidades devem ser arguidas na primeira oportunidade de falar nos autos após sua ocorrência (CLT, art. 795; CPC/2015, art. 278). Não se aplica a preclusão se for provado o legítimo impedimento, ou existir força maior, alheio à vontade da parte e que a impediu de praticar o ato (CPC/1973, arts. 183, § 1º, e 245, parágrafo único; CPC/2015, arts. 223, § 1º e 278, parágrafo único); o CPC/2015 privilegia o julgamento de mérito, apontando para que seja feito se a extinção e o mérito forem favoráveis à mesma parte (art. 488).

d) **Princípio da utilidade** – se o ato anulado é premissa necessária dos seguintes válidos, todos perderão seus efeitos; porém, se não houver correlação de dependência ou prejuízo à defesa, poderão ser aproveitados (*utile per inutile non vitiatur*) (CLT, art. 798; CPC/2015, arts. 281 e 283).

e) **Princípio do interesse de agir** – não haverá nulidade se a parte prejudicada não a arguir (CPC/1973, arts. 243, 249, § 1º, e 250; CPC/2015, art. 278).

f) **Princípio da causalidade** – os atos a serem anulados devem ser interdependentes, ligados por relação de causa e efeito (CPC/1973, arts. 248 e 249; CPC/2015, arts. 281 e 282). Declarada a nulidade, deve o juiz explicitar quais os atos atingidos (CLT, arts. 797 e 798).

g) **Princípio da repressão** – o juiz pode decretar a nulidade absoluta do processo se entender que as partes estão buscando fim proibido por lei ou tentando praticar ato simulado (CPC/1973, art. 129; CPC/2015, art. 142) ou, pelo contrário, não declarar a nulidade quando arguida por quem lhe der causa (CLT, art. 796, *b*).

h) **Princípio da convalidação** – o ato nulo cuja nulidade não foi arguida no tempo oportuno se convalida (CLT, art. 795; CPC/1973, art. 245; CPC/2015, art. 278), podendo igualmente não se pronunciar a nulidade se for possível suprir-se a falta ou repetir-se o ato (CLT, art. 796, *a*).

4. Nulidade por negativa de prestação jurisdicional

Quando a decisão judicial (mormente de TRT) *silencia* sobre aspecto fático ou jurídico relevante para o deslinde da controvérsia e que foi articulado pela parte oportunamente, deve ela opor *embargos declaratórios* visando à superação da omissão havida (CPC/1973, art. 535; CPC/2015, art. 1.022; CLT, art. 897-A).

Persistindo a *omissão*, se esta referir-se exclusivamente a aspecto *jurídico*, poderá o juízo da instância superior reputar *prequestionada* a matéria (Súmula 297, III, do TST).

Em se tratando de aspecto *fático*, a persistência do tribunal em não enfrentar a questão configura *negativa de prestação jurisdicional*, que enseja a *nulidade do julgado*, quando invocada a preliminar no recurso, fundando-a em violação dos arts. 832 da CLT, 458 do CPC, 489, II, do CPC/2015, ou 93, IX, da CF (cf. Súmula 459 do TST, que só admite a preliminar calcada nesses dispositivos e não em outros ou em divergência jurisprudencial).

Se o recorrente *não opuser* antes os embargos declaratórios ou lastrear sua preliminar em dispositivos legais que *não tratem* da exigência de *fundamentação da sentença* (v. g.: CF, art. 5º, LIV ou LV), a *nulidade não será decretada*. A partir da Lei nº 13.467/17 (Reforma Trabalhista), para interpor recurso de revista arguindo a negativa de prestação jurisdicional, caberá ao recorrente transcrever na peça recursal o trecho dos embargos declaratórios em que foi pedido o pronunciamento do tribunal sobre a questão concreta (CLT, art. 896, § 1º-A, IV).

Capítulo X

Recursos trabalhistas

1. Princípios gerais

Recursos – meios de impugnar as decisões judiciais não transitadas em julgado.

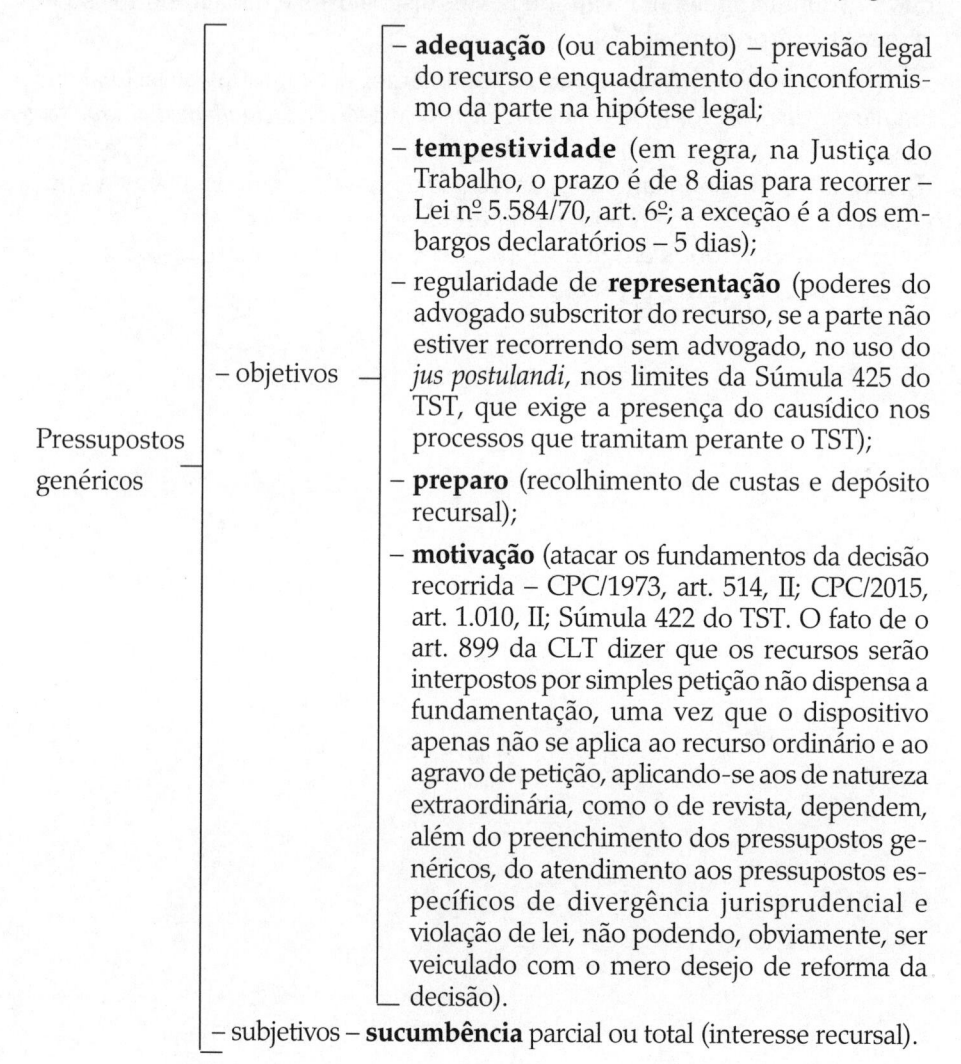

Pressupostos genéricos
- objetivos
  - **adequação** (ou cabimento) – previsão legal do recurso e enquadramento do inconformismo da parte na hipótese legal;
  - **tempestividade** (em regra, na Justiça do Trabalho, o prazo é de 8 dias para recorrer – Lei nº 5.584/70, art. 6º; a exceção é a dos embargos declaratórios – 5 dias);
  - regularidade de **representação** (poderes do advogado subscritor do recurso, se a parte não estiver recorrendo sem advogado, no uso do *jus postulandi*, nos limites da Súmula 425 do TST, que exige a presença do causídico nos processos que tramitam perante o TST);
  - **preparo** (recolhimento de custas e depósito recursal);
  - **motivação** (atacar os fundamentos da decisão recorrida – CPC/1973, art. 514, II; CPC/2015, art. 1.010, II; Súmula 422 do TST. O fato de o art. 899 da CLT dizer que os recursos serão interpostos por simples petição não dispensa a fundamentação, uma vez que o dispositivo apenas não se aplica ao recurso ordinário e ao agravo de petição, aplicando-se aos de natureza extraordinária, como o de revista, dependem, além do preenchimento dos pressupostos genéricos, do atendimento aos pressupostos específicos de divergência jurisprudencial e violação de lei, não podendo, obviamente, ser veiculado com o mero desejo de reforma da decisão).
- subjetivos – **sucumbência** parcial ou total (interesse recursal).

Interposição – em cartório (Secretaria) ou por peticionamento eletrônico e no juízo que proferiu a decisão recorrida (os arts. 547, parágrafo único, do CPC/1973; 929, parágrafo único, do CPC/2015 admitem a descentralização do protocolo nos tribunais – *sistema de protocolo integrado* – para recepção de petições pelos ofícios de 1º grau, conforme regulamentação dos tribunais, o que não inclui o protocolo postal nem o recebimento de processos destinados aos tribunais superiores, se estes não dispuserem sobre a matéria).

Duplo grau de jurisdição – garante uma melhor solução do litígio (saber que a decisão será revista faz com que se julgue melhor). Problema: distanciamento dos fatos.

Princípios

a) **Unirrecorribilidade** – de cada decisão só cabe um recurso (exceções: interposição simultânea de embargos e recurso extraordinário ou de recurso especial e recurso extraordinário).

b) **Variabilidade** – respeitada a tempestividade, há a possibilidade de se desistir de um recurso e entrar com outro de diferente espécie contra a mesma decisão (a interposição do segundo faz presumir a desistência do primeiro) (CPC de 1939, art. 809 – sobrevive como princípio).

c) **Unicidade** – um recurso só pode ser interposto uma vez contra a mesma decisão (ex.: os segundos embargos declaratórios são somente contra o acórdão dos primeiros e não contra o acórdão principal).

d) **Fungibilidade** – respeitada a tempestividade e atenuada a adequação, aceita-se um recurso por outro (CPC de 1939, art. 810 – sobrevive como princípio; CPC/1973, art. 250; CPC/2015, art. 283 – fundamento genérico que poderia ser aplicado em matéria recursal para justificar a manutenção do princípio da fungibilidade recursal); o STF só o admite quando haja fundada dúvida sobre qual o recurso cabível (descartando o "erro grosseiro" no manejo do recurso pertinente).

e) **Intertemporalidade** – recurso novo possui vigência imediata; um recurso extinto sobrevive em relação ao processo que o utilizou (CPC/1973, arts. 1.211 e 1.218; CPC/2015, art. 1.046).

Efeitos dos recursos	– **devolutivo** – a controvérsia debatida na decisão revisanda é devolvida à instância superior, que assim conhecerá da causa em tela, reformando ou mantendo a decisão recorrida (CPC/1973, art. 515, *caput*; CPC/2015, art. 1.013, *caput*);
	– **suspensivo** – quando a eficácia da decisão revisanda fica suspensa até pronunciamento do órgão revisor;
	– **regressivo** – ocorre nas hipóteses em que o recurso é dirigido ao órgão prolator da decisão recorrida (embargos de declaração e infringentes);

Efeitos dos recursos
- **diferido** – quando a apreciação do recurso depende da interposição de outro apelo contra decisão diversa (ex.: recurso extraordinário manifestado conjuntamente com recurso especial ou embargos, dependendo do julgamento prévio destes);
- **translativo** – ocorre nas hipóteses em que se dá a *transferência* (e não devolução), à instância superior, da matéria impugnada ou de ordem pública, não analisada pela instância inferior, que não dependa de instrução probatória (CPC/1973, art. 515, § 3º; CPC/2015, art. 1.013, § 3º).

A devolutividade ampla do recurso ordinário diz respeito à *matéria impugnada* que *não tenha sido julgada por inteiro* (CPC/1973, art. 515, § 1º; CPC/2015, art. 1.013), ou seja, o tópico deve ter sido objeto de decisão, mas sem análise de todos os seus *aspectos* e *argumentos* (ex.: pleito de horas extras deferido, mas sem análise das objeções patronais relativas ao exercício de cargo de confiança ou do direito à compensação). Se o processo estiver em condições, caberá ao tribunal regional julgar desde logo o mérito da causa, inclusive em relação a pedido não apreciado na sentença (item III da Súmula 393 do TST).

Juízo de admissibilidade do recurso:

a) *a quo* – exercido pelo juiz de 1º grau ou pelo presidente do órgão prolator da decisão, verificando se preenche os pressupostos intrínsecos e extrínsecos de admissibilidade. Em caso de trancar o recurso, cabe agravo de instrumento contra o despacho trancatório. A partir da Instrução Normativa nº 40 do TST, se a admissibilidade do recurso de revista ficou restrita a algum tema, cabe agravo, pois o tribunal superior só poderá apreciar as matérias veiculadas no recurso que tiveram o conhecimento admitido na instância regional. Admitido ou trancado o apelo, pode haver, após o oferecimento de contrarrazões ou de agravo, o *juízo de retratação*, para destrancar ou denegar seguimento ao recurso (CPC/1973, art. 518, parágrafo único; CPC/2015, art. 1.013, § 1º);

b) *ad quem* – exercido pelo órgão julgador do recurso (isoladamente pelo relator [CPC/1973, art. 557; Lei nº 7.701/88; CPC/2015, art. 932, III e IV] ou colegiadamente pelo Tribunal), para verificar se tem condições de ser conhecido. *Não cabe ao TST*, de ofício, a *revisão da admissibilidade de recurso* interposto e *já julgado pelo TRT*, sob pena de afronta ao *princípio do isolamento dos atos processuais*, que fundamenta a preclusão quanto ao preenchimento dos pressupostos de admissibilidade de apelo (TST-E-AIRR-109440-17.2003.5.01.0019, Rel. Min. Augusto César, SBDI-1, *DEJT* de 6.2.2015).

O CPC/2015 (art. 1.013, § 3º) altera a sistemática de tramitação dos recursos, ao fixar a regra pela qual o recurso será remetido ao tribunal pelo juiz, independentemente de juízo de admissibilidade. No entanto, o sistema recursal trabalhista, ao prever o agravo para atacar os despachos que denegarem seguimento ao recurso

(CLT, art. 897, *b*), não é influenciado pela alteração processual civil, mantendo-se a sistemática do juízo duplo de admissibilidade dos recursos. Assim, cabe ao juiz de primeiro grau despachar os recursos interpostos pelas partes, fundamentando a decisão antes da remessa ao Tribunal Regional (art. 659, VI, da CLT). E, da mesma forma, cabe ao presidente do TRT despachar os recursos interpostos pelas partes (art. 682, IX, da CLT), que poderá, no caso do recurso de revista, recebê-lo ou denegá-lo (CLT, art. 896, § 1º).

Contagem do prazo recursal – da intimação da decisão (na própria audiência, quando presentes as partes) ou de sua publicação no *DJ*, computando-se apenas os *dias úteis* (CLT, art. 775). No *processo eletrônico*, considera-se como data da publicação o primeiro dia útil seguinte ao da disponibilização da informação no *Diário da Justiça Eletrônico* (*DJe*), iniciando-se aí o prazo recursal no dia subsequente à publicação (art. 4º, § 3º, da Lei nº 11.419/2006; CPC/2015, art. 224, § 2º), ou seja, no segundo dia após a disponibilização via internet.

Situações	Regras
Início do Prazo	Dia seguinte àquele em que o interessado toma ciência do ato (notificação postal; publicação no *DJ* ou *DJE*; intimação pessoal na audiência)
Início da Contagem do Prazo	Primeiro dia útil seguinte à ciência do ato (publicado o ato no *Diário Oficial* do dia 1º, o prazo começa a fluir no dia 2, desde que esse seja o primeiro dia útil)
Término do Prazo	Último dia do total de dias previstos (o recurso deve ser interposto até o final do expediente forense desse dia)
Início ou Término da Contagem em Sábado, Domingo ou Feriado	O início da contagem ou vencimento do prazo fica postergado para o 1º dia útil seguinte
Recesso Forense (20.12 a 6.1)	Suspende a contagem do prazo (que recomeça a fluir, pelo que lhe faltava); o art. 220 do CPC/2015 prevê a suspensão dos prazos e a não realização de audiências e sessões de julgamento no período de 20.12 a 20.01, ampliando a suspensão de prazos decorrente do recesso forense
Férias (2 a 31.1 e 2 a 31.7)	Suspendem os prazos apenas dos recursos dentro do TST (pois juízes dos TRTs não têm férias coletivas)
Presunção	Recebimento de notificação postal 48 horas depois de postada (a parte deve comprovar o contrário, se ocorrer) (Súmula 16 do TST)
Prazo dobrado p/ prática de atos processuais	Ministério Público, Defensoria Pública e Advocacia Pública (DL nº 779/69, art. 1º, III)

Litisconsórcio recursal – o recurso interposto por um dos litisconsortes a todos aproveita (CPC/1973, art. 509; CPC/2015, art. 1.005), não se aplicando, porém, a contagem de prazos em dobro, ainda que tenham procuradores distintos, dada a incompatibilidade da regra do processo comum (CPC/2015, art. 229, *caput*, e §§ 1º e 2º) com a celeridade do processo do trabalho (OJ 310 da SDI-1 do TST).

Deserção – ocorre quando não há o pagamento das custas, emolumentos relativos aos traslados ou depósito recursal. Este deve ser efetuado no valor da condenação, até o limite de R$ 10.986,80 para o recurso ordinário e de R$ 21.973,60 para o de revista, embargos, recurso extraordinário e recurso em ação rescisória (SEGJUD. GP/TST nº 175/21), e 50% do depósito do recurso que se pretende destrancar para o agravo de instrumento (arts. 897, § 5º, I, e 899, § 7º, da CLT e Instrução Normativa nº 3, II, *a*, do TST), devendo ser realizado em conta vinculada ao juízo (CLT, art. 899, § 4º). Antes da Lei nº 13.467/17 (Reforma Trabalhista), o depósito recursal era efetivado na conta vinculada do empregado, mediante a utilização da Guia GFIP, admitido o depósito judicial, realizado na sede do juízo e à disposição deste, na hipótese de relação de trabalho não submetida ao regime do FGTS (Súmula 426 do TST). O pagamento do depósito recursal deve ser comprovado no prazo de interposição do recurso (Lei nº 5.584/70, art. 7º).

As custas devem ser pagas e comprovado o seu recolhimento no mesmo prazo de interposição do recurso (CLT, art. 789, § 1º). Incidem à base de 2% do valor da causa, da condenação ou do arbitrado pelo juiz (CLT, art. 789 e seus incisos). Sendo inferior a R$ 10,64, serão fixadas nesse patamar mínimo (Instrução Normativa nº 20/02 do TST; CLT, art. 789, *caput*). A partir da Lei nº 13.467/17 (Reforma Trabalhista), a fixação das custas observará o limite de quatro vezes o teto dos benefícios do Regime Geral de Previdência Social (CLT, art. 789, *caput*). São isentos do pagamento de custas a União, os Estados, os Municípios e suas respectivas autarquias e fundações que não explorem atividade econômica (CLT, art. 790-A), bem como a massa falida (Súmula 86 do TST). Admite-se a dispensa do depósito recursal para o empregador pessoa física que goze de gratuidade de justiça, por insuficiência econômica (TST-RR-932/2004-043-12-40.1, 7ª Turma, Rel. Min. Ives Gandra Martins Filho, *DJ* de 29.2.2008). Embora a atual jurisprudência do TST estivesse mudando, para entender que a concessão da justiça gratuita ao empregador não abrange a dispensa do depósito recursal, que constitui garantia do juízo (TST-AIRR-881-60.2015.5.04.0203, Rel. Min. Alexandre de Souza Agra Belmonte, 3ª Turma, *DEJT* de 9.10.2015), o art. 3º, VII, da Lei nº 1.060/50, inserido pela LC nº 32/09, prevê que não se exige o pagamento do depósito recursal ao beneficiário da justiça gratuita, não fazendo distinção entre empregado e empregador.

Com a Lei nº 13.467/17 (Reforma Trabalhista), a questão está pacificada, da seguinte forma:

- o valor do depósito recursal será reduzido pela metade para entidades sem fins lucrativos, empregadores domésticos, microempreendedores individuais, microempresas e empresas de pequeno porte (CLT, art. 899, § 9º);

- são isentos do depósito recursal os beneficiários da justiça gratuita, as entidades filantrópicas e as empresas em recuperação judicial (CLT, art. 899, § 10);

- o depósito recursal poderá ser substituído por fiança bancária ou seguro garantia judicial (CLT, art. 899, § 11).

O STF já decidiu que, apesar de os *conselhos de fiscalização profissional* possuírem natureza jurídica de autarquia em regime especial, o *parágrafo único do art. 4º da Lei nº 9.289/96* determina expressamente que se submetam ao *pagamento das custas* processuais (ARE-778625-PR, 2ª Turma, Rel. Min. Teori Zavascki, *DJe* de 31.3.2014), o que corrobora a regra prevista no parágrafo único do art. 790-A da CLT.

Desistência do recurso – pode ser total ou parcial e feita a qualquer tempo, de acordo com o *caput* do art. 998 do CPC/2015, independentemente de consentimento da outra parte ou de homologação do juiz (é dirigida ao órgão do qual pende o feito, para que surta os efeitos processuais próprios). É diferente da *desistência da ação*, que só pode ser manifestada antes da sentença de primeiro grau pelo autor. A desistência do recurso não impede o exame de mérito do incidente de resolução de demandas repetitivas (CPC/2015, art. 976, § 1º) ou a análise de questão cuja repercussão geral já tenha sido reconhecida (CPC/2015, art. 998, parágrafo único).

Recurso adesivo – havendo sucumbência recíproca e uma das partes recorrendo, a outra pode aderir ao recurso da primeira (CPC/1973, art. 500; CPC/2015, art. 997, §§ 1º e 2º). O prazo é contado fora do prazo do recurso principal (8 dias, a partir do despacho que admitiu o principal – Súmula 283 do TST). Está vinculado ao principal (se houver desistência, inadmissão ou deserção do principal, o adesivo não continua).

Contrarrazões – constituem a resposta do recorrido ao recurso (CPC/1973, art. 518; CLT, art. 900; CPC/2015, arts. 932, V e 1.010, § 1º). Recebem o nome de *contraminuta* quando se trata de resposta a agravo (de instrumento, regimental ou do art. 557 do CPC/1973, denominado agravo interno no CPC/2015, art. 1.021). São *faculdade*, quando se tratar apenas de impugnar as razões aduzidas pelo recorrente. Serão obrigatórias, sob pena de *preclusão*, quando se tratar de matéria não apreciável de ofício e não tiver o recorrido interesse recursal por não ter sido sucumbente na questão (geralmente preliminar à matéria em que vencida a parte recorrente) (CPC/2015, art. 1.009, § 1º).

Peticionamento via fac-símile – possibilidade de encaminhamento de recursos via fax (meio que vem caindo em desuso), com obrigação de remessa posterior dos originais no prazo de 5 dias contados do término do prazo recursal (Lei nº 9.800/99, art. 2º; CPC/2015, art. 1.017, § 2º, IV). Como a prática do ato de juntada dos originais não depende de notificação, já que a parte tem ciência de sua obrigação ao interpor o recurso via fax, o prazo de 5 dias começa a fluir a partir do dia seguinte ao término do prazo recursal, mesmo que este recaia em sábado, domingo ou feriado, não se aplicando ao caso o disposto no art. 184 do CPC/1973 e 224 do CPC/2015 (Súmula 387 do TST). No entanto, os arts. 184 do CPC/1973 e 224 do CPC/2015 se aplicam quando o *dies ad quem* recair em sábado, domingo ou feriado, já que há a impossibilidade material de juntada dos originais, ante a inexistência de expediente forense, de modo que a improrrogabilidade do termo final acarretaria a redução do respectivo prazo, obrigando a parte a cumprir seu mister antecipadamente (TST-Ag-E-ED--AIRR-584300-12.2008.5.12.0028, Rel. Min. Renato Paiva, SBDI-1, *DEJT* de

28.10.2011). A SBDI-1 do TST decidiu que é dispensada a transmissão das cópias que compõem o instrumento, desde que apresentadas no prazo do art. 2º da Lei nº 9.800/99 e que haja a indicação do rol de peças na petição transmitida por fac-símile (TST-E-Ag-AIRR-861540-56.2005.5.09.0651, Rel. Min. Ives Gandra, *DEJT* de 3.8.2012). A autorização para a utilização do fac-símile somente alcança as hipóteses em que o documento é dirigido diretamente ao órgão jurisdicional, não se aplicando à transmissão ocorrida entre particulares (Súmula 387, IV, do TST).

Peticionamento eletrônico – possibilidade da prática de atos processuais (especialmente a interposição de recursos) por meios eletrônicos utilizando a Infraestrutura de Chaves Públicas Brasileiras (ICP-Brasil), que garante a autenticidade dos documentos pela assinatura digital. O parágrafo único do art. 154 do CPC/1973 atribuía aos tribunais a competência para regulamentar a matéria. No entanto, no CPC/2015 (art. 193), tal atribuição é conferida ao CNJ – Conselho Nacional de Justiça e, supletivamente, aos tribunais. No TST, a Instrução Normativa nº 28/05 regulamenta a matéria, instituindo o sistema "e-doc" (diferente do peticionamento por *e-mail*), de uso facultativo, pelo qual o recurso é enviado por meio eletrônico, com identificação digital do usuário (previamente cadastrado no TST), dispensando posterior encaminhamento dos originais. Este só deverá ser feito no caso de recurso enviado por *e-mail*, equiparado ao fax para efeito da Lei nº 9.800/99, desde que a parte tenha indicado na petição enviada por *e-mail* o rol das peças que serão posteriormente encaminhadas (TST-E-A-AIRR-7140-46.2005.5.15.0009, Rel. Min. Ives Gandra, SBDI-1, *DEJT* de 24.8.2012).

Nos termos dos arts. 2º da Lei nº 11.419/06 e 9º, § 1º, da IN 30/07 do TST, o ato processual, no sistema do peticionamento eletrônico, é realizado pelo usuário que assinou digitalmente a petição, não havendo se falar em recurso inexistente ou apócrifo, ainda que a petição tenha sido enviada de forma a impossibilitar a verificação do advogado que a *subscreve, considerando-se subscrita por quem a assinou digitalmente* (TST-E-ED-RR-177500-51.2005.5.01.0058, SBDI-1, Rel. Min. Alexandre de Souza Agra Belmonte, *DEJT* de 28.3.2014).

Vista regimental – após a emissão de voto pelo relator do processo nos tribunais, pode qualquer juiz que não se sentir habilitado a pronunciar seu voto na mesma sessão pedir vista do processo; no entanto, a Lei nº 11.280/06, para combater, nos tribunais, os pedidos de vista de magistrados que se eternizam, estabeleceu prazo de 10 dias para o juiz trazer o processo para continuação do julgamento, sob pena de o presidente do órgão colegiado determinar sua reinclusão em pauta à revelia do juiz vistor (CPC/1973, art. 555, §§ 2º e 3º; CPC/2015, art. 940).

2. Modalidades recursais em dissídios individuais

a) **Recurso Ordinário** – das decisões das Varas do Trabalho e Juízos de Direito investidos de jurisdição trabalhista em reclamações trabalhistas e das decisões dos TRTs em processos de sua competência ordinária (CLT, art. 895). Pode ser:

- *voluntário* – faculdade de interpor recurso;

- *de ofício* (remessa *ex officio*) – excepcionalmente, existem hipóteses de remessa obrigatória de recurso (submissão necessária do feito ao duplo grau de jurisdição): deve remeter o feito à instância superior o juiz que proferir decisão que acolher mandado de segurança (Lei nº 12.016/09, art. 14, § 1º) ou que for condenatória da União, dos Estados, dos Municípios, ou de suas autarquias ou fundações que não explorem atividade econômica (Decreto-Lei nº 779/69, art. 1º, V), exceto nas hipóteses ressalvadas na Súmula 303 do TST, que deverá ser interpretada em conformidade com o art. 496 do CPC/2015 (CPC/1973, art. 475). No caso, enquanto a regra do art. 475 do CPC/1973 dispensava o duplo grau na condenação da Fazenda Pública no caso de condenação ao pagamento de valor de até 60 salários mínimos, dentre outras hipóteses, o CPC/2015 eleva tais patamares para: a) 1.000 salários mínimos para a União e respectivas autarquias e fundações; b) 500 salários mínimos para os Estados, Distrito Federal e Municípios, as respectivas autarquias e fundações de direito público e os Municípios que constituam capitais dos Estados; e c) 100 salários mínimos para os demais municípios e suas respectivas autarquias e fundações.

– Prazo – 8 dias.

– Requisito – depósito do valor da condenação, até o limite de R$ 10.986,80. Não exige prequestionamento, uma vez que a devolutividade é ampla e de toda a matéria impugnada, ainda que não abordada na sentença (CPC/1973, art. 515 e § 1º; CPC/2015, art. 1.013, *caput* e § 1º; e Súmula 393). É inaplicável a exigência de impugnação dos fundamentos da decisão recorrida, nos termos em que proferida, não se admitindo, porém, recurso cuja motivação seja inteiramente dissociada dos fundamentos da sentença (Súmula 422 do TST).

– Efeitos – apenas devolutivo (devolve toda a matéria de fato e de direito), pois já pode ser iniciada a execução provisória. É possível a apreciação originária de matéria não abordada na sentença, sem que isso constitua supressão de instância, quando se tratar de omissão (CPC/1973, art. 516; CPC/2015, art. 1.013). A necessidade de devolução do processo à Vara, para apreciação do mérito, quando esta deixou de examiná-lo por acolher alguma preliminar de extinção do feito, ou por ter deixado de julgado algum pedido, não mais existe, a partir do novo Código de Processo Civil, conforme reconhecido no item III da Súmula 393 do TST.

– Denegação – pode ser trancado pelo juiz do trabalho que prolatou a sentença ou pelo relator no TRT quando a sentença estiver em consonância com súmula do STF ou do TST (CPC/1973, art. 518, § 1º). Mesmo que o CPC/2015 não contempla regra similar à prevista no art. 518, § 1º, do CPC/1973, prevendo no art. 1.010, § 3º, que os autos serão remetidos ao tribunal pelo juiz, independentemente de juízo de admissibilidade, o juiz do trabalho deverá despachar a admissibilidade dos recursos dirigidos ao TRT, cumprindo o dever legal previsto no art. 659, VI, da CLT.

b) **Recurso de Revista** – das decisões dos TRTs prolatadas em recursos ordinários, visando a uniformizar a jurisprudência trabalhista em todo o território nacional (o padrão formal a ser seguido no recurso de revista, visando a facilitar seu exame, encontra-se descrito na Instrução Normativa nº 23/03 do TST, bem como no Ato 491/14/SEGJUD.GP, que trata dos procedimentos relacionados à Lei nº 13.015/14, em especial dos Incidentes de Uniformização de Jurisprudência em questões relevantes ou recursos repetitivos). Além disso, a Instrução Normativa nº 38/TST, de 2015, trata do procedimento a ser adotado no incidente de julgamento dos recursos de revista e de embargos à SDI-1 repetitivos.

– Prazo – 8 dias.

– Requisitos:

- violação direta e literal da Constituição ou de lei federal ou divergência jurisprudencial (com decisões de outros TRTs, da Seção de Dissídios Individuais – SDI do TST, ou de súmulas do TST e Vinculantes do STF, desde que a matéria já não seja sumulada em sentido contrário ou pacificada por jurisprudência iterativa e notória do TST), admitindo-se o conhecimento de recurso pela tese de contrariedade à súmula ou orientação jurisprudencial já cancelada ou com redação modificada, mas que se encontrava vigente à época da interposição do recurso (TST-E-ED-RR-563100-38.2007.5.09.0069, SBDI-1, Rel. Min. Augusto César Leite de Carvalho, *DEJT* de 4.4.2014);

- no caso de a norma invocada vir de acordo coletivo, sentença normativa, lei estadual ou regulamento empresarial, o recurso só é admissível se a norma tem vigência no âmbito jurisdicional de mais de um TRT (OJ 147 da SBDI-1 do TST);

- no caso de a revista ser interposta em processo de execução de sentença, somente é viável com base em violação literal e direta de dispositivo constitucional, conforme art. 896, § 2º, da CLT e Súmula 266 do TST (não cabe por contrariedade a orientação jurisprudencial do TST – Súmula 442 do TST);

- no caso de a revista ser interposta em processo sujeito ao rito sumaríssimo, somente é cabível com base em contrariedade à Súmula Vinculante do STF, súmula do TST ou violação literal e direta de dispositivo constitucional (CLT, art. 896, § 9º);

- complementar o depósito recursal até o valor da condenação, ou fazer depósito de R$ 21.973,60, não bastando complementar o depósito anterior até atingir o valor previsto para a revista (Súmula 128, I, do TST);

- prequestionamento – necessidade de a matéria estar expressamente debatida na decisão recorrida (Súmula 297 do TST);

- transcendência política, jurídica, econômica e social da questão debatida (CLT, art. 896-A; regulamentada pela Lei nº 13.467/17, da Reforma Trabalhista).

- Efeitos – somente devolutivo, cabendo, excepcionalmente, a concessão de efeito suspensivo quando requerido ao tribunal, relator, presidente ou vice-presidente do tribunal recorrido, por aplicação subsidiária ao Processo do Trabalho do art. 1.029, § 5º, do CPC/2015 (Súmula 414, I, do TST).

c) **Embargos**

– **De Divergência** – das decisões das turmas do TST.
  - Prazo – 8 dias.
  - Requisitos – divergência jurisprudencial (com decisões do TST, de outra turma ou da SDI) ou contrariedade à súmula ou orientação jurisprudencial do TST ou súmula vinculante do STF.
  - Efeito – apenas devolutivo.

– **Declaratórios** – para o mesmo órgão prolator da decisão (CLT, art. 897-A; CPC/1973, arts. 535-538; CPC/2015, arts. 1.022 a 1.026).
  - Prazo – 5 dias.
  - Requisito – existência de lacuna, obscuridade ou contradição na decisão; excepcionalmente para correção de equívoco no exame de pressupostos extrínsecos do recurso (CLT, art. 897-A, *caput*).
  - Efeito – a regra é o efeito meramente regressivo, já que não há devolução da matéria; no entanto, admite-se efeito modificativo à decisão quando a sanação de omissão sobre determinado ponto compromete a decisão anteriormente tomada, por se tratar de matéria prejudicial (Súmula 278 do TST). O STF exige que, nesses casos, seja dada vista à parte contrária, para contrarrazoar os embargos, entendimento coincidente com o teor da OJ 142 da SBDI-1 do TST. Ressalte-se que, de acordo com o § 1º do art. 897-A da CLT, o efeito modificativo somente poderá ocorrer após ouvida a parte contrária, de modo que tal exigência também é aplicável à sentença de primeiro grau, o que levou ao cancelamento do item II da OJ 142 da SBDI-1 do TST (no mesmo sentido segue o art. 1.023 do CPC/2015, que prevê que o juiz intimará o embargado sobre os embargos opostos, caso seu eventual acolhimento implique a modificação da decisão embargada, mostrando que o contraditório também é necessário para o efeito modificativo na primeira instância).
  - Interrompem o prazo para a interposição do recurso cabível para reforma da decisão, salvo quando intempestivos, irregular a representação da parte ou ausente a sua assinatura (CPC/1973, art. 538; CPC/2015, art. 1.026); sendo intempestivos, comprometem o recurso posterior, pois não evitaram a consumação do trânsito em julgado da decisão (TST-E-ED-RR 1.508/2003-101-15-00.9, SBDI-1, Rel. Min. Vantuil Abdala, *DJ* de 1º.6.2007).
  - O juiz ou Tribunal pode aplicar multa não excedente de 2% sobre o valor da causa se os embargos forem meramente protelatórios (CPC/2015, art.

1.026, § 2º) e, no caso de novos embargos protelatórios, elevar para 10% essa multa, cujo depósito prévio é condição para se recorrer, exceto para a Fazenda Pública e para os beneficiários da justiça gratuita, que a recolherão ao final (CPC/2015, art. 1.026, § 3º). No CPC/1973, a multa por embargos com intuito protelatório era fixada em 1% sobre o valor da causa (art. 538). Não se admite, no entanto, a cumulação da multa por protelação com aquela prevista para a litigância de má-fé (CPC/1973, art. 18; CPC/2015, art. 81), por ser a primeira específica para os embargos declaratórios (TST-E-ED-RR-183240-09.2002.5.02.0012, Rel. Min. José Roberto Freire Pimenta, julgado em 22.11.2012). A partir do CPC/2015 (art. 1.026, § 4º), não serão admitidos novos embargos de declaração se os dois anteriores houverem sido considerados protelatórios.

d) **Agravos**

- **De Instrumento** – dos despachos denegatórios de recursos, conforme previsão do art. 897, *b*, da CLT (excepcionalmente, após a Lei nº 12.016/09 – nova Lei do Mandado de Segurança –, para impugnar decisão de juiz de 1º grau que conceder ou denegar liminar em mandado de segurança, em matéria de multas administrativas).

 - Prazo – 8 dias (se for para o STF, são 10 dias).

 - Dupla finalidade:

 – combater os óbices erigidos pelo despacho denegatório do seguimento do recurso (o Relator, no tribunal, pode manter o trancamento do recurso por fundamento diverso, se o recurso não estava deserto ou com irregularidade de representação, mas não preenchia os outros pressupostos de admissibilidade, extrínsecos ou intrínsecos);

 – demonstrar a viabilidade do recurso em relação a cada um dos temas recorridos, pois a SDI-2 do TST entende que a Súmula 285 do TST (cancelada em 2016) só se aplicava ao juízo de admissibilidade do TRT, havendo *preclusão consumativa*, com antecipação da formação da coisa julgada, em relação às matérias veiculadas no recurso de revista e não renovadas no agravo de instrumento (TST-RO-3460-72.2010.5.09.0000, Rel. Min. Guilherme Augusto Caputo Bastos, julgado em 25.9.2012).

 - Requisitos:

 – depósito recursal correspondente a 50% (cinquenta por cento) do valor do depósito do recurso ao qual se pretende destrancar e traslado das peças essenciais à compreensão da controvérsia, listadas no art. 897, § 5º, da CLT (despacho agravado, certidão de intimação da decisão agravada, procuração dos advogados de ambas as partes, petição inicial, contestação, decisões recorridas, petições de recursos, comprovante do pagamento do depósito recursal e das custas do recurso principal), além da comprovação do depósito recursal específico para o agravo, cabendo ao agravado a formação do instrumento de agravo, pela juntada de cópia das peças exigidas por lei; as peças não precisam ser autenticadas em cartório, bastando que o advogado ou a parte declarem a autenticidade das peças xerocopiadas (CLT, art. 830);

– possibilidade do julgamento imediato do recurso trancado, caso provido o agravo (CLT, art. 897, § 7º).

- **Regimental ou Interno** (ou do art. 557 do CPC/1973; art. 1.021 do CPC/2015) – dos despachos de Relator denegatórios ou que dão provimento aos recursos dentro do Tribunal e contra decisão do Presidente de Turma que denegar seguimento aos embargos à SBDI-1 (RITST, art. 235, X); também em casos de indeferimento de liminares nos tribunais, conforme previsto em seus regimentos internos.
- Prazo – 8 dias.
- **De Petição** – das decisões dos juízes titulares ou substitutos de Varas do Trabalho em processo de execução de sentença (CLT, art. 897, *a*).
- Prazo – 8 dias.

e) **Recurso Extraordinário** – das decisões do TST em última instância.

Obs.: não é cabível o recurso extraordinário para a impugnação de uma decisão monocrática de Ministro Relator ou do Ministro Presidente do TST, pois tal decisão não emana da última instância, já que seria possível a interposição de agravo para julgamento pelo órgão colegiado.

- Prazo – 15 dias.
- Requisitos:
  - esgotamento das vias recursais trabalhistas;
  - prequestionamento da matéria constitucional;
  - ofensa literal e direta à Constituição;
  - repercussão geral da questão constitucional (o Pleno do STF entendeu que o recurso cabível contra a denegação de seguimento de recurso extraordinário em matéria na qual o Supremo já tenha declarado a inexistência de repercussão geral não será o agravo de instrumento para o STF, mas o agravo interno para o próprio tribunal de origem).
- Efeito – apenas devolutivo.

Prequestionamento – é a circunstância de a matéria ou questão sobre a qual se pretende novo pronunciamento encontrar-se previamente debatida e analisada na decisão recorrida (requisito exigido nos recursos de natureza extraordinária), a teor do entendimento assentado pelo STF na Súmula 282.

f) **Recurso em Matéria Administrativa** – das decisões dos TRTs em sede de precatório.

- Prazo (Orientação Jurisprudencial 11 do Pleno do TST)

- 8 dias (contra decisão colegiada, para o TST – prazo geral para recursos na Justiça do Trabalho: Lei nº 5.584/70, art. 6º) e 10 dias (agravo contra decisão monocrática, para o colegiado do TRT – Lei nº 9.784/99, art. 59; salvo prazo diverso previsto no regimento interno dos tribunais).
- Pressuposto – ilegalidade do ato administrativo.
- Remessa de Ofício – incabível em matéria administrativa, mesmo que a decisão seja desfavorável ao ente público (Orientação Jurisprudencial 8 do Pleno do TST).

3. O recurso de revista e suas peculiaridades

O *recurso de revista* é a modalidade recursal mais típica que tramita no Tribunal Superior do Trabalho, junto com o *agravo de instrumento* para seu destrancamento, os quais, juntos, compõem o "feijão com arroz" da labuta diária no Tribunal, representando mais de 80% dos processos que chegam à Corte.

a) A Sistemática das Leis ns. 13.015/14 e 13.467/17

A *Lei nº 13.015/14* introduziu substancial alteração no processamento do recurso de revista, dando-lhe *disciplina semelhante aos recursos especiais repetitivos*, prevista no art. 543-C do CPC/1973 (CPC/2015, art. 1.036).

Já a *Lei nº 13.467/17* (Reforma Trabalhista) densificou o *critério de transcendência*, previsto no art. 896-A da CLT, estabelecendo os parâmetros para sua aplicação ao recurso de revista, suprindo a omissão do TST em regulamentá-lo (a obrigação de regulamentação, que mantinha a norma com eficácia contida, não mais existe, em face da revogação do art. 2º da Medida Provisória nº 2.226/01, tendo o critério de transcendência, a partir de 11 de novembro de 2017, plena aplicabilidade aos recursos de revista a partir de então interpostos).

A conjugação de ambas as sistemáticas oferta ao TST instrumental que possibilita o cumprimento cabal de sua missão existencial, que é a *uniformização jurisprudencial* em torno do ordenamento jurídico-trabalhista, dando o conteúdo normativo de todos e cada um dos dispositivos da CLT e legislação trabalhista extravagante, passando efetivamente a apreciar *temas e teses* e a não julgar *causas ou casos*.

As mudanças são, portanto, substanciais, na medida em que, à semelhança das Supremas Cortes e Tribunais Superiores de outros países (cf. Estados Unidos, Argentina, Espanha, Alemanha etc.), o TST passa a *selecionar* os recursos que irá apreciar, segundo a transcendência das questões neles versadas e a repetitividade das causas de natureza comum.

Nesse sentido, a tramitação do *recurso de revista* passou a ser a seguinte, de acordo com os arts. 896-A e 896-C da CLT:

- a Presidência ou Vice-Presidência dos TRTs exerce o *juízo de admissibilidade* "*a quo*" do recurso de revista, referente ao preenchimento dos pressupostos extrínsecos (comuns a qualquer recurso) e intrínsecos (específicos do recurso de revista), à *exceção do critério de transcendência*, exclusivo do *juízo de admissibilidade "ad quem"* dos Ministros do TST (CLT, art. 896-A, § 6º); em que pese não poderem as Presidências dos TRTs adentrar o critério de transcendência para denegarem seguimento aos recursos de revista que lhes são submetidos para juízo de admissibilidade, prestam um grande serviço ao TST, ao *detectarem as deficiências de aparelhamento dos recursos de revista, quanto aos seus pressupostos extrínsecos e intrínsecos de admissibilidade*, pois já sobem, quando interposto agravo de instrumento, com sinalização implícita da intranscendência dos mesmos (se a transcendência consiste em *juízo de delibação*, prévio à análise do recurso em seus demais pressupostos, e tais pressupostos não podem ser afastados com base no reconhecimento da transcendência do recurso, sob pena de se descumprir a literalidade do art. 896 da CLT, temos que *eventual vício formal na veiculação do recurso de revista retira "ipso facto" a transcendência do apelo ao TST*).

– o *critério de transcendência* é o *primeiro pressuposto intrínseco* a ser analisado pelo Ministro Relator, no sentido de analisar a relevância de alguma das matérias tratadas no recurso, descartando com fundamentação sucinta, preferencialmente por despacho, os agravos de instrumento e recursos de revista carentes de transcendência (CLT, art. 896-A, § 2º), bastando, para tanto, registrar não haver contrariedade a súmulas e OJs, não trazer matéria nova, não haver excepcional valor econômico em jogo no processo e não se tratar de recurso obreiro envolvendo direito social constitucionalmente assegurado (CLT, art. 896-A, § 1º);

– em caso de *descarte monocrático do recurso de revista por intranscendência*, caberá *agravo e sustentação oral* na Turma, por 5 minutos, sendo *irrecorrível internamente* a decisão colegiada contrária ao julgamento da causa (CLT, art. 896-A, §§ 3º e 4º), o que abrange os embargos declaratórios, uma vez que modalidade recursal (Súmula 421, II, do TST);

– no caso do *agravo de instrumento*, a decisão monocrática do Ministro Relator, devidamente fundamentada, no sentido da intranscendência do recurso trancado era *irrecorrível* no âmbito do TST, o que dava à Corte a possibilidade efetiva de reduzir substancialmente o número de recursos, selecionando os que justifiquem um pronunciamento quanto ao mérito (CLT, art. 896-A, § 5º); no entanto, o Pleno do TST considerou inconstitucional o § 5º do art. 896-A da CLT, por retirar do colegiado a apreciação da matéria, entendendo que as decisões monocráticas se dão por delegação do colegiado (ArgInc-1000845-52.2016.5.02.0461, Rel. Min. Cláudio Brandão, *DEJT* de 17.12.2020); por sua vez, o *defeito formal* encontrado *no próprio agravo de instrumento contamina a transcendência da revista*, quando, por exemplo, deixa de observar a necessidade de motivação, atacando o fundamento do despacho agravado, ou não renova as razões da revista, infringindo os princípios da dialeticidade e da independência dos recursos, insculpidos na Súmula

422 do TST e no art. 1.016, III, do CPC, o agravo poder ser tido por *instranscendente* (o art. 247 do RITST acabou estabelecendo que o critério de transcendência é ínsito ao apelo, devendo ser examinado de ofício, independentemente de ter sido articulado ou esgrimido pela parte; como, topograficamente, a Seção II do RITST, que trata da transcendência se coloca em separado relativamente às Seções III e IV, que se referem, respectivamente, ao recurso de revista e ao agravo de instrumento, conclui-se que o critério se dirige a ambos os apelos, ou seja, à causa como um todo);

– o critério de transcendência constitui *filtro seletor* de matérias que mereçam pronunciamento do TST para firmar teses jurídicas pacificadoras da jurisprudência trabalhista e se o agravo ou a revista nem sequer ultrapassam o seu próprio conhecimento, por *vício formal ostensivo*, o apelo *carece de transcendência* para ser analisado, já que não se poderá reabrir o mérito da discussão, ou seja, a eventual transcendência de tópico de recurso de revista não supre o não preenchimento dos pressupostos extrínsecos ou intrínsecos deste ou do agravo de instrumento que visava a destrancá-lo (cfr. AIRR-20246-76.2016.5.04.0662, *DEJT* de 24.4.2018; AIRR-227-31.2017.5.13.0026, *DEJT* de 11/04/18; AIRR-543-58.2016.5.08.0013, *DEJT* de 23.5.2018, e AIRR-10582-31.2017.5.18.0004, *DEJT* de 23.5.2018);

– os critérios de transcendência *não estão sujeitos a uniformização de jurisprudência*, mas apenas as matérias versadas nos recursos de revista analisados meritoriamente, uma vez que *não se admite recurso interno* nem de decisão monocrático, nem de decisão colegiada que não reconhece transcendência a recurso (CLT, art. 896-A, §§ 4º e 5º);

– *não sendo admissível recurso extraordinário* para rediscussão dos requisitos de admissibilidade dos recursos de competência de outros tribunais por *ausência de repercussão geral* (STF-RE 598.365 RG/MG, Rel. Min. Ayres Britto, *DJe* de 26.3.2010; ARE 697560 AgR/MG, Rel. Min. Luiz Fux, *DJe* de 5.3.2013; ARE 733114/DF, Rel. Min. Cármen Lúcia, *DJe* de 3.4.2013; ARE 646574/PA, Rel. Min. Dias Toffoli, *DJe* de 18.2.2013), a consequência natural, após o julgamento do recurso de revista tido por intrascendente em decisão colegiada, é a baixa dos autos à origem, com certificação do *trânsito em julgado* da decisão não reconhecendo transcendência no apelo;

– a transcendência do recurso diz respeito a tema nele versado, em face de a peculiaridade do processo do trabalho ser caracterizada pela cumulação objetiva de pedidos, o que implica que o Ministro Relator deverá assentar, ao apreciar determinado recurso de revista, o motivo pelo qual reputou transcendente determinado tema, limitando sua apreciação a esse tema e descartando os demais, fundamentadamente (CLT, art. 896-A e § 1º);

– no âmbito das Turmas, o Ministro Relator pode *indicar* ao Presidente do órgão judicante um ou mais *recursos de revista representativos de controvérsia* (naturalmente que sejam cognoscíveis e transcendentes) em torno de *idêntica questão de direito*, que se repete em *multiplicidade de recursos* afetos ao órgão (CLT, art. 896-C, § 1º);

– o Presidente da Turma, uma vez reconhecida a *relevância da questão* pela maioria da Turma, poderá submeter ao Presidente do TST a *proposta de afetação da matéria à SDI-1 do TST, informando* aos demais Presidentes de Turmas que o fez, de modo a que também possam *enviar outros recursos* sobre a questão, para *julgamento conjunto*, ofertando *visão global* da questão à SDI-1 da Corte (CLT, art. 896-C, §§ 1º e 2º);

– recebida a proposta de afetação do recurso de revista repetitivo na SDI-1, a *Seção Especializada* poderá, por maioria simples (*caput* do art. 896-C):

  – acolhê-la, julgando o recurso;

  – rejeitá-la, devolvendo o recurso para ser julgado pela Turma;

  – afetar o apelo ao Pleno do TST.

– O próprio Ministro Relator, na SDI-1 ou no Pleno, poderá *solicitar informações sobre a controvérsia aos TRTs*, a serem prestadas em 15 dias (§ 7º), bem como admitir como *amicus curiae* (inclusive como assistente simples) pessoas e entidades com interesse na controvérsia (§ 8º).

– O *Ministério Público do Trabalho*, nos recursos de revista afetados como repetitivos, terá 15 dias para dar parecer fundamentado (§ 9º).

– Em que pese não haver mais, com a Reforma Trabalhista (Lei nº 13.467/17, art. 5º, I, "o"), o "sobrestamento" determinado pelo presidente do TST ou pelo Ministro Relator em relação aos recursos que estejam pendentes de exame no TST ou nos TRTs, tem-se que, uma vez *julgado* o recurso de revista repetitivo, com *solução da controvérsia* pelo TST, os *recursos de revista "sobrestados"*, ou seja, pendentes de despacho pelos Presidentes de TRTs ou Ministros do TST, terão o seguinte desfecho:

  – *denegação de seguimento*, se a *decisão recorrida estiver em consonância* com a decisão da SDI-1 ou do Pleno do TST (§ 11, I);

  – *reexame pelo Tribunal de origem*, para juízo de retratação ou manutenção da *decisão recorrida que seja contrária* à decisão da SDI-1 ou Pleno do TST (§ 11, II).

– No *reexame da matéria pela Turma*, em relação aos *recursos "sobrestados"* (repita-se, pendentes de análise), a análise do Relator ficará jungida à adequação da decisão recorrida à orientação firmada pela SDI-1 ou Pleno do TST no precedente do recurso repetitivo, não havendo de perquirir se o recurso de revista sobrestado atende aos demais pressupostos de admissibilidade, à *exceção da tempestividade*. Nesse sentido, tem-se a autorização do art. 896, § 11, da CLT. Obviamente, se a decisão recorrida não enfrentou a matéria objeto do recurso, o precedente do recurso repetitivo não agasalhará o recorrente.

– Caso seja *mantida*, pelo Tribunal de origem, a *decisão contrária* à do TST, mediante a exposição de fundamentos que afastam o caso concreto da tese jurídica fixada na Corte Superior, os recursos de revista seguirão sua *tramitação normal* quanto à admissibilidade (§ 12), de modo que a *reforma* seja feita pelo Relator ou pelo colegiado de *Turma do TST*.

– Havendo *outras matérias* pendentes de exame no *recurso de revista*, estas serão apreciadas normalmente, em juízo de admissibilidade comum.

Quanto à análise em si do apelo, a apreciação do recurso de revista é feita em duas etapas, referentes aos seus *pressupostos extrínsecos de admissibilidade*, de caráter genérico, ultrapassados os quais se adentra a análise dos *pressupostos intrínsecos de admissibilidade*, próprios do recurso de revista, analisando-os, então, em relação a *cada tópico de direito material ou processual* levantado no apelo.

Oportuno considerar que, com a implementação do critério de transcendência do recurso de revista, muito da denominada "jurisprudência defensiva" do TST (cf. Súmulas 126, 296, 297, 331, 422 etc.) tenderá a ficar superada, pois a discricionariedade na seleção dos temas transcendentes já constituirá sistemática de adequação da demanda à capacidade cognoscitiva da Corte.

b) **Pressupostos extrínsecos**

Os *pressupostos extrínsecos ou genéricos*, visto que comuns a todos os recursos, são, basicamente, a *adequação* (ser o recurso próprio para impugnar aquela decisão), a *sucumbência* (ter sido vencido, ainda que parcialmente, na demanda, pois do contrário carecerá de interesse recursal), a *tempestividade* (observância do prazo para interposição do recurso), a *regularidade de representação* (que o subscritor do recurso disponha de mandato, escrito ou tácito), o *preparo* (pagamento de custas e depósito recursal) e a *motivação* (atacar precisamente o fundamento da decisão recorrida).

- **Adequação** – só cabe recurso de revista contra *acórdão prolatado pelo TRT*. De plano, *não cabe recurso de revista*:

    – contra decisão regional proferida em *agravo de instrumento* (*Súmula 218 do TST*);

    – contra *decisão interlocutória*, isto é, que não seja terminativa do feito salvo no caso de decisão: a) de TRT contrária a Súmula ou OJ do TST; b) suscetível de recurso dentro do próprio Tribunal; e c) de acolhimento de exceção de incompetência, com remessa dos autos a outro juízo), mas que tenha devolvido o processo para a 1ª instância, para completar o julgamento (*Súmula 214 do TST*) (ex.: reconhece vínculo de emprego). O art. 1.013, § 4º, do CPC/2015 permite que se julgue de imediato o mérito da causa, se o tribunal afastar a decadência ou prescrição declaradas pelo juízo de piso, sem mandar baixar os autos para apreciação do mérito pela instância inferior.

- **Interesse recursal** – em se tratando de recurso do Ministério Público, quando não é parte no processo, mas atuou como *custos legis*, deve-se verificar se a questão em relação à qual recorre diz respeito a *direitos indisponíveis*. Não se tem admitido que o Ministério Público argua *prescrição* em favor do Reclamado (*Orientação Jurisprudencial 130 da SBDI-1 do TST*), nem que recorra em defesa de interesse de *empresa estatal* (*Orientação Jurisprudencial 237 da SBDI-1 do*

TST), exceto contra a decisão que declara a existência de vínculo empregatício com sociedade de economia mista ou empresa pública, após a CF/88, sem a prévia aprovação em concurso público (OJ 338 da SBDI-1 do TST). Também não se tem admitido recurso de revista de ente público quando este não tenha interposto *recurso ordinário voluntário* e a matéria somente tenha sido apreciada em *remessa de ofício* pelo TRT, pois nesse caso a entidade já teria deixado de manifestar interesse na reforma do julgado que lhe foi desfavorável (*Orientação Jurisprudencial 334 da SDBI-1 do TST*).

- **Tempestividade** – o prazo do recurso de revista é de *8 dias*, que é o comum para todos os recursos na Justiça do Trabalho (Lei nº 5.584/70, art. 6º), ainda que o art. 896 da CLT, na nova redação dada pela Lei nº 9.756/98, não o tenha mencionado expressamente (o § 1º do art. 896, na sua redação original, é que tratava do prazo). Alguns critérios devem ser observados:

    – Os *embargos declaratórios* não possuem efeito suspensivo e interrompem a contagem do prazo recursal para ambas as partes, o qual começa a fluir, de forma integral, a partir da publicação da decisão que os apreciou (CPC/2015, art. 1.026).

    – As *férias* e o *recesso forense* (20 de dezembro a 6 de janeiro) suspendem o prazo recursal, que recomeçará a fluir pelo que faltar após o término das férias e do recesso (CPC/1973, art. 179; RITST, art. 183, § 1º; *Súmula 262, II, do TST*). O art. 220 do CPC/2015 dilatou o prazo de suspensão dos prazos do recesso forense para até o dia 20 de janeiro. No entanto, não se trata estritamente de "recesso forense" de final de ano, equivalente a "feriado" (Lei nº 5.010/66, art. 62, I), mas de suspensão dos prazos processuais e da não realização de audiências e sessões nesse período, devendo os magistrados e servidores continuar laborando nesses dias (§§ 1º e 2º).

    – É *inaplicável* ao Processo do Trabalho a regra do art. 191 do CPC/1973 (art. 229 do CPC/2015), referente ao *prazo em dobro* para os litisconsortes que tenham *procuradores distintos* (*Orientação Jurisprudencial 310 da SBDI-1 do TST*).

    – Interposto o recurso por *fac-símile*, terá o recorrente 5 dias para juntar o original assinado (Lei nº 9.800/99), contados a partir do dia subsequente ao término do prazo recursal (e não do dia seguinte à interposição do recurso), mesmo que este recaia em sábado, domingo e feriado, pois a hipótese não é de intimação para a prática de ato, mas de ciência antecipada da obrigação processual (*Súmula 387 do TST*).

- **Representação** – necessidade da *procuração* do advogado subscritor do recurso (CPC/1973, art. 37; CPC/2015, art. 104), com a cadeia completa de *substabelecimentos*, se os houver (o substabelecimento não pode ser anterior à procuração – *Súmula 395, IV, do TST*). Alguns critérios a serem observados quanto ao mandato:

– *Não se aplicava*, em sede recursal, o art. 13 do CPC/1973 para *sanar a irregularidade* de representação verificada, nem o art. 37 do CPC/1973, referente ao protesto pela *juntada posterior da procuração*, quando da interposição do recurso, uma vez que a interposição de recurso não é reputada ato urgente (*Súmula 383 do TST*). No entanto, o art. 76 do CPC/2015 admite a *regularização da representação também na instância recursal*, mediante intimação específica para fazê-lo, seguindo nesse sentido a redação atual da Súmula 383 do TST.

– A procuração que contenha cláusula fixando *prazo para juntada* só é válida se juntada dentro desse prazo (*Súmula 395, II, do TST*), mas se a cláusula for de *limitação de vigência* do mandato, a procuração será válida, se a cláusula estabelecer a prevalência dos poderes até o final da demanda (*Súmula 395, I, do TST*).

– A petição do recurso deve vir *assinada*, bastando, para tanto, que esteja assinada a petição de encaminhamento ou as razões recursais, devendo o juiz ou o relator determinar o saneamento do defeito, caso haja a completa falta de assinatura (*Orientação Jurisprudencial 120 da SBDI-1 do TST*).

– Os atos praticados por *estagiário* são válidos no processo se posteriormente houve sua *habilitação* (*Orientação Jurisprudencial 319 da SBDI-1 do TST*).

– A União, os Estados, o Distrito Federal, os Municípios e suas respectivas autarquias e fundações não estão obrigados a juntar instrumento de mandato quando representados em juízo por seus procuradores (Súmula 436 do TST). *Não se admite* a representação de *autarquias* pelos *Estados* e *Municípios*, uma vez que aquelas entidades possuem seus quadros próprios de procuradores (*Orientação Jurisprudencial 318 da SBDI-1 do TST*).

– Não se declara a irregularidade de representação de recurso subscrito pelo substabelecido, quando verificada a ausência de poderes para substabelecer na procuração (*Súmula 395, III, do TST*). Nesse caso, o *substabelecimento é válido*, ainda que haja *expressa vedação ou limitação de substabelecer*, prevista no instrumento de mandato ou em outro instrumento, pois se entende que a parte não pode ficar sem defesa, e a outorga irregular de poderes ocasiona apenas *efeitos entre as partes contratantes*, tais como a *responsabilidade por eventuais prejuízos decorrentes da atuação do substabelecido* (TST-E-ED-RR-99100- 36.2009.5.18.0211, SBDI-1, Rel. Min. Dora Maria da Costa, *DEJT* de 30.10.2013).

Mesmo diante do disposto no art. 654, § 1º, do CC (que determina que a procuração deva conter a indicação do *lugar* onde foi passada, a *qualificação* do outorgante e do outorgado, a *data* da procuração, o *objeto* da procuração, com a designação e a *extensão dos poderes* conferidos), *o TST* tem sido liberal e considerado válida a procuração que não contenha todos esses elementos (OJ 371 da SBDI-1 do TST), à exceção do *nome da entidade outorgante* e do *signatário da procuração* (Súmula 456 do TST). Daí que só nesta última hipótese é que se decretará a irregularidade de representação por defeito formal da procuração, mas com determinação de regularização no prazo de 5 dias. No entanto, reconhecida a irregularidade de representação expressa, esta será suprida se configurada a existência de mandato tácito nos autos (Orientação Jurisprudencial 286, II, da SBDI-1 do TST).

- **Custas** – devem ser recolhidas e comprovado o seu recolhimento dentro do *prazo recursal* (CLT, art. 789, § 1º). São *isentos* de custas (CLT, art. 790-A):

    – União, Estados, Municípios e suas autarquias e fundações públicas que não explorem atividade econômica;

    – beneficiários da justiça gratuita (CPC/2015, arts. 98 a 102 – basta a declaração de insuficiência econômica na petição inicial para se gozar do benefício. A jurisprudência entendia que o advogado poderá declarar a hipossuficiência do cliente nos autos, independentemente de poderes específicos ao causídico para firmar a declaração, nos termos da *Orientação Jurisprudencial 331 da SBDI-1 do TST*, cancelada em 2016). No entanto, a partir do CPC/2015 (art. 105), a declaração de hipossuficiência pelo advogado, para fins de gratuidade de justiça, exige cláusula de poderes especiais no instrumento de mandato. Com a Lei nº 13.467/17 (Reforma Trabalhista), porém, a gratuidade está garantida para aqueles que recebem salário igual ou inferior a 40% do limite máximo dos benefícios do Regime Geral de Previdência Social (CLT, art. 790, § 3º); além de tal patamar de renda, o benefício da justiça gratuita será concedido à parte que comprovar insuficiência de recursos para o pagamento das custas do processo (CLT, art. 790, § 4º).

Em caso de *acréscimo na condenação*, se a decisão regional não fixar o valor suplementar das custas, não haverá deserção do recurso pelo seu não recolhimento (*Súmula 25, III, do TST*), o mesmo ocorrendo no caso de a decisão recorrida *não quantificar* o valor das custas (*Súmula 53 do TST*).

As custas deverão ser recolhidas em guia DARF que possua campo próprio para registro dos dados identificadores do processo (Nome das Partes, Número de Processo, Indicação da Vara do Trabalho, Valor e Código da Receita). No entanto, a SBDI-1 do TST tem entendimento de que basta que o pagamento das custas seja efetuado no prazo recursal e no valor estipulado na sentença, para ser considerado regular o seu recolhimento, não cabendo perquirir quanto à existência de irregularidades no preenchimento da guia DARF, uma vez que nem a ausência de preenchimento nem o preenchimento equivocado de quaisquer dos campos do documento podem acarretar a deserção do recurso (TST-E-RR-525900-85.2002.5.12.0037, Rel. Min. Lelio Bentes Corrêa, *DJe* de 11.3.2011).

Em caso de *inversão da sucumbência*:

    – se a parte vencida na 1ª instância estava isenta do pagamento de custas, deverá a vencida na 2ª instância recolhê-las (*Súmula 25, I, do TST*);

– se houve pagamento das custas pela parte vencida na 1ª instância, a parte agora vencida não necessita recolher as custas (que se pagam apenas uma vez), pois apenas ficará obrigada ao ressarcimento da vencedora, se persistir o resultado adverso (*Súmula 25, II, do TST*). O reembolso das custas à parte vencedora faz-se necessário mesmo na hipótese em que a parte vencida for pessoa isenta do seu pagamento, nos termos do art. 790-A, parágrafo único, da CLT (Súmula 25, IV, do TST).

- **Depósito recursal** – serve como *garantia do juízo* para simplificar a execução (que se faz pelo seu levantamento), sendo do *valor da condenação*, até o *limite de R$ 21.973,60* para o recurso de revista (Ato SEGJUD.GP nº 175/21). Está submetido às seguintes regras básicas:

    – deve ser feito em conta vinculada ao juízo (CLT, art. 899, § 4º) e comprovado no prazo de interposição do recurso, que não fica prejudicado pela antecipação da interposição do apelo (*Súmula 245 do TST*);

    – em caso de *acréscimo na condenação*, deve ser *complementado* até o limite legal (*Súmula 128, I, do TST*);

    – enquanto não completado o valor integral da condenação, deve ser efetuado o depósito integral previsto para cada fase recursal (*Súmula 128, I, do TST*);

    – verificado recolhimento a menor do depósito recursal ou das custas, será determinada a complementação, sob pena de deserção (*Orientação Jurisprudencial 140 da SBDI-1 do TST*);

    – não se exige o depósito recursal para recurso de revista em processo de execução, a menos que o juízo não esteja integralmente garantido (*Súmula 128, II, do TST*);

    – em caso de *condenação solidária*, se os interesses dos reclamados forem opostos, com cada um querendo ver-se excluído da lide, o depósito de um não aproveita aos demais (*Súmula 128, III, do TST*).

    – é *inexigível* o recolhimento do *depósito recursal* para a interposição de recursos quando a demanda for julgada improcedente e houver *condenação apenas em custas processuais e honorários advocatícios*, pois a verba honorária não faz parte da condenação para fins de garantia do juízo, tampouco é destinada a satisfazer o credor em parcela da condenação (TST-E-RR-10900-11.2007.5.15.0113, Rel. Min. Cláudio Mascarenhas Brandão, SBDI-1, *DEJT* de 11.9.2015);

    – isenção do depósito para os beneficiários da justiça gratuita, entidades filantrópicas e empresas em recuperação judicial (CLT, art. 899, § 10);

    – depósito recursal reduzido pela metade para entidades sem fins lucrativos, empregadores domésticos, microempreendedores individuais, microempresas e empresas de pequeno porte (CLT, art. 899, § 9º);

- o depósito recursal poderá ser substituído por fiança bancária ou seguro garantia judicial (CLT, art. 899, § 11).
- **Motivação** – necessidade de se atacar no recurso os fundamentos da decisão recorrida, nos termos em que foram lançados (CPC/1973, art. 514, II; CPC/2015, art. 1.010, II e III; Súmula 422, I, do TST). No entanto, tal entendimento não se aplica em relação à motivação secundária e impertinente, consubstanciada em despacho de admissibilidade de recurso ou em decisão monocrática (Súmula 422, II, do TST). Também se revela inaplicável o requisito da motivação relativamente ao recurso ordinário da competência dos TRTs, exceto em caso de recurso cuja motivação é inteiramente dissociada dos fundamentos da sentença (Súmula 422, III, do TST).

A Lei nº 13.015/14 veio exigir expressamente a *fundamentação* no recurso de revista, de modo que sejam atacados todos e cada um dos fundamentos da decisão recorrida, com *demonstração analítica* de como a decisão contraria determinado dispositivo legal ou diverge de determinada decisão de outro TRT ou do TST (CLT, art. 896, § 1º-A, III). Ou seja, não basta invocar como violados dispositivos de lei ou da Constituição, citando-os, ou jurisprudência divergente, transcrevendo-a. Será necessário mostrar em que ponto a decisão recorrida diz "A" e a lei ou a jurisprudência colacionada diz "não A".

É importante ter em conta que "demonstração analítica" não significa *prolixa* e *extensa*. A *capacidade de síntese* favorece a melhor compreensão da controvérsia, apontando-se objetivamente no que uma decisão discrepa da lei ou de outros julgados. O muito escrever pode, às vezes, ser sinal de não se ter razão.

Em agravo de instrumento, se o despacho agravado assentou apenas que as violações de lei apontadas no recurso de revista não eram literais e diretas, ou que os arestos trazidos a cotejo não eram especificamente divergentes, basta reafirmar a especificidade da jurisprudência colacionada e a literalidade da vulneração aos dispositivos legais para se ter por fundamentado o agravo. No entanto, quando há *mudança da linha argumentativa* pelo despacho agravado, erigindo óbice que não diz respeito exclusivamente aos pressupostos do art. 896 da CLT, é necessário que tais óbices sejam enfrentados pelo agravo, tais como deserção do recurso, irregularidade de representação, intempestividade, matéria fática (Súmula 126 do TST), ausência de prequestionamento (Súmula 297 do TST), jurisprudência sem fonte de publicação (Súmula 337 do TST) ou que não abrange todos os fundamentos da decisão regional (Súmula 23 do TST), sob pena de não conhecimento do agravo, à míngua de fundamentação.

- **Delimitação recursal** – o TST, em recurso de revista oriundo de agravo de instrumento provido, apenas aprecia os temas que foram objeto de impugnação específica no agravo, pois em relação aos não impugnados no agravo há *preclusão consumativa*, com formação antecipada e parcial da coisa julgada (TST-RO-3460-72.2010.5.09.0000, SBDI-II, Rel. Min. Guilherme Augusto Caputo Bastos, julgado em 25.9.2012). Nesse sentido, provido o agravo em relação a um dos temas, os demais que tiverem sido objeto do agravo serão examinados com a revista, os que não tiverem sido atacados, estarão fora do alcance de análise pela Turma do TST. Do mesmo modo, de acordo com a IN nº 40/TST, o despacho de admissibilidade no âmbito do Regional deve abranger todos os capítulos do recurso, só havendo o processamento dos temas admitidos em tal despacho. Assim, o recorrente poderá enfrentar as seguintes situações:

– todas as matérias veiculadas na revista foram admitidas, situação em que o recurso de revista, em sua integralidade, subirá para o TST;

– o despacho no âmbito regional deixou de enfrentar matéria que foi objeto de impugnação no recurso de revista, situação em que o recorrente deverá apresentar embargos de declaração para ver suprida a omissão;

– o recorrente deverá apresentar agravo de instrumento em relação aos temas que não foram admitidos no despacho do presidente do TRT ou caso a omissão não tenha sido suprida por tal autoridade.

c) **Pressupostos intrínsecos**

As duas hipóteses básicas de *cabimento do recurso de revista*, que constituem os seus *pressupostos intrínsecos ou específicos*, são a *divergência jurisprudencial* e a *violação de lei* (CLT, art. 896, alíneas *a*, *b* e *c*).

• *Preliminar de nulidade do julgado por negativa de prestação jurisdicional*

Tendo o recurso de revista natureza extraordinária, somente admite revisão de matéria devidamente prequestionada na decisão regional recorrida. Havendo *omissão do TRT* na apreciação de determinada questão, deve a parte opor *embargos declaratórios*, para sanar a omissão, e, caso persista o Regional em não apreciar o tema ou enfoque, deverá o recorrente arguir, em seu recurso de revista, a *preliminar de nulidade do julgado por negativa de prestação jurisdicional*. A partir da Lei nº 13.467/17 (Reforma Trabalhista), o recorrente que suscitar preliminar de nulidade do julgamento por negativa de prestação jurisdicional deverá transcrever na peça recursal o trecho dos embargos declaratórios em que foi pedido o pronunciamento do tribunal sobre questão veiculada no recurso ordinário e o trecho da decisão regional que rejeitou os embargos quanto ao pedido, para cotejo e verificação, de plano, da ocorrência da omissão (CLT, art. 896, § 1º-A).

Não se admite a arguição da preliminar baseada em divergência jurisprudencial, pela impossibilidade prática de haver decisões especificamente conflitantes, mas apenas por *violação dos arts. 832 da CLT, 458 do CPC/1973, 489 do CPC/2015 ou 93, IX, da CF*, únicos que tratam da exigência de fundamentação das decisões judiciais (*Súmula 459 do TST*).

Por outro lado, em caso de discussão em torno de negativa de prestação jurisdicional sob o regime da transcendência, a *repercussão geral* reconhecida pelo STF diz respeito à tese da necessidade de fundamentação das decisões judiciais na forma do precedente AI 791.292-QO/PE (Rel. Min. Gilmar Mendes, *DJe* de 13.8.2010), que impõe que o "*acórdão ou decisão sejam fundamentados, ainda que sucintamente, sem determinar, contudo, o exame pormenorizado de cada uma das alegações ou provas, nem que sejam corretos os fundamentos da decisão*". Assim, a verificação da omissão, caso a caso, não condiz com a missão uniformizadora da jurisprudência trabalhista pelo TST, mas de solução de caso concreto, que não transcende o interesse individual da parte recorrente, a menos que o *valor da causa seja muito elevado* (transcendência econômica), pois após a Lei nº 13.467/17, o TST não julga mais casos, senão temas, para fixação ou controle de teses (transcendências jurídica, política e social).

Para verificar se é caso de acolhimento, ou não, da preliminar de nulidade do julgado por negativa de prestação jurisdicional, temos o seguinte fluxograma:

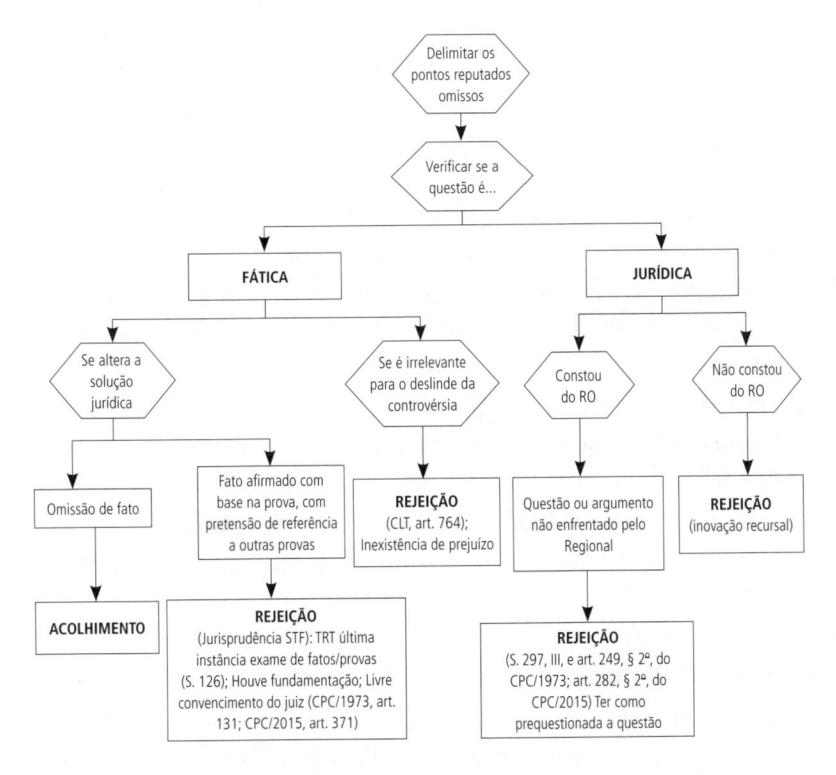

```
                    Delimitar os
                    pontos reputados
                    omissos
                         │
                    Verificar se a
                    questão é...
                    ┌────┴────┐
                 FÁTICA    JURÍDICA
```

FÁTICA:
- Se altera a solução jurídica → Omissão de fato → ACOLHIMENTO
- Fato afirmado com base na prova, com pretensão de referência a outras provas → REJEIÇÃO (Jurisprudência STF): TRT última instância exame de fatos/provas (S. 126); Houve fundamentação; Livre convencimento do juiz (CPC/1973, art. 131; CPC/2015, art. 371)
- Se é irrelevante para o deslinde da controvérsia → REJEIÇÃO (CLT, art. 764); Inexistência de prejuízo

JURÍDICA:
- Constou do RO → Questão ou argumento não enfrentado pelo Regional → REJEIÇÃO (S. 297, III, e art. 249, § 2º, do CPC/1973; art. 282, § 2º, do CPC/2015) Ter como prequestionada a questão
- Não constou do RO → REJEIÇÃO (inovação recursal)

- ***Prequestionamento e matéria fática***

Não se admite o recurso de revista quando estiver *ausente o prequestionamento* da matéria versada no recurso (CLT, art. 896, § 1º-A, I; *Súmula 297 do TST*) ou estiver discutindo *matéria fática* (*Súmula 126 do TST*).

Em relação ao *prequestionamento* da matéria discutida no recurso:

– O *não prequestionamento* se consubstancia na *ausência de pronunciamento*, por parte da decisão recorrida, sobre a questão objeto do recurso, impedindo que se faça o cotejo da decisão judicial com o dispositivo legal invocado como violado ou com a divergência jurisprudencial colacionada, pois sem pronunciamento não há como dizer que houve violação de lei ou dissídio pretoriano.

– Caberá ao recorrente *indicar precisamente o trecho da decisão recorrida que reputa ter enfrentado a questão*, sob pena de não conhecimento da revista (CLT, art. 896, § 1º-A, I; *Instrução Normativa nº 23/TST, II*). Essa indicação se dá por meio da transcrição dos trechos do acórdão recorrido que demonstram o enfrentamento da tese ventilada na revista.

– Além da transcrição do trecho da decisão em que está prequestionada a tese regional, deve-se realizar o *cotejo analítico*, entre a decisão recorrida e a lei ou jurisprudência com ela conflitante (CLT, art. 896, § 1º-A, II e III).

– Em se tratando de *questão meramente jurídica*, a simples oposição de *embargos declaratórios* visando ao pronunciamento da Corte *a quo* é suficiente para obter o prequestionamento da controvérsia, mesmo que o Regional persista no seu silêncio (*CPC/2015, art. 1.025; Súmula 297, III, do TST*).

– Em se tratando de *matéria fática*, o pronunciamento do Regional é essencial, não bastando a oposição de embargos declaratórios, se o Regional mantém o silêncio. Será necessário arguir *nulidade por negativa de prestação jurisdicional*, pois o TST não poderá ter por verídicos os fatos reportados pelo recorrente em seu recurso só por não se ter pronunciado o TRT, mesmo porque não cabe reexame de fatos e provas na instância extraordinária (Súmula 126 do TST).

– O prequestionamento é exigível mesmo em se tratando de matéria de ordem pública, a exemplo da *incompetência absoluta* (*Orientação Jurisprudencial 62 da SBDI-1 do TST*).

– Basta que a *matéria* objeto do recurso esteja prequestionada, não necessariamente o dispositivo tido por violado (*Orientação Jurisprudencial 118 da SBDI-1 do TST*).

– Não é necessário o prequestionamento se a *lesão* ocorrer na *própria decisão recorrida* (*Orientação Jurisprudencial 119 da SBDI-1 do TST*).

– Fora as hipóteses do rito sumaríssimo e da remessa de ofício, a simples *adoção, pelo Regional, dos fundamentos da sentença recorrida* não caracteriza o prequestionamento da matéria (*Orientação Jurisprudencial 151 da SBDI-1 do TST*).

- **Divergência jurisprudencial**

A função precípua do recurso de revista é a *uniformização de jurisprudência* em torno da interpretação do ordenamento jurídico trabalhista infraconstitucional. A *uniformização "interna corporis" dos TRTs* era feita nos moldes do § 3º do art. 896 da CLT, mediante o *incidente de uniformização de jurisprudência*, cuja tramitação é definida no regimento interno, resultando em *súmula regional* sobre matérias afetas principalmente à Região. Embora os tribunais devam uniformizar sua jurisprudência (CPC, art. 926), o § 3º do art. 896 da CLT foi revogado na Lei nº 13.467/17 (Reforma Trabalhista), de modo que não há mais a obrigação legal para a uniformização de jurisprudência pelos TRTs.

Nos termos da *alínea "a" do art. 896 da CLT*, a *divergência jurisprudencial* apta a ensejar o processamento do recurso de revista será apenas aquela existente entre a decisão recorrida e aquela prolatada por *outro TRT* ou pela *SDI do TST* (quer seja acórdão da SBDI-1, quer seja da SBDI-2, mormente em matéria processual esta última). Também dá azo ao conhecimento do recurso de revista a *contrariedade à Súmula do TST ou Súmula Vinculante do STF*. Em caso de a matéria já se encontrar incluída em verbete da *Súmula do TST* ou da *Orientação Jurisprudencial das SBDI-1 ou 2*, bastará a invocação do *Enunciado ou OJ* para o conhecimento do apelo.

Em se tratando de *lei estadual, sentença normativa, convenção coletiva, acordo coletivo* ou *regulamento empresarial*, poderá ser processada a revista apenas se a parte demonstrar que o dispositivo legal, cláusula normativa ou norma interna da empresa teve interpretação divergente dada por *outro Regional*, por ser a norma legal ou convencional de observância suprarregional (CLT, art. 896, *b*). Deve o Recorrente, outrossim, demonstrar que a norma coletiva ou regulamento de empresa *ultrapassa a base territorial* da jurisdição do TRT (*Orientação Jurisprudencial 147, I, da SBDI-1 do TST*).

Não se admite recurso de revista calcado em *divergência jurisprudencial* quando se tratar de:

- processo submetido ao *rito sumaríssimo* (valor da causa de até 40 salários mínimos), pois só poderão subir ao TST mediante demonstração de *violação direta da Constituição Federal* ou *contrariedade à Súmula do TST ou Súmula Vinculante do STF* (CLT, art. 896, § 9º);

- processo em fase de *execução de sentença*, que só alcança conhecimento por *violação literal e direta à Constituição Federal* (CLT, art. 896, §§ 2º e 10; *Súmula 266 do TST*);

- decisão regional que esteja em *consonância com Súmula do TST ou Orientação Jurisprudencial da SDI*, tendo em vista que o fim precípuo do recurso, que é a uniformização da jurisprudência, já foi atingido.

A *jurisprudência colacionada* na revista deve observar os seguintes requisitos formais (por ser ônus do recorrente provar a divergência *"mediante certidão, cópia ou citação do repositório de jurisprudência, oficial ou credenciado, inclusive em mídia eletrônica"* – CLT, art. 896, § 8º):

- indicação do *Diário Oficial* ou do *Repositório Autorizado de Jurisprudência* onde publicada a decisão (*Súmula 337, I, do TST*), admitindo-se como válidas as edições anteriores do repositório posteriormente reconhecido pelo Tribunal (*Súmula 337, II, do TST*);

- apresentação da decisão em *cópia autenticada* (se tiver o carimbo da fonte de publicação na cópia, não é necessário que seja autenticada), com *transcrição*, na petição recursal, do trecho específico que diverge da decisão recorrida (*Súmula 337, I, b, do TST*), servindo a indicação de aresto extraído de repositório oficial na internet, sendo necessário, neste caso, que o recorrente transcreva o trecho divergente, aponte o sítio de onde foi extraído, e decline o número do processo, o órgão prolator do acórdão e a data da respectiva publicação no *Diário Eletrônico da Justiça do Trabalho* (*Súmula 337, IV, do TST*);

- trazer aos autos a cópia do inteiro teor do aresto paradigma, não bastando a simples indicação da sua data de publicação, quando houver a pretensão de demonstrar o conflito de teses mediante a transcrição de trechos que integram a fundamentação do acórdão divergente (*Súmula 337, III, do TST*);

- tratar especificamente da questão enfrentada pela decisão recorrida, ou seja, diante da *mesma hipótese fática*, chegou a conclusão jurídica distinta (*Súmula 296 do TST*);

- abranger *todos os fundamentos* da decisão recorrida (*Súmula 23 do TST*), pois do contrário esta poderia subsistir em relação ao argumento não contrastado.

No exame da divergência jurisprudencial, o órgão jurisdicional está adstrito aos arestos especificamente identificados pela parte recorrente para o cotejo de teses, de forma que, embora o acórdão, cuja ementa foi indicada como divergente, *contenha no seu interior outras ementas*, se estas *não forem especificamente apontadas pela recorrente, não se pode cotejá-las com a decisão recorrida*, pois a Parte não as indicou como divergentes (TST-E-ED-RR-39400-88.2009. 5.03.0004, SBDI-1, Rel. Min. Brito Pereira, *DEJT* de 14.3.2014).

O Recorrente deve proceder à *demonstração analítica* da *divergência jurisprudencial*, apontando *qual o trecho* da decisão recorrida contrasta com a jurisprudência colacionada como divergente (CLT, art. 896, § 1º-A, III; *Instrução Normativa nº 23/02 do TST*).

- **Violação de lei**

A *alínea "c" do art. 896 da CLT*, como um dos pressupostos de admissibilidade intrínsecos do recurso de revista, adjetiva *violação de lei* como *literal* para poder empolgar o recurso, indo mais além em relação à *violação da Constituição Federal*, que deve ser também *direta*. Violar a literalidade do preceito é ordenar exatamente o contrário do que ele expressamente estatui. Não é dizer apenas "B", quando ele diz "A". É dizer *"Não A"*, quando ele diz *"A"*. O primeiro caso é de interpretação do preceito num determinado sentido; o segundo é de afronta ao seu enunciado.

Após o *cancelamento da Súmula 221, II, do TST*, cabe à presidência dos TRTs ou aos relatores no TST explicitar, ainda que de forma sucinta, o porquê da não violação literal dos dispositivos elencados no recurso de revista como malferidos. Basta, para tanto, referir a *diversidade de matérias* e a *ausência de comando específico da decisão judicial em sentido contrário à letra da lei*.

Se a interpretação dada pelo TRT a determinada norma não atrita contra a sua literalidade, está na esfera da *interpretação razoável*. No entanto, pode-se aplicar à esfera do ordenamento infraconstitucional trabalhista, tal como interpretado pelo TST, o mesmo adágio aplicado pelo STF às normas constitucionais por ele interpretadas: *"Interpretar a Constituição em sentido contrário à exegese dada pelo STF equivale a violá-la"*. Assim, mesmo que o recurso de revista venha calcado exclusivamente em violação de lei, se a Presidência do TRT tem ciência de jurisprudência do TST interpretando o dispositivo legal em sentido contrário ao dado pelo TRT, não poderá trancar o recurso com base em interpretação razoável: estaria consagrando sua jurisprudência, em detrimento do órgão cuja missão constitucional é precisamente a da uniformização exegética do ordenamento jurídico trabalhista (que dá o conteúdo normativo do dispositivo legal), e dificultando o acesso à instância superior.

Em sentido inverso, se a decisão regional estiver em *consonância com a orientação jurisprudencial do TST* e o recurso de revista vier exclusivamente calcado em violação de lei, poderá o apelo ser trancado com base na *Súmula 333 do TST*, citando-se os precedentes do TST ou a OJ respectiva, uma vez que a função uniformizadora do TST já foi cumprida na pacificação da controvérsia.

Havendo *invocação de violação a diversos dispositivos legais* no recurso de revista, convém enfrentar especificamente cada uma delas, em vez de consignar genericamente que não ficou demonstrada a afronta literal a tais comandos legais. Isto porque a rejeição genérica equivale à ausência de fundamentação do despacho. Na fundamentação específica basta dizer se o dispositivo esgrimido pelo recorrente como violado trata específica e diretamente da controvérsia travada nos autos e se estabelece conduta literalmente contrária àquela admitida pela decisão recorrida. Se os *despachos de trancamento dos recursos de revista* estiverem bem fundamentados, o juízo de admissibilidade do Relator no TST poderá seguir no mesmo sentido, fazendo com que o agravo de instrumento seja trancado por despacho, com simples remissão aos fundamentos do despacho-agravado.

Para que a questão jurídica possa ser apreciada pelo TST com base em violação de lei, deve o recorrente *indicar expressamente o dispositivo legal tido por violado*, sob pena de não preencher o pressuposto específico de admissibilidade da alínea *c* do art. 896 da CLT (*Súmula 221 do TST*). No entanto, como *não se exige a utilização das expressões "contrariar", "ferir", "violar" etc., para que se tenha como preenchido o pressuposto* (*Orientação Jurisprudencial 257 da SBDI-1 do TST*), o voto ou despacho deverá mencionar todos os dispositivos legais citados na peça recursal (ainda que não exista demonstração analítica da sua violação, como exigido pela IN nº 23/03), para evitar embargos declaratórios fundados em omissão quanto a alguma norma legal esgrimida pelo recorrente.

Quanto à *violação a dispositivo constitucional*, o TST só tem admitido, em casos excepcionalíssimos, a *violação indireta*, na esteira do STF, que excepcionalmente permite receber o recurso de natureza extraordinária por afronta ao *art. 5º, II, da Carta Magna*, que alberga o *princípio da legalidade*. Esses casos excepcionais estão ligados apenas aos processos de *execução de sentença* e *rito sumaríssimo*, quando a violação a dispositivo infraconstitucional é gritante e a revista só pode ser recebida por afronta a dispositivo constitucional.

Também, em princípio, não se admite recurso de revista calcado exclusivamente em *violação de decreto federal*, em face da literalidade da alínea c do art. 896 da CLT. No entanto, para *casos excepcionais*, em que a lei delegou ao Poder Executivo a regulamentação da matéria, o TST tem admitido violação ao decreto regulamentador, por ser *lei em sentido material*, ainda que não em sentido formal.

Conforme tem entendido o TST, apenas *indiretamente* poder-se-ia cogitar de *violação do art. 7º, XXVI, da Constituição Federal*, por não se reconhecer validade a convenção ou acordo coletivo, no caso de a decisão regional *negar aplicação a cláusula de norma coletiva*. E, regra geral, só se admite recurso de revista por violação literal e direta a dispositivo de lei. A lógica adotada é a de que o TST não é guardião das convenções e acordos coletivos. Apenas por divergência jurisprudencial, de acordo com a alínea b do art. 896 da CLT, é que o recurso de revista poderia lograr êxito na jurisprudência atual. Ora, como a CF/88, em seu art. 7º, XXVI, conferiu autonomia aos sindicatos e empregadores para negociarem condições de trabalho mais adequadas à realidade da categoria profissional e do setor produtivo, em matéria de jornada e salário, toda declaração de nulidade de cláusula de negociação coletiva implicaria, em tese, violação do referido dispositivo constitucional, pois escorado nos incisos VI e XIII do mesmo artigo, que reforçariam o entendimento da lesão à autonomia negocial coletiva constitucionalmente garantida. A Lei nº 13.467/17 (Reforma Trabalhista) veio a reforçar tal entendimento, uma vez que traçou regras sobre o que é possível ou não flexibilizar por negociação coletiva (CLT, arts. 611-A e 611-B), a par de albergar o princípio da intervenção mínima em matéria de exegese das cláusulas coletivas (CLT, art. 8º, § 3º).

Há casos, no entanto, em que a ausência de norma específica sobre determinada conduta, aceita como pacífica pela doutrina e jurisprudência (por se tratar de *princípio jurídico*), impede a subsunção da decisão a determinada norma jurídica positiva. Se se tratasse de ação rescisória, poder-se-ia cogitar da necessidade de admitir o malferimento de norma de caráter mais genérico disciplinadora da hipótese (v. g., contagem do prazo prescricional). No entanto, em se tratando de recurso de revista, onde é possível a invocação de divergência jurisprudencial, deve-se preservar a via estreita da alínea c do permissivo consolidado, exigindo-se a demonstração de dissídio pretoriano sobre a matéria.

A *violação* à lei deve ser do dispositivo específico e *não da lei genericamente*. Daí que a invocação genérica de determinada lei como violada, sem especificação de qual dos seus comandos foi desrespeitado, não permite o conhecimento do recurso de revista calcado na alínea *c* do permissivo consolidado.

d) **Despacho monocrático do relator**

A Lei nº 9.756/98, quando alterou o *art. 557 do CPC*, possibilitando o *provimento de recurso por despacho* e *ampliando as hipóteses de trancamento* do apelo por decisão monocrática do relator nos tribunais, veio a desafogar as pautas de julgamento e agilizar o processo. A norma corresponde ao art. 932, III a V, do CPC/2015 e é *plenamente aplicável no Processo do Trabalho*, conforme expresso na Súmula 435 do TST. Com a Lei nº 13.467/17 (Reforma Trabalhista), foi prevista regra específica, pela qual o relator do recurso de revista poderá denegar-lhe seguimento, em decisão monocrática, nas hipóteses de intempestividade, deserção, irregularidade de representação ou de ausência de qualquer outro pressuposto extrínseco ou intrínseco de admissibilidade (CLT, art. 896, § 14).

Tornando a decisão do relator terminativa do feito com pronunciamento de mérito, comporta esclarecimentos mediante *embargos declaratórios*, que serão convertidos em *agravo regimental* ao postularem efeito modificativo da decisão, em face dos princípios da fungibilidade, economia e celeridade processuais (*CPC/2015, art. 1.024, § 3º; Súmula 421 do TST*). Havendo a conversão dos embargos de declaração em agravo, o embargante será intimado para, querendo, complementar as razões de seu recurso, de modo a ajustá-lo às exigências do agravo (CPC/2015, art. 1.021, § 1º; Súmula 421, II, do TST).

A *multa* de que cogita o art. 1.021, § 4º, do CPC/2015 (*art. 557, § 2º, do CPC/1973*) pode ser *aplicada tanto para a empresa quanto para o empregado*, se este último interpuser recurso que apenas prolongará demanda fadada ao insucesso, dosando-se a penalidade aplicada, de 1% a 5%, conforme ficar mais caracterizado o intuito protelatório do feito. A multa *deve ser aplicada* quando a decisão da Turma for *unânime* no sentido da *inadmissibilidade ou improcedência* do agravo, por imperativo legal. Constituindo pressuposto de admissibilidade extrínseco do recurso o pagamento da referida multa, pode-se aplicar cumulativamente, em embargos declaratórios não conhecidos por deserção, a multa do *parágrafo único do art. 1.026, § 2º, do CPC/2015 (art. 538 do CPC/1973)*, em face da persistência na protelação do feito (a multa somente não é exigível de imediato ao Empregado-Embargante ou Recorrente que fizer jus à gratuidade de justiça, declarando, antes ou no momento de interposição do apelo, sua condição de insuficiência econômica), além da Fazenda Pública, conforme a regra do art. 1.021, § 5º, do CPC/2015. A SBDI-1 do TST tem admitido *embargos* contra acórdão turmário em que se teve por *intranscendente o recurso de revista*, mas apenas para *discutir a aplicação da multa*, na esteira da Súmula 353, "e", do TST, mas desde que demonstrada *divergência jurisprudencial específica* entre o caso objeto dos embargos e caso similar julgado por outra Turma (Ag-E-Ag-AIRR-1001131-22.2016.5.02.0011, Rel. Min. José Roberto Freire Pimenta, *DEJT* de 10.6.2022).

Não caberia, em tese, recurso de revista contra acórdão regional prolatado em sede de agravo regimental, por analogia à hipótese das *Súmulas 218 e 353 do TST*. No entanto, como o art. 932, III e IV, do CPC/2015 (art. 557 do CPC/1973) permite o trancamento do recurso por *manifesta improcedência* ou por *confronto com jurisprudência dominante do próprio Tribunal*, vedar o acesso ao TST seria convalidar eventual jurisprudência regional em confronto com a do TST, o que não se compatibiliza com o sistema de controle interpretativo pela Corte Superior Trabalhista. Se, no agravo de instrumento para o TST e no agravo regimental para a Turma do TST é possível discutir pressupostos intrínsecos de admissibilidade da revista, o mesmo não acontece com o agravo de instrumento para o TRT, que só versa sobre pressupostos extrínsecos de admissibilidade do recurso ordinário. Daí a imperfeição da analogia com as súmulas do TST referentes a agravo de instrumento e a conveniência de se *admitir o recurso de revista contra o acórdão regional que julga o agravo regimental* interposto contra despacho monocrático do relator que tranca o recurso ordinário.

O trancamento por despacho se aplica tanto com base em *súmulas de direito material* quanto de *caráter processual*, conforme jurisprudência pacífica do TST na exegese do permissivo do CPC.

e) Instrução Normativa nº 23/03 do TST – padrão formal de recurso de revista

A *Instrução Normativa nº 23/03 do TST* foi editada como fruto da "Semana do TST" de 2003, visando a traçar *padrões formais* para a apresentação do *recurso de revista*, de modo a facilitar e tornar mais rápido o seu exame pelo Tribunal. Suas principais diretivas foram incorporadas à CLT com a inclusão do § 1º-A ao art. 896 da CLT pela Lei nº 13.015/14 (incisos I e III).

Assim, o recurso de revista deve:

– vir dividido em *tópicos* referentes a cada uma das diferentes questões versadas no recurso (inciso I);

– *indicar as folhas* onde há a comprovação do preenchimento dos *pressupostos extrínsecos* do recurso (procurações, depósito recursal, custas, tempestividade) (inciso I);

– transcrever o *trecho da decisão recorrida* que consubstancia o *prequestionamento* da matéria e *atrita* com a jurisprudência ou a lei (inciso II), bem como do *trecho dos julgados divergentes* (inciso III).

A *inovação* da IN 23/03 do TST (após a atenuação sofrida com a substituição da originária IN 22) está principalmente em explicitar (como o fez, a seu tempo, a Súmula 337 do TST) que cabe ao Recorrente fazer a *demonstração analítica* da violação legal ou divergência jurisprudencial (indicando precisamente os trechos da decisão recorrida, da lei e dos julgados tidos por divergentes que configuram os pressupostos intrínsecos do recurso de revista), sob pena de *não conhecimento do recurso, com base no inciso II (e/ou III) da IN 23/03 do TST*. Assim, por exemplo, em caso de mera referência, no recurso, a dispositivo legal como violado poderá ser de plano descartada, por ausência da demonstração analítica (com isso, os verdadeiros arsenais normativos invocados por determinados recorrentes, com sem número de dispositivos genéricos apontados como violados, não necessitarão ser justificados artigo por artigo quanto à sua não violação literal).

f) Critério de transcendência do recurso de revista

• **Contexto** – A transcendência insere-se no contexto de *reformas do processo na Reforma Trabalhista levada a cabo pela Lei nº 13.467/17*, que visam a atingir basicamente sete objetivos: *racionalidade, simplicidade, responsabilidade, segurança, celeridade, qualidade e baixo custo* para o processo trabalhista. Hoje, os dois *pontos de estrangulamento* da Justiça do Trabalho são o TST e a *execução*: os processos estancam quando há recurso para o TST (abarrotado com mais de meio milhão de processos aguardando solução em 2022) ou chegam na fase de execução (com taxa de congestionamento, em 2021, de 70%). O desempenho da Justiça do Trabalho fica comprometido se o seu órgão de cúpula não consegue fazer frente adequadamente à demanda. E a transcendência deve contribuir para dar dinamismo e qualidade à prestação jurisdicional pelo TST.

Atualmente, a carga exorbitante de recursos recebidos pela Corte Superior Trabalhista tem comprometido não apenas a celeridade processual, com expectativa média de 2 anos para o recurso ser julgado, mas a segurança jurídica, pela oscilação significativa na jurisprudência, por falta de tempo para se discutir todos os argumentos aduzidos na controvérsia sobre cada matéria. A Lei nº 13.015/14, que permitiu ao TST a utilização da *sistemática dos recursos repetitivos,* não foi suficiente para racionalizar a prestação jurisdicional, exigindo procedimentos mais radicais. Com a transcendência, o TST pode cumprir melhor sua *missão institucional de conformador do ordenamento jurídico-trabalhista brasileiro.*

O STJ vem pleiteando a aprovação da PEC 10/17 do Senado Federal (oriunda da aprovação da PEC 209/12 pela Câmara dos Deputados), que introduz a *relevância da questão federal* como requisito para o recurso especial, à semelhança da transcendência do recurso de revista e lembrando a antiga *arguição de relevância* do recurso extraordinário para o STF (EC 1/69 à CF de 1967, art. 119, parágrafo único, e Emenda Regimental nº 3/75 ao RISTF, art. 308 [rol das causas que, em princípio, *não seriam apreciadas*, salvo demonstração da relevância]; EC 7/77 à CF 1967/1969, art. 119, § 1º, e Emenda Regimental nº 2/85 ao RISTF, art. 325 [rol das causas que *seriam apreciadas* pelo STF, com as demais sujeitas à demonstração da relevância]).

• **Constitucionalidade** – O critério de transcendência, à época de sua instituição em 2001, foi contrastado em face do art. 93, IX e X, da Constituição Federal, em face da radicalidade que supunha um critério seletivo discricionário para o recurso de revista.

Dado que o art. 2º da Medida Provisória nº 2.226/01 contemplava a possibilidade de sustentação oral e de fundamentação sucinta para as decisões que rejeitassem a transcendência do recurso de revista, houve o reconhecimento, pelo Supremo Tribunal

Federal (STF-ADIMC-2.527/DF, Rel. Min. Ellen Gracie, Pleno, *DJ*, 23.11.2007), da constitucionalidade da MP nº 2.226/01, que criou o critério de transcendência para o recurso de revista (incluindo na CLT o art. 896-A), de modo a permitir que o Tribunal selecione as causas efetivamente relevantes, que mereçam um terceiro julgamento.

Como a Lei nº 13.467/17, em que pese revogar o art. 2º da MP 2.226/01, preservou as duas garantias constitucionais relativas aos processos judiciais e administrativos, que são a publicidade e a fundamentação das decisões (cf. art. 896-A, §§ 3º e 4º), a constitucionalidade do critério continua garantida pelo precedente do STF em sede de cautelar, ainda que penda de julgamento o mérito da ADI.

• **Natureza jurídica** – O *critério de transcendência* como pressuposto de admissibilidade do recurso de revista difere essencialmente dos demais requisitos, uma vez que não constitui critério de natureza jurídica, mas *administrativa*, ou seja, de *política judiciária*, pautado fundamentalmente pela *conveniência e oportunidade* de se apreciar determinado tema, em face de sua transcendência política, jurídica, econômica e social.

Nesse sentido, diferentemente da sistemática anterior à Lei nº 13.467/17 (Reforma Trabalhista), em que o pronunciamento do TST, ao denegar seguimento a recurso de revista por considerar não violado determinado dispositivo de lei ou superada por súmula a divergência jurisprudencial esgrimida, substituía a decisão regional, agora, com a rejeição do recurso por carência de transcendência, não há essa substituição, pois o TST, nesse caso, entendeu que as matérias trazidas no recurso não mereciam um terceiro pronunciamento.

Assim, o TST deixa de ser uma 3ª instância recursal, para se tornar, efetivamente, uma Corte exclusivamente uniformizadora de jurisprudência e apenas excepcionalmente corretora de distorções em casos concretos.

Esta última feição se dará em face da possibilidade do reconhecimento da transcendência do caso concreto, mais do que do tema, pelos seus reflexos na empresa e no setor, especialmente em ações coletivas (ação civil pública ou de substituição processual), quando o resultado do processo tiver impacto tal, por abranger todos os trabalhadores da empresa ou setor, sob o prisma econômico ou social, que recomende a intervenção revisora do TST.

Convém ressaltar que o critério de transcendência *difere dos filtros da repercussão geral* (STF) e *recursos repetitivos* (TST), uma vez que, nesses, a seleção é apenas de recursos representativos da controvérsia a ser deslindada, com *sobrestamento* dos demais processos, travando o sistema, pela demora no julgamento dos temas escolhidos. Já na *transcendência*, diz-se de imediato se o processo será ou não apreciado em seu mérito. Numa analogia escatológica, pelo não reconhecimento da transcendência, remete-se o recorrido vencedor para o Céu e o recorrente vencido para o Inferno; já com o sobrestamento dos processos com repercussão geral ou submetidos ao incidente de recurso repetitivos, remetem-se todos ao Purgatório, que é um lugar de sofrimento, na esperança de que um dia o tema seja solucionado, o que pode durar anos.

• **Regulamentação** – Antes da Lei nº 13.467/17 (Reforma Trabalhista), o critério de transcendência dependia de regulamentação por parte do TST para poder ser aplicado (MP nº 2.226/17, art. 2º). Atualmente, com a revogação do dispositivo pelo art. 5º, III, da Lei nº 13.467/17, o instituto é autoaplicável. O Regimento Interno do TST veio apenas esclarecer sobre o *direito intertemporal*, que o critério só se aplica aos recursos interpostos contra acórdãos publicados após a entrada em vigor da Lei nº 13.467/17 (art. 246), e *pode ser arguido de ofício* pelo relator, independentemente de invocação ou demonstração pelo recorrente (art. 247), repetindo, no mais, o que está na lei (§§ 1º a 5º do art. 247)

Ademais, o RITST poderá conjugar os institutos da transcendência com o dos recursos repetitivos, dando-lhe dupla feição, à semelhança da repercussão geral da questão constitucional no recurso extraordinário perante o STF:

– o *art. 896-C da CLT* estabeleceria a *sistemática seletiva dos recursos concretos* a serem julgados pela SDI-1 do TST, *fixando as teses jurídicas* a serem aplicadas com efeito vinculante pela Justiça do Trabalho;

– o *art. 896-A da CLT* estabeleceria a *sistemática de triagem dos recursos não transcendentes no âmbito das Turmas do TST, racionalizando o funcionamento do Tribunal como um todo, pelo desafogamento da Corte.*

• **Modelo** – O paradigma pré-Reforma Trabalhista da Lei nº 13.467/17 era o do julgamento circunstanciado de todos os recursos pelo TST. O novo paradigma é o de que o cidadão tem direito apenas ao duplo grau de jurisdição; a instância extraordinária constitui direito do Estado federado, exercitado por ocasião das petições recursais que recebe, elegendo aquelas que, por sua relevância na fixação do direito pátrio, merecem um pronunciamento específico. É o que ocorre hoje com a *repercussão geral* no STF (Brasil), o *writ of certiorary* da Suprema Corte Americana, o *recurso extraordinário* sujeito à transcendência, na Suprema Corte Argentina, o *recurso de amparo* da Corte Constitucional Espanhola e a *verfassungsbeschwerde* da Corte Constitucional Alemã.

O paradigma norte-americano parece-nos o mais apropriado para o nosso novel critério de transcendência, guardadas as devidas proporções e sistemas normativos. Na Suprema Corte Americana é a assessoria jurídica (*law clerks*) que faz a triagem dos recursos relevantes para julgamento, devendo convencer o seu respectivo ministro (*justice*) da importância de se enfrentar determinado tema. Cabe ao ministro convencido convencer outros 3 colegas (*rule of four*) da importância do tema, na reunião periódica que fazem (*conferences*) para definir as questões que serão efetivamente julgadas pela Corte. Selecionados os temas, são pautados (*on docket*), sujeitos a sustentação oral dialogada com os ministros e de meia hora por parte (*oral argument*) e decisão colegiada em que o acórdão (*opinion*) é lavrado a muitas mãos pela corrente majoritária.

No caso do TST, as assessorias jurídicas dos ministros terão o trabalho de fazer essa triagem prévia, apresentando ao ministro os casos efetivamente transcendentes e a fundamentação sucinta para a rejeição dos demais, agora com parâmetros definidos.

Com a transcendência, o caso será o mote para a *fixação do conteúdo normativo do dispositivo legal* em debate. A *seleção de recursos* permitirá a escolha das causas em que as teses antagônicas estão bem definidas e permitam a perfeita apreensão pela Corte Superior Trabalhista.

A nova Lei nº 13.015, sobre *recursos de revista repetitivos*, começou a trilhar esse caminho, mas em sistemática complicada, para surtir os efeitos desejados, especialmente em face da devolução dos recursos de revista aos TRTs, para uniformização interna pelos Regionais, no que se poderia denominar de "terceirização" de atividade-fim do TST, que é a uniformização da jurisprudência. Em boa hora a Lei nº 13.467/17 veio a revogar os §§ 3º a 6º do art. 896-C da CLT, acabando com aquilo que dava à Lei nº 13.015/14 a alcunha de "lei bumerangue", pois os recursos devolvidos aos TRTs acabavam retornando ao TST, quando superada essa fase regional uniformizadora. O novo modelo mostra-se, assim, mais racionalizado e simplificado.

• **Dificuldades** – Os dois maiores receios, tanto de juízes quanto de advogados, no que se refere à transcendência, são os da subjetividade excessiva na seleção dos recursos transcendentes e da eventual complexidade adicional que o critério poderá trazer para os julgamentos, em face da possibilidade de sustentação oral e da necessidade de fundamentação. No entanto, os limites constitucionais a uma radicalidade maior do critério seletivo, balizados pelas garantias da publicidade e fundamentação (CF, art. 93, IX), não comprometem as vantagens excepcionais do instituto, na medida em que se passa da fundamentação de caráter jurisdicional (dizer o direito em 3ª instância, sobre violação de lei, contrariedade a precedentes e divergência jurisprudencial) para outra de caráter administrativo (selecionar o que será, ou não, apreciado pelo TST), discurso de caráter mais simplificado e passível de delegação relativa à assessoria jurídica dos Ministros (já que, atualmente, certo grau de delegação ocorre, pela absoluta incapacidade humana de conferir se os modelos aprovados pelos senhores ministros são adequadamente aplicados aos processos concretos, com o cotejo, pelo ministro, da tese que endossa com os autos do processo).

• **Critérios** – Quanto ao primeiro receio, pode ser afastado levando-se em conta que o § 1º do art. 896-A da CLT densificou o *caput* do dispositivo, estabelecendo parâmetros mais objetivos para se reconhecer a transcendência dos recursos (sabendo-se que se trata de lista exemplificativa e não taxativa):

– *transcendência jurídica* – se o recurso versar sobre *matéria nova*, em que a SBDI-1 do TST ainda não tenha fixado a interpretação da lei;

– *transcendência política* – se os TRTs, uma vez definido o conteúdo da norma, *contrariarem súmula ou orientação jurisprudencial do TST ou STF*, desrespeitando o princípio federativo de uniformização da interpretação jurisprudencial em torno do direito federal;

– *transcendência econômica* – se o *valor elevado da causa*, por se tratar de ação coletiva (ação civil pública ou substituição processual), ou mesmo individual de vulto, recomendar um terceiro julgamento;

- *transcendência social* – se a pretensão do recorrente empregado disser respeito a *direito social constitucionalmente garantido*, com plausibilidade na alegada ofensa a dispositivo constitucional.

Obs.: A 4ª Turma do TST, que integramos, estabeleceu como patamar mínimo para se reconhecer a *transcendência econômica* o de R$ 500.000,00 de valor da causa ou da condenação, pois, nesse caso, a causa transcenderá o interesse individual das partes, pelo potencial de comprometer o próprio empreendimento e os empregos que gera. A *transcendência política* também tem sido reconhecida pela Turma nos casos de contrariedade à *jurisprudência pacificada da SBDI-1*, por decisões tomadas em sua composição completa. E a *transcendência jurídica* tem sido ampliada para albergar temas que, mesmo já pacificados pelo TST, estão *pendentes de solução pelo STF*, com repercussão geral reconhecida pela Corte.

• **Sistemática** – quanto ao segundo receio, de complicar em vez de simplificar os julgamentos, quanto menos se alterar a sistemática atual de tramitação do recurso de revista com a adoção da transcendência, mais eficaz o instrumento poderá ser. Assim, a transcendência seria analisada pelo ministro relator na Turma do TST em que atua, monocrática (CLT, art. 896-A, § 2º) ou colegialmente, com direito a sustentação oral de 5 minutos se o recurso for reputado intranscendente (CLT, art. 896-A, § 3º). Mantida a decisão do relator pela intranscendência, será lavrado acórdão com fundamentação sucinta, que constituirá *decisão irrecorrível* no âmbito do tribunal (CLT, art. 896-A, § 4º). Quanto à fundamentação, para os recursos intranscendentes, bastaria uma justificativa sumária relativa ao não enquadramento do apelo em algum dos quatro critérios, nos moldes dos parâmetros objetivos traçados no § 1º do art. 896-A da CLT. Ou seja, declinam-se as *razões pelas quais o recurso não será julgado*, e não as razões pelas quais o recorrente não tem razão.

Conjugando-se as sistemáticas da Lei nº 13.015/14, sobre julgamento seletivo de recursos repetitivos trabalhistas, com a do art. 896-A da CLT, densificado pela Lei nº 13.467/17, de seleção de matérias transcendentes, poder-se-á chegar a um sistema ideal de apreciação de temas e não casos pelo TST, de acordo com sua capacidade de dar uma resposta célere e justa para a sociedade.

4. Os embargos para a SBDI-1 do TST

O recurso de embargos é a modalidade recursal que, endereçada à SBDI-1 do TST, visa à *uniformização da jurisprudência "interna corporis" do TST*, pois é cabível das decisões das Turmas que divergirem entre si ou das decisões proferidas pela SDI, salvo se a decisão recorrida estiver em consonância com súmula ou orientação jurisprudencial do TST ou do STF (CLT, art. 894, II).

A apreciação do recurso é feita em duas etapas: primeiramente quanto ao preenchimento dos pressupostos extrínsecos ou genéricos, comuns a quaisquer recursos e, caso estes estejam atendidos, passa-se à análise dos pressupostos intrínsecos ou específicos dos embargos.

a) **Pressupostos extrínsecos**

Os pressupostos extrínsecos são aqueles comuns a todos os recursos: adequação, sucumbência, tempestividade, regularidade de representação, preparo e motivação.

• **Adequação** – só cabe de decisão colegiada proferida por Turma Julgadora. De plano, *não cabem embargos*:

– contra *decisão monocrática* exarada pelo Relator do processo (Orientação Jurisprudencial 378 da SBDI-1 do TST);

– contra *decisão proferida em agravo*, salvo: a) da decisão que não conhece do agravo de instrumento ou de agravo pela ausência de pressupostos extrínsecos; b) da decisão que nega provimento a agravo contra decisão monocrática do Relator, em que se proclamou a ausência de pressupostos extrínsecos de agravo de instrumento; c) para revisão dos pressupostos extrínsecos de admissibilidade do recurso de revista, cuja ausência tenha sido declarada originariamente pela Turma no julgamento do agravo; d) para impugnar o conhecimento do agravo de instrumento; e) para impugnar a imposição de multas previstas no art. 538, parágrafo único, do CPC/1973 (correspondente ao art. 1.026, § 2º, do CPC/2015) ou no art. 557, § 2º, do mesmo Código/73 (art. 1.021, § 4º, do CPC/2015), mesmo que contra decisão contrária à transcendência da causa; f) contra decisão de Turma proferida em agravo em recurso de revista, nos termos do art. 894, II, da CLT (Súmula 353 do TST).

Vale ressaltar que se o *não preenchimento de pressuposto extrínseco* foi *reconhecido originariamente pelo Regional* no despacho de admissibilidade ou se a discussão permear o não preenchimento de pressuposto extrínseco do recurso ordinário, não é passível de reexame nos embargos, porquanto a Turma não o declarou originariamente (TST-E-AIRR-126700-29.2008.5.17.0006, Rel. Min. Brito Pereira, SBDI-1, *DEJT* de 7.12.2012).

Da mesma forma, não cabem embargos para impugnar a *multa aplicada nos embargos de declaração considerados protelatórios pelo Regional*, pois a sua rediscussão em sede de embargos em agravo de instrumento somente tem lugar quando foi aplicada pela Turma do TST, sob pena de análise da questão pela terceira ou quarta vez, o que não se coaduna com o sistema recursal brasileiro, que somente contempla o duplo grau de jurisdição (TST-Ag-E-AIRR-8713-63.2010.5.01.0000, Rel. Min. Ives Gandra, SBDI-1, *DEJT* de 22.6.2012).

A SBDI-1 do TST entende que a mera interposição de *recurso incabível*, não albergado pelas hipóteses da Súmula 353 do TST, dá ensejo à aplicação da *multa por litigância de má-fé*, nos termos dos arts. 17, VII, e 18 do CPC/1973 (equivalentes aos arts. 80, VII, e 81 do CPC/2015) (TST-Ag-E-Ag-AIRR-919-82.2010.5.12.0000, Rel. Min. Aloysio Corrêa da Veiga, *DEJT* de 9.3.2012).

• **Tempestividade** – o prazo dos embargos é o de 8 dias (CLT, art. 894, *caput*);

- **Depósito recursal** – compreende o valor da condenação até o limite de R$ 21.973,60 (Ato SEGJUD.GP nº 175/21).
- **Custas** – deve ser pago o acréscimo de custas ou sua reversão.
- **Motivação** – os embargos devem ser articulados de modo a atacar os óbices e a razão de decidir da Turma Julgadora, nos termos em que a decisão foi proposta, sob pena de serem reputados desfundamentados (Súmula 422 do TST).

Entende a SBDI-1 do TST que os embargos em agravo de instrumento são passíveis de conhecimento por *contrariedade à Súmula 422 do TST*, quando aplicada pela Turma, porquanto se refere à motivação, que constitui pressuposto recursal extrínseco do apelo (E-ED-AIRR-13940-40.2005.5.04.0351, Rel. Min. Lelio Bentes Corrêa, *DEJT* de 18.11.2011).

b) **Pressupostos intrínsecos**

Antes da Lei nº 11.496/07, admitiam-se os embargos à SDI-1 por *violação de lei*, à semelhança do recurso de revista; *após sua edição*, tal via recursal ficou jungida à *divergência jurisprudencial "interna corporis"* do TST. Com a edição da *Lei nº 13.015/14*, são basicamente dois os *pressupostos específicos de admissibilidade* do recurso de embargos à SDI-1 do TST (CLT, art. 894, II):

- **Divergência jurisprudencial** entre as Turmas do TST ou destas com a SDI-1 do TST;
- **Contrariedade a súmulas** (e orientações jurisprudenciais) do TST e (vinculantes) do STF.

São *óbices* ao conhecimento dos embargos, mesmo quando se invoque divergência jurisprudencial:

- a divergência invocada já estar *ultrapassada* por súmula do TST ou do STF, ou por iterativa, notória e atual jurisprudência do TST (CLT, art. 894, § 2º);
- os arestos divergentes serem da *mesma Turma* do TST (Orientação Jurisprudencial 95 da SBDI-1 do TST), pois nesse caso não há divergência jurisprudencial, mas superação de entendimento da Turma;
- o *reexame de fatos e provas* (Súmula 126 do TST);
- em regra, a invocação de *contrariedade a súmulas de índole processual*, tais como as Súmulas 23, 126, 296, 297 e 337 do TST, porquanto a pretensão seria a de buscar, por via oblíqua (já que não há mais previsão de embargos por violação de lei), a revisão da decisão turmária quanto ao conhecimento do recurso de revista, o que não atende à finalidade dos embargos, que visam precipuamente à uniformização da jurisprudência sobre questão de mérito, a teor do art. 894, II, da CLT, e não ao controle da prestação jurisdicional da Turma quanto ao preenchimento dos pressupostos intrínsecos da revista, pois o expediente equivaleria ao cotejo da decisão com o próprio dispositivo da lei processual (TST-E-ED-RR-92600-14.2006.5.15.0058, Rel. Min. Lelio Bentes Corrêa, SBDI-1, *DEJT* de 16.3.2012; TST-E-RR-113500-64.2003.5.04.0402, SBDI-I, Rel. Min.

Lelio Bentes Corrêa, julgado em 31.5.2012). Tem-se admitido, no entanto, em caráter excepcional, o conhecimento dos embargos por contrariedade à súmula de índole processual na hipótese em que a própria decisão da Turma esboça manifestação contrária ao teor do verbete jurisprudencial de conteúdo processual (TST-E-ED-RR-134600-03.2002.5.09.0651, Rel. Min. Augusto César Leite de Carvalho, SBDI-1, *DEJT* de 31.5.2013);

– discussão, com base em divergência jurisprudencial, de *nulidade de julgado por negativa de prestação jurisdicional* (TST-E-RR-574000-51.2002.5.06.0906, Rel. Min. José Roberto Freire Pimenta, SBDI-1, *DEJT* de 13.4.2012) ou de *alteração do valor da indenização por danos morais* (TST-E-ED-RR-362340-74.2001.5.01.0241, Rel. Min. Milton de Moura França, *DEJT* de 29.7.2011), em face da dificuldade prática de se encontrar hipóteses fáticas idênticas para estabelecer o dissídio pretoriano específico;

– *falta de prequestionamento*, na decisão turmária do TST, da matéria objeto dos embargos (Súmula 297, III, do TST).

No processo que se encontra na fase de *execução*, a admissibilidade do recurso de embargos está condicionada à demonstração de divergência entre Turmas ou destas e a SDI, em relação à interpretação de dispositivo constitucional (Súmula 433 do TST).

No processo sujeito ao *procedimento sumaríssimo*, a divergência jurisprudencial entre as Turmas deve estar fundada em interpretações diversas acerca da aplicação do mesmo dispositivo constitucional ou de matéria sumulada (Súmula 458 do TST).

Tanto o Presidente de Turma do TST quanto o Ministro Relator na SDI-1 podem *denegar seguimento* ao recurso de embargos à SDI-1 pela falta de preenchimento dos pressupostos de admissibilidade do apelo, tanto extrínsecos quanto intrínsecos (CLT, art. 894, § 3º; RITST, art. 81, IX).

Da decisão denegatória dos embargos caberá *agravo* para a própria SDI-1, no prazo de 8 dias (CLT, art. 894, § 4º; RITST, art. 235, X). Se a admissão dos embargos for parcial pela presidência da Turma, deverá a embargante interpor agravo quanto aos temas denegados, sob pena de preclusão (TST-EEDEDARR-154100-32.2002.5.02.0463, SBDI-1, Rel. Min. Guilherme Augusto Caputo Bastos, *DEJT* de 4.8.2017). E, se houve omissão por parte do juízo de admissibilidade do presidente da Turma quanto a algum tema, deverá a parte opor embargos de declaração, também sob pena de preclusão (TST-EEDRR-1359-35.2014.5.03.0050, SBDI-1, Min. Hugo Carlos Scheuermann, *DEJT* de 1.12.2017). Em ambos os casos, aplica-se, por analogia, a orientação da Instrução Normativa nº 40 do TST referente ao recurso de revista.

5. O recurso extraordinário para o STF

A missão essencial do **Supremo Tribunal Federal** é a de *intérprete máximo da Constituição Federal,* dando-lhe o conteúdo normativo, ao decidir os casos que lhe são dirigidos. Exerce, assim, o **controle de constitucionalidade das leis** e decisões judiciais no Brasil, fazendo-o basicamente de duas *formas:*

– **controle concentrado** – da lei em tese, mediante o julgamento da *ação direta de inconstitucionalidade* e da *ação declaratória de constitucionalidade* (CF, art. 102, I, *a*), bem como da *arguição de descumprimento de preceito fundamental* (CF, art. 102, § 1º);

– **controle difuso** – nos casos concretos que lhe chegam em *recurso extraordinário* (CF, art. 102, III) ou mediante *reclamação* por desobservância de súmula vinculante do STF ou de decisão vinculante proferida em ações de controle concentrado de constitucionalidade (CF, art. 103-A, § 3º).

Contra as decisões de *última instância da Justiça do Trabalho*, uma vez esgotados todos os recursos cabíveis no TST (Súmula 281 do STF), cabe o *recurso extraordinário* para o STF, submetido, após a promulgação da Emenda Constitucional nº 45/04, à *sistemática da repercussão geral* (CF, art. 102, § 3º), implantada desde 2007, após a sua regulamentação pela Lei nº 11.418/06 e Emenda Regimental nº 21/07 ao Regimento Interno do STF.

a) **Juízo clássico de admissibilidade**

Antes da introdução da sistemática da repercussão geral e paralelamente a ela, para os casos que não se enquadram na nova sistemática (ou seja, ainda não foram classificados tematicamente no rol do STF ou do TST), o *recurso extraordinário trabalhista*, para ser admitido e apreciado pelo STF, deveria preencher os seguintes *requisitos*, positivos ou negativos:

– **demonstração de violação da Constituição Federal** por parte de órgão jurisdicional do TST, ou contra decisão que declare a inconstitucionalidade de lei ou ato normativo (CF, art. 103, III, *a* e *b*);

– a **violação a dispositivo constitucional não pode ser reflexa**, como ocorre com o princípio da legalidade (Súmula 636 do STF);

– **estar prequestionada** a matéria constitucional na decisão recorrida (ou seja, debatida explicitamente), não necessariamente os dispositivos constitucionais tidos por violados (Súmulas 282 e 356 do STF);

– **não necessitar de reexame de fatos e provas** para se concluir pela violação de dispositivo constitucional (Súmula 279 do STF);

– as razões do recurso devem **atacar os fundamentos da decisão recorrida**, não podendo o apelo trazer enfoque diverso e sob argumentos dissociados do debate levado a cabo na instância do TST (Súmula 284 do STF);

– tratar-se de **decisão de última instância da Justiça do Trabalho** (Súmula 281 do STF; CF, art. 102, III, *caput* e alínea *a*), não se enquadrando nessa qualidade *decisão monocrática do Presidente do TST, de Relator ou Presidente de Turma do TST*, que denega seguimento a recurso de revista ou de embargos à SDI-1, ou nega provimento a agravo de instrumento ou a agravo regimental monocraticamente, o que torna *prematura* a interposição do recurso extraordinário (já que caberia agravo da decisão) e propicia o *trânsito em julgado* da causa, por não ter sido interposto o único recurso cabível na espécie.

Tratando-se de recurso extraordinário contra **decisão interlocutória** de Turma ou da SDI-1 do TST, que resolve *questão prefacial* (prescrição, competência da Justiça do Trabalho, vínculo de emprego etc.) e determina a baixa dos autos para apreciação do mérito da reclamatória, em princípio o recurso extraordinário fica **retido nos autos**, remetendo-se o feito à origem (CPC/1973, art. 542, § 3º, sem correspondência no CPC/2015), para que aprecie o restante do mérito da controvérsia, cabendo ao recorrente reiterar o RE contra a decisão final, caso lhe seja desfavorável.

No entanto, se já houver alguma *sinalização do STF*, consubstanciada no reconhecimento da existência de repercussão geral da matéria ou pela subida de recursos representativos da controvérsia, *mesmo que se trate de decisão interlocutória*, o feito poderá ser *sobrestado*, em homenagem ao princípio da *celeridade processual* (CF, art. 5º, LXXVIII), de modo a evitar desperdício de atividade processual, caso o STF reforme a decisão da última instância trabalhista.

Cabe à Vice-Presidência do TST o *juízo de admissibilidade "a quo"* do recurso extraordinário para o STF, que, sendo exercido de forma *denegatória* em "juízo clássico" de admissibilidade, comporta a interposição de **agravo de instrumento** para o STF (CPC/1973, art. 544; CPC/2015, art. 1.042).

b) **Sistemática da repercussão geral da questão constitucional**

A *nova sistemática* de apreciação do recurso extraordinário pelo STF, e pelas Presidências dos Tribunais de origem dos apelos, tem como *viga mestra* o princípio de que, a partir de sua implantação, o STF passou a *julgar temas e não casos*, ou seja, o *foco* passou dos *processos* (e suas condições de admissibilidade) para as *matérias* neles versadas (e sua relevância jurídica, política, econômica e social).

Nesse sentido, a repercussão geral passou a ser o *pressuposto prioritário de análise processual*, voltado para o tema constitucional e não para o recurso extraordinário, ou seja, o recurso é o "mote" para que o Supremo exerça seu controle de constitucionalidade das decisões judiciais e dê a interpretação final da Constituição Federal, *escolhendo que temas são relevantes* e em que recursos a controvérsia ficou melhor estampada para ser apreciada.

Na concepção do Constituinte Derivado de 2004 (EC 45, art. 102, III, § 3º), as *questões constitucionais* somente *não serão apreciadas* pelo STF se 2/3 dos ministros recusarem expressamente a repercussão geral, por meio do Plenário Virtual, no prazo de 20 dias após a manifestação do Relator (RISTF, art. 324 e § 1º), ou seja, há repercussão geral de toda matéria que não consiga 2/3 dos ministros pela sua rejeição.

Dando tal precedência à sistemática da repercussão geral, o STF *valoriza a jurisprudência dos tribunais de origem*, reconhecendo implicitamente que várias questões constitucionais terão os tribunais de origem como controladores da constitucionalidade das decisões das instâncias inferiores e intérpretes máximos da Carta Magna, em nítida *delegação de competência*, sob o prisma da relevância de alguns temas frente a outros e a impossibilidade do STF apreciar a todos detidamente (o sistema da repercussão geral visa a poupar energia, tempo, recursos materiais e humanos do STF, impedindo até a subida de agravos se as matérias já estão pendentes de definição pela Suprema Corte).

Os *tribunais de origem* e suas presidências (ou vice-presidências, por delegação) têm o papel de *seleção desses temas relevantes*, admitindo um lote mínimo de recursos que tratem da controvérsia (*"recursos representativos da controvérsia"*, art. 543-B, § 1º, do CPC/1973; art. 1.036 do CPC/2015), alertando a Presidência do STF sobre a importância da questão (e seu rápido julgamento) e fundamentando o despacho de admissibilidade com os motivos pelos quais haveria necessidade do controle de constitucionalidade por parte do STF, quer pela quantidade de feitos que tratam da matéria em tramitação no tribunal, quer pela possível violação dos dispositivos constitucionais pela Corte de origem.

Verifica-se, pois, que se deu, a partir da introdução do sistema da *repercussão geral* uma *objetivação* de julgamento da questão constitucional discutida, independentemente da causa ou dos fundamentos expostos na petição de recurso extraordinário, que podem ser deficientes.

Nesse sentido, a *verificação do enquadramento do recurso em algum tema com repercussão geral* já reconhecida, rejeitada, pendente de análise ou com julgamento de mérito já realizado, *precede a qualquer análise de pressuposto extrínseco ou intrínseco do recurso extraordinário* (tempestividade, representação, prequestionamento, indicação de violação a dispositivo constitucional), à exceção da própria arguição de repercussão geral, uma vez que, em relação aos recursos submetidos a essa sistemática, não há subida dos recursos extraordinários e agravos de instrumento ao STF (afora aqueles representativos da controvérsia, em número máximo de 10, desafogando efetivamente o STF), uma vez que as decisões do juízo de admissibilidade *a quo* são irrecorríveis para o STF.

O STF tem dado a sinalização de que, julgado o tema, a todos os processos que tiverem sido sobrestados até sua apreciação de mérito se aplicará a solução dada à questão, independentemente das condições concretas de admissibilidade do recurso, mas desde que a decisão recorrida tenha tratado da questão constitucional solucionada, pois o *foco* não é no recurso, mas nas *decisões contrárias à jurisprudência do STF*, em que deverá ocorrer o juízo de retratação por parte do órgão prolator da decisão recorrida.

Nesse diapasão, não importa tanto se o recurso tem condições de sucesso sob o prisma do juízo clássico de admissibilidade, nem se o recorrente quis levar a matéria ao STF quando ela não chegou a ser enfrentada pela Corte *a quo*: o que interessa é se tanto o recurso quanto a decisão recorrida tratam do tema submetido ao sistema da repercussão geral.

A ideia é, pois, reconhecidamente, a de poupar trabalho ao STF e aos tribunais de origem na análise dos recursos extraordinários, verificando de plano se já há tema elencado na tabela do STF e dando ao recurso o destino devido, conforme a hipótese.

c) **Admissibilidade do recurso extraordinário na sistemática da repercussão geral**

O recurso extraordinário, na sistemática da repercussão geral, deve observar os seguintes *requisitos* e *processamento* para lograr êxito quanto ao mérito da demanda:

– **arguição da preliminar de repercussão geral** da questão constitucional (CF, art. 102, § 3º; CPC/1973, art. 543-A, § 2º; CPC/2015, art. 1.035, § 2º), sob pena de denegação sumária de seu processamento e imediata baixa dos autos à origem (cf. STF-ARE-663.637-AgR-QO/MG, Tribunal Pleno, Rel. Min. Ayres Britto, *DJe*-190 de 26.9.2012). A nova dicção do dispositivo do CPC/2015 não fala em "preliminar" de repercussão geral, o que não dispensa a sua arguição em tópico apartado e fundamentado, nos termos do RISTF (art. 327). E o Regimento Interno do STF tem força de lei.

– **fundamentação da preliminar de repercussão geral** da questão constitucional (RISTF, art. 327: necessidade de apresentação de *"preliminar formal e fundamentada de repercussão geral"*), explicando os motivos pelos quais a questão discutida no recurso extraordinário tem *repercussão geral de ordem política, jurídica, econômica ou social*, especificando-as, sob pena de denegação sumária do recurso (cf. STF-RE-635268-AgR/PR, Min. Teori Zavascki, 2ª Turma, *DJe* de 25.3.2014);

– **arguição de violação de dispositivo constitucional**, sob pena de que, sendo de **natureza infraconstitucional** a matéria discutida no recurso extraordinário, o apelo seja **denegado de plano**, sendo essa a única hipótese em que o *silêncio* do *Plenário Virtual* é tomado como *inexistência de repercussão geral* (RISTF, art. 324, § 2º);

– o **reconhecimento da repercussão geral** da questão constitucional veiculada no recurso extraordinário pelo STF, com a *inclusão* do tema na *tabela de temas de repercussão geral* do Supremo Tribunal Federal (disponível no *site* do STF), faz com que os recursos extraordinários interpostos sejam **sobrestados** pela Vice-Presidência do TST ou pelo Relator no STF, *até o julgamento do mérito* da questão pela Suprema Corte (CPC/1973, art. 543-B, § 1º; CPC/2015, art. 1.036, § 1º);

– a **remessa de recursos representativos da controvérsia** pela Vice-Presidência do TST ao STF, selecionando os melhores aparelhados dentre os interpostos (num total de 3 a 10) e colocando o tema na *Tabela de Controvérsias de Repercussão Geral do TST*, importa no **sobrestamento** dos demais recursos extraordinários que versem sobre a mesma temática (CPC, art. 543-B, § 1º; RISTF, arts. 328 e 328-A);

– o reconhecimento, pelo *Plenário Virtual* do STF, da **inexistência de repercussão geral** da questão constitucional em relação a determinada matéria implica a **denegação de seguimento** de todos os recursos extraordinários que versam sobre ela, com baixa dos autos à origem (CPC/1973, arts. 543-A, § 5º, e 543-B, § 2º; CPC/2015, arts. 1.035, § 8º, e 1.039, parágrafo único). O STF *não admite* que o recurso extraordinário tenha o seguimento denegado pela inexistência de repercussão geral quanto à temática aventada com fulcro em *decisões monocráticas* da Corte (Liminar na Rcl 16609/MG, Rel. Min. *Luiz Fux*, *DJe* de 26.2.2014), uma vez que apenas o *Plenário Virtual* do STF é que se erige em instância definidora das matérias que possuem repercussão geral apta a ensejar o exame de mérito do recurso extraordinário. Duas hipóteses mais genéricas em que o STF reconheceu a inexistência de repercussão geral da questão constitucional são:

- casos em que a decisão recorrida não adentrou no mérito da controvérsia que se pretende levar ao STF, uma vez que entendeu **não preenchidos os pressupostos extrínsecos ou intrínsecos de admissibilidade do recurso na instância de origem** (STF-RE 598365 RG/MG, Rel. Ayres Britto, *DJE* 26.3.2010);

- processos na fase de **execução de sentença** (cfr. STF-ARE 646574/PA, Rel. Min. Dias Toffoli, *DJE* de 18.2.2013; ARE 697560 AgR/MG, Rel. Min. Luiz Fux, *DJE* de 5.3.2013; ARE 733114/DF, Rel. Min. Cármen Lúcia, *DJE* de 3.4.2013).

– O **julgamento do mérito de recurso extraordinário com repercussão geral reconhecida** leva ao **dessobrestamento** de todos os recursos extraordinários que estavam parados, aguardando uma definição do STF (dando-se o mesmo tratamento para os recursos novos que vierem depois), para se verificar se (CPC/1973, art. 543-B, § 3º; CPC/2015, art. 1.039, parágrafo único):

- as decisões recorridas encontram-se em **consonância com a decisão do STF**, hipótese em que os recursos extraordinários serão reputados **prejudicados**, determinando-se a baixa dos autos à origem;

- as decisões recorridas encontram-se em **confronto com a decisão do STF**, hipótese em que os processos serão remetidos aos órgãos prolatores das respectivas decisões, para exercício do **juízo de retratação**.

Contra *despacho denegatório* de seguimento de recurso extraordinário calcado em precedente de repercussão geral cabe apenas o **agravo interno**, no âmbito do Tribunal de origem (no caso do TST, apreciado por seu *Órgão Especial*), por delegação do STF, que não analisa mais a matéria sobre a qual uma vez se debruçou. Havendo várias matérias e, em relação a *alguma, ainda não tenha havido pronunciamento do STF*, a hipótese será do **agravo do art. 1.042 do CPC/2015 (art. 544 do CPC/1973)**.

No caso de **enquadramento incorreto** do recurso extraordinário em precedente de repercussão geral do STF pela Vice-Presidência do TST, cabe **pedido de reconsideração** em relação ao *despacho de sobrestamento*, que poderá ser *indeferido* em novo despacho, se o sobrestamento foi determinado corretamente, ou *acolhido*, quando o feito foi sobrestado equivocadamente, passando-se à admissibilidade do recurso extraordinário, dando-lhe ou negando-lhe seguimento. Contra a decisão que indefere o pedido de reconsideração por enquadramento equivocado do processo em tema que leva à suspensão do feito ou do recurso, cabe agravo (CPC/2015, art. 1.037, § 13). Também pode ocorrer o reconhecimento de mal enquadramento temático pela Secretaria Judiciária do STF ou pelo Ministro Relator, hipótese em que o recurso extraordinário é devolvido pelo STF e cabe à Vice-Presidência do TST proferir *novo despacho*, passando a *sobrestar ou denegar seguimento* ao recurso, conforme o caso.

É cabível **medida cautelar**, com pedido de liminar, para imprimir *efeito suspensivo* ao recurso extraordinário (que só o tem, regra geral, devolutivo – CPC/1973, art. 542, § 2º; RISTF, art. 321, § 4º), se confluírem as duas condições próprias das medidas cautelares, que, no caso de recurso extraordinário, são:

- possibilidade de admissão do recurso extraordinário – *fumus boni juris* concernente à plausibilidade das violações apontadas, conveniência de submissão do tema ao STF ou sinalização já existente do STF quanto à repercussão geral do tema;
- comprometimento do objeto da lide – *periculum in mora* concernente ao perecimento do direito, com dano irreparável, pelo retardamento na solução da controvérsia.

No caso de recurso extraordinário contra decisão proferida em *incidente de resolução de demandas repetitivas*, o apelo é recebido com *efeito suspensivo* (CPC/2015, art. 987, § 1º).

O *STF* possui entendimento de que os *acórdãos* proferidos no julgamento do *agravo de instrumento* e do *recurso de revista*, ainda que formalizados em um mesmo documento, são *autônomos*, de modo que a interposição de recurso de embargos (CLT, art. 894) contra o acórdão proferido no recurso de revista não impede a impugnação imediata, por recurso extraordinário, do acórdão relativo ao agravo de instrumento. Assim, o julgamento dos embargos pode dar ensejo à interposição de outro extraordinário, sem que disso resulte, por si só, a inviabilidade de qualquer um deles (AgRE 562.900/RS, Red. Min. *Roberto Barroso*, 1ª Turma, *DJe* de 5.2.2014).

6. Modalidades recursais em dissídios coletivos

a) **Recurso Ordinário** (RO-DC) – do TRT para o TST (quando o dissídio é de âmbito regional).

– Comportava pedido de *efeito suspensivo*, formulado ao presidente do TST (Lei nº 4.725/65, art. 6º, § 1º), que foi vedado pela Lei nº 7.788/89 (art. 7º).

– A conveniência do efeito suspensivo decorre do fato de que:

– inexiste a possibilidade da repetição do indébito caso as cláusulas que conferiram determinados benefícios pagos pelo empregador sejam cassadas pelo TST;

– não se justificaria a manutenção da decisão regional no interregno entre sua prolação e a cassação pelo TST, podendo-se conceder o efeito suspensivo somente às cláusulas cuja jurisprudência do TST seja contrária (como era feito durante o período de vigência do § 1º do art. 6º da Lei nº 4.725/65), e não ao recurso ordinário no seu todo.

– Baseado no *poder geral de cautela* do juiz (CPC/1973, art. 798; CPC/2015, art. 297), o TST passou a admitir o requerimento da suspensão da decisão regional mediante medida cautelar, dirigida ao ministro relator no TST, e cujos fundamentos seriam o *periculum in mora* decorrente da demora no julgamento do recurso ordinário (com possibilidade de execução imediata das cláusulas) e o *fumus boni iuris*, consistente na jurisprudência do TST contrária à cláusula.

– Efeito suspensivo (atualmente) – a Lei nº 10.192/01 (art. 14), resultado da MP nº 1.079/95 e suas reedições, até a MP nº 1.950/00, atribuiu efeito suspensivo aos recursos interpostos das decisões normativas da Justiça Trabalhista (conferido pelo presidente do TST), nos mesmos moldes daquele existente anteriormente.

b) **Embargos Infringentes** (E-DC) – do TST para o próprio TST (quando a decisão da SDC, considerada cada uma de suas cláusulas, não é unânime) (dissídios coletivos de âmbito nacional), salvo se a decisão embargada estiver em consonância com precedente normativo do Tribunal Superior do Trabalho, ou com Súmula de sua jurisprudência predominante.

7. Fluxograma dos recursos em dissídios individuais

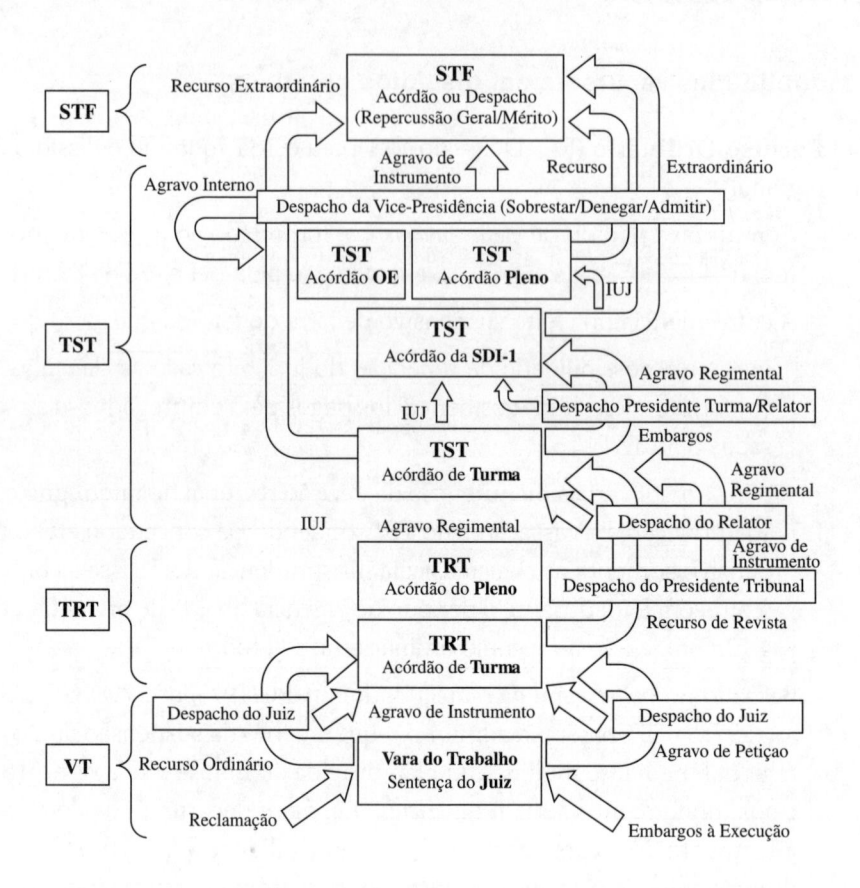

STF
- Recurso Extraordinário → **STF** Acórdão ou Despacho (Repercussão Geral/Mérito)
- Agravo Interno
- Agravo de Instrumento ← Recurso Extraordinário
- Despacho da Vice-Presidência (Sobrestar/Denegar/Admitir)

TST
- **TST** Acórdão **OE**
- **TST** Acórdão **Pleno** ← IUJ
- **TST** Acórdão da **SDI-1**
- IUJ
- Agravo Regimental ← Despacho Presidente Turma/Relator
- Embargos
- **TST** Acórdão de **Turma**
- Agravo Regimental ← Despacho do Relator
- IUJ — Agravo Regimental
- Agravo de Instrumento

TRT
- **TRT** Acórdão do **Pleno**
- Despacho do Presidente Tribunal
- **TRT** Acórdão de **Turma**
- Recurso de Revista
- Despacho do Juiz — Agravo de Instrumento — Despacho do Juiz
- Agravo de Petição

VT
- Recurso Ordinário
- **Vara do Trabalho** Sentença do **Juiz**
- Reclamação
- Embargos à Execução

8. Quadros gráficos dos pressupostos de admissibilidade do recurso de revista

(RECURSO DE REVISTA)

ADEQUAÇÃO: contra acórdão de TRT prolatado em RO
- Em AP, só versando matéria constitucional (Súm. 266)
- Não se admite contra acórdão prolatado em AI (Súm. 218)
- Não se admite contra decisão interlocutória (Súm. 214)

PRESSUPOSTOS GENÉRICOS

TEMPESTIVIDADE: 8 dias (CLT, art. 896, § 1º)
- ED interrompem a contagem (CLT, art. 897-A, § 3º)
- Interrupção durante o recesso e as férias (Súm. 262 do TST; Lei nº 5.010/66, art. 62, I; publ. sáb., conta na 3ª f. Súm. 262)

CUSTAS: pagas no prazo recursal (CLT, art. 789, § 1º)
- Devidas da intimação do cálculo (Súm. 53)
- Dispensa entes públicos (Dec.-Lei nº 779/69 e CLT, art. 790-A)
- Devidas independente de intimação se houver inversão (Súm. 25)

REPRESENTAÇÃO: procuração (CPC/1973, art. 37; CPC/2015, art. 104)
- Substabelecimento (CC, art. 667, § 1º); Mandato tácito (Súm. 164)
- Não mais necessário reconhecimento de firma (CPC/1973, art. 38; CPC/2015, art. 105)
- Procuradores autárquicos (desnecessária procuração — Súm. 436 do TST)

DEPÓSITO RECURSAL: R$ 21.973,60 (Ato SEGJUD.GP nº 175/21) (Lei nº 8.177/91)
- Necessidade de complementação até o valor da condenação ou o limite para o RR (CLT, art. 899, § 6º); Dispensa entes públ. (Dec.-Lei nº 779/69)
- Havendo acréscimo na condenação, necessidade de arbitrar novo valor, atualizando o anterior (IN 3/TST, 2, c)

SUCUMBÊNCIA
- Interesse Recursal
- Ministério Público: Direitos Indisponíveis

MOTIVAÇÃO: atacar especificamente os fundamentos da decisão recorrida (Súm. 422 do TST)

```
(RECURSO DE REVISTA) ─── TRANSCENDÊNCIA: jurídica, política, econômica ou social
                         (CLT, art. 896-A)

   (PRESSUPOSTOS   ─── PREQUESTIONAMENTO: inclusão da matéria específica na
    ESPECÍFICOS)        decisão recorrida (Súms. 184 e 297)

                    ─── MATÉRIA FÁTICA: sua discussão é vedada em RR
                         (Súm. 126)

                    ─── ADMISSIBILIDADE PARCIAL: não impede o conhecimento
                         integral da revista (Súm. 285)

                    ─── EM PROCESSO DE EXECUÇÃO: só cabe por demonstração
                         de violação direta a dispositivo da Constituição Federal (CLT,
                         art. 896, § 2º; Súm. 266)

                    ─── EM PROCEDIMENTO SUMARÍSSIMO: só cabe por demons-
                         tração de violação direta a comando constitucional ou por
                         contrariedade à Súmula do TST (CLT, art. 896, § 6º)
```

DIVERGÊNCIA JURISPRUDENCIAL: acórdãos de TRTs ou SDI-TST (CLT, art. 896, *a*)
- Para os recursos de revista interpostos após a Lei nº 9.756/98, não se admite divergência jurisprudencial proveniente do mesmo Tribunal Regional prolator da decisão recorrida
- Se for em relação à lei estadual, cláusula normativa ou regulamentar, apenas se a norma for de aplicação em mais de um TRT (CLT, art. 896, *b*)
- Acórdãos de Turmas do TST são imprestáveis para divergência em RR (*a*)
- Se a questão já está sumulada não cabe RR (*a, in fine*)
- Se a questão já está pacificada pela SDI não cabe RR (Súm. 333)
- Os acórdãos devem ser autenticados ou com fonte de publicação (Súm. 337)
- Jurisprudência deve abranger todos os fundamentos do acórdão (Súm. 23)
- A divergência deve ser específica (Súm. 296); transcrição no recurso (Súm. 337)

VIOLAÇÃO LEGAL: da Constituição ou de lei federal (CLT, art. 896, *c*)

Capítulo XI

Processo de execução

1. Origem

O processo de execução tem suas *origens* na *actio judicati* do Direito Romano, através da qual o credor, passados 30 dias do não cumprimento espontâneo de uma decisão judicial, podia exigir a intervenção estatal para compelir o devedor a pagar o débito.

A própria execução, no Direito Romano, evoluiu da *executio in personam*, na qual a própria pessoa do devedor era a garantia da obrigação (tornando-se escrava ou sendo esquartejada, com seus pedaços sendo distribuídos entre os credores, o que obrigaria a família tentar recuperar os pedaços, para poder enterrar o morto, cuja alma, segundo criam, ficaria importunando-os até obter seu descanso), para a *executio in rem* (em que o patrimônio do devedor é que respondia por suas dívidas).

2. Natureza

É condição da ação o *interesse de agir*. No *processo de conhecimento*, o interesse de agir surge com a *lesão* do direito material. No *processo de execução*, o interesse de agir surge quando *não há cumprimento espontâneo da sentença* ou título executivo extrajudicial. Nesse sentido, dependendo de uma deflagração por parte do exequente, a execução constituiria *processo autônomo*, independente do de conhecimento, devendo ser deflagrado no prazo de 2 anos do trânsito em julgado da sentença, sob pena de *prescrição*.

No entanto, na Justiça do Trabalho, até o advento da Lei nº 13.467/17 (Reforma Trabalhista), poderia o juiz *deflagrar de ofício a execução* (CLT, art. 878, *caput*), o que fazia do procedimento executório, nesse caso, mero *epílogo do processo de conhecimento*. No entanto, a partir da Reforma, o juiz só agirá de ofício nos casos em que as partes se encontrarem desassistidas por advogado (CLT, art. 878).

Ademais, se o interesse de agir na execução depende do não cumprimento espontâneo da sentença, temos que, se esta for *ilíquida*, o executado apenas poderá cumpri-la depois de liquidada, o que leva à conclusão de que a *liquidação de sentença* não pode integrar o processo de execução, se este for considerado um processo autônomo.

Pelo exposto, conclui-se que a execução constitui, na realidade, uma *fase diferenciada do processo* (considerado como um todo), que somente gozaria de autonomia no caso de execução deflagrada pelo exequente quanto a sentença líquida ou título executivo extrajudicial. Albergaria 3 *subfases*:

a) **Liquidação** – tornar exequível o comando sentencial, quantificando-o;

b) **Constrição** – retirar do patrimônio do executado, mediante penhora, bens que bastem à satisfação do débito judicial; e

c) **Expropriação** – alienar os bens penhorados, atribuindo o resultado da venda ao exequente.

3. Fontes normativas

As regras aplicáveis ao processo de execução na Justiça do Trabalho encontram-se nos seguintes diplomas normativos, segundo a seguinte ordem de importância:

a) **CLT** (arts. 876-892) – regra básica da execução trabalhista;

b) **Lei nº 6.830/80** – trata-se da "Lei da Execução Fiscal", à qual a CLT (art. 889) faz expressa remissão, como norma subsidiária para a execução trabalhista, pois os créditos trabalhistas e os derivados de acidente do trabalho têm a natureza de créditos privilegiados em relação aos demais créditos, inclusive sobre os fiscais (CTN, art. 186);

c) **CPC/1973** (arts. 566-795); CPC/2015 (arts. 520, 534-538, 771-925) – na ausência de norma específica nos dois diplomas anteriores, o Processo Civil passa a ser fonte informadora da execução trabalhista, naqueles procedimentos compatíveis com o Processo do Trabalho (CLT, art. 769; CPC/2015, art. 15).

4. Sujeitos

As partes no processo de execução são:

a) **Exequente** – é o credor da obrigação judicial ou extrajudicialmente reconhecida, que promove a execução;

b) **Executado** – é aquele que responde pela dívida judicial ou extrajudicialmente assumida por si ou por outrem, podendo variar a responsabilidade em:

- **Responsabilidade direta** – na qual o próprio devedor responde pelos débitos assumidos (neste rol entra o sucessor, que, mesmo não tendo sido o empregador do trabalhador, ao adquirir o patrimônio da empresa, passa a ser o responsável pelos débitos trabalhistas);
- **Responsabilidade solidária** – na qual há mais de um responsável pela obrigação, podendo qualquer um ser acionado para responder integralmente pelo débito comum (é o caso do empreiteiro principal, que responde

pelos débitos trabalhistas do subempreiteiro, nos termos do art. 455 da CLT, tendo, no entanto, direito de regresso contra o subempreiteiro); será também o caso de sócio retirante, quando comprovada a fraude na alteração societária decorrente da modificação do contrato (CLT, art. 10-A, parágrafo único);

- **Responsabilidade subsidiária** – na qual há um responsável principal que, se não tiver patrimônio suficiente para arcar com a dívida, fará com que seja acionado também aquele que responde secundariamente pela obrigação. São hipóteses mais comuns na Justiça do Trabalho:
  - *Terceirização* – quando a empresa locadora de mão de obra mostra-se incapaz de responder pelos direitos trabalhistas do pessoal locado, cabe à empresa tomadora dos seus serviços responder por esses débitos, e, em se tratando de ente público, responderá subsidiariamente *se evidenciada a sua conduta culposa* (culpa *in vigilando*), especialmente na fiscalização do cumprimento das obrigações contratuais e legais da prestadora de serviços (Súmula 331, IV e V, do TST; Lei nº 6.019/74, art. 5º-A, § 5º);
  - *Sócio* – não sendo suficientes os bens da sociedade para responder pelos débitos trabalhistas, poderão ser penhorados bens dos seus sócios (CPC/1973, arts. 592, II, e 596; CPC/2015, arts. 790, II, e 795; CLT, art. 10-A), dependendo, no entanto, da espécie de sociedade (algumas já preveem a responsabilização), da ocorrência de fraude ou abuso de direito na constituição, gerenciamento ou desfazimento da sociedade (CDC, art. 28) ou quando a sua personalidade for, de alguma forma, obstáculo ao ressarcimento de prejuízos causados, aplicando-se, nesses casos, a teoria da desconsideração da personalidade jurídica (*disregard of legal entity*), após a devida instauração do incidente de desconsideração da personalidade jurídica. A Lei nº 13.467/17 (Reforma Trabalhista) limitou a 2 anos o período em que o *sócio retirante* responde subsidiariamente pelas obrigações da empresa que integrou, exceto no caso de saída fraudulenta, quando responderá solidariamente com os demais sócios (CLT, art. 10-A).
  - *Dono da Obra* – não responde nem solidária, nem subsidiariamente pelas obrigações trabalhistas contraídas pelo empreiteiro, *a menos* que seja *empresa construtora ou incorporadora* (Orientação Jurisprudencial nº 191 da SBDI-1 do TST) ou haja contratado *empreiteiro sem idoneidade econômico--financeira*, configurando-se, nesse caso, a *culpa in elegendo* para o reconhecimento da responsabilidade subsidiária (IRR-190-53.2015.5.03.0090, Tema 6, SDI-1, Rel. Min. João Oreste Dalazen, *DEJT* 30.6.2017; fixou-se também a tese de que a OJ nº 191 se aplica tanto ao dono da obra pessoa física e micro ou pequena empresa, quanto às médias e grandes empresas e entes públicos).

- **Grupo econômico** – as empresas pertencentes ao mesmo grupo econômico da empregadora-executada podem ser chamadas a responder pelo débito trabalhista, quando insolvente a executada, mesmo que não tenham figurado no polo passivo do processo de conhecimento (cancelada a Súmula 205 do TST, que afastava a responsabilidade nesta última circunstância). Em despacho no ARE 1.160.361, o Min. Gilmar Mendes cassou decisão do TST que incluía na execução empresa do mesmo grupo econômico que não participara do processo de conhecimento, determinando o rejulgamento do feito à luz da SV 10 do STF (10.9.2021). A problemática que surge de se exigir a participação de empresa do mesmo grupo econômico na fase de conhecimento é gerar a obrigação do reclamante, por cautela, elencar na reclamatória todas as empresas que o integram, o que complicará sobremaneira o processo de conhecimento, sem contar que, no caso de grupo econômico informal por coordenação, o reclamante sequer tem ciência de que empresas estariam integradas, o que só se descobre quando há insolvência da contratante e se busca descobrir os corresponsáveis.

Assim, com o art. 513, § 5º, do CPC de 2015, que veda o direcionamento da execução contra o fiador, coobrigado ou corresponsável que não tiver participado da fase de conhecimento, o debate acerca da inclusão do integrante do grupo econômico que não participou do processo originalmente foi reaberto.

Apresentamos a seguir um quadro gráfico das espécies de sociedades empresárias, a modalidade de responsabilidade a que estão sujeitas e os sócios que as integram:

SOCIEDADE	CONCEITO	RESPONSABILIDADE
Em comum	Sociedade não registrada (irregular, portanto), que existe de fato, operando sem personalidade jurídica.	Solidária e ilimitada de todos os sócios.
Em conta de participação	Sociedade de fato, que opera sob a firma individual do sócio ostensivo, contando com o capital dos sócios participantes (ocultos).	Ilimitada do sócio ostensivo perante terceiros e limitada à sua participação, dos sócios participantes.
Simples	Sociedade de natureza civil, composta de pessoas físicas (que podem participar apenas com seus serviços) e/ou jurídicas, que adquire personalidade jurídica pelo simples registro civil de pessoas jurídicas.	Subsidiária dos sócios, na proporção de sua participação no capital social.
Em nome coletivo	Sociedade de pessoas físicas que operam sob uma única firma social.	Ilimitada e solidária de todos os sócios.
Em comandita simples	Sociedade que combina responsabilidade limitada com ilimitada dos sócios, conforme a sua classe.	Ilimitada e solidária dos sócios comanditados (que dão nome à firma e a dirigem) e limitada ao valor da respectiva quota dos sócios comanditários (que apenas fornecem capital).
Limitada	Sociedade cujo capital se divide em quotas assumidas pelos sócios e que não admite sócio que apenas preste serviços.	Limitada ao valor da quota de cada sócio (solidária entre eles, enquanto não integralizado o capital social).

Anônima	Sociedade em que o capital social é dividido em ações, livremente negociáveis e transferíveis.	Limitada ao preço de emissão das ações que subscrever ou adquirir.
Em comandita por ações	Sociedade em que o capital social é dividido por ações, livremente negociáveis e transferíveis.	Limitada ao valor das ações para os sócios-acionistas, mas atribuindo-se ao acionista-administrador responsabilidade subsidiária e ilimitada pelas dívidas da sociedade.
Cooperativa	Sociedade de pessoas, com ou sem capital social, que busca o desenvolvimento de uma atividade comum, sem fim lucrativo.	Limitada ou ilimitada, conforme disponham seus estatutos.

c) **Terceiro interessado** – é aquele que, sem ter sido parte no processo de conhecimento, sofre a constrição judicial, tendo seus bens penhorados.

Execução contra Estado estrangeiro – No caso de o executado ser *pessoa de direito público internacional* (Estado estrangeiro ou Organismo Internacional), a execução supõe a *renúncia da imunidade de jurisdição* nessa fase, pois do contrário não poderá haver penhora dos bens das embaixadas ou consulados. Nesses casos, deverá ser percorrida a *via diplomática*, encaminhando-se a sentença exequenda ao Ministério das Relações Exteriores, para que busque a satisfação do crédito trabalhista judicialmente constituído. Outra possibilidade, mais drástica, diante do insucesso da primeira via, é a penhora e arresto de bens do Estado estrangeiro não diretamente ligados às suas representações diplomáticas, tais como aeronaves, navios ou demais *equipamentos pertencentes a agências ou empresas estatais desses países*, medida cujo cabimento, porém, não é pacífico na jurisprudência brasileira.

O organismo internacional possui imunidade de jurisdição no processo de conhecimento (OJ 416 da SBDI-1 do TST).

5. Objeto

O objetivo do processo de execução na seara laboral é, fundamentalmente, obter o *pagamento do crédito trabalhista* oriundo do título executivo judicial ou extrajudicial.

a) **Objeto imediato** – é a apreensão de bens integrantes do patrimônio do devedor (executado), suficientes para satisfazer o direito do credor (exequente); o devedor responde com seus bens presentes e futuros (CPC/1973, art. 591; CPC/2015, art. 789).

b) **Objeto mediato** – é a transformação desses bens em pecúnia (se não aceitos pelo credor como pagamento de seu crédito) e a entrega do dinheiro ao exequente.

6. Título executivo

O título executivo consiste no *fundamento jurídico* que o credor pode invocar para colocar em movimento os instrumentos coativos de que dispõe o Estado-juiz para obter a satisfação do seu direito, quando manifestada resistência do devedor ao cumprimento da obrigação.

São considerados títulos executivos passíveis de ser executados na Justiça do Trabalho:

a) **título executivo judicial** – sentença transitada em julgado (execução definitiva) ou contra a qual não tenha sido interposto recurso com efeito suspensivo (execução provisória), e acordo judicialmente homologado; e

b) **títulos executivos extrajudiciais** – na Justiça Comum, são admitidos como título executivo extrajudicial a letra de câmbio, nota promissória, duplicata, cheque etc. (CPC/1973, art. 585; CPC/2015, art. 784), mas na Justiça do Trabalho apenas gozam dessa condição (CLT, art. 876):

- o acordo extrajudicial;

- o termo de ajuste de conduta firmado perante o Ministério Público do Trabalho; e

- o termo de conciliação firmado perante Comissão de Conciliação Prévia.

Como o art. 876 da CLT trata genericamente dos "acordos" como passíveis de serem executados na Justiça do Trabalho, sem distinguir entre os judiciais e os extrajudiciais, ambos podem ser executados no foro trabalhista, somente ficando fora da ação executória direta o *acordo não homologado pela Justiça, pela Delegacia do Trabalho ou pelo Sindicato*, dada a ausência de valor jurídico do documento, que deverá ser comprovada através de *processo de conhecimento*, podendo-se fazer uso da *ação monitória* para dar agilidade à sua cobrança.

Como o novo CPC pode ser aplicado supletiva e subsidiariamente ao processo do trabalho (CPC/2015, art. 15), o TST interpretou, na IN nº 39, que os cheques e notas promissórias, caso inequivocamente emitidos em pagamento de débito trabalhista, constituem título extrajudicial apto a autorizar execução na Justiça do Trabalho.

7. Espécies de execução

A execução pode se processar de forma (CPC, art. 587):

a) **Provisória** – quando ainda couber recurso contra decisão cognitiva que seja passível de execução, não possuindo, portanto, efeito suspensivo e tendo como *características*:

- **facultativa**, mediante petição acompanhada de cópia da decisão exequenda e certidão da interposição do recurso (CPC/1973, art. 475-O, I, e § 3º; CPC/2015, art. 520, I);

- **limitada**, podendo chegar apenas até a penhora, uma vez que apenas mediante caução suficiente e idônea se admite levantamento de depósito ou alienação de bens (CPC/1973, art. 475-O, III; CPC/2015, art. 520, IV), a par de ser imediatamente suspensa, no caso de provimento do recurso do executado no processo de conhecimento (CPC/1973, art. 475-O, II; CPC/2015, art. 520, II);

– **responsável**, já que realizada por conta e risco do exequente, que deverá reparar o executado pelos danos que houver sofrido em caso de reforma da sentença (CPC/1973, art. 475-O, I; CPC/2015, art. 520).

b) **Definitiva** – quando fundada em sentença transitada em julgado (CLT, art. 876) ou em título executivo extrajudicial (CPC/1973, art. 587), tendo como *características*:

- **plena**, podendo ser ordenada de ofício pelo juiz da Vara do Trabalho apenas se as partes não contarem com patrocínio de advogado (CLT, art. 878; CPC/1973, art. 580; CPC/2015, art. 786);
- **ilimitada**, até a satisfação final do devedor;
- **sem responsabilidade** do exequente, mesmo que a coisa julgada venha a ser cassada por ação rescisória.

Quanto à *obrigação* a cumprir (que determina o procedimento a ser adotado), a execução pode ser de:

- *dar* (CPC/1973, arts. 621 a 631; CPC/2015, arts. 806 a 813) – o executado é compelido a entregar um bem que se encontra em seu poder e que é o objeto da ação;
- *fazer* (CPC/1973, arts. 632 a 638; CPC/2015, arts. 814 a 821) – o título executivo implica dever do executado de praticar algum ato;
- *não fazer* (CPC/1973, arts. 642 e 643; CPC/2015, arts. 814, 822 e 823) – determina-se ao executado que se abstenha de praticar determinada ação;
- *pagar* (CPC/1973, arts. 646 a 724; CPC/2015, arts. 824 a 910) – o objeto da execução é a reposição do valor a que tem direito o exequente, assegurado pela sentença (é a mais comum na Justiça do Trabalho).

8. Competência

É competente para processar a execução (CLT, arts. 877 e 877-A; CPC, art. 575):

a) o *juiz titular ou substituto da Vara do Trabalho* que julgou originariamente a ação no processo de conhecimento (princípio da *perpetuatio jurisdictionis*);

b) o *presidente do TRT ou do TST*, para as causas em que a competência originária para o processo de conhecimento for do respectivo tribunal (ex.: execução de multa imposta por descumprimento de determinação de retorno ao trabalho, em dissídio coletivo de greve ou de ordem judicial para manutenção de percentual mínimo de trabalhadores laborando, em se tratando de greve em serviço essencial, para atendimento das necessidades inadiáveis da população).

Falência:

a) **Sistema da lei antiga** (aplicável para as falências decretadas até 9.6.05, nos termos dos arts. 192 e 201 da Lei nº 11.101, de 9.2.05): A ocorrência de falência da empresa no curso da execução, ou seja, após a ocorrência da penhora, *não retira a* *competência da Justiça do Trabalho para prosseguir na execução*, uma vez que os créditos trabalhistas, sendo privilegiados, não estão sujeitos a rateio (Decreto-Lei nº 7.661/45, art. 24, § 2º, I) e o juízo universal da falência não afeta a competência da Justiça Especializada, única que pode apreciar as questões trabalhistas e executar suas decisões (CF, art. 114). Assim, também a *concordata* e a *liquidação extrajudicial* não têm o condão de suspender a execução na Justiça do Trabalho ou deslocar a competência para apreciação da causa.

b) **Sistema da nova Lei de Falências** (aplicável para as falências decretadas a partir de 10.6.2005): As ações trabalhistas, já em curso ou que vierem a ser ajuizadas, *competem à Justiça do Trabalho*, não sendo atraídas pelo juízo falimentar. Contudo, depois de apurado o crédito, este "será inscrito no quadro-geral de credores pelo valor determinado em sentença", segundo o art. 6º, § 2º, da Lei nº 11.101, de 2005. Nos termos desse mesmo dispositivo, é possível que o trabalhador *pleiteie diretamente ao administrador judicial* a inclusão de crédito. Eventuais impugnações são da competência também da Justiça do Trabalho. Ou seja, havendo falência, a competência da Justiça do Trabalho se limita até o acertamento da conta em eventual julgamento de embargos à execução.

Recuperação judicial – instituto que *substituiu a concordata*, e que "tem por objetivo viabilizar a superação da situação de crise econômico-financeira do devedor, a fim de permitir a manutenção da fonte produtora, do emprego dos trabalhadores e dos interesses dos credores, promovendo, assim, a preservação da empresa, sua função social e o estímulo à atividade econômica" (art. 47). Entrando a empresa em "recuperação judicial", fica *suspensa a exigibilidade dos créditos trabalhistas ou decorrentes de acidentes do trabalho* originados de fatos ocorridos antes do ajuizamento do pedido de recuperação judicial, em fase de execução ou não, vencidos ou vincendos. A suspensão perdurará durante o *stay period* e acarretará a consequente suspensão de execuções trabalhistas em curso (art. 6º, § 5º). Após o fim do *stay period*, as obrigações serão pagas segundo o plano de recuperação judicial aprovado, o qual não poderá prever prazo de pagamento superior a um ano, a contar da aprovação do plano, ou prazo de 30 dias para o pagamento, até o limite de 5 salários mínimos por trabalhador, dos créditos de natureza estritamente salarial vencidos nos 3 meses anteriores ao pedido de recuperação judicial. Rejeitado o plano de recuperação judicial ou não cumprido o pactuado nele, *não há prosseguimento das execuções na Justiça do Trabalho*, mas será *decretada a falência do devedor* (art. 73, IV). Já o *plano especial de recuperação judicial para microempresas e empresas de pequeno porte* e a *recuperação extrajudicial* nunca possuem efeitos sobre créditos trabalhistas ou decorrentes de acidente de trabalho.

9. Princípios

Regem a execução os seguintes princípios:

a) **Princípio da suficiência** – somente serão penhorados bens suficientes à satisfação do crédito do exequente e não mais (CPC/1973, art. 659; CPC/2015, art. 831);

b) **Princípio da utilidade** – só serão penhorados bens que economicamente sejam úteis à satisfação do crédito (CPC/1973, art. 659, § 2º; CPC/2015, art. 836);

c) **Princípio da não onerosidade** – a execução deve ser feita da maneira menos gravosa para o executado (CPC/1973, art. 620; CPC/2015, art. 805);

d) **Princípio da disponibilidade** – o credor pode, a qualquer momento, desistir da execução, sem assentimento do devedor (CPC/1973, arts. 569 e 794, III; CPC/2015, arts. 775 e 924, IV);

e) **Princípio da eticidade** – a prática de atos atentatórios à dignidade da Justiça pela parte resulta na advertência nos autos e na perda do direito de falar nos autos (CPC/1973, art. 601; CPC/2015, art. 774).

10. Início do processo de execução

O processo de execução pode ser deflagrado pelas seguintes vias e pessoas:

a) **Deflagradores da execução** – podem dar início ao processo de execução:

- o **Juiz** da vara do trabalho onde se iniciou o processo ou o presidente do tribunal que julgou originariamente a causa, *de ofício*, apenas quando as partes não estiverem assistidas por advogado, conforme regra fixada pela Lei nº 13.467/17, da Reforma Trabalhista (CLT, art. 878);

- o **Ministério Público**, quando se tratar de termo de ajuste de conduta firmado perante o MPT (CLT, art. 876);

- o **Credor**, mediante pedido formulado antes de 2 anos do trânsito em julgado da decisão exequenda (*prazo prescricional* da ação de execução) (CLT, art. 11-A e §§ 1º e 2º).

b) **Formas de deflagração** – o processo de execução pode ter início mediante:

- **envio dos autos do processo de conhecimento findo**, pelo juiz, ao *serviço de cálculos* (execução por cálculo) ou ao *perito* (execução por arbitramento), na *execução de ofício*;

- **oferecimento de cálculos** pelo credor-exequente (em face da dificuldade de o setor de cálculo das Varas fazer todos os cálculos, o juiz pode pedir às partes que os ofereçam; não havendo grande discrepância, podem-se homologar os da empresa, para que a execução avance, evitando expedientes protelatórios por parte do executado e satisfazendo o exequente com maior rapidez);

- **oferecimento de artigos de liquidação** pelo credor- exequente.

11. Liquidação de sentença

a) **Natureza jurídica**

A liquidação é um *processo incidente* dentro do processo de execução (natureza declaratória da fase cognitiva e integrativa da execução), funcionando como uma ponte entre o processo de conhecimento e o processo de execução, como procedimento necessário a ser adotado quando a sentença não determina o valor ou não individualiza o objeto da condenação. A Lei nº 11.232/05, que alterou o CPC/1973 quanto ao processo de execução, fez da liquidação fase do processo de conhecimento (CPC/1973, arts. 475-A e ss.; CPC/2015, arts. 509 e ss.). Tal inovação, como um todo, não se aplica ao Processo do Trabalho, uma vez que conta com regramento próprio e a nova sistemática não é com ele compatível.

b) **Espécies**

As **espécies** de liquidação de sentença admitidas no Processo do Trabalho são (CLT, art. 879):

- **Liquidação por cálculo** – feita mediante cálculos do contador (ou das partes), que dependem apenas de operação matemática, sendo os cálculos homologados pelo juiz (CPC/1973, art. 475-B; CPC/2015, art. 509, § 2º); é a forma mais comum na Justiça do Trabalho (faz-se o levantamento do principal, ao qual se acrescem os juros e a correção monetária, deduzindo-se, depois, os valores correspondentes aos depósitos recursais com seus rendimentos, com o que se tem o que o executado ainda deve pagar).

- **Liquidação por arbitramento** – avaliação, feita por perito, dos elementos dos autos que não demandam simples operação matemática (CPC/1973, art. 475-C; CPC/2015, art. 509, I), como no caso de percepção de salário *in natura*; no caso de ser apurado, pela perícia, que todos os valores já foram pagos, a execução se extingue, sem que haja ofensa à coisa julgada, devendo o exequente, nesse caso, arcar com os honorários periciais, caso não se disponha em sentido contrário na sentença exequenda.

- **Liquidação pelo procedimento comum (antigo "por artigos")** – quando há necessidade, para determinar o valor da condenação, de se alegar e provar fato novo, havendo direito a contestação (CPC/1973, art. 475-E; CPC/2015, arts. 509, II, e 511).

c) **Juros e correção monetária**

Mesmo que não pedidos na inicial ou não incluídos na condenação, os *juros de mora* e a *correção monetária* devem ser *incluídos na liquidação de sentença* (Súmula 211 do TST).

A *correção monetária* é apenas a atualização do valor da moeda, mediante a aplicação dos índices de inflação apurados pelos institutos oficiais. Suas *espécies* são:

- **correção monetária material** – cobre o período desde que o crédito trabalhista se tornou exigível até o momento do ajuizamento da reclamatória (princípio da *restitutio in integrum*);

- **correção monetária processual** – abrange o período que começa com a proposta da reclamatória até o efetivo pagamento da obrigação trabalhista (princípio da *perpetuatio jurisdictionis*).

Já os *juros* de mora correspondem à remuneração do capital, pela demora no cumprimento da obrigação.

O STF, na ADC 58 (Rel. Min. Gilmar Mendes, *DJe* de 9.12.2021), pacificou a questão relativa aos índices dos *juros e correção monetária* dos créditos judiciais trabalhistas, estabelecendo os seguintes parâmetros para as diversas situações em que se encontra o processo:

- *débitos trabalhistas judiciais ou extrajudiciais já pagos* – serão mantidos os critérios com os quais foram pagos (TR ou IPCA-E + juros de 1% ao mês);
- *processos transitados em julgado COM definição dos critérios de juros e correção monetária* – observar-se-ão esses critérios (TR ou IPCA-E + juros de 1% ao mês);
- *processos transitados em julgado SEM definição dos critérios de juros e correção monetária* – IPCA-E + juros equivalentes à TR acumulada (Lei nº 8.177/91, art. 39) para o período pré-processual, e Taxa Selic (englobando juros e correção monetária) para o período processual;
- *processos em curso* – IPCA-E + juros equivalentes à TR acumulada (Lei nº 8.177/91, art. 39) para o período pré-processual, e Taxa Selic (englobando juros e correção monetária) para o período processual.

Obs.: Além da *distinção de períodos*, a decisão do STF na ADC 58 fez *distinção de partes*, sendo que a *Fazenda Pública* determina a aplicação do *IPCA-E* para a correção monetária (RE 870947) e os *juros da caderneta de poupança* (art. 1º-F da Lei nº 9.494/1997, com a redação dada pela Lei nº 11.960/09). Ora, como os juros da caderneta de poupança são calculados pela TR, o tratamento, ainda que com bases legais distintas, é, na prática, o mesmo para os entes públicos e privados na fase pré-processual. E a *EC 113, de 8.12.2021*, veio a definir a *Taxa Selic* como o índice de atualização dos débitos da Fazenda Pública, albergando juros e correção monetária (art. 3º), aplicável a partir de sua promulgação.

Também deve-se fazer a *distinção* de matérias objeto das condenações trabalhistas em relação à forma de aplicação dos juros e correção monetária, se decorrentes de *obrigações de natureza contratual ou extracontratual*. Quando o art. 39, *caput*, da Lei nº 8.177/91 fala "*TRD acumulada no período compreendido entre a data de vencimento da obrigação e o seu efetivo pagamento*", diz respeito a obrigações contratuais, não honradas a tempo e modo pelo empregador, justificando a recomposição do valor devido desde antes do ajuizamento da ação. Já as ações que tenham por objeto a obtenção de indenizações por danos morais ou materiais, em face da responsabilidade civil ou extracontratual do empregador, a *Súmula 439 do TST*, que resta incólume com a decisão da ADC 58, estabelece que *"nas condenações por dano moral, a atualização monetária é devida a partir da data da decisão de arbitramento ou de alteração do valor. Os juros incidem desde o ajuizamento da ação, nos termos do art. 883 da CLT"*. Portanto, em matéria de danos patrimoniais ou extrapatrimoniais, decorrentes de acidentes de trabalho ou qualquer dano sofrido pelo empregado, *não há de se falar em fase pré-processual de juros e correção monetária*, pois não se sabia nem da existência do dano e nem haveria como dimensioná-lo sem a atividade de arbitramento do juiz.

São casos especiais:

- **liquidação extrajudicial** – não fluem juros de mora sobre os débitos das *empresas em liquidação extrajudicial*, ainda que sobre elas incida a correção monetária (Súmula 304 do TST), mas o sucessor da empresa em liquidação extrajudicial não se beneficia desse privilégio, razão pela qual responde pelos juros de mora (Orientação Jurisprudencial 408 da SBDI-1 do TST);

- **massa falida** – não se computarão os juros se o ativo apurado não for suficiente para pagar o principal das dívidas (nova Lei de Falências, art. 124; lei antiga, art. 26).

O Órgão Especial do TST decidiu que *não incide imposto de renda* sobre *juros de mora*, ao fundamento de que o art. 404 do CC de 2002 atribuiu natureza indenizatória aos referidos juros (TST-ROAG-2110/1985-002-17-00.4, Red. Desig. Min. Barros Levenhagen, *DJ* de 4.9.2009). Nas razões de voto vencido, ponderamos, na qualidade de relator, que:

- Não havia dúvida, antes da edição do CC de 2002, de que a *natureza jurídica dos juros moratórios* fosse *indenizatória*, uma vez que visam a reparar o prejuízo que o credor tem com a demora na percepção de seu crédito. No entanto, mesmo conceitualmente tendo natureza indenizatória, a *legislação tributária vigente* manda incluir entre as parcelas sobre as quais deve incidir o imposto de renda os juros de mora (*Lei nº 4.506/64, art. 16, parágrafo único*).

- Ora, se a matéria possui *regramento específico*, não há como pretender que a edição do novo CC, com normas genéricas, tenha revogado dispositivo específico ou tenha disciplinado por inteiro a matéria em sentido diverso.

- Assim, pergunta-se: no que o referido artigo inovou na ordem jurídica quanto à natureza jurídica dos juros de mora? Se antes, como depois, *a natureza jurídica continua a mesma*, de verba indenizatória, mas, para efeitos tributários, a lei determina que seja objeto de exação, como pretender que o referido dispositivo, de caráter genérico, tenha revogado o dispositivo específico sobre a questão da tributação sobre os juros?

Entretanto, atualmente esta questão encontra-se pacificada no TST na *Orientação Jurisprudencial nº 400 da SBDI-1*, que consagrou o entendimento de que os juros de mora não integram a base de cálculo do imposto de renda.

d) **Honorários periciais**

O entendimento do TST era de que, havendo sucumbência do empregador, ainda que de forma parcial na reclamatória, mesmo que não seja no objeto da perícia, faz com que arque com os honorários periciais, pois se considera inaplicável na Justiça do Trabalho a regra do art. 21 do CPC/1973 (CPC/2015, art. 86), ante o princípio da proteção do empregado (Instrução Normativa nº 27/05 do TST; TST-E-RR 462.694/1998, SBDI-1, Rel. Min. Aloysio Corrêa da Veiga, *DJ* de 16.9.2005; TST-AG--E-RR 360.057/1997, SBDI-1, Rel. Milton de Moura França, *DJ* de 6.4.2001). Assim, o TST cancelou sua Súmula 236, que dispunha ser responsável pelos honorários do perito a parte sucumbente no objeto da perícia.

Com a Lei nº 13.467/17 (Reforma Trabalhista), há previsão expressa de que a responsabilidade pelo pagamento dos honorários periciais é da parte sucumbente na pretensão objeto da perícia, ainda que beneficiária de justiça gratuita (CLT, art. 790-B).

A *União* é responsável pelo pagamento dos honorários periciais quando a *parte sucumbente* no objeto da perícia for *beneficiária da assistência judiciária gratuita*, pois é dever do Estado assistir os que comprovem insuficiência de recursos (Súmula 457 do TST). A Lei nº 13.467/17 (Reforma Trabalhista) havia estabelecido que o beneficiário da justiça gratuita que tenha obtido créditos capazes de suportar a despesa, ainda que em outro processo, responderia pelo encargo (CLT, art. 790-B, § 4º) O STF, no entanto, julgou inconstitucional tal dispositivo, garantindo ao beneficiário da justiça gratuita a isenção dos honorários periciais (ADI 5766, Red. Min. Alexandre de Moraes, julgada em 20.10.2021).

A *Resolução nº 66/10 do CSJT*, para disciplinar a matéria, estabeleceu que os TRTs deveriam instituir um fundo para pagamento desses honorários quando sucumbente o trabalhador beneficiário da gratuidade de justiça.

e) **Impugnação dos cálculos do contador, das partes ou do laudo do perito**

Feitos os cálculos pelo contador, apresentados pelas partes ou pelo perito, o juiz deverá abrir prazo comum de 8 dias para que as partes ofereçam, fundamentadamente, eventuais *impugnações*, especificando os itens e os valores que não estariam corretamente fixados, sob pena de preclusão (CLT, art. 879, § 2º; CPC/1973, art. 475-D, parágrafo único; CPC/2015, art. 510). Assim, a partir da Lei nº 13.467/17 (Reforma Trabalhista), a observância do contraditório prévio à homologação da conta constitui uma obrigação do juiz. Se não for apresentado o questionamento prévio, não poderá a parte oferecer sua impugnação aos cálculos nos embargos à execução (CLT, art. 884, § 3º).

f) **Limitação aos valores indicados na inicial**

O art. 840, § 1º, da CLT exige que os *pedidos* formulados na reclamação trabalhista venham com o seu *valor especificado*. Por sua vez, o art. 492 do CPC veda o julgamento *"ultra petita"*, ou seja, quantitativamente acima do pedido. Na hipótese dos valores indicados na inicial serem expressamente fornecidos *por estimativa*, com pedido de quantificação final em *liquidação de sentença*, não há a limitação da conta aos valores indicados na inicial (TST-RO-7765-94.2010.5.02.0000, Rel. Min. Douglas Alencar Rodrigues, SBDI-2, *DEJT* de 14.6.2019).

12. Citação

Fixado, na *sentença de liquidação*, o *quantum debeatur*, o executado é *citado* pessoalmente, através de oficial de justiça, para *pagar em 48 horas* o débito judicial trabalhista, sob pena de penhora (CLT, art. 880).

Diante do *mandado de citação e penhora*, o executado pode adotar uma de quatro posturas, com as correspondentes consequências processuais:

- **pagamento** ao exequente, perante o diretor de secretaria da Vara do Trabalho, lavrando-se termo de quitação (CLT, art. 881);

- **recolhimento** da quantia devida, mediante depósito no Banco do Brasil ou CEF, quando o exequente não comparece à secretaria da Vara do Trabalho para receber, obtendo-se, igualmente a liberação da obrigação (CLT, art. 881, parágrafo único);

- **nomeação de bens à penhora**, ou apresentação de seguro garantia judicial, quando o executado não tem condições financeiras de pagar imediatamente o débito judicial trabalhista ou pretende garantir o juízo para fins de apresentação dos embargos à execução (CLT, art. 882); e

- **penhora forçada**, quando o executado nem paga, nem nomeia espontaneamente bens à penhora (CLT, art. 883), utilizando-se preferencialmente o sistema do *Sisbajud* (antigo *Bacen-Jud*).

A inovação do Processo Civil, introduzida pela Lei nº 11.232/05, no sentido de que a parte pague em 15 dias, sob pena de aplicação de multa de 10% sobre o valor da condenação e posterior execução forçada com penhora (CPC/1973, art. 475-J; CPC/2015, art. 523, § 1º), não se aplica ao Processo do Trabalho, já que tem regramento próprio (não há omissão) e a nova sistemática do Processo Comum não é compatível com a sistemática existente no Processo do Trabalho (IRR 1786-24.2015.5.04.0000, Tema 4, Pleno do TST, Rel. Min. Maurício Godinho Delgado, *DEJT* 30.11.2017). Não se pode pinçar do dispositivo apenas a multa, aplicando, no mais, a sistemática processual trabalhista (TST-E--RR-1568700-64.2006.5.09.00, Rel. Min. Aloysio Corrêa da Veiga, SBDI-1, *DEJT* de 17.6.2011).

Pontue-se, ainda, que outras medidas poderão ser adotadas pelo juiz para constranger o devedor ao pagamento do débito, após decorrido o prazo de 45 dias a partir da citação (CLT, art. 883-A), tais como:

- inclusão do devedor no Banco Nacional de Devedores Trabalhistas – BNDT (CLT, art. 642-A);

- uso da sentença para inscrição de hipoteca judiciária na matrícula de bem imóvel do devedor (CPC/2015, art. 495);

- inscrição da sentença condenatória em cartório de protesto de títulos (CPC/2015, art. 517);
- inclusão do nome do executado em cadastros de inadimplentes (CPC/2015, art. 782, §§ 3º, 4º).

13. Penhora

a) **Conceito**

A penhora é a manifestação mais expressiva do *exercício da espada da Justiça* no âmbito civil (coerção do Direito). Através dela o Estado-juiz investe contra os bens do executado, apoderando-se de tantos quantos sejam suficientes para pagar o exequente, podendo, para isso, utilizar-se da *manu militari* e chegar até o *arrombamento* de imóvel do devedor, em busca dos bens passíveis de penhora (CPC/1973, art. 660; CPC/2015, art. 846).

b) **Efeitos**

A penhora de bens do devedor para garantir a execução gera uma série de efeitos sobre os bens penhorados e sobre o próprio executado:

- limitação da responsabilidade executória do devedor;
- impossibilidade de o executado dispor dos bens penhorados;
- sujeição dos bens penhorados ao procedimento expropriatório da execução, sem retirar a propriedade do executado sobre os bens;
- a venda do bem penhorado é ineficaz, salvo se desfeita.

c) **Formas de penhora**

A penhora pode-se dar por:

- *nomeação* – o executado indica espontaneamente os bens a serem penhorados (CLT, art. 882; CPC/1973, art. 652, § 3º; CPC/2015, art. 829, § 2º);
- *coerção* – diante da omissão do executado, o oficial de justiça escolhe livremente os bens do patrimônio do executado a serem penhorados (CLT, art. 883; CPC/1973, art. 653; CPC/2015, art. 830); também o exequente pode indicar bens do executado a serem penhorados (CLT, art. 652, § 2º), o juiz pode utilizar dois sistemas de constrição de bens, que são o *Sisbajud* (antigo *Bacen-Jud*) para dinheiro (penhora) e o *Renajud* para veículos (bloqueio de transferência) (não havendo nenhum desses bens, parte-se para a penhora de outros); o juiz ainda poderá se valer do sistema *Infojud*, que permite aos juízes o acesso, *on-line*, ao cadastro de contribuintes na base de dados da Receita Federal, além de declarações de imposto de renda e de imposto territorial rural;
- *apreensão* – o oficial de justiça, mediante termo, apreende bens do patrimônio do devedor, inclusive com arrombamento de portas, móveis e gavetas (CPC/1973, arts. 660 e 661; CPC/2015, art. 846, *caput* e § 1º);

- *averbação* – é cumprida no registro imobiliário e se perfaz com a averbação da penhora nos livros desse registro, sendo o executado e sua esposa apenas comunicados (CPC/1973, art. 659, § 4º; CPC/2015, art. 844, *caput*).

d) **Bens penhoráveis – Ordem de preferência**

A penhora deve obedecer a uma *ordem preferencial* dos bens a serem constrangidos (CPC/1973, art. 655; CPC/2015, art. 835). A *ordem de preferência no CPC/1973* é a seguinte: dinheiro (equivalendo a ele o depósito bancário e a aplicação financeira), veículos terrestres, bens móveis, bens imóveis, navios e aeronaves, participações societárias, faturamento da empresa (percentual), pedras e metais preciosos, títulos da dívida pública, títulos e valores mobiliários e outros direitos. Já no CPC/2015, a ordem de preferência mudou: dinheiro (equivalendo a ele o depósito bancário e a aplicação financeira); *títulos da dívida pública da União, dos Estados e do Distrito Federal com cotação em mercado* (passou de 9º para o 2º lugar); *títulos e valores mobiliários com cotação em mercado* (passou de 10º para 3º lugar); veículos de via terrestre; *bens imóveis* (passou à frente dos bens móveis); bens móveis em geral; *semoventes* (inovação); navios e aeronaves; ações e quotas de sociedades simples e empresárias; percentual do faturamento de empresa devedora; pedras e metais preciosos; *direitos aquisitivos derivados de promessa de compra e venda e de alienação fiduciária em garantia* (inovação); outros direitos.

Atualmente, a jurisprudência consolidada do TST aponta que a preferência por penhora de dinheiro aplica-se mesmo na execução provisória, o que provocou a alteração do item I da Súmula 417/TST.

Se o executado nomear bens à penhora em desacordo com essa ordem, poderá o exequente aceitá-los, ou não (CPC/1973, art. 656; CPC/2015, art. 848).

Não se aplica ao Processo do Trabalho o § 2º do art. 659 do CPC/1973 (CPC/2015, art. 836, *caput*), que não permite a penhora se os bens encontrados só forem suficientes para pagar as *custas* do processo. Isto porque, sendo o crédito trabalhista superprivilegiado, sobrepondo-se inclusive ao crédito fiscal (CTN, art. 186), os *poucos bens encontrados* devem ser utilizados para o pagamento do empregado-exequente, deixando-se as custas para quando forem encontrados outros bens.

Pode haver *mais de uma penhora sobre o mesmo bem*, tendo preferência o credor mais antigo sobre o valor obtido pelo bem praceado, ficando o saldo com os demais credores (CPC/1973, art. 613; CPC/2015, art. 797, parágrafo único).

Tem sido admitida a *penhora sobre renda mensal ou faturamento da empresa*, limitada a determinado percentual, desde que não comprometa o desenvolvimento regular de suas atividades (Orientação Jurisprudencial 93 da SBDI-2 do TST e CPC/1973, art. 655, VII; CPC/2015, art. 835, X). Não se admite, no entanto, penhora sobre *conta salário* do executado (Orientação Jurisprudencial 153 da SBDI-2 do TST).

e) **Falência – Ordem de preferência no tocante aos créditos trabalhistas**

1º) Os créditos trabalhistas de natureza estritamente salarial vencidos nos 3 meses anteriores à decretação da falência, até o limite de 5 salários mínimos por trabalhador, serão pagos tão logo haja disponibilidade em caixa (art. 151). Isto se dá antes mesmo do pagamento de restituições e é fora do concurso de credores.

2º) Os trabalhadores com créditos *extraconcursais*, ou seja, decorrentes de obrigações originadas no curso da recuperação judicial ou do próprio processo de falência (art. 84).

3º) No âmbito do concurso de credores, a preferência não é mais *apenas* dos créditos derivados da legislação do trabalho. Os créditos decorrentes de *acidente de trabalho* foram postos no mesmo nível. Os créditos trabalhistas e os decorrentes de acidente de trabalho têm preferência até o montante de 150 salários mínimos por trabalhador. O valor excedente é tido como *quirografário* (arts. 83 da nova Lei de Falências e 186 do Código Tributário Nacional com redação da Lei nº 118, de 2005).

f) Bens impenhoráveis

Por outro lado, são *impenhoráveis* os seguintes bens (CPC/1973, art. 649; CPC/2015, art. 833): os bens inalienáveis, tal como o bem de família (o imóvel residencial, nos termos do art. 5º da Lei nº 8.009/90, ainda que o executado possua outros imóveis: cf. TST-RO-122000-38.2009.5.01.0000, SBDI-2, Rel. Min. Maria de Assis Calsing, julgado em 12.6.2012); os bens declarados, por ato voluntário, não sujeitos à execução; os móveis residenciais e os pertences e as utilidades domésticas que guarnecem a residência (salvo se de valor elevado ou os que ultrapassem as necessidades comuns a um médio padrão de vida); os vestuários e os pertences de uso pessoal (salvo de elevado valor); os salários, remunerações e similares; os instrumentos necessários ao exercício de qualquer profissão; o seguro de vida; o material de construção de obra em andamento (salvo se essa for penhorada); a pequena propriedade rural de subsistência; recursos públicos de entidades privadas, destinados a educação, saúde e assistência social; e a caderneta de poupança (até 40 salários mínimos); os recursos públicos do fundo partidário; os créditos oriundos de alienação de unidades imobiliárias, sob regime de incorporação imobiliária, vinculados à execução da obra; e os equipamentos, os implementos e as máquinas agrícolas pertencentes a pessoa física ou a empresa individual produtora rural.

A SBDI-2 do TST possui entendimento de que *o plano de previdência privada não é passível de penhora*, pois quem realiza investimentos para o futuro, através do plano de previdência, está pretendendo benefício previdenciário, que se reveste de caráter alimentar, e não mera aplicação financeira (TST-RO-1300-98.2012.5.02.0000, Rel. Min. Alberto Bresciani, *DEJT* de 11.10.2013). E também que é possível, nos termos do art. 833, IV, e § 2º, do CPC, a *penhora sobre salários*, limitada a 50% (TST-ROT-875-57.2020.5.14.0000, Rel. Min. Alberto Balazeiro, julgado em 22.2.2022).

g) Penhora por carta precatória

Não havendo bens na sede do juízo, a execução se processará por *carta*, se houver notícia da *existência de bens do executado em outra comarca* (CPC/1973, art. 658; CPC/2015, art. 845, § 2º).

O *juízo deprecante* (que envia a carta precatória) é competente para decidir *quase todas as questões referentes à execução*, ficando ao *juízo deprecado* (que recebe a carta precatória) decidir apenas sobre as questões relativas aos *atos que praticar* (CPC/1973, art. 747; CPC/2015, art. 914, § 2º).

Na execução por carta precatória, os embargos de terceiro serão oferecidos no juízo deprecado, salvo se indicado pelo juízo deprecante o bem constrito ou se já devolvida a carta, conforme art. 676, parágrafo único, do CPC/2015 (Súmula 419 do TST).

h) Depósito e avaliação da penhora

Feita a penhora, com a apreensão dos bens do executado, será nomeado *depositário*, para guardar os bens em *depósito* (CPC/1973, arts. 664 e 665, IV; CPC/2015, arts. 838, IV, e 839), que poderá ser o próprio executado, se para tanto concordar o exequente (CPC/1973, art. 666; CPC/2015, art. 840), e será feita a *avaliação* dos bens penhorados, pelo oficial de justiça avaliador ou por perito nomeado pelo juiz (CPC/1973, art. 680; CPC/2015, art. 870). O depositário fica com a *detenção dos bens depositados* e não com a sua posse, pois deve entregá-los quando solicitado pelo juiz.

i) Sistema de penhora *on-line*

Para agilizar a penhora em contas bancárias, que dependiam de ordens judiciais remetidas por ofício aos bancos, com o bloqueio de valores superiores aos dos créditos trabalhistas (uma vez que bloqueado simultaneamente em várias contas o mesmo montante global da condenação), foi firmado pelo TST com o Banco Central um *convênio* que instituiu o *sistema Bacen-Jud* de *penhora "on-line"* (atual *Sisbajud*).

Pelo novo sistema, os juízes da execução podem encaminhar ao Bacen e às instituições financeiras *ofícios eletrônicos* solicitando informações sobre a existência de contas correntes e aplicações financeiras dos executados, bem como determinações de bloqueio e desbloqueio das contas.

Nessa modalidade de penhora, havendo crédito judicial a ser executado contra determinada empresa, o juiz da execução cadastrado no sistema pode ter acesso, pela *Internet*, mas em caráter sigiloso (dependente de senhas), às contas da empresa e aos valores nelas depositados, através dos dados fornecidos pelo Bacen e bancos, solicitando o bloqueio exato do montante da execução. As empresas que não queiram sofrer constrição em contas múltiplas podem também se cadastrar no sistema, indicando conta própria para execuções, sendo apenas essa utilizada.

Pelo *art. 126 da Consolidação dos Provimentos da Corregedoria-Geral da Justiça do Trabalho*, nas execuções definitivas, o sistema Bacen-Jud deve ser preferido a qualquer outro meio de constrição judicial.

Em face das dificuldades de manutenção e evolução do *Bacen-jud*, foi ele substituído, a partir de 8.9.2020, pelo **Sisbajud (Sistema de Busca de Ativos do Poder Judiciário)**, agora gerido pelo CNJ, com mudanças significativas em relação ao sistema anterior, agilizando o envio de ordens judiciais e diminuindo o tempo de execução, com o que houve melhora na eficácia das penhoras judiciais. Só no ano de 2021, foram bloqueados, pela Justiça do Trabalho, através do sistema, mais de 12 bilhões de reais, dos quais mais de 6 bilhões de reais acabaram, nesse ano, sendo transferidos para os trabalhadores exequentes. Exemplo das dificuldades do sistema anterior foi o caso do *desbloqueio de contas* no processo TST-DCG nº 100087-16.2020.5.00.000 (Rel. Min. Ives Gandra), relativo à greve dos petroleiros, em que nos utilizamos do sistema do Bacen-Jud para o bloqueio de contas dos sindicatos obreiros (feito com rapidez pelo sistema) com vistas ao pagamento das multas pelo descumprimento de ordens judiciais de manutenção do contingente mínimo de trabalhadores em atividade, mas que, para *liberação dos valores bloqueados além do montante das multas*, foram *meses de reiteração de ordens* para as instituições financeiras desbloquearem as contas.

De qualquer forma, o TST *não admite a responsabilização solidária da instituição financeira* pela não realização a contento da penhora *on line* contra empresa executada (TST-RO-2575-42.2010.5.06.0000, SBDI-2, Rel. Min. Emmanoel Pereira, julgado em 21.8.2012), e nem pelo atraso no desbloqueio da conta.

A Lei nº 11.382/06, que alterou o CPC/1973 no que diz respeito ao processo de execução, introduziu expressamente o sistema da penhora *on line* no âmbito do processo civil (CPC/1973, arts. 655-A e 659, § 6º; CPC/2015, arts. 837 e 854), repercutindo naturalmente no processo do trabalho.

Esse sistema de penhora via *Bacen-Jud* (atual Sisbajud) é passível de utilização, na Justiça do Trabalho, também para a *cobrança de multa administrativa imposta pela fiscalização do trabalho* (TST-RXOF e ROMS-1353800-27.2007.5.02.0000, SBDI-2, Rel. Min. Emmanoel Pereira, julgado em 17.4.2012).

14. Embargos à execução

a) Natureza jurídica

Os *embargos à execução* são uma *ação incidental no processo de execução*, própria para impugnar a sentença que fixou o valor da condenação, quando esta houver extrapolado os limites do título executivo. Serve também para assegurar que a execução se realize na forma da lei, garantindo os direitos do executado.

b) Objeto

O art. 884, § 1º, da CLT restringe as matérias *objeto* dos embargos apenas às alegações de *cumprimento da decisão ou acordo, quitação ou prescrição da dívida*, todas que devem ser supervenientes à sentença, pois do contrário essas questões estarão acobertadas pelo manto da coisa julgada (*princípio da superveniência*).

No entanto, a doutrina e a jurisprudência têm reconhecido que os embargos à execução não podem ficar restritos a essas matérias. O CPC/2015 admite rol mais amplo de matérias objeto dos embargos: inexequibilidade do título, inexigibilidade da obrigação, penhora incorreta, avaliação errônea, excesso de execução, cumulação indevida de execuções, incompetência absoluta ou relativa do juízo da execução, e qualquer matéria que seria lícito deduzir como defesa em processo de conhecimento (art. 917).

Assim, *qualquer vício formal* que macule a execução pode ser invocado nos embargos. E mais, no que diz respeito à inclusão de empresa pertencente ao mesmo grupo econômico na fase de execução, quando não participante do processo de conhecimento, entendemos não aplicável ao Processo do Trabalho o § 5º do art. 513 do CPC, quer em face da sinalização do cancelamento da Súmula 205 do TST (que tinha o mesmo conteúdo do art. 513, § 5º, do CPC), quer pelo fato de que a empresa arrolada na execução como componente de *grupo econômico* ou por *sucessão* pode arguir, como matéria de defesa em embargos à execução, sua não pertença ao grupo econômico, a inexistência deste ou não ser sucessora da executada, nos termos dos arts. 2º, §§ 2º e 3º, 10 e 448 da CLT c/c art. 917, VI, do CPC. Ou seja, o mesmo que arguiria no processo de conhecimento, poderá arguir no processo de execução. Do contrário, o *processo de conhecimento ficaria inchado no polo passivo*, com a necessidade de se chamarem previamente a juízo todas as empresas componentes de grupo econômico formal ou informal, sendo impossível, por outro lado, no caso de sucessão, prever quem será o futuro dono do empreendimento quando do ajuizamento da ação.

Também pode ser objeto dos embargos à execução o *excesso de execução*, que está ligado aos limites objetivos e subjetivos da coisa julgada. As modalidades de excesso de execução mais encontradas no Processo do Trabalho são a *execução em quantia superior* à do título executivo (CPC/1973, art. 743, I; CPC/2015, art. 917, § 2º, I) ou a execução quando ainda *não implementada a condição* que torna exigível o título executivo (CPC/1973, art. 743, V; CPC/2015, art. 917, § 2º, V).

Neste último caso, tem-se a invocação, nos embargos, da *exceção de preexecutividade*, proposta pelo executado, quando a obrigação estiver sujeita a termo ou condição, e esta não se tiver realizado ainda (CPC/1973, art. 572; CPC/2015, art. 514). Na Justiça do Trabalho, a hipótese mais comum é a de execução de ação de cumprimento quando a sentença normativa que se reconheceu como descumprida ainda estiver sujeita a reforma, por haver recurso ordinário em dissídio coletivo pendente de julgamento perante o TST. No caso, a reforma da sentença normativa torna inexigível o título judicial obtido por meio de sentença na ação de cumprimento transitada em julgado. Com isso, caso o magistrado se recuse, ciente da situação, a encerrar a execução, o devedor poderá utilizar mandado de segurança ou exceção de preexecutividade para fazer valer o seu direito (Súmula 397 do TST).

c) **Prazo**

O *prazo* de oferecimento dos embargos à execução é de *5 dias*, após garantida a execução (o art. 884 da CLT fala que é da data da intimação da penhora). Esse prazo não se aplicava à Fazenda Pública, para a qual o prazo havia sido fixado em 30 dias (MP nº 2.180-35/2001, art. 4º). A referida medida provisória, no entanto, no que diz respeito à alteração dos arts. 730 do CPC e 884 da CLT, foi julgada inconstitucional pelo Pleno do TST (cf. Incidente de Inconstitucionalidade TST-

-RR-70/1992-011-04-00.7, Rel. Min. Ives Gandra Martins Filho, *DJ* de 23.9.2005). Pende de julgamento, no entanto, perante o STF, a ADC-11-DF, na qual foi deferida liminar determinando a suspensão de todos os processos em que se discuta a constitucionalidade do art. 4º da MP 2.180-35/2001, que acrescentou o art. 1º-B à Lei nº 9.494/97.

No entanto, posteriormente, no julgamento de *reclamação*, o STF decidiu que contraria o julgamento proferido na ADC 11/DF a decisão judicial que não recebe embargos à execução opostos pela Fazenda Pública no prazo de 30 dias, determinando o imediato processamento desses embargos, sob o fundamento de que a prestação jurisdicional é uma das formas de se concretizar o princípio da dignidade da pessoa humana, o que torna imprescindível seja ela realizada de forma célere, plena e eficaz (STF-Rcl-5758/SP, Tribunal Pleno, Rel. Min. Cármen Lúcia, *DJ* de 7.8.2009).

Assim, o Pleno do TST, em sessão do dia 2.9.2013, suspendeu os efeitos da declaração incidental de inconstitucionalidade do art. 4º-da MP 2.180-35/01, até que o STF se manifeste definitivamente na ADC 11/DF e, em nome dos princípios da celeridade processual, do devido processo legal, do contraditório e da ampla defesa, vem entendendo prudente a determinação de *processamento dos embargos à execução, afastado o óbice da intempestividade* (TST-E-RR-110200- 18.2003.5.21.0921, Rel. Min. Renato Paiva, *DEJT* de 4.9.2013).

O art. 910 do CPC/2015 fixa o prazo de 30 dias para oposição de embargos pela Fazenda Pública na execução fundada em título extrajudicial.

d) **Pressuposto de admissibilidade**

Pressuposto de admissibilidade dos embargos à execução é a *garantia do juízo*, através do depósito do valor da condenação (se o depósito recursal for inferior ao valor total da condenação) ou da nomeação de bens à penhora. Nesse caso, a Fazenda Pública está dispensada, pois a execução contra ela se faz através de precatório ou por meio de requisição de pequeno valor. A partir da Lei nº 13.467/17 (Reforma Trabalhista), a exigência da garantia ou penhora não se aplica às entidades filantrópicas e/ou àqueles que compõem ou compuseram a diretoria dessas instituições (CLT, art. 884, § 6º).

A Lei nº 11.382/06, no que alterou o CPC/1973 em matéria de execução, dispensou a garantia do juízo para efeito de embargos (CPC/1973, art. 736; CPC/2015, art. 914), no que não se aplica ao Processo Laboral, mas exclusivamente para a execução de títulos extrajudiciais (termo de ajuste de conduta, termo de conciliação de CCP etc.), uma vez que pressuposto dos embargos na Justiça do Trabalho é a garantia do juízo mediante a penhora de bens (CLT, art. 884).

e) **Partes**

Os embargos à execução tanto podem ser utilizados pelo *executado* (hipótese mais comum) quanto pelo *exequente*, denominada, neste último caso, apenas de "impugnação", com prazo começando a fluir do momento em que notificado dos embargos do executado ou, se não oferecidos estes, da notificação da penhora feita.

f) **Efeito suspensivo**

O ingresso de embargos à execução tem como um de seus efeitos a *suspensão da execução*, até decisão final sobre a procedência dos embargos, pois não se pode prosseguir com o praceamento e arrematação dos bens penhorados em havendo controvérsia sobre a abrangência da condenação. No Processo Civil, a regra é a não suspensão, admitindo-se excepcionalmente o efeito suspensivo (CPC/1973, art. 739-A; CPC/2015, art. 919). O efeito suspensivo pode ser *parcial*, quando se referir à impenhorabilidade de um único bem, havendo outros penhorados.

No caso de *débito contraído com a Fazenda Nacional*, de qualquer natureza (Leis ns. 10.522/02 e 10.684/03), o *parcelamento* da dívida implica tão somente a *suspensão da execução*, até a quitação integral do débito, e não sua extinção, retomando-se a execução caso não honradas as parcelas (TST-E-ED-RR-289-24.2010.5.03.0114, SBDI-I, Rel. Min. Aloysio Corrêa da Veiga, julgado em 19.4.2012).

15. Embargos de terceiro

a) **Natureza jurídica**

Os *embargos de terceiro* são um *incidente no processo de execução*, através do qual a pessoa física ou jurídica que não conste do título executivo judicial ou extrajudicial e que esteja sendo turbada na posse de seus bens possa impedir a constrição judicial sofrida (CPC/1973, art. 1.046; CPC/2015, art. 674).

Não podem ser considerados ação autônoma, de vez que, nesse caso, faleceria competência para a Justiça do Trabalho processá-los, pois inexistiria lide entre empregado e empregador.

As *hipóteses mais comuns* (e que são próprias dos embargos de terceiro) são as de:

- *adquirente de imóvel* que não verificou se havia execução trabalhista contra algum dos proprietários anteriores;
- *ex-sócio da executada*, que já se retirou há tempos da sociedade e tem bens penhorados, à míngua de se encontrarem bens da empresa ou de sócios e administradores ativos.

b) **Matéria impugnável**

A *matéria arguível* nos embargos de terceiro está limitada a:

- provar que *o bem não pertence ao executado*, mas ao terceiro embargante (as discussões são limitadas à titularidade do bem penhorado, não se admitindo discussões sobre matéria prejudicial à execução ou nulidades processuais); e
- demonstrar que *não tem nenhuma responsabilidade na execução* que se processa (havendo responsabilidade solidária ou subsidiária, por ser tomador de serviços, empresa do mesmo grupo econômico ou sócio da empresa, os embargos de terceiro são impróprios, pois o embargante é um dos corresponsáveis pelo débito judicial trabalhista).

Nos embargos de terceiro é possível discutir, de forma *incidental*, a nulidade processual de ordem pública ou a ocorrência de *fraude contra credores*, quando o executado se desfaz de bens e se torna insolvente, ainda que o meio próprio para desfazer os atos de alienação fraudulenta seja a *ação pauliana* (ou ação revocatória).

c) **Prazo**

O *prazo* para que o terceiro que é proprietário, possuidor ou goza de garantia real sobre o bem penhorado possa embargar a penhora é de *5 dias*, variando o *dies a quo* conforme o *momento em que o terceiro tem ciência da constrição judicial*:

– Havendo *intimação da penhora*, conta-se daí o prazo.

– Não havendo intimação da penhora, esse prazo terá início do momento em que o terceiro tiver tomado *ciência da apreensão judicial* de seu bem (CPC/1973, art. 183, §§ 1º e 2º; CPC/2015, art. 675).

– Não sendo possível provar que o terceiro teve ciência anterior da constrição judicial, o limite temporal para a oposição dos embargos de terceiro são os 5 dias que *sucedem à arrematação, adjudicação ou remição* (CPC/1973, art. 1.048; CPC/2015, art. 675).

Os embargos podem ser opostos não apenas quando *consumada a apreensão judicial*, mas também quando *materializada a ameaça* de constrição judicial, pela expedição do mandado de penhora, podendo, desde já, ser opostos os embargos de terceiro.

16. Arrematação

A *arrematação* é o procedimento destinado à alienação (venda) dos bens penhorados (móveis e imóveis) em *hasta pública* (leilão ou praça), para convertê-los em dinheiro, visando ao pagamento do exequente.

Aquele que oferecer o *maior lance* pelo bem é que o arremata (CLT, art. 888, § 1º), devendo fazer o pagamento no prazo estabelecido (24 horas), sob pena de perda da caução dada (sinal de 20% do lance), em favor do exequente (CLT, art. 888, §§ 2º e 4º; CPC/1973, art. 695; CPC/2015, art. 897). A arrematação se perfaz pela *assinatura do auto* (CPC/1973, art. 694; CPC/2015, art. 903), não se admitindo, no entanto, a arrematação por *preço vil* (CPC/1973, art. 692; CPC/2015, art. 891), ou seja, o preço inferior ao mínimo estipulado pelo juiz e constante do edital, e, não tendo sido fixado preço mínimo, geralmente considera-se vil o preço inferior a 50% do valor da avaliação.

Se o executado não era proprietário do bem penhorado, responde pela *evicção* (CC, art. 447), quando o arrematante for desapossado pelo verdadeiro proprietário do bem.

Compete ao juiz do trabalho outorgar o título de propriedade do bem arrematado, assim como imitir o arrematante na posse do bem, pois decorre do cumprimento de sentença trabalhista (CF, art. 114).

17. Adjudicação

A *adjudicação* é a entrega dos bens penhorados diretamente ao exequente, em face de seu direito de preferência sobre os bens penhorados (CLT, art. 888, § 1º). É uma espécie de *dação em pagamento*, incluindo tanto bens móveis quanto imóveis. O *valor* da adjudicação é o da avaliação dos bens penhorados (CPC/1973, art. 685-A; CPC/2015, art. 876). O adjudicante deverá restituir ao executado o que sobejar do valor do bem em relação ao crédito trabalhista, ou então prosseguir na execução, se o bem adjudicado for de valor inferior ao crédito trabalhista (CPC/1973, art. 685-A, § 1º; CPC/2015, art. 876, § 4º). O *prazo* para requerer a adjudicação é até o final do expediente em que se consumou o leilão frustrado.

No Processo Civil, por força das alterações introduzidas pela Lei nº 11.382/06, a *adjudicação precede a arrematação* (CPC/1973, art. 686; CPC/2015, art. 880), ou seja, os bens penhorados são, inicialmente, oferecidos ao exequente, que, preferindo não ficar com eles, leva-os à hasta pública. No Processo do Trabalho, a ordem continua inalterada (arrematação como regra e adjudicação como uma das formas daquela).

A mesma lei processual civil introduziu a possibilidade da *alienação por iniciativa particular*, ou seja, o próprio exequente poderá aliená-los por sua conta (CPC/1973, art. 685-C; CPC/2015, art. 880). Sendo modalidade nova e não contemplada na CLT, poderia ser adotada no caso da frustração da arrematação e da não adjudicação dos bens pelo exequente, ou seja, dentro da ordem cronológica imposta pelo diploma celetista.

18. Remição

A *remição* é a faculdade que se outorga ao executado de encerrar a execução sobre seus bens, mediante o *pagamento da dívida trabalhista*, acrescida dos juros, correção monetária, custas processuais e honorários advocatícios (CPC/1973, art. 651; CPC/2015, art. 826). Só é admissível se o executado oferecer pelos bens penhorados preço igual ao valor da condenação (Lei nº 5.584/70, art. 13).

19. Agravo de petição

a) **Natureza jurídica e hipóteses de cabimento**

O *agravo de petição* é o recurso próprio da fase executória, para impugnar as decisões não meramente interlocutórias do Juiz do Trabalho que conduz a execução, levando a matéria ao reexame do Tribunal Regional do Trabalho (CLT, art. 897, *a*).

É cabível o agravo de petição nas seguintes *hipóteses*:

- sentença homologatória dos cálculos, no caso, por exemplo, em que a União impugna a natureza dos créditos, para efeito de incidência de contribuição previdenciária;

- sentença que julga a liquidação por artigos;
- despacho que autoriza (ou nega) o levantamento dos depósitos recursais;
- sentença que julga os embargos à penhora;
- sentença proferida em embargos à execução;
- sentença proferida em embargos de terceiro;
- sentença proferida em embargos à arrematação; e
- sentença proferida em embargos à adjudicação.

b) **Prazo e demais pressupostos de admissibilidade**

O prazo para a interposição do agravo de petição é de *8 dias*, contados da intimação do despacho ou sentença proferida na execução (CLT, art. 897, *caput*).

Para que possa ser apreciado pelo Tribunal deve trazer a *delimitação justificada das matérias e dos valores impugnados* (CLT, art. 897, § 1º).

c) **Recurso de revista em execução de sentença**

Da decisão de TRT que aprecia agravo de petição *não cabe recurso de revista*, salvo se demonstrada a violação literal e direta de preceito constitucional (CLT, art. 896, § 2º; Súmula 266 do TST).

A disciplina jurídica do **controle de constitucionalidade** das decisões judiciais em sede de execução de sentenças trabalhistas evoluiu da seguinte forma:

- a *Lei nº 2.244/54* introduziu o § 4º no art. 896 da CLT, tornando *irrecorrível* para o TST as decisões dos Presidentes dos TRTs em execução de sentença;
- o *Decreto-Lei nº 229/67* abriu uma via recursal nesses casos, admitindo *recurso para o Corregedor-Geral* da Justiça do Trabalho dessas decisões dos Presidentes dos TRTs, ao dar nova redação ao § 4º do art. 896 da CLT;
- a *Lei nº 5.442/68* voltou a modificar esse mesmo § 4º, *vedando novamente o acesso ao TST*, agora das decisões dos TRTs em matéria de execução trabalhista;
- como começaram a chegar diretamente ao STF recursos extraordinários oriundos dos TRTs para discutir a ofensa a dispositivos constitucionais em sede de execução de sentença, a *Suprema Corte*, dando interpretação conforme à Constituição ao § 4º do art. 896 da CLT, estabelece exceção à vedação legal, *admitindo o recurso de revista* em processo de execução de sentença, mas *apenas por violação de dispositivo constitucional*, de modo a esgotar as instâncias trabalhistas e permitir o final controle de constitucionalidade das decisões judiciais nessa matéria pelo STF (cfr. RE 89.145-5/PA, Rel. Min. Xavier de Albuquerque, *DJ* de 9.3.1979; RE 104.338-5/DF, Rel. Min. Néri da Silveira, *DJ* de 23.8.1985);

- o TST, curvando-se a tal entendimento da Suprema Corte, editou a *Súmula 266* em 1987, admitindo a *exceção de violação constitucional*, em matéria de execução trabalhista, para *admissão de recurso de revista*;

- a *Lei nº 7.701/88* veio a incluir a exceção da Súmula 266 do TST ao recurso de revista, dando nova redação ao § 4º do *art. 896 da CLT*, atual § 2º, segundo a alteração promovida pela *Lei nº 9.756/98*;

- a *Lei nº 13.015/14* ampliou as hipóteses de admissibilidade do recurso de revista em sede executiva, para abarcar as *execuções fiscais*, referentes a multas administrativas aplicadas pela Fiscalização do Trabalho, e as controvérsias, na fase de execução, que envolvam a *Certidão Negativa de Débitos Trabalhistas* (CLT, art. 896, § 10).

Com a introdução da *sistemática da repercussão geral da questão constitucional em recurso extraordinário* pela Emenda Constitucional nº 45/2004, o STF veio a fixar entendimento de que a aplicação, pelo TST, dos óbices do art. 896, § 2º, da CLT e da Súmula 266 do TST, para não conhecimento de recurso de revista ou desprovimento de agravo de instrumento em processo de execução de sentença, constitui *controvérsia circunscrita ao exame dos pressupostos de admissibilidade do recurso* no âmbito da Corte de origem (cfr. ARE 646574/PA, Rel. Min. Dias Toffoli, *DJE* de 18.2.2013; ARE 697560 AgR/MG, Rel. Min. Luiz Fux, *DJE* de 5.3.2013; ARE 733114/DF, Rel. Min. Cármen Lúcia, *DJE* de 3.4.2013), *carente*, assim, de *repercussão geral* (RE 598.365/MG, Rel. Min. Ayres Britto, *DJe* de 26.3.2010).

Duas foram as razões pelas quais o STF entendeu *não haver repercussão geral da questão constitucional em processos de execução de sentença*:

- a discussão resvala para controvérsia de natureza infraconstitucional (incidentes da execução); ou

- implica necessidade de exame das circunstâncias concretas de cada caso (exame do título executivo judicial para verificação de ofensa à coisa julgada).

Em ambas as situações, o STF se mostra refratário ao exercício do controle de constitucionalidade das decisões da Justiça do Trabalho. Assim, se o próprio STF, em notável guinada jurisprudencial diante do critério da repercussão geral, abriu mão de exercer o controle de constitucionalidade das decisões judiciais em sede de execução trabalhista, por reputá-lo sem repercussão geral, cabe atualmente ao TST, por delegação jurisprudencial do STF, exercer o *controle de constitucionalidade* das decisões judiciais em sede de execução trabalhista.

20. Precatório

O *precatório* é a forma pela qual se processa a *execução contra a Fazenda Pública* (CF, art. 100; CPC/1973, arts. 730 e 731; CPC/2015, art. 535).

Nos processos trabalhistas em que a executada for a União, os Estados, o Distrito Federal ou os Municípios, bem como suas autarquias, fundações e empresas públicas (no caso, apenas a ECT), deverá o empregado requerer perante a Vara do Trabalho a expedição do *ofício requisitório* da verba necessária à satisfação do precatório. O juiz da Vara do Trabalho expedirá um ofício ao Presidente do Tribunal, que, posteriormente, o encaminha para o ente público (pois os entes públicos, sujeitos ao princípio da previsão orçamentária das despesas, devem incluir no orçamento a verba necessária à satisfação de seus débitos judiciais).

O *caráter alimentar do crédito trabalhista*, apesar de privilegiá-lo em relação aos demais créditos, *não afasta a obrigação de submissão ao procedimento administrativo--financeiro de pagamento*, dada a *impenhorabilidade dos bens públicos* (não se pode constranger as entidades públicas mediante execução por meio de penhora). Essa preferência, contudo, tem limite no *princípio da anualidade*, já que serão os créditos alimentares pagos antes dos créditos não alimentares que forem requisitados no mesmo período de inscrição que antecede a lei orçamentária anual (LOA), ou seja, até 1º de julho de cada ano. Assim, os créditos alimentares requisitados a partir de 2 de julho não terão preferência sobre os créditos de natureza comum requisitados até 1º de julho do mesmo ano. Não há dispensa do princípio geral de observância da ordem cronológica entre os créditos alimentares.

Atualmente, apenas no caso de *preterição* na observância da *ordem cronológica de apresentação* e/ou de *falta de alocação orçamentária* do valor necessário à satisfação do débito é que se poderá determinar o *sequestro* da quantia necessária ao pagamento da conta do ente público (CF, art. 100, § 6º).

O § 3º do art. 100 da Constituição Federal, abre, no entanto, uma exceção, permitindo o *pagamento sem precatório* para os débitos judiciais da Fazenda Pública que sejam definidos em lei como de *pequeno valor*, devendo a lei respeitar como *valor mínimo o teto de benefícios do Regime Geral de Previdência Social* (§ 4º). Na Justiça do Trabalho, utilizam-se os seguintes parâmetros (ADCT, art. 97, § 12):

Ente público	Base legal (enquanto não editadas leis específicas)	Valor
União	Lei nº 10.259/01, arts. 3º e 17	60 salários mínimos
Estados*	ADCT, art. 97, I (EC nº 62/09)	40 salários mínimos
Municípios*	ADCT, art. 97, II (EC nº 62/09)	30 salários mínimos
Distrito Federal	Lei Distrital nº 3.624/05	10 salários mínimos

* Salvo tetos diversos, estabelecidos por leis estaduais e municipais, levando em conta sua capacidade de pagamento.

Não se admite o *fracionamento* do crédito judicial para receber parte diretamente, até o limite do pequeno valor, e parte mediante precatório (CF, art. 100, § 8º). Mas é admissível a *renúncia* do valor excedente, para se receber sem a necessidade de precatório (ADCT, art. 87, parágrafo único – EC nº 37/02).

A MP nº 2.180-35/01, que acrescentou o art. 1º-E à Lei nº 9.494/97, ampliou a margem de *revisão de cálculos em precatório*, a ser feita pelo Presidente do Tribunal, além do mero *erro material*. Assim, admite-se a revisão nos casos de *descompasso* evidente entre a *decisão exequenda* e os *cálculos do precatório* ou a *não utilização de critério legal* sobre o qual não houve debate, tanto na fase de conhecimento quanto na execução (Orientação Jurisprudencial nº 2 do Pleno do TST).

Desde a promulgação da Constituição Federal, *sucessivos "calotes"* da dívida pública materializada em precatórios foram sendo perpetrados com respaldo em emendas constitucionais, editadas sob a pressão da União, Estados e Municípios, adotando *regime especial* de dilatação temporal para saldar os precatórios pendentes:

1º) **CF/88** – prazo de 8 anos (ADCT, art. 33), não incluindo os precatórios de natureza alimentícia;

2º) **EC nº 30/00** – prazo de 10 anos (ADCT, art. 78), também não incluindo os precatórios de natureza alimentícia;

3º) **EC nº 62/09** – prazo de 15 anos (ADCT, art. 97), abrangendo toda espécie de precatório;

4º) **EC nº 94/16** – prazo de 5 anos (ADCT, art. 101), permitindo a utilização de 75% dos depósitos judiciais dos entes públicos e 20% dos entes privados (§ 2º);

5º) **EC nº 99/17** – prazo de 9 anos (ADCT, art. 101), permitindo a utilização de 75% dos depósitos judiciais dos entes públicos e 30% dos entes privados (§ 2º).

O STF declarou a *inconstitucionalidade das ECs nº 30/00 e nº 62/09* (o que tornou exigíveis imediatamente os precatórios atrasados, sem que houvesse, no entanto, meio de serem pagos, por serem limitadas as hipóteses de sequestro ou intervenção nos entes públicos devedores, conduzindo à promulgação das *ECs nº 94/16 e nº 99/17* com novas dilações de prazos):

a) Nas *ADIn 2.356 e 2.362-DF*, o STF deferiu cautelar para *suspender a eficácia do art. 2º da EC nº 30/00,* que introduziu o art. 78 ao ADCT (decisão divulgada em 18.5.2011).

b) Na *ADIn 4.357-DF*, o STF declarou a inconstitucionalidade do art. 97 do ADCT, introduzido pela EC nº 62/09, banindo do ordenamento constitucional o chamado *regime especial*.

No que se refere à ADIn 4.357, relativamente ao *art. 100 da CF,* o STF:

– declarou a inconstitucionalidade dos §§ 9º e 10, *eliminando a possibilidade de compensação* antecipada de créditos, e do § 15, *não admitindo o regime especial;*

– suprimiu a expressão "*na data da expedição do precatório*" do § 2º, permitindo o pagamento de *preferências para credores que completarem 60 anos a qualquer tempo;*

– extirpou do § 12 a expressão "*índice oficial de remuneração básica... caderneta de poupança*", de forma que os precatórios possam ter o mesmo tratamento de juros e atualização monetária que os créditos tributários, sinalizando com a necessidade de se acabar com o tratamento privilegiado do Estado quando é devedor em relação a quando é credor.

O STF, no entanto, modulou os efeitos da decisão proferida na ADIn 4.357, como refletido em sua ementa:

> "QUESTÃO DE ORDEM. MODULAÇÃO TEMPORAL DOS EFEITOS DE DECISÃO DECLARATÓRIA DE INCONSTITUCIONALIDADE (LEI 9.868/99, ART. 27). POSSIBILIDADE. NECESSIDADE DE ACOMODAÇÃO OTIMIZADA DE VALORES CONSTITUCIONAIS CONFLITANTES. PRECEDENTES DO STF. REGIME DE EXECUÇÃO DA FAZENDA PÚBLICA MEDIANTE PRECATÓRIO. EMENDA CONSTITUCIONAL Nº 62/2009. EXISTÊNCIA DE RAZÕES DE SEGURANÇA JURÍDICA QUE JUSTIFICAM A MANUTENÇÃO TEMPORÁRIA DO REGIME ESPECIAL NOS TERMOS EM QUE DECIDIDO PELO PLENÁRIO DO SUPREMO TRIBUNAL FEDERAL.
>
> *1. A modulação temporal das decisões em controle judicial de constitucionalidade decorre diretamente da Carta de 1988 ao consubstanciar instrumento voltado à acomodação otimizada entre o princípio da nulidade das leis inconstitucionais e outros valores constitucionais relevantes, notadamente a segurança jurídica e a proteção da confiança legítima, além de encontrar lastro também no plano infraconstitucional (Lei nº 9.868/99, art. 27). Precedentes do STF: ADI nº 2.240; ADI nº 2.501; ADI nº 2.904; ADI nº 2.907; ADI nº 3.022; ADI nº 3.315; ADI nº 3.316; ADI nº 3.430; ADI nº 3.458; ADI nº 3.489; ADI nº 3.660; ADI nº 3.682; ADI nº 3.689; ADI nº 3.819; ADI nº 4.001; ADI nº 4.009; ADI nº 4.029.*
>
> *2. In casu, modulam-se os efeitos das decisões declaratórias de inconstitucionalidade proferidas nas ADIs nº 4.357 e 4.425 para manter a vigência do regime especial de pagamento de precatórios instituído pela Emenda Constitucional nº 62/2009 por 5 (cinco) exercícios financeiros a contar de primeiro de janeiro de 2016.*
>
> *3. Confere-se eficácia prospectiva à declaração de inconstitucionalidade dos seguintes aspectos da ADI, fixando como marco inicial a data de conclusão do julgamento da presente questão de ordem (25.03.2015) e mantendo-se válidos os precatórios expedidos ou pagos até esta data, a saber: (i) fica mantida a aplicação do índice oficial de remuneração básica da caderneta de poupança (TR), nos termos da Emenda Constitucional nº 62/2009, até 25.03.2015, data após a qual (a) os créditos em precatórios deverão ser corrigidos pelo Índice de Preços ao Consumidor Amplo Especial (IPCA-E) e (b) os precatórios tributários deverão observar os mesmos critérios pelos quais a Fazenda Pública corrige seus créditos tributários; e (ii) ficam resguardados os precatórios expedidos, no âmbito da administração pública federal, com base nos arts. 27 das Leis nº 12.919/13 e nº 13.080/15, que fixam o IPCA-E como índice de correção monetária.*
>
> *4. Quanto às formas alternativas de pagamento previstas no regime especial: (i) consideram--se válidas as compensações, os leilões e os pagamentos à vista por ordem crescente de*

crédito previstos na Emenda Constitucional nº 62/2009, desde que realizados até 25.03.2015, data a partir da qual não será possível a quitação de precatórios por tais modalidades; (ii) fica mantida a possibilidade de realização de acordos diretos, observada a ordem de preferência dos credores e de acordo com lei própria da entidade devedora, com redução máxima de 40% do valor do crédito atualizado.

5. Durante o período fixado no item 2 acima, ficam mantidas (i) a vinculação de percentuais mínimos da receita corrente líquida ao pagamento dos precatórios (art. 97, § 10, do ADCT) e (ii) as sanções para o caso de não liberação tempestiva dos recursos destinados ao pagamento de precatórios (art. 97, § 10, do ADCT).

6. Delega-se competência ao Conselho Nacional de Justiça para que considere a apresentação de proposta normativa que discipline (i) a utilização compulsória de 50% dos recursos da conta de depósitos judiciais tributários para o pagamento de precatórios e (ii) a possibilidade de compensação de precatórios vencidos, próprios ou de terceiros, com o estoque de créditos inscritos em dívida ativa até 25.03.2015, por opção do credor do precatório.

7. Atribui-se competência ao Conselho Nacional de Justiça para que monitore e supervisione o pagamento dos precatórios pelos entes públicos na forma da presente decisão" (STF, ADIn 4.357-QO/DF, Rel. Min. Luiz Fux, DJe de 6.8.2015).

O aspecto positivo dessa decisão da Suprema Corte foi preservar a modalidade de pagamento de precatórios (no limite de 50% do montante destinado ao pagamento de precatórios pendentes, já que o remanescente deverá ser utilizado para quitação respeitando estritamente a ordem cronológica) mediante *acordos judiciais*, realizados perante Juízos Auxiliares de Conciliação de Precatórios, instituídos no âmbito dos Tribunais, com *deságio de até 40% dos créditos* (ADCT, art. 102, parágrafo único).

Se, por um lado, a **EC nº 94/16** fez renascer o *regime especial* para pagamento de precatórios, por outro, adotou como parâmetro o critério fixado nas Resoluções 115/10 e 123/10 do CNJ, de pagamento mensal em percentual que, ao final do período de 5 anos (dilatado para 9 anos pela EC nº 99/17), quitasse todos os precatórios pendentes, zerando as dívidas de precatórios da União, Estados e Municípios.

O *pecado capital* da **EC nº 94/17** (ampliado pela EC nº 99/17) foi permitir que as entidades públicas devedoras pudessem lançar mão dos **depósitos judiciais** feitos por entidades públicas e privadas para quitação de seus precatórios (ADCT, art. 101, § 2º, I e II). Em sede de liminar na ADI 5679, o seu relator, Min. Roberto Barroso, não vislumbrou o risco efetivo dos credores judiciais deixarem de receber seus haveres, mas colocou 3 condições para que o mecanismo possa ser utilizado:

– prévia constituição do fundo garantidor da restituição dos depósitos (ADCT, art. 101, § 2º, II);

– destinação exclusiva a precatórios em atraso até 25.3.2015 (data prevista na emenda);

– exigência de que os valores dos depósitos sejam repassados diretamente ao tribunal competente, sem passar pelo caixa dos tesouros locais.

Já a *EC nº 99/17* teve as virtudes de:

a) estabelecer que a *correção monetária* dos precatórios fosse feita pelo Índice Nacional de Preços ao Consumidor Amplo Especial (*IPCA-E*), seguindo a jurisprudência do STF sobre atualização monetária de débitos judiciais (ADCT, art. 101 – nova redação);

b) *vedar novas desapropriações* pelos Estados, DF e Municípios, caso os precatórios pendentes sejam superiores a 70% da suas receitas correntes líquidas (ADCT, art. 103, parágrafo único);

c) elevar, no caso de *doentes, idosos e deficientes,* o montante de seus créditos judiciais a ser pago por meio de *requisição de pequeno valor,* a 5 vezes o limite estabelecido pelo § 3º do art. 100 da CF (ADCT, art. 102, § 2º), mas deixando claro que *não é possível o sequestro* fora das hipóteses de preterição da ordem cronológica, não inclusão no orçamento de precatório ingresso até 1º de julho do ano anterior (CF, art. 100, § 6º) e não liberação tempestiva das parcelas mensais de pagamento dos precatórios em regime especial (ADCT, art. 97, § 10, I).

Enfrentando a questão da submissão ao regime do precatório dos doentes graves com *risco de morte,* entendeu o Órgão Especial do TST que, em face da prevalência do *direito à vida e da dignidade da pessoa humana,* não se lhes poderia impor o ônus de aguardar a longa tramitação administrativa do precatório, ainda que processado de forma preferencial. Nesse caso, o *sequestro* para pagamento do precatório seria admissível (TST-RO-5241-86.1997.5.04.0821, Rel. Min. Lelio Bentes Corrêa, julgado em 30.8.2010). Posteriormente, o Órgão Especial do TST estabeleceu que o valor do sequestro humanitário deveria ser *limitado à importância equivalente ao triplo fixado em lei estadual para os débitos de pequeno valor,* nos termos do art. 100, § 2º, da CF (TST-RO-14500-88.1994.5.15.0018, Rel. Min. Ives Gandra, *DEJT* de 30.3.2012). Por outro lado, a *morte do titular* do precatório de doença grave não faz perder o caráter preferencial do precatório e o direito ao sequestro parcial de seu valor (TST-ReeNec e RO-8069000-57.2009.5.02.0000, Órgão Especial, Min. Dora Maria da Costa, julgado em 6.8.2012). Com as ECs nºs 94/16 e 99/17, parece claro que o *sequestro humanitário* não mais subsiste, em face do *caráter superprivilegiado* do crédito de doente grave, cujo valor de requisição sem precatório já foi quintuplicado.

Quanto aos *juros de mora,* não são devidos durante o chamado "período de graça" (desde 1º de julho do ano de expedição do precatório até o final do ano seguinte, que é o do pagamento), desde que o precatório seja pago no prazo constitucional. Efetuado o pagamento fora do prazo previsto no art. 100, § 1º, da CF, os juros moratórios devem ser computados *desde a expedição do precatório,* conforme se extrai da *Súmula Vinculante 17 do STF* (TST-RO-2519-45.2011. 5.07.0000, Órgão Especial,

Rel. Min. Fernando Eizo Ono, julgado em 3.9.2012). Com efeito, o denominado *período de graça* deve ser entendido como *período de prêmio* ao credor adimplente e não *período de desgraça* para o credor de ente público mau pagador. No entanto, dos extratos de votos do STF se conclui que a condição não existiria.

Subsiste, no entanto, a questão crucial, para pagamento dos *precatórios trabalhistas,* do comando emanado do art. 101 do ADCT, de administração única e exclusiva da conta especial de precatórios pelos *Tribunais de Justiça.* A Resolução 115 do CNJ havia instituído os *Comitês Gestores* tripartites no âmbito dos TJs, para gestão dessas contas especiais, com participação de representantes dos TRTs e TRFs. No entanto, o ponto nodal da administração dos recursos canalizados pelas entidades devedoras para essa conta especial é o conceito de *lista única* dos precatórios. Se considerada como unificadora de precatórios dos 3 ramos do Judiciário com precatórios (Justiça Estadual, Federal e do Trabalho), o que passa a ocorrer é que os precatórios trabalhistas, que estavam em dia, deixarão de ser pagos por anos, até que a Justiça Estadual coloque em dia os seus. Portanto, esse conceito deve ser interpretado como *listagem única no âmbito de cada ramo do Judiciário,* destinando-se, dos depósitos feitos na conta especial, percentual proporcional ao valor dos precatórios advindos de cada um dos ramos do Poder Judiciário ligados a cada Tribunal de Justiça.

Finalmente, a *EC nº 113/21* veio a alterar alguns parâmetros significativos em matéria de precatórios, estabelecendo a *atualização monetária* e os *juros de mora* mensurados pela *Taxa SELIC* (Sistema Especial de Liquidação e de Custódia), a partir de 8.12.2021 (art. 3º).

21. Suspensão da execução

A execução pode ser suspensa nas hipóteses previstas no art. 265, I a III, do CPC/1973 e nos arts. 313 e 315 do CPC/2015 (CPC/1973, art. 791, II; CPC/2015, art. 921), que são:

- morte ou perda da capacidade processual de qualquer das partes;
- convenção das partes;
- quando oposta exceção de suspeição ou impedimento do juiz;
- pela admissão de incidente de resolução de demandas repetitivas;
- quando a sentença de mérito: a) depender do julgamento de outra causa ou da declaração de existência ou de inexistência de relação jurídica que constitua o objeto principal de outro processo pendente; b) tiver de ser proferida somente após a verificação de determinado fato ou a produção de certa prova, requisitada a outro juízo;
- por motivo de força maior;
- para a verificação de fato delituoso, até que se pronuncie a justiça criminal, se o conhecimento do mérito depender da sua verificação.

A execução ainda poderá ser suspensa quando, no todo ou em parte, forem recebidos com efeito suspensivo os embargos à execução; quando o devedor não possuir bens penhoráveis (CPC/1973, art. 791, III; CPC/2015, art. 921, III); se as partes requererem (CPC/1973, art. 729; CPC/2015, art. 922) e enquanto não for localizado o devedor ou encontrados bens sobre os quais possa recair a penhora (Lei nº 6.830/90, art. 40).

22. Extinção da execução

A execução extingue-se (CPC/1973, art. 794; CPC/2015, art. 924) nas hipóteses de:

– satisfação da obrigação pelo devedor;

– obtenção da remissão total da dívida (por transação ou qualquer outro meio);

– renúncia ao crédito pelo credor.

23. Certidão Negativa de Débitos Trabalhistas (CNDT)

A Lei nº 12.440/2011 instituiu a *Certidão Negativa de Débitos Trabalhistas (CNDT)*, introduzindo o art. 642-A na CLT, como meio de *prova da inexistência de débitos trabalhistas*:

– não obtém a certidão a empresa que não tiver pago créditos trabalhistas reconhecidos em:

– *sentença condenatória transitada em julgado* e que não tenha garantido o juízo;

– *acordo judicial homologado* e que também não tenha o juízo garantido;

– *termo de ajuste de conduta* firmado perante o Ministério Público do Trabalho;

– *termo de conciliação* firmado perante Comissão de Conciliação Prévia;

– a empresa que tiver contra si algum desses títulos judiciais ou extrajudiciais, mas que tenha o *juízo garantido* por penhora ou suspensa a execução, poderá tirar a *certidão positiva*, mas com efeito de negativa (CLT, art. 642-A, § 2º).

O TST, regulamentando a lei, editou a *Resolução Administrativa nº 1.470/2011*, que criou o *Banco Nacional de Devedores Trabalhistas,* formado pelos nomes dos empregadores que sejam *inadimplentes* perante a Justiça do Trabalho. Basta o nome ser incluído no BNDT para que a empresa não obtenha a CNDT e passe a ficar *inabilitada para licitações públicas,* uma vez que não comprovada a regularidade trabalhista (Lei nº 8.666/93, arts. 27, IV, e 29, V; Lei nº 14.133, arts. 62, III, e 68, V).

24. Fluxograma do processo de execução

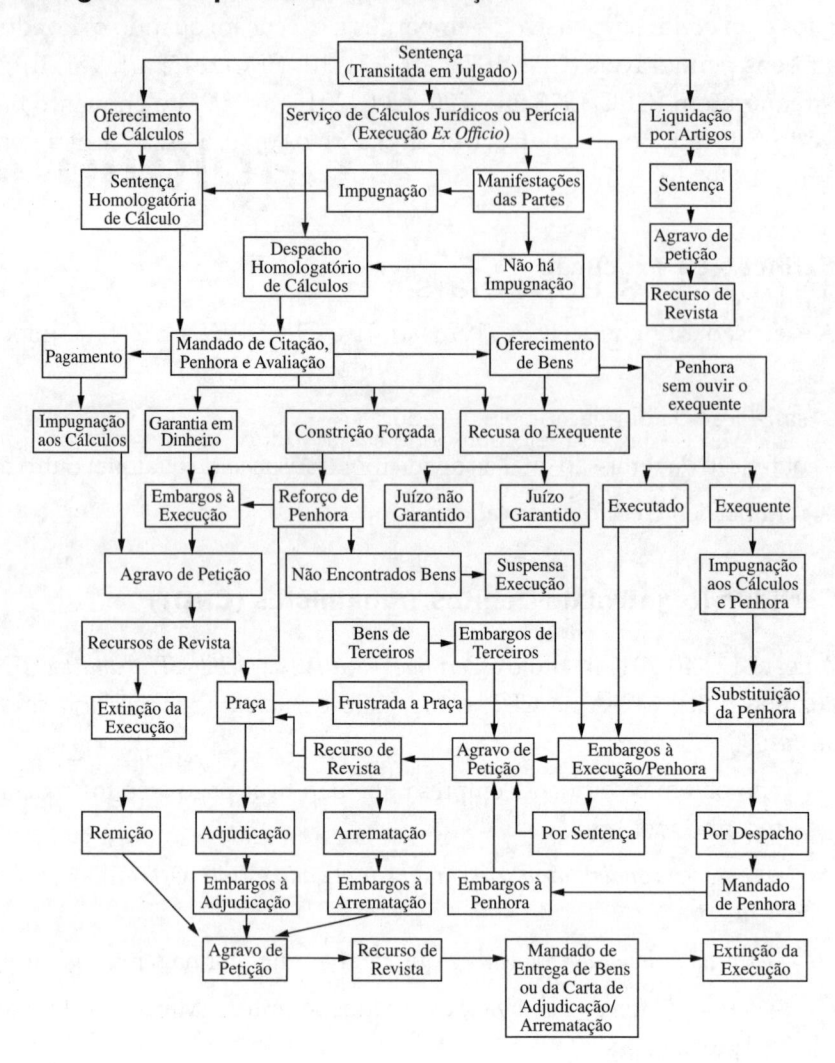

```
                            Sentença
                       (Transitada em Julgado)
         ┌──────────────────┼──────────────────┐
  Oferecimento    Serviço de Cálculos Jurídicos ou Perícia    Liquidação
   de Cálculos         (Execução Ex Officio)                  por Artigos
         │                   │                                    │
    Sentença          Impugnação ← Manifestações              Sentença
  Homologatória                    das Partes                     │
   de Cálculo              │            │                    Agravo de
         │           Despacho       Não há                    petição
         │         Homologatório ← Impugnação                     │
         │          de Cálculos                              Recurso de
         │                                                    Revista
         └──────────┬─────────┬──────────────┐
                Mandado de Citação,      Oferecimento
                Penhora e Avaliação       de Bens         Penhora
  Pagamento        │                         │          sem ouvir o
      │            │                         │           exequente
  Impugnação   Garantia em   Constrição   Recusa do    ┌────┴────┐
 aos Cálculos   Dinheiro      Forçada    Exequente  Executado  Exequente
                    │            │           │                     │
              Embargos à    Reforço de   Juízo não   Juízo      Impugnação
              Execução      Penhora     Garantido  Garantido   aos Cálculos
                    │            │           │         │       e Penhora
              Agravo de    Não Encontrados Bens   Suspensa
               Petição                            Execução
                    │
             Recursos de     Bens de      Embargos de
              Revista       Terceiros      Terceiros
                    │
             Extinção da    Praça ← Frustrada a Praça      Substituição
              Execução       │                              da Penhora
                             │     Recurso de   Agravo de   Embargos à
                             │      Revista     Petição    Execução/Penhora
                             │                     │
    Remição  Adjudicação  Arrematação         Por Sentença  Por Despacho
       │         │            │                                  │
             Embargos à   Embargos à   Embargos à             Mandado
             Adjudicação  Arrematação  Penhora                de Penhora
                    │
             Agravo de    Recurso de   Mandado de            Extinção da
              Petição     Revista      Entrega de Bens        Execução
                                       ou da Carta de
                                       Adjudicação/
                                       Arrematação
```

Capítulo XII

Processos especiais

1. Ação rescisória

A ação rescisória é o meio que pode ser utilizado para *desconstituir sentença transitada em julgado* (CPC/1973, arts. 485 a 495; CPC/2015, arts. 966-975; CLT, art. 836) ou decisão transitada em julgado que, embora não seja de mérito, impeça a nova propositura da demanda ou a admissibilidade do recurso correspondente (CPC/2015, art. 966, § 2º).

a) **Origem e Disciplina Jurídica** – a ação rescisória tem sua matriz originária na *restitutio in integrum* do Direito Canônico, na qual se podia rediscutir decisão transitada em julgado. Na Justiça do Trabalho, quando admitida a ação rescisória em 1967, o foi com base no CPC de 1939 (arts. 798-800), ficando até 1985 com essa regência, mesmo diante da edição do CPC de 1973, na esteira do ditado pela Súmula 169 do TST. Como a atual redação do art. 836 da CLT faz menção específica à ação rescisória prevista nesse Código, com Título e Capítulo citados, renova-se o problema de saber se as inovações do CPC/2015 (arts. 966-975) serão automaticamente adotadas pela Justiça do Trabalho, ou se será necessária nova remissão legislativa específica. Parece-nos que seria possível a aplicação imediata da nova sistemática e hipóteses, à semelhança do que ocorreu recentemente com a Lei de Execução Fiscal, referida expressamente pelo art. 642 da CLT (que fala no Decreto-Lei nº 960/38, substituído pela Lei nº 6.830/80). Ademais, o art. 1.046, § 4º, do CPC/2015, aponta que as remissões a disposições do CPC revogado, existentes em outras leis, passam a referir-se às que lhes são correspondentes no novo Código, o que evidencia a impossibilidade de aplicação das regras do CPC revogado para ações rescisórias contra decisões transitadas em julgado já na vigência do atual Código.

b) **Decisão rescindenda** – até o advento do CPC/2015, a sentença passível de rescisão era apenas a de *mérito* (CPC/1973, art. 485, *caput*), ou seja, aquela que decide a *questão de direito material* objeto da lide e não questão meramente processual (ex.: acórdão do TST que não conhece de recurso de revista por irregularidade de representação não pode ser rescindido; deverá ser atacado pela rescisória o acórdão do TRT que negou o direito do empregado, dando provimento ao recurso ordinário da empresa). No entanto, poderia uma *questão processual* ser objeto de ação rescisória (Súmula 412 do TST), desde que consistisse em pressuposto de validade de uma sentença de mérito (litispendência, ilegitimidade de parte, cerceamento de defesa, ausência de fundamentação etc.), incluídos os pressupostos extrínsecos dos recursos (tempestividade, preparo, regularidade de representação). A partir do novo Código, questões processuais que constituem obstáculo à apresentação de uma nova ação poderão ser atacadas por meio de ação rescisória (CPC/2015, arts. 966-975), o que provocou a adaptação da Súmula 412 do TST.

A *decisão rescindenda* é aquela que *por último apreciou a questão a ser impugnada* (ex.: se a sentença da Vara do Trabalho foi mantida pelo acórdão do TRT, é este último que deve ser atacado pela ação rescisória). A *indicação errônea* da decisão rescindenda (ex.: pedir a rescisão da sentença, quando foi substituída pelo acórdão do TRT), na vigência do CPC/1973, levava à *extinção do processo* sem resolução de mérito, por *impossibilidade jurídica do pedido*, já que, pela teoria da *substituição* (CPC/1973, art. 512), a sentença era substituída pelo acórdão que apreciara o recurso ordinário, não mais comportando rescisão (Súmula 192, III, do TST). Poderia haver, no entanto, *cumulação sucessiva de pedidos* (rescisão do acórdão do TST, do acórdão do TRT ou da sentença da Vara, caso alguma das decisões seja considerada como sentença não de mérito ou que não tenha tratado da questão que se busca desconstituir), devendo o Tribunal apreciar a rescisória quanto à decisão que for juridicamente passível de rescisão (Orientação Jurisprudencial 78 da SBDI-2 do TST).

Com a regra do § 5º do art. 968 do CPC/2015, reconhecida a incompetência do tribunal para julgar a ação rescisória, o autor será *intimado para emendar a petição inicial*, a fim de adequar o objeto da ação, quando a decisão apontada como rescindenda:

– não tiver apreciado o mérito e não se enquadrar na situação impeditiva do ajuizamento de nova demanda;

– tiver sido substituída por decisão posterior.

Uma decisão do TST que *não conheceu de recurso de revista* é considerada de mérito e, por isso, passível de rescisão, caso tenha considerado *não violado* o preceito de lei indigitado como malferido, tenha aplicado *súmula ou orientação jurisprudencial de direito material* do TST, bem como haja invocado a *Súmula 333 do TST* com base em precedentes reiterados da jurisprudência da Corte, uma vez que nesses casos o TST enfrentou o *meritum causae* (Súmula 192, II, do TST). No entanto, se a decisão do TST apenas *não conheceu da revista por ausência de demonstração de divergência jurisprudencial*, a decisão não é de mérito, não sendo, portanto, passível de rescisão (Súmula 413 do TST).

Nesse compasso, as decisões proferidas em *agravo de instrumento* na vigência do CPC/1973 não são passíveis de rescisão, uma vez que o agravo apenas discute os pressupostos de admissibilidade do recurso trancado, não condizendo com o *meritum causae* (Súmula 192, IV, do TST). Nem aquelas que *extinguem o processo por acolhimento da exceção de coisa julgada*, uma vez que extinguem o processo sem julgamento do mérito (Orientação Jurisprudencial 150 da SBDI-2 do TST).

As *decisões meramente homologatórias de cálculos* (como também as meramente homologatórias de arrematação, adjudicação ou remição) na fase de execução não comportam ação rescisória, por não ter havido controvérsia que revestisse o despacho, da natureza própria de uma sentença judicial (Súmula 399 do TST). A única exceção é a *sentença declaratória de extinção da execução*, na medida em que, ainda que nela não haja atividade cognitiva, extingue a relação processual e obrigacional, sendo passível do corte rescisório (Orientação Jurisprudencial 107 da SBDI-2 do TST).

Também não é apta ao corte rescisório a sentença proferida contra ente público, quando não procedida à *remessa de ofício*. Isto porque, enquanto não completado o duplo grau necessário de jurisdição (DL 779/69, art. 1º, V), não se deu o trânsito em julgado da decisão. Deverá o TRT que recebeu a rescisória oficiar ao Juiz Titular da Vara, avocando o processo originário, para que se proceda ao exame necessário em segunda instância de jurisdição (Orientação Jurisprudencial 21 da SBDI-2 do TST).

c) **Competência funcional** – varia conforme qual tenha sido a última decisão de mérito da causa:

- TRT – competente para rescindir as *sentenças de primeira instância* e os *acórdãos do próprio Tribunal*;
- TST – competente para rescindir apenas *seus próprios acórdãos;* sua competência está assegurada também no caso de decisões que não tenham conhecido de recurso, quer por não reputar violado o dispositivo legal invocado, quer aplicando sua jurisprudência sumulada ao caso concreto (Súmula 192 do TST).

d) **Litisconsórcio** – Na ação rescisória, tendo em vista que o pedido é de desconstituição da coisa julgada, que é una e indivisível, deve o Autor proceder à citação de todos os Réus, sob pena de extinção do feito, na medida em que, quanto ao *polo passivo* da rescisória, dá-se o litisconsórcio necessário. Isto porque não se pode deixar ao arbítrio do autor-empresa escolher em relação a que réus-empregados irá dirigir a ação, estabelecendo uma situação de disparidade entre aqueles que foram beneficiados pela mesma sentença rescindenda, já que entre eles vigora uma comunidade de direitos que não admite solução díspar para os litisconsortes. Já no que diz ao *polo ativo*, como não se pode condicionar o exercício do direito de ação ao convencimento de todos os coautores da reclamatória originária para que se associem novamente na busca da rescisão da sentença que lhes foi desfavorável, admite-se a mitigação da exigência de que todos os integrantes da ação originária figurem na rescisória, tornando *facultativo o litisconsórcio*, uma vez que se considera que, nessa hipótese, a aglutinação de autores se daria por conveniência e não por necessidade decorrente da natureza do litígio (Súmula 406, I, do TST).

Nesse diapasão, se o autor da reclamação trabalhista foi um *sindicato*, no exercício da substituição processual dos seus associados, estes não precisarão ser chamados a juízo, quer no polo ativo, quer no polo passivo da demanda rescisória, uma vez que na ação rescisória *não há litisconsórcio necessário dos trabalhadores com o seu sindicato de classe* (Súmula 406, II, do TST).

e) **Prazo decadencial** – a ação rescisória deve ser proposta dentro de *2 anos do trânsito em julgado* da decisão rescindenda (CPC/1973, art. 495; CPC/2015, art. 975, *caput*); apesar de ser prazo decadencial, se terminar em sábado, domingo ou feriado, férias forenses ou dias em que não houver expediente forense, poderá a ação ser proposta no primeiro dia útil após o seu transcurso (Súmula 100, IX, do TST; CLT, art. 775; CPC/2015, art. 975, § 1º). No caso de *sentença homologatória de acordo*, o trânsito em julgado coincide com a *data da homologação do acordo*, em face de sua irrecorribilidade (CLT, art. 831; Súmula 100, V, do TST).

O prazo decadencial conta-se do trânsito em julgado da *última decisão da causa*, seja ela de mérito ou não (Súmula 100, I, do TST), salvo nos casos de *manifesta intempestividade ou inadequação do recurso* que atacou a decisão rescindenda, uma vez que, nesse caso, o trânsito em julgado dá-se ao término do prazo para interposição do recurso adequado (Súmula 100, III, do TST). O recurso *deserto* não antecipa a contagem do prazo decadencial (Orientação Jurisprudencial 80 da SBDI-2 do TST), na medida em que a ausência do pagamento das custas ou do recolhimento do depósito recursal não é situação na qual se tenha deixado de estacar a fluição do prazo recursal pela não utilização a tempo do recurso apropriado para impugnar a espécie de decisão.

O *trânsito em julgado* pode ser *parcial*, quando não se recorre contra todas as matérias que foram objeto da condenação (ex.: a sentença condena ao pagamento das diferenças salariais decorrentes dos Planos Bresser, Verão e Collor; a empresa recorre ordinariamente apenas em relação aos Planos Verão e Collor, e, posteriormente, interpõe recurso de revista apenas quanto ao Plano Collor; há 3 datas distintas para contagem do prazo decadencial, conforme o plano econômico que se ataque, em face da ausência de recurso quanto a ele). Nessa hipótese, a certidão de trânsito em julgado apontando data posterior não socorre o autor da rescisória, pois outros elementos dos autos levam à conclusão de que houve antecipação do trânsito em julgado em relação ao tema (Súmula 100, IV, do TST).

Durante o período de vigência da MP 1.577/97 e de suas reedições (até a suspensão liminar da norma pelo STF), o prazo para ajuizamento da ação rescisória ficou *dilatado para 5 anos* (MP 1.577) e *4 anos* (MP 1.753), sendo que as ações rescisórias propostas nesse período, ou seja, quando ainda não havia transcorrido o biênio decadencial na data da edição da primeira medida provisória ampliativa do prazo, tiveram o benefício da dilatação do prazo, uma vez que a liminar suspensiva deferida pelo STF contra a medida provisória teve efeitos apenas *ex nunc*, não atingindo as ações rescisórias propostas sob sua égide (Orientação Jurisprudencial 12 da SBDI-2 do TST).

Como a decisão que acolhe a decadência extingue o processo com julgamento de mérito, se esta é afastada quando da apreciação do recurso ordinário em ação rescisória, poderá o TST adentrar de imediato no julgamento da questão objeto da rescisória, se esta for exclusivamente de direito e o Tribunal estiver em condições de *imediato julgamento* (Súmula 100, VII, do TST e CPC/1973, art. 515, § 3º; CPC/2015, art. 1.013, § 3º).

Não se admite, outrossim, a *ação rescisória preventiva*, ou seja, aquela ajuizada *antes do trânsito em julgado* da decisão rescindenda (Súmula 299, III, do TST), a qual será extinta, por impossibilidade jurídica do pedido, mesmo que, durante a sua tramitação, o trânsito em julgado venha a ocorrer.

f) **Hipóteses de cabimento** – tendo em vista a importância de que se reveste a coisa julgada, protegida constitucionalmente contra os ataques inclusive do legislador (CF, art. 5º, XXXVI), o ordenamento jurídico admite como cabível a ação rescisória apenas em *situações de extrema gravidade*, que maculam extraordinariamente o pronunciamento jurisdicional do Estado, elencando-as no *art. 485 do CPC/1973; CPC/2015, art. 966*:

Inciso	Hipótese	Descrição e condições
I	Prevaricação do juiz	Prolatar a sentença para satisfazer interesse ou sentimento pessoal (CP, art. 319).
	Concussão do juiz	Exigir, para si ou para outrem, vantagem para prolatar a sentença (CP, art. 316).
	Corrupção do juiz	Aceitar vantagem para prolatar a sentença em favor da parte que a oferece (CP, art. 317).
II	Impedimento do juiz	Decisão prolatada por juiz que se encontrava numa das situações do art. 134 do CPC/1973 e art. 144 do CPC/2015 (a mera suspeição não enseja rescisória).
	Incompetência absoluta do juiz	Em razão da matéria, da pessoa ou da hierarquia (a incompetência relativa não enseja rescisória)
III	Dolo ou coação da parte vencedora	Procedimento de má-fé da parte, que consegue induzir em erro o juiz ao decidir.
	Colusão ou simulação entre as partes	Conluio entre as partes para obter, com o processo, um fim vedado pela lei (fraude à lei). Não é invocável pelas próprias partes (porque não podem se locupletar da própria torpeza), mas apenas por terceiro prejudicado ou o Ministério Público.
IV	Ofensa à coisa julgada	Decisão que rejulga causa já anteriormente julgada
V	Violação manifesta de norma jurídica	Sentença que diz exatamente o contrário do que dispõe a lei (a violação de cláusula de acordo ou convenção coletiva não enseja rescisória) ou em caso de má aplicação de súmula ou precedente fixado em julgamento de casos repetitivos (CPC/15, art. 966, § 5º).
VI	Prova falsa	A falsidade da prova deve emergir de processo criminal ou ser provada na própria ação rescisória.
VII	Prova nova	É aquele existente à época da prolação da sentença rescindenda, mas que a parte ignorava ou de que não pôde fazer uso, e que seja suficiente para lhe obter pronunciamento favorável.
VIII e § 1º	Erro de fato	O juiz considera existente fato inexistente ou vice-versa, ainda que houvesse documento demonstrando o contrário. Para que ocorra, não pode haver, no processo, controvérsia sobre o fato, pois nesse caso teria ocorrido *error in judicando* (má apreciação da prova e não erro de fato).

Observações quanto às hipóteses de cabimento:

– Cabe ação rescisória (e não ação anulatória) contra acordo judicial homologado na vigência do CPC/1973, uma vez que constitui decisão irrecorrível (CLT, art. 831, parágrafo único; Súmula 259 do TST). Já sob a égide do CPC/2015, não mais cabe ação rescisória para atacar transação, razão pela qual a ação anulatória será o meio hábil para desconstituir a decisão homologatória de acordo (CPC/2015, art. 966, § 4º).

– A não indicação do inciso do art. 485 do CPC/1973 (CPC/2015, art. 966) no qual se fundamenta a rescisória ou a sua *indicação errônea* não torna inepta a petição inicial da rescisória, dado o princípio do *iura novit curia*, desde que dos fatos e pedidos formulados seja possível verificar em qual das hipóteses ela se enquadra. O que não se admite é a *ausência de indicação expressa* dos dispositivos legais que o autor pretende violados, no caso de fundar sua rescisória no inciso V do art. 485 do CPC/1973 (CPC/2015, art. 966, V) (Súmula 408 do TST).

– Estando limitada a hipótese do inciso V do art. 485 do CPC/1973 (CPC/2015, art. 966, V) à *violação literal de lei*, entende-se aqui a expressão:

- *"lei"* em seu sentido estrito, não se admitindo a rescisória com espeque em violação de norma coletiva, portaria ou regulamento de empresa (Orientação Jurisprudencial 25 da SBDI-2 do TST); e

- *"literal"* como ordenar exatamente o contrário do que ele expressamente estatui. Não é dizer apenas "B", quando ele diz "A". É dizer "Não A", quando ele diz "A". O primeiro caso é de interpretação do preceito num determinado sentido; o segundo é de afronta ao seu enunciado. A violação deve estar patente na decisão rescindenda e não pode depender de reexame de prova do processo originário, uma vez que, sob esse prisma (inciso V), a rescisória tem natureza semelhante à do recurso de revista, que não admite rediscussão de fatos e provas, em face da excepcionalidade da via impugnativa da decisão judicial. A rescisória por violação manifesta de norma jurídica (CPC/2015, art. 966, V) inclui o ataque à decisão baseada em enunciado de súmula ou acórdão proferido em julgamento de casos repetitivos que não tenha considerado a existência de distinção entre a questão discutida no processo e o padrão decisório que lhe deu fundamento, qual seja, a *"ratio decidendi"* do precedente (CPC/2015, art. 966, § 5º).

– Na ação rescisória calcada no inciso V do art. 485 do CPC/1973 (CPC/2015, art. 966, V), *não se admite o reexame de fatos e provas* (Súmula 410 do TST). Ademais, se a decisão rescindenda vier embasada em *duplo fundamento*, a rescisória somente pode prosperar se atacar os dois fundamentos (Orientação Jurisprudencial 112 da SBDI-2 do TST).

– Na hipótese de que a ação rescisória venha calcada no *inciso II do art. 485 do CPC/1973 (CPC/2015, art. 966, II)*, não se exige o *prequestionamento* da arguição de *incompetência absoluta* (Orientação Jurisprudencial 124 da SBDI-2 do TST), o que, no entanto, é exigido quando se trate de recurso de revista.

– Para que seja possível a rescisão do julgado com base em *prevaricação, concussão ou corrupção do juiz* (CPC/1973, art. 485, I; CPC/2015, art. 966, I), é necessário que se verifique o perfeito enquadramento da conduta do magistrado naquela descrita no tipo, com demonstração inequívoca (através de prova documental ou testemunhal robusta produzida na própria rescisória) da existência do elemento subjetivo doloso do prolator da decisão rescindenda. Ademais, quando a decisão rescindenda constituir acórdão, o voto do juiz de conduta reprovável deverá ter sido influente no resultado final do julgado.

– O inciso III do art. 485 do CPC/1973 (CPC/2015, art. 966, III) não se presta a fundamentar ação rescisória esgrimida contra *acordo judicial homologado*, uma vez que não havendo parte vencedora ou vencida, mas acordantes, não há que de falar em *dolo da parte vencedora* (Súmula 403, II, do TST).

– Na ação rescisória calcada em *ofensa à coisa julgada* (CPC/1973, art. 485, IV; CPC/2015, art. 966, IV):

- faz-se o *cotejo entre a decisão rescindenda e a decisão exequenda*, verificando-se se houve, por parte da decisão rescindenda proferida em processo de execução, imposição de obrigação expressamente afastada pelo título executivo judicial. Apenas se o descompasso for gritante é que se reconhece a ofensa à coisa julgada, pois não se admite mediante interpretação do título executivo (Orientação Jurisprudencial 123 da SBDI-2 do TST).

- No caso de *limitação de reajuste à data-base da categoria*, determinada pela decisão rescindenda, a ofensa à coisa julgada apenas ocorrerá se houver expressa vedação na decisão exequenda. No silêncio desta, é possível a limitação na fase de execução (Orientação Jurisprudencial 35 da SBDI-2 do TST), por se tratar de norma cogente, o mesmo ocorrendo com a imposição dos *descontos previdenciários e fiscais*, caso não referidos expressamente na decisão exequenda.

- Em geral, o inciso IV do art. 485 do CPC/1973 (CPC/2015, art. 966, IV) é invocado juntamente com a articulação de *violação do art. 5º, XXXVI, da CF*. No entanto, o inciso IV do art. 485 do CPC/1973 (CPC/2015, art. 966, IV) diz respeito apenas a *relações processuais distintas* (processos distintos, mas com a tríplice identidade de partes, pedido e causa de pedir, prevista no art. 301, § 2º, do CPC/1973; CPC/2015, art. 337, § 2º). A invocação de desrespeito à coisa julgada formada no *processo de conhecimento*, na correspondente *fase de execução*, somente é possível com base na violação do art. 5º, XXXVI, da CF (Orientação Jurisprudencial 157 da SBDI-2 do TST).

- Se, por um lado, a rescisória calcada em violação do preceito constitucional depende do seu *prequestionamento*, por outro, não é menos exigente a rescindibilidade por ofensa à coisa julgada, se não for possível cotejar a matéria que se pretende tratada pela decisão rescindenda com aquilo que ficou determinado na decisão exequenda (Orientação Jurisprudencial 101 da SBDI-2 do TST). Assim, *não sendo possível o cotejo*, por *ausência de pronunciamento* específico sobre a matéria, *não se acolhe a rescisória* com base nesse fundamento (v. g., contra sentença homologatória de cálculos que não versou sobre a matéria em relação à qual a rescisória veio discutindo).

– Não é possível também a invocação da exceção de coisa julgada na ação de cumprimento de sentença normativa (Súmula 397 do TST), uma vez que, em *dissídio coletivo*, há apenas a *coisa julgada formal*, pelo esgotamento das vias recursais ou pelo não uso dos recursos cabíveis no momento oportuno (LINDB, art. 6º, § 3º). A *sentença normativa não faz coisa julgada material*, uma vez que não torna imutável a solução dada à lide, pois tem natureza jurídica de fonte formal de direito, sujeita, portanto, às regras do direito intertemporal (LINDB, art. 2º), sendo limitada sua vigência no tempo (CLT, arts. 868, parágrafo único, e 873), passível de revisão até mesmo antes desse período (Lei nº 7.783/89, art. 14, parágrafo único, II), bem como de cumprimento antes do trânsito em julgado (Súmula 246 do TST), sem a possibilidade de repetição do indébito em caso de sua reforma (Lei nº 4.725/65, art. 6º, § 3º). No entanto, o art. 2º, I, *c*, da Lei nº 7.707/88 admite expressamente essa ação contra sentença normativa.

– O mesmo ocorre em relação à *ação de consignação em pagamento* (CPC, arts. 890-900; CPC/2015, arts. 539-548), dada a impossibilidade de invocação da coisa julgada formada nessa ação (cujo objeto é exclusivamente o de solver o pagamento em juízo de verba que o devedor entende devida ao credor, sem discussão da questão de fundo relativa ao pagamento), como exceção na reclamação trabalhista em que se discute o próprio fundo dos direitos decorrentes da relação de trabalho. Nesse sentido, *não se verifica a tríplice identidade* exigida legalmente (CPC/1973, art. 301, § 2º; CPC/2015, art. 337, § 2º), de vez que o pedido e a causa de pedir são distintas.

– Ofende a coisa julgada o julgamento de reclamação trabalhista proposta após o encerramento da ação anterior por acordo homologado judicialmente, no qual constou a quitação ampla, geral e irrestrita do contrato de trabalho (OJ 132 da SDI-2 do TST).

– A *prova falsa*, como fundamento de rescindibilidade da sentença (CPC/1973, art. 485, VI; CPC/2015, art. 966, VI) só se dá quando a prova que se pretende viciada *houver sido o fundamento básico de convencimento* para a prolação da decisão rescindenda, pois do contrário, podendo ela subsistir com base no restante do conjunto probatório, não se procederá ao corte rescisório. Diz respeito, geralmente, a uma das seguintes hipóteses:

– *falsificação de documento*, hipótese em que o meio mais idôneo para comprovação da falsidade será a *perícia grafotécnica* a ser realizada na instrução da rescisória;

– *falso testemunho*, hipótese em que o meio próprio para a demonstração do perjúrio será *contrastar o depoimento testemunhal com prova documental* trazida na rescisória, que demonstre cabalmente o contrário do alegado pela testemunha (prova testemunhal nessa hipótese não se revela decisiva, de vez que se opõe palavra contra palavra). Nesse caso, o documento pode ser posterior à decisão rescindenda, desde que demonstre que a testemunha omitiu intencionalmente a verdade que conhecia (do contrário, se o documento era preexistente, enquadrar-se-á na hipótese do inciso VII do art. 485 do CPC/1973; CPC/2015, art. 966, VII);

– *perícia desvirtuada*, hipótese em que se poderá invocar prova testemunhal a respeito de eventual acerto entre o perito e uma das partes, para que a perícia lhe fosse favorável.

– Quando a decisão rescindenda é proveniente de uma ação de cumprimento, não pode ser considerada *prova nova* a decisão da instância superior (TST ou STF) que reformou total ou parcialmente a *sentença normativa* cujo cumprimento se postulou. Isto porque, se a decisão do TST ou STF é posterior à decisão rescindenda, o acórdão trazido à rescisória como prova nova não é novo no sentido legal da palavra, já que o documento novo de que trata o inciso VII do art. 485 do CPC/1973 (CPC/2015, art. 966, VII) deve ser anterior à decisão rescindenda. E se for efetivamente anterior, não é aceitável para rescindir a decisão, uma vez que, por ser de conhecimento geral, publicado no *Diário da Justiça*, não há de se falar em desconhecimento pela parte ou justo impedimento para apresentá-lo antes da prolação da decisão rescindenda (Súmula 402 do TST). No entanto, em que pese não caber invocação de prova nova na hipótese, o título torna-se inexequível se amparado exclusivamente na sentença normativa reformada, conforme expresso na OJ 277 da SDI-1 e Súmula 397, ambas do TST.

– O *erro de fato* ensejador do corte rescisório (CPC/1973, art. 485, IX; CPC/2015, art. 966, VIII) ocorre apenas quando o julgador faz *afirmação fática categórica*, sem debates ou controvérsias anteriores, que não corresponde à realidade dos autos, demonstrando o *erro de percepção do julgador*.

– O fato afirmado pelo julgador, que pode empolgar a rescisória, é apenas aquele que se coloca como *premissa fática indiscutida* de um silogismo argumentativo, não aquele que se apresenta, ao final desse mesmo silogismo, como *conclusão* decorrente das premissas maior e menor que especificaram as provas oferecidas, para se concluir pela existência do fato. Esta última hipótese é a estigmatizada pelo § 2º do art. 485 do CPC/1973, correspondente ao § 1º do art. 966 do CPC/2015 (Orientação Jurisprudencial 136 da SBDI-2 do TST).

– A *contradição* manifesta entre a *parte dispositiva* da decisão rescindenda e a sua *fundamentação* pode dar azo à rescisão do julgado, por *erro de fato* (Orientação Jurisprudencial 103 da SBDI-2 do TST).

g) **Prequestionamento** – no caso de rescisória fundada em violação de lei, os dispositivos tidos como violados deverão ter sido debatidos na decisão rescindenda, ou, ao menos, a matéria neles versada deverá ter sido enfrentada (ex.: se a rescisória vier fundada em ofensa ao art. 5º, XXXVI, da CF, esse dispositivo constitucional deverá ter sido prequestionado na decisão rescindenda, sendo, no mínimo, necessário que a questão constitucional tenha sido apreciada à luz do direito adquirido, que é uma das matérias versadas no referido preceito). Trata-se de exigência da *Súmula 298, I, do TST*, mitigada pelo seu item II, que admitiu o prequestionamento apenas do conteúdo da norma, ou seja, da regra de direito nela insculpida, e não, necessariamente, da sua identificação específica em termos de artigo de lei. O prequestionamento somente é prescindível quando se tratar de lesão ocorrida na própria decisão rescindenda, como no caso de julgamento *extra/citra/ultra petita* (Orientação Jurisprudencial 41 da SBDI-2 e Súmula 298, V, TST).

h) **Matéria controvertida** – outro requisito para a ação rescisória fundada em violação de lei é que a questão objeto do dispositivo tido por vulnerado não fosse controvertida à época da prolatação da decisão rescindenda (*Súmulas 83, I, do TST e 343 do STF*). Havendo controvérsia a respeito da questão, não se pode falar em ofensa à literalidade do preceito, em face da interpretatividade da controvérsia. No entanto, se a decisão é posterior à edição de súmula ou orientação jurisprudencial do TST, não há mais de se falar em matéria controvertida (Súmula 83, II, do TST).

Em se tratando de ação rescisória fundada em violação de *dispositivo constitucional*, não se aplica o óbice das Súmulas 83, I, do TST e 343 do STF, uma vez que não pode haver controvérsia em matéria constitucional.

i) **Medida cautelar e antecipação de tutela** – o art. 489 do CPC/1973, com a redação que lhe foi dada pela Lei nº 11.280/06 (CPC/2015, art. 969), prevê a possibilidade de concessão de tutela provisória em sede de rescisória, para suspender a execução, que se processa em caráter definitivo após o trânsito em julgado da decisão rescindenda. Nesse sentido, a Súmula 405, II, do TST, que inadmite a tutela antecipada em ação rescisória, merece revisão.

j) **Depósito prévio** – 20% do valor da causa, a ser pago pelo Autor, a menos que demonstre sua insuficiência econômica (CLT, art. 836).

k) **Documentação** – são imprescindíveis para instruir a ação rescisória a *cópia da decisão rescindenda* e a *certidão do trânsito em julgado* dessa decisão. Em primeira instância, deverá o relator da rescisória fixar prazo para o autor juntar essa documentação ao processo. Em 2ª instância, caso falte alguma dessas peças, o processo será extinto por ausência dos pressupostos processuais, pois não se procede, em fase recursal, a diligência para sanar eventuais irregularidades (Orientação Jurisprudencial 84 da SBDI-2 do TST).

l) **Duplo juízo** – a ação rescisória comporta um duplo juízo de mérito:

- **juízo rescindente (*iudicium rescindens*)** – no qual se verifica a ocorrência de algum dos vícios capitulados no art. 485 do CPC/1973 (CPC/2015, art. 966), que maculam a decisão rescindenda a ponto de justificar a sua rescisão;
- **juízo rescisório (*iudicium␣rescisorium*)** – no qual o Tribunal, uma vez rescindida a sentença, coloca-se na situação em que se encontrava a causa

no momento em que proferida a decisão viciada e profere nova sentença para substituí-la.

m) **Valor da causa** – varia conforme a decisão que se pretenda rescindir (IN 31/07 do TST):

– **decisão rescindenda proferida no processo de conhecimento** – corresponde ao valor da condenação do processo originário corrigido monetariamente;

– **decisão rescindenda proferida no processo de execução** – corresponde ao montante da condenação (valor já liquidado ou arbitrado, se ainda não houver sido liquidado).

n) **Honorários advocatícios** – a "Semana do TST" de 2011 culminou por inverter o sinal da Súmula 219, II, para entender cabível a condenação ao pagamento de honorários advocatícios em ação rescisória no processo trabalhista, tendo em vista a jurisprudência atual de que o *jus postulandi* na Justiça do Trabalho não se aplica nessa modalidade de ação. E a Lei nº 13.467/17 estendeu os honorários de sucumbência a ambas as partes do processo trabalhista (CLT, art. 791-A).

2. Mandado de segurança

O *mandado de segurança* é a *garantia constitucional* instituída a partir de 1934 para proteger direito líquido e certo, não amparado por *habeas corpus* ou *habeas data*, contra ato de autoridade praticado com ilegalidade ou abuso de poder (CF, art. 5º, LXIX; Lei nº 12.016/09 – Lei do Mandado de Segurança, art. 1º). Era disciplinado até 10.8.09 pelas Leis ns. 1.533/51, 4.166/62, 4.348/64, 5.021/66.

a) **Origem** – concebido originariamente por Rui Barbosa (como *habeas corpus* civil) para ampliar as hipóteses de proteção constitucional contra as arbitrariedades praticadas por autoridades públicas, tendo em vista que o *habeas corpus* apenas contemplava a hipótese de privação da liberdade, enquanto que o novo instituto serviria para defesa imediata contra atentados a outros direitos (certos e incontestáveis) que não apenas o direito de ir e vir (liberdade de locomoção).

b) **Natureza jurídica** – o mandado de segurança é uma *ação mandamental* que tem por objeto um provimento jurisdicional limitado a coibir o abuso de autoridade, pelo qual se compele a administração pública à prática de ato ou se manda à autoridade coatora que se abstenha da prática do ato coator (não tem por finalidade condenar a autoridade, constituir ou declarar direito, mas apenas fazer cessar a coação). Caracteriza-se pela sua celeridade e eficácia contra atos praticados com abuso de poder ou ilegais, já que, depois do *habeas corpus*, tem prioridade de julgamento nos tribunais, pelo dano irreparável que pode ocorrer ao impetrante com a manutenção temporal do ato coator.

c) **Partes** – legitimidade ativa e passiva:

– **impetrante** – autor da ação mandamental, que sofre a coação ou ameaça;

- **autoridade coatora** – magistrado do trabalho, procurador do trabalho, serventuário da Justiça do Trabalho ou autoridade fiscalizadora do trabalho;
- **litisconsorte necessário** – a parte adversa do impetrante na reclamação trabalhista (se não for citada, o processo é nulo – LMS, art. 24; CPC/1973, art. 47; CPC/2015, art. 114).

d) **Requisitos** – a impetração de mandado de segurança pressupõe:

- existência de *direito líquido e certo* – o processo de mandado de segurança não comporta dilação probatória (instrução com oitiva de testemunhas ou realização de perícias), pois requer *prova pré-constituída* (documentação que demonstre, de plano, com segurança e certeza, o direito violado do impetrante) (Súmula 415 do TST);

- prática de *ilegalidade ou abuso de poder* – o desrespeito a dispositivo legal deve ficar patente, devendo o impetrante indicar qual ou quais as normas legais que foram vulneradas;

- ato de *autoridade* – o mandado de segurança tem como polo passivo autoridade pública que tenha praticado o ato impugnado ou da qual emane a ordem para a sua prática (LMS, art. 6º, § 3º), sendo equiparados, à autoridade, os representantes ou órgãos de partidos políticos e os administradores de entidades autárquicas, os dirigentes de pessoas jurídicas e as pessoas naturais no exercício de atribuições do poder público, somente no que disser respeito a essas atribuições (LMS, art. 1º, § 1º), não cabendo mandado de segurança, no entanto, contra os atos de gestão comercial praticados pelos administradores de empresas públicas, de sociedade de economia mista e de concessionárias de serviço público (LMS, art. 1º, § 2º); e

- *inexistência de recurso* administrativo ou judicial, com efeito suspensivo *ou decisão judicial transitada em julgado* – havendo outro meio de impugnação do ato, o mandado de segurança torna-se incabível, pois não é sucedâneo de recurso (LMS, art. 5º, I, II e III, Súmula 33 e Orientação Jurisprudencial 99 da SBDI-2, todas do TST). O fato de o recurso existente não ter efeito suspensivo não autoriza a impetração do mandado de segurança, na medida em que a suspensão da execução pode ser obtida através de ação cautelar incidental (Orientação Jurisprudencial 92 da SBDI-2 do TST). Transcorrido o prazo para recurso contra decisão judicial, não caberá também o mandado de segurança, em face do *trânsito em julgado* da decisão, pois o *writ* não possui efeitos rescisórios (LMS, art. 5º, III; Súmulas 33 do TST e 268 do STF). Tendo natureza administrativa os atos praticados pela Presidência do TRT em sede de precatório, é cabível de imediato o mandado de segurança (Orientação Jurisprudencial 10 do Pleno do TST). A nova LMS não repetiu a impossibilidade de impetração do mandado de segurança contra ato disciplinar, anteriormente prevista na Lei nº 1.533/51, art. 5º, III, o que sinaliza para a possibilidade de ajuizamento do *mandamus* também contra tais atos.

É *incabível* a impetração de um *único mandado de segurança* para *atacar atos judiciais praticados em processos distintos*, com distinto teor e autoridades coatoras, dada a natureza especial do *mandamus*, que exige apreciação individualizada do ato coator (TST-RO-395-82.2012.5.06.0000, SBDI-2, Rel. Min. Hugo Carlos Scheuermann, *DEJT* de 7.3.2014).

A concessão de *liminar* ou a homologação de *acordo* constituem faculdade do juiz, inexistindo direito líquido e certo tutelável pela via do mandado de segurança (Súmula 418 do TST).

e) **Hipóteses na Justiça do Trabalho** – ilegalidade praticada por juiz, ministro ou serventuário da Justiça Trabalhista. Os exemplos mais comuns são referentes à execução trabalhista, podendo-se citar, entre outros:

– penhora de dinheiro (ou bloqueio *on line* de conta bancária, dentro do limite do valor da execução) em execução definitiva, que não fere direito líquido e certo, já que observa a gradação legal (Súmula 417, I, do TST);

– antecipação de tutela para reintegração de empregado não estável, quer concedida ou não antes da prolação da sentença, já que não comporta recurso próprio (Súmula 414, II, do TST);

– reintegração de empregado em ação cautelar (Orientação Jurisprudencial 63 da SBDI-2 do TST), com a ressalva de que, a partir do CPC/2015, diante da possibilidade de ajuizamento de tutela de urgência antecedente, com o intuito de obtenção da antecipação dos efeitos da tutela, o verbete perdeu sentido;

– aplicação de multa por autoridade da fiscalização do trabalho ou não registro de sindicato no Ministério do Trabalho;

– despacho de relator no TST que inadmitiu agravo ou embargos declaratórios contra decisão monocrática em agravo de instrumento tido por intranscendente, determinando a imediata baixa dos autos, louvando-se no art. 896-A, § 5º, da CLT, tido posteriormente como inconstitucional pelo Pleno da Corte.

f) **Prazo** – 120 dias, contados da ciência do ato coator (decadencial) (LMS, art. 23, Súmula 632 do STF). Em caso de extinção do mandado sem apreciação do mérito, poderá o impetrante postular novamente a segurança (art. 6º, § 6º), respeitado o prazo decadencial em curso, que não se interrompe com a impetração anterior. No caso do mandado de segurança preventivo, não se aplica o prazo decadencial, pois o ato coator ainda não foi praticado.

g) **Competência** – dependendo da autoridade coatora, é:

– das **Varas do Trabalho** – impetrado contra autoridade fiscalizadora do trabalho;

- dos **TRTs** – contra juízes e serventuários das Varas e dos TRTs;
- do **TST** – contra ministros ou serventuários do TST.

h) **Mandado de segurança preventivo** – o mandado de segurança pode ser impetrado não apenas quando o ato coativo se tenha consumado, mas também quando haja fundado receio de que a coação venha a ocorrer (ex.: mandado de penhora expedido, mas ainda não efetuada a penhora, pode ser atacado por mandado de segurança preventivo, quando demonstrada a ilegalidade da penhora). Ressalte-se, entretanto, que *"o mandado de segurança não se presta à obtenção de uma sentença genérica, aplicável a eventos futuros, cuja ocorrência é incerta"* (Orientação Jurisprudencial 144 da SBDI-2 do TST).

i) **Procedimento**:

- **cognição sumária** – não admite instrução (se a documentação não acompanhou o mandado, o processo é extinto de plano, sem necessidade de abertura de prazo para sanar a deficiência); a petição inicial, que deverá preencher os requisitos dos arts. 282 e 283 do CPC/1973; CPC/2015, arts. 319 e 320, indicará além da autoridade coatora, a pessoa jurídica que esta integra, à qual se ache vinculada ou da qual exerce atribuições (LMS, art. 6º), admitindo-se, em caso de urgência, a impetração da segurança por telegrama, radiograma, fax ou outro meio eletrônico de autenticidade comprovada, devendo o impetrante apresentar o texto original da petição nos 5 (cinco) dias úteis seguintes (LMS, art. 4º); se, em sede de recurso ordinário em mandado de segurança, constatar-se que o juiz do TRT intimou o impetrante para emendar a inicial com juntada dos documentos faltantes ou incompletos, o que é defeso em razão da inaplicabilidade da disciplina do art. 284 do CPC ao mandado de segurança, deve ser julgado extinto o processo, sem resolução de mérito, nos termos do art. 267, IV e § 3º, do CPC (TST-ROMS-1.057/2007-909-09-00.2, SBDI-2, Rel. Min. Ives Gandra Martins Filho, *DJ* de 02/06/09);

- **liminar** – pode ser concedida se presentes o *fumus boni juris* (aparência de ilegalidade ou abuso de poder) e o *periculum in mora* (dano irreparável, se não cassado imediatamente o ato coator).

- O julgador poderá exigir do impetrante *caução, fiança ou depósito*, com o objetivo de assegurar o ressarcimento à pessoa jurídica (LMS, art. 7º, III).

- A liminar produz efeitos enquanto não revogada ou cassada, até a prolação da decisão (LMS, art. 7º, § 3º); antes tinha duração de 90 dias, prorrogáveis por mais 30 dias (Lei nº 4.348/64, art. 1º, *b*).

- A decisão do juiz de 1º grau que conceder ou denegar a liminar comporta *agravo de instrumento* para o TRT, como exceção ao princípio de que agravo de instrumento na Justiça do Trabalho só é apto para destrancar recurso (LMS, art. 7º, § 1º); se a decisão é de juiz de 2ª instância, cabe *agravo* para o colegiado competente para apreciar originariamente a questão (LMS, arts. 16, parágrafo único, e 18).

- *Não se admite concessão de liminar* na ação que tenha por objeto a compensação de créditos tributários, a entrega de mercadorias e bens provenientes do exterior, a *reclassificação ou equiparação de servidores públicos e a concessão de aumento ou a extensão de vantagens ou pagamento de qualquer natureza* (LMS, art. 7º, § 2º).
- **citação do litisconsorte necessário** – deve ser pedida pelo impetrante, fornecendo os dados, sendo vedado o ingresso de litisconsorte ativo após o despacho da inicial (LMS, art. 10, § 2º).
- **informações da autoridade coatora** – requerida pelo juiz (com, ou sem, concessão da liminar), para que as preste em 10 dias (LMS, art. 7º, I).
- **decisão** – após o recebimento das informações e eventual manifestação do litisconsorte necessário, bem como da oitiva do Ministério Público, no prazo improrrogável de 10 dias, o julgador decidirá no prazo de 30 dias, com ou sem o parecer do *parquet* (perde o objeto se o ato for reformado ou alteradas as circunstâncias fáticas na via ordinária) (LMS, art. 12); nos casos de extinção do processo sem resolução do mérito, o mandado de segurança será denegado (art. 6º, § 5º).
- **mandado** – julgado procedente o pedido, o juiz comunicará imediatamente o inteiro teor da decisão à autoridade coatora e à pessoa jurídica interessada (mediante ofício, por intermédio do oficial do juízo ou pelo correio, com aviso de recebimento), para que faça cessar o ato coator (LMS, art. 13).
- **recurso e remessa de ofício** – cabe recurso contra a concessão ou denegação da segurança (LMS, art. 14); no caso de concessão da segurança, a decisão fica sujeita ao duplo grau de jurisdição obrigatório (LMS, art. 14, § 1º); estende-se à autoridade coatora o direito de recorrer (LMS, art. 14, § 2º);
- **execução** – a decisão que conceder a segurança poderá ser executada provisoriamente, salvo nos casos em que for vedada a concessão da liminar (LMS, art. 14, § 3º);
- **publicação da decisão** – quando a publicação não ocorrer no prazo de 30 dias, contados da data de julgamento, o acórdão será substituído pelas respectivas notas taquigráficas, independentemente de revisão (LMS, art. 17);
- **honorários advocatícios e litigância de má-fé** – a Lei nº 12.016/09 incorporou a Súmula 512 do STF para vedar a condenação em honorários advocatícios no mandado de segurança, sem prejuízo da aplicação das sanções no caso de litigância de má-fé (LMS, art. 25).
- **descumprimento da decisão** – constitui crime de desobediência, nos termos do art. 330 do CP, sem prejuízo das sanções administrativas e da aplicação da Lei nº 1.079/50, que trata dos crimes de responsabilidade, quando cabível (LMS, art. 26).

3. Mandado de segurança coletivo

A Lei nº 12.016/09 teve o mérito de disciplinar melhor o mandado de segurança coletivo, antes apenas previsto na Carta Magna, mas sem normativa específica. Os principais aspectos de seu regramento são:

a) **Legitimados** – pode ser impetrado por *partido político* com representação no Congresso Nacional, na defesa de seus interesses legítimos relativos a seus integrantes ou à finalidade partidária; *organização sindical; entidade de classe* e *associação* legalmente constituída e em funcionamento há, pelo menos, 1 (um) ano, em defesa de direitos líquidos e certos da totalidade ou de parte dos seus membros ou associados, na forma dos seus estatutos e desde que pertinentes às suas finalidades, dispensada, para tanto, autorização especial (CF, art. 5º, LXX; Lei nº 12.016/09, art. 21; STF, Súmulas 629 e 630) (a improcedência da segurança por deficiência de prova não gera coisa julgada material).

b) **Prazo** – 120 dias, contados da ciência do ato coator (decadencial) (LMS, art. 23). Em caso de extinção do mandado sem apreciação do mérito, poderá o impetrante postular novamente a segurança (LMS, art. 6º, § 6º), desde que respeitado o prazo decadencial em curso, que não se interrompe com a impetração anterior.

c) **Direitos protegidos**:

- **coletivos** – assim entendidos os transindividuais, de natureza indivisível, de que seja titular grupo ou categoria de pessoas ligadas entre si ou com a parte contrária por uma relação jurídica básica (LMS, art. 21, parágrafo único, I);

- **individuais homogêneos** – assim entendidos os decorrentes de origem comum e da atividade ou situação específica da totalidade ou de parte dos associados ou membros do impetrante (LMS, art. 21, parágrafo único, II).

A nova lei regulamentadora do mandado de segurança coletivo não faz alusão expressa aos direitos difusos. No entanto, o sistema de proteção coletiva de direitos pode resolver este silêncio, permitindo a impetração do *writ* coletivo também na defesa desses direitos (ex.: potenciais candidatos a concursos públicos).

d) **Coisa julgada** – a sentença fará coisa julgada limitadamente aos membros do grupo ou da categoria substituídos pelo impetrante (LMS, art. 22). Observa-se que o dispositivo não faz referência ao limite territorial do órgão julgador, como se verifica na Lei nº 7.347/85 (art. 16), que trata da ação civil pública.

e) **Litispendência** – o mandado de segurança coletivo não induz litispendência para as ações individuais, mas os efeitos da coisa julgada não beneficiarão o impetrante a título individual se não requerer a desistência de seu mandado de segurança individual no prazo de 30 dias a contar da ciência comprovada da impetração da segurança coletiva (LMS, art. 22, § 1º).

f) **Liminar** – só poderá ser concedida após a audiência do representante judicial da pessoa jurídica de direito público, que deverá se pronunciar no prazo de 72 horas (LMS, art. 22, § 2º).

4. "Habeas corpus"

Meio utilizado para resguardar a liberdade de ir e vir contra a decretação de prisão feita com ilegalidade ou abuso de poder (CPP, arts. 647 a 667).

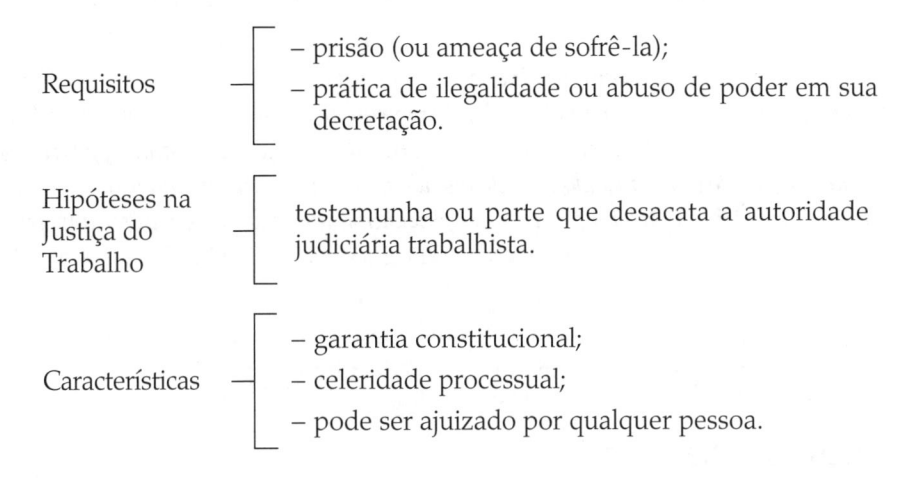

Requisitos
- prisão (ou ameaça de sofrê-la);
- prática de ilegalidade ou abuso de poder em sua decretação.

Hipóteses na Justiça do Trabalho
- testemunha ou parte que desacata a autoridade judiciária trabalhista.

Características
- garantia constitucional;
- celeridade processual;
- pode ser ajuizado por qualquer pessoa.

Competência – TRT ou TST (depende da autoridade coatora).

Hipótese de prisão por autoridade judiciária trabalhista era a do depositário infiel, caso em que se poderia utilizar do *habeas corpus*.

No entanto, o STF, com base no Pacto de São José, tem entendido não ser mais admissível a prisão civil do depositário infiel, qualquer que seja a modalidade de depósito (Súmula Vinculante 25 do STF).

Antes da edição da súmula vinculante, o TST ainda resistiu à sinalização da Suprema Corte, utilizando o próprio fundamento normativo invocado pelo STF, conforme se pode verificar do seguinte precedente:

"Habeas corpus" – *Depositário infiel – Configuração – Pacto de São José da Costa Rica sobre direitos humanos (1969) e possibilidade de prisão civil – Recurso desprovido.*

1. Em que pese a existência de precedentes turmários do STF, não vinculativos, anatematizando a prisão civil de depositário infiel, a jurisprudência do TST é firme e pacífica quanto à possibilidade jurídica dessa modalidade de constrangimento ao direito de ir e vir, não a título de pena, mas como meio extremo de pressão para resgatar bem recebido em depósito e afetado ao cumprimento de obrigação de caráter alimentício.

2. *Paradoxalmente, o mesmo Supremo, que fez letra morta do art. 4.1 do Pacto de São José da Costa Rica, ao referendar lei que autoriza a morte de embriões humanos para fins de pesquisas científicas, quando a referida Convenção Americana de Direitos Humanos de 1969, ratificada pelo Brasil em 1992, garante o direito à vida desde a concepção, vem esgrimir o art. 7.7 da mesma Convenção, para afastar do Direito Positivo Brasileiro a prisão civil do depositário infiel.*

3. *A par de a Constituição Federal prever expressamente a prisão civil do depositário infiel (CF, art. 5º, LXVII), o próprio art. 7.7 do Pacto de São José excepciona a prisão por descumprimento de obrigação alimentar, como é o caso dos créditos trabalhistas garantidos por depósitos judiciais. Nesse diapasão, não há de se falar em conflito entre o Acordo Internacional e o Direito Interno.*

4. *"In casu", a condição de depositária infiel da Impetrante restou demonstrada tanto nos presentes autos quanto nos da ação trabalhista principal, uma vez que assumiu o "munus publicum" de depositária, nos termos do art. 629 do CC, negligenciando a guarda dos bens penhorados e não os restituindo quando instada a fazê-lo. Daí a legalidade da decretação prisional e a ausência de direito à concessão preventiva do "habeas corpus" impetrado. Recurso ordinário desprovido"* (TST-ROHC-311/2008-000-03-00.8, SDI-2, Rel. Min. Ives Gandra, *DEJT* de 7.11.2008).

Com a edição da súmula vinculante, cabe apenas à Justiça do Trabalho abster-se de utilizar desse meio suasório constitucional e legalmente previsto.

5. "Habeas data"

Usado para assegurar conhecimento ou retificação de informações relativas à pessoa do impetrante, constantes de registros ou bancos de dados de entidades governamentais ou de caráter público (supõe indeferimento do pedido administrativo).

6. Mandado de injunção

Foi instituído pela Constituição Federal de 1988 com o intuito de propiciar a aplicação imediata de dispositivo constitucional que dependesse de lei que o regulamentasse: o juiz criaria a norma regulamentadora.

O STF, em seu entendimento anterior, dava contorno diverso ao instituto, por entender que não caberia ao Poder Judiciário suprir a omissão legislativa do Congresso. Assim, a ação não teria natureza constitutiva de caráter regulamentador, mas declaratória de omissão inconstitucional (cf. MI 107-DF, Rel. Min. Moreira Alves).

Ocorre que, em sua evolução jurisprudencial, a Corte Suprema tem adotado a teoria concretista, diante da mora reiterada do Legislativo, como o fez ao julgar o MI 670 (Rel. Maurício Corrêa, Red. p/ acórdão Min. Gilmar Mendes; Tribunal Pleno, *DJe* de 31.10.2008), do qual se extrai o seguinte excerto:

"1.1. No julgamento do MI nº 107/DF, Rel. Min. Moreira Alves, DJ 21.9.1990, o Plenário do STF consolidou entendimento que conferiu ao mandado de injunção os seguintes elementos operacionais: i) os direitos constitucionalmente garantidos por meio de mandado de injunção apresentam-se como direitos à expedição de um ato normativo, os quais, via de regra, não poderiam ser diretamente satisfeitos por meio de provimento jurisdicional do STF; ii) a decisão judicial que declara a existência de uma omissão inconstitucional constata, igualmente, a mora do órgão ou poder legiferante, insta-o a editar a norma requerida; iii) a omissão inconstitucional tanto pode referir-se a uma omissão total do legislador quanto a uma omissão parcial; iv) a decisão proferida em sede do controle abstrato de normas acerca da existência, ou não, de omissão é dotada de eficácia erga omnes, e não apresenta diferença significativa em relação a atos decisórios proferidos no contexto de mandado de injunção; iv) o STF possui competência constitucional para, na ação de mandado de injunção, determinar a suspensão de processos administrativos ou judiciais, com o intuito de assegurar ao interessado a possibilidade de ser contemplado por norma mais benéfica, ou que lhe assegure o direito constitucional invocado; v) por fim, esse plexo de poderes institucionais legitima que o STF determine a edição de outras medidas que garantam a posição do impetrante até a oportuna expedição de normas pelo legislador. 1.2. Apesar dos avanços proporcionados por essa construção jurisprudencial inicial, o STF flexibilizou a interpretação constitucional primeiramente fixada para conferir uma compreensão mais abrangente à garantia fundamental do mandado de injunção. A partir de uma série de precedentes, o Tribunal passou a admitir soluções 'normativas' para a decisão judicial como alternativa legítima de tornar a proteção judicial efetiva (CF, art. 5º, XXXV). Precedentes: MI nº 283, Rel. Min. Sepúlveda Pertence, DJ 14.11.1991; MI nº 232/RJ, Rel. Min. Moreira Alves, DJ 27.3.1992; MI nº 284, Rel. Min. Marco Aurélio, Red. para o acórdão Min. Celso de Mello, DJ 26.6.1992; MI nº 543/DF, Rel. Min. Octavio Gallotti, DJ 24.5.2002; MI nº 679/DF, Rel. Min. Celso de Mello, DJ 17.12.2002; e MI nº 562/DF, Rel. Min. Ellen Gracie, DJ 20.6.2003".

Com isso, o mandado de injunção passou a ter feição supletiva das omissões legislativas reiteradas, como foi o caso suprarreferido, em que, para o problema específico da omissão legislativa quanto à regulamentação do direito de greve dos servidores públicos, o STF determinou a utilização da Lei nº 7.783/89, que regula o direito de greve no âmbito das empresas privadas, e estabeleceu paralelismo processual para apreciação dos dissídios coletivos de greve de servidores públicos em relação aos que são julgados pela Justiça do Trabalho, atribuindo originariamente aos Tribunais Regionais Federais e aos Tribunais de Justiça a competência para apreciar, conciliar e julgar greves de servidores municipais, estaduais e federais, sendo o STJ a instância recursal para os dissídios regionais, e originária para as greves nacionais de servidores federais.

7. Ação civil pública

a) **Fenômeno da coletivização do processo** – A ação civil pública deve ser contextualizada dentro das *3 ondas de reforma do processo*, que se espraiaram pelo mundo a partir dos anos 60, alterando o modelo tradicional do processo, calcado na dicotomia público-privado, para abranger controvérsias e interesses que antes não alcançavam um tutela jurisdicional adequada:

– **1ª onda** – acesso dos pobres à Justiça, através da *assistência judiciária gratuita* (Defensoria Pública – LC nº 80/94; Assistência Sindical – Lei nº 5.584/70; Gratuidade da Justiça – Lei nº 1.060/50);

– **2ª onda** – acesso à Justiça das macrolesões, que, consideradas individualmente, não empolgariam ações individuais, pela parcela reduzida da lesão individual, mas que, pela abrangência dos lesados, constituem grandes lesões ao direito: legitimação de entes grupais para defesa de *interesses difusos* em juízo (Ação Civil Pública – Lei nº 7.347/85);

– **3ª onda** – acesso amplo à Justiça, pelas *formas alternativas* de solução dos conflitos (Arbitragem – Lei nº 9.307/96; Comissões de Conciliação Prévia – Lei nº 9.958/00) e *juizados especiais de pequenas causas* (Lei nº 9.099/95; Rito Sumaríssimo – Lei nº 9.957/00).

b) **Origens da ação civil pública** – As matrizes da ação civil pública são a *class action* americana, a *action d'intérêt publique* francesa, a *representative action* inglesa, e a *odhasionprozess* alemã, todas admitindo a defesa coletiva dos direitos e interesses difusos através de um ente grupal.

c) **Conceituação dos interesses tutelados na ação civil pública** – A Lei nº 7.347/85, que instituiu no Brasil a ação civil pública, previu, originariamente, a sua utilização exclusivamente para a defesa do meio ambiente, dos direitos do consumidor e de bens e direitos de valor artístico, estético, histórico, turístico e paisagístico, uma vez que o inciso IV do art. 1º da lei havia sido vetado. A Constituição Federal de 1988, ao prever, de forma mais ampla, a defesa de "outros interesses difusos e coletivos" (art. 129, III) além dos já enumerados, permitiu que a Lei nº 8.078/90 (Código de Defesa do Consumidor) restabelecesse o inciso vetado da Lei da Ação Civil Pública e conceituasse os interesses nela defendidos (art. 81, parágrafo único):

– *interesses difusos* – caracterizados pela impossibilidade de determinação da coletividade atingida pelo ato ou procedimento lesivo ao ordenamento jurídico (inexistência de vínculo jurídico entre os membros da coletividade ou entre eles e a parte autora da lesão). Na esfera trabalhista temos: trabalhadores discriminados no momento da contratação (por motivo de sexo, raça, estado civil ou idade – CF, art. 7º, XXX), preteridos por empresa estatal que contrata sem concurso público (CF, art. 37, II) ou deficientes e aprendizes não aproveitados em face do não cumprimento das cotas previstas em lei por empresas (Lei nº 8.213/91, art. 93; CLT, art. 429);

– *interesses coletivos* – caracterizados pela existência de vínculo entre os membros da coletividade afetados pela lesão e o autor desta (empregados de uma mesma empresa – Lei Complementar nº 75/93, art. 83, III). A lesão é continuativa, afetando concretamente alguns e potencialmente a todos os membros do grupo (ex.: alteração da jornada de trabalho ou redução salarial) (STF, RE 213.015-DF, Rel. Min. Néri da Silveira, *DJ* de 24.5.2002).

Em que pese a Constituição Federal apenas admitir como tuteláveis em ação civil pública os interesses difusos e coletivos (CF, art. 129, III), a jurisprudência acabou admitindo essa modalidade processual também para incluir a defesa de interesses individuais homogêneos. Nesse sentido, segue o *leading case* do STF:

"RECURSO EXTRAORDINÁRIO. CONSTITUCIONAL. LEGITIMIDADE DO MINISTÉRIO PÚBLICO PARA PROMOVER AÇÃO CIVIL PÚBLICA EM DEFESA DOS INTERESSES DIFUSOS, COLETIVOS E HOMOGÊNEOS. MENSALIDADES ESCOLARES: CAPACIDADE POSTULATÓRIA DO PARQUET PARA DISCUTI-LAS EM JUÍZO. *1. A Constituição Federal confere relevo ao Ministério Público como instituição permanente, essencial à função jurisdicional do Estado, incumbindo-lhe a defesa da ordem jurídica, do regime democrático e dos interesses sociais e individuais indisponíveis (CF, art. 127). 2. Por isso mesmo detém o Ministério Público capacidade postulatória, não só para a abertura do inquérito civil, da ação penal pública e da ação civil pública para a proteção do patrimônio público e social, do meio ambiente, mas também de outros interesses difusos e coletivos (CF, art. 129, I e III). 3. Interesses difusos são aqueles que abrangem número indeterminado de pessoas unidas pelas mesmas circunstâncias de fato e coletivos aqueles pertencentes a grupos, categorias ou classes de pessoas determináveis, ligadas entre si ou com a parte contrária por uma relação jurídica-base. 3.1. A indeterminidade é a característica fundamental dos interesses difusos e a determinidade a daqueles interesses que envolvem os coletivos. 4. Direitos ou interesses homogêneos são os que têm a mesma origem comum (art. 81, III, da Lei nº 8.078, de 11 de setembro de 1990), constituindo-se em subespécie de direitos coletivos. 4.1. Quer se afirme interesses coletivos ou particularmente interesses homogêneos, 'stricto sensu', ambos estão cingidos a uma mesma base jurídica, sendo coletivos, explicitamente dizendo, porque são relativos a grupos, categorias ou classes de pessoas, que, conquanto digam respeito às pessoas isoladamente, não se classificam como direitos individuais para o fim de ser vedada a sua defesa em ação civil pública, porque sua concepção finalística destina-se à proteção desses grupos, categorias ou classe de pessoas. 5. As chamadas mensalidades escolares, quando abusivas ou ilegais, podem ser impugnadas por via de ação civil pública, a requerimento do Órgão do Ministério Público, pois ainda que sejam interesses homogêneos de origem comum, são subespécies de interesses coletivos, tutelados pelo Estado por esse meio processual como dispõe o artigo 129, inciso III, da Constituição Federal. 5.1. Cuidando-se de tema ligado à educação, amparada constitucionalmente como dever do Estado e obrigação de todos (CF, art. 205), está o Ministério Público investido da capacidade postulatória, patente a legitimidade 'ad causam', quando o bem que se busca resguardar se insere na órbita dos interesses coletivos, em segmento de extrema delicadeza e de conteúdo social tal que, acima de tudo, recomenda-se o abrigo estatal. Recurso extraordinário conhecido e provido para, afastada a alegada ilegitimidade do Ministério Público, com vistas à defesa dos interesses de uma coletividade, determinar a remessa dos autos ao Tribunal de origem, para prosseguir no julgamento da ação*" (STF, RE 163.231-3/SP, Rel. Min. Maurício Corrêa, Plenário, DJ de 29.6.2001).

Assim sendo, cabe ação civil pública também para a defesa de *interesses individuais homogêneos*, caracterizados pelo CDC como aqueles decorrentes de uma *origem comum* (art. 81, parágrafo único, III). Importante destacar que o fato de diferir a dimensão da lesão em relação a cada um dos substituídos pelo MP ou pelo sindicato (ex.: número de horas extras prestadas) não altera a homogeneidade do direito, se a origem comum for procedimento patronal contrário à legislação trabalhista (ex.: não pagamento de sobrejornada em face de criação de gratificação fora dos parâmetros legais). Nesse sentido, já nos posicionamos em decisão da SBDI-1 do TST, *verbis*:

"SUBSTITUIÇÃO PROCESSUAL – INTERESSES INDIVIDUAIS HOMOGÊNEOS – HORAS EXTRAS, DIÁRIAS DE VIAGEM E HORAS IN ITINERE – ORIGEM COMUM DA LESÃO – ARTS. 8º, III, DA CF E 81, III, DO CDC. 1. Quando o inciso III do art. 8º da CF fala em interesses individuais da categoria, para efeito de tutela judicial sindical, só se pode entender como interesses individuais dos membros da categoria, pois uma categoria, como tal, não tem interesse individual, mas coletivo. Assim, o art. 8º, III, da CF é justamente a base normativa constitucional para a atuação dos sindicatos, como substitutos processuais, para a defesa dos membros da categoria em questões judiciais. 2. Quanto à abrangência dos interesses individuais dos membros da categoria, tuteláveis coletivamente, o art. 81 do CDC conceitua as diferentes modalidades de interesses, definindo o individual homogêneo apenas como o que tenha origem comum. Ora, no caso dos interesses individuais e sua tutela coletiva, quer mediante ação civil coletiva, quer mediante reclamatória em que o sindicato atua como substituto processual, o que torna metaindividual a demanda é a homogeneidade dos direitos postulados em juízo. 3. In casu, o acórdão turmário embargado deixou claro que os cinco trabalhadores substituídos, remanescentes na presente ação, serão atingidos de forma homogênea quanto aos direitos postulados, uma vez que trabalhavam da mesma forma, exerciam a mesma função e estavam submetidos às mesmas circunstâncias fáticas, com lesão perpetrada por procedimento patronal geral em matéria de pagamento de horas extras e diárias, contrário à legislação trabalhista, e que a homogeneidade verificada se corroborava especialmente pelo fato de que as horas extras, as diárias de viagem e as horas in itinere puderam ser apuradas por uma única prova pericial realizada nos autos. Nesse sentido, o fato de a quantificação econômica do direito variar de empregado para empregado não afeta a homogeneidade dos direitos lesados, pois o natural, no caso de tutela jurisdicional de direitos individuais homogêneos, é justamente a liquidação individualizada para cada substituído. 4. Assim sendo, reputo legítima a atuação do Sindicato como substituto processual na presente demanda, que trata de interesses individuais homogêneos. Embargos desprovidos" (E-RR-44840-70.2004.5.03.0059, Rel. Min. Ives Gandra, *DEJT* de 10.8.2012).

d) **Legitimidade concorrente** – possuem legitimidade para propor a ação civil pública tanto o Ministério Público quanto a União, Estados e Municípios (com suas autarquias, fundações, empresas públicas e sociedades de economia mista) e as associações constituídas com o objetivo de defender tais interesses (como os sindicatos) (CF, arts. 8º, III, e 129, III, § 1º; Lei nº 7.347/85, art. 5º). A Lei nº 11.448/07 acrescentou a Defensoria Pública ao rol dos legitimados para propor ação civil pública. O enfoque da defesa é que difere conforme o autor da ação:

– *Ministério Público* – defende a ordem jurídica protetiva do trabalhador;

– *Sindicato* – defende o trabalhador protegido pelo ordenamento jurídico (quando o autor da ação é o sindicato, o Ministério Público atua como fiscal da lei, dando parecer no processo).

e) **Litisconsórcio passivo** – Não há necessidade de chamamento ao processo de todos os afetados pela sentença a ser proferida em sede de ação civil pública (quer trabalhadores, quer empresas), pois a representação é sempre grupal, através do sindicato, e não se compatibiliza com a natureza concentrativa da ação civil pública a integração de todos os milhares de pessoas afetadas no polo passivo da demanda (TST-ROMS 555228/99, Rel. Min. Luciano Castilho, *DJ* de 25/04/03).

f) **Inquérito civil público (ou procedimento investigatório prévio)** – precede (mas não necessariamente) o ajuizamento da ação civil pública como meio de coleta de prova pelo Ministério Público. Pode ser instaurado de ofício ou mediante recebimento de denúncia. É deflagrado com o recebimento de notícia ou denúncia de lesão, mediante portaria de instauração, com audiência e instrução, proposta de ajuste de conduta, arquivamento ou ajuizamento de ação civil pública.

g) **Termo de ajuste de conduta perante o Ministério Público** – Poderá o inquirido firmar com o Ministério Público um termo de ajuste de conduta aos ditames legais, podendo o Ministério Público apenas conceder prazo para a total adequação aos termos da lei (Lei nº 7.347/85, art. 5º, § 6º).

h) **Execução do termo de compromisso** – Como as multas a serem aplicadas ao inquirido, em caso de descumprimento do termo de ajuste de conduta, revertem ao FAT, que é um fundo federal, a execução era promovida, antes da Lei nº 9.958/00, pela Procuradoria da Fazenda Nacional perante a Justiça Federal. Com o advento da lei que criou as comissões de conciliação prévia, passou o termo de compromisso a ser um título executivo extrajudicial a ser executado perante a Justiça do Trabalho (CLT, art. 625-E, parágrafo único).

i) **Competência para a ação civil pública**:

- *material* – a competência da Justiça do Trabalho restou ampliada pela Constituição de 1988, quando mencionou que lhe caberia julgar as ações oriundas da relação de trabalho (art. 114), quando a Constituição de 1967 falava em dissídios entre *"empregados e empregadores"* (art. 142). Isto porque o *"trabalhador"* pode ser também o avulso ou o desempregado (ou, na expressão aristotélica, o empregado *"in potentia"*, em contraposição ao trabalhador engajado, que seria o empregado *"in actu"*). Assim, podem ser postulados perante a Justiça do Trabalho através da ação civil pública tanto os interesses coletivos quanto os difusos. Ademais, as ações civis públicas que tenham por objeto a prevenção de acidentes de trabalho, por versarem sobre o cumprimento da legislação laboral referente à Medicina e Segurança do Trabalho, são de competência da Justiça do Trabalho, ficando para a Justiça Comum apenas as ações de reparação pelo acidente já sofrido (STF, RE 206.220/MG, Rel. Min. Marco Aurélio, *DJ* de 17.9.1999);

- *funcional* – a competência originária para a apreciação das ações civis públicas de âmbito local é da Vara do Trabalho com jurisdição sobre o local onde ocorreu a lesão; quando a lesão for regional, que atinja cidades sujeitas à jurisdição de mais de uma Vara do Trabalho, a competência será de qualquer das varas das localidades atingidas, ainda que vinculadas a TRTs distintos; e, em caso de dano de abrangência suprarregional ou nacional, há competência concorrente das Varas do Trabalho das sedes dos TRTs (OJ 130 da SBDI-2 do TST).

j) **Litispendência** – o fato de haver ação civil pública postulando determinado direito para todos os empregados da empresa não induz litispendência em relação às ações individuais em que os empregados pleiteiem o mesmo direito. No entanto, para beneficiar-se da sentença da ação civil pública, o empregado deverá pedir a suspensão da sua ação individual no momento em que tomar conhecimento da ação coletiva (CDC, art. 104).

k) **Tutela antecipada e liminar** – são admissíveis em ação civil pública, para dar maior efetividade ao instrumento processual (CPC/1973, art. 273; CPC/2015, art. 294; Lei nº 7.347/85, art. 12; TST-ROMS 746061/01, Rel. Min. Ives Gandra Martins Filho, DJ de 10.8.2001).

l) **Sentença** – tem natureza cominatória (imposição de obrigação de fazer ou não fazer) ou condenatória genérica (aplicação de multa em favor de um fundo genérico de reparação dos interesses lesados), mas nunca reparatória direta a favor dos prejudicados (Lei nº 7.347/85, arts. 3º e 13; TST-ACP 92.867/93, Ac. SDC 400/94, Rel. Min. Manoel Mendes, DJ de 20.5.1994). Nos termos do *art. 3º da Lei nº 7.347/85*, em *ação civil pública* é possível a *cumulação de pedidos* de obrigação de fazer, ou não fazer, com condenação ao pagamento de indenização em pecúnia, uma vez que a primeira tem como objetivo o cumprimento da obrigação prevista em lei, enquanto a indenização por dano extrapatrimonial coletivo tem como finalidade a compensação do período em que a coletividade foi privada do cumprimento de preceito legal (TST--E-ED-RR-133900-83.2004.5.02.0026, Rel. Min. Alexandre de Souza Agra Belmonte, SBDI-1, DEJT de 22.5.2015).

m) **Coisa julgada** – vale apenas se a sentença for favorável aos lesados (*secundum eventum litis* e *in utilibus*) (Lei nº 8.078/90, art. 103).

n) **Vantagens da ação civil pública** – concentração de centenas e milhares de demandas individuais num único processo coletivo e possibilidade de solução administrativa, através da assinatura de termo de ajuste de conduta, desafogando o Judiciário.

8. Ação civil coletiva

Instituída pela Lei nº 8.078/90 para a defesa dos *interesses individuais homogêneos* (que possuem uma origem comum), visando à sentença genérica para reconhecer o nexo causal lesivo da conduta do réu e permitir a execução mediante habilitação posterior de todos os atingidos pela lesão, com vistas à obtenção de uma indenização.

9. Ação anulatória

Instituída pela Lei Complementar nº 75/93, a ser utilizada pelo Ministério Público do Trabalho para declaração de nulidade de cláusulas de contratos, acordos e convenções coletivas que *violem as liberdades individuais ou coletivas ou os direitos individuais indisponíveis dos trabalhadores* (art. 83, IV). Ex.: anulação de cláusula de acordo coletivo de trabalho prevendo desconto assistencial impositivo em favor de sindicato sobre toda a categoria.

Tanto o Ministério Público quanto a Justiça do Trabalho têm dado *interpretação ampliativa ao conceito de direitos indisponíveis do trabalhador*, para postular e acolher a nulidade de cláusulas de acordos e convenções coletivas, *limitando excessivamente a autonomia negocial coletiva* de sindicatos e empresas.

Tal orientação tem contribuído apenas para *desestimular a negociação coletiva*, a par de tornar *irresponsáveis os sindicatos*, uma vez que apenas as cláusulas desfavoráveis aos trabalhadores são anuladas e não os acordos ou convenções em seu todo, *preservando-se as vantagens compensatórias* ofertadas pelas empresas, o que só onera mais os empregadores.

O *ponto de equilíbrio* nessa seara está na *anulação* exclusiva das cláusulas que *suprimam direitos ou flexibilizem normas de medicina e segurança do trabalho, processuais ou relativas a direito de terceiros*.

São exemplos de uma ingerência excessiva na liberdade negocial coletiva em matérias que a Constituição Federal admite flexibilização, por versarem sobre salário e jornada (CF, art. 7º, VI, XIII, XIV e XXVI):

– nulidade de cláusula que *dispensa de indenizar o aviso prévio* as empresas que perderem os contratos de prestação de serviços, *desde que o trabalhador seja imediatamente contratado* pela nova prestadora de serviços (TST-RO-100-78.2008.5.17.0000, SDC, rel. Min. Fernando Eizo Ono, julgado em 11.12.2012);

– declaração de invalidade de cláusula normativa que prevê o *pagamento de horas extras de forma fixa* (TST-ERR-1219-71.2010.5.18.0131, SBDI-I, Rel. Min. Horácio Raymundo de Senna Pires, julgado em 30.8.2012);

– declaração de invalidade de cláusula normativa permitindo o *pagamento englobado, a título de comissões, de horas extras e diárias de viagem* (TST-E-ED-RR-200-35.20 06.5.09.0094, SBDI-I, Rel. Min. Lelio Bentes Corrêa, julgado em 16.8.2012).

A Lei nº 13.467/17 (Reforma Trabalhista) veio a estabelecer parâmetros sobre o que pode, ou não, ser passível de negociação coletiva (CLT, arts. 611-A e 611-B), a par de estatuir *regras de interpretação e apreciação das ações anulatórias* de cláusulas de acordos e convenções coletivas:

– exame jungido aos aspectos essenciais da negociação coletiva, pautado pelo princípio da intervenção mínima na autonomia negocial coletiva (CLT, arts. 8º, § 3º, e 611-A, § 1º);

- a inexistência de vantagem compensatória expressa não é motivo de anulação de cláusula de ACT/CCT (CLT, art. 611-A, § 2°);
- a única vantagem compensatória que deverá constar do instrumento normativo negocial, em caso de flexibilização de direitos, é a da garantia de emprego durante o prazo de validade da norma coletiva (CLT, art. 611-A, § 3º);
- a anulação de cláusula de ACT/CCT implicará a anulação da vantagem compensatória correspondente, se houver (CLT, art. 611-A, § 4º);
- os sindicatos subscritores das normas coletivas impugnadas deverão figurar no processo de ação anulatória como litisconsortes necessários, uma vez que responsáveis por sua confecção (CLT, art. 611-A, § 5º).

10. Ação monitória

Instituída pela Lei nº 9.079/95 e prevista nos arts. 700 a 702 do CPC/2015 para a obtenção da execução imediata de crédito, independente da propositura de ação prévia de conhecimento. No processo do trabalho, tem por objeto a percepção de crédito trabalhista fundado em prova documental inequívoca.

11. Ação de consignação em pagamento

Prevista como procedimento especial no CPC (arts. 890-899 do CPC/1973; 539 a 549 do CPC/2015), pode ser utilizada na Justiça do Trabalho pelo empregador para depositar em juízo salários ou verbas rescisórias que o empregado esteja recusando-se a receber, para evitar os efeitos da mora.

12. Oposição

No CPC/1973, a oposição constituía uma das formas de intervenção de terceiros. No entanto, no CPC/2015, a oposição foi inserida no Título dos Procedimentos Especiais (arts. 682-686).

Na oposição, o terceiro opõe ao direito de ambas as partes o seu próprio. O direito postulado pelo autor e resistido pelo réu pertenceria, na realidade, ao terceiro que, pela oposição, intenta uma nova ação contra réu e autor conjuntamente. Pode ser total ou parcial, na medida em que se refere à totalidade do direito litigioso ou apenas a parte dele, e o limite temporal de sua admissibilidade é o trânsito em julgado da sentença da causa principal.

PARTE III

Direito Comparado do Trabalho

Capítulo I

Introdução

1. Noção e importância do Direito Comparado

Numa sociedade globalizada como a do 3º milênio, em que é total a interdependência entre as diversas nações do planeta, a troca e o *aproveitamento de experiências no campo jurídico* são de fundamental importância. Não há problema que seja isolado ou circunstância que não se dê, sob alguma forma, nas distintas partes do globo. Daí a necessidade, sempre crescente, de um conhecimento mais apurado das soluções que as diferentes comunidades encontraram para regular suas relações sociais, especialmente no campo das relações trabalhistas.

O *Direito Comparado* é justamente o *estudo dos distintos sistemas jurídicos* existentes no mundo, estabelecendo suas semelhanças e discrepâncias, visando à aproximação das legislações nacionais dos diferentes países, de modo a otimizar o convívio social, com a adoção das soluções que se mostraram melhores para as várias questões surgidas no desenvolvimento da sociedade.

No Brasil, a *experiência do Direito Comparado* torna-se ainda mais valiosa não apenas para os que atuam junto aos Poderes Legislativo e Executivo, na elaboração de projetos de lei ou medidas provisórias, mas para todos os operadores do Direito, uma vez que a Justiça do Trabalho possui um poder normativo, por meio do qual inova no ordenamento jurídico, instituindo distintas condições de trabalho. Nessa hipótese, aqueles que atuam junto ao Poder Judiciário também devem conhecer a experiência estrangeira, para poder aproveitar em dissídios coletivos e sentenças normativas as soluções que se mostraram satisfatórias em outras partes do mundo.

Nas ciências exatas é justamente a troca de experiências, descobertas e opiniões no âmbito internacional que faz *progredir o conhecimento geral*, de tal forma que as contribuições dos vários países vão se somando para compor um todo que pode ser aproveitado por qualquer cientista.

2. Unidade e diversidade dos sistemas jurídicos

No campo da ciência jurídica, o que dá unidade ao *sistema latino* é a origem comum no Direito Romano, no qual nutriram suas raízes as várias legislações codificadas do século XIX. O *sistema anglo-americano*, que teve sua origem na *common law* inglesa, também adquiriu contornos de modelo unitário para todo o mundo de língua inglesa, espraiando a simplificação do direito consuetudinário pelo mundo. Assim, as experiências de um e outro sistemas passam a ser intercambiadas de forma a aperfeiçoar a ciência jurídica como um todo.

Além dos dois grandes sistemas, teríamos ainda no mundo atual os *sistemas de base religiosa* (muçulmano e hindu) e os *orientais* (chinês e japonês), com suas linhas mestras próprias e distintivas. O *sistema socialista*, que derivou do romano-germânico, vem, depois da queda do muro de Berlim e da extinção da antiga União Soviética, voltando à sua origem românica. E o próprio Direito vivenciado na África e Ásia vai, aos poucos, se ocidentalizando. Somado ao fato de que o Direito Costumeiro anglo--americano vai também adotando cada vez mais a forma escrita, temos uma crescente *padronização da ciência jurídica*, variando apenas as soluções encontradas para as diferentes questões que a evolução da sociedade vai colocando para o jurista.

Assim, o principal objetivo do estudo do Direito Comparado é o próprio *conhecimento do Direito de outros países*. A grande variedade de soluções ofertadas para problemas similares pode oferecer um verdadeiro arsenal que torna mais fácil a adequação de um determinado instituto para uma dada situação fática. Com isso, a tarefa legislativa, mormente no sistema romano-germânico, em vez de ser um exercício de imaginação, elucubrando as possíveis hipóteses que poderão ocorrer num dado disciplinamento legal, é um esforço de estudo da experiência acumulada nos vários países, aproveitando o que for passível de aproveitamento num dado local e tempo. Torna-se, portanto, uma *ferramenta indispensável para o legislador* e um meio de se chegar um dia a um Direito unificado numa sociedade global.

3. Direito Comparado do Trabalho

No campo do Direito do Trabalho, a característica distintiva do sistema romano--germânico para o anglo-americano está na ênfase maior que este último dá à *negociação coletiva* e à *arbitragem* como formas de estabelecimento das condições de trabalho e de solução dos conflitos laborais dentro da sociedade produtiva. O sistema latino, ao contrário, é fortemente protetivo, com intervenção do Estado nas relações laborais, para resguardar a parte economicamente mais fraca. A tendência atual é, no sistema latino, a *flexibilização das normas protetivas*, e, no sistema saxão, a *institucionalização de direitos*, aproximando os dois polos.

Em termos de *redação dos textos legais*, nota-se a diferença entre os elaborados por países de tradição latina e anglo-saxônica. Os primeiros adotam textos divididos em partes, livros, títulos, capítulos e seções, com os dispositivos sendo ordenados em artigos, parágrafos, incisos, alíneas e itens, de tal forma que a cada comando corresponde um endereçamento muito preciso. Já nos textos legais dos países de tradição anglo-saxã não há essa mesma precisão de endereçamento, uma vez que os parágrafos de uma mesma seção ou artigo sucedem-se sem diferenciação, em texto corrido. No entanto, a precisão técnica própria dessa tradição consiste em elencar, no começo dos textos legais, as definições de todos os termos que serão usados ao longo do texto.

4. Quadros comparativos de Direitos Laborais

Elencamos a seguir os principais *direitos trabalhistas passíveis de quantificação*, com os respectivos quadros comparativos dos patamares vivenciados pelos diversos países do globo.

Para a confecção das tabelas, como também para o conhecimento dos direitos trabalhistas de todos os países do mundo, temos hoje instrumento fantástico de acesso aos dados, que é o browse **"NatLex"** da Organização Internacional do Trabalho. E pelo *browse* **"Normlex"** chega-se também à relação de quais atos normativos da OIT foram ratificados por cada país. Finalmente, também há o acesso rápido pelo **"ILO-EPLex"**, quer por países, quer por temáticas específicas de legislação.

Esse *site* pode ser acessado em 3 idiomas – inglês, francês e espanhol – e possui uma classificação básica da legislação por *país* e por *assunto*. Escolhendo o *browse* de um ou de outro, tem-se acesso ao resumo das leis ou decretos editados, com possibilidade de se chegar aos documentos originais disponibilizados pelo país em sua publicação na internet.

Há uma seção, já destacada na *homepage* sobre o que há de novo editado pelos países, classificada por mês, que se pode acessar diariamente, vendo o que saiu mais recentemente de legislação trabalhista no mundo.

As tabelas abaixo correspondem ao mapeamento geral feito em 2022.

a) **Jornada de trabalho**

A principal batalha travada pelos trabalhadores, através de suas *trade unions* no decorrer da Revolução Industrial, foi pela redução da jornada de trabalho. O lema dos trabalhadores daquela época era: "eight hours to work, eight hours to joke, eight hours to sleep, eight shillings a day". Assim, a jornada de 48 horas semanais acabou estendendo-se pelo mundo inteiro. Em 1935, foi aprovada a *Convenção nº 47 da OIT*, que propunha a *jornada semanal de 40 horas*, nunca ratificada pelo Brasil. Em que pese apenas 15 países, até 2022, terem ratificado essa convenção, o que se percebe, pela tabela abaixo, é que a jornada de 40 horas vem se estendendo pelo mundo, substituindo o modelo de o descanso semanal remunerado ser apenas de um dia.

QUADRO COMPARATIVO DA JORNADA SEMANAL DE TRABALHO NO MUNDO					
País	Horas	País	Horas	País	Horas
França	35	China	40	Tunísia	40
Jordânia	35	Colômbia	40	Alemanha	40,5
Líbia	35	Coreia	40	Iêmen	43
Macedônia	35	Espanha	40	Israel	43

Madagáscar	35	Estados Unidos	40	Brasil	44
Montenegro	35	Estônia	40	Cuba	44
Omã	35	Etiópia	40	Guatemala	44
Panamá	35	Europa	40	Marrocos	44
Senegal	35	Gabão	40	Mongólia	44
Sérvia	35	Gana	40	África do Sul	45
Síria	36	Hong Kong	40	Chile	45
Venezuela	36	Iraque	40	Indonésia	45
Dinamarca	37	Irlanda	40	Níger	45
Noruega	37	Japão	40	Arábia Saudita	48
Austrália	38	Letônia	40	Argentina	48
Bélgica	38	Líbano	40	Bangladesh	48
Afeganistão	40	Malásia	40	Bolívia	48
Albânia	40	Mauritânia	40	Botswana	48
Andorra	40	Moçambique	40	Camboja	48
Angola	40	Nepal	40	Egito	48
Argélia	40	Nova Zelândia	40	Índia	48
Armênia	40	Paquistão	40	Itália	48
Áustria	40	Polônia	40	Líbano	48
Azerbaijão	40	Portugal	40	México	48
Bahamas	40	Qatar	40	Paraguai	48
Barbados	40	Reino Unido	40	Peru	48
Benim	40	Romênia	40	Rep. Tcheca	48
Bielorússia	40	Rússia	40	Uruguai	48
Bósnia	40	Senegal	40	Hungria	50
Bulgária	40	Sudão	40	Nicarágua	50
Burkina Faso	40	Suécia	40	Vietnã	50
Canadá	40	Tailândia	40	Irã	54

Para muitos desses países, a jornada legalmente prevista como máxima está sujeita a redução por meio de convenções coletivas.

Verifica-se que a tendência mundial é a redução paulatina da jornada de trabalho, até se chegar, talvez, à "semana inglesa": trabalho de 8 horas por dia nas segundas, terças, quintas e sextas-feiras e folgas na quarta-feira, sábado e domingo. Assim, o berço da Revolução Industrial, na qual se iniciou a luta pela redução das jornadas de trabalho, é, atualmente, o país com a menor jornada semanal de trabalho.

Por sua vez, nos *países islâmicos*, em que o dia sagrado é a sexta-feira, a adoção da jornada de 44 ou 40 horas tem se dado em 4 vertentes:

- final de semana sendo a sexta-feira e o sábado – a maioria;
- final de semana sendo o sábado e o domingo – Indonésia, Líbano, Malásia, Marrocos, Paquistão, Tunísia e Turquia;
- folga na terça e na sexta-feira – Arábia Saudita, Omã e Iêmen;
- meio período na terça e folga na sexta-feira – Afeganistão e Irã.

No caso de *Israel*, para se acomodar ao *Sabath Judaico*, a semana laboral é de 43 horas, começando no domingo e terminando na sexta-feira à tarde.

b) **Adicional de horas extras**

Se a redução da jornada de trabalho é aspiração sempre latente na classe trabalhadora, para que o tempo de lazer seja maior, com o correspondente cultivo do corpo e do espírito, a elevação do adicional a ser aplicado às horas extraordinárias constitui elemento de dissuasão da exigência delas. Num mundo em que a tendência, pelo avanço tecnológico contínuo, é a redução paulatina dos postos de trabalho nas atividades de caráter repetitivo, para que sejam posteriormente gerados no setor terciário, em atividades de maior alcance intelectual, a elevação dos percentuais do adicional de horas extras consubstancia forma de gerar novos empregos: sai mais barato contratar um novo trabalhador do que exigir dos atuais empregados uma dilatação da jornada.

A tabela abaixo elenca os países segundo o adicional de sobrejornada que impõem por meio de sua legislação ordinária.

25%	35%	50%	80%	100%	125%	150%
Albânia	Irã	Argélia	Itália	Azerbaijão	Etiópia	Austrália
Bélgica		Argentina		México	Jordânia	Canadá
		Camboja		Nicarágua		Namíbia
		Estônia		Peru		Nepal
		França				Vietnã
		Iêmen				
		Líbano				
		Polônia				

c) **Férias**

Direito básico do trabalhador, esgrimido desde os primórdios da "Questão Social", é o do descanso anual, para recuperação física e psicológica do trabalhador, de forma a poder dar continuidade à atividade produtiva, quer seja manual, quer seja intelectual. O que tem variado, no tempo e no espaço, é o quantitativo das férias, bem como a forma de aquisição do direito e suas condições.

O quadro abaixo mostra o espectro de variações dos dias de férias que os vários países membros da OIT concedem aos trabalhadores de seus respectivos territórios.

7 dias	14 dias	18 dias	21 dias	24 dias	28 dias	30 dias	35 dias	40 dias
Nigéria	Congo	Camarões	Albânia	Benim	Letônia	Angola	Argentina	Sérvia
	Indonésia	Camboja	Alemanha	Burundi	Uruguai	Argélia		
	Irã	Costa do Marfim	Azerbaijão	Gabão		Burkina Faso		
	Líbia	Gana		Madagáscar		Espanha		
	Malásia	Macedônia	Guatemala	México		Hungria		
	República Tcheca	Mali	Iraque	Namíbia		Nicarágua		
	Suíça	Senegal		Noruega		Níger		
	Vietnã			Polônia		Panamá		
				Romênia		Paraguai		
				Rússia				

d) **Aviso prévio**

Uma das garantias básicas do trabalhador é receber aviso prévio, em tempo razoável, da resilição do contrato de trabalho por parte do empregador.

O quadro comparativo abaixo mostra como a variação quantitativa do prazo de aviso prévio é significativa entre os países membros da OIT.

10 dias	15 dias	30 dias	45 dias	2 meses	3 meses	6 meses
Espanha	Iraque	Bulgária	Bélgica	Argentina	Benim	Luxemburgo
	Lituânia	Irã	Malásia	França	Paraguai	Suécia
		Macedônia	Vietnã	Hungria	Polônia	
		Namíbia		Portugal	Reino Unido	
		Nigéria			Rep. Tcheca	
		Panamá			Suíça	
		Senegal				

e) **Idade mínima**

Quando se enfrenta a realidade sociocultural do trabalho da criança e do adolescente verifica-se um choque de posturas, embasadas em valores conflitantes que reclamam medidas protetivas em sentidos muitas vezes opostos. De um lado temos a necessidade de impedir o trabalho da criança e do adolescente para preservar a infância como período único de jogos e brincadeiras, com diversões e amenidades para aquela (direito de brincar), e a adolescência como período precípuo para o aprendizado acadêmico (estudo teórico), além de preservar o mercado de trabalho do trabalhador adulto (pais de família, que ficariam desempregados se substituídos pelos filhos). Por outro, há uma pressão social no sentido de se permitir o trabalho da criança e do adolescente para dar ocupação aos meninos de rua (menores abandonados), evitando a criminalidade infantil (realidade da pobreza, que torna necessária a incrementação da renda familiar pela participação produtiva de todos os membros).

A OIT, quando se empenha na erradicação do trabalho infantil, não o faz exclusivamente por motivos humanitários. Visa, muitas vezes, como objetivo mais concreto e menos ideal, a combater a concorrência desleal que se dá no mercado internacional, em que a exploração da mão de obra infantil, abundante e barata, permite a países subdesenvolvidos concorrer com nações que têm a seu favor o avanço tecnológico. Nesses casos, a denominada cláusula social passa a obrigar toda a comunidade internacional, impondo padrões elevados de remuneração laboral, sem que seja socializado da mesma forma o progresso tecnológico.

A utilização da mão de obra infantil constitui sinal claro de subdesenvolvimento, na medida em que se está retirando a juventude do estudo, com o consequente óbice à formação da intelectualidade do país, gerando uma dependência externa em termos de avanço tecnológico. O recurso ao trabalho da criança pode ser uma solução a curto prazo para a concorrência comercial, mas impede o efetivo desenvolvimento do país.

O quadro comparativo abaixo mostra como esse patamar mínimo não é acolhido pela maioria dos países membros da OIT.

QUADRO COMPARATIVO DA IDADE MÍNIMA LABORAL		
14 anos	**15 anos**	**16 anos**
Angola	África do Sul	Albânia
Argentina	Alemanha	Andorra
Bahamas	Arábia Saudita	Antígua e Barbuda
Bangladesh	Áustria	Argélia
Bahrein	Barbados	Azerbaijão
Belize	Bélgica	Bielorrússia
Benim	Bósnia e Herzegovina	Brasil
Bolívia	Burkina Faso	Bulgária
Botsuana	Chile	Burundi
Brunei	Cingapura	Cazaquistão
Camarões	Coreia do Norte	China
Camboja	Coreia do Sul	Eslovênia
Colômbia	Costa Rica	Espanha
Congo	Croácia	França
Egito	Cuba	Gabão

El Salvador	Dinamarca	Guiné
Equador	Dominica	Hong Kong
Eslováquia	Emirados Árabes Unidos	Hungria
Etiópia	Eritreia	Jordânia
Gâmbia	Estônia	Lituânia
Guatemala	Estados Unidos	Malásia
Guiné Equatorial	Filipinas	Maldivas
Honduras	Finlândia	Malta
Iêmen	Geórgia	Mônaco
Indonésia	Grécia	Papua-Nova Guiné
Malauí	Guiana	Portugal
Mauritânia	Haiti	Quênia
Namíbia	Holanda	Quirguistão
Nepal	Irã	Reino Unido
Nicarágua	Iraque	República da Moldávia
Níger	Irlanda	Romênia
Nigéria	Islândia	Ruanda
Panamá	Israel	Rússia
Paquistão	Itália	São Cristóvão
Rep. Centro-Africana	Japão	São Marino
São Vicente e Granadinas	Kuwait	Sudão
Sri Lanka	Letônia	Tadjiquistão
Suriname	Lesoto	Taiwan
Tanzânia	Líbia	Tunísia
Togo	Liechtenstein	Ucrânia
Venezuela	Luxemburgo	Vietnã
Zâmbia	Macedônia	
Zimbábue	Madagáscar	
	Marrocos	
	Maurício	
	Noruega	
	Polônia	
	República Dominicana	
	República Theca	
	Senegal	
	Seicheles	
	Síria	

	Suécia	
	Suíça	
	Turquia	
	Uruguai	

Assim, verifica-se que a tendência futura será elevar a idade mínima para o jovem poder ingressar no mercado de trabalho, de modo a preservar sua formação básica e o período de aproveitamento de uma fase da vida caracterizada pela diversão e aprendizado ameno, como no caso das crianças.

f) Limite de tempo do contrato a prazo

Outro reclamo da classe trabalhadora é o relativo à limitação da contratação por prazo determinado. Sendo o contrato por tempo indeterminado a regra das relações laborais, pelo princípio da continuidade da relação empregatícia, o contrato a termo é elemento de insegurança para o trabalhador, que vê próxima a perspectiva do desemprego ao final da contratação a termo certo. Daí que a legislação de muitos países limite as hipóteses de contratação por prazo determinado, como também o período máximo de contratação por essa modalidade.

O quadro comparativo abaixo dá alguns exemplos de limitação temporal da contratação por prazo determinado (o tempo refere-se ao máximo de sucessivas renovações do contrato a prazo, com muitos países não limitando o número de renovações e o tempo total de duração dos contratos sucessivos). Alguns países não disciplinam legalmente o contrato a prazo (ex.: Estados Unidos, Canadá, Austrália, África do Sul, Nigéria e Namíbia).

1 ano	2 anos	3 anos	4 anos	5 anos	Ilimitada
Bolívia	Alemanha	Argélia	Camarões	Angola	Afeganistão
Chile	Brasil	Benim	Congo	Argentina	Armênia
Costa Rica	Burkina Faso	Bulgária	Portugal	Azerbaijão	Áustria
Filipinas	Cambodja	Colômbia	Reino Unido	França	Botswana
Honduras	Casaquistão	Geórgia	Tunísia	Hungria	China *
Panamá	Coreia do Sul	Grécia		Jordânia	Cuba
Tadjiquistão	Costa do Marfim	Indonésia		Paraguai	Dinamarca
Venezuela	Espanha	Madagáscar		Peru	Egito
	Eslováquia	Noruega		Quirguistão	El Salvador
	Eslovênia	Polônia		Rússia	Emirados
	Itália	Rep. Tcheca			Estônia *
	Marrocos	Romênia			Etiópia
	Senegal	Vietnã			Finlândia
	Sérvia				Guatemala

				Suécia				Índia
				Zâmbia				Irã
								México
								Mongólia
								Nicarágua
								Nova Zelândia
								Sri Lanka
								Suíça
								Tanzânia
								Turquia
								Ucrânia
								Uganda
								Uruguai

* Na realidade, o limite da China e da Estônia é muito elevado (10 anos).

g) Greve

Em relação ao direito de greve, verifica-se, por sua evolução histórica, como a luta do trabalhador por seus direitos, desde os primórdios da Revolução Industrial, contou sempre com a greve como sua principal arma: contra o poder de barganha do empregador sobre os salários, o trabalhador, unido em associações e sindicatos de classe, exerceu poder de pressão sobre a prestação dos serviços, paralisando-os em defesa de seus interesses.

Assim, a greve, de atividade criminosa, passou a ser um direito reconhecido pelas legislações de todo o mundo, à exceção dos países submetidos a regimes de exceção, em que qualquer forma de pressão social é considerada atentatória à própria existência do Estado.

Nesse contexto, as variações na legislação comparada sobre o disciplinamento do direito de greve têm como principal eixo rotacional a composição entre os legítimos interesses dos trabalhadores em greve e os interesses da sociedade na prestação dos serviços públicos ou essenciais.

Com efeito, sendo a greve um instrumento de pressão a ser utilizado contra a empresa para a obtenção de vantagens econômicas que esta nega a seus empregados, os efeitos da paralisação devem afetar principal e fundamentalmente a empresa. Isso ocorre num regime de concorrência econômica, em que a cessação da prestação de serviços ou produção de bens por parte de uma empresa faz com que esta perca sua participação no mercado para suas concorrentes, exigindo que rapidamente negocie com seus empregados.

Já no que se refere a serviços públicos, prestados em caráter monopolista, ou no tocante a serviços essenciais, oferecidos, em geral, por poucas empresas, em condições oligopolistas, a greve deixa de ser uma pressão exclusiva sobre a empresa, para tornar-se uma ocorrência que afeta diretamente a sociedade. Esta passa a ser refém do movimento grevista, que se serve do prejuízo causado a ela para forçar a composição com a empresa pública, concessionária ou permissionária de serviço público ou essencial.

Daí a preocupação do legislador dos vários países integrantes da OIT no sentido de estabelecer parâmetros distintos para o exercício do direito de greve, conforme esta se dê, ou não, em atividades essenciais.

Outra dimensão na qual variam os distintos ordenamentos jurídico-laborais quanto ao direito de greve é a relativa às consequências da participação na paralisação sobre os contratos individuais de trabalho. Não pagamento dos dias parados, possibilidade de demissão por justa causa ou substituição dos grevistas por trabalhadores temporários são alternativas que os países de tradição sindical forte encontram para sinalizar no sentido da responsabilidade que o sindicato deve ter ao deflagrar uma greve. Deve ser ela, efetivamente, o último recurso, quando esgotados todos os meios para a composição de um conflito de trabalho. Assim, o trabalhador grevista sabe os riscos que corre no caso de optar pela ruptura da normalidade na prestação dos serviços.

Elencamos, a seguir, algumas soluções que os diversos países selecionados encontraram para responder a essas questões.

Países	Disciplina
Alemanha	Há a exclusão do pagamento dos dias parados (o fundo de greve dos sindicatos é que arca com o ônus), além da vedação da paralisação em serviços de energia.
Azerbaijão	A participação do empregado é voluntária, não podendo ser impedido de trabalhar se não quiser aderir ao movimento grevista. É proibido o *lockout*, bem como a greve no serviço público e nos serviços essenciais, que são os de hospital, energia, água, bombeiros, telefone, controle de tráfego aéreo etc., para os quais o conflito, surgindo, deverá ser submetido à *arbitragem obrigatória* (Código do Trabalho, de 1999).
Camboja	A greve deve ser pré-avisada com 7 dias úteis de antecedência para a empresa e para o Ministério do Trabalho; em caso de serviço essencial, o pré-aviso é de 15 dias úteis; nesse período, as partes estabelecerão os serviços mínimos a serem prestados; se não chegarem a acordo, o Ministério do Trabalho determinará quais serão prestados (Código do Trabalho, de 1997).
Canadá	A greve não é permitida nos serviços públicos.
Chile	Não é permitida a greve nos serviços públicos ou de utilidade pública.
Colômbia	Uma vez decidida a greve, os trabalhadores que discordarem não podem furar o movimento paredista, que, se durar mais de 10 dias, exigirá a convocação do tribunal de arbitragem obrigatória.
Espanha	Proíbe a contratação temporária de empregados para substituição de grevistas ou de pessoal demitido (Lei nº 4/94).

Estados Unidos	Os empregados não recebem pelos dias parados, e a empresa pode substituí-los por novos; as greves são de reconhecimento de sindicato negociador, de reivindicações e contra prática ilegal do empregador.
Estônia	Durante a paralisação dos trabalhos por greve, o empregador não está obrigado a pagar salários aos empregados (Lei do Salários, de 1994).
França	Permite a greve inclusive no serviço público.
Gabão	Estabelece o pré-aviso de 5 dias úteis, exige a manutenção de serviços mínimos nas atividades de interesse social e prevê o não pagamento dos salários dos dias parados (Código do Trabalho, de 1994).
Grécia	Fixa o tempo máximo de 60 dias para a greve, exige o aviso prévio de 48 horas e o plantão de um mínimo de trabalhadores durante a greve.
Guatemala	A greve pode ser legal ou ilegal (cumprimento dos requisitos para sua instauração) e justa ou injusta (motivo dado pelo patrão, por descumprimento de acordos trabalhistas, recusa em firmá-los ou em melhorar as condições de trabalho, quando pode fazê-lo). A greve justa dá direito ao pagamento dos dias parados (Código do Trabalho, de 1995).
Índia	A simples participação em greve declarada ilegal permite a dispensa do trabalhador por justa causa; a greve pode ser proibida em serviços essenciais, a critério do governo (Lei nº 40/81).
Israel	Prevê a responsabilidade civil do sindicato por danos causados a terceiros em decorrência da greve.
Itália	Exige que haja garantia do atendimento aos serviços essenciais (Lei nº 146/90).
Malásia	A greve é proibida se não houver negociação prévia e pré-aviso.
México	É permitida a greve nos serviços públicos, desde que haja um pré-aviso de 10 dias.
Moçambique	Só admite a greve em serviços essenciais se for assegurado o atendimento às necessidades mínimas da sociedade (Lei nº 6/91).
Nicarágua	Antes de deflagrar uma greve, os trabalhadores devem esgotar os procedimentos de conciliação perante o Ministério do Trabalho; é proibido ao empregador contratar novos empregados durante o período de greve; declarada ilegal, os trabalhadores têm um máximo de 48 horas para voltar ao trabalho, sob pena de rompimento justificado do contrato de trabalho (Código do Trabalho, de 1996).
Níger	A greve só pode ser deflagrada depois do insucesso na mediação levada a cabo pela Inspetoria do Trabalho; o pré-aviso de greve é de 3 dias úteis (Código do Trabalho, de 1996).
Nova Zelândia	Não admite greve nos serviços públicos.
Reino Unido	Exige votação secreta pelo correio para deliberar sobre a greve, com antecedência de 4 semanas; o resultado positivo deve ser comunicado com 7 dias de antecedência para o empregador, com identificação dos empregados que participarão do movimento.
Suíça	A greve não é elencada como direito trabalhista na legislação, mas as convenções coletivas preveem a cláusula de "paz no trabalho", para evitar a greve na sua vigência.

Turquia	A greve e o *lock-out* são proibidos, entre outros, na prestação de serviços funerários, de transporte público realizados por instituições públicas, na produção, refino e distribuição de água da cidade, eletricidade, gás natural e petróleo e nos hospitais.
	É vedada a convocação de greve e *lock-out* no mar, aéreo, ferroviário e veículos de transporte rodoviário, que não tenham concluído a sua jornada em locais de destino doméstico.
	Os trabalhadores são livres para participar ou não da greve. Os trabalhadores que não participam ou que decidem não continuar a participar na greve não podem ser impedidos de trabalhar no local de trabalho de qualquer forma.
	Os contratos de trabalho são suspensos, mas os empregados não podem ser substituídos de forma temporária ou permanentemente, com exceção de greves ilegais, em que é permitida a rescisão contratual com demissão por justa causa (Lei nº 6.356/12).
Vietnã	A greve é proibida nos serviços públicos essenciais.

Verifica-se, pois, o cuidado que os vários países mencionados têm no disciplinamento do direito de greve, não o admitindo como um direito absoluto, mas colocando-lhe limites que atendam ao interesse público e ao bem comum da sociedade.

h) Licenças maternidade e paternidade

O melhor serviço que uma *mãe trabalhadora* pode prestar à sociedade é o cuidado e boa educação que der aos filhos. Cidadãos bem formados e psicologicamente equilibrados são o patrimônio básico de uma nação.

Na sociedade moderna, as exigências de *incremento do orçamento familiar*, aliadas ao desejo da mulher, de ter uma *atividade profissional paralela à atividade doméstica*, têm colocado o problema de como se compatibilizar o trabalho e a atenção aos filhos, mormente recém-nascidos.

A principal questão atinente à maternidade, sob o prisma laboral, é a relativa ao *tempo de afastamento remunerado* da mãe trabalhadora. A *discriminação* que a mulher sofre, muitas vezes, no mercado de trabalho, decorre, em parte, da ampliação dos dias de licença. Essa situação tem sido atenuada pela legislação antidiscriminação, como também pela transferência do ônus remuneratório, do empregador para a Previdência Social.

No caso de muitos países desenvolvidos, a *inversão da pirâmide etária* (já que os casais evitam ou reduzem substancialmente o número de filhos) e a consequente *sobrecarga do sistema previdenciário* (já que muitos aposentados têm que ser sustentados por menos trabalhadores ativos) têm levado a um *incentivo à natalidade*, com salário-família atrativo e aumento do tempo de afastamento remunerado da mulher trabalhadora.

Por outro lado, o *compartilhamento das tarefas domésticas entre o casal* (não obstante a principal carga caiba naturalmente à mulher, em face da gestação, parto e aleitamento) tem levado muitos países a criar a *licença-paternidade* e, em vários deles, a se adotar um sistema de *opção de divisão dos dias de licença* entre a mulher e o marido.

Ou seja, passados os dias de maior atenção ao recém-nascido, o tempo de licença é único para a família, mas pode ser gozado ou pela mulher ou pelo homem, conforme a conveniência do casal, uma vez que, em determinados casos, o emprego da mulher pode exigir-lhe um retorno mais rápido, passando o marido a ficar em casa de licença, a cuidar dos filhos pequenos.

O quadro abaixo mostra o tempo de afastamento concedido pela legislação dos vários países, conforme mensurado em sua legislação, com as respectivas características especiais em alguns casos (redução da remuneração, compartilhamento etc.).

PAÍS	LICENÇA-MATERNIDADE	LICENÇA-PATERNIDADE
Afeganistão	90 dias	
África do Sul	4 meses	3 dias
Albânia	1 ano	
Alemanha	14 semanas (6 antes do parto)	
Angola	3 meses	
Antígua e Barbuda	13 semanas	
Arábia Saudita	10 semanas	1 dia
Argélia	14 semanas	3 dias
Argentina	90 dias	2 dias
Aruba	12 semanas	
Austrália	18 semanas	18 semanas
Áustria	16 semanas	
Azerbaijão	126 dias	
Bahamas	13 semanas	1 semana
Bahrein	45 dias	
Bangladesh	16 semanas	
Barbados	12 semanas	
Bélgica	15 semanas	10 dias (3 dias obrigatórios)
Belize	12 semanas	
Benim	14 semanas	
Bielorrússia	126 dias	
Bolívia	12 semanas	
Botswana	12 semanas	
Brasil	180 dias	5 dias
Bulgária	1 ano com salário integral; 2º ano com salário mínimo	pai ou avô pode dividir licença-maternidade com a mãe
Burkina Faso	14 semanas	
Burundi	12 semanas	
Camarão	14 semanas	10 dias

Camboja	90 dias	10 dias
Canadá	50 semanas	35 semanas divididas com a mãe
Chade	14 semanas	10 dias
Chile	18 semanas	4 dias
China	90 dias	
Chipre	16 semanas	
Cingapura	16 semanas	
Colômbia	12 semanas	4-8 dias
Comores	14 semanas	
Congo (Brazzaville)	15 semanas	
Congo (Zaire)	14 semanas	
Coreia	90 dias	
Costa Rica	4 meses	
Costa do Marfim	14 semanas	10 dias
Cuba	18 semanas	
Dinamarca	50 semanas	2 semanas, podendo dividir até 32 semanas com a mãe
Djibouti	14 semanas	10 dias
Dominica	12 semanas	
Egito	90 dias	
El Salvador	12 semanas	
Emirados Árabes	45 dias	
Equador	12 semanas	
Eritreia	60 dias	
Eslovênia	12 meses	11 dias
Espanha	16 semanas	15 dias, podendo dividir mais 15 dias com a mãe
Estados Unidos	12 semanas	
Estônia	140 dias	14 dias
Etiópia	90 dias	
Fiji	84 dias	
Filipinas	60 dias	7 dias
Finlândia	105 dias	18 dias (pode dividir 158 dias com a mãe)
França	16 semanas (26 para o 3º filho)	13 dias
Gabão	14 semanas	10 dias
Gâmbia	14 semanas	
Gana	12 semanas	
Granada	3 meses	
Grécia	119 dias	

Guatemala	84 dias	2 dias
Guiana	13 semanas	
Guiné	14 semanas	
Guiné- Bissau	60 dias	
Guiné Equatorial	12 semanas	
Haiti	12 semanas	
Holanda	16 semanas	2 dias
Honduras	10 semanas	
Hong Kong	10 semanas	
Hungria	24 semanas	5 dias
Iêmen	60 dias	
Ilhas Salomão	12 semanas	
Índia	12 semanas	
Indonésia	3 meses	2 dias
Iraque	62 dias	
Irlanda	26 semanas	
Islândia	90 dias	Pode dividir os 90 dias c/a mãe
Israel	14 semanas	Divide com a mãe da 6ª semana até a 14ª semana
Itália	22 semanas (2 antes do parto)	13 semanas
Jamaica	12 semanas	
Japão	14 semanas	
Jordânia	10 semanas	
Kuwait	70 dias	
Laos	3 meses	
Lesoto	12 semanas	
Letônia	112 dias	10 dias
Líbano	7 semanas	1 dia
Líbia	90 dias	
Liechtenstein	8 semanas	
Lituânia	104 semanas	1 mês
Luxemburgo	16 semanas	
Madagáscar	14 semanas	
Malásia	60 dias	
Mali	14 semanas	
Malta	14 semanas	2 dias
Marrocos	14 semanas	
Maurício	12 semanas	

Mauritânia	14 semanas	
México	12 semanas	
Moçambique	60 dias	
Mongólia	120 dias	
Myanmar	12 semanas	6 dias
Namíbia	12 semanas	
Nepal	52 dias	
Nicarágua	12 semanas	
Níger	14 semanas	
Nigéria	12 semanas	
Noruega	46 semanas c/100% do salário ou 56 semanas com 80%	10 semanas
Nova Zelândia	14 semanas	
Panamá	14 semanas	
Papua Nova Guiné	12 semanas	
Paquistão	12 semanas	
Paraguai	12 semanas	2 dias
Peru	90 dias	
Polônia	16-18 semanas	14 dias
Portugal	120 dias com 100% do salário ou 150 dias com 80%	15 dias
Qatar	50 dias	
Quênia	2 meses	2 semanas
Reino Unido	39 semanas	2 semanas
Rep. Centro-Africana	14 semanas	
Rep. Dominicana	12 semanas	
República Tcheca	28 semanas	
Romênia	126 dias	126 divididos (ou 5 dias + 10 se fez curso de cuidados infantis)
Ruanda	12 semanas	2 dias
Rússia	140 dias	
Santa Lúcia	3 meses	
São Tomé e Príncipe	60 dias	
Seicheles	14 semanas	4 dias
Senegal	14 semanas	
Síria	50 dias	
Somália	14 semanas	
Sri Lanka	12 semanas	
Sudão	8 semanas	

Suécia	480 dias	480 dias divididos + 10 dias após parto para ambos
Suíça	16 semanas	3 dias
Tailândia	90 dias	
Tanzânia	12 semanas	5 dias
Togo	14 semanas	10 dias
Trinidad e Tobago	13 semanas	
Tunísia	30 dias	1 dia (setor privado) 2 dias (setor público)
Turquia	16 semanas	3 dias p/funcionários públicos
Ucrânia	126 dias	
Uganda	60 dias úteis	4 dias úteis
Uruguai	12 semanas	
Venezuela	18 semanas	3 dias p/funcionários públicos
Vietnã	4-6 meses	
Zâmbia	12 semanas	
Zimbábue	90 dias	

i) **Empregabilidade**

Um dos dramas do mundo moderno é o *desemprego*. A perspectiva da perda do emprego, mormente quando se chega a uma idade mais elevada, aflige e angustia muitos chefes de família. Políticas de empregabilidade têm sido desenvolvidas por muitos países, mas o fato é que não há fórmulas mágicas e o crescimento da *taxa de empregabilidade* está ligado ao *desempenho da economia*. A plena utilização dos fatores de produção, por sua vez, tende a forçar a alta dos preços, elevando a *inflação*, reduzindo o poder aquisitivo da moeda e, por sua vez, podendo influir no nível de emprego que as empresas estão dispostas a manter, para não ter de elevar seus preços.

A tabela abaixo apresenta, em relação ao ano de 2018, uma relação entre *empregabilidade, crescimento econômico e inflação*, mostrando como em alguns países desenvolvidos o flagelo do desemprego assusta:

País	Taxa de desemprego	Crescimento do PIB	Inflação
África do Sul	26,7%	1,6%	4,7%
Grécia	20,1%	1,8%	0,7%
Espanha	15,8%	2,7%	1,7%
Brasil	**12,7%**	**1,7%**	**3,5%**
Itália	10,7%	1,3%	1,2%
Egito	10,6%	5,4%	17,5%
Turquia	10,1%	4,2%	12,1%

Colômbia	9,7%	2,5%	3,3%
Finlândia	9,3%	2,3%	0,9%
França	9,2%	1,9%	1,9%
Argentina	9,1%	1,7%	27,1%
Eslovênia	8,3%	4,5%	1,8%
Letônia	8,2%	3,3%	2,5%
Lituânia	8,1%	3,7%	2,9%
Portugal	7,9%	2,3%	1,0%
Venezuela	7,3%	-16,0%	12615%
Chile	7,0%	3,7%	2,4%
Peru	7,0%	3,7%	1,7%
Estônia	6,8%	4,0%	3,5%
Suécia	6,5%	2,7%	1,8%
Polônia	6,1%	4,2%	1,7%
Bélgica	6,0%	1,7%	1,9%
Arábia Saudita	6,0%	1,0%	4,4%
Paquistão	5,9%	5,4%	5,0%
Canadá	5,8%	2,3%	2,2%
Índia	5,7%	7,3%	4,7%
Filipinas	5,5%	6,4%	5,1%
Austrália	5,4%	2,9%	2,2%
Eslováquia	5,4%	3,7%	2,4%
Indonésia	5,1%	5,3%	3,5%
Irlanda	5,1%	4,5%	0,8%
Holanda	4,8%	2,6%	1,5%
Rússia	4,7%	1,7%	2,9%
Áustria	4,6%	2,9%	2,1%
Nova Zelândia	4,4%	3,1%	1,8%
Reino Unido	4,2%	1,3%	2,4%
Dinamarca	4,0%	1,8%	1,1%
Coreia do Sul	4,0%	2,9%	1,7%
China	3,9%	6,3%	2,2%
Israel	3,9%	3,7%	1,7%
Estados Unidos	3,8%	2,8%	2,5%
Taiwan	3,7%	2,7%	1,5%
Hungria	3,7%	3,9%	2,5%
Noruega	3,7%	1,9%	2,2%

Alemanha	3,4%	2,1%	1,8%
Malásia	3,3%	5,6%	1,9%
México	3,2%	2,3%	4,4%
Suíça	2,6%	2,2%	0,8%
Rep. Tcheca	2,3%	3,5%	1,8%
Vietnam	2,3%	6,9%	4,6%
Japão	2,2%	1,1%	1,0%
Singapura	2,0%	3,2%	0,8%
Ucrânia	1,2%	3,0%	11,5%
Tailândia	1,0%	4,1%	1,4%

Fonte: *The Economist* "Output, prices and jobs" (Desemprego, PIB e Inflação de 2018).

De destacar, do quadro comparativo, que o fraco desempenho econômico de alguns países integrantes da União Europeia, como Grécia, Portugal e Espanha, explica a alta taxa de desemprego e a crise financeira pela qual passam, colocando em xeque a estabilidade do *Euro* como moeda comum do Bloco.

No caso do Brasil, a crise financeira de 2008-2009 teve menor impacto uma vez que, ironicamente, havia tido o pior desempenho econômico da América do Sul, razão pela qual a redução do fluxo de capitais não afetou tanto quem não estava em verdadeira expansão. Daí que, no caso brasileiro, a baixa taxa de desemprego se deva a um equilíbrio mágico entre crescimento econômico médio com inflação controlada.

j) **Salário mínimo**

Uma das garantias fundamentais dos trabalhadores é a de receberem uma retribuição mínima que cubra seus gastos básicos de alimentação, moradia, vestuário e transporte, incluindo, quando não atendidas pelo sistema estatal, suas necessidades de educação e saúde, além de lazer.

A quase totalidade dos países do globo adota políticas de fixação do salário mínimo e tentam valorizá-lo, sabendo, no entanto, que o nível do salário mínimo determinará o nível de empregabilidade nas atividades que exijam menor qualificação, pois o empresário preferirá contratar apenas um empregado, exigir-lhe mais e pagar-lhe um pouco mais do que o mínimo, a ter de pagar mais por excesso de mão de obra.

A tabela comparativa abaixo apresenta o nível de valorização do salário mínimo na maioria dos países do mundo, contabilizado em dólares americanos por ano, para o ano de 2022.

TABELA DE SALÁRIO MÍNIMO (US$ POR ANO)

País	Valor	País	Valor	País	Valor	País	Valor
Austrália	26.280	Croácia	8.119	Tunísia	3.013	Cazaquistão	1.408
Irlanda	23.999	Honduras	8.063	Bulgária	2.947	Nigéria	1.407
Dinamarca	23.335	Turquia	7.376	Jordânia	2.895	Togo	1.400
Reino Unido	23.163	Líbano	6.810	Guatemala	2.823	Armênia	1.381
Bélgica	20.363	Irã	6.623	Marrocos	2.779	Camarões	1.359
Alemanha	20.227	Argentina	6.549	Brasil	2.720	Iraque	1.332
Luxemburgo	20.197	Hungria	6.081	Síria	2.715	Malásia	1.313
Canadá	19.776	Venezuela	6.010	Guiana	2.714	Azerbaijão	1.213
Holanda	19.203	Estônia	5.723	Ucrânia	2.573	Papua Nova Guiné	1.143
Mônaco	18.730	Chipre	5.718	Turquemenistão	2.527	Etiópia	1.140
França	17.563	Equador	5.695	Tailândia	2.308	Indonésia	1.100
Nova Zelândia	16.731	Lituânia	5.479	Nicarágua	2.261	Sudão	1.080
Áustria	15.749	Uruguai	4.752	Líbia	2.213	Vietnã	1.054
Estados Unidos	15.080	Sérvia	4.649	Bósnia Herzegovina	2.177	Laos	1.050
Andorra	13.232	Colômbia	4.583	Argélia	2.145	Zâmbia	1.043
Espanha	12.860	Letônia	4.582	El Salvador	2.131	Quênia	870
Israel	12.833	Paraguai	4.358	Nepal	2.124	Benim	812
Taiwan	11.930	Peru	4.351	Filipinas	2.078	Gana	807
Eslovênia	11.310	Panamá	4.216	Mauritânia	2.002	Moçambique	800
Portugal	11.275	Albânia	4.100	Congo	1.927	Haiti	791
Japão	11.027	Costa Rica	4.019	África do Sul	1.860	Cambodja	672
Bahamas	10.920	Chile	4.016	Bielorússia	1.733	Botswana	652
Coreia do Sul	10.280	Suriname	3.899	Sri Lanka	1.690	Uzbequistão	583
Arábia Saudita	9.600	Jamaica	3.859	Tanzânia	1.688	Afeganistão	568
Bahrein	9.550	Angola	3.648	México	1.645	Cuba	476
Polônia	9.027	Romênia	3.476	Gâmbia	1.639	Geórgia	269
Rússia	8.920	Bolívia	3.396	Senegal	1.588	Bangladesh	231
República Tcheca	8.691	Trinidad&Tobago	3.255	República Dominicana	1.503	Serra Leoa	219
Kuwait	8.400	Gabão	3.108	Costa do Marfim	1.426	Uganda	108
Grécia	8.304	Paquistão	3.020	Níger	1.424	Burundi	93

Alguns países não possuem salário mínimo legal (Islândia, Finlândia, Suécia, Noruega, Itália, Liechtenstein, Macedônia, Catar, Emirados Árabes Unidos, Egito, Iêmen, Guiné, Namíbia, Zimbabwe, Somália, Nauru e Tonga), e outros somente o adotam regionalmente (China e Índia).

O desnível abissal existente entre o salário mínimo australiano e de burundi explica-se não apenas pela valorização do trabalhador no primeiro, mas pelo custo de vida baixo no segundo, permitindo a sobrevivência com um salário comparativamente menor em relação a outros países do mundo.

k) **Justiça do Trabalho**

Os primeiros organismos especializados na solução dos conflitos entre patrões e empregados a respeito do contrato de trabalho surgiram na *França:* foram os *Conseils de Prud'hommes*, em 1806.

Diante da experiência bem-sucedida, outros países europeus foram seguindo o exemplo, instituindo organismos independentes do Poder Judiciário, inseridos como *órgãos especializados* do mesmo, para a apreciação das causas trabalhistas, buscando, primariamente, a *conciliação*, mais do que a imposição de uma solução pelo Estado.

SURGIMENTO DA JUSTIÇA DO TRABALHO NO MUNDO		
Ano	País	Organismo Jurisdicional
1806	França	Conseils de Prud'hommes
1893	Itália	Probiviri
1919	Inglaterra	Industrial Tribunals
1926	Alemanha	Arbeitgerichts
1926	Espanha	Comites Paritarios para Conciliación del Trabajo
1931	Portugal	Tribunais de Árbitros Avindores

Originariamente, os organismos jurisdicionais trabalhistas foram compostos por *juízes letrados*, conhecedores tanto do Direito como das questões laborais (*juízos monocráticos*).

Seguiu-se a sistemática da *representação paritária*, em que as comissões de conciliação dos conflitos trabalhistas eram compostas por um representante do empregador e outro dos empregados, indicado pelo sindicato profissional.

Finalmente, surgiu o modelo de *juízo tripartite*, onde aos representantes das categorias econômica e profissional se somava, como elemento de desempate, o representante estatal.

Atualmente, diante das insuficiências dos juízes leigos representantes das categorias profissionais, muitos países que haviam adotado originariamente o modelo paritário vão retornando à jurisdição técnica do magistrado letrado, como são os casos da *Espanha* e da *Itália*.

Isto porque verificou-se que, na prática, o modelo idealizado de funcionamento da Justiça do Trabalho em que os representantes das categorias trariam para os órgãos julgadores a experiência prática que teriam das relações laborais mostrou que a premissa na qual se baseava era falsa. A exigência do conhecimento jurídico não pode ser dispensada, mormente no exercício da jurisdição, que supõe um processo. Por outro lado, a atuação diária em ramo especializado do Judiciário, com apreciação reiterada de questões fáticas concernentes aos problemas que surgem no mundo do trabalho e das relações entre empregados e empregadores, vai dando ao magistrado trabalhista com formação jurídica essa experiência prática que os juízes leigos teoricamente trariam para o processo. Assim, a *tendência moderna* segue no sentido da *supressão da representação classista* nos órgãos jurisdicionais trabalhistas, podendo remanescer em conselhos de conciliação e arbitragem, dada a natureza distinta que possuem em relação aos órgãos jurisdicionais.

Os objetivos da criação de uma *jurisdição trabalhista* independente foram os de possibilitar uma solução mais *rápida, simples e barata* dos conflitos laborais, a par de propiciar métodos mais eficazes de composição tanto dos dissídios individuais como, principalmente, dos coletivos. Assim, os *elementos que se comporão* ao longo da história da Justiça do Trabalho, para a constituição de organismos jurisdicionais que tornem realidade esse ideal de Justiça Social, serão, basicamente, os mesmos:

a) existência, ou não, de uma representação classista;

b) mecanismos de simplificação do processo;

c) sistemática recursal mais simples e concentrada;

d) outorga, ou não, de poder normativo aos tribunais trabalhistas para a composição dos conflitos coletivos de trabalho etc.

A título de *exemplo*, referimos, nos quadros gráficos abaixo, alguns países e seu *enquadramento quanto à situação da Justiça do Trabalho* e a forma de atuação.

FUNCIONAMENTO DAS CORTES TRABALHISTAS	
Sem Representação Classista	**Com Representação Classista**
Argentina	Alemanha
Austrália	Bélgica
Bolívia	Benim
Brasil	Burkina Faso
Costa Rica	Burundi
Chile	Camarões
Espanha	Costa do Marfim
Itália	França
Namíbia	Grã-Bretanha

Nicarágua	Iraque
Nigéria	Madagáscar
Nova Zelândia	Noruega
Paraguai	República Dominicana
Peru	Senegal
Uruguai	Suécia
	Suíça
	Zaire (Congo)

POR QUEM SÃO DIRIMIDOS OS CONFLITOS TRABALHISTAS		
Justiça Administrativa	Justiça do Trabalho como Ramo da Justiça Comum	Justiça do Trabalho como Ramo Especializado
Estados Unidos	Argentina	Alemanha
França	Austrália	Bélgica
Índia	Bolívia	Brasil
México	Colômbia	Camarões
Nigéria	Costa Rica	Costa do Marfim
Suíça	Chile	Egito
	Espanha	Grã-Bretanha
	Itália	Israel
	Panamá	Madagáscar
	Paraguai	Nicarágua
	Peru	Noruega
	Rep. Dominicana	Senegal
	Uruguai	Suécia
		Venezuela

Os países que adotam o sistema de atribuir a um dos ramos da Justiça Comum a apreciação das questões laborais funcionam, em primeira instância, em *juízos monocráticos*, de caráter estritamente técnico-jurídico.

SISTEMAS DE SOLUÇÃO DOS CONFLITOS COLETIVOS		
Arbitragem Voluntária	Arbitragem Obrigatória	Poder Normativo da Justiça do Trabalho
Argentina	Chile	Austrália
Estados Unidos	Colômbia	Brasil
Grã-Bretanha	Egito	México

Japão	Espanha	Nova Zelândia
Panamá	Itália	Peru
Hungria	Malásia	
Croácia	Rep. Dominicana	
Burkina Faso	Paquistão	
Albânia	Senegal	
	Venezuela	
	Azerbaijão	
	Tadjiquistão	
	Benim	

No caso da *Austrália*, verificou-se a *reversão* da *Industrial Relations Court of Australia* (IRCA) à *Federal Court of Australia*, pelo *Workplace Relations and other Legislation Amendment Act 1996*, fazendo com que a Justiça do Trabalho passe a ser ramo especializado da Justiça Comum.

Estrutura da Jurisdição Trabalhista			
País	**1ª Instância**	**2ª Instância**	**3ª Instância**
Alemanha	Arbeitgericht	Landarbeitgericht	Bundesarbeitgericht
Argentina	Juez del Trabajo	Sala Social de la Corte Distrital	Sala Social de la Corte Suprema de Justicia
Benim	Tribunal du Travail	Cour d'Appel	Cour Suprême
Chile	Juzgado de Letras del Trabajo	Corte de Apelación	Suprema Corte de Justicia
Costa Rica	Juzgado del Trabajo	Tribunal Superior del Trabajo	Sala de Casación de la Corte Suprema
Espanha	Juez de lo Social	Sala de lo Social del Tribunal Superior de Justicia de la Comunidad Autónoma	Sala de lo Social de la Audiencia Nacional
Itália	Pretore	Tribunale Comune di Apelazione	Corte di Cassazione
Nicarágua	Juzgados del Trabajo y de la Seguridad Social	Tribunal Nacional Laboral de Apelación	Corte Suprema de Justicia
Paraguai	Juez de Primera Instancia en lo Laboral	Tribunal de Apelación del Trabajo	Corte Suprema de Justicia
Reino Unido	Employment Appeals Tribunals	Civil Division of the Court of Appeals	House of Lords
Uruguai	Juzgado Letrado de Primera Instancia del Trabajo	Tribunal de Apelación del Trabajo	Suprema Corte de Justicia

Nos *países de pequenas dimensões geográficas*, não há uma terceira instância trabalhista, uniformizadora da jurisprudência, cabendo, das decisões de segunda instância, quando a controvérsia envolve matéria constitucional, o apelo à Corte Suprema do país. A *terceira instância laboral* serve, assim, basicamente nos países de constituição federativa, como uniformizadora da jurisprudência entre as várias entidades federadas. De suas decisões cabe recurso à Suprema Corte do país, que exerce o controle de constitucionalidade das decisões dos demais órgãos do Poder Judiciário.

5. Quadro comparativo de Reformas Trabalhistas

A Reforma Trabalhista levada a cabo no Brasil pela Lei nº 13.467/17 se insere no contexto das reformas trabalhistas realizadas por muitos países a partir da crise econômica mundial iniciada na primeira década do século XXI.

Tais reformas seguiram um paradigma comum, de *desregulamentação* das relações de trabalho, *prestigiando-se a negociação coletiva* e *flexibilizando-se a legislação* inclusive no âmbito das relações individuais de trabalho, fazendo prevalecer a vontade das partes sobre a legislação, cuja *rigidez* passou a ser atenuada pelo que se passou a denominar *"flexisecurity"*: proteção e segurança obtidas pela flexibilidade e não pela rigidez da legislação.

O objetivo dessas reformas tem sido explicitamente *combater o desemprego, cujas taxas se elevaram assustadoramente com a crise econômica,* e dar condições de *sobrevivência e competitividade às empresas*, reduzindo encargos trabalhistas, facilitando a dispensa, de modo a estimular a contratação, com estabelecimento das condições de trabalho e remuneração de comum acordo entre sindicatos e empresas para cada quadra temporal e segmento produtivo.

Podemos apresentar um quadro gráfico comparativo de algumas reformas trabalhistas promovidas na Europa e seus resultados em termos de redução da taxa de desemprego:

País	Lei	Reformas	Taxa de Desemprego Antes	Taxa de Desemprego Atual
Alemanha	Hartz 2002	Regime mais flexível de contratação, estímulo à contratação coletiva e participação ativa dos trabalhadores nas empresas.	9,8%	5,7%
	Lei da Negociação Coletiva de 11.8.2014	Transferir para a negociação coletiva muitas matérias antes reguladas por lei, a par da possibilidade de alteração das normas legais por negociação coletiva.		
Espanha	Lei nº 35/2010 Real Decreto nº 7/2011	Flexibilização quanto ao tempo e modo da prestação laboral.	23,3%	17,8%
	Lei nº 3/2012 Real Decreto nº 3/2012	Redução das indenizações para dispensa, reduzindo o temor à contratação.		
	Estatuto dos Trabalhadores (2015)	Não aplicação de normas legais e coletivas para empresas em dificuldades econômicas.		

França	Leis de 2004, 2007 e 2008	Redução do pagamento do trabalho suplementar.	10,1%	9,5%
	Código do Trabalho (2016)	Flexibilização do tempo de trabalho.		
	Lei nº 1.088/16	Facilitação da despedida por motivos econômicos. Derrogação do regime legal por negociação coletiva.		
Itália	Lei Biagi (2001)	Flexibilização do tempo e modo da prestação de serviços.	11,5%	11,1%
	Leis de 2011	Flexibilização do despedimento.		
	Lei de 2012	Prevalência do acordo sobre a lei.		
	Lei Renzi (2014)	Novo modelo de contrato de trabalho, com redução do custo de trabalho e da dispensa.		
Portugal	Código do Trabalho de 2003, revisto em 2009 e 2012	Flexibilização do tempo de trabalho; diminuição do pagamento de trabalho suplementar; facilitação da dispensa com redução das indenizações; criação do fundo de compensação do trabalho; dinamização da contratação e negociação coletiva.	16,8%	9,8%

Da mesma forma que a Reforma Trabalhista no Brasil vem sofrendo *muitas resistências,* inclusive *taxando-se muitos de seus dispositivos de inconstitucionais,* também em outros países ocorreu o mesmo, podendo ser mencionado como paradigmático o caso da *Reforma Trabalhista da Espanha,* reconhecida como constitucional pelo Tribunal Constitucional espanhol, na Sentença nº 8/2015 (STC 8/15), com os seguintes argumentos e circunstâncias:

- Impugnação da Lei nº 3/2012 da Reforma Trabalhista pelos partidos de esquerda (Grupo Parlamentar Socialista e Grupo Parlamentar "La Izquierda Plural") em *recurso de inconstitucionalidade.*

- *Pontos da reforma considerados inconstitucionais* pelos 115 deputados de esquerda: preceitos relativos ao contrato de trabalho por prazo indeterminado, à alteração contratual, à negociação coletiva, à extinção do contrato de trabalho e à dispensa do trabalhador, à suspensão do contrato ou redução da jornada e à nulidade de cláusulas de convenções coletivas.

- Argumentos de caráter mais geral e de fundo usados pelo Tribunal Constitucional para *"desestimar"* (julgar improcedente) o recurso de inconstitucionalidade:

   a) *"De la evolución legislativa que ha experimentado el modelo de relaciones laborales a lo largo de estos últimos treinta años, se puede extraer una clara conclusión: cada norma que lo ha modulado representa una opción legislativa diferente como un instrumento al servicio de una concreta política económica y social del Gobierno y Parlamento de cada momento, respecto de la cual no es suficiente la mera discrepancia política para destruir su presunción de constitucionalidad (STC 19/2012, de 15 de febrero, FJ 3). No es función de este Tribunal enjuiciar si las soluciones adoptadas en la Ley impugnada son las más correctas técnicamente, o si constituye la más oportuna de entre las distintas alternativas posibles para la consecución de los fines pretendidos, sino únicamente si se ajustan a los mandatos, reglas y principios que la Constitución impone"* (Boletín Oficial del Estado, nº 47, de 24 de febrero de 2015, Sec. TC, p. 115);

b) *"durante una situación de crisis económica, cabe apreciar que concurre la proporción exigible entre el sacrificio que a las garantías del trabajador supone la adopción de la medida y los beneficios, individuales y colectivos, que la misma reporta"* (BOE, nº 47/2015, p. 116);

c) *"el precepto cuestionado se dirige a favorecer la flexibilidad interna en las empresas como alternativa a la destrucción de empleo, buscando el reajuste de la organización productiva para adaptarla a la cambiante situación económica. La norma facilita, entonces, el ajuste racional de las estructuras productivas a las sobrevenidas circunstancias del mercado, fruto de la variable situación económica, con el objetivo de procurar el mantenimiento del puesto de trabajo en lugar de su destrucción, atendiendo así a fines constitucionalmente legítimos, como son garantizar el derecho al trabajo de los ciudadanos (art. 35.1 CE), mediante la adopción de una política orientada a la consecución del pleno empleo (art. 40.1 CE), así como la libertad de empresa y la defensa de la productividad (art. 38 CE)"* (BOE nº 47, p. 119);

d) *"Contando la medida controvertida con una justificación razonable desde el punto de vista constitucional, para comprobar si guarda la necesaria proporcionalidad con el fin pretendido, es necesario constatar si cumple las tres condiciones siguientes: a) si es idónea o adecuada para alcanzar el fin constitucionalmente legítimo perseguido por ella (juicio de idoneidad); b) si la medida idónea o adecuada es, además, necesaria, en el sentido de que no exista otra menos lesiva para la consecución de tal fin con igual eficacia (juicio de necesidad), debiendo tenerse en cuenta, a este respecto, que compete al legislador la realización del juicio de necesidad, y que el control constitucional en estos casos es limitado, pues se ha de ceñir a comprobar si se ha producido un sacrificio patentemente innecesario de los derechos que la Constitución garantiza, y c) si la medida idónea y menos lesiva resulta ponderada o equilibrada, por derivarse de su aplicación más beneficios o ventajas para el interés general que perjuicios sobre otros bienes o intereses en conflicto (juicio de proporcionalidad en sentido estricto)"* (BOE nº 47, p. 119) – tais condições foram consideradas preenchidas pela Lei da Reforma Laboral espanhola.

Capítulo II

Sistema romano-germânico

1. Formação

a) Na Idade Média, com o esfacelamento do Império Romano do Ocidente, os vários *reinos bárbaros* que se formaram na Europa seguiram suas próprias leis, estabelecendo no continente uma pluralidade de *direitos consuetudinários locais*.

b) Com o desenvolvimento das *universidades* durante a época feudal, generalizou-se o ensino do *Direito Romano* como expressão maior do Direito e não os direitos regionais, pois buscavam-se as regras de fundo mais justas para o bom funcionamento da sociedade.

c) No século XVII, a *Escola do Direito Natural* intentou realizar a *universalização do Direito* na Europa, mediante uma sistematização racional das normas jurídicas, servindo-se dos conceitos e classificações dos romanos e compatibilizando-os com os costumes e tradições locais, o que foi feito em 2 etapas sucessivas:

– *compilação* dos costumes locais, para conhecer quais os vigentes;

– *codificação* dos direitos nacionais, com semelhança notável entre os códigos dos vários países do continente europeu.

2. Características

a) *Direito codificado* – previsão antecipada da solução para as situações litigiosas (formulação de *regras*, ordenadas em *sistema*).

b) A *lei escrita* é a fonte principal do Direito, mas à jurisprudência concede-se um papel criador ao interpretar a lei, uma vez que há a necessidade de preenchimento das lacunas da lei (pois os códigos não conseguem prever todas as situações de conflito e regular todos os aspectos da vida social).

c) A *função judiciária* é desempenhada por juízes de carreira, nomeados após concurso, com garantia de vitaliciedade e conhecimento técnico específico para o exercício da função (bacharéis em Direito).

d) As obras dos *doutrinadores* prestam-se à criação do vocabulário jurídico e das noções que depois serão incorporadas à legislação. Além disso, estabelecem os métodos de descoberta das regras jurídicas incidentes sobre as questões que vão surgindo.

3. Análise comparativa

a) A *experiência* de séculos de vivência jurídica é corporificada em documentos escritos (*códigos*) e transmitida através de um *ensino* baseado principalmente em *aulas expositivas* (vantagem de fornecer de imediato o cabedal de conhecimentos teóricos necessários ao desempenho da profissão, numa *visão geral* do ordenamento jurídico e dos conceitos básicos do Direito).

b) Maior *estabilidade* do ordenamento jurídico (a lei é elaborada no *debate congressual* dos representantes da nação, exigindo a participação de um número maior de pessoas no seu processo de elaboração, o que *dificulta as mudanças*).

c) O *poder criador* moderado que se concede à *jurisprudência* atenua a tendência ao *positivismo jurídico*, permitindo-se soluções que adaptem a lei à Justiça.

4. Direito do Trabalho

Os países que podem ser elencados como pertencentes ao sistema romano--germânico foram os *primeiros a adotarem Códigos do Trabalho*, como legislação consolidada de aglutinação das principais normas que regem as relações trabalhistas.

Justamente os dois países que dão nome ao sistema não possuem, atualmente, um Código do Trabalho:

a) a **Itália**, por não ter substituído a *Carta Del Lavoro* de Mussolini (1926), primeiro código laboral do mundo, por um específico após a Segunda Guerra Mundial, tendo apenas a Lei nº 300/70 como Estatuto dos trabalhadores com normas sobre a dignidade e liberdade pessoal e sindical no trabalho;

b) a **Alemanha**, que foi o primeiro país do mundo a incluir direitos sociais em sua Constituição (*Weimar*, 1919), também não editou Código do Trabalho após a Segunda Guerra Mundial, possuindo legislação esparsa laboral para tópicos concretos.

O mais antigo Código do Trabalho editado foi o da **França**, em 1910, hoje já superado pelo de 2008.

Em 1989, a **União Europeia** editou sua *Carta Comunitária dos Direitos Sociais Fundamentais dos Trabalhadores*.

Os Códigos e Leis Fundamentais mais antigos têm sido emendados mais recentemente, com reformas trabalhistas levadas a cabo por muitos países.

Os textos dos atuais Códigos de Trabalho e leis trabalhistas fundamentais dos diversos países do mundo podem ser encontradas em *ILO-EPLex*, no *browse by country*, em que se encontra um *mapa mundi*, bastando clicar no país desejado ou abaixo, na lista nominal de países, e acessar a linha *legal coverage* (os textos estão na língua original de cada país, conforme se encontram nos *sites* que os mantêm atualizados, como no caso do Brasil, que remete à página do Palácio do Planalto que mantém a CLT atualizada; também há versões em inglês no *link* NATLEX que se encontra ao lado da versão na língua original).

ANO DE EDIÇÃO DOS ATUAIS CÓDIGOS DE TRABALHO					
País	**Ano**	**País**	**Ano**	**País**	**Ano**
Bolívia	1939	México	1969	Finlândia	2001
Guiana	1942	Itália	1970	Grécia	2001
BRASIL	1943	Bélgica	1971	Peru	2001
Costa Rica	1943	Panamá	1971	Chile	2003
Guatemala	1947	El Salvador	1972	Equador	2005
Colômbia	1951	Áustria	1973	Noruega	2005
Honduras	1959	Argentina	1976	Luxemburgo	2006
Paraguai	1961	Suécia	1982	França	2008
São Marino	1961	Haiti	1984	Portugal	2009
Suriname	1963	R. Dominicana	1992	Venezuela	2012
Suíça	1964	Andorra	1993	Espanha	2015
Chipre	1967	Nicarágua	1996	Dinamarca	2017

Capítulo III

Sistema da "common law"

1. Formação

a) A Inglaterra *anglo-saxônica* era regida pelos *costumes locais* das várias tribos, ainda que houvesse, após a dominação dinamarquesa, chegado à unificação do reino.

b) A partir de 1066, com a *conquista normanda*, estabeleceram-se *tribunais reais*, que aplicavam um *Direito comum* a todo reino, que tinha caráter de privilégio, uma vez que a maior parte dos litígios continuava a ser solucionada pelas *county courts*.

c) Desde o século XIV, com a extensão da competência dos tribunais reais, introduziu-se a praxe de se apelar para a *equidade* dos reis contra as decisões injustas, sendo que, a partir da Dinastia Tudor, os monarcas confiaram a tarefa de reexaminar os julgados ao seu *chanceler*.

2. Características

a) Na *Europa Continental* (especialmente na Alemanha e na França, localizadas no entroncamento do continente) os conflitos bélicos externos e as perturbações internas levaram ao desenvolvimento do *Direito codificado*, como forma de garantia escrita e resultado progressivo do enfrentamento de todos os possíveis desrespeitos que a norma pode sofrer. Já na Inglaterra, seu caráter insular e a preservação de seu território contra guerras e conflitos internos desenvolveram uma sociedade estável, cujas *regras jurídicas não necessitaram de explicitação*, por serem espontaneamente respeitadas pela sociedade como tradição e costume imemorial. Assim, o entendimento recíproco fez-se de forma tácita, sem necessidade de leis escritas.

b) Preocupação maior com o *processo* (os *writs*) do que com as soluções propriamente ditas: à semelhança do desenvolvimento do Direito Romano, as ações surgem antes dos direitos (*remedies precedes rights*).

c) A *equity* dos chanceleres aparece como conjunto de regras que adapta a *common law* (da mesma forma que o *jus praetorianum* adaptou aos tempos o *jus civile* romano).

d) A *jurisprudência* é a fonte primordial do Direito, que é *costumeiro*, dado o escasso recurso às leis escritas: os *cases*, como precedentes judiciais, são a base do Direito.

e) O desenvolvimento independente, na Inglaterra, do processo e dos direitos dele decorrentes, em relação ao resto da Europa, implicou a criação de *categorias jurídicas distintas* do sistema romano-germânico (ex.: não existe no Direito inglês a noção de pessoa jurídica).

f) A divisão básica das regras jurídicas está entre a *common law* e a *equity* (à semelhança da divisão básica do sistema romano-germânico entre Direito Público e Privado).

g) Enquanto na Inglaterra os *juízes* são nomeados dentre os advogados, nos Estados Unidos eles são *eleitos* pelo povo (ou, nas Cortes, nomeados com base em critérios políticos).

3. Análise comparativa

a) A norma jurídica é extraída dos *precedentes judiciais* (*leading cases*), respeitados nas decisões posteriores, numa tradição *assistemática* da experiência acumulada.

b) No *ensino* do Direito, baseado no estudo e discussão de *casos concretos*, há a *descoberta espontânea* das regras jurídicas (vantagem de estimular o estudante a desenvolver a capacidade de *raciocínio jurídico*).

c) Se na *Inglaterra*, pela homogeneidade e estabilidade da sociedade, aliadas à nomeação dos juízes por designação da Rainha, a carência de leis escritas e a atribuição de poder conformado da ordem jurídica ao juiz não constituem fator de desestabilização da ordem social, o mesmo não se pode dizer dos *Estados Unidos*, sociedade heterogênea, em que encontramos tendência à *instabilidade* própria de um sistema que dá ao juiz singular e aos colegiados dos tribunais todo o poder de criar a norma (*introdução reiterada de novos padrões*, que podem, quer corresponder à necessidade de dinamização da vida social e econômica, quer representar ocasião de desvios inconvenientes aos padrões habituais e tradicionais da sociedade).

d) Os *juízes e tribunais ingleses* são mais *conservadores* e menos criativos, respeitando mais os *precedentes* e o ordenamento jurídico, que é encarado como um sistema de diretivas estáveis. Já os *juízes americanos* atribuem às normas jurídicas significado menos relevante, tendendo a decidir predominantemente conforme suas *convicções e preferências pessoais*, influenciadas, muitas vezes, pelas pressões populares, uma vez que ocupam cargos de caráter eletivo.

e) *Recurso exagerado ao Poder Judiciário*, uma vez que, não estando previamente determinadas as pretensões que serão protegidas (em códigos), todo e qualquer interesse supostamente lesado leva o indivíduo a buscar o socorro dos tribunais.

f) O caráter *eletivo* dos juízes confere a *legitimidade* para que desempenhem o papel de criadores da ordem jurídica.

4. Direito do Trabalho

Os países ligados ao sistema da *Common Law* foram, ao longo do tempo, adotando legislação escrita, principalmente para solver questões econômicas, como as trabalhistas, podendo-se elencar os seguintes países que as possuem, sob a forma de *Código ou Lei Básica de Relações de Trabalho* (com o ano da edição):

País	Ano	País	Ano
Estados Unidos	1935	Reino Unido	1996
Bahamas	1970	Granada	1999
Filipinas	1974	Nova Zelândia	2000
Antígua e Barbuda	1975	Malta	2002
Barbados	1977	Irlanda	2004
Dominica	1977	Santa Lúcia	2006
Canadá	1985	Austrália	2009
São Cristóvão e Neves	1990	Belize	2011

Capítulo IV

Sistema socialista

1. Formação

a) Desde o século XVII, a submissão da Rússia ao *regime despótico dos czares* fez com que o Direito fosse visto pelos súditos como *obra arbitrária* da vontade do monarca, influindo pouco na vida normal da massa camponesa, que continuava observando seus próprios *costumes*.

b) Com a *Revolução Comunista* de 1917, pretendeu-se a *supressão imediata do Direito*, uma vez que era concebido pelos bolchevistas como simples instrumento de dominação de uma classe sobre outra, o que levou à revogação de todas as leis existentes e à extinção dos tribunais.

c) Após 1921, verificando-se o caos social ocasionado pela linha radical do comunismo revolucionário, retornou-se ao *princípio da legalidade*, mediante a promulgação de leis e códigos e com o reconhecimento do Direito como meio provisório de regular os conflitos sociais durante a fase de transição do *Estado Socialista* para a sociedade comunista sem classes, em que os indivíduos compõem espontaneamente suas diferenças, sem necessidade de intervenção do Estado.

d) Com a *perestroika* de Mikhail Gorbachev, a queda do muro de Berlim (unificação das Alemanhas) e o retorno dos países do leste europeu a uma economia de mercado e a regimes democráticos pluralistas, o sistema jurídico vem retornando à sua origem romano-germânica, da qual derivou.

2. Características

a) Concepção do *Direito* como superestrutura determinada pela infraestrutura econômica.

b) Distinção entre:
- *direitos burgueses*: próprios dos países capitalistas, em que constituem o instrumento de que dispõe a classe dominante para salvaguardar seus interesses;
- *direitos socialistas*: meio de educar e transformar a sociedade segundo o ideal comunista, estando a serviço dos governantes.

c) A *lei* é a fonte exclusiva do Direito, dando-se extrema importância à legitimidade fundada na vontade popular (apenas os *sovietes* legislam, sendo que à jurisprudência não se reconhece função além da mera interpretação das leis soviéticas, e o Executivo deve ter seus atos referendados pelos *sovietes*, para que tenham força vinculante).

d) Existência de um órgão *fiscalizador* da legalidade dos atos administrativos e judiciais, no sentido de verificar se estão de acordo com a ideologia marxista-leninista e com as leis vigentes, denominado *Prokuratura* (semelhante em parte à instituição do Ministério Público).

e) Organização coletiva dos *advogados*, como se fossem funcionários do Estado, devendo os interessados em defesa jurídica recorrer a esses colegiados, que designarão quem se incumbirá da representação em juízo do litigante, rateando os honorários recebidos segundo uma tarifa entre os membros do colegiado.

f) Existência de organismos de *arbitragem estatal*, mormente para os litígios que surgem entre as empresas nacionalizadas, pois trata-se de conflitos entre entes do próprio Estado, caracterizando contencioso administrativo.

g) O *Judiciário* é composto por juízes eleitos, por tempo determinado, sem formação jurídica. Não se admitem *recursos* das sentenças para rediscussão dos fatos (o perdedor deve conformar-se), mas apenas por erros judiciários na aplicação da lei (afrontas à própria lei).

h) Todo o Direito é considerado *Público*:

– a *supressão da propriedade privada* descaracteriza os conflitos entre os indivíduos como de Direito Privado, ao mesmo tempo que desestimula a disputa judicial no campo das obrigações;

– não se reconhece que os indivíduos têm *direitos subjetivos preexistentes*, mas todos os direitos são concedidos pelo Estado (só se concebe o *Direito Objetivo* proveniente da vontade estatal).

3. Análise comparativa

a) A busca de *métodos não jurisdicionais* de solução dos conflitos de interesses (arbitragem, conciliação) contribui para a resolução mais satisfatória desses conflitos, servindo inclusive como *método educativo* tendente à *autocomposição*.

b) A *repulsa teórica pelo Direito*, com sua *admissão provisória* para um Estado Socialista, torna-o reconhecidamente um instrumento de dominação da "ditadura do proletariado" e não de busca de um ideal de Justiça e reto ordenamento da sociedade.

c) Tendência a um *positivismo jurídico exacerbado*, pela confusão do Direito com a lei e recusa de qualquer poder criador aos tribunais.

d) Os sistemas socialistas constituem *derivações do sistema romano-germânico* de Direito codificado, podendo, com a revisão da ideologia marxista decorrente da abertura política das democracias populares, retornar aos padrões clássicos do sistema do qual se desviou.

4. Direito do Trabalho

As *Constituições* dos países socialistas consideram todo cidadão trabalhador, razão pela qual, ao invés de elencarem os direitos e garantias individuais do cidadão, enumeram os *direitos conferidos aos trabalhadores*.

Atualmente, apenas 6 países no mundo adotam regimes coletivistas de absoluto dirigismo estatal, cujos códigos laborais datam dos anos conforme tabela abaixo:

País	Ano	País	Ano
Coreia do Norte	1978	Vietnã	1994
Cuba	1984	Mongólia	1999
Laos	1990	China	2009

Características distintivas da legislação laboral desses países e dos antigos países europeus do bloco comunista:

a) *fixação dos salários pelo Estado*, conforme a qualidade e a quantidade do trabalho efetuado, estabelecendo-se níveis e qualificações dos trabalhadores, para efeitos remuneratórios;

b) *participação dos trabalhadores na gestão empresarial*, através de assembleias gerais eletivas dos órgãos superiores das empresas e dos debates sobre a produção e comercialização dos bens e serviços prestados e da distribuição dos frutos da produção;

c) *sistema de prêmios e punições*, incentivando o trabalhador ou reprimindo-o, conforme sua produtividade e disciplina (diplomas de honra, elogios oficiais, entrega de presentes de valor e inscrição de seu nome em quadros de honra da empresa; advertências, repreensões públicas, transferência a empregos piores ou cargos inferiores, até despedida);

d) *solução principalmente administrativa dos conflitos de trabalho*, submetidas a comissões constituídas por representantes da administração das empresas e dos empregados, buscando acordo entre as partes, com possibilidade de recurso a tribunais populares trabalhistas.

Os países que compunham o denominado "Bloco Comunista" ou "Cortina de Ferro", satélites da União Soviética, foram, a partir de 9 de novembro de 1989, com a queda do Muro de Berlim, deixando a ideologia marxista de Estado e retornando à condição efetiva (e não meramente retórica) de Estados Democráticos de Direito, com respeito aos direitos e garantias fundamentais e às liberdades públicas.

Assim, aos poucos, esses países, conforme tabela abaixo, foram adotando novos Códigos de Trabalho, substancialmente distintos daqueles próprios dos regimes comunistas.

País	Ano	País	Ano
Romênia	1972	Lituânia	2002
Ucrânia	1972	Croácia	2003
Polônia	1974	Moldávia	2003
Bulgária	1986	Montenegro	2003
Letônia	1994	Armênia	2004
Geórgia	1997	Macedônia	2005
Bielorrússia	1999	Sérvia	2005
Eslováquia	2001	Rep. Tcheca	2006
Rússia	2001	Estônia	2009
Eslovênia	2002	Hungria	2012

O que se percebe é que alguns, sem revogar os Códigos da era comunista, fizeram apenas adaptações posteriores, como foram os casos da Romênia em 2003, Ucrânia em 1991 e Polônia em 1997.

Capítulo V

Sistemas africanos

1. Formação

a) As múltiplas *tribos africanas* forjaram seus próprios *costumes*, baseados no respeito às *tradições dos antepassados*.

b) Com a *colonização* da África pelos europeus, duas atitudes distintas foram adotadas diante dos povos africanos colonizados:

- franceses – dirigiam as colônias desde a metrópole, impondo a *codificação* das leis pelas quais se regeriam, ainda que incorporassem costumes locais;
- ingleses – davam autonomia às colônias, que se regiam por *seus próprios costumes*, aproveitando-se apenas do modelo judiciário inglês.

c) A *independência* dos países africanos fez com que, a par dos costumes particulares mantidos, eles se filiassem ao sistema da *civil law* ou da *common law*, conforme a influência colonizadora recebida, sendo que alguns, em que o movimento de libertação teve inspiração socialista, aderiram à ideologia comunista, com repercussão no sistema jurídico adotado.

2. Características

a) *Base consuetudinária* do Direito, fundada nas tradições dos ancestrais, no temor às forças da natureza (caráter sobrenatural ou mágico da norma) e no respeito à opinião pública reinante no meio (reprovação social).

b) Concepção *estática* do mundo, rejeitando-se a ideia de progresso e de qualquer instituição que implique alteração dos esquemas estabelecidos.

c) Maior importância ao *grupo* do que ao indivíduo, olvidando-se a noção de direitos subjetivos.

d) Tradição *oral* do costume, havendo extrema dificuldade de se apurarem quais estão vigentes nas diferentes regiões.

e) O processo tem função mais *conciliatória* do que jurisdicional, sendo comum a *desistência* do interesse em litígio.

3. Análise comparativa

Tendo a *civilização africana* entrado em contato com a *ocidental* quando em estágio mais atrasado de desenvolvimento (caracterizado pela ausência da sistematização do Direito), houve a adesão incondicional aos sistemas ocidentais, pela adoção dos padrões jurídicos trazidos pelas potências colonizadoras, como signo de desenvolvimento.

4. Direito do Trabalho

Conforme a origem da colonização, os países africanos que se foram independizando mantiveram o sistema jurídico recebido de suas metrópoles. Assim, o quadro abaixo elenca os países que adotaram o *sistema romano-germânico* de direito codificado (ou *civil law*), oriundos da *colonização francesa, portuguesa, belga ou espanhola*.

TABELA DO ANO DE EDIÇÃO DOS CÓDIGOS DO TRABALHO			
Sistema Romano-Germânico			
País	Ano	País	Ano
Congo (Brazzaville)	1975	Congo (Zaire)	2002
Ilhas Comores	1984	Etiópia	2003
Guiné Bissau	1986	Madagáscar	2004
Guiné Equatorial	1990	Togo	2006
Camarões	1992	Cabo Verde	2007
São Tomé e Príncipe	1992	Moçambique	2007
Burundi	1993	República Centro-Africana	2009
Gabão	1994	Angola	2015
Costa do Marfim	1995	Sudão do Sul	não tem

Seguindo tradição diversa, em face da *colonização inglesa*, os países que compõem o quadro abaixo adotaram o sistema jurídico da *Common Law* de direito costumeiro, inclusive no que diz respeito às tradições judiciais da toga negra e peruca branca nos tribunais.

TABELA DO ANO DE EDIÇÃO DOS CÓDIGOS DO TRABALHO			
Sistema da *Common Law*			
País	Ano	País	Ano
Libéria	1956	África do Sul	1995
Zâmbia	1965	Seicheles	1995
Maurício	1975	Malawi	2000
Quênia	1976	Ruanda	2001

Suazilândia	1980	Gana	2003
Botswana	1982	Uganda	2006
Zimbábue	1984	Namíbia	2007
Lesoto	1992		

Finalmente, em que pese não constituírem regimes de Estados confessionalmente islâmicos, a imensa maioria de população *muçulmana* nos países da África sub-saariana faz com que vários dos preceitos de caráter religioso sejam incorporados à legislação laboral, mormente referente a feriados e dias santificados. O quadro abaixo elenca esses países:

TABELA DO ANO DE EDIÇÃO DOS CÓDIGOS DO TRABALHO			
Sistema de Base Religiosa Muçulmana			
País	Ano	País	Ano
Nigéria	1974	Senegal	1997
Guiné	1988	Tanzânia	2004
Mali	1992	Gâmbia	2007
Chade	1996	Burkina Faso	2008

Capítulo VI

Sistemas de base religiosa

A) Muçulmano

1. Formação

a) Com o *Alcorão*, Maomé deixou registrados os princípios pelos quais os islamitas deveriam viver, de acordo com a *revelação* que recebeu de Alá.

b) Os primeiros seguidores do profeta redigiram a *Suna*, relatando a maneira de ser e de se comportar de Maomé, servindo de fonte de *tradições* a serem observadas.

c) Na aplicação do Alcorão e da Suna à vida islâmica, verificou-se a impossibilidade de estas duas fontes preverem tudo, o que levou à formação do *Idjmã, acordo unânime dos doutores*: assim, a comunidade muçulmana rege-se mais por este último do que pelo recurso direto às normas do Alcorão e da Suna (que passaram a ser apenas fonte histórica do Direito muçulmano).

2. Características

a) Direito fundado na *revelação* e não na razão (manifestação de Deus aos homens).

b) Suas normas têm caráter *imutável* (os tempos é que devem adaptar-se à fé islâmica) e *assistemático* (casuístico).

c) Fusão das *normas religiosas* com as jurídicas (diferente do *Direito Canônico*, que não pretendeu regular a vida civil da sociedade).

d) O Direito constitui apenas uma faceta da religião islâmica (estabelece mais as obrigações do que os direitos): o governo não tem, a rigor, poder de legislar, mas apenas de estabelecer *regulamentos administrativos* dentro dos limites consentidos pelo direito islâmico.

3. Análise comparativa

a) Reconhecimento da existência de uma *ordem natural* como manifestação da vontade de um Ser Supremo, mas confundindo-se normas jurídicas (que regulam a vida em sociedade – *foro externo*) com disposições de caráter religioso (que apenas obrigam no *foro interno* – do relacionamento da criatura com o Criador).

b) Tendência ao fundamentalismo (considerado não como coerência estrita entre a vida e a fé, mas como inadmissão de que outros discordem da própria cosmovisão), pela imposição forçada dos próprios padrões.

c) A *analogia*, como fonte do Direito (forma de suprir as lacunas das fontes históricas e doutrinárias), não pode ser utilizada para criar regras ou sistemas novos (aversão a toda sistematização e codificação).

4. Direito do Trabalho

No campo do Direito do Trabalho, duas características comuns a muitos dos países que integram o sistema, decorrentes da concepção religiosa em que se fundam, são:

a) *estatuto especial da mulher*, a quem não é reconhecida a isonomia com o homem;

b) previsão da *licença-peregrinação* a Meca e aos lugares sagrados do Islã, em tempo de número de vezes que varia segundo o país.

Abaixo segue tabela comparativa das datas em que foram aprovados Códigos ou Estatutos Gerais dos Trabalhadores no âmbito dos países islâmicos:

TABELA DE ANO DE EDIÇÃO DOS CÓDIGOS DO TRABALHO			
País	Ano	País	Ano
Paquistão	1934	Eritreia	2001
Líbano	1946	Egito	2003
Malásia	1955	Indonésia	2003
Qatar	1962	Marrocos	2003
Tunísia	1966	Omã	2003
Líbia	1970	Turquia	2003
Somália	1972	Mauritânia	2004
Bahrein	1976	Quirguistão	2004
Papua Nova Guiné	1978	Arábia Saudita	2006
Emirados Árabes Unidos	1980	Bangladesh	2006
Iraque	1987	Djibuti	2006
Argélia	1990	Afeganistão	2007
Irã	1990	Turquimenistão	2009
Albânia	1995	Kuwait	2010
Iêmen	1995	Síria	2010

Jordânia	1996	Uzbequistão	2010
Sudão	1997	Tajiquistão	2012
Azerbaijão	1999	Níger	2012
Bósnia e Herzegovina	2000	Cazaquistão	2017

B) Hindu

1. Formação

a) O sistema é caracterizado pela existência de *estatutos pessoais*. Parte-se da concepção religiosa da *desigualdade natural* entre os homens, que pertenceriam a categorias *hierarquizadas*, com seus próprios direitos e obrigações. O sistema de *castas* é assim explicado, conforme o quadro abaixo:

Casta	Origem divina	Função original
Brahmane	Cabeças de Brahman	Sacerdotes
Ksatriya	Braços de Brahman	Nobres e guerreiros
Vaisya	Pernas de Brahman	Trabalho liberal
Sudra	Pés de Brahman	Trabalho manual
Paria	Sem casta e sem deuses	Escravos (intocáveis)
Adhiwasi	Sem deuses	Fora do sistema hindu

b) Cada casta tem seu *estatuto próprio* (direitos e obrigações). O cumprimento fiel das obrigações da própria casta (especialmente as profissionais) permitiria ao indivíduo, após a morte, *reencarnar* numa casta superior, e assim progressivamente, até a purificação total da alma, unindo-se definitivamente a Brahman (já o descumprimento desses deveres levaria à reencarnação em casta inferior e, inclusive, em animal; daí o caráter sagrado das vacas na Índia, que não devem ser mortas ou molestadas).

c) Uma das proibições é da do casamento fora da casta (deve ser *endogâmico*). As reencarnações seriam exigência da justiça (daí a passividade indiana diante das discriminações de castas).

d) Por mais que a ocidentalização da civilização indiana tenha propiciado a equalização de direitos no plano legal, a *vivência prática* é bem diferente, uma vez que a discriminação é aceita com naturalidade: os indianos, assim que se encontram, já percebem qual a casta de cada um e agem de acordo com ela.

Crítica – a natureza humana, comum a todos os homens, não admite a discriminação teórica de determinadas categorias em face da lei (semelhança com o antigo regime sul-africano do *apartheid*).

2. Direito do Trabalho

A colonização inglesa fez com que ao direito costumeiro indiano, calcado nos estatutos pessoais das várias castas, fosse acrescentado o sistema do direito comum inglês, avesso à codificação, razão pela qual o Direito do Trabalho indiano apenas é encontrado em leis esparsas, não tendo sido codificado. Os principais diplomas legais são:

- Lei sobre os Sindicatos, de 1926;
- Lei do Trabalho nas Fábricas, de 1946;
- Lei do Salário Mínimo, de 1948;
- Lei do Trabalho no Campo, de 1951;
- Lei do Trabalho nas Minas, de 1952;
- Lei da Jornada de Trabalho, de 1958;
- Lei dos Benefícios à Maternidade, de 1961;
- Lei do Contrato de Trabalho, de 1970;
- Lei do Trabalho Infantil, de 1986.

Capítulo VII

Sistemas do Extremo Oriente

A) China

1. Formação

a) A *civilização milenar chinesa* desenvolveu a ideia de que a *ordem cósmica* impõe uma *harmonia* entre o homem e a natureza, e entre os homens conjuntamente, de forma que as rupturas desse equilíbrio universal sejam restabelecidas pela *conciliação* (nunca pelo enfrentamento).

b) A *Revolução Comunista* de 1949 tentou instaurar o princípio da legalidade soviética, pelo sistema da *codificação*.

c) A partir de 1960, com a Revolução Cultural, que afastou a China da linha soviética, repudiou-se o princípio da legalidade, criando-se organismos de conciliação: *comissões populares de mediação*.

2. Características

a) Busca de soluções de *consenso*, pois não se concebem direitos preexistentes a serem defendidos em juízo.

b) Tendência de *reconhecer as próprias culpas* e ceder nos litígios.

c) Concepção confuciana de *submissão* aos superiores e *resignação* diante das adversidades (causa vergonha recorrer aos tribunais ou ser demandado em juízo).

d) As leis são feitas apenas para dar *garantias aos estrangeiros* que vivam, comerciem ou desejem investir na China.

3. Análise comparativa

a) Concepção diametralmente oposta à dos sistemas ocidentais, ao não se reconhecer que a vida em sociedade supõe restrição da liberdade individual mediante o binômio *direitos-obrigações*, mas de forma assistemática, sujeita à *sanção difusa do meio* e às fontes de poder (na família, na comuna e no Estado).

b) *Diminuição dos litígios*, pelo escasso recurso aos organismos jurisdicionais, mas, em contraposição, *cristalização de situações injustas*, pela sujeição voluntária do interesse próprio ao alheio mais forte.

c) A *paz social* é fruto da busca pessoal do consenso entre os indivíduos e não das garantias oferecidas pelo Estado aos interesses individuais, que se entende devam prevalecer.

4. Direito do Trabalho

A *contratação laboral* efetua-se sob a direção das autoridades locais de administração do trabalho, de conformidade com os princípios socialistas de recrutamento, que impõem um exame geral da capacidade produtiva do indivíduo e sua integridade política.

O Estado estabelece as normas que regulamentam as *relações trabalhistas* a serem observadas pelas unidades produtivas e pelos trabalhadores, promovendo a emulação comunista no trabalho, mediante recompensas aos trabalhadores exemplares e punições públicas aos desidiosos.

Proibição de *discriminação* política, econômica, cultural, social e familiar à mulher (Lei de 03.04.1992).

Lei do Trabalho (de 05.07.1994): *contratos de trabalho* celebrados por escrito. A idade mínima para contratar é de 16 anos, salvo se a unidade empregadora é de literatura e arte, cultura física e desporto ou de artes e ofícios especiais e desde que garanta ao menor a educação obrigatória. A *jornada de trabalho* é de 44 horas semanais, e as *horas extraordinárias* são remuneradas em 150% (dia normal), 200% (dia de descanso) e 300% (feriado). A *licença-maternidade* é de pelo menos 90 dias após o parto. Os *conflitos de trabalho* são compostos por negociação, mediação, arbitragem ou por tribunal popular.

B) Japão

1. Formação e características

a) Influenciado inicialmente pela *China*, de cuja civilização era satélite, recebeu, a partir do século XVI, a influência ocidental, através dos navegadores portugueses.

b) Com a ascensão do *Xogunato Tokugawa*, o Japão, a partir de 1635, fecha-se totalmente ao Ocidente, desenvolvendo sua própria cultura, tendo voltado a se abrir ao mundo exterior apenas em 1850, quando buscou a *ocidentalização*.

Inexistência prática do Direito Privado, dada a ausência de disciplinamento legal da vida social.

Não valorização das ideias de liberdade e dignidade humanas.

Críticas:

a) ao perder a justa medida entre as realidades de *sociedade* e *indivíduo*, supervalorizando aquela, torna a ordem social contrária à dignidade da pessoa humana, fundamento da ordem jurídica;

b) o desprezo prático pelo Direito e o recurso escasso aos tribunais tornam *rápida* a solução dos litígios, na busca da conciliação entre as partes.

2. Direito do Trabalho

a) **Japão**

– As relações trabalhistas seguem a tradição ancestral japonesa (sociedade feudal até o encontro com a civilização ocidental): os valores da obediência e fidelidade norteiam as relações entre trabalhadores e empresários, com as seguintes implicações práticas:

- emprego vitalício: permanência no mesmo emprego (na mesma empresa) durante toda a vida (as mudanças são consideradas deslealdade);

- senso de participação e identidade com a empresa (concebida como uma família): salários escalonados conforme a antiguidade do empregado; greves sem paralisação da produção (uso de tarjetas pretas nos braços, em sinal de protesto contra posturas patronais, mas sem prejudicar a produção);

– sindicato por empresa: as associações sindicais não se formam por categorias ou territórios, mas por empresas (subdividindo-se inclusive conforme as filiais existentes).

b) **Países asiáticos**

A codificação do Direito do Trabalho chegou aos países asiáticos após a Segunda Guerra Mundial, segundo o quadro gráfico abaixo:

Tabela de Edição dos Códigos do Trabalho			
País	Ano	País	Ano
Japão	1947	Camboja	1997
Birmânia	1964	Coreia do Sul	1997
Cingapura	1968	Tailândia	1998
Nepal	1992	Butão	2007

c) **Oceania**

Até as pequenas ilhas da Oceania, depois de independizarem de Inglaterra, França ou Holanda, foram editando também seus Códigos do Trabalho, ingressando, por sua vez, na Organização Internacional do Trabalho.

Tabela de Edição dos Códigos do Trabalho			
País	**Ano**	**País**	**Ano**
Fiji	1965	Vanuatu	1983
Kiribati	1966	Timor Leste	2002
Tuvalu	1966	Maldivas	2008
Samoa	1972	Tonga	não tem
Ilhas Salomão	1981		

Capítulo VIII

Direito internacional do trabalho

1. Objeto e finalidades

O *Direito Internacional do Trabalho* tem por objeto a proteção ao trabalhador, quer como parte de um contrato de trabalho, quer como ser humano. Suas finalidades básicas são:

a) *universalizar os princípios da Justiça Social* e uniformizar as correspondentes normas jurídicas;

b) incrementar a *cooperação internacional* para a melhoria das condições de vida do trabalhador.

2. Meios

Para atingir tais finalidades, os meios de que se dispõe são, basicamente, os seguintes:

a) *atividade normativa* tendente a incorporar direitos e obrigações aos sistemas jurídicos nacionais;

b) *programas de assistência técnica* destinados a harmonizar o desenvolvimento econômico com o progresso social.

3. Fundamentos

Essa universalização das normas trabalhistas fundamenta-se, basicamente, nos seguintes postulados:

a) **econômicos** – evitar que os países que adotam as medidas sociais de proteção ao trabalhador sofram concorrência desleal no comércio internacional com países cuja mão de obra barata torna o custo produtivo menor;

b) **sociais** – universalização dos princípios da Justiça Social e dignificação do trabalhador;

c) **técnicos** – aproveitar os subsídios técnicos e normativos que as convenções e recomendações trazem para a elaboração das normas e sistemas legislativos dos vários países.

4. A Organização Internacional do Trabalho (OIT)

Pelo Tratado de Versalhes, que pôs fim à Primeira Guerra Mundial (1919), foram criadas a *Sociedade das Nações* (antecedente da ONU) e a *Organização Internacional do Trabalho* (OIT), como organismo vinculado a ela (Parte XIII do Tratado, arts. 387 a 427).

Após a Segunda Guerra Mundial, dissolvida a Sociedade das Nações, a OIT continuou existindo e, em 1944, na sua 26ª Sessão da Conferência, aprovou a "Declaração referente aos fins e objetivos da OIT" (Declaração de Filadélfia), aumentando a *abrangência* de seus objetivos, para incluir os problemas econômicos e financeiros estritamente vinculados aos problemas sociais.

Com a criação da ONU, procedeu-se à *vinculação* da OIT a esse organismo, como órgão técnico especializado (Emenda de 1945 à Constituição da OIT de 1919): participação de uma nas reuniões da outra, mas sem direito a voto.

A OIT funciona, pois, como *organização permanente*, constituída pelos Estados-membros, com sede em Genebra.

a) Goza, no território de seus membros, de privilégios e imunidades (de jurisdição).

b) É pessoa jurídica de direito internacional.

c) Vincula-se à ONU como organismo especializado.

A Assembleia Geral da OIT é composta por 2 representantes governamentais de cada país, mais um representante dos trabalhadores e um representante dos patrões por país. As delegações que comparecem anualmente à Conferência Internacional do Trabalho são integradas, além desses delegados, de outros conselheiros técnicos, sendo variável seu número conforme o país (2 Ministros do TST e 2 membros do Ministério Público do Trabalho acompanham anualmente a delegação brasileira, integrada por técnicos do Ministério do Trabalho e representantes de Centrais Sindicais e Confederações Patronais).

Finalidade da OIT: regulamentação internacional do trabalho.

Composição da OIT: representantes governamentais, patronais e trabalhadores de todos os países-membros.

Deveres dos membros: cada país-membro deve contribuir para a manutenção do organismo, além de enviar os relatórios e as informações pedidas (países em atraso com suas contribuições perdem o direito de votar na Conferência Internacional do Trabalho).

Órgãos da OIT:

a) **Conferência Internacional do Trabalho** (reunião anual da organização) – é a Assembleia Geral (órgão deliberativo) da OIT: elabora a regulamentação internacional do trabalho por meio de convenções, recomendações e resoluções (realiza-se em Genebra, no Palácio das Nações, sede europeia da ONU, no mês de junho).

b) **Conselho de Administração** (28 representantes dos governos, 14 dos patrões e 14 dos empregados):

– Promove o cumprimento das deliberações da conferência (a comissão de aplicação de normas discute, todos os anos, na Conferência Internacional do Trabalho, os casos de descumprimento das normas internacionais pelos países-membros).

– Supervisiona as atividades da RIT.

– Escolhe os temas da conferência (cada tema é discutido por dois anos consecutivos antes de resultar numa convenção ou recomendação).

– Elabora o orçamento da entidade.

c) **Comissões especializadas:**

– Comissão de Programa, Orçamento e Administração.

– Comissão de Programas e Atividades Práticas.

– Comissão de Atividades Industriais.

– Comissão de Organismos Internacionais.

– Comissão de Regulamentação e Aplicação das Convenções e Recomendações.

– Comitê de Liberdade Sindical.

– Comitê de Rateio de Contribuições.

– Comitê sobre Discriminação.

d) **Repartição Internacional do Trabalho (RIT)** – é a *secretaria técnico-administrativa* da OIT: recolhe informações e estuda antecipadamente as questões submetidas à conferência.

5. Instrumentos

Os principais instrumentos normativos veiculadores de normas internacionais de trabalho são:

a) **Convenções internacionais** – tratados universais abertos.

b) **Tratados bilaterais ou plurilaterais** – visam a garantir reciprocidade de tratamento e proteção aos imigrantes, bem como normas similares trabalhistas dentro de um âmbito regional (ex.: adequação de normas trabalhistas no âmbito do Mercosul).

6. Deliberações da Conferência Internacional do Trabalho

As deliberações da Conferência Internacional do Trabalho são veiculadas através dos seguintes instrumentos, que formam o que seria um "Código Internacional do Trabalho":

a) **Convenções** – são *tratados-lei* (normativos), multilaterais e abertos, que visam a regular as relações de trabalho. Para se tornarem Direito interno dos Estados-membros devem ser ratificadas. Basta a *ratificação*, na forma do respectivo Direito Constitucional de cada Estado-membro, para que se torne Direito interno (pode haver ratificação mesmo que tenha votado contra ou não tenha participado da conferência que a aprovou). Sua finalidade é a *uniformização das normas de proteção ao trabalho*.

b) **Recomendações** – destinam-se a *sugerir normas* de proteção ao trabalho que poderiam ser adotadas pelos Estados-membros através de sua legislação (não são sujeitas a ratificação; só se tornam Direito interno por meio de *lei interna* que regule a matéria nos termos da recomendação).

c) **Resoluções** – são *convites* aos organismos internacionais ou governos nacionais a adotarem medidas nelas preconizadas (não acarretam nenhuma obrigação).

O *procedimento* de instituição das convenções, recomendações e resoluções dá-se segundo os seguintes passos:

- *Identificação de problema* de interesse internacional que merece a adoção de medidas por parte da OIT (os temas podem ser propostos pela própria OIT, países-membros, organizações de empregadores ou de empregados);
- O Conselho de Administração da OIT propõe o *tema* para uma *conferência*, após haver consultado os países-membros sobre seu interesse (questionário enviado previamente);
- O Secretariado da OIT prepara um *relatório* sobre a legislação e prática dos vários países e um *projeto de conclusões* para a discussão numa *primeira conferência* (na qual se verificará, pelo nível maior ou menor de consenso, se será possível editar uma convenção ou recomendação);
- As propostas de convenções, recomendações ou resoluções são discutidas previamente em *comissões temáticas*, com base em textos preparados pelo próprio corpo técnico da OIT, depois de recebidas as contribuições dos vários países.
- O processo de votação se dá com os delegados governamentais, de empregadores e de trabalhadores que compõem a comissão temática apresentando suas *emendas* a esse texto (no caso dos representantes dos governos, as emendas somente são discutidas se apoiadas por mais de um país, razão pela qual os delegados governamentais se articulam durante a Conferência na formação de blocos para apresentação conjunta de emendas; já os trabalhadores e empregadores se reúnem separadamente antes das sessões da comissão, para traçar suas estratégias de defesa de seus interesses de classe).
- Nas *discussões das emendas*, tenta-se chegar a um consenso entre empregadores e trabalhadores sobre o texto apresentado, ouvindo-se o porta-voz dos empregadores, dos trabalhadores e depois os dos vários governos, no

sentido de apoiarem, ou não, a emenda, que pode ser subemendada por qualquer delegado.

– Quando, da oitiva dos vários governos (que são o fiel da balança entre empregadores e trabalhadores), se verifica a tendência mais geral num ou noutro sentido, os autores da emenda a *retiram, modificam ou obtêm sua aprovação* por consenso geral.

– Nas situações de impasse, parte-se para a *votação nominal*, com braço levantado (contada por 2 conferentes, que vão percorrendo toda a sala, fileira por fileira, devendo os resultados das 2 coincidirem), à qual aplica-se um coeficiente para evitar distorções circunstanciais.

– Terminada a discussão das emendas, é escolhida uma *comissão de redação final* do texto (composta por 3 membros), que o apresenta para aprovação definitiva da comissão numa sessão de encerramento dos trabalhos da comissão, levando-se, depois, o texto para *aprovação final em plenário* e adoção como convenção, recomendação ou resolução.

7. Convenções

As *Convenções da OIT*, como principal instrumento normativo do Direito Internacional do Trabalho, têm as seguintes *características*:

a) **vigência** – começa 12 meses após o registro de 2 ratificações (internacional) na RIT (essa data será comunicada pelo Diretor da RIT a todos os Estados-membros) e, nos Estados-membros, 12 meses após o Estado ter ratificado a convenção;

b) **revisão** – as convenções podem ser revistas e substituídas por uma nova. Nesse caso, a antiga continua vigente para os países que a ratificaram, mas já não está mais aberta para novas ratificações;

c) **ratificação** – só pode ser feita no seu todo, não se admitindo ratificação de apenas parte da convenção. Os Estados membros da OIT têm a obrigação formal de submeter as convenções e recomendações adotadas pela conferência à autoridade competente *ex ratione materiae* no Direito interno respectivo para elaborar leis, ratificar ou tomar as medidas pertinentes (ressalva-se desse modo a soberania nacional);

d) **denúncia** – uma vez ratificada, a convenção só pode ser denunciada pelo Estado que a ratificou depois de 10 anos.

8. Mecanismos de Controle da OIT

A função da OIT de *internacionalização do Direito do Trabalho* tem sido cumprida através de duas atividades básicas: a *adoção* de normas internacionais do trabalho (pelo "Legislativo" da OIT, que é a Conferência Internacional do Trabalho) e o *controle* de sua aplicação (pelo "Judiciário" da OIT, que é o Comitê de Controle de Normas). Desde 1919, a OIT já adotou *190 convenções* e *206 recomendações*, havendo um núcleo básico de *8 convenções fundamentais* (que integram a *Declaração de Princípios Fundamentais e Direitos no Trabalho da OIT*):

- *Trabalho forçado* (C. 29 e 105);
- *Liberdade sindical e negociação coletiva* (C. 87 e 98);
- *Igualdade de remuneração e não discriminação* (C. 100 e 111);
- *Trabalho infantil* (C. 138 e 182).

Outras quatro convenções são consideradas *prioritárias*, pois se referem a assuntos de especial importância, a saber: C. 81 (trata da *Inspeção do Trabalho*), C. 129 (trata da *Inspeção do Trabalho na Agricultura*), C. 122 (trata da *Política de Emprego*) e C. 144 (trata da *Consulta Tripartite*). O Brasil, dentre essas, ainda não ratificou a Convenção 129.

As demais Convenções são classificadas em 12 categorias diferentes, que são: *1. Direitos humanos básicos. 2. Emprego. 3. Políticas sociais. 4. Administração do trabalho. 5. Relações industriais. 6. Condições de trabalho. 7. Segurança social. 8. Emprego de mulheres. 9. Emprego de crianças e jovens. 10. Trabalhadores migrantes. 11. Trabalhadores indígenas. 12. Outras categorias especiais.*

Há basicamente dois *mecanismos de controle* de aplicação das normas internacionais por parte da OIT:

- *Procedimento Regular* (Constituição da OIT, arts. 19 e 22), que é o exame dos *relatórios* enviados pelos países-membros sobre as medidas adotadas para dar efeito às convenções, realizado pela *Comissão de Peritos* (20 membros e não tripartite), que pode fazer *observações* sobre o descumprimento por determinados países, com discussão na Comissão de Aplicação de Normas na Conferência e proposta de medidas (atualmente, compõe a referida comissão o Min. Lélio Bentes Corrêa, do TST);
- *Procedimentos Especiais* (Constituição da OIT, arts. 24, 26 a 31), que são a *reclamação* (só para descumprimento de convenção ratificada, formulada por escrito por organização sindical nacional denunciando o Estado membro pelo descumprimento, tendo havido até hoje apenas 90, principalmente sobre trabalho de aborígenes) e a *queixa* (todos os Estados membros podem apresentar denúncias contra outro membro que não esteja cumprindo corretamente uma convenção, ou pode ser iniciada de ofício pelo Conselho de Administração, ou por pedido até de delegado da Conferência, gerando a abertura de uma comissão de inquérito, em verdadeiro processo judicial, com defesa, produção de provas e vista ao País – houve cerca de 25 até o momento, com a formação de umas 10 comissões de inquérito).

9. Interpretação do direito interno à luz do direito internacional

Um dos métodos mais recentemente utilizados de *hermenêutica jurídica* (a par dos demais) é o *método comparativo e internacionalizante*, que supõe fazer a leitura do texto legal a ser interpretado ou da situação fática carente de solução tendo em conta a experiência internacional (Direito Comparado e Normas Internacionais), bem como a inserção da norma nacional no contexto supranacional, especialmente tendo em vista a formação de blocos regionais (União Europeia, Mercosul etc.) que exigem a uniformização de seus direitos nacionais a padrões comuns ao bloco. Nesse contexto, as *normas internacionais do trabalho*, mesmo ainda não ratificadas pelos parlamentos dos países-membros, podem ser invocadas como elemento de exegese do direito interno pelos tribunais e juízes desses países.

Assim, podem ser dados como exemplos os seguintes casos, no direito pátrio e estrangeiro:

a) precedentes do *direito brasileiro* de aproveitamento das normas da OIT:

- Convenção nº 1 (Horas de Trabalho na Indústria) 1919 (não ratificada) – invocada para assegurar horas extras mesmo ao trabalhador que é remunerado por produção (TST-RR 499.115/98, Rel. JC Eneida Melo, *DJ* de 5.10.2001): OJ 235 SDI-1 assegurando apenas o pagamento do adicional de sobrejornada.

- Convenção nº 87 (Liberdade Sindical) 1948 (não ratificada) – invocado seu art. 2º para afastar o desconto assistencial, previsto em norma coletiva, para todos os empregados, como atentatório à liberdade de sindicalização do empregado (TST-RODC 709.474/00, Rel. Min. Rider Nogueira Brito, *DJ* de 7.6.2002). O Precedente Normativo nº 119 do TST segue nesse sentido, mas fundado em norma constitucional (CF, arts. 5º, XX, e 8º, V).

- Convenção nº 95 (Proteção do Salário) 1949 (ratificada) – lembrado seu princípio, mas mitigada, para admitir a não fluência de juros em relação a crédito judicial trabalhista, quando, em processo falimentar, os ativos não forem suficientes para honrar o principal do passivo (TST-RR 725.742/01, Rel. Min. Ives Gandra Martins Filho, *DJ* de 14.6.2002).

- Convenções ns. 111 e 117 (Discriminação no Emprego e Política Social) 1958 e 1962 (ratificadas) – invocadas para garantir a reintegração no emprego, por despedida flagrantemente discriminatória de negro (TST-RR 381.531/97, Rel. Min. Ronaldo Leal, *DJ* de 15.2.2002). Sem invocação, segue-se na sua esteira ao garantir o emprego ao aidético, quando dispensado por motivo de contração da doença.

- Convenção nº 122 (Política de Emprego) 1964 (ratificada) – invocada para combater a prática de *marchandage* (TST-IUJ-RR 3.442/84, Rel. Min. Marco Aurélio Mello, *DJ* de 10.10.1986), dando origem à Súmula 256 do TST. O Enunciado 331 do TST também coloca limites à terceirização, mas é menos restritivo que o de nº 256, adequando-o à CF/88 no caso dos entes públicos.

- Convenções ns. 137 e 145 (Trabalho Portuário e Continuidade no Emprego) 1973 e 1976 (ratificadas) – garantia de contratação com vínculo empregatício por prazo indeterminado, reconhecida em acordo coletivo homologado (TST-RODC 518.476/98, Rel. Min. Gelson de Azevedo, *DJ* de 20.10.2000).

b) precedentes do *direito estrangeiro* de aproveitamento das normas da OIT:

– Austrália (discriminação por idade) – Tribunal Federal da Austrália, *Commonwealth of Australia* contra *Human Rights & Equal Opportunity Commission*, 15/12/00, FCA 1854: "Esta lei foi promulgada com o objetivo de dar cumprimento às obrigações internacionais da Austrália decorrentes da Convenção nº 111 da OIT. Em consequência, os §§ 1º e 2º do art. 1º da referida convenção hão de ser a fonte de interpretação da noção de 'discriminação' incluída no art. 3º da lei".

– Austrália (direito de residência) – Supremo Tribunal da Austrália, *Ministro da Imigração e Assuntos Étnicos contra Teoh*, 07/04/95, (1994) 128 A.L.R. 353: "No caso de ambiguidade de um decreto ou de uma lei subordinada, o Tribunal deve favorecer a interpretação que mais se ajuste às obrigações contraídas pela Austrália em virtude dos tratados e convenções internacionais dos que forma parte, ao menos naqueles casos em que a norma se promulgue como consequência ou depois da entrada em vigor ou ratificação do pertinente instrumento internacional".

– Botswana (dispensa) – Tribunal do Trabalho de Botswana, Gaborone, *Joel Sebonego* contra *Newspaper Editorial and Management Services Ltd.*, 23/04/99, núm. IC 64/98: "Dado que o Tribunal do Trabalho não é só um tribunal de direito, mas também de equidade, pode aplicar as normas de direito natural e de equidade, como em ocasiões são denominadas, para resolver os litígios trabalhistas. Estas normas de equidade emanam da 'common law' e das convenções e recomendações da Organização Internacional do Trabalho (OIT)".

– Chile (liberdade sindical) – Corte Suprema, *Víctor Améstida Stuardo y otro contra Santa Isabel S.A.*, 19/10/00, expediente núm. 10.695: "Quanto às Convenções Internacionais do Trabalho nºs 87, 98 e 135, é de toda evidência que, diante de eventuais dúvidas que pudesse oferecer nosso direito interno, devem-se considerar os preceitos da normativa internacional, especialmente tendo em conta o disposto no art. 5º da Constituição Política da República".

– Índia (assédio sexual) – Supremo Tribunal, *Vishaka e outros contra o Estado de Rajasthan e outros*, 13/08/97, 3 L.R.C. 361: "A igualdade de gênero inclui a proteção diante do assédio sexual e o direito a um trabalho digno, um direito humano fundamental que está universalmente reconhecido. Os requisitos mínimos deste direito foram universalmente aceitos. As convenções e normas internacionais são, portanto, de grande importância para a formulação de diretrizes destinadas a alcançar esse fim" (…) "É regra de interpretação jurídica já aceita o fato de que devem ser levadas em consideração as convenções e normas internacionais para interpretar o direito interno quando não haja contradição entre ambos e exista uma lacuna na legislação nacional".

- Itália (férias pagas) – Tribunal de 1ª Instância de Milão, *AMSA* contra *Miglio*, 28/03/90: "Com respeito ao pagamento das férias, o Tribunal confirma sua própria jurisprudência e considera que o cômputo das horas extraordinárias habituais no cálculo do pagamento das férias se baseia diretamente no art. 7º da Convenção nº 132 da OIT, de 24 de junho de 1972, que entrou em vigor na Itália em virtude da Lei nº 157, de 10 de abril de 1981".

- Trinidad e Tobago (despedida) – Tribunal do Trabalho, *Bank and General Worker's Union* contra *Public Service Association of Trinidad and Tobago*, 27/04/01, conflito laboral núm. 15 de 2000: "Um princípio fundamental de justiça natural desenvolvido pela 'common law' é que toda pessoa tem direito a ser ouvida para defender-se e defender seus bens. A recomendação da OIT não faz senão reafirmar esse princípio".

10. Lista das Convenções da OIT e ratificações pelo Brasil

O Brasil ratificou um total de 82 convenções da OIT, sendo que, das consideradas fundamentais pela organização, só não ratificou a Convenção 87, sobre liberdade sindical.

As convenções acordadas no âmbito da OIT são as seguintes, com seus respectivos assuntos:

Conv.	Tema	Ano	Ratificada p/ Brasil
1	Horas de trabalho na indústria	1919	Não
2	Desemprego	1919	Não
3	Proteção à maternidade	1919	Denunciada
4	Horário noturno	1919	Denunciada
5	Idade mínima na indústria	1919	Denunciada
6	Trabalho noturno de menores na indústria	1919	Sim
7	Idade mínima (trabalho marítimo)	1920	Denunciada
8	Indenizações de desemprego (naufrágio)	1920	Não
9	Colocação de marítimos	1920	Não
10	Idade mínima na agricultura	1921	Não
11	Direito de sindicalização na agricultura	1921	Sim
12	Indenização por acidente de trabalho na agricultura	1921	Sim
13	Uso de cerusita na pintura	1921	Não
14	Repouso semanal na indústria	1921	Sim
15	Idade mínima (padioleiros e foguistas)	1921	Não

16	Exame médico de menores no trabalho marítimo	1921	Sim
17	Indenização por acidente de trabalho	1925	Não
18	Enfermidades profissionais	1925	Não
19	Igualdade entre estrangeiros e nacionais quanto a acidentes de trabalho	1925	Sim
20	Trabalho noturno (padarias)	1925	Não
21	Inspeção dos emigrantes a bordo dos navios	1926	Sim
22	Contrato de engajamento de marítimos	1926	Sim
23	Repatriação de marítimos	1926	Não
24	Seguro de enfermidade na indústria	1927	Não
25	Seguro de enfermidade na agricultura	1927	Não
26	Métodos para fixação de salários mínimos	1928	Sim
27	Indicação de peso nos fardos transportados por barco	1929	Não
28	Proteção de estivadores contra acidentes de trabalho	1929	Não
29	Abolição do trabalho forçado	1930	Sim
30	Horas de trabalho (comércio e escritórios)	1930	Não
31	Horas de trabalho (minas de carvão)	1931	Não
32	Proteção de estivadores contra os acidentes	1932	Não
33	Idade mínima (trabalho nas indústrias)	1932	Não
34	Agências remuneradas de colocação	1933	Não
35	Aposentadoria por idade (indústria)	1933	Não
36	Aposentadoria por idade (agricultura)	1933	Não
37	Seguro de invalidez (indústria)	1933	Não
38	Seguro de invalidez (agricultura)	1933	Não
39	Seguro de morte (indústria)	1933	Não
40	Seguro de morte (agricultura)	1933	Não
41	Trabalho noturno para mulheres (revisado)	1934	Denunciada
42	Indenização por enfermidades profissionais (revisado)	1934	Sim
43	Fábricas de vidro	1934	Não
44	Desemprego	1934	Não
45	Emprego de mulheres nos trabalhos subterrâneos das minas	1935	Sim
46	Horas de trabalho em minas de carvão (revisado)	1935	Não
47	Quarenta horas	1935	Não
48	Conservação dos direitos e pensão dos migrantes	1935	Não
49	Redução das horas de trabalho (fábricas de garrafas)	1935	Não
50	Recrutamento de trabalhadores indígenas	1936	Não
51	Redução de horas de trabalho em obras públicas	1936	Não
52	Férias remuneradas	1936	Denunciada

53	Certificados de capacidade dos oficiais da Marinha Mercante	1936	Sim
54	Férias pagas aos marinheiros	1936	Não
55	Obrigação do armador em caso de enfermidade por acidente	1936	Não
56	Seguro de enfermidade dos marinheiros	1936	Não
57	Horas de trabalho a bordo e a tripulação	1936	Não
58	Idade mínima no trabalho marítimo (revisão)	1936	Denunciada
59	Idade mínima na indústria	1937	Não
60	Idade mínima em trabalhos não industriais	1937	Não
61	Redução das horas de trabalho na indústria têxtil	1937	Não
62	Prescrições de segurança na edificação	1937	Não
63	Estatísticas de salários e horas de trabalho	1938	Não
64	Contratos de trabalho dos trabalhadores indígenas	1939	Não
65	Sanções penais aos trabalhadores indígenas	1939	Não
66	Trabalhadores migrantes	1939	Não
67	Horas de trabalho e o descanso em transporte rodoviário	1939	Não
68	Alimentação e o serviço de bordo (tripulação de navios)	1946	Não
69	Certificado de aptidão dos cozinheiros de navios	1946	Não
70	Previdência social dos marítimos	1946	Não
71	Pensões dos marítimos	1946	Não
72	Férias pagas aos marítimos	1946	Não
73	Exame médico dos marítimos	1946	Não
74	Certificado de marinheiro preferencial	1946	Não
75	Alojamento da tripulação	1946	Não
76	Salários, as horas de trabalho a bordo e a tripulação	1946	Não
77	Exame médico dos menores na indústria	1946	Não
78	Exame médico dos menores nos trabalhos não industriais	1946	Não
79	Horário noturno dos menores em trabalhos não industriais	1946	Não
80	Revisão dos artigos finais	1946	Sim
81	Inspeção do trabalho na indústria e no comércio	1946	Sim
82	Política social em territórios não metropolitanos	1947	Não
83	Normas de trabalho em territórios não metropolitanos	1947	Não
84	Direito de associação em territórios não metropolitanos	1947	Não
85	Inspeção do trabalho em territórios não metropolitanos	1947	Não
86	Contratos de trabalho dos trabalhadores indígenas	1947	Não
87	Liberdade sindical e proteção ao direito de sindicalização	1948	Não
88	Organização do serviço de emprego	1948	Sim
89	Trabalho noturno das mulheres na indústria (revisão)	1948	Sim

90	Trabalho noturno de menores na indústria (revisão)	1948	Não
91	Férias remuneradas dos marítimos (revisão)	1949	Denunciada
92	Alojamento de tripulação a bordo (revisão)	1949	Sim
93	Salários, horas de trabalho a bordo e tripulação (revisado)	1949	Sim
94	Cláusulas de trabalho em contratos com órgãos públicos	1949	Sim
95	Proteção do salário	1949	Sim
96	Agências remuneradas de colocação (revisado)	1949	Denunciada
97	Trabalhadores migrantes (revisão)	1949	Sim
98	Direito de sindicalização e de negociação coletiva	1949	Sim
99	Métodos de fixação de salário mínimo na agricultura	1951	Sim
100	Salário igual para trabalho de igual valor entre o homem e a mulher	1951	Sim
101	Férias remuneradas na agricultura	1952	Denunciada
102	Normas mínimas da previdência social	1952	Não
103	Amparo à maternidade (revisão)	1952	Sim
104	Abolição das sanções penais no trabalho indígena	1955	Sim
105	Abolição do trabalho forçado	1957	Sim
106	Repouso semanal no comércio e nos escritórios	1957	Sim
107	Populações indígenas e tribais	1957	Denunciada
108	Documentos de identidade dos marítimos	1958	Sim
109	Salários, duração do trabalho a bordo e efetivos (revisão)	1958	Sim
110	Plantações	1958	Denunciada
111	Discriminação em matéria de emprego e ocupação	1958	Sim
112	Idade mínima (pescadores)	1959	Não
113	Exame médico dos pescadores	1959	Sim
114	Contrato de engajamento dos pescadores	1959	Não
115	Proteção contra as radiações	1960	Sim
116	Revisão dos artigos finais	1961	Sim
117	Objetivos e normas básicas da política social	1962	Sim
118	Igualdade entre nacionais e estrangeiros em previdência social	1962	Sim
119	Proteção das máquinas	1963	Sim
120	Higiene no comércio e nos escritórios	1964	Sim
121	Prestações em casos de acidentes	1964	Não
122	Política de emprego	1964	Sim
123	Idade mínima (trabalho subterrâneo)	1965	Não
124	Exame médico dos adolescentes para o trabalho subterrâneo nas minas	1965	Sim
125	Certificados de capacidade dos pescadores	1966	Sim
126	Alojamento da tripulação (pescadores)	1966	Sim

127	Peso máximo das cargas	1967	Sim
128	Prestações de invalidez, velhice e sobreviventes	1967	Não
129	Inspeção do trabalho (agricultura)	1969	Não
130	Assistência médica e prestações monetárias de enfermidade	1969	Não
131	Fixação de salários mínimos nos países em desenvolvimento	1970	Sim
132	Férias remuneradas (revisão)	1970	Sim
133	Alojamento a bordo de navios (disposições complementares)	1970	Sim
134	Prevenção de acidentes (marítimos)	1970	Sim
135	Proteção de representantes de trabalhadores	1971	Sim
136	Proteção contra os riscos da intoxicação pelo benzeno	1971	Sim
137	Trabalho portuário	1973	Sim
138	Idade mínima para admissão em emprego	1973	Sim
139	Prevenção de riscos profissionais causados por agentes cancerígenos	1974	Sim
140	Licença remunerada para estudos	1974	Sim
141	Organização de trabalhadores rurais	1975	Sim
142	Desenvolvimento de recursos humanos	1975	Sim
143	Trabalhadores migrantes (disposições complementares)	1975	Não
144	Consultas tripartites sobre normas internacionais do trabalho	1976	Sim
145	Continuidade no emprego do marítimo	1976	Sim
146	Férias anuais remuneradas (marítimos)	1976	Sim
147	Normas mínimas da Marinha Mercante	1976	Sim
148	Contaminação do ar, ruído e vibrações	1976	Sim
149	Pessoal de enfermagem	1977	Não
150	Administração do trabalho	1978	Não
151	Sindicalização e relações de trabalho na Administração Pública	1978	Sim
152	Segurança e higiene dos trabalhos portuários	1978	Sim
153	Duração do trabalho e períodos de descanso (transportes)	1979	Não
154	Fomento à negociação coletiva	1981	Sim
155	Segurança e saúde dos trabalhadores	1981	Sim
156	Trabalhadores com responsabilidades familiares	1981	Não
157	Preservação dos direitos em matéria de seguridade social	1982	Não
158	Término da relação de trabalho por iniciativa do empregador	1982	Denunciada
159	Reabilitação profissional e emprego de pessoas deficientes	1983	Sim
160	Estatísticas do trabalho (revisão)	1985	Sim
161	Serviços de saúde do trabalho	1985	Sim
162	Utilização do amianto com segurança	1986	Sim
163	Bem-estar dos marítimos	1987	Sim

164	Proteção da saúde e assistência médica (marítimos)	1987	Sim
165	Previdência social dos marítimos	1987	Não
166	Repatriação dos marítimos	1987	Sim
167	Previdência e saúde na construção	1988	Sim
168	Promoção do emprego e proteção contra o desemprego	1988	Sim
169	Povos indígenas e tribais	1989	Sim
170	Produtos químicos	1990	Sim
171	Trabalho noturno	1990	Sim
172	Condições de trabalho em hotéis e restaurantes	1991	Não
173	Proteção dos créditos trabalhistas na insolvência do empregador	1992	Não
174	Prevenção de acidentes industriais de maior relevo	1993	Sim
175	Trabalho a tempo parcial	1994	Não
176	Saúde e segurança nas minas	1995	Sim
177	Trabalho em domicílio	1996	Não
178	Inspeção do trabalho (marítimos)	1996	Sim
179	Contratação e colocação de marítimos	1996	Não
180	Horas de trabalho a bordo e tripulação de navios	1996	Não
181	Agências de emprego privadas	1997	Não
182	Trabalho infantil	1999	Sim
183	Proteção à maternidade (revisão)	2000	Não
184	Segurança e saúde na agricultura	2001	Não
185	Marítimos – Proteção à Identificação (revisão)	2003	Sim
186	Trabalho marítimo	2006	Não
187	Previdência, Segurança e Medicina do Trabalho	2006	Não
188	Trabalho na pesca	2007	Não
189	Trabalho doméstico	2011	Sim
190	Violência e assédio no ambiente de trabalho	2019	Não

Índice remissivo

(A numeração romana em negrito indica as Partes do livro; os demais números, romanos e arábicos, bem como as letras, referem-se aos capítulos, tópicos e subtópicos.)

Abono **I**, VIII, 4, n

Ação anulatória **II**, XII, 9

Ação civil coletiva **II**, XII, 8

Ação civil pública **II**, XII, 7

Ação de consignação em pagamento **II**, XI, 11

Ação monitória **II**, XII, 10

Ação rescisória **II**, XII, 1

Ações trabalhistas – classificação **II**, III, 2

Acordo **I**, XVIII, 3, b

Adicionais **I**, VIII, 4, h

Adjudicação **II**, XI, 17

Advogado empregado **I**, XV, 25

Aeronauta **I**, XV, 8

Aeroviário **I**, XV, 9

Agente ou Distribuidor **I**, V, 3

Agravo de petição **II**, XI, 19

Agravos **I**, XX, 6, e; **II**, X, 2, d

Agrônomo **I**, XV, 18

Ajuda de custo **I**, VIII, 4, o

Alteração, suspensão e interrupção do contrato **I**, VII, 6

Amicus Curiae **II**, III, 5

Antecipação de tutela **II**, III, 3, b

Aplicação das regras de Direito **I**, III, 3

Aposentadoria **I**, XVIII, 3, k

Aprendiz **I**, V, 3
Arbitragem **I**, III, 2, e
Arqueólogo **I**, XV, 30
Arquiteto **I**, XV, 18
Arrematação **II**, XI, 16
Artista e técnico de espetáculo **I**, XV, 19
Ascensorista **I**, XV, 22
Assédio moral **I**, XVII, 2
Assédio sexual **I**, XVII, 3
Assistência **II**, IV, 1
Atentado **II**, XI, 14, k
Ativismo judiciário **I**, I, 4; **I**, II, 15, c; **I, III,** 1; **II**, II, 4, *in fine*
Audiência inaugural **II**, VII, 2, a
Aviso prévio **I**, XVIII, 2
Avulso **I**, V, 3 e 4, a
Bancário **I**, XV, 4
Banco de horas **I**, XII, 3, b, *in fine*
Bem comum **I**, I, 7, b
Bens impenhoráveis **II**, XI, 13, f
Bibliotecário **I**, XV, 29
Bens penhoráveis **II**, XI, 13, d
Cabista **I**, V, 10
Call Center **I**, V, 4 e 10
Celeridade processual **II**, II, 2, g
Certidão Negativa de Débitos Trabalhistas, **II**, XI, 23
Certificação de regularidade **I**, XI, 6
Chamamento ao processo **II**, IV, 3
Citação **II**, XI, 12
Citação – procedimento trabalhista **II**, VI, 1, b
Cláusula de confidencialidade e não concorrência **I**, XVIII, 3, i
Cláusula em sentença normativa **II**, VIII, 10
Cláusula penal **I**, VII, 7
CLT **II**, X, 3, a
Coisa julgada **II**, XI, 7, m
Comissário **I**, V, 3

Comissões de Conciliação Prévia **I**, XIX, 5
Compensação de horário **I**, XII, 3, b
Competência **II**, I, 5, b; **II**, XI; **II**, XII, 2, g
Competência funcional **II**, XII, 1, c
Competência para ação civil pública **II**, XII, 7, i
Complementação de aposentadoria **I**, XVIII, 3, k
Composição de conflitos coletivos **II**, VII, 1
Concentração de recursos **II**, II, 2, b
Conciliação **II**, II, 2, i; **II**, VII, 4, a
Conciliação prévia na Constituição **I**, XIX, 4, a
Condições da ação coletiva **II**, VIII, 5
Condomínio de empregadores **I**, VI, 10
Conferência Internacional do Trabalho **III**, VIII, 4, a
Conflito **I**, XIX, 4, d
Conflitos de interesse na sociedade **II**, I, 1
Conflitos de lei **I**, III, 4
Conhecimento e capacitação **II**, II, 4, d
Conselho Nacional de Justiça **I**, IV, 6
Consolidação da legislação federal e a CLT **I**, IV, 8
Constituição de 1934 **I**, IV, 1
Constituição de 1937 **I**, IV, 2
Constituição de 1946 **I**, IV, 3
Constituição de 1967 **I**, IV, 4
Constituição de 1988 **I**, IV, 5
Contestação **II**, VI, 2, b
Continuidade **I**, II, 4
Contrato **I**, VII, 1
Contrato de aprendizagem **I**, XVI, 5, 2
Contrato de trabalho **I**, VII
Contrato de trabalho – modos de extinção **I**, XVIII, 3
Contrato de Trabalho Verde e Amarelo **I**, IV, 9 *in fine*
Contratualismo **I**, I, 3, c
Convenções **III**, VIII, 6, a; **III**, VIII, 7
Cooperativas de trabalho **I**, VI, 9; **I**, VI, 11
Corregedoria-Geral da JT **I**, XX, 3

Correspondente Bancário **I**, V, 9
Corretor **I**, V, 3
Cortesia **II**, II, 4, g
Covid-19 **I**, I, 11; **I**, XIV, 5
CPC **II**, X, 3, c
Cristianismo **I**, I, 1
Critério de transcendência **II**, X, 3, a; **II**, X, 3, f
Dano moral coletivo **I**, XVII, 1, i
Danos morais trabalhistas **I**, XVII
Decadência **I**, **II**, 3
Decisão rescindenda **II**, XII, 1, b
Decreto nº 54.018/64 **I**, IX, 1
Decreto nº 908/93 **I**, IX, 19
Decreto nº 1.572/95 **I**, IX, 21
Decreto-Lei nº 2.012/83 **I**, IX, 3
Decreto-Lei nº 2.045/83 **I**, IX, 4
Decreto-Lei nº 2.065/83 **I**, IX, 5
Decreto-Lei nº 2.284/86 **I**, IX, 7
Decreto-Lei nº 2.335/87 **I**, IX, 8
Defesa, exceção e reconvenção **II**, VI, 2
Deliberação da Conferência Internacional **III**, VIII, 6
Demissão **I**, XVIII, 3, c
Denúncia **III**, VIII, 7, d
Denunciação da lide **II**, IV, 2
Depoimento pessoal **II**, VII, 3, a
Depósito e avaliação de penhora **II**, XI, 13, h
Depósito prévio **II**, XI, 1, J
Depósitos do FGTS **I**, XI, 3
Desemprego **I**, I, 7
Despedida com justa causa **I**, XVIII, 3, e
Despedida indireta **I**, XVIII, 3, f
Despedida sem justa causa **I**, XVIII, 3, d
Despersonalização da prova **II**, II, 2, v
Destinação universal dos bens **I**, I, 6, c
Dialeticidade **II**, II, 2, q

Diárias de viagem **I**, VIII, 4, p
Dignidade da pessoa humana **I**, I, 7, a
Dignidade do trabalho humano **I**, I, 7, e
Diligência **II**, II, 4, l
Direito coletivo do trabalho **I**, II, 13
Direito Comparado – sistemas processuais **II**, I, 3
Direito Comparado do trabalho **III**, I, 3
Direito do trabalho – conceito **I**, I, 8
Direito do trabalho – divisões **I**, I, 9
Direito do trabalho no Brasil **I**, I, 6
Direito e justiça **I**, I, 2
Direito Internacional do Trabalho **III**, VIII
Direito interno à luz do internacional **III**, VIII, 9
Direito Natural **I**, I, 3, a
Direito Positivo **I**, I, 3, b
Direitos – indisponibilidade **II**, II, 2, l
Dispensa coletiva **II**, VII, 10
Dissídio coletivo **II**, VIII, 2
Distribuição – procedimento trabalhista **II**, VII, 1, a
Diversidade dos sistemas jurídicos **III**, I, 2
Documentação **II**, XI, 1, k
Documental **II**, VII, 3, b
Dono da Obra **II**, XI, 4
Doutrina Social Cristã **I**, I, 6
Duplo juízo **II**, XI, 1, l
EC nº 20/98 **I**, XVI, 8
EC nº 45/04 – Reforma do Judiciário **I**, IV, 6
EC nº 45/04 – redução poder normativo **II**, VIII, 12
Efeito da estabilidade **I**, X, 3
Embargos **I**, XX, 6, d
Embargos – modalidades recursais **II**, IX, 2, c
Embargos à execução **II**, XI, 14
Embargos de terceiros **II**, XI, 15
Embargos infringentes **II**, X, 4, b
Embargos para a SBDI-1 do TST **II**, X, 4

Empregado **I**, XVIII, 4, a
Empregado doméstico **I**, XV, 11
Empregador **I**, XVIII, 4, b
Empreiteiro **I**, V, 3
Engenheiro químico **I**, XV, 18
Equiparação salarial **I**, VIII, 6
Espécies de dissídio coletivo **II**, VIII, 4
Espécies de execução **II**, XI, 7
Espécies de trabalhador **I**, V, 3
Estabilidade **I**, X, 1
Estagiário **I**, V, 3
Estágio profissionalizante **I**, XVI, 5, 1
Ética judicial **II**, II, 4
Eventualidade **II**, II, 2, k
Execução do termo de compromisso **II**, XII, 7, h
Executado **II**, XI, 4, b
Exploração do menor – Brasil **I**, XVI, 6
Extinção da empresa **I**, XVIII, 3, j
Extinção da estabilidade **I**, X, 4
Extinção da execução **II**, XI, 22
Falência **II**, X, 13, e
Férias **I**, XIII, 2; **I**, XVI, 4, 1, d; **I**, XVI, 4, 2, d
Ferroviário **I**, XV, 5
FGTS **I**, X
FGTS – finalidade **I**, XI, 1
Filosofia **I**, I, 2
Fisioterapeuta **I**, XV, 17
Flexibilização das normas trabalhistas **I**, I, 12
Fluxograma – dissídio individual **II**, VII, 5
Fluxograma do processo de execução **II**, XI, 24
Fluxograma dos recursos em dissídios individuais **II**, X, 7
Fontes do Direito do Trabalho – divisão **I**, III, 2
Fontes do Direito do Trabalho – noções **I**, III, 1
Fontes normativas – processo de execução **II**, XI, 3
Formalidades **II**, II, 2, d

Formas de penhora **II**, XI, 13, c

Garantia no emprego **I**, X, 5

Gestão do FGTS **I**, XI, 5

Gestor de Negócios **I**, V, 3

Globalização da economia **I**, I, 11

Gorjeta **I**, VIII, 4, k

Gratificação ajustada **I**, VIII, 4, m

Gratificação natalina **I**, VIII, 4, i

Grupo econômico **I**, V, 7, a; **II**, XI, 4, b; **II**, XI, 14, b

Gueltas **I**, VIII, 4, l

Habeas corpus **II**, XII, 4

Habeas data **II**, XII, 5

História do Direito do Trabalho **I**, I, 4 e 5

Historiador **I**, XV, 31

Historicismo sociológico **I**, I, 3, d

Honestidade profissional **II**, II, 4, m

Honorários advocatícios **I**, V, 4, e; **I**, XV, 25; **II**, III, 5, b, d, e

Honorários periciais **II**, XI, 11, d

Horas extras **I**, XII, 3

Horas *in itinere* **I**, XII, 4

Idade mínima para trabalhar **I**, XVI, 4, 1, a; **I**, XVI, 4, 2, a

Imparcialidade **II**, II, 4, b

Impedimento e suspeição **II**, VI, 3

Importância do Direito Comparado **III**, I, 1

Imunidade de Jurisdição **II**, I, 5, a; X, 4

Inalterabilidade contratual **I**, II, 7

Incidente de desconsideração da personalidade jurídica **II**, III, 4

Independência **II**, II, 4, a

Início do processo de execução **II**, XI, 10

Inquérito civil público **II**, XII, 7, f

Insalubridade **I**, XIV, 3

Inspeção judicial **II**, VII, 3, e

Instrução – provas **II**, VII, 3

Intangibilidade salarial **I**, II, 7

Integridade **II**, II, 4, h

Interesse processual **II**, VIII, 5, c
Interesse público **II**, II, 2, r
Interesses tutelados na ACP **II**, XII, 7, c
Interpretação histórica **II**, II, 3, c
Interpretação internacional **II**, II, 3, g
Interpretação literal **II**, II, 3, a
Interpretação lógica **II**, II, 3, b
Interpretação psicológica **II**, II, 3, h
Interpretação sistemática **II**, II, 3, f
Interpretação sociológica **II**, II, 3, d
Interpretação teleológica **II**, II, 3, e
Interpretação valorativa **II**, II, 3, i
Intervalos **I**, XII, 5
Intervenção de terceiros **II**, IV
Irrenunciabilidade **I**, II, 3
Jornada de trabalho **I**, XVI, 4, 1, e; 4, 2, e
Jornada de trabalho normal **I**, XII, 1
Jornadas especiais **I**, XII, 2
Jornalista **I**, XV, 21
Juiz – identidade física **II**, II, 2, m
Julgamento **II**, VII, 4, b
Jurisdição **II**, I, 5, a
Justa causa **I**, XVIII, 4
Justiça **I**, I, 2
Justiça do Trabalho – organização judiciária **I**, XX, 1
Justiça e equidade **II**, II, 4, e
Justificação **II**, XII, 14, h
Lealdade processual **II**, II, 2, j
Legislação infraconstitucional trabalhista **I**, IV, 7
Legitimação *ad causam* **II**, VII, 5, b
Legitimidade concorrente **II**, XI, 7, d
Lei local – execução do contrato **II**, II, 2, p
Lei nº 6.708/79 **I**, IX, 2
Lei nº 6.830/80 **II**, X, 3, b
Lei nº 7.238/84 **I**, IX, 6

Lei nº 7.730/89 **I**, IX, 9
Lei nº 7.788/89 **I**, IX, 10
Lei nº 8.030/90 **I**, IX, 11
Lei nº 8.178/91 **I**, IX, 14
Lei nº 8.222/91 **I**, IX, 15
Lei nº 8.419/92 **I**, IX, 16
Lei nº 8.542/92 **I**, IX, 17
Lei nº 8.700/93 **I**, IX, 18
Lei nº 8.880/94 **I**, IX, 20
Lei nº 10.192/01 **I**, IX, 22
Leis processuais – aplicação **II**, II, 2, o
Levantamento dos depósitos – FGTS **I**, XI, 4
Liberdade de apreciação **II**, II, 2, f
Lide – estabilidade **II**, II, 2, s
Liquidação de sentença **II**, XI, 11
Litisconsórcio **II**, XII, 1, d
Litisconsórcio passivo **II**, XII, 7, e
Litispendência **II**, XII, 7, j
Local da prestação de serviço **I**, VII, 4
Lockout **I**, XIX, 3, b
Mãe Social **I**, V, 3
Mandado de injunção **II**, XII, 6
Mandado de segurança **II**, XII, 2
Mandado de segurança coletivo **II**, XII, 3
Mandado de segurança preventivo **II**, XII, 2, h
Mandatário **I**, V, 3
Marítimos **I**, XV, 13
Matéria administrativa – recurso **II**, X, 2, f
Matéria controvertida **II**, XII, 1, h
Mecanismos de controle da OIT **III**, VIII, 8
Médicos **I**, XV, 15
Medida cautelar e antecipação de tutela **II**, XII, 1, i
Medida Provisória nº 295/91 **I**, IX, 13
Medidas Provisórias, **I**, IX, 12
Menor aprendiz **I**, XVI , 5

Mineiro **I**, XV, 7

Ministério Público do Trabalho **I**, XVI, 7; **I**, XX, 4

Minutos residuais **I**, XII, 3

Modalidade **I**, VI, 2

Modalidades de contratação **I**, V, 4

Modalidades de empresas **I**, V, 5

Modalidades de salários **I**, VIII, 4

Modalidades recursais em dissídio coletivo **II**, X, 6

Modalidades recursais em dissídios individuais **II**, X, 2

Morte **I**, XVIII, 3, i

Motivação **II**, II, 4, c

Mulher **I**, XII, 3, f

Músico **I**, XV, 23

Multa **I**, VII, 7; **I**, XIV, 2; **I**, XVII, 1, j; **I**, XIX, 3; **II**, II, 2, g; **II**, X, 3, d.

Natureza – processo de execução **II**, XI, 2

Negociação coletiva **I**, I, 12; XIX, 4

Non reformatio in pejus **II**, II, 2, n

Normas trabalhistas – rigidez e flexibilização **I**, I, 10

Nulidade – negativa prestação jurisdicional **II**, IX, 4

Nulidade processual **II**, IX, 1

Número de empregados **I**, VII, 5

Operador de Telemarketing **I**, V, 4 e 10; VIII, 4, h

Oposição **II**, XII, 12

Oralidade **II**, II, 2, e

Ordenamento jurídico na proteção do menor **I**, XVI, 4

Organização Internacional do Trabalho **III**, VIII, 4

Organização sindical – entidades **I**, XIX, 1

Organograma do Poder Judiciário **II**, I, 6

Origem do processo de execução **II**, XI, 1

Origens da ação civil pública **II**, XII, 7, b

Pandemia do Coronavírus **I**, I, 11

Parceiro **I**, V, 3

Participação nos lucros **I**, VIII, 4, s

Patamar **II**, VII, 8, c

Peão de rodeio **I**, XV, 26

Penhora – conceito **II**, XI, 13, a
Penhora *on-line* **II**, XI, 13, i
Penhora por carta precatória **II**, XI, 13, g
Perícia **II**, VII, 3, d
Periculosidade **I**, XIV, 4
Petição e representação **II**, III, 3
Petroleiros – trabalhadores em plataforma **I**, XV, 6
Plano Bresser **I**, IX, 8
Plano Collor **I**, IX, 11
Plano Cruzado **I**, IX, 7
Plano Real **I**, IX, 20
Plano Verão **I**, IX, 9
Plataformas Digitais **I**, V, 2
Pleito em juízo **II**, III, 5
Pobreza **I**, I, 6
Poderes do empregador **I**, V, 6
Poder Normativo da Justiça do Trabalho **II**, VIII, 3, 8
Portuários **I**, XV, 14
Posse em nome do nascituro **II**, XI, 14, j
Possibilidade jurídica da ação coletiva **II**, VII, 5, a
Prática ilegal – consequência **I**, VI, 6
Prazo decadencial **II**, XI, 1, e
Prazo **II**, XI, 2, f
Prazo de duração **I**, VII, 3
Prazo determinado **I**, XVIII, 3, a
Precatório **II**, XI, 20
Precedentes normativos do TST **II**, VIII, 9
Prêmio **I**, VIII, 4, q
Prequestionamento **II**, XII, 1, g
Prescrição **I**, XI, 7; **I**, II, 3; **II**, VI, 4
Preservação da empresa **I**, II, 9
Preso **I**, V, 3 e 4, l
Pressões sindicais – greve **I**, XIX, 3, a
Pressupostos de admissibilidade **II**, IX, 6
Pressupostos objetivos **II**, VIII, 6, b

Pressupostos subjetivos **II**, VIII, 6, a
Primazia da realidade **I**, II, 5
Primazia do trabalho sobre o capital **I**, I, 6, f
Princípio da boa-fé **I**, II, 11 e 14, b
Princípio da continuidade **I**, II, 4 e 14, a
Princípio da destinação universal dos bens **I**, I, 7, c
Princípio da dignidade da pessoa humana **I**, I, 7, a; **I**, II, 15, c
Princípio da inalterabilidade contratual **I**, II, 7 e 15, a
Princípio da indenidade **I**, II, 1, d
Princípio da intangibilidade salarial **I**, II, 8 e 15, a
Princípio da irrenunciabilidade **I**, II, 3; **I**, II, 15, b
Princípio da isonomia **I**, II, 10 e 15, a
Princípio da normalidade **I**, II, 12 e 14, c
Princípio da preservação da empresa **I**, II, 9 e 14, b
Princípio da primazia da realidade **I**, II, 5 e 14, c
Princípio da proporcionalidade **I**, II, 14, c
Princípio da proteção **I**, I, 7, h; **I**, II, 1 e 14, a
Princípio da razoabilidade **I**, II, 6 e 14, c
Princípio da solidariedade **I**, I, 7, g; **I**, II, 14, c
Princípio da subsidiariedade **I**, I, 6, d; **I**, II, 1, 2 e 14, a
Princípio do bem comum **I**, I, 7, b
Princípios constitucionais do processo **II**, II, 1
Princípios da execução **II**, XI, 9
Princípios de hermenêutica **II**, II, 4
Princípios da nulidade processual **II**, IX, 3
Princípios de Direito do Trabalho **I**, II
Princípios de ética judicial **II**, II, 5
Princípios gerais dos recursos trabalhistas **II**, X, 1
Procedimento **II**, XII, 2, i
Procedimento no dissídio coletivo **II**, VIII, 7
Processo – coletivo **I**, XX, 5, b
Processo – individual **I**, XX, 5, a
Processo do Trabalho e o Novo CPC **II**, II, 3
Processo judicial eletrônico (PJe) **II**, I, 4; **II**, III, 4
Processos especiais – ação rescisória **II**, XII, 1

Processos judiciais – espécies **II**, I, 2
Professor **I**, XV, 3
Profissional de futebol **I**, XV, 10
Proteção **I**, I, 7, h, II, 1
Prudência **II**, II, 4, k
Quitação **I**, XVIII, 1
Radialista **I**, XV, 20
Radiologista **I**, XV, 16
Ratificação **III**, VIII, 7, c
Razoabilidade **I**, II, 6
Realidade social brasileira **I**, XVI, 2
Recomendações **III**, VIII, 6, b
Recurso de revista **I**, XX, 6, b; **II**, X, 3
Recurso de revista em execução de sentença **II**, XI, 19, c
Recurso de revista – modalidades recursais **II**, X, 2, b
Recurso extraordinário **I**, XXI, 6, c
Recurso extraordinário **II**, X, 2, e; **II**, X, 5
Recurso ordinário **I**, XX, 6, a; **II**, X, 4, a
Recurso ordinário – modalidades recursais **II**, X, 2, a
Recursos para o sindicato **I**, XIX, 2
Regime de 12x36 horas **I**, XII, 2, *in fine*; **I**, XV, 27, e
Regras aplicáveis ao salário **I**, VIII, 3
Regulamentação **II**, X, 3, b
Relação de trabalho – efeitos **I**, VI, 3
Relação de trabalho – teorias **I**, V, 1
Relação de trabalho e emprego – conceituação **I**, V, 2
Remição **II**, XI, 18
Repartição internacional do trabalho **III**, VIII, 4, d
Repercussão geral da questão constitucional **I**, IV, 6
Repouso semanal remunerado **I**, XIII, 1
Rescisão – reciprocidade **I**, XVIII, 3, g
Rescisão antecipada **I**, XVIII, 3, h
Rescisão do contrato de trabalho **I**, XVIII, 1
Resoluções **I**, IV, 6, a; **III**, VIII, 6, c
Responsabilidade institucional **II**, II, 4, f

Responsabilização do empregador **I**, V, 7
Revelia – direito de defesa **II**, VI, 1
Revisão **III**, VIII, 7, b
Revolução Industrial **I**, I, 1, 5 e 10
Rito sumaríssimo – características **II**, VII, 6, b
Rito sumaríssimo – causas **II**, VII, 6, a
Rito sumaríssimo – recursos **II**, VII, 6, c
Rurícola **I**, XV, 2
Salário-educação **I**, VIII, 4, e
Salário e remuneração – distinção **I**, VIII, 1
Salário-família **I**, VIII, 4, d
Salário mínimo **I**, VIII, 4, a; **I**, IX, 23
Salário-modernidade **I**, VIII, 4, f
Salário normativo **I**, VIII, 4, c
Salário profissional **I**, VIII, 4, b
Salário-utilidade **I**, VIII, 4, g
Saúde do trabalhador – normas protetivas **I**, XIV, 1
Segredo profissional **II**, II, 4, j
Sentença **II**, XI, 7, l
Sindicalismo **I**, I, 6
Sistema da *common law* – formação **III**, III, 1
Sistema de penhora *on line* **II**, XI, 11, i
Sistema romano-germânico – formação **III**, II, 1
Sistemas africanos – formação **III**, V, 1
Sistemas de base religiosa **III**, VI
Sistema socialista – formação **III**, IV, 1
Sistemas ocidentais – evolução **II**, I, 4
Sobreaviso **I**, VIII, 4, r
Sócio **II**, XI, 4, b
Solidariedade **I**, I, 6, g
Subsidiariedade **I**, I, 6, d
Subsidiariedade do processo do trabalho **II**, II, 2, a
Substituição **I**, VIII, 5
Sujeito executado **II**, XI, 4, b
Sujeito exequente **II**, XI, 4, a

Súmula Vinculante **I**, IV, 6

Surgimento do Direito do Trabalho **I**, I, 5

Suspensão da execução **II**, XI, 21

Técnicos **III**, VIII, 3, c

Telefonista **I**, XV, 24

Teletrabalho **I**, VII, 4, d

Tempo à disposição do empregador **I**, XII, 3, g

Tempo de Espera **I**, VIII, 4, v

Temporário **I**, V, 3 e 4, a

Terceirização **I**, VI

Terceirização – legal ou ilegal **I**, VI, 7

Terceirização – quadro gráfico **I**, VI, 8

Terceiro interessado **II**, XI, 4, c

Termo de ajuste de conduta **II**, XII, 7, g

Termo de conciliação **I**, XIX, 4, e

Testemunhal **II**, VII, 3, c

Teto **II**, VII, 8, a

Título executivo **II**, XI, 6

Trabalho artístico do menor **I**, XVI, 6

Trabalho educativo **I**, XVI, 5, 3

Trabalho em tempo parcial **I**, XII, 8

Trabalho humano **I**, I, 1

Trabalho infantil – características **I**, XVI, 3

Trabalho infantil – valores em conflito **I**, XVI, 1

Trabalho no exterior **I**, XV, 12

Trabalho noturno **I**, XII, 7, XVI, 4, 1, b, 2, b

Trabalhador de aplicativo **I**, V, 2

Trabalhos proibidos **I**, XVI, 4, 1, c, 2, c

Transcendência do recurso de revista **II**, X, 3, a; **II**, X, 3, f

Transparência **II**, II, 4, i

Transportador **I**, V, 3

Turnos ininterruptos – revezamento **I**, XII, 6

Tutela antecipada **II**, V, 3, b

Tutela cautelar **II**, V, c

Tutela de evidência **II**, V, 3, c

Ultratividade das normas coletivas **I**, II, 1, c; **I**, VII, 2, b; **I**, XIX, 4

Vale-transporte **I**, VIII, 4, t
Valor da causa **II**, XII, 1, m
Vantagens da ação civil pública **II**, XII, 7, n
Veterinário **I**, XV, 18
Vigência das Convenções da OIT **III**, VIII, 7, a
Voluntário **I**, V, 3

Bibliografia recomendada

ARAÚJO, Francisco Rossal de; COIMBRA, Rodrigo. *Direito do trabalho — I*. São Paulo: LTr, 2014.

BARROS, Alice Monteiro de. *Curso de direito do trabalho*. São Paulo: LTr, 2005.

_____. *Contratos e regulamentações especiais de trabalho*. 3. ed. rev. e ampl. São Paulo: LTr, 2008.

BASTOS, Celso Ribeiro; MARTINS, Ives Gandra. *Comentários à Constituição do Brasil*. 3. ed. São Paulo: Saraiva, 2002. 9 v.

BATALHA, Wilson de Souza Campos. *Tratado de direito judiciário do trabalho*. 3. ed. São Paulo: LTr, 1995. I e II v.

BELMONTE, Alexandre Agra; DUARTE, Bento Herculano; SILVA, Bruno Freire e (Coords.). *O novo CPC aplicado ao processo do trabalho*. São Paulo: LTr, 2016.

BIAVASCHI, Magda Barros. *O direito do trabalho no Brasil. 1930-1942:* a construção do sujeito de direitos trabalhistas. São Paulo: LTr e Jutra, 2007.

CAIRO JUNIOR, José. *Curso de direito do trabalho*: direito individual e coletivo do trabalho. 13. ed. Salvador: JusPodivm, 2017.

CÂNDIA, Ralph. *Comentários aos contratos trabalhistas especiais*. 3. ed. São Paulo: LTr, 1995.

CARVALHO, Augusto César Leite de. *Garantia de indenidade no Brasil*. São Paulo: LTr, 2013.

_____. *Direito do trabalho:* curso e discurso. São Paulo: LTr, 2016.

CASSAR, Vólia Bomfim. *Direito do trabalho*. 13. ed. São Paulo: Saraiva, 2017.

CASTILLO, Santiago Pérez del. *O direito de greve*. São Paulo: LTr, 1994.

CATHARINO, José Martins. *Tratado jurídico do salário*. São Paulo: LTr, 1994.

CHAVES, Luciano Athayde. *Curso de processo do trabalho*. São Paulo: LTr, 2009.

CÔRTES, Osmar Mendes Paixão. *Agravo de Instrumento contra Decisão Denegatória de Recursos Extraordinários*. São Paulo: Carthago Editorial, 2000.

COSTA, Coqueijo. *Ação rescisória*. 7. ed. São Paulo: LTr, 2002.

_____. *Direito processual do trabalho*. 3. ed. Rio de Janeiro: Forense, 1986.

COSTA, Walmir Oliveira da. *Dano moral nas relações laborais – competência e mensuração*. Curitiba: Juruá, 1999.

DALLEGRAVE NETO, José Affonso; GOULART, Rodrigo Fortunato (Coords.). *Novo CPC e o processo do trabalho*. 2. ed. São Paulo: LTr, 2016.

DELGADO, Gabriela Neves; PIMENTA, José Roberto; MELLO FILHO, Luiz Philippe Vieira de; LOPES, Othon de Azevedo (Coords.). *Direito constitucional do trabalho*: princípios e jurisdição constitucional do TST. São Paulo: LTr, 2015.

DELGADO, Mauricio Godinho. *Curso de direito do trabalho*. 16. ed. São Paulo: LTr, 2017.

FERRARI, Irany; MARTINS, Melchíades Rodrigues. *Dano moral*: múltiplos aspectos nas relações de trabalho. São Paulo: LTr, 2006.

FRANCIULLI Netto, Domingos; MENDES, Gilmar; MARTINS FILHO, Ives Gandra. *O novo Código Civil*: estudos em homenagem ao Prof. Miguel Reale. São Paulo: LTr, 2003.

FREDIANI, Yone. *Direito processual do trabalho*: execução e procedimentos especiais. Rio de Janeiro: Campus-Elsevier, 2007.

FRIEDMAN, Thomas L. *O mundo é plano*. Rio de Janeiro: Objetiva, 2005.

FURTADO, Lucas Rocha. *Curso de direito administrativo*. Rio de Janeiro: Fórum, 2007.

GALDINO, Dirceu; LOPES, Aparecido Domingos Errerias. *Manual do direito do trabalho rural*. 3. ed. São Paulo: LTr, 1995.

GARCIA, Gustavo Filipe Barbosa. *Curso de direito do trabalho*. São Paulo: Método, 2007.

_____. *Curso de direito processual do trabalho*. 6. ed. Rio de Janeiro: Forense, 2017.

GIGLIO, Wagner D.; CORRÊA, Claudia Giglio Veltri. *Direito processual do trabalho*. 16. ed. São Paulo: Saraiva, 2007.

GOMES, Orlando; GOTTSCHALK. *Curso de direito do trabalho*. 16. ed. Rio de Janeiro: Forense, 2003.

GONÇALVES, Edwar Abreu. *Manual de segurança e saúde no trabalho*. 3. ed. São Paulo: LTr, 2006.

GRECO FILHO, Vicente. *Direito processual civil*. 18. ed. São Paulo: Saraiva, 2006. v. 1.

HIRSCHL, Han. *Rumo à Juristocracia*. Londrina: EDA, 2020.

JORGE NETO, Francisco Ferreira; CAVALCANTI, Jouberto de Quadros Pessoa. *Direito processual do trabalho*. 3. ed. Rio de Janeiro: Lumen Juris, 2007. v. 1.

LEÃO XIII et al. *Encíclicas e documentos sociais*. São Paulo: LTr, 1991. 2 v.

LEITE, Carlos Henrique Bezerra. *Curso de direito processual do trabalho*. 13. ed. São Paulo: Saraiva, 2015.

_____. *Ação civil pública na perspectiva dos direitos humanos*. São Paulo: LTr, 2008.

_____. *Curso de direito do trabalho*. 8. ed. São Paulo: Saraiva, 2017.

MALLET, Estêvão. *Do recurso de revista no processo do trabalho*. São Paulo: LTr, 1995.

MELEK, Marlos Augusto. *Trabalhista! O que mudou? Reforma trabalhista 2017*. Curitiba: Estudo Imediato Editora, 2017.

MARTINEZ, Luciano. *Curso de direito do trabalho*: relações individuais, sindicais e coletivas do trabalho. 8. ed. São Paulo: Saraiva, 2017.

MARTINS, Sergio Pinto. *Direito processual do trabalho*. 27. ed. São Paulo: Atlas, 2007.

_____. *Direito do trabalho*. 23. ed. São Paulo: Atlas, 2007.

_____. *Terceirização e o direito do trabalho*. 14. ed. São Paulo: Saraiva, 2017.

MARTINS FILHO, Ives Gandra. *Processo coletivo do trabalho*. 4. ed. São Paulo: LTr, 2009.

_____. *Sistema legal e judiciário brasileiro*. São Paulo: LTr, 2000.

_____. *A legitimidade do direito positivo.* Rio de Janeiro: Forense Universitária, 1992.

_____. *O controle disciplinar da magistratura e o perfil ético do magistrado.* São Paulo: Saraiva, 2016.

MARTINS FILHO, Ives Gandra et al. *Direito e processo do trabalho em transformação.* Rio de Janeiro: Elsevier, 2007.

MARTINS FILHO, Ives Gandra; PIRES, Maria Bernadete Silva. *Teoria e prática do recurso extraordinário trabalhista.* São Paulo: Saraiva, 1986.

MELO, Raimundo Simão de. *Direito ambiental do trabalho e a saúde do trabalhador.* São Paulo: LTr, 2004.

_____. *Ação civil pública na justiça do trabalho.* São Paulo: LTr, 2002.

NAHAS, Thereza Christina. *Processo cautelar no processo do Trabalho – manual básico.* São Paulo: Atlas, 2000.

NASCIMENTO, Amauri Mascaro. *Compêndio de direito sindical.* 4. ed. São Paulo: LTr, 2005.

_____. *Curso de direito processual do trabalho.* 21. ed. São Paulo: Saraiva, 2002.

NASSAR, Rosita de Nazaré Sidrim. *Flexibilização do direito do trabalho.* São Paulo: LTr, 1991.

OLIVEIRA, Francisco Antonio. *A execução na Justiça do Trabalho.* 4. ed. São Paulo: Revista dos Tribunais, 1999.

OLIVEIRA, Sebastião Geraldo de. *Indenizações por acidente do trabalho ou doença ocupacional.* 4. ed. São Paulo: LTr, 2008.

PAMPLONA FILHO, Rodolfo; VILLATORE, Marco Antônio César. *Direito do trabalho doméstico.* 2. ed. São Paulo: LTr, 2001.

PASTORE, José. *Flexibilização dos mercados de trabalho e contratação coletiva.* São Paulo: LTr, 1994.

PINTO, Almir Pazzianotto. *100 anos de sindicalismo.* São Paulo: Lex Editora, 2007.

PINTO, José Augusto Rodrigues. *Curso de direito individual do trabalho.* 4. ed. São Paulo: LTr, 2000.

_____. *Processo trabalhista de conhecimento.* São Paulo: LTr, 1991.

PLÁ RODRIGUEZ, Américo. *Princípios de direito do trabalho*. São Paulo: LTr, 1978.

PONTIFÍCIO CONSELHO"JUSTIÇA E PAZ". *Compêndio da doutrina social da Igreja*. São Paulo: Paulinas, 2005.

RODRIGUES, Deusmar José (Coord.). *Lei da Reforma Trabalhista*: comentada artigo por artigo. São Paulo: JH Mizuno, 2017.

ROMITA, Arion Sayão. *Direitos fundamentais nas relações de trabalho*. 3. ed. São Paulo: LTr, 2009.

_____. *O princípio da proteção em xeque e outros ensaios*. São Paulo: LTr, 2003.

SAAD, Eduardo Gabriel; SAAD, José Eduardo Duarte; CASTELO BRANCO, Ana Maria Saad. *CLT comentada*. 49. ed. São Paulo: LTr, 2016.

SARAIVA, Renato. *Direito do trabalho*. 2. ed. São Paulo: Método, 2005.

SARAIVA, Renato; MANFREDINI, Aryanna. *Curso de direito processual do trabalho*. 14. ed. Salvador: JusPodivm, 2017.

SCHIAVI, Mauro. *Manual de direito processual do trabalho*. São Paulo: LTr, 2008.

SILVA, Homero Batista Mateus da. *Curso de direito do trabalho aplicado*: parte geral. Rio de Janeiro: Elsevier, 2009.

_____. *Curso de direito do trabalho aplicado*: jornadas e pausas. Rio de Janeiro: Elsevier, 2009.

_____. *Curso de direito do trabalho aplicado*: livro das profissões regulamentadas. Rio de Janeiro: Elsevier, 2009.

_____. *Curso de direito do trabalho aplicado*: segurança e medicina do trabalho, trabalho da mulher e do menor. Rio de Janeiro: Elsevier, 2009.

_____. *Curso de direito do trabalho aplicado*: livro da remuneração. Rio de Janeiro: Elsevier, 2009.

_____. *Curso de direito do trabalho aplicado*: direito coletivo do trabalho. Rio de Janeiro: Elsevier, 2010.

_____. *Curso de direito do trabalho aplicado*: contrato de trabalho. Rio de Janeiro: Elsevier, 2009.

_____. *Curso de direito do trabalho aplicado*: Justiça do Trabalho. Rio de Janeiro: Elsevier, 2010.

_____. *Curso de direito do trabalho aplicado*: processo do trabalho. Rio de Janeiro: Elsevier, 2010.

_____. *Curso de direito do trabalho aplicado*: execução trabalhista. Rio de Janeiro: Elsevier, 2010.

SIQUEIRA, Ethevaldo. *Revolução digital*. São Paulo: Saraiva, 2007.

SÜSSEKIND, Arnaldo. *Curso de direito do trabalho*. 2. ed. Rio de Janeiro: Renovar, 2004.

SÜSSEKIND, Arnaldo et al. *Instituições de direito do trabalho*. 20. ed. São Paulo: LTr, 2002. v. 2.

TEIXEIRA FILHO, Manoel Antonio. *Mandado de segurança na Justiça do Trabalho*. 3. ed. São Paulo: LTr, 2010.

THEODORO JUNIOR, Humberto. *Curso de direito processual civil*. 41. ed. Rio de Janeiro: Forense, 2004.

VILLEY, Michel. *Filosofia do direito*: definições e fins do direito: os meios do direito. São Paulo: Martins Fontes, 2003.

ZANGRANDO, Carlos. *Princípios Jurídicos do Direito do Trabalho*. 2. ed. São Paulo: LTr, 2013